新昌年鉴

（2017）

新 昌 县 人 民 政 府 主办
新昌县地方志编纂委员会 编

方志出版社
Publishing House of Local Records

图书在版编目（CIP）数据

新昌年鉴．2017／新昌县地方志编纂委员会编．--
北京：方志出版社，2017.12
ISBN 978-7-5144-2842-1

Ⅰ．①新… Ⅱ．①新… Ⅲ．①新昌县—2017—年鉴
Ⅳ．①Z525.54

中国版本图书馆CIP数据核字(2017)第318380号

新昌年鉴（2017）

编　　者：新昌县地方志编纂委员会
责任编辑：高孟君

出 版 人：冀祥德
出 版 者：方志出版社
地址　北京市朝阳区潘家园东里9号（国家方志馆4层）
邮编　100021
网址　http://www.fzph.org
发　　行：方志出版社图书经销中心
电话（010）67110500
经　　销：各地新华书店
印　　刷：浙江新华数码印务有限公司

开　　本：889×1194　　1/16
印　　张：20.75
字　　数：574千
版　　次：2017年12月第1版　2017年12月第1次印刷
印　　数：0001～1000册

ISBN 978－7－5144－2842－1　　定价：120.00元

《新昌年鉴》编辑部

地址：新昌县南明街道人民西路139号

电话：0575－86017005

电子信箱：xcnj86023089@163.com

编 辑 说 明

一、《新昌年鉴》，是全面、客观、系统地记述新昌县行政区域自然、经济、政治、文化、社会等方面情况的年度资料性文献，由新昌县人民政府主办，新昌县地方志编纂委员会编纂，创刊于2002年，此后每年连续出版。

二、《新昌年鉴（2017）》，记述新昌县2016年围绕“美丽新昌”建设目标，以“工业立县、生态兴县、创新强县”为引领，实施精准发力、补齐短板攻坚行动计划，着力打造现代产业之城、山水品质之城、生态休闲之城等方面的情况。

三、年鉴横排门类，纵述史实，按社会实践职能分类编排，设类目、分目、条目三个层次，条目为记述的基本单位。全书有类目20个，即：大事记、地情、农业农村、工业、水利电力、商贸服务、城建环保、交通邮电、金融、经济管理、中国共产党、政权·政协、群众团体·民主党派、政法·军事、教育科技、文化、医疗卫生、社会、乡镇（街道）、附录。有分目160个，条目1148个。

四、记述时限，2016年1月1日至12月31日，个别连续事项适当顺延。

五、记述数据，以新昌县统计局提供为准，县统计局未作统计的由各职能部门提供。称谓、数字、纪年、计量单位等均按国家有关规定书写，一些计量单位如亩、斤等顺从地方传统习惯。

六、文字资料初稿，由县级机关各部门、各乡镇（街道）和其它有关单位撰写，经各单位领导审核后，由县史志办公室《新昌年鉴》编辑部编纂成书。文稿署撰稿人姓名，随文照片未署拍摄者姓名的由撰稿单位提供。

七、广大编纂人员为年鉴的撰稿、编辑、校对等付出了辛勤劳动。由于编纂水平有限，书中难免会有疏漏和不当之处，敬请广大读者批评指正。

《新昌年鉴》编辑部

2017年12月

目 录

种植业

茶叶

林业

畜牧业

渔业

农业科技

农业机械化

商贸服务

城建环保

交通邮电

金 融

经济管理

政权　政协

政法　军事

教育科技

文 化

医疗卫生

社 会

乡镇（街道）

封面　真诏村边
封底　打年糕
（梁幸民摄）

大 事 记

新昌县2016年大事记

1月

1日　新昌县开始实施全面两孩政策。2016年全县户籍人口出生4186人，比2015年增加985人，生育二孩1921人，二孩率45.9%。

5日　县委、县政府召开全县作风建设会议。总结2015年全县作风效能建设情况，部署2016年工作。

同日　新昌县域创新驱动发展现场教学示范基地被省委组织部、省委党校授牌为第三批省级干部教育培训现场教学基地。

同日　新昌县播音主持协会成立。

8日　新昌县古树名木公众责任保险工作获2015年度绍兴市森林保险地方产品创新奖。

11日　全县文艺工作会议在三馆报告厅举行，表彰第十三届天姥山文学艺术奖获得者，明确文艺工作目标和任务。

18日　中共新昌县委第十三届九次全体会议召开。回顾总结2015年工作，研究部署2016年任务，审议通过《中共新昌县委关于制定国民经济和社会发展第十三个五年规划的建议》。

25日　县档案馆被浙江省档案局认定为省级规范化档案登记备份中心。

26日　中共新昌县第十三届纪律检查委员会召开第六次全体（扩大）会议。会议审议并通过县委常委、纪委书记周巍代表县纪委常委会所作的《坚持全面从严践行“四种形态”坚定不移推进党风廉政建设和反腐败斗争》工作报告。

28日　新昌县智能装备小镇列入全省第二批特色小镇创建名单。

29～31日　中国人民政治协商会议浙江省新昌县第九届委员会第五次会议在新昌县城举行。223名政协委员、13名特聘委员参加会议他在新的省、市政协委员、历届政协老领导等参加会议。

30日～2月1日　新昌县第十五届人民代表大会第五次会议在县城举行，出席会议代表216名，列席人员196名。本次会议共举行全体会议4次、主席团会议4次。会议听取和审议县人民政府代理县长李宁所作的《政府工作报告》。

2月

14日　县委、县政府召开全县经济工作会议。总结2015年经济工作，表彰各类先进，部署2016年经济工作任务。

同日　县委、县政府召开全县农村工作会议暨乡村旅游发展大会。

18日　新昌报告1例H7N9流感病例，疫情发生后，立即启动应急预案。

19日　县委、县政府召开创建国家卫生县城迎检动员大会。

24日　省委第四巡视组巡视新昌县情况反馈会召开。省委第四巡视组组长龚吟怡向新昌县委书记邵全卯反馈巡视情况。

25 日　县委召开全县党建工作会议。总结 2015 年全县党建工作，全面部署 2016 年党建工作各项任务。

同日　《人民日报》头版头条报道新昌科技创新的做法经验。

26 日　县委、县政府召开全县平安信访暨开展环境优化年“八大行动”工作会议。

27 日　日发智能纺机、航空装备产业园在梅渚镇举行奠基活动。绍兴市委常委、副市长吴晓东、新昌县委书记邵全卯参加活动。

29 日　新昌县获全国绿化模范单位称号。县委常委、常务副县长柴理明获“全国绿化奖章”称号。

3 月

1 日　钦寸水库工程建设推进大会召开。

2 日　福建省科技厅厅长陈秋立带领考察团到三花学习考察。浙江省科技厅副厅长邱飞章、新昌县委书记邵全卯、县长李宁、副县长朱润华陪同。

8 日　省司法厅党委委员、副厅长金登尚调研指导社区矫正及 G20 峰会安保工作。

13 日　县委召开全县村主职干部集中培训会。

17 日　第六次县政府全体（扩大）会议举行。

同日　钦寸水库库区胡卜村清风台门拆解结束，古建筑运至三丰和大坪头安置点，根据“原拆原建”要求复建。至此，钦寸水库库区文物迁建工程整迁建筑全部拆卸完毕。

19 日　县供电局召开服务美丽新昌（美丽乡村）建设工作会议。

22 日　全县科技创新暨国家知识产权强县工程建设启动大会召开，表彰科技创新带头人、科技创业领头人、科技好领导。

23 日　省林业厅副厅长、“绿化造林月”检查指导组组长吴鸿检查永林山核桃繁育基地建设及长诏林场森林消防和森林抚育。

30 日　环保部授予新昌“国家生态县”称号，新昌县成为绍兴市首个获此殊荣的县（市、区）。

3 月　钟山水厂一期工程动工，工程位于羽林街道拔茅钟林山，占地 35.6 亩，一期设计供水能力 2 万吨/天。至 12 月，完成土建主体工程、场外管线工程管道安装。

4 月

8 日　中共新昌县委宣传部、新昌县文学艺术界联合会、新昌县美术家协会联办的“首届新昌美术大展”在新昌博物馆开幕，共展出 131 名作者的 139 幅（组）作品，并召开“新昌美术大展”座谈会。

同日　省环保厅副巡视员许履中检查儒岙污水处理公司“清三河”复评。

12 日　2016 中国茶叶大会暨第十届新昌大佛龙井茶文化节在新昌开幕。

同日　省林业厅副厅长杨幼平检查大市聚镇沃洲村溪西自然村森林抚育、东高园珍贵树种造林及新昌县工业园区、羽林街道三丰村古树名木保护。

13 日　县法院和县科技局承办的绍兴市高新技术企业知识产权交流会在新昌召开。

15 日　县委宣传部与县机关党工委、党校和总工会联合举办的“新理念 新举措 新征程”主题微型党课比赛进行决赛。30 名选手参加。

16 日　第三届红枫樱花系列活动暨小将——石梁首届大月岭樱花节举办。

19 日　省水利厅厅长陈龙到长诏水库调研指导。

21 日　新昌县企业信息化促进会成立。

22 日　新昌中学第二任校长、地球物理科学家陈宗器先生的雕像在新昌中学落成。

23 日　新昌县 2016“全民读书月”启动仪式暨“图书馆之夜”活动在三馆报告厅举行。

25 日　全国政协常委、中国文联副主席、中国传统村落保护与发展研究中心主任冯骥才到新昌考察梅溪湖投资项目。写成《胡卜村的乡愁与创举》，发表于《人民日报》2016 年 6 月 10 日 8 版。

同日　县人民政府公布霞客古道新昌段、新昌古驿铺（关岭驿铺、侯王庙、小石佛驿铺）、下宅村南区公立道南学校、侵华日军碉堡群（鹭鸶岗碉堡、曹州碉堡）、旧坞村吴氏宗祠等 5 处 8 点为第七批县级文物保护单位。

26日凌晨2时　钦寸水库大坝31块混凝土面板全部浇筑完毕。

同日　全县森林资源二类调查工作部署会在白云山庄召开。

同日　县司法局、县住房和城乡建设局下发《关于建立健全物业管理纠纷人民调解衔接工作机制的指导意见（试行）》。

29日　县委召开全县“学党章党规、学系列讲话，做合格党员”专题党课暨学习教育部署会。

同日　省新四军研究会组织陈毅之子陈昊苏，粟裕之子粟寒生，叶飞之女叶楠、叶葳葳，省新四军研究会副会长浙东分会会长何竞生（何克希之子）及中央电视台摄制组等26人考察天姥山森林公园。

5月

1日　新昌县“营改增”工作全面展开。

2日　全国政协副主席、九三学社中央主席、中国科学技术协会主席韩启德考察达利丝绸（浙江）有限公司。

6日　全县要素交易首场拍卖会——排污权拍卖于在县公共资源交易中心开拍，8家企业拍卖成交，共拍出化学需氧量指标2.081吨，氨氮指标0.208吨，成交总额29万元。

7～8日　小将镇南洲叠罗汉艺术团“美猴王”猴戏随绍兴市民间艺术团远赴韩国大邱文化交流。利丝绸（浙江）有限公司。

9日　县人民检察院成立机关党委。随后，召开“两学一做”学习动员大会，检察长柴峥涛作动员讲话。

10日　新昌县2016年二季度重大项目集中开工暨万丰航空小镇奠基仪式举行。

11日　副省长黄旭明调研达利丝绸（浙江）有限公司、丰岛控股集团有限公司、中国茶市、天福茶业、清承堂茶叶电子商务公司等地。

16日　35千伏白云变退出运行，开始为期半年的室内化改造。

25日　县水利水电局协助省市防汛防台抗旱指挥部在羽林街道枫家潭村举办全省防汛机动抢险暨绍兴市防汛演练。

27日　县文联举办全县文艺骨干培训班。省文联党组书记、副主席、书记处常务书记田宇原作报告，80人参加培训班。

28日　中央电视台《焦点访谈》以“创新驱动，国家发展新动源”为题，报道新昌依靠创新驱动实现经济转型、人才集聚的做法。

31日　县委书记邵全卯在全国科技创新大会上作交流发言，向党和国家领导人汇报新昌创新驱动的做法。

同日　新昌县文物管理委员会办公室开始对盘山寺遗址进行抢救性考古发掘。

30日～6月1日　人民日报、中央电视台、新华社、经济日报、中国文化报等7家中央主流媒体开展“央媒新昌调腔行”采访活动，对调腔进行集中专题报道。

6月

3日　发改委副主任胡祖才到万丰航空特色小镇考察航空发展情况。

11日　县博物馆“梦游天姥——新昌历史文化陈列”在省文物局主办的第十届浙江省博物馆陈列展览精品评选中荣获陈列展览精品奖。

同日　新昌县入梅，至7月1日出梅。梅雨期天数20天，比常年少3天，入梅时间较常年偏早3天，出梅时间较常年偏早6天。

13日　新昌县文物管理委员会办公室开始对新昌乡主墓进行抢救性考古发掘。

15日　新昌县统一政务咨询投诉举报平台试运行，下设分平台账号92个。

21日　全县中小学生经典诵读比赛举行，总参赛节目40个，推荐个人节目、集体节目各1个参加市比赛。

同日　副省长郑继伟在绍兴市副市长丁晓燕，新昌县委副书记、县长李宁，副县长王仲林陪同下调研全县文化工作。

22日　省农业厅厅长林健东调研清承堂茶叶有

限公司、达利丝绸（浙江）有限公司、中国茶市等地。

28日　中韩书法精品交流展在博物馆开幕。本次展览荟集56位中国书法家和韩国槿墨书学会会长金载倖、著名书法家郑道准等47位韩国书法家的作品共120件。

29日　县委办发出《关于组织开展新时代“新昌精神”大讨论活动的实施方案》。

同日　新昌微印社成立大会暨第一次代表大会在新昌宾馆举行。

同日　钦寸水库大坝枢纽工程库周帷幕灌浆施工全部完成。

30日8时　受连降暴雨影响，长诏水库水位133.13米，库容15028万立方米，超过130.66米的汛期汛限水位。12时开始，先后调节开启6孔闸门及大坝放水孔进行预泄，泄洪最大流量41立方米/秒。

同日　县平安办联合团县委组织召开新昌县G20平安志愿者誓师大会。

同日　平安护航G20全县文化市场安全保障工作会议召开，全县各网吧、娱乐场所、演出场所、影院、文物古建筑属地管理单位负责人参加会议并签订《平安护航G20新昌县文化市场安全保障责任书》。

同日　省司法厅党委委员、副厅长俞世裕率队到新昌县督查司法行政G20峰会维稳安保工作。

6月　《新昌县公证法律援助实施办法（试行）》出台，办理首例公证援助案件。

7月

1日　小将镇乡旅“认筹制”启动仪式在茅洋村举行，小将商会企业家认筹资金1000万元，注册成立新昌菩提精舍旅游发展有限公司。

8日8时～10日8时　新昌县受第1号台风“尼伯特”外围影响，全县面雨量25.1毫米，最大为巧英乡敖坑水库站42毫米。新昌江新昌站最高水位42.52米（距警戒水位0.48米）。

同日　全市森林保险工作联席会议第三次会议在新昌召开。

13日　新昌县第九座110千伏望江变电所竣工投运。

14日　中共新昌县委十三届十次全体（扩大）会议召开，总结上半年工作，部署下半年任务，审议通过《中共新昌县委关于精准发力补齐短板攻坚行动计划》和《中共新昌县委关于加快建设教育现代化县的决定》。

21日　省委常委、省军区政委王新海，省人大常委、省军区原副司令员徐云法到新昌县司法行政法律服务中心调研指导工作。

同日　植保无人机推介会在羽林街道新中粮食千亩示范基地举行。

同日　浙江《2015年度工业强县（市、区）综合评价结果分档排名》出炉，新昌县在全省90个县（市、区）中综合评价排名第14名。

29日　出现一年极端最高气温40.2℃。

7月　澄潭、羽林两个镇级公共法律服务站点投入试运行。

7月　企业参保人员养老保险最低缴费基数调整为2586元，基本医疗保险最低缴费基数调整为4310元。

8月

1日　钦寸水库最后一户遗留户石某某开始主动搬离物品，下午4时石某某所有房屋被拆除。至此，钦寸水库遗留户限期搬迁强制执行工作顺利完成，库区移民户房屋全部拆除。

4日　儒岙镇文学艺术界联合会挂牌成立，为全县首个乡镇文联。下属协会有天姥书画协会、天姥摄影协会、天姥戏迷协会、天姥根艺协会、天姥音乐舞蹈联谊会、天姥体育健身联谊会组成，下设16支文艺队伍，成员300人。

10～15日　省水利厅召开新昌县钦寸水库工程蓄水安全鉴定会。鉴定组实地踏看现场、听取汇报，认为钦寸水库工程形象面貌基本满足下闸蓄水条件。

11日　浙江省委副书记、代省长车俊到万丰考察智能装备产业和通用航空产业发展情况。

17 日　县委、县政府批准实施五都整村搬迁，共涉及 562 户，1344 人，拆迁面积 12 万平方米。

17～23 日　中央电视台发现之旅频道《美丽中华行》节目摄制组走进新昌县，拍摄唐诗之路、禅茶之源、佛教之旅、天姥山风光以及美丽乡村。节目于 10 月 14 日（周五）播出。

19 日　反恐应急处置演练在七星小学附近举行。

26 日　全县小京生产业发展现场会召开，副县长柴理明率队参观种植示范基地和花生炒制全自动生产线。

29 日　省林业厅副厅长王章明到新昌督查 G20 峰会森林消防工作，实地检查天姥林场、七星街道森林消防情况。

9 月

6 日　儒岙镇列入国家发改委、住建部等 7 部委联合公布的全国重点镇名录。

9 日　浙江京新药业股份有限公司被评定为2016年浙江省 AAA 级“守合同重信用”企业。

14 日 8 时～17 日 8 时　新昌县受第 14 号台风“莫兰蒂”外围影响，全县面雨量 157.4 毫米，最大为巧英乡敖坑水库站 280.5 毫米。新昌江新昌站最高水位 42.93 米（距警戒水位 0.07 米）；澄潭江澄潭站最高水位 40.96 米（距警戒水位 1.04 米），出现时间为 9 月 15 日 21 时 35 分。

21 日　水利部建设与管理司副司长朱云率考核组赴新昌对钦寸水库工程进行现场质量考核。

22 日　大明市区块征迁动员大会召开。至 10 月 12 日，9 个村全部完成征地签约，比原计划提前近 2 个月。

23 日　钦寸水库工程建设协调小组第八次会议在宁波召开，交流绍兴、宁波两地在钦寸水库工程建设、移民安置、要素保障、运行管理、水源保护等方面的工作进展和下步打算，讨论审议有关事项。

27 日 8 时～30 日 8 时　新昌县受第 17 号台风“鲇鱼”外围影响，全县面雨量为 63 毫米。新昌江新昌站最高水位 42.57 米（距警戒水位 0.43 米）。

28 日　全市农村文化礼堂建设工作现场推进会在外婆坑村召开。会议表彰全市农村文化礼堂十佳特色示范点、十佳最美管理员。至年氐，新昌县全年建成农村文化礼堂 21 家。

30 日　新昌县乡村旅游现场会分别在班竹村、南山村召开，班竹村举行“梦天越旅游综合体启动仪式”，南山村举行天姥山摄影影视基地开业仪式，及“寻梦诗路小镇·拾遗天姥古韵”摄影比赛获奖作品展。

10 月

10 日　“全民大舞台 共筑中国梦”国庆群众文化月系列活动举办，在江滨公园上演“盛世强音中国梦”——2016 新昌县音舞晚会、新昌县第五届地方戏曲大展演等文艺活动。

11 日　拔茅至坑西段截污管道工程通过验收。工程与江拔线坑西至拔茅公路同步建设实施，于 2014 年 12 月 2 日开工，2015 年 5 月 30 日完成全长 3845 米的主干管道安装，设计输送污水能力 1.5 万吨／日。

17 日　新林乡查林村的汇龙轴承有限公司厂房被全部拆除，至此钦寸水库库区 320 家企业（个体工商户）拆除完毕。

20 日　新昌县在上海举办新昌上海科技对接活动。

21 日　“保护文化遗产 守护精神家园”2016 新昌县非物质文化遗产节目汇演在江滨公园上演。德国教育访问团 20 名师生观看演出。梅渚剪纸等非遗礼品赠送给他们。

同日　省文化厅公布第十三届戏剧节决赛剧目名单，共 20 个剧目，新昌调腔《闹九江》名列其中。进入决赛的县级剧团全省仅 4 个。

22～23 日　浙江第三届“地域与文学”研讨会在新昌举行。来自全省六个县（区市）的作家、诗人共 38 人汇聚新昌。

25 日　浙江五洲新春集团股份有限公司股票登入中国证券 A 股交易市场。

28 日　中共新昌县委十三届十一次全体会议召开，决定召开中共新昌县第十四次代表大会的有关事项。县委书记邵全卯主持会议，县委委员、候补委员参加会议。

同日　全省“三名”培育试点企业技术创新工作现场会在新昌召开。

29 日　巧英乡举办环湖乡村马拉松赛。

31 日　新昌县农民合作经济组织联合会成立大会召开。

11 月

1 日　全省土地确权登记颁证工作推进视频会议召开。

2 日　县公安局召开全县公安机关 G20 峰会安保工作总结表彰大会暨“越剑 4 号”行动推进会。

4 日　新昌首家校园书店“芸香苑”落户新昌中学。

8 日　《新昌县长诏水库管理与保护范围划定修订方案》协调会召开，会议通过《修订方案》。

9 日　新昌县2016年度多种形式消防队伍业务技能比武暨“消除火灾隐患 共建平安社区”主题宣传启动仪式在“三馆”广场举行。

10 日　“梦游天姥·全国山水名家新昌邀请展”在博物馆开幕，由新昌县政府主办，县文联和美协承办。

同日　县普法领导小组成员单位会议召开，审议通过“七五”法治宣传教育规划送审稿。

13 日　农业部农村经济体制与经营管理司巡视员冀名峰到新昌县调研农村集体经济情况。

14 日　县社会科学界联合会公布新昌县社科人才库首批入库人才名单，有丁丁等 26 名。

15 日　县人民检察院迎接绍兴市基层检察院“践行绿色司法，互看、互学、互评、互比”考察。

同日　浙江三花集团有限公司名称变更为“浙江三花智能控制股份有限公司”。

16 日　大佛龙井登录华东林交所大宗农林产品现货电子交易平台，开辟“互联网+”新模式。

17 日　县委、县政府召开全县小城镇环境综合整治行动动员会议。

19 日　国家标准化管理委员会副主任殷明汉、工业一部副主任孙旭亮率调研组到浙江日发精密机械股份有限公司调查高端装备制造业标准化试点工作。

22 日　县人民检察院举行“检律关系大家谈”座谈会，邀请绍兴市律协刑辩委员会主要成员和本县部分律师参加。

22～23 日　新昌县民族宗教事务与县旅委、文广局联合举行新昌大佛成像 1500 周年暨大佛寺 5 星寺院创成纪念活动，活动内容包含文艺晚会、纪念大会、佛前大供、弥勒文化讲座。

24～25 日　长诏水库标准化管理创建通过省水库管理总站组织标准化管理考核专家组的验收。

25 日　县人民检察院与新昌技师学院（筹）联合成立未成年人观护帮教基地。

28 日　县人民政府森林消防指挥部在羽林街道拔茅村高白湾水库举行 2016 年度森林消防演练比武运动会。

29 日“福建省芳华越剧团 70 周年团庆——故乡行”尹派艺术研讨会在新昌举行。会上，县文化广电新闻出版局与福建省芳华越剧团签署合作意向书。

30 日　新昌县 2016 年四季度重大项目集中开工暨 527 国道连接线（泉清至五丰段）工程动工仪式在五丰村举行。

12 月

1 日　全县个体工商户办理营业执照开始实施“两证合一”。

2 日　县司法局联合县委宣传部、普法办在江滨公园止水碑雷锋广场举办 2016 年国家宪法日广场活动。

8 日　全面创新改革试验区建设暨产学研合作综合体制改革试点动员大会召开，副省长冯飞出席会议并作重要讲话。

13 日　全省检察系统新闻宣传工作会议暨全省检察机关首届新媒体“三优”评比活动表彰大会在

新昌举行。

同日　新昌县羽林街道支民畜牧场、新昌县宫廷黄鸡繁育有限公司被认定为省级美丽牧场。

15日　中共新昌县委第81次常委会确定新时期新昌精神为“崇文守正，务实创新”。

16日　澄潭江河道社古大桥至澄潭大桥段治理工程完工验收。该工程自2014年11月13日开工，治理河长1.86千米，新建（加固）堤防2.59千米，新建穿堤箱涵3座。

18日　县政府印发《新昌县综合行政执法工作实施方案》，县城市管理行政执法局更名为县综合行政执法局，县城管执法大队更名为县综合行政执法大队，并在12月30日正式挂牌运行。

19～21日　水利部水利水电规划设计院组织11位专家检查验收钦寸水库工程移民安置、专业项目处理、库底清理等工作。专家组形成《浙江省新昌县钦寸水库工程蓄水阶段建设征地移民安置专家组验收意见》，同意钦寸水库工程通过下闸蓄水移民安置省级技术验收。

20日　中共新昌县委十三届十二次全体（扩大）会议召开。总结2016年工作，部署2017年任务，审议通过《中共新昌县委关于落实全面从严治党要求加强新形势下干部队伍建设的决定》。

23日　县人民检察院举行“服务非公企业，加强侦查监督，维护公平正义，新检在行动”为主题的“检察开放日”活动。

同日　杭绍台铁路先行段（新昌与天台接壤段，以新昌为主）动工。

26日　县人民检察院组织“浙江英模大讲堂”活动，5名干警代表讲述工作经历，号召全院干警向先进看齐、向模范看齐。

29日　甬金铁路先行段（新昌与嵊州接壤段）动工。

30日　大市聚消防站入驻仪式举行。

（王东惠　陈　凯）

地　情

建置沿革

【新昌县的建立】　新石器时代晚期，新昌县境内已有人类活动。春秋时期，於越先民以今绍兴一带为中心建立越国，新昌县境属越国。秦王政二十五年（前222），“王翦遂定荆、江南地，降越君，置会稽郡”，治吴（今苏州市）。秦推行郡县制，原越地称“大越”，隶会稽郡。汉高祖五年（前202），汉王刘邦即皇帝位，“徙韩信王楚”，今绍兴市各县属楚国。六年（前201），尽丹阳、会稽两郡为荆国，“将军刘贾数有功，以为荆王”。十二年（前195）改荆为吴，今绍兴市各县属吴国，为吴王刘濞封地。汉景帝三年（前154），破吴军，国除，恢复会稽郡。景帝四年（前153），已置剡县，属会稽郡，新昌县境在剡县的东南部。新王莽始建国元年（9），改剡县为尽忠县。东汉建武元年（25），尽忠县复旧名剡县。顺帝永建四年（129），以浙江（今钱塘江）为界，分会稽郡之浙江以北地为吴郡，治吴，以南地仍称会稽郡，治山阴（今绍兴城）。唐武德四年（621），会稽郡改为越州，置总管府，剡县升置嵊州，并分置剡城县。唐时，县下设乡、里，剡县辖40乡。武德七年，改越州总管府为越州都督府。武德八年，废嵊州及剡城县，重置剡县，属江南道越州。乾宁二年（895），董昌称帝越州，号“大越罗平国”，剡县属之。乾宁三年（896），钱镠破越州，平董昌，自此兼有浙东、西，为镇海、镇东两军节度使。乾宁四年（897），钱镠定杭州为西府，越州为东府，剡县从之。

梁开平元年（907），朱温即帝位，国号梁，是为后梁太祖。梁封钱镠为吴越王（此前，钱镠先后被唐进为越王、吴王），吴越国治杭州，为五代十国时期的十国之一。梁开平二年（908），即吴越天宝元年，敕升越州为大都督府，剡县改为赡县（北宋太平兴国三年仍以剡为名，宣和三年更名为嵊），又析剡县东部置新昌县，治石牛镇（今新昌城），这13乡是：永寿、石顺、昌化、像明、遵德、石城、五山、丰乐、彩烟、善政、新昌、安仁、守义。县名，“或原有新昌一乡，而因以名县”（民国《新昌县志》），并“以其创建也，因为新云”（万历《新昌县志》）。可见县名来自原有的“新昌”乡名，也寓新建县治，希望昌隆、昌盛之义。此后，越州领会稽、山阴、余姚、上虞、赡县、萧山、诸暨、新昌等8县，新昌县属吴越国越州东府（行都）。

【录属】　宋太平兴国三年（978），吴越国纳土归宋，复越州，新昌县属之。宋袭五代制，越州仍称大都督府越州会稽郡镇东节度使。南宋建炎四年（1130），高宗驻跸越州，取“绍奕世之宏休，兴百年之丕绪”之意，于明年正月改元绍兴，于十月升越州为绍兴府，新昌为其属县，隶于两浙东路，元至元十三年（1276），绍兴府改为绍兴路，隶属依旧。至正二十六年十二月（1366），绍兴路改为绍兴府，隶浙江行中书省。清继明制。

民国元年（1912）2月，实行省、县两级制，原绍兴府辖县直属浙江军政府。民国3年6月，设会稽道于省县之间，新昌县属之。5年省道，旋复。16年4月，废道，复行省、县两级制，原绍兴府各县直属浙江省。21年、22年，先后属浙江省第七特区、浙江省第五特区。24年6月，设绍兴行政督察区于省县之间，辖绍兴、上虞、余姚、嵊县、新昌、诸暨、萧山7县。25年4月，绍兴为浙江省第三行政督察区，辖县不变。32年5月，第三区行政督察专员公署移驻天台，后一度驻新昌。同年9月，在第三及第二区上设浙东行政公署。34年11月15日，撤销浙东行署。翌年1月1日起，第三行政督察区恢复民国24年建制，专员公署复驻绍兴。37年4月1日，第三行政督察区改名为第二行政督察区。38年4月26日，再设浙东行署，因解放军进军浙江，终未实行。

1949年5月22日，新昌全境解放。6月中旬，设第十专区，辖绍兴、上虞、嵊县、新昌、诸暨、萧山6县。11月，第十专区改称绍兴专区。1950年9月27日，确定绍兴为特等县，新昌为丙等县。1952年1月26日，撤销绍兴专区，新昌划归宁波专区。1958年2月21日，绍兴市由原省辖划归宁波专区。同年11月21日，撤销新昌县，辖地并入嵊县。1961年12月30日，新昌县恢复。1964年9月22日，析宁波专区，复设绍兴专区，辖绍兴、上虞、嵊县、新昌、诸暨5县。1968年5月15日，成立绍兴地区革命委员会，专区易名为地区。1983年7月27日，撤销绍兴地区，改设绍兴市（省辖市），实行市管县体制，新昌县为绍兴市辖5县之一，至今。

（王东惠）

【行政区划】 新昌县境，古时为越国荒徼，剡东鄙，地域开发后，处在台越通衢、明婺要道，今位于绍兴市东南部，县治南明街道，距绍兴83公里、杭州132公里、宁波95公里。县境东邻奉化、宁海，南接天台，西南毗连磐安、东阳，西北与嵊州接壤。边界线长264.05公里，绝大部分属传统习惯线，且多数以山脉分水岭为界，界线清楚。县境东西相距52.3公里，南北相距36.9公里，介于东经120°41′34″～121°13′34″、北纬29°13′55″～29°33′52″之间。

新昌县建立初，有13乡。宋代，县下仍为乡，乡下为坊、里。大中祥符六年（1013），13乡撤并，增设仙桂乡。嘉泰《会稽志》载：新昌县有五山、丰乐、彩烟、仙桂、善政、新昌、安仁、守义等8乡，辖26里。

元代，改乡、里为都、图（里），新昌县有39都、42图。

明代，行里甲制，以十户为甲，有甲首，一百十户为里，有里长。明初有40里。成化年间归并为32里。隆庆五年（1571）定为30里。

清初，袭明制，全县领30都。后行都（图）制。县下设乡，有乡董，乡下设图，有图董以管事，另有图正，掌管本图鳞册。图下分庄，庄有庄首，核收田赋，汇交钱粮。雍正十年（1732），绍兴府8县编顺庄3442个，其中新昌县482个。宣统元年（1909），实行地方自治办法，县下设乡。次年，废都里制，行选举投票法，划分区域，人口满5万称镇，不满5万称乡。全县划分城、东、南、西、北5区，共计835村，其中城区辖县城及城郊32村，东区沃洲镇，辖350村，南区彩烟乡，辖217村，西区澄潭乡，辖153村，北区黄泽镇，辖83村。

民国初期，此制未变。民国17年（1928），国民政府公布县组织法，推行村里制，县以下设区及村里。百户以上为一村，不满百户者联合数村为一联合村；以百户以上市镇为一里。民国18年（1929），新昌县分设320村里，次年3月，分辖于城、东、南、西、北、新东6区。民国19年（1930），国民政府颁布乡村自治施行法，改村里为乡镇，以5户为邻，5邻为闾，百户以上村庄为乡，百户以上街市为镇，至民国21年（1932），全县编为4区，12镇，208乡，2210闾，11799邻。民国23年（1934）6月，推行保甲制，乡镇以下设保甲。次年统计，全县分4区，辖42乡（镇），625保，6170甲。民国28年（1939）12月，全县由42乡镇改划为37乡镇，527保。民国30年，实行新县制，调整乡镇数。民国31年7月，新昌县城沦陷，新昌县部分地区被日军占领，人口减少，保甲数在民国33年减少到523保、5738甲。民国35年（1946），划分为3个指导区，缩编为30乡镇（3镇、27乡），522保。

1949年5月，新昌县解放，全县分5区，辖30个乡镇，520保。6月，废除保甲制，县下设区、乡、村。1950年12月，划出南区的回山、智仁、八和、彩淳4乡，西区的镜屏乡，建立回山区，这样，全县分6区，36乡镇。1950年5月，为利于土地改革，便于农民参政，划小乡镇辖区。1950年9月，全县分6区，70乡镇，533村。1952年6月，划出大市聚区的9乡，设立小将区。同年，城关镇改为县直属镇，城区更名为城郊区。1956年4月，为适应农业合作化运动需要，区乡并编，全县缩并为36乡镇，村增至536个。1958年9月，实行政社合一制，全县组织9个人民公社，下辖72个生产大队，507个生产队。1958年11月新昌县撤销后，所属公社并入嵊县。1959年1月，生产大队改名为管理区，原新昌县域内设9个人民公社，52个管理区。1959年7月，新昌大队管理区改为镇建制。

1961年4月，公社恢复为区级行政建制，以管理区建公社，下辖生产大队。1961年12月新昌县恢复后，原属新昌县的黄泽镇及藕岸公社的兰洲、麻车、前王等3个大队划归嵊县，原属嵊县的毫石公社东陈、西陈、汤家庄等3个大队划归新昌县逋山公社。全县辖8区、1镇，48人民公社，818大队。

1962年6月，区公所撤销，公社直属县，1968年恢复区建制。1971年8月，嵊县中南公社枣园、胡衣、茅家、舒家大队划归新昌澄潭公社，嵊县黄泽镇大岙底大队划归新昌孟家塘公社；新昌山头公社后湾大队划归嵊县中爱公社，新昌澄潭公社新山大队半山生产队划归嵊县毫石公社。此后，新昌县境保持不变。

1979年，长诏水库区内炉溪、解放两公社合并，称长诏公社。1979年底，全县有1个镇（即城关镇，下辖16个居民委员会）、8个区，44个人民公社，下辖733个大队。1983年，改公社为乡，乡以下为村，大队改设为村民委员会，全县辖759个村民委员会。1985年至1989年，8个乡先后改为建置镇，全县分为城郊、澄潭、镜岭、回山、儒岙、大市聚、小将、沙溪8区，辖9镇（其中城关镇为县直属镇）、39乡，777个村，3479村民小组。1992年5月，全省进行撤区扩镇并乡，新昌县8个区公所撤销，乡镇由48个撤并为18个（镇11个、乡7个），下辖777个村。

2001年11月，大明市镇、拔茅镇和城南乡挂帘山村并入城关镇，全县有镇9个、乡7个。2002年12月，城关镇22个居民区组建成12个社区，即七星、鼓山、茶亭、钟楼、梅湖、市中、东溪、湖莲潭、城南、凤山、临江、临城。2004年，全县行政村由777个撤并为416个。2005年，大佛寺村民委员会撤销。2006年8月，城关镇撤销，分设南明、羽林、七星等3个街道，长征乡、镜屏乡撤销，分别并入儒岙镇、镜岭镇。2008年，在县城西部设立南岩社区。2008年底，全县有16个乡镇街道（镇8个、乡5个、街道3个），下辖13个社区、415个村，另有4个乡村居民区，至今。

（赵晓蓉）

自然环境

【地质——华夏古陆的浙东古陆东北部】 新昌县的地质构造，属华夏古陆的浙东古陆东北部，中生代晚侏罗世前，长期隆起遭剥蚀，未见中侏罗世及以前的沉积。晚侏罗世，受燕山运动影响，地壳下降，火山密集喷发，低洼堆积大量火山碎屑，地貌经常变迁。晚白垩世，燕山运动晚期，渐显新华夏系北北东向构造，东、南、西部隆起，西北与中北部呈北北东向断裂，出现断陷盆地，堆积馆头组、朝川组碎屑岩层。火山活动稍减，岩浆侵入活动强烈，铁、多金属和萤石等矿物富集。中生代末约0.7亿年前，新华夏系构造定型后，侏罗系、白垩系地层中，出现密集的北北东向断裂带，受东西向挤压，造成南北向构造，基本形成县境地质构造面貌。

第三纪始新世至上新世，喜马拉雅山运动早

期，火山间歇喷发，基性熔浆多次沿断裂溢流，低洼河湖受湮变浅或成陆地，形成南北向分布的铜岭祝组地层，贮存硅藻土、钴土、红土、褐煤、褐铁等矿物。上新世末，地壳上升，经第四纪下、中更新世剥蚀，露出晚侏罗统熔岩及早白垩统碎屑岩，形成玄武岩台地。

第四纪上更新世，地壳稍下降，大部地区堆积冲、洪积物，局部有淤积物。全新世早期，有坡积、洪积、冲积作用，局部有淤积，分布于澄潭、新昌、黄泽三江谷地上。近代，地壳有上升趋势，剥蚀、切割作用加剧。第四纪地层，处于"波动"状态。

【地貌——浙东低山丘陵】　新昌县境的地质遗迹，构成独特的自然风景，如丹霞地貌、玄武岩残留台地地貌。县境地势东南高，西北低，由东南向西北呈阶梯状下降，地域差异明显。东、南、西部为山地，面积382.49平方公里，占总面积的31%，系天台山、四明山余脉，分别从东南、东北向县境延伸，逶迤盘伏，山峰连绵，谷深坡陡，最高点为小将菩提峰，海拔996米。中部为丘陵台地，面积765平方公里，占总面积的62%，低阜起伏，土层深厚，海拔150米~400米。西、北部为河谷盆地，面积73.56平方公里，占总面积的6%，地势平缓，土壤肥沃，县城中心海拔45米，最低处为五都村，海拔28米。

县境名山簇拥，胜迹众多。天台山脉自中南部入境为天姥山（古称"一邑主山"），逶迤绵亘，至鞍顶山，构成儒岙至回山山地，会稽山余脉自西南入境，盘亘于镜岭西坑一带，四明山脉自东北入境。天姥山、沃洲山位于县城东南部，为越中风光奇绝处，素有"东南眉目"之称，道家列为福地洞天。唐代诗人李白所作《梦游天姥吟留别》、白居易所撰《沃洲山禅院记》历代传诵。

【水系——曹娥江上游】　新昌县境内河流，受地质构造制约，断层节理纵横交错，地表切割强烈。中上游河谷窄，河床陡，比降大，水流急，土壤侵蚀较严重。下游比降小，弯曲多，洪流漫溢摆动大，两岸农田变迁多，其冲积物沉积亦不稳定。河流为曹娥江上游，澄潭江为曹娥江源流，新昌江、黄泽江为曹娥江支流。这3条山溪河流分别从西、南、东部向西北流贯县境，形成树枝状水系。县境流域面积1206.6平方公里，占县域总面积99.47%，有大小支流73条，总长455.6公里，河网密度0.38公里/平方公里。澄潭江，旧称长潭溪，主要支流有大坂溪、桂溪、小泉溪、左于江。新昌江，旧称东溪，主要支流有三十六渡坑、青坛江、桃源江、新民江、潜溪江。黄泽江，旧称王泽溪，主要支流有沙溪、龙溪、龟溪。

全县径流主要靠降水补给，降水量在1300~1800毫米之间，年际变化较大，据新昌县水文站13个测站资料分析，全县多年平均降水深1502.5毫米，降水总量18.22亿立方米；多年平均径流深771.1毫米，径流系数0.515，每平方千米产水量77.1万立方米，多年平均径流量9.35亿立方米。降水的地区差异较大，分布呈东南渐向西北递减，山区高于河谷平原地区。梅渚镇和羽林、七星、南明3街道，澄潭镇、城南乡等北部地区为低值，降水量在1400毫米以下；小将镇和巧英乡为高值区，降水在1600毫米以上。实测年降水量最小为新昌站，1956年至2000年多年平均降水量1315.7毫米，最大值为芹塘站，1956年至2000年多年平均降水量1796.0毫米。

新昌县地表水资源空间分布和降水量基本一致，多年平均水资源总量（河川径流量）9.486亿立方米，地下水资源量1.592亿立方米，人均水资源量（以2002年末43.51人计）2180立方米，与全省人均水量基本持平。2011年地表水资源量7.3256亿立方米（径流深603.5毫米），比2010年的12.6713亿立方米少5.3457亿立方米，比多年平均9.4855亿立方米偏少22.8%。2006年至2007年新昌县水域调查显示，全县水域总面积49.72平方公里，占全县国土面积1213平方千米的4.1%，水域总容量36336.04万立方米。水力资源理论蕴藏量达7.28万千瓦。

（陈　凯）

【资源】　新昌地下矿产探明有16个矿种44处矿（床）点，主要有褐煤、油页岩、磁铁、金银、水晶、萤石（砩石）、花岗石、玄武岩、青石、沸石、方解石等，一般规模不大，以花岗岩、褐煤储量最多。萤石开采始自1916年，其中大坟山矿在1967～1988年已采矿石14万吨；花岗石储量达1亿多立方米，居绍兴市之首。青石呈浅蓝（绿），被称为“江南碧石”，以西坑石宕为最，作风景点石雕装饰建材。

新昌山多地少，土地资源相对不足，素有“八山半水分半田”之称。1949年年末，全县有耕地15673公顷，其中水田11673公顷，旱地4000公顷，人均耕地1亩。1979年末，全县有耕地17320公顷，其中水田12393公顷，旱地4927公顷，人均耕地0.66亩。2007年末，全县有耕地16336公顷，其中水田11099公顷，旱地5237公顷，人均耕地0.56亩。

根据1990年土地资源详查，全县土地总面积121280公顷，其中耕地33436公顷。

根据2012年土地变更调查，全县土地总面积121354.77公顷，其中耕地28838.9公顷，其中水田14541.65公顷，旱地14297.25公顷；园地13144.31公顷，其中茶园7354.3公顷，果园1572.15公顷，其他4217.86公顷；林地60535.03公顷；水域4093.13公顷，居民点及工矿用地6604.49公顷，交通用地2033.08公顷，特殊用地74.43公顷，未利用3067.74公顷。

低山丘陵的土壤母质，主要为岩石风化体，丘陵台地为古沉积体，沿江两岸河谷盆地为冲洪积体，有红壤土、黄壤土、岩性土、潮土、水稻土等5个大类，其中红壤是主要自然土壤，分布在海拔600米以下的低山丘陵及荒坡地带。

新昌地属中亚热带常绿阔叶林植被北部亚热带。原生植被绝大部分被次生植被取代，形成次生林或人工栽培的植被类型，水平分布差异不大，垂直地带性表现较明显。主要植被有针叶林，针、阔混交林，阔叶林，竹林，灌木、草丛，栽培植被。野生植物有茯苓、银杏、香樟、檫树、木荷等175科1100余种。野生动物有蕲蛇、水獭、鳗、鳖等73科330余种。1984年11月，新昌县八届人大常委会举行第三次会议，命名茶花为新昌县的县花。新昌县罗坑山森林公园、新昌天姥山森林公园、新昌县七盘仙谷森林公园为省级森林公园。

（王晓岚）

气　候

【气候——亚热带季风气候】　全境属亚热带季风气候，处中、北亚热带过渡区，温和湿润，四季分明。春夏初雨热同步，而盛夏多炎热，秋冬光温互补。灾害性天气较多。同时具备典型的山地气候特征，水平、垂直方向差异明显。1972～2011年气象资料显示，年日照时数1889.9小时，年均气温16.7℃，年均降水量1358.4毫米。年无霜期232.3天，年雷暴日43.3天。每年9月至次年3月盛行西北偏北风，4月至8月盛行东南偏东风。

四季分布为冬夏长，春秋短。春季，冷暖空气团在县境进退交锋，骤冷骤热，天气多变，阴雨连绵，降水量多。3、4月出现“倒春寒”。初夏，常有“梅雨”，有时5月下旬提早出现，降水量大。盛夏7月至8月间，受太平洋副热带高气压控制，形成伏旱，常有台风、狂风暴雨致灾，亦伴降水解旱。午后常有地方性雷阵雨，间有冰雹、大风、暴雨成灾。初秋，冷暖空气团交锋，多低温阴雨天，仲秋后受长江下游小高压影响，常见秋旱，10月出现小阳春。冬季，寒潮通过西北河谷平原（盆地）进入河谷，气温骤降。

气象灾害为新昌主要自然灾害，有干旱、洪涝、暴风及低温冻害。干旱以7～8月居多，山区重于平原。洪涝源于暴雨，多发生在降水量集中的梅雨季和台风季，故称“梅涝”和“台涝”。

【2016年气候】　2016年，新昌县平均气温比常年偏高1.3℃，为历史第一高，也是1997年以来连续第20个偏暖年。年极端最高气温40.2℃，出现在7月29日。年极端最低气温-9.7℃，出现在1月25日。年降水总量较常年偏多13.5%，年雨日较常年偏多4.8天。年日照总时数比常年偏少18.3%。冬季（1～2月）平均气温较常年偏高，雨

雪冰冻灾害频发，其中1月下旬受强寒潮天气影响，出现明显降雪。春季（3～5月）平均气温较常年偏高，降水量较常年偏多，日照时数比常年略偏少。春季多大风、冰雹和短时强降水等强对流天气。夏季（6～8月）平均气温较常年偏高，高温日数偏多，降水量、降水日数较常年明显偏少。日最高气温≥35℃的高温天数为40天，较常年偏多9.8天。今年夏季影响台风个数较常年偏少，仅“尼伯特”一个台风影响。秋季（9～11月）平均气温较常年明显偏高，降水量、降水日数偏多。今年秋季台风影响个数较常年偏多，先后有“莫兰蒂”“马勒卡”“鲇鱼”等台风影响。10月出现历史罕见阴雨寡照天气，降水量较常年同期偏多21.6%，日照时数较常年偏少74.4%，是1972年有气象记录以来历史第一少。12月平均气温较常年异常偏高，雨量略偏少，日照时数较常年偏少。

表1　新昌县2014～2016年各气象要素

项　目		计量单位	2014年	2015年	2016年
年平均气温		℃	17.2	17.3	18.1
日照	年日照时数	小时	1641.1	1353.6	1527.1
	日照百分率	%	37	31	34
降水	年降水总量	毫米	1367.5	2076.3	1564.3
	年降水日数	天	150	179	163
年平均相对湿度		%	76	78	78
年平均气压		hpa	1002.7	1002.8	1002.5
霜雪期	无霜期	天	257	290	279
	初霜期	日/月	18/11	5/12	18/12
	终霜期	日/月	22/3	2/3	11/3
	霜　日	天	36	19	13
	初雪期	日/月	9/2	30/1	21/1
	终雪期	日/月	19/2	30/1	1/2
	雪　日	天	7	1	4
全年雾日数		天	50	47	56
全年霾日数		天	86	41	47
全年雷暴日数		天	39	45	37
年平均风速		米/秒	1.8	1.7	1.7

【主要气候事件及其影响】　1.强冷空气过程有5次，出现在2月12～14日、3月7～10日、11月21～23日、11月22～24日、12月21～23日。2.台风：影响全县的台风共有5个。（1）7月7～9日，第1号台风“尼伯特”；（2）9月14～15日，第14号台风“莫兰蒂”；（3）9月16～18日，第16号台风“马勒卡”；（4）9月27～28日，第17号台风“鲇鱼”；（5）10月22～23日，第22号台风“海马”。3.暴雨：24小时过程降水量≥50.0毫米的暴雨过程共有5次，出现在5月29日、6月26日、6月29日、8月3日、9月15日（20～20时）。4.梅雨：6月11日入梅，7月1日出梅，梅雨期20天，梅雨量246.6毫米，比常年梅雨量偏多11.3%。梅雨形势不典型，梅中有伏。5.寒潮：影响全县的寒潮天气有3次，出现在2月12日、3月7日和11月21日。6.冰冻雨雪：1月21～25日的冰冻雨雪天气，造成严重冰冻，大量农田受灾，油菜受冻，道路结冰交通受阻，农作物受冻12.381万亩，林业受灾780万亩，因冰断水3747户，直接经济损失13000万元。7.强对流天气：6月22日，局地的冰雹导致西山受灾，部分蔬菜和树木有所毁坏。6月28日夜里至29日全县普降暴雨，部分站点出现6～8级短时雷雨大风，过程造成塌方200立方米，多处交通阻塞。

【气候与农业】　冬季：2016年冬季冷空气活动频繁，2015年12月到2016年2月降水量略偏多，气象条件总体一般。1月21～26日，出现全县范围的雨雪冰冻天气，使油菜和小麦遭受冻害，露地蔬菜受灾最为严重。2月上旬初虽有两次雨雪冰冻过程，但由于持续时间短，后期温高光足的条件利于各类作物的生长，对春茶萌芽也较有利。

春季：春季晴雨相间，出现明显的春寒天气，气象条件总体一般。3月上旬全县多晴少雨，日照充足，春花作物以及“乌牛早”“龙井43”生成较快。中旬出现明显春寒天气，对处于花期的油菜有一定不利影响，处于采收期的“乌牛早”“龙井43”等早发品种茶园受灾严重，前期的抽芽基本都有冻伤。4月多阵雨天气，气温稳定且偏高，光照偏少，光温水条件对茶芽生长十分有利，各品种蔬菜的长势较好。5月多阵雨天气，光照偏少，对春花作物的成熟以及小部分早熟油菜的收割和收晒有一定影响。

夏季：夏季多阴雨天气，日照偏少，气象条件总体偏差。6月中旬以前雨水过程多，光照不足，病虫害较严重，尤以茄果类蔬菜较为严重。7 月总体气温较高，下旬的气温异常偏高，本地蔬菜的生长受到较大影响。8 月总体光温水条件适宜，对各类水果生长较为有利。8 月上旬多阵雨或雷雨，对露天蔬菜的生长影响较大。

秋季：秋季多阴雨天气，日照偏少，气象条件总体偏差。9 月气温比常年偏高，光照较常年偏少，晚稻生育期较常年略早。受台风“莫兰蒂”和“鲇鱼”外围环流影响，全县普遍出现大到暴雨以及 5 ~ 6 级阵风，给全县蔬菜生产带来不利影响。10 月持续阴雨寡照天气不利于晚稻光合作用充分进行，对秧苗生长也有不利影响。11 月总体多阴雨雾霾寡照天气，对全县晚稻的收晒有明显不利影响。

（邓盛蓉）

人　口

【迁入新昌的先民及姓氏】　古代新昌，地广人稀，山越部族散处丛林。延至六朝，中原战乱迭起，汉家士族相率南下，与山越族“土著人”交流融合。两晋南北朝时期，新昌县境内有丁、董、梁、张、黄、王、袁、陈、俞、支等姓氏存在。新昌县现有人口较多的姓氏皆从外地迁入，以中原地区迁入最多，先祖迁入新昌的过程见诸宗谱记载。东汉晚期，丁氏最早迁入；西晋末，梁氏迁入；南朝，王氏迁入；隋、唐时期，杨、董、俞、石、黄等 5 族迁入；五代时期，潘、胡、何、吴、陈等 5 族迁入；宋代，张、袁、朱、唐、吕、章、徐、刘、金、周、娄、柴、任、孙、裘、施等 16 族迁入，这一时期成为氏族迁入新昌的一个高峰时期。

宋大中祥符四年（1011），全县有 23000 户，47767 丁。元、明、清时期，赵、甄、贾、求、竺、蒋、魏、李、许、屠等 10 族迁入。明洪武十四年（1381），全县有 11012 户，68472 口。清康熙四年（1665），全县有 6652 户，12239 丁（以上丁口数见旧志记载，明代后期“丁户”逐渐转化为赋税单位，户口比宋元减少，与实际不相符）。康熙年间颁布“盛世滋生人丁永不加赋”，雍正年间实施“摊

表 2　　新昌县 2006 年按人口数排列的前 140 名姓氏

顺序	姓氏	人口	顺序	姓氏	人口	顺序	姓氏	人口	顺序	姓氏	人口	顺序	姓氏	人口	顺序	姓氏	人口	顺序	姓氏	人口
1	王	42085	21	周	5695	41	邵	1015	61	傅	502	81	肖	304	100	史	157	121	田	101
2	张	36701	22	胡	5640	42	贾	1009	62	鲍	488	82	单	294	102	童	152	122	付	100
3	陈	30227	23	刘	5524	43	娄	1002	63	梅	481	83	陆	272	103	陶	149	123	尹	100
4	俞	29192	24	朱	5018	44	任	976	64	余	470	84	汤	266	104	屠	147	124	密	97
5	梁	28277	25	袁	3767	45	毛	897	65	汪	469	85	项	265	105	虞	145	125	季	88
6	吕	22864	26	唐	3411	46	沈	848	66	魏	450	86	杜	264	106	江	141	126	翟	81
7	潘	21962	27	金	3153	47	施	805	67	夏	427	87	贝	251	107	韩	138	127	邹	78
8	石	19233	28	求	2993	48	倪	793	68	骆	421	88	楼	232	108	商	137	128	喻	76
9	杨	18213	29	竺	2559	49	顾	785	69	翁	411	89	罗	224	109	安	129	129	费	75
10	丁	13035	30	叶	2167	50	姚	784	70	郭	406	90	芦	216	110	祝	129	130	莫	70
11	章	12919	31	孙	1795	51	林	742	71	孟	402	91	上	204	111	崔	122	131	包	69
12	吴	12405	32	裘	1244	52	柴	711	72	严	388	92	厉	199	112	龚	122	132	褚	69
13	徐	11361	33	舒	1207	53	方	653	73	官	388	93	泮	186	113	茹	121	133	储	68
14	何	9010	34	卢	1189	54	马	630	74	范	384	94	华	182	114	秦	115	134	竹	68
15	盛	7267	35	许	1164	55	高	608	75	葛	368	95	钟	177	115	鲁	115	135	彭	67
16	赵	6921	36	甄	1157	56	谢	584	76	邓	333	96	邢	174	116	贺	114	136	成	66
17	黄	6817	37	郑	1150	57	邱	584	77	应	322	97	洪	168	117	樊	112	137	凌	64
18	李	6809	38	宋	1136	58	蒋	551	78	庞	322	98	姜	162	118	曾	108	138	韦	64
19	董	6471	39	钱	1124	59	孔	550	79	赖	313	99	柳	161	119	饶	103	139	符	63
20	蔡	5806	40	曹	1081	60	戴	544	80	冯	308	100	程	160	120	薛	102	140	熊	62

丁入亩”。这些国策的施行，再加上社会较安定，新昌县户口大增，乾隆五十六年（1791），增至21731户，127506人。清康乾盛世，为新昌县历代人口发展最快时期。清末民初，人口持速增长，民国元年（1912），全县人口达278365人。民国《新昌县志》中记载55个氏族，除上述39族外，还有倪、沈、孔、顾、戴、余、上官、孟、童、祝、薛、竹等13族。

1988年底常住户口登记统计，新昌县人口共有347个姓氏。10000人以上的有13个，依人口多少排列为王、张、陈、俞、梁、吕、潘、石、杨、丁、章、吴、徐；1000～10000人的有25个，依人口多少排列为何、盛、赵、黄、董、李、蔡、胡、周、刘、朱、袁、唐、金、求、竺、叶、孙、舒、甄、郑、裘、许、钱、宋；1000人以下的有309个。2006年末，根据新昌县公安局户籍微机资料统计，全县总人口434556人，有481个姓氏，10000人以上的有13个，1000～10000人的有30个，100～1000人的有80个，100人以下的有358个，其中10人以下的有266个（只1人的有145个，2人的42个），10人以下的姓氏大都为近几年迁入新昌，以因婚嫁到新昌居多。新昌县10000人以上的13个姓氏总人口达30万人，约占全县总人口的四分之三，是新昌百姓氏族中的大家族。

表3 新昌县历次人口普查情况

普查年度	户数（户）	人口数（人）		
		合计	男	女
1953	68358	250416	131672	118744
1964	74809	317580	166733	150847
1982	107913	400357	210322	190035
1990	130063	419495	219949	199546
2000	148319	414907	215542	199365
2010	155595	380444	194372	186072

（王东惠）

根据新昌县公安局户籍资料，2006年新昌县户籍人口的姓氏共有481个，其中：人口在10000人以上的姓氏有13个，在5000～10000人之间有11个，为新昌县之大族；在1000～5000人之间有19个，在100（含100）～1000人的有80个。这样，人口在100（含100）以上的姓氏共有123个；在100人以下的有358个。其中10人以下的有266个（只1人的有145个，2人的42个）。10人以下的姓氏大都为近几年迁入新昌，以因婚嫁到新昌的居多。

【1949年至2010年人口变化】 1949年，新昌县总人口234949人，1970年增长到358855人，年均递增20.4‰，这一时期为人口快速增长时期。1971年至1987年人口增长率稳定下降，年均递增9.43‰。1988年以后人口低速增长。随着经济的发展，人口迁徙流动加快，姓氏日渐繁多。1980年全县户籍人口101237户，394349人，人口密度为325人/平方公里。1990年户籍人口135040户，427513人，人口密度上升到353人/平方公里，此后人口增长减慢。2010年户籍人口165201户，436505人，人口密度359人/平方公里。2000年以后的十年间，新昌县户籍人口增长明显减缓，常住人口逐渐下降，城镇人口占比继续提高。

【2010年第六次全国人口普查情况】 新昌县2010年第六次全国人口普查资料表明，2010年11

表4 新昌县2016年总人口数衔接相差

地区	2015年上报人口数	2015年总人口加减2016年四项变动后应得2016年总人口	2016年实际总人口数	应得人口与实际人口相差数(+、-)
新昌县合计	436877	435822	435814	8
羽林街道	44238	45327	45327	0
南明街道	77322	77762	77761	1
七星街道	52187	53609	53608	1
澄潭镇	21973	21934	21933	1
梅渚镇	18185	18193	18193	0
回山镇	22068	21911	21911	0
大市聚镇	26220	26585	26585	0
小将镇	20462	20265	20263	2
沙溪镇	14897	15224	15225	-1
镜岭镇	27533	27488	27487	1
儒岙镇	38195	37987	37986	1
城南乡	22602	22628	22629	-1
东茗乡	13197	13120	13119	1
双彩乡	14588	14502	14500	2
新林乡	10687	6913	6913	0
巧英乡	12523	12374	12374	0

月 1 日零时，2010 年全县户籍人口 437645 人（含户口待定人员），比 2000 年第五次人口普查时的 432921 人增加 4724 人，年平均增长 0.11%。新昌县常住人口 380444 人，比 2000 年 11 月 1 日第五次普查时的 414907 人减少 34563 人，平均每年减少 3456 人。2010 年居住在城镇的人口有 199541 人，占总人口的 52.45%，居住在乡村的人口 180903 人，占总人口的 47.55%。城镇人口占总人口的比重比 2000 年上升 10 个百分点。2010 年全县人口密度为每平方公里 313 人（按常住人口计算），比 2000 年 342 人减少 29 人，比全市少 282 人。南明街道人口密度最大，为 1921 人/平方公里，沙溪镇最小，为 69 人/平方公里。2010 年全县常住人口性别比（以女性为 100，男性对女性比例）为 104.46，比 2000 年的 108.11 下降 3.65 个百分点，比 1990 年的 110.22 下降 5.76 个百分点。2010 年全县出生后一直居住在本乡镇（街道）人占常住人口总数的 75.12%，比 2000 年下降 9.38 个百分点，跨乡镇（街道）半年以上外来人口 91900 人，占常住人口总数的 24.16%，其中来自省外的 16016 人，比 2000 年 6304 人增加 9712 人。全县跨乡镇（街道）外出半年以上的有 146514 人，比 2000 年的 82317 人增加 64197 人，其中本县范围内流动的 11.48 万人，比 2000 年的 53143 人增加 6.17 万人，外出省外的 6361 人。全县常住人口平均年龄 40.53 岁，比 2000 年的 35.47 岁提高 5.06 岁，比 1990 的 30.71 岁提高 9.82 岁。年龄结构老龄化程度严重，2010 年全县 80 岁以上高龄老人 8851 人，比 2000 年增长 54.14%，其中 90 岁以上老人 683 人。

【2016 年人口及其变动】 2016 年末，全县有 173503 户，435814 人，人口实际总数比 2015 年 436877 人减少 1063 人。其中男性 223717 人，女性 212097 人，性别比 105.48（女性=100），比 2015 年下降 0.22 个百分点。全年出生人口 3927 人，出生率 9.01‰，比 2015 年上升 1.19 个千分点，死亡人口 2805 人，死亡率 6.44‰；自然增长率 2.57‰，上升 2.49 个千分点。

表 5　　新昌县 2016 年度人口及其变动

地区别	年末总户数（户）	2016 年末总人口（人）									2016 年度人口变动（人）									
		合计	合计中：		性　别		年　　龄				出　生			死　亡			迁　入		迁　出	
			城镇人口	乡村人口	男	女	18 岁以下	18~34 岁	35~59 岁	60 岁及以上	合计	男	女	合计	男	女	省内迁入	省外迁入	迁往省内	迁往省外
新昌县	173503	435814	170297	265517	223717	212097	67597	86976	185580	95661	3927	2074	1853	2805	1677	1128	613	770	3040	520
羽林街道	17769	45327	14669	30658	22368	22959	7560	9483	19307	8977	406	207	199	247	139	108	112	97	120	55
南明街道	29998	77761	68371	9390	39068	38693	14562	17040	33061	13098	757	388	369	323	189	134	172	173	362	156
七星街道	23582	53608	45517	8091	26387	27221	11603	11883	22198	7924	723	389	334	197	122	75	159	160	169	97
澄潭镇	8829	21933	5083	16850	11142	10791	2800	4170	9059	5904	161	89	72	165	98	67	12	29	40	10
梅渚镇	6702	18193	4590	13603	8927	9266	2544	3521	7634	4494	160	78	82	130	77	53	14	21	31	15
回山镇	9416	21911	5535	16376	11677	10234	2702	3907	9304	5998	167	84	83	203	121	82	14	40	58	11
大市聚镇	10418	26585	6273	20312	13514	13071	3775	5106	11458	6246	204	111	93	195	116	79	15	26	114	24
小将镇	7418	20263	3626	16637	10993	9270	2559	3667	8838	5199	119	66	53	170	104	66	5	28	41	19
沙溪镇	5320	15225	3076	12149	7897	7328	1618	2620	6344	4643	101	53	48	91	55	36	4	26	40	12
镜岭镇	12320	27487	4578	22909	14204	13283	3611	5487	11554	6835	237	123	114	220	135	85	22	29	32	27
儒岙镇	14418	37986	8979	29007	20259	17727	5045	7268	16569	9104	284	147	137	284	174	110	27	48	65	42
城南乡	8458	22629		22629	12066	10563	3317	4281	9912	5119	232	124	108	168	91	77	20	29	22	13
东茗乡	5318	13119		13119	7052	6067	1481	2277	5660	3701	93	53	40	113	67	46	4	20	15	11
双彩乡	6166	14500		14500	7867	6633	1822	2521	6282	3875	136	79	57	101	62	39	6	15	47	11
新林乡	2884	6913		6913	3550	3363	1009	1472	3040	1392	66	41	25	68	45	23	17	18	1855	7
巧英乡	4487	12374		12374	6746	5628	1589	2273	5360	3152	81	42	39	130	82	48	10	11	29	10

（丁冠峰）

经济社会

【概况】　在古代绍属八县之中，新昌县建置最晚，县境最为偏僻，经济也最薄弱。1978年，全县实现地区生产总值10604万元，人均地区生产总值275元。全县人民实践“团结拼搏、艰苦创业、务实求新、敢争一流”的新昌精神，经济和社会事业上了一个台阶，1997年7月，县委、县政府命名并表彰第一批495个小康村。1997年全县实现生产总值378532万元，人均生产总值8738元，农民人均纯收入达3201元，城镇居民人均可支配收入7237元。1998年5月，新昌县通过省农村奔小康达标考核，标志着新昌从浙江省17个次贫县之一跨入中等发达县行列。2001年全县实现生产总值645284万元，人均生产总值14835元，农民人均收入4637元，首次超过全省平均水平，城镇居民可支配收入10420元，在国家统计局农村社会经济调查总队对全国县（市）2001年经济社会的综合测评中，新昌县以综合指数47.14，名列全国100个最发达县(市)的第100位。新昌县2005年度指数为62.49，名列第78位。

【传统农业特产——烟茶丝术】　新昌历代以农为本，粮食生产以种植水稻为主，小麦、玉米、番薯次之，“烟、茶、丝、术”为传统经济特产。1979年，全县农物播种面积44600亩，其中粮食播种面积33980公顷，141055吨。农业生产责任制的实施促进农业的快速发展。中共新昌县委、县政府于1981年8月发布《关于进一步加强和完善农业生产责任制若干问题的意见》，到1982年春，全县除少数平原地区采取联产承包到组（操作组）外，80%的队包干、包产到户，1982年秋后，全部实行家庭联产承包责任制。此后，从大田生产发展到茶叶、蚕桑、水果、山林等领域，这极大地调动了农民的生产积极性，农业生产得到突破性增长，1984年全县粮食总产量达到148330吨，比1949年的46290吨增加3倍，创历史最高水平，农民的温饱问题基本上得到解决。

1979年全县烟叶播种面积190公顷，产量410吨，茶叶面积4320公顷，总产量3151吨，桑园面积890亩，饲养张数12609张，产量481吨，白术410公顷。其中的茶叶发展速度最快，给农民带来的收入也最多。

新昌自古为产茶名区，青山叠翠，云雾缭绕，种茶的自然环境得天独厚。1984年4月，“望海云雾”茶试制成功，成为新昌县第一只名茶。新昌县生产的“天坛”牌特级珠茶在西班牙马德里1984年“第23届世界优质食品评选会”上荣获金奖。新昌县在1986年成为全国三大珠茶出口基地县之一，1988年成为全国年产10万担茶的15个县之一。大佛龙井、安山碧玉等名茶相继试制成功，茶叶制作实现由圆形的珠茶到扁形的龙井名茶转变，品牌也声誉鹊起。1994年，全县茶叶面积发展到4340公顷，产量4783吨。以浙东名茶市场为中心，内联十多个名茶产地市场，外联全国几百个直销窗口、千家单位和万人参与名茶经营的市场流通网络逐步形成。1995年4月，浙东名茶市场开业，新昌县被农业部命名为“中国名茶之乡”（绿茶）。1996年4月，新昌首届国际茶文化节暨第五届西湖国际茶会成功举行；1997年，“大佛龙井”在第三届中国农博会上被认定为全国农业名牌产品；1998年10月，新昌县被国家质量监督检验检疫局命名为“一优”高标准化茶叶示范县；2005年11月，新昌又被全国三绿工程工作办公室评为2005年中国三绿工程茶业示范县。2008年4月，江南名茶城(中国茶市)举行开业典礼。2010年茶叶采摘面积6097公顷，产量5925吨。

【养殖业的发展】　养殖业以猪、牛、羊、鸡、鸭等为主，给农村经济带来收入较多的为长毛兔。1978年2月，国务院办公厅发文介绍新昌上求、拔茅两个大队的养兔经验；6月，全县养兔动员大会召开，制定发展措施鼓励养兔。次年，新昌被定为省长毛兔生产基地。1980年6月11日至14日，全国科学养兔会议在新昌召开，全国12个省、市的138名代表参加，新昌养兔基点村、基点户的9名代表在会上介绍科学养兔经验，与会代表参加拔茅、丁家园大队养兔场，此后，县内200多名养兔能手被邀请到各地辅导养兔。1985年饲养长毛兔89万只，产毛232.1吨，收入4000万元。1986年，“长毛兔生产技术开发”国家星火计划在新昌组织实施。新昌兔毛以“长、松、白、净”而驰名中外，1988年被对外经济贸易部授予“兔毛出口商品，品质优良”荣誉证书。利用本地优质的兔毛资源，1992年6月，新昌羊毛衫兔毛市场建成开业。1998年11月，全国兔业研讨会在新昌召开，世界家兔协会主席马尔特斯出席会议，对新昌兔来产业化取得的成绩给予充分肯定。2002年全县兔毛产量达345吨，达历史最高水平。

【1986年工业增加值首次超过第一产业增加值】　1979年，全县工业增加值2606万元，占全县生产总值13069万元的19.9%。1986年全县工业增加值14239万元，占全县生产总值32483万元的43.8%，首次超过9902万元的第一产业增加值。1985年至1992年期间，国有城镇集体企业实施五大改革：第一是推行经济责任制。1985年3月11日，县政府根据1984年部分工业企业年总产值和利润比上年成倍增长的实绩，对作出突出贡献的厂长、书记给予嘉奖，县政府首次给企业经营者颁发奖金，全县工业企业经营者大受鼓舞。第二是实行“上交利润递增包干”承包经营责任制。1987年6月2日至5日，全省深化企业改革促进双增双节座谈会在新昌召开，会议总结推广新昌推行的“上缴利润递增包干承包经营责任制”试行方法，国家经委称新昌的做法“为解决企业多留，财政保收，抑制消费基金膨胀方面，开辟了一条好路子”。第三是实行企业兼并。全县7家国有集体企业实施兼并。第四是实行工资总额和经济效益挂钩，推动企业内部经济责任制的落实。第五是组建企业集团。1990年以轴承总厂为龙头的浙江东海轴承集团正式成立，新昌组建企业集团迈出新的步伐。在1995召开的全国“深化国有中小企业改革与发展研讨会”和1996年召开的“全国小型企业改革座谈会”上，新昌企业改革的经验得到专题介绍和推广。

【上市公司形成“新昌板块”】　国有城镇集体企业改革为实行现代企业制度奠定了坚实的基础，在企业股份制改革中，新昌的上市公司逐步形成“新昌板块”。1993年7月，新昌制药厂经省股份制试点工作协调小组审批同意，在保留存量资产国有属性的前提下，吸纳社会法人和个人资金，注册成立全县第一家股份有限公司——浙江新昌制药股份有限公司，为全省第一批股份合作制试点企业。1997年，浙江新昌制药股份有限公司、浙江仙居药业集团股份有限公司、浙江省医药有限公司三家企业合并组建为浙江医药股份有限公司，并于1999年10月在上海证券交易所成功上市，成为新昌第一家上市公司。此后，浙江新和成股份有限公司、浙江京新药业股份有限公司、浙江三花股份有限公司、浙江万丰奥威汽轮股份有限公司、浙江日发数码精密机械有限公司等企业先后上市，从而形成“新昌板块”。

【县城的变迁】　新昌旧县城的南、北方受自然山体的限制，东、西方沿新昌江的农田，随着工业的发展及城市的扩展，逐渐成为县城新的地区。1983年，县城建成区面积184.42公顷，其中工业用地67.96公顷，居住用地60.23公顷，公共建筑用地12.3公顷。1984年起，“近期向西，远期向东，与旧城改造相结合”的县城建设方针逐步付诸实施，旧街拓宽更新，新街不断涌现，建成区不断扩展，城市面貌日新月异。根据1985年《新昌县城关镇总体规划》，划定县城以西54公顷为综合开发区。新昌县城建成区面积在1994年有4.4平方公里，1999年扩大到11.59平方公里。《新昌县城总体规划（修编）2000～2020》于2001年9月由绍兴市人民政府批准实施，城市用地结构为“一带四组团”，一带：西起黄泥桥、东至拔茅镇区，沿新昌江带状布局。四组团：城区、七星新区、五四—塔山和拔茅。到2010年，县城建成区面积19平方公里，建设用地14.34平方公里，其中居住用地5.16平方公里，有公园13个，面积159公顷。

【文化遗产】　2016年末，全县共有全国重点文物保护单位1处，即大佛寺石弥勒像（含千佛岩窟造像），省级文物保护单位5处，即董村水晶矿摩崖题记、桃源迎仙桥、沃洲山真君殿、新昌古城墙、鼓山书院，县级文物保护单位 32 处，文物保护点 93 处。新昌县有国家级非物质文化遗产 2 项，即新昌调腔、绍兴目连戏，省级 4 项，即民间文学刘阮传说、传统技艺小京生炒制技艺（新昌县）、传统砖瓦制作技艺（羽林街道）、传统音乐新昌十番，市级 31 项，县级 72 项。

【天姥山国家级风景名胜区】　南明山中的大佛寺，南朝齐梁年间（486～516）凿成的弥勒佛像，南朝文学家刘勰撰碑记，赞为“鸿姿巨相”“不世之宝”。寺西北有千佛院，也是南方早期石窟造像仅存之处。“剡溪蕴秀异，欲罢不能忘”，唐代有众多诗人沿剡溪溯流自越入剡至天台，且歌且行，吟踏成一条“唐诗之路”。1985 年 8 月，新昌大佛寺被省政府公布为浙江省首批 13 个省级风景名胜区之一，1991 年 5 月，穿岩十九峰被公布为第二批 9 个省级风景名胜区之一，1996 年 12 月，沃洲湖被公布为第 4 批 6 个省级风景名胜区之一。1999 年 5 月，新昌县人民政府与中国旅游报社共同举办第一届新昌旅游节。2003 年第五届旅游节上，中央电视台新昌影视外景基地揭牌；2004 年第六届旅游节，举行“同一首歌走进新昌·三花更烂漫”文艺晚会；2007 年第九届旅游节，更名为天姥山文化旅游节；2008 年第十届中国（新昌）天姥山文化旅游节·新昌建县 1100 周年庆典活动的完美落幕。2009 年 12 月 28 日，新昌天姥山风景名胜区被国务院公布为第七批国家级风景名胜区。天姥山国家级风景名胜区包括天姥山区域和大佛寺、穿岩十九峰、沃洲湖三大风景区。

（王东惠）

巧英水库　　（唐满兴摄）

表 6

绍兴市 2016 年国民经济主要指标

指标名称	计量单位	全市	市区	越城区	柯桥区	上虞区	诸暨市	嵊州市	新昌县
行政区域土地面积	平方公里	8279	2965	493	1066	1406	2311	1789	1214
年末总人口（户籍）	万人	444.53	219.75	75.60	66.12	78.03	108.21	72.99	43.58
地区生产总值（当年价格）	亿元	4789.03	2801.84	754.05	1259.75	788.04	1120.05	485.39	380.00
第一产业增加值	亿元	207.66	94.77	13.66	35.74	45.36	51.88	38.61	22.41
第二产业增加值	亿元	2398.27	1368.92	286.21	659.69	423.02	592.61	241.78	195.53
第三产业增加值	亿元	2183.11	1338.15	454.18	564.31	319.66	475.56	205.00	162.07
地区生产总值增长率	%	5.5	4.5	3.5	3.4	7.0	7.3	7.6	6.5
人均地区生产总值（户籍）	元	96204	102575	77849	129391	99841	95413	70571	98754
一般公共预算收入	亿元	390.30	255.56	89.88	106.02	59.65	71.79	32.01	30.94
其中：税收收入	亿元	332.25	217.81	74.63	89.86	53.32	61.82	26.98	25.64
一般公共预算支出	亿元	456.10	265.81	101.83	98.95	65.03	97.24	51.63	41.42
年末金融机构人民币各项存款余额	亿元	7263.31	4922.31	2148.49	1703.35	1070.47	1232.16	658.92	449.92
其中：住户存款	亿元	3405.27	2089.19	739.15	813.01	537.03	712.16	390.62	213.31
年末金融机构人民币各项贷款余额	亿元	6111.17	4063.11	2009.71	1215.44	837.96	1188.98	516.69	342.40
规模工业企业数	个	4430	2496	533	1240	723	1127	579	228
规模工业总产值（当年价）	亿元	9827	6438	1177	3439	1822	2308	469	612.60
从业人员年平均人数	万人	75.83	47.48	10.69	22.69	14.10	15.59	6.71	6.06
流动资产合计	亿元	5154.19	3116.44	632.66	1320.01	1163.77	1243.01	272.97	521.77
固定资产合计	亿元	2004.76	1436.67	391.89	611.43	433.35	326.61	107.42	134.07
主营业务收入	亿元	9337.98	6113.90	1159.98	3300.94	1652.98	2183.57	451.10	589.41
主营业务税金及附加	亿元	40.91	27.39	4.71	15.94	6.74	7.94	2.36	3.23
本年应交增值税	亿元	225.54	151.75	26.85	82.29	42.61	37.79	14.74	21.26
利润总额	亿元	592.10	372.89	56.05	185.29	131.55	137.30	14.59	67.32
公路客运量	万人	2957.00	1206.10	575.70	278.30	352.10	332.10	626.30	792.50
公路货运量	万吨	11134.00	6288.50	1572.14	2884.14	1832.22	2357.14	1576.71	911.64
公路总里程	公里	10067.67	3680.80	674.48	1424.11	1582.21	2710.26	2316.34	1360.28
民用汽车拥有量	辆	1104557	647922	266943	234864	146115	265171	115123	73489
固定电话年末用户数	万户	127.48	76.19	30.51	26.65	19.04	29.95	14.36	6.99
移动电话年末用户数	万户	782.54	—	224.13	138.31	105.54	164.73	91.97	57.87
互联网宽带接入用户数	万户	180.92	67.17	46.31	39.03	24.71	38.17	20.67	12.03
全社会用电量	万千瓦时	3745135	2514027	707220	1283401	523406	734428	251843	191691
其中：工业用电	万千瓦时	2919811	2002498	491396	1106864	404238	560721	166195	137251
城乡居民生活用电	万千瓦时	392441	220141	85746	78351	56045	88905	52592	30802
社会消费品零售总额	亿元	1783.34	974.43	411.71	260.91	301.81	395.20	257.23	156.48
货物进口额（海关数）	万美元	204114	145440	64131	45445	35865	48553	6588	3533
货物出口额（海关数）	万美元	2556423	1838523	545105	957351	336066	408936	132266	176698
当年实际使用外资额	万美元	80031	43981	7008	18299	18674	24013	9337	2700
固定资产投资（不含农户）	亿元	2882.48	1701.23	406.44	746.67	548.12	741.05	269.12	171.08
第一产业	亿元	30.05	14.09	0.25	1.42	12.43	8.93	6.76	0.27
第二产业	亿元	1300.84	770.76	120.29	340.13	310.34	325.31	133.65	71.13
第三产业	亿元	1551.59	942.12	326.10	390.67	225.35	406.82	113.52	89.13
其中：房地产开发投资	亿元	641.19	368.52	119.98	156.83	91.70	176.29	58.54	37.84
在岗职工平均工资	元	61394	61767	68026	58924	57854	59180	69469	62557
城镇常住居民人均可支配收入	元	50305	–	47292	54410	50910	53547	48062	47045
城镇常住居民人均消费支出	元	28858	–	27284	28794	28004	27896	22307	26078
城镇常住居民人均住房建筑面积	平方米	44.10	–	32.80	52.90	42.50	66.00	54.30	52.00
农村常住居民人均可支配收入	元	27744	–	28078	31490	27089	30224	24521	23555
农村常住居民人均生活消费支出	元	17787	–	17550	18433	16879	19366	14098	15434
农村常住居民人均住房建筑面积	平方米	62.13	–	47.19	61.65	60.28	76.04	78.30	67.00

表 7

新昌县历年生产总值及发展指数

单位：万元

年份	全县生产总值（当年价）				生产总值指数（上年=100）			
	总计	第一产业	第二产业	第三产业	总计	第一产业	第二产业	第三产业
1978	10604	5271	2621	2712				
1979	13069	6733	3209	3127	116.8	114.9	122.1	115.5
1980	14606	6375	4513	3718	112.7	94.7	140.6	118.9
1981	16997	6985	5853	4159	112.6	105.3	124.7	110.6
1982	17529	7283	5946	4300	105.6	108.5	104.7	102.3
1983	18243	7238	6269	4736	103.4	94.3	110.7	108.9
1984	21438	8339	8129	4970	115.8	113.2	127.9	102.3
1985	31499	13112	12150	6237	120.6	101.0	144.5	110.6
1986	32483	9902	15743	6838	115.5	99.5	131.1	103.5
1987	41904	12530	21124	8250	116.6	105.7	123.6	111.6
1988	51212	14348	26532	10332	111.9	96.0	121.1	103.9
1989	53992	15728	27877	10387	94.7	98.6	92.2	99.1
1990	61183	16197	33252	11734	107.7	102.3	113.1	95.7
1991	82180	18628	44627	18925	134.1	101.7	142.0	156.7
1992	101467	21019	56794	23654	118.5	103.4	123.1	120.2
1993	136977	23976	84706	28295	107.6	91.8	111.0	111.0
1994	191629	39822	113064	38743	117.1	121.4	114.6	121.0
1995	256648	49176	153483	53989	119.7	109.8	122.2	119.9
1996	325866	53077	200398	72391	126.6	103.6	133.8	121.8
1997	378532	58939	229960	89633	115.9	115.5	115.6	117.2
1998	429905	61296	260124	108485	115.2	110.0	115.0	118.2
1999	488823	62250	298741	127832	115.6	111.2	115.3	118.5
2000	573592	65974	356295	151323	113.2	105.2	112.6	118.3
2001	645284	67104	401189	176991	112.2	106.5	112.6	113.6
2002	723619	71772	437611	214236	112.0	107.2	112.9	111.8
2003	854826	75794	512425	266607	113.8	103.7	114.8	115.3
2004	1036583	84125	604087	348371	113.9	102.7	115.1	115.2
2005	1172342	96725	676106	399511	111.4	109.3	111.3	112.5
2006	1341219	101199	770530	469490	112.6	102.9	112.2	115.5
2007	1529387	110333	879106	539948	112.6	104.7	113.9	112.2
2008	1719001	120408	980469	618124	108.8	103.3	108.2	111.1
2009	1874894	131012	1046014	697868	108.7	103.6	105.3	115.3
2010	2160128	159777	1189617	810735	111.3	103.5	111.4	112.4
2011	2574004	181454	1382596	1009953	110.5	103.9	110.2	112.2
2012	2839647	197146	1489316	1153185	110.0	103.2	110.4	110.6
2013	3085770	203610	1603501	1278658	108.5	103.1	110.3	106.9
2014	3337658	207396	1717322	1412940	108.7	101.8	109.3	109.0
2015	3453023	210936	1753678	1488408	106.0	101.9	106.4	105.9
2016	3684556	224005	1843969	1616582	106.6	102.6	106.5	107.2

表 8　**新昌县国民经济主要指标**

指标名称	单位	2000 年	2005 年	2010 年	2014 年	2015 年	2016 年
年末总人口	万人	43.47	43.44	43.65	43.90	43.69	43.58
全县生产总值（当年价）	亿元	60.71	117.23	215.11	333.77	345.30	380.00
第一产业增加值	亿元	6.60	9.67	15.98	20.74	21.09	22.41
第二产业增加值	亿元	35.63	67.61	118.78	171.73	175.37	195.53
其中：工业增加值	亿元	31.59	63.26	110.45	160.63	163.75	
第三产业增加值	亿元	15.13	39.95	80.36	141.29	148.84	162.07
人均生产总值	元	13972	26998	5	75995	78849	98754
财政总收入	亿元	3.71	114.71	28.13	46.63	51.50	
地方财政收入	亿元	1.85	4.92	13.50	24.75	28.00	30.94
财政支出	亿元	2.27	6.28	18.81	33.03	38.53	41.42
金融机构人民币存款余额	亿元	40.65	90.05	226.77	392.80	405.82	449.92
其中：城乡居民储蓄余额	亿元	25.37	48.74	106.00	184.28	197.23	213.31
金融机构人民币贷款余额	亿元	24.40	67.32	148.91	289.57	319.62	342.40
规模以上工业企业数	个	100	224	335	236	232	228
工业总产值（当年价）	亿元	65.79	188.87	384.43	588.00	612.66	612.60
资产总计	亿元	63.51	210.49	422.07	680.23	743.67	840.26
主营业务收入	亿元	58.08	185.25	380.10	587.92	611.97	589.41
利税总额	亿元	7.57	18.33	60.91	69.70	69.13	91.82
利润总额	亿元	4.56	9.31	43.52	46.72	45.86	67.32
通车公路里程	公里	788	1057	1279	1325	1337	1360
民用汽车拥有量	辆	2366	11037	27954	58032	65124	73489
客运周转量	万人公里	38801	49467	47775	38415	35370	48171
货运周转量	万吨公里	16392	20407	72727	80890	85611	71572
年末固定电话用户数	万户	8.05	21.02	16.19	9.26	8.24	6.99
年末移动电话用户数	万户	3.91	18.85	39.20	52.77	53.50	57.87
互联网用户数（不包括手机用户）	万户	0.80	2.68	5.08	10.53	15.21	12.03
全社会用电量	万千瓦时	50653	93534	134728	178467	179937	191691
其中：工业用电	万千瓦时	36421	74015	102516	134297	132148	137251
城乡居民生活用电	万千瓦时	7656	11577	19761	25311	26795	30802
社会消费品零售额	亿元	20.60	36.57	71.40	125.75	140.09	156.48
进口额	万美元	2128	7336	7662	5504	8721	3533
出口额	万美元	11638	51545	121777	189476	173480	176698
当年实际使用外资金额	万美元	319	1675	2301	2206	2287	2700
固定资产投资完成额	亿元		33.70	64.48	132.28	148.27	171.08
其中：工业性投资	亿元		27.20	43.68	84.54	85.30	71.13
房地产开发投资完成额	亿元	1.78	2.81	16.90	28.70	34.34	37.84
在岗职工平均工资	元	11190	24967	36356	54865	57155	62557
城镇常住居民人均可支配收入	元	9545	17153	27396	40556	43881	47045
城镇居民人均住房面积	平方米	30.2	27.9	29.7	45.0	48.0	52.0
农村常住居民人均可支配收入	元	4223	6489	11263	19802	21624	23555
农村居民人均住房面积	平方米	40.1	51.2	68.9	65.0	66.0	67.0
居民消费价格总指数	%	104.6	100.5	103.5	101.6	102.0	102.2
商品零售价格总指数	%	99.1	99.9	104.1	100.8	100.2	100.2

注：①居民人均住房面积在样本轮换年份会有波动。②2014 年起农村居民人均纯收入改为农村常住居民人均可支配收入。城镇居民人均可支配收入改为城镇常住居民人均可支配收入。

表 9　　新昌县 2016 年单位从业人员和劳动报酬情况（全部单位不含私营）

指标名称	单位数（个）	从业人员（人）				劳动报酬（千元）		平均劳动报酬（元）	
		单位从业人员期末人数	在岗职工	单位从业人员平均人数	在岗职工	单位从业人员劳动报酬	在岗职工	单位从业人员平均劳动报酬	在岗职工平均工资
总 计（不含私营企业）	396	61272	58141	59360	56212	3661699	3550972	61686	63171
一、按隶属关系分组									
1.国有单位合计	230	14314	12740	14125	12564	1474226	1414932	104370	112618
2.集体单位合计	12	3162	3160	2942	2940	129893	129855	44151	44168
3.其他单位合计	154	43796	42241	42293	40708	2057580	2006185	48651	49282
二、按隶属关系分组									
1.中央	2	58	41	59	41	5901	5159	100017	125829
2.省、自治区、直辖市	14	848	788	849	786	78284	75393	92207	95920
3.地区	1	56	40	55	41	12590	11260	228909	274634
4.县及县以下	269	24605	22793	24458	22668	2006451	1937321	82037	85465
5.其他	110	35705	34479	33939	32676	1558473	1521839	45920	46574
三、按企业、事业、机关分组									
1.企业	170	47292	45709	45562	43946	2237464	2185170	49108	49724
2.事业	146	9007	8489	8879	8347	875376	858699	98589	102875
3.机关	78	4914	3884	4860	3860	546487	504731	112446	130759
4.民间非营利组织	2	59	59	59	59	2372	2372	40203	40203
四、按国民经济行业分组									
（一）农、林、牧、渔业	3	32	32	31	31	2086	2086	67290	67290
（三）制造业	68	25634	24471	24048	22859	1198965	1165188	49857	50973
（四）电力、热力、燃气及水生产和供应业	8	648	596	642	590	70073	69138	109148	117183
（五）建筑业	14	16315	16250	16251	16182	666767	663799	41029	41021
（六）批发和零售业	30	1246	1128	1264	1141	58759	54051	46487	47372
（七）交通运输、仓储和邮政业	4	822	789	815	782	57826	56447	70952	72183
（八）住宿和餐饮业	1	83	57	83	54	2881	2020	34711	37407
（九）信息传输、软件和信息技术服务业	2	198	140	198	140	18428	15377	93071	109836
（十）金融业	5	572	555	584	545	83368	80364	142753	147457
（十一）房地产业	11	311	276	318	310	13808	13533	43421	43655
（十二）租赁和商务服务业	22	1306	1250	1223	1166	75862	72762	62029	62403
（十三）科学研究、技术服务业	19	302	293	304	295	22905	22758	75345	77146
（十四）水利、环境和公共设施管理业	7	853	850	829	826	41110	40990	49590	49625
（十五）居民服务、修理和其他服务业	3	78	74	78	74	4946	4811	63410	65014
（十六）教育	58	4237	3996	4180	3944	443167	437129	106021	110834
（十七）卫生和社会工作	23	2974	2859	2910	2780	287072	281607	98650	101297
（十八）文化、体育和娱乐业	12	334	261	331	258	26127	24598	78934	95341
（十九）公共管理、社会保障和社会组织	106	5327	4264	5271	4235	587549	544314	111468	128528

（潘红鹰）

责任编辑 陈 凯

农业农村

农村经营管理

【主导产业稳步增长】 2016年，新昌县新增和改造优质水果等农业万元产值基地8748亩，推广新品种、新技术、新模式等三新技术面积10575亩，建设改造特色基地6144亩。全县农业总产值29.71亿元，增长2.4%；增加值21.8亿元，增长2.7%；农民人均可支配收入23555元，增长8.9%。茶叶产值7.92亿元，下降1.1%；水果产值2.12亿元，增长19.5%；蔬菜产值4.60亿元，减产增收；中药材产值5335万元，增长3.5%；畜牧业受市场形势及污染排放控制影响，实现产值1.735亿元，增长1.71%；粮食作物播种面积15万亩，总产量5.93万吨，增长3.1%。列入统计的52家农业龙头企业实现销售40.46亿元，增长50.54%；利润4.57亿元，增长252%。

【粮食生产功能区和现代农业园区建设】 根据省政府部署，新昌县规划从2010年到2018年，建设粮食生产功能区60851亩，并有2个现代农业综合区、5个主导产业示范区和30个特色农业精品园列入省级现代农业园区创建点，21个现代农业园区列入绍兴市现代农业园区创建点。2016年，统筹建设资金1471万元，在回山镇、大市聚镇、双彩乡和新林乡等新建粮食生产功能区16个，面积8732亩。新建修复渠道29.51公里、田间机耕路18.82公里。新增五龙岙水果、新民薰衣草、天禾铁皮石斛等3家市级现代农业园区。推进兆丰休闲农业等园区提升工作；支持生产主体发展钢架大棚、玻璃温室等，新增大棚设施360亩。

【农村土地确权】 按照“确实权、颁铁证”的要求，推进土地确权。5月，沙溪试点工作基本完成，制订出台实施细则，强化组织领导，落实基础保障，全县确权工作启动。开展定期交流会商，强化测绘单位内部自检、交叉互检、巡查组抽检，实现进度与质量并进。11月，新昌县作为典型代表在全省土地确权登记颁证工作视频会议上作交流性发言。至12月底，全县开展确权村285个，实测承包地面积14.86万亩，完成率95.5%，超额完成市下达50%的任务。

【农村体制改革】 加强农村集体资产监管，开展三资“互查、互学、互比”整改活动，探索建立长效监管机制。全年共审计102个行政村。全面完成行政村规模调整后资产融合，消除“并村不并账”现象。落实省农业三项补贴政策综合改革试点县工作，引导浙新旺粮食专业合作社联合社投入资金210余万元。重新制定《新昌县规模种粮补贴实施细则》，发放规模种粮补贴26.15万元、耕地地力保护补贴1049.5万元。

【休闲农业发展】 以鲜果采摘游、茶乡体验游和花卉观光游为主线，拓展农业休闲功能，全年新建和提升休闲观光果园面积1447亩，创建省级休闲农业特色乡镇和乡村旅游特色村各1个。新昌被中国茶叶流通协会评为“2016年度中国十大最美茶乡”。全县有鲜切花基地面积1232亩，东郑薰衣草、新联百亩荷塘和澄潭灵山下百日草基地均引起轰动。

【土壤污染治理】　2016年，制订出台《新昌县农业“两区”土壤污染防治行动计划》，控制污染存量，减少污染增量，构建农业“两区”土壤污染防治长效机制。开展畜禽养殖污染治理“回头看”行动，落实县、乡、村三级网络化巡查制度，累计组织排查552人次，巡查养殖场1325场次。启动农药废弃包装物回收行动，确定惠多利农资有限公司为全县收储单位，设立回收网点121家，全年完成收储70吨，无害化处置51.25吨。在梅渚镇张家店粮食生产功能区和羽林街道新中粮食生产功能区落实农业“两区”土壤污染治理试点区块各50亩，共100亩。开展农田土壤污染监测预警体系建设，委托中介公司统一建设，建立常规监测点13个，综合监测点4个。招投标确定浙江大学为技术支撑单位，开展采样调查和试验示范工作。

土壤污染监测点

【生态循环农业推进】　全县有规模化畜禽养殖场排泄物综合利用工程99处，建设沼液存储池1020立方米，资源化利用消纳沼液19万吨，利用面积3.5万亩，其中规模基地1.6万亩；全年收集综合利用农作物秸秆8.32万吨，利用率91.33%；推广应用测土配方施肥30万亩次，减少化肥使用量180吨。年畜禽粪便处理能力22万吨，利用沼肥灌施农作物面积1万亩以上。新安装50千瓦沼气发电机组1台，年发电量3.6万度。

【省级农产品质量安全放心县创建】　2016年10月，《新昌县省级农产品质量安全放心县创建实施方案》发布。组建16支农产品质量安全监管队伍，以“绿剑执法”行动为载体，开展农业投入品常态化巡检，全年共检查农资生产经营单位433家次，查处案件14起。健全高毒限用农药购销台账，继续做好高毒限用农药退出市场。全年共快速检测农产品样本6395份，合格率99%；省、市、县定量检测样本526个，合格率99.62%。加强生猪定点屠宰监管，全年开展日常巡查70余次，部门联合执法3次，共出动执法人员350人次，收缴非法肉品320公斤，全县未发生畜产品质量安全事故。完善小型屠宰场整改方案，做好定点屠宰厂检疫监管，全年检疫生猪83261头，检出不合格生猪87头、病害产品5838公斤，全部进行无害化处理并健全完整档案。全年新获无公害产品证书4个、无公害复查换证2家、绿色食品认证新上报2家，续展1家。完善农资监管与服务信息化经营点30个，认定A级信用生产基地10家。

【农业生产安全】　加强重大动植物疫病防控，开展定点集中免疫，落实春秋两季动物疫病防控，全年使用疫苗94.59万毫升；做好H7N9流感防控，监测禽流感样品479份，预防性扑杀禽类175只并进行无害化处理；开展外来有害生物疫情普查和阻截带建设，扑灭豚草疫情发生点3个，召开加拿大一枝黄花春季防控现场会，加拿大一枝黄花发生面积比2015年下降20%。全年无重大动植物疫情发生。加强农机安全监管和农村沼气安全检查指导。与农机从业人员签订《农机安全生产承诺书》1200多份，全年共检审拖拉机1170台；开展废旧农业机械报废工作，报废拖拉机292台，补助资金92万元；落实农机安全生产各项行动，做好农机安全生产培训，举办培训班19期，全年未发生重大农机道路事故。组织开展农村沼气安全生产检查和指导236人次，发放安全使用手册和标识牌237份，安全拆除关停猪场沼气池12处。

【家庭农场和农民合作社培育】　全年新增家

庭农场35家，累计总数190家；新增农民专业合作社24家，累计总数641家。全县有县级示范合作社52家，省级示范合作社8家；县级示范家庭农场14家，省级示范家庭农场2家。

【护航G20峰会】　开展农机、农药、沼气生产等安全隐患大排查，G20期间重点封存禁售一批高毒农药，合计1925公斤，受委托处理百草枯水剂97公斤。组建成立5个督查组和6个检查组分赴各乡镇（街道）开展田间冒火点专项整治，累计出动人员200余人次，检查点位100多个。严格落实24小时值班制度，确保信息渠道和应急通讯联络畅通。

【入围浙江省农民发展指数研发首批样本采集县】　2016年，新昌县、安吉县和慈溪市被“浙江省农民发展指数”课题组列入首批样本采集县。浙江省农民发展指数体系由农民收入指数、农民生产指数、农民消费指数等八个方面指数组成，具体涉及62个指标项。课题组通过研制“浙江省农民发展指数”，描述浙江省农民总体发展状况和发展轨迹，为编制“中国农民发展指数”打下基础。

（章文斌　王亚玲　唐海敬）

种植业

【农作物总播种面积24714公顷】　2016年，全县农作物总播种面积24714公顷，增长3.6%。其中粮食播种面积10000公顷，下降0.3%，粮食总产量5.93万吨，增长1.2%；经济作物播种面积14714公顷，增长10.8%。主要经济作物中，油料播种面积4578公顷，产量9459吨，分别增长36%和28.1%。其中油菜籽播种面积3122公顷，产量6088吨，分别增长64.7%和52.9%；蔬菜播种面积5303公顷，产量17.0万吨，分别下降2.6%和2.9%；花卉苗木面积2573公顷，下降0.4%；中药材面积546公顷，产量1603吨，分别下降11.1%和14.3%。

【“小京生”产业提升】　4月29日，全县小京生花生专题会议召开。6月2日，县政府办公室印发《新昌县小京生花生产业发展规划（2016～2018）》，为小京生产业提供发展方向和政策保障，全年开展小京生产业现场推介会2场，培育小京生花生规模种植基地4个，建立科技示范村3个，示范户27户，培育改造规模化加工企业2家，组织现场会和展示展销活动3次，实施品种及种植技术攻关。小京生种植面积22000亩，产量3500吨，产值1.06亿元。

“小京生”花生现场推介会

【粮食高产】　粮食高产创建从抓量到抓质转变，建立百亩绿色高产示范方1个，超高产攻关田16块。经县级验收，16块高产攻关田亩产超过800公斤，其中4块高产攻关田亩产超过900公斤，最高亩产968.4公斤。

【水果总面积4.69万亩】　2016年，全县新发展果园5188亩，水果总面积4.69万亩，投产3.57万亩，总产量2.32万吨，产值2.13亿元，分别增长1.5%和19.5%。引进水蜜桃、蓝莓、樱桃等优良品种10多个，青梅、油桃、早熟桃等低效益品种面积减少，种植结构得到优化。受极端天气影响，樱桃、枇杷、柑桔等水果损失较大。

【蓝莓深加工项目投入】　全县种植蓝莓面积3932亩，产量1620吨，产值4860万元。新昌县兆丰农业有限公司计划投入资金3000万元建设蓝莓酒和蓝莓果汁生产工厂，设计生产能力1万吨以上。2016年，基本完成厂房的框架搭建，20个大型发酵罐和3个小型发酵罐安装完成，生产容积300吨。

【休闲观光果园建设】　从2011年到2013年，每年安排200万元，进行为期三年的休闲观光果园建设，2014年出台新一轮扶持政策，六年共建设和提升休闲观光果园面积14884亩。经过六年发展，一条以县城为中心的鲜果休闲观光带形成，水果总产值从2011年的0.59亿元增长到2016年的2.13亿元，增长361%。

【新兴药材异军突起】 铁皮石斛发展趋于平稳，投产面积继续增长，价格向平民化发展。因野生资源减少、用量增大，白芨、覆盆子、重楼、黄精、三叶青等药材价格上涨，受此影响，全县工商资本积极介入。有白芨规模种植户2家，共60多亩，二年生亩收入最高可达4万元。覆盆子规模种植户2家，全县总面积200余亩，价格最高时250元/公斤。三叶青规模种植1家，面积100余亩。白术等传统药材种植面积下降。

【蔬菜种植基地】 新昌县镜岭镇老兵家庭农场成功申报2016年省级现代农业发展专项资金项目，配套建设6400平方米的外遮阳网连栋大棚、7000平方米提高型钢管大棚、180张钢丝网围墙以及800平方米的排水沟等基础设施，将成为全县具有标识性、示范性的现代化蔬菜生产基地。基地主要着力于蔬果品种及质量的优化；开展省力化栽培；增施有机肥、达成“双降”（减化肥、减农药）。

【农产品在展示展销会上获奖】 组织企业参加省农博会、省精品果蔬展销会、浙江绿茶博览会等推介活动23次。在浙江省农博会上，新昌县选送的新昌“小京生”、归真牌宫廷黄鸡鸡蛋、春江牌香糟鸡、丰岛牌水果罐头、南峰牌水培红豆杉盆景获得金奖，新昌“小京生”花生还被评为浙江省十大区域公共品牌农产品。

（章文斌　任军凯　陈锋　张伟金　梁丽伟）

表10　　主要农产品产量

单位：吨

	2010年	2011年	2012年	2013年	2014年	2015	2016年
1.粮食	78373	80000	81334	82262	59758	57484	59260
2.油料	9124	10151	10098	10213	6192	7384	9491
油菜籽	5023	6001	6281	6507	3990	3981	6088
花生	4024	4041	3817	3608	2144	3312	3318
3.棉花	145	166	182	203	194	166	168
4.烟叶	1174	1235	1190	1210	574	580	526
5.药材类	2332	2133	1924	1851	1878	1871	1603
6.蔬菜	165182	169225	174881	176585	169631	174954	169696
7.水果	36238	35785	35992	35742	34206	32544	34734
8.茶叶总产量	5925	5963	5998	5645	5794	5870	5886
其中：春茶	3181	3169	3152	3066	3092	3128	2576
9.蚕茧	769	753	765	698	533	409	386
其中：春茧	416	400	390	362	302	207	227
秋茧	318	320	338	308	215	189	150
10.板栗	3577	3568	3384	3271	3350	2217	2310
11.笋干	1103	1139	1121	1028	1190	1359	1427
12.猪年末存栏（万头）	4.69	5.14	5.35	5.47	5.09	4.37	3.61
13.兔年末存栏（万只）	23.53	23.97	22.99	21.86	19.49	15.73	12.26
14.家禽年末存栏（万只）	29.45	31.33	31.92	32.03	28.43	25.52	21.18
15.肉类总产量	5997	6301	6574	6989	5854	6158	5820
16.禽蛋	2201	2342	2382	2249	1844	1537	1460
17.兔毛	178	175	164	160	106	98	63
18.水产品产量	2788	2802	2859	2927	3037	3129	3228

注：2014年起粮食产量为监测数据

表 11　　**农林牧渔业总产值**

单位：万元

年份	合计	农业	林业	牧业	渔业	农林牧渔服务业
1978	6218	4792	325	1095	6	
1979	8307	6361	318	1612	16	
1980	8855	6717	360	1767	11	
1981	8812	6863	346	1586	17	
1982	10419	8005	471	1922	21	
1983	10246	7670	443	2107	26	
1984	12338	8689	467	3129	53	
1985	17576	9450	796	7243	87	
1986	14755	9266	797	4602	90	
1987	17456	10936	1166	5242	112	
1988	20253	12207	1114	6744	188	
1989	22263	12505	1037	8513	208	
1990	24300	15460	903	7718	219	
1991	29070	18799	1350	8575	346	
1992	33311	21084	1275	10558	394	
1993	41033	27308	2595	10608	522	
1994	64269	40369	3312	19681	907	
1995	80340	57915	4138	17294	993	
1996	85008	62801	4649	16407	1151	
1997	92621	62233	4594	24529	1265	
1998	95576	70793	8617	14809	1357	
1999	97133	71793	8240	15366	1734	
2000	103548	73691	10283	18110	1464	
2001	111193	81559	9865	18158	1611	
2002	108412	76654	12069	18106	1583	
2003	113219	79810	13368	17581	1780	680
2004	126161	88721	13594	21006	2092	748
2005	129146	94382	11916	19953	2105	790
2006	136235	103501	12753	17389	1548	1044
2007	152448	114685	13812	20941	1743	1267
2008	166110	125699	15664	20954	2383	1410
2009	179673	138030	17857	19292	2852	1642
2010	218249	170037	20860	22443	3009	1900
2011	249430	190908	23922	28971	3419	2210
2012	269706	208173	25859	29464	3738	2472
2013	280694	215989	26370	31452	4078	2805
2014	285415	222688	27460	27672	4395	3200
2015	290091	229530	27954	24452	4625	3530
2016	307869	245955	29118	23963	4874	3959

注：本表按当年价格计算。

（潘红鹰）

茶叶

【概况】 2016年，新昌县茶叶生产遭受经济下行和气候影响的双重压力，政府和主管部门推进供给侧改革，仍取得较好业绩。全年茶叶产量4805吨，增长100吨；总产值7.92亿，减少900万元。其中：名优绿茶4235吨，产值7.56亿元，减产2.3%，减值2%。红茶生产单位增至14家，产量58吨，产值3100万元，分别增长16%和19.2%。

新昌被中国国际茶文化研究会授予“中国禅茶文化之乡”，首次被中国茶叶流通协会评为“2016年度中国十大最美茶乡”，连续七年评为“全国重点产茶县”；大佛龙井连续第七年进入“中国茶叶区域公用品牌价值十强”，品牌价值创新高，达到31.77亿元，排名从第六位上升至第五位。浙江诚茂控股集团有限公司荣评“2016中国茶叶行业百强企业”称号。

【中国茶叶大会暨第十届大佛龙井茶文化节】 4月12日，由中国国际茶文化研究会、中国茶叶流通协会、中国茶叶学会、浙江省农业厅、绍兴市人民政府、浙江省茶叶产业协会主办，新昌县人民政府承办的“2016中国茶叶大会暨第十届新昌大佛龙井茶文化节”在新昌县中国茶市举行。活动期间，组织天福杯第十一届大佛龙井茶王赛、中国茶微信群主大会、茶祭大典、中国茶叶行业安全风险信息收集与行业风险预警交流项目成果审定会、微茶楼寻茶新昌、茶叶淘宝·特色中国新昌馆电子商务园开园仪式授牌、中国茶市O2O交易平台APP（聚蜂网）启动仪式、2016中国茶叶质量安全工作会议暨中国茶叶流通协会茶叶质量安全工作委员会成立大会等活动。

【组织茶事活动】 组织相关企业参加绍兴茶文化节、浙江绿茶博览会等节会，并选送产品参加评选。“府燕尔牌”大佛龙井获2016年浙江（西宁）绿茶博览会金奖，“国昊牌大佛龙井”获中绿杯金奖，“百鸟争鸣牌”大佛龙井和“菩提丹芽牌”天姥红茶获得2016年第二十三届上海国际茶文化旅游节“中国名茶评选”金奖。组织企业参与绍兴市人民政府（绍兴博物馆）在意大利举办的展览会，大佛龙井作为绍兴5种茶产品之一在意大利进行展示。

【电商交易活跃】 2016年，中国茶市交易总量15237.945吨，减少5.23%，交易总额40.91亿元，下降9.93%。其中，龙井茶交易量14539.905吨，交易额38.4463亿元，分别下降6.21%和11.5%。但网上交易稳步增长，大佛龙井电商335户，销售额6.8亿元，上涨38%。其中清承堂茶业有限公司，从3月至年底，销售大佛龙井20万公斤，销售额4000万元。

【大佛龙井登录华东林交所大宗农林产品现货电子交易平台】 11月16日9点30分，辉强牌大佛龙井正式登录华东林交所大宗农林产品现货电子交易平台。参与交易者即可作为金融交易操作，也可直接购买现货，开启“茶叶+互联网+金融”新模式。上市当日成交561152公斤，成交金额3.59亿元，实物交收量32.5公斤。

【茶叶装备提升】 2016年，清河茶叶合作社新增一条全自动清洁化茶叶组合生产流水线，可用于卷曲类绿茶、红茶的组合生产，日处理鲜叶能力5000公斤；浙东茶业有限公司新增一条高香绿茶生产线；新增防霜风扇35只。至此，新昌拥有全自动名茶初制生产线6条，名茶精制加工生产线7条，防霜风扇91只。

【2015年度中央茶产业提升项目完成】 建成标准茶园3个，面积6070亩，硬化主干道1.02万米，茶园支道1.22万米，排灌渠2116米，防霜风扇、色板、杀虫灯等建设内容全面完成。巧英雪溪标准茶园、儒岙标准茶园项目通过审计与验收。

【茶叶低温气象指数政策性保险】 2016年，新昌县共投保茶园面积2833亩，增加77%，企业、农户缴付保险费11.23万元（占保费30%，保费的70%由财政补助）。3月中旬，强冷寒潮导致大部分茶园气温至0℃以下，一些高海拔茶园气温甚至低至-4℃，企业、农户共获保险赔付118万元，降低早春低温霜冻对全县茶农造成的损失。

【副省长黄旭明作出重要批示】　4 月 23 日，浙江省副省长黄旭明在浙江省政务信息第 522 期刊登的《新昌县五强并举兴茶业富百姓的主要做法》上作出批示：茶产业既美丽又健康，新昌坚持推进以茶业富百姓做得有声有色，卓有成效。希望坚定不移地在茶全产业链方面不断登上新台阶。建议印发各县市借鉴。

（孙利育）

林　业

【全国绿化模范县创建】　自 2014 年开展创建工作以来，县林业局根据《新昌县创建全国绿化模范县实施意见》（新委办〔2014〕109 号），推进各项绿化工程建设。2016 年 2 月 29 日，全国绿化委员会公布《关于表彰全国绿化模范单位和颁发全国绿化奖章的决定》（全绿字〔2016〕2 号），新昌县荣获“全国绿化模范单位”称号。县委常委、常务副县长柴理明获“全国绿化奖章”荣誉称号。

【珍贵彩色健康森林示范县建设】　2016 年，县林业局编制《新昌县珍贵彩色森林建设总体规划（2015～2020）》，出台《新昌县 2016 年珍贵彩色健康森林建设项目实施方案》，推进省珍贵彩色健康森林示范县建设。全年完成绿化提升 8282 亩，其中珍贵彩色健康森林建设 4232 亩（包括省级珍贵彩色健康森林建设 2000 亩、战略储备林建设 700 亩、珍贵彩色树种造林 639 亩、珍贵彩色树种补植 893 亩），县级森林抚育 4050 亩，森林覆盖率稳定在 63.8%以上。全年共开展三次义务植树活动，种植红叶石楠 7000 株。开展“创绿色家园，建美丽乡村”活动，安排资金 1700 万元，对通过三治一提升验收的 170 个村，按户均 300 元的标准用于村庄绿化。城南乡被命名为省级森林城镇，澄潭镇被命名为市级森林城镇，大市聚黄坛村、回山镇荷塘村、双彩乡下塘村被命名为省级森林村庄，沙溪镇新宅村、巧英乡溪口村、小将镇平山村、羽林街道长诏村、镜岭镇溪西村、城南乡石溪村、双彩乡上贝村、澄潭镇龟岩潭村等 8 个村被命名为市级森林村庄，11 个森林村庄完成绿化补植 2.2 万株。开展珍贵树种进万村活动，共赠苗种植珍贵树种 1.7 万株。

【林业特色基地建设】　推进毛竹、板栗等传统产业改造提升，实施巧英乡毛竹高效栽培示范方建设。抓好花木产业转型升级，结合林相改造提升，发展林下种植、养殖和休闲旅游，开展林业特色基地、万元亩产基地建设及提升。完成四个 1 万亩基地建设林业产业任务，新发展提升林业特色基地 5120 亩，其中花卉 1538 亩、杨桐 1332 亩；万元亩产基地 3030 亩，其中香榧 1105 亩、花卉 1396 亩。完成林下套种山稻 200 亩，茶叶+香榧复合经营 30 亩，培训农户 50 人次。由乡镇统一申报计划，林业局组织营林、林政、林技中心联合踏勘立项、验收。完成林区道路建设 62.5 公里，其中主干道 32.5 公里。

【松材线虫病防控】　2016 年，全县松材线虫病发生面积 3793 亩，病死松树 474 株，发病小班 41 个，与 2015 年同期相比，发生面积减少 17.0%，病死松树减少 27.7%，发病小班减少 6.8%，实现“发生面积、病死松树和疫点数量”三下降。全年共清理枯死木 559.78 万公斤，全部送疫木定点加工企业安全利用。开展“绿剑”检疫执法专项行动，开展药剂熏蒸处理，共计 1000 立方米。挂放诱捕器 400 套诱杀松褐天牛，防治 8000 亩。开展药剂注射防治松材线虫病，共使用防治剂 2.01 万瓶，防治 1 万株松树。实施喷噻虫啉防治松褐天牛 15620 亩。释放 5 万头花绒寄甲防治 5030 亩。开展林业有害生物基础知识和相关法律法规宣传，印发宣传材料 1000 份，开展“森林医生服务年”活动 20 次。

【森林消防】　2016 年，全县共发生森林火警火情 55 次，基本扑灭在萌芽状态，未形成灾害。全县共有森林消防队 20 支，义务消防队员 260 名，护林管火员 238 名，高压水泵 54 只。开展元旦、春节、清明森林消防督查行动，完善和落实应急预案，抽调部分指挥部成员单位组成 6 个督查组，采用查资料、听汇报、看现场等方式，对全县 16 个乡镇（街道）和 3 个林场及 2 个风景旅游区开展森林消防工作专项督查，对督查中发现的火灾隐患进行限期整改。做好G20森林消防安保工作，投入210万元采购20台森林消防高压泵，完成重点乡镇、单位3台高压泵，一般乡镇、单位2台高压泵的建设任务，建设“引水灭火”森林消防队伍20支。开展重点林区森林消防综合防控工程建设，新建消防蓄水池10只，抓好省引水灭火示范县建设到位后装备使用培训演练，开展森林消防演练5次。11月28日，开展2016年度森林消防演练比武运动会。3月26日，在江滨公园止水碑和“三馆”中心广场同时开展“绿色梦·清明情”第二届万朵鲜花免费送大型公益活动，送出15万束鲜花和大量黄丝带、心愿卡条，引导广大市民文明、安全、绿色祭祀。清明期间禁止一切野外用火，在林区增设警示牌105个，印发倡议书10000份，下发彩旗10000面。

【林政资源管理】 2016年，县政府与乡镇（街道）及有关部门签订《新昌县保护发展森林资源责任状》，落实保护主体与责任。全年共审核审批林地征占用58个，其中农民建房10个，林区道路建设22个，林业辅助生产用房2个，工程建设22个，共涉及林地41.501公顷。核发林木采伐证187本，木材运输证2931本，木材运输量1603立方米。共受理查处各类涉林案件17起，其中办理刑事案件1起（已移送起诉），罚款共计331411.76元。

【森林资源二类调查】 根据《关于开展全省林地变更调查和新一轮森林资源二类调查工作的通知》精神，2015年12月28日，成立新昌县森林资源规划设计调查工作领导小组。2016年1月15日，确定国家林业局华东林业调查规划设计院为编制单位。2016年4月26日，召开全县森林资源二类调查工作动员大会。2016年9月，组织技术力量对外业调查工作进行5次质量抽查，向省林业厅提交《新昌县林业局关于要求对新昌县森林资源二类调查外业工作进行质量检查的请示》。2017年4月27日，召开森林资源二类调查成果评审会，共调查面积182万亩，小班46375个，全面完成森林资源二类数据。

【湿地保护】 加强湿地水源涵养区保护，加大长诏水库一级饮用水源地保护力度，与长诏水库管理局沟通，编制《长诏水库饮用水水源地保护规划》，并由县政府批复同意实施。向省林业厅报送《新昌县省重要湿地名录申报表》，力争创建省级重要湿地。争取湿地保护项目和资金，向省林业厅申报长诏水库“滩地湿地生态修复工程”。

【古树名木】 1月8日，新昌县古树名木公众责任保险工作荣获2015年度绍兴市森林保险地方产品创新奖。加强古树名木动态管理，开展全县古树名木及后备资源调查，做好古树名木公众责任险的投保。2016年，省厅下达新昌县保护古树名木20株，经费41万元。实际新增古树名木保护50株，其中县林业局39株，县财政20万元预算资金11株。

【参加第九届国际森林博览会】 11月1～4日，新昌县10家企业参加在义乌国际博览中心举办的第九届中国国际森林产品博览会。青藤轩工艺品有限公司的作品“滕王阁”获第六届中国木（竹）雕展金奖，作者刘毅荣膺“金雕手”称号；俞柏青“春归”、朱卓辉“谢幕”获第六届中国木（竹）雕展银奖。丸十工艺有限公司的12格架等10件作品获第五届中国创意林产品大赛（成品组）银奖。在森博会期间，现场销售额11万元，订单交易额200万元。

【全市森林保险工作联席会议第三次会议】 7月8日，全市森林保险工作联席会议第三次会议在新昌泰坦国际大酒店召开。市森林保险工作协调小组暨联席会议成员、各区、县（市）林业主管部门及人保支公司分管负责人参加会议。县林业局出台《新昌县林业局 中国人保新昌支公司关于贯彻执行〈浙江省政策性林木保险操作规程〉相关问题的通知》（新林字〔2016〕71号），鼓励和引导符合政策条件的单位和经营大户积极参与投保。完成小将林场、天姥林场、长诏林场、巧英林场的毛竹林开展综合保险试点，保险面积4531亩。

【森林休闲旅游】 县林业局编制《2016年森林旅游项目方案》，以罗坑山、天姥山二个森林公园为重点，推进森林休闲设施项目。小将林场生态公益林管护中心完成一层主体建设，形象进度和项目投资均完成年度计划。天姥林场吊水岭护林用房完成主体工程建设并竣工验收。罗坑山森林公园雪斗庵二期完成设计招标，并开展场地平整，完成投资 5000 万元。天姥山森林公园霞客古道项目完成设计招标并动工，重要节点工程天姥山观景台竣工验收。天姥山森林公园完成彩化绿化 85 亩；罗坑山森林公园完成彩化绿化提升 635 亩。

（张云霞）

畜牧业

【概况】 2016 年，新昌县家禽产品继续受 H7N9 亚型流感形势影响，价格处于低位，仅有微利；兔毛价格在 60～65 元/斤低位徘徊；獭兔皮市场常年有价无市，兔肉从 14 元/斤涨至 18 元/斤；由于“五水共治”行动，生猪养殖污染扩面整治开展，生猪存栏减少，生猪价格常年维持在 9～10.5 元/斤。全年肉类总产量 4669.6 吨，较 2015 年 5330.2 吨减少 12.39%；禽蛋产量 2100 吨，较 2015 年 2090 吨增长 0.48%。全县畜牧业产值 17346.251 万元，比 2015 年 17058 万元增长 1.7%。生猪“瘦肉精”检测，全年共抽检生猪养殖场 222 家次、1798 头份，抽检县定点屠宰厂 5458 头份，检测结果均为阴性，完成全年任务 5000 头份的 145.12%。

【生猪养殖扩面整治】 2016 年，全县对新增存栏 50 头以上的生猪养殖场和存栏 50 头以下的生猪散养户进行扩面整治。通过前期实地查看和对周边县（市）生猪养殖场（户）污染治理政策的了解，提出《新昌县生猪养殖整治扩面工作方案》和《新昌县存栏 5 头以下（母猪 2 头以下）生猪散养户整治计划》。共计整治存栏 50 头以上生猪养殖场 60 家，其中通过“一场一策”生态化治理验收 21 家，关停 39 家；关停清养存栏 5～49 头生猪散养户 191 家；整治存栏 5 头以下生猪散养户 974 家。

【畜禽养殖场排泄物治理和病死动物无害化处理设施建设】 2016 年，指导 24 家规模化畜禽养殖场点进行排泄物治理设施和病死动物无害化处理设施建设。建成病死猪无害化处理池 12 个，

美丽牧场

总池容 293.8 立方米；三格式及以上化粪池 18 个，总池容 2021.85 立方米。12 月上旬通过县级验收，并下发县政府投入补助资金 66.5315 万元。

【美丽生态牧场示范创建】 2016 年，择优选取 4 家畜禽养殖场，分别进行省、市美丽生态牧场创建，经过 5 个月的创建工作，11 月上旬通过上级部门实地考核验收，宫廷黄鸡繁育场、支民畜牧场成功创建省级美丽生态牧场，大市聚镇徐相瑞养殖场、澄潭镇兴旺牧业成功创建市级美丽生态牧场。

（李苗德 杨玉澜）

渔业

【概况】 2016 年，全县水产品总产量 2853 吨，产值 10610 万元。全县特色渔业形成光唇鱼与马口鱼两个优势品种。泥鳅企业苗种繁育能力提升，鳅苗繁育量稳定在 5000 万尾，2016 年销售商品鳅 60 吨，产值 200 万元。新昌县来益生态农业发展有限公司提升鱼籽酱出口加工设施，通过 ISO22000 标准和欧盟认证、FDA 认证，并加入国家食品生产“三同”协会。2016 年，出口鱼籽酱 2 吨，产值 1000 万元。全年放流资金共 121.5 万元。在三江流域增殖放流 1880 万尾，其中放流白鲢夏花 900 万尾，花鲢夏花 700 万尾，白鲢冬片 100 万尾，黄尾密鲴冬片 140 万尾，光唇鱼 40 万尾。2016 年 12 月底前，完成黄尾密鲴、光唇鱼、白鲢冬片的放流。2017 年 6 月底前完成白鲢夏花、花鲢夏花的放流。

【光唇鱼与马口鱼两个优势品种】 全县光唇

鱼苗种繁育企业 8 家，全年人工育种 1200 万尾，苗种产值 750 万元 ，新昌县成全国最大的光唇鱼苗种供应基地。全年光唇鱼商品鱼销售 80 吨，产值 800 万元。南方马口鱼是溪流性经济鱼类，新昌县于 2015 年率先在省内突破繁育技术，并于 2016 年完善人工繁育与养殖技术，繁育鱼种 100 万尾，生产商品鱼 12 吨。

（朱咏梅）

农业科技

【2016 年度农业科技创新奖】 新昌县 2016 年度农业科技创新奖项目是：新昌县东乡家庭农场（辣木特色蔬菜新品种引进及开发）、新昌县荣欣水产养殖专业合作社（南方马口鱼人工繁育关键技术研究与推广）、新昌县镜岭镇老兵家庭农场（番茄侧芽快繁嫁接技术研究与推广）。

【农民培训和农技推广】 建设浙江省现代农业科技示范基地 5 个（新昌县百果园果业有限公司、新昌县城南乡蔡氏家庭农场、新昌县沙溪镇蔡峰家庭农场、新昌县惠丰农业发展有限公司、新昌县金石铁皮石斛专业合作社），并通过市级验收；组建 6 个专家团队，推进农业产业技术集成和推广应用；推介发布主导品种 80 个，主推技术 38 项，举办茶叶、蔬菜、水果、中药材等农技培训班 23 期，培训 1600 人次。组织各类农技服务 550 场次，发放资料 4.8 万份，服务群众 1.4 万人次。

【新型农业经营主体培育】 2016 年，新昌县继续被列为农业部新型职业农民培育示范县。5 月 12 日，出台《新昌县新型职业农民管理办法》，认定首批新型职业农民 1028 人。全年开展培育 330 人，继续教育三期 410 人。工作经验全省领先，3 月和 9 月在省级现场会上作典型发言，全省共有 30 多个县市分 10 多批前来学习和考察工作经验。全年招收农广校新生 76 名，遴选茶叶、水果、蔬菜和粮油等产业科技示范户 500 户；在农业部农民教育培训中心、中央农业广播电视学校共同发起的寻找全国“最美农广人”活动中，新昌县农业局章祖民作为全省唯一代表参加评选并获“先进人物”荣誉称号。

【新增补贴农机具】 全年新增补贴农机具 4777 台，补贴资金 735 万元。浙新旺粮食专业合作社联合社投入资金 210 万元，采购轮式拖拉机、高速插秧机、收割机等多台新型机械开展农机社会化服务。

【植保无人机防治】 7 月 21 日，由县农业局牵头的植保无人机推介会在羽林街道新中粮食千亩示范基地举行，全县各种粮大户及重点乡镇农办负责人员到场观摩。杭州市瓦屋科技有限公司安排专业飞防服务队，现场展示植保无人机在水稻上的应用。通过植保无人机代替人工喷洒农药，在实现超低量喷雾的同时，保证农药药效不减，最高效率可以达到一天防治 300 亩水稻田，亩均成本 10 元，基本与人工成本持平，节约用水量超过 80%且防效可以保证在 90%以上。

植保无人机

【农业应急指挥系统建设】 根据《浙江省财政厅浙江省农业厅关于下达 2016 年第二批现代农业发展专项资金》（浙财农〔2016〕39 号）文件精神，智慧农业建设项目资金 100 万元。全省争取用 3 年时间，省、市、县三级全面建立农业应急指挥系统，依托浙江省智慧农业平台，集成视频、传感等设施设备，实现信息采集、生产监控、安全可视、在线监管、专家会商、决策指挥等功能。同时，与农业部、省政府进行连接，能够在第一时间将农业突发公共事件现场信息上报到农业部、省政府两级应急指挥中心。新昌县属于第二批建设单位。

【新增8家省级现代生态循环农业示范主体】 羽林街道支民畜牧场、儒岙镇科达养猪场、澄潭镇相皇地生猪养殖场、炉溪果木专业合作社、香林果业专业合作社、清河茶叶专业合作社、浙江浙新龙农业科技有限公司、大明有机茶叶发展有限公司等8个主体被认定为2016年省级现代生态循环农业示范主体。全县积极实施肥药双控、种养配套、农业废弃物资源化利用和沼液配送服务等可持续发展模式。

【农业龙头企业运行良好】 2月5日，全县新增县级农业龙头企业5家（新昌县兆丰农业发展有限公司、新昌县惠丰农业发展有限公司、新昌县草民生态农业有限公司、新昌县鼎盛农林开发有限公司、新昌县国昊农业开发有限公司），县级以上农业龙头企业110家。纳入统计农业龙头企业实现产值45.59亿元，实现销售40.46亿元，分别增长17.8%与3.31%。浙江新维普添加剂有限公司产销形势两旺，推动全县龙头企业利润上涨255%，达到3.29亿元。

（章文斌　杨联丰　张晓晓　丁斌杰）

农业机械化

【概况】 2016年底，新昌县农机总动力达到206274.1千瓦，其中：柴油机77060.1千瓦、电动机111189千瓦、汽油机18025千瓦。拥有联合收割机30台，谷物烘干机3台，机动脱粒机959台，机动喷雾机848台，农用水泵3650台，节水喷灌机械364台，粮食加工机械2426台，棉花加工机械183台，油料加工机械170台，运输型拖拉机1669台。机耕作业面积0.5483万公顷；植保机械作业面积0.3449万公顷；茶叶机械化率98%以上。

【实施农机购置补贴并开展检查】 2016年，农户共投入2872.1498万元资金购买农机补贴产品，获得补贴735.04万元。共计购买机具4777台，受益农户3592户。主要有：耕整地机械8台，微耕机155台，拖拉机6台，茶叶炒（烘）干机4536台，茶叶修剪机48台。根据《新昌县2016年农机购置补贴检查工作方案》，由农业局、财政局、监察局抽调人员成立检查组，采取实地检查和电话抽查相结合的方法，共检查519台，其中实地检查257台，电话抽查262台。

【实施农机报废补偿政策】 严格按照《浙江省高耗能农业机械报废补偿实施办法（试行）》和《新昌县2016年农业机械报废补贴实施方案》的要求，由经报废农机的农户提出申请，经审核、公示无异议后，核定报废对象。2016年，报废农机的补偿对象292台（其中小型49台、大中型243台），共补偿资金92.4万元。补偿资金通过社会保障卡发放给补贴对象。

【农机安全管理及执法检查】 县政府同各乡镇（街道）签订《新昌县2016年度安全生产目标管理责任书》，乡镇（街道）与各村（企业）签订责任书396份，乡镇（街道）农机管理站与农机手签订《农机安全生产承诺书》近1300多份。在年检前对拖拉机驾驶员进行农机安全知识学习和农机事故分析教育。全县发放农机购机补贴和安全宣传资料3485份，广播电视宣传16次，发送平安农机倡议书358份，向全县各车主发布安全提示信息7次，开展安全咨询活动32次，维护好新昌农机网站，及时更新内容。农机安全知识培训16期1589人。开展定期免费实地安全检验工作。对全县的纯农田作业拖拉机、联合收割机、插秧机开展了定期免费实地安全检验，共检验各型纯农田作业拖拉机26台、联合收割机3台、插秧机4台。

【拖拉机年检年审】 4月，制定下发《关于开展2016年拖拉机及驾驶人年度检审验工作通知》，召开全县农机工作会议进行动员部署；并将检审验日程安排及时通知驾驶员。全年共年检拖拉机1271台，年检率95%，年检审率名列全市前茅。考核拖拉机驾驶人34人，核发新驾驶证34本；驾驶证换发325本、年度审验158本；办理注册登记拖拉机213台，变更73台，转移76台，注销拖拉机554台。全年拖拉机共发生道路交通事故5起（甲方3起）、受伤6人（甲方3人）、死亡0人、直接经济损失1.3万元（甲方0.9万元）。全县组织执法

表 12　新昌县 2014~2016 年农机作业及功能

农机作业功能	台数（台）			动力（千瓦）		
	2014 年	2015 年	2016 年	2014 年	2015 年	2016 年
耕作机械	2249	2307	2354	12017	12187	12818
种植机械	10	10	24	81	65	65
排灌机械	4379	4374	4332	14917	14845	14670
植保机械	1147	1158	1156	2061	2083	2085
收获机械	98	98	123	349	349	421
收获后处理机械	1318	1364	1441	1910	1948	2001
农副产品加工机械	3460	3357	3349	22472	21814	21710
畜禽养殖机械	175	162	160	1648	1565	1543
渔业机械	24	24	24	36	36	36
林果业机械	4	4	4	4	4	4
茶叶机械	46231	58286	60082	74257	79484	83622
食用菌机械	228	228	215	122	122	122
运输机械	2571	2370	2305	50531	46959	43536
农田基本建设机械	125	126	129	12429	12619	12871
其他机械	3378	3250	3256	8093	7742	7770

安全检查 25 次，检查企业 32 家（次），纠正违法违规拖拉机 9 辆，其中查获脱检拖拉机 3 辆、报废拖拉机上路 1 起、拖拉机载人 2 起、其它违法行为 3 人次。

（孟　建）

农业行政执法

【概况】　2016 年，县农业行政执法大队出动执法人员 1299 人次，检查经营单位 433 家次，其中农资生产经营单位 24 家次、规模养殖场 14 个、农产品生产基地 12 个。市县二级联动联合行动 1 次。印发宣传资料 3900 份，农业投入品质量抽检 50 批次，查获违规单位或个人 22 个，查处案件 14 起（简罚 6 起），涉案金额 0.81 万元，罚没款总计 1.97 万元，发放责令限期整改通知书 8 份，受理举报投诉 5 件，调解农业生产事故 5 起，为农户争取补偿款总计 0.4 万元，举办培训班 2 期，召开农药废弃包装物回收与处置工作会议 2 次。发表执法简讯 21 篇，县级电视台报道 2 次。对 30 家农资监管与服务信息化验收单位开展持续跟踪调查服务。对全县 124 家农资生产经营单位、14 个规模养殖场和 12 个农产品生产基地开展集中检查。检查共发现 17 家单位存在违法行为；农业投入品共抽样送检 50 个批次。

【高毒高风险农药监管】　在全力保障 G20 峰会的关键时期，新昌县坚持属地管理，设立乡镇（街道）农产品质量安全监管员。发放签订“三书一录一表”。对全县 30 余家农资店经营的克百威、氧乐果等高毒农药和毒鼠药“溴敌隆”进行全面入库封存造册处理，共计入库封存高毒农药 1925 公斤，禁止其在 8 月 20 日至 9 月 10 日期间销售。强化宣传引导，加快高毒农药全面退市。

【农药包装废弃物回收处置】　全年印制相关回收制度公示牌 250 块、回收标签（不干胶）5000 张、回收清单 300 本、回收台账 300 本、进销台账 150 本，宣传用塑料袋 30 万个，下发到全县 121 家回收网点。5 月 16 日，新昌县政府与新昌惠多利有限公司签订农药废弃包装物回收合作协议，全年共回收农药包装废弃物 70 吨，无害化处置 51.25 吨。

【2 个案件办理移送】　回山镇某村村民丁某在其自家茭白地中施撒农药克百威（俗称“呋喃丹”）案，在经过调查取证、事实确认和重大案情集体讨论之后，启动涉嫌犯罪案件的移送程序，移送至公安局。新昌县商贸总公司西郊综合经营部监督抽检不合格的肥料产品因为高浓度复合肥，故不

适用于《肥料登记管理办法》，此案移送至县市场监督管理局。

【农产品质量安全检查】 2016年，对全县48家种植业、养殖业、投入品生产经营单位进行检查。要求农药经营者在销售农药时开具销售凭证，建立购销台账，详细记录产品来源、产品信息、销售信息，以便于追踪农药流向。执法大队对辖区内所有农药经营网点进行检查，对未建立农药经营档案或档案记录不全的，立即发放责令限期整改通知书，共发放8份。配合农产品质量监督科做好农产品质量监督抽样和检查，全年共抽样480批次（其中省级83批次，市级90批次，县级307批次），联合检查2次。

（王　洋）

农村工作

【农业农村相关政策】 2016年，新昌县农业农村工作方面的政策有：《2016年全县农业农村工作配套政策》（新委办〔2016〕56号），《2016年乡村旅游发展实施方案》（新委办〔2016〕19号），《新昌县乡村旅游发展三年计划（2016～2018年）》（新委〔2016〕29号），《关于印发2016年度"三治一提升"专项行动考核办法的通知》（新委办〔2016〕27号）等。《新昌县农村生活污水处理设施运行维护管理工作实施方案（试行）》（新政办发〔2016〕94号）。《关于开展2016年度奔小康结对帮扶活动的通知》（新委办〔2016〕83号），《新昌县村级集体经济发展基金管理办法（试行）》（新委办〔2016〕137号）。《关于2016年乡镇（街道）工作绩效考核的意见》（新委〔2016〕41号）、《2016年乡镇（街道）任务类个性工作》（新委办〔2016〕59号）等。全县16个乡镇（街道）分为平台建设、特色经济、山区经济三个类别进行分类别考核，共产生A类乡镇（街道）6个，B类乡镇（街道）10个，"县长奖"1个。2016年，新昌县在全市新农村建设考核中评为优秀。

【美丽村庄建设】 成功创建省、市级美丽乡村示范乡镇2个，省、市级特色精品村8个，"丹霞风情"和"沃洲茶香"两条美丽乡村景观带通过市级验收。美丽乡村建设涉及28个村30个项目，其中拆旧31000平方米，道路硬化49000平方米，8个村级公共服务管理用房建设5600平方米。农民公园、村景观工程建设16000平方米；推进班竹村、南山村2个省级重点历史文化村建设，其中班竹村完成建设并通过省级验收。启动西坑村省级重点历史文化村建设。

【农村垃圾减量化资源化处理试点】 推进省农村垃圾减量化资源化处理试点建设，建成村级农村垃圾减量化资源化处理站8个，向周边行政村扩面（每个试点村扩面3～5个村），形成"一村设点、覆盖多村、一片受益"模式。

【加快乡村旅游发展】 开展乡村旅游建设，统筹资金1.5亿元，全年共安排特色镇村创建项目112个，涉及13个乡镇26个村。民宿招商引资项目21个，总投资5亿元，其中1000万元以上项目10个。2016年，新增省农家乐集聚村2个，市乡村旅游特色村5个，省市级农家乐特色点2个，高星级农家乐经营户（点）38家，市精品民宿9家，绍兴市职工疗休养基地6家，发展民宿床位2199张，被列为首批省农家乐发展重点县之一。2016年度省农家乐考核等级为优秀。

【农村生活污水治理】 2016年，投入资金1.5亿元，农村生活污水治理新建任务村55个，提标改造村2个，新增受益农户1.7万户，农村生活污水治理三年建设任务全面完成。开展2014～2015年完成建设项目"回头看、找短板、促提升"专项行动，查漏补缺，改造提升。2014～2015年农村生活污水治理项目资料和10吨以上终端现场移交全部完成，正式由城投集团下属运维公司接管并开展运维。2016年被评为农村生活污水治理省级优胜县。

【帮扶奔小康工程】 实施欠发达乡村和低收入农户奔小康结对帮扶工程，2016年，共到位帮扶资金1765.5万元，其中县级部门（单位）1166.7万元，共建企业598.8万元。开展"万名干部联万户"

表 13　　**新昌县 2016 年十大农业农村建设项目**

项目名称	建设期限	建设内容及规模	2016 年底形象进度	2016 年底实际完成投资（万元）
农村生活污水治理	2014～2016	新增农村生活污水全面治理村 231 个，扩面提升改造村 161 个，新增受益农户 9 万户以上。	新增农村生活污水全面治理村 62 个，新增受益农户 1.5 万户以上。	15000
大市聚农民集中居住区建设	2011～2016	建设大市聚农民集中居住区商住建筑面积 5 万平方米及小区配套设施。	完工。	3000
物业经济提升	2015～2017	投资 5000 万元实施新一轮联建（购）物业项目。	大市聚物业二期联建项目完工并出租，启动新的联建（购）物业项目。	1700
农业转型升级	2016	铜锣山养生谷生态农业基地及配套设施；馨馨假日现代农业园农业休闲观光及农产品深加工；浙江万家丰农业科技股份有限公司休闲观光果园及配套设施；新昌县世豪农业发展有限公司名贵中药种植基地及配套设施；丰岛控股集团有限公司菊花基地及配套设施。	完工。	5050
万元亩产行动	2016	蔬菜、水果、中药材等农技培训班 20 期，培训 1500 人次，完成万元亩产基地 9000 亩（其中农业 7000 亩，林业 2000 亩基地建设或产业提升）。	完工。	2500
森林新昌建设	2016～2017	创建全国绿化模范县，迎接全国绿委抽查复检，并通过命名表彰，深化“创绿色家园，建美丽乡村”活动，创建市级以上森林城镇 2 个以上，森林村庄 10 个以上；推进珍贵彩色健康森林示范县建设，建设珍贵彩色健康森林 6800 亩以上。	成功创建全国绿化模范县，通过命名表彰，创建市级以上森林城镇 1 个以上，森林村庄 5 个以上；推进珍贵彩色健康森林示范县建设，实施三边山体绿化提升工程，绿化提升 8000 亩，建设珍贵彩色健康森林 2500 亩以上。	1000
土地开发整治	2016	土地开发 800 亩；农村土地综合整治（宅基地复垦）50 亩。	完工。	8000
防洪排涝建设	2016～2017	6 公里农村河道综合整治，4 座水库除险加固工程，11 座 1~10 万方山塘整治，29 座万方以下山塘整治。	4 座水库除险加固和 11 座 1~10 万方山塘整治各完成形象进度 70%，29 座万方以下山塘整治和 6 公里农村河道综合整治完成。	3384
乡村公路提升	2016	农村公路提级改造工程 10 公里。	完工。	1500
美丽乡村及乡村旅游建设	2016	村庄整治、绿化、道路硬化以及精品村和历史文化村落建设；建设旅游小镇 1 个，特色旅游村庄 20 个，乡村民宿床位 2000 张。	完工。	19100

活动，全年共为5000多名低收入农户提供帮扶资金300万元（含物）；落实产业就业帮扶、企社带动增收、社会救助保障等增收举措，全年低收入来料加工工程带动增收212户共157.5万元。优先安排低收入农户参与村级保洁等公益性岗位186个，创收100.4万元。引导低收入农户以土地入股或合作的形式发展乡村旅游、美丽乡村建设、高效特色农业。

【联建物业增加集体经济收入】　梅渚联建物业整体出租，新增物业收入340万元。大市聚联建项目（二期）通过竣工验收，并达成出租意向。投资1000万元，注册基金公司，启动59个村参与的村级集体经济发展基金项目。成立新昌小康新能源科技有限公司，开展2017年光伏发电扶贫项目的前期准备。

（陈玲玲）

责任编辑　陈　凯

工 业

综 述

【工业经济平稳增长】 2016年，新昌县限额以上工业投资完成71.1亿元，下降16.6%。十大工业投资项目完成投资 21.3 亿元。列入省重点“机器换人”项目 4 个、市“机器换人”重点项目 50 个。规模以上企业实现工业总产值648.16亿元，增长6.1%，其中大型企业（三花控股集团有限公司、万丰奥特控股集团、浙江新和成股份有限公司、浙江医药新昌制药厂、浙江京新药业股份有限公司、达利丝绸（浙江）有限公司、浙江新柴股份有限公司）实现产值 423.48 亿元，占全县工业总产值65.3%。实现工业增加值139.07亿元，增长7%。实现主营业务收入645.07亿元，增长5.79%；实现利税总额 92.65 亿元，增长 33.45%；实现利润总额68.68亿元，增长48.81%。销售利润率10.65%，比2015 年高出 3.15 个百分点。战略性新兴产业产值321.3亿元，占比49.6%，占比居全市第一位；全县全年工业用电量13.73亿千瓦时，增长3.9%。

【省级重点企业研究院建设】 2016年，新增省级以上企业技术中心1家（浙江美力科技股份有限公司），市级企业技术中心 3 家（新昌县泰普莱机电有限公司、新昌县三特自动化科技有限公司、新昌县恒丰胶囊有限公司）。三花控股集团有限公司被认定为省技术创新示范企业，达利丝绸（浙江）有限公司被认定为省级重点企业设计院。浙江日发纺织机械股份有限公司、浙江泰坦股份有限公司、浙江远信印染机械有限公司及浙江康立自控科技有限公司等省级重点企业研究院全部完成建设。

【4个产品评为浙江制造精品】 2016年，浙江五洲新春集团股份有限公司的机器人轴承RZC-20G、日发精密机械股份有限公司的FMP2060GM/5X蜂窝芯材加工用高架桥式五轴联动加工中心、浙江万丰科技开发有限公司的WF低压铸造机系列、浙江新柴股份有限公司的高效节能XC4D25 国Ⅳ柴油机等 4 个产品被评为 2016 年度“浙江制造精品”。2016 年，新昌县实现新产品产值329.3亿元，增长10.63%，新产品产值率50.8%。全县共备案省级新产品300个，其中7个产品列入省级优秀工业新产品，2 个产品被认定为全省装备制造业重点领域首台（套）。

【工业化与信息化深度融合】 推进两化深度融合国家示范区建设，“五换四覆盖”两化融合三年行动计划，得到绍兴市委书记彭佳学的批示肯定。成功创建省级软件和信息服务业创业基地和省级农村信息化示范区。4月21日，成立新昌县企业信息化促进会，开展企业信息化“登高”活动，入选 2016 年省级两化融合示范试点企业 4 家（三花控股集团有限公司、万丰奥特控股集团、浙江新和成股份有限公司、浙江新柴股份有限公司），占全市 4/10；入选 2016 年度市“五十佳”两化融合示范企业 13 家。浙江新和成股份有限公司通过国家两化融合管理体系贯标认定，万丰奥特控股集团列入第三批国家两化融合管理体系贯标试点。完成第二批数字化工厂、无人车间 10 个，第三批县级两化深度融合示范企业 6 家，县大数据、云计算应用示范企业创建 3 家。2016 年，全县两化融合总指数 81.19，继续保持全省第一梯队、列绍兴市第一位。

【智能制造试点推进】 开展省信息化案例研究中心、浙商银行、新昌县相关部门、省内部分工业信息工程公司智能制造试点，35 个总投资 32.3 亿元的智能制造试点项目完成投资 8.95 亿元。智能装备小镇列入省级第二批特色小镇创建名单，新昌县申报的智能制造示范建设方案入围 2017 年度省智能制造试点示范建设工作方案，日发航空零部件数字化加工车间建设项目列入全省智能制造新模式应用试点。

【免费 WiFi 建设】 以政府购买服务的方式推进无线 WiFi 建设和免费开放（一期）项目建设，建成热点区 65 个、AP 数 896 个，在全省 90 个县（市、区）中居第六位、全市第一位。基本实现城区广场公园、汽车站点、医疗机构、“三馆”、旅游景区以及 30 个特色村镇等公共区域免费 WiFi 全覆盖。

【优化企业梯队结构】 实施“123”企业培育和“三名”工程，优化企业梯队结构，着力培育名企名家。浙江京新药业股份有限公司被列入省第三批“三名”培育试点企业，全县累计被列入省级“三名”培育试点企业 3 家（万丰奥特控股集团、浙江新和成股份有限公司、浙江京新药业股份有限公司），占全市的 1/4。4 家企业（日发精密机械股份有限公司、浙江新柴股份有限公司、浙江五洲新春集团股份有限公司、浙江万丰科技开发有限公司）被列入省装备制造业骨干企业。美盛文化创意股份有限公司被评为省时尚产业第二批重点培育企业并列为省重点培育品牌。2 家（浙江斯菱汽车轴承股份有限公司、新昌县华亿机械有限公司）被认定省创新型示范中小企业，1 家（浙江博众车用部件有限公司）被认定省“小升规”创业之星。调整“小升规”企业培育库，工业企业“小升规”25 家。认定 2016～2017 年度县重点成长型企业 20 家。

【绿色发展成效明显】 全年组织实施淘汰落后产能项目 38 家（项），其中淘汰落后机械 2 万吨、落后轻工 3.1 万吨、落后食品 1 万吨、落后医化（胶囊）2200 吨、落后织造（布坯）1200 万米，腾出用能 2.39 万吨标煤，盘活存量土地 885 亩。全县低小散行业整治提升 56 家。推进工业园区污染整治，在全市率先完成 74 个园区公共及企业污水管网设施问题的整治。完成浙江华佳热电集团有限公司热电联产综合升级改造项目 1 台 130T/H 高温高压循环硫化床锅炉建设、3 号汽机改造和超低排放升级改造工程。编制《新昌县热电联产规划》。全年通过工业企业固定资产投资项目节能登记备案 190 项、节能评估审查 8 项。组织实施 2016 年度县节能降耗改造项目 14 项，总投资 1.39 亿元。加快推进光伏发电和清洁生产审核等，培育省级绿色企业 1 家（绍兴康可胶囊有限公司）。全县规上工业能源消费总量 33.8 万吨标准煤，下降 1.01%（其中规上工业用煤量 23.15 万吨，下降 5.99%）；万元产值能耗下降 6.67%；单位工业增加值能耗降低率 8.0%。

【全省“三名”培育试点企业技术创新工作现场会】 10 月 28 日，全省“三名”培育试点企业技术创新工作现场会在新昌召开，会议总结交流“三名”培育试点企业技术创新工作，部署下阶段工作任务。省科技厅副厅长邱飞章，省经信委副主任陈建忠，新昌县委副书记、县长李宁参加会议。杭州海康威视数字技术股份有限公司、华峰集团有限公司、天能电池集团有限公司等 3 家“三名”培育试点企业作典型发言。

【工业和信息化“十三五”发展规划】 12 月 13 日，《新昌县工业和信息化“十三五”发展规划》发布。规划期为 2016～2020 年。该规划聚焦新昌工业转型升级，强化改革、创新、开放、融合四大发展动力，推进产业高端化、智能化和绿色化三大转变，争创科技创新、龙头带动、产业结构、成本效益、跨国经营五大发展新优势。

【表彰优秀企业家】 2016 年，根据有关文件规定，经县委、县政府审定，分别授予张亚波等 17 名同志新昌县经济发展特别奖等荣誉称号。

一、新昌县经济发展特别奖

三花控股集团有限公司　　张亚波

表 14 新昌县 2016 年规模以上工业企业主要经济指标

单位：千元

指标名称	企业单位数（个）	工业总产值（当年价格）	资产总计	流动资产合计	固定资产合计	主营业务收入	利润总额	利税总额	全部从业人员年平均人数（人）
总　　计	228	61259912	84025773	52176667	13406631	58941044	6731834	9182475	60606
在总计中：轻工业	78	13808470	30054998	20530712	3960036	13886048	2858648	3599140	18351
重工业	150	47451442	53970775	31645955	9446595	45054996	3873186	5583335	42255
在总计中：大型企业	7	38347219	53434171	32874300	7864682	36176630	4811530	6393780	26916
中型企业	26	10994897	15300558	10261576	1933758	10661280	1452864	1832096	14001
小型企业	184	11591529	15037119	8825066	3584649	11774813	464209	948210	19498
微型企业	11	326267	253925	215725	23542	328321	3231	8389	191
一、按登记注册类型分组									
内资企业	206	57019042	79889459	49227800	12747417	54895136	6229333	8560206	54834
国有企业	1	1161064	815243	26069	749024	1161064	10194	76789	250
有限责任公司	14	1632288	2167272	1464863	439937	1957260	32847	95794	3820
股份有限公司	19	13174443	31544740	21485219	3558034	12781331	2682216	3385405	13749
私营企业	172	41051247	45362204	26251649	8000422	38995481	3504076	5002218	37015
港、澳、台商投资公司	11	3523184	3193937	2296833	437043	3347618	469161	561622	3685
外商投资企业公司	11	717686	942377	652034	222171	698290	33340	60647	2087
二、按行业分组									
制造业	223	59790672	82356848	51851311	12324397	57473820	6683254	9059396	59941
食品制造业	1	288248	422151	299018	47279	365171	12924	29061	1232
酒、饮料和精制茶制造业	3	149930	182832	140741	28058	159946	10088	17883	147
纺织业	13	1744950	1770149	1216965	368032	1677857	7296	48682	2599
纺织服装、服饰业	8	371292	374143	323650	42140	384599	-2112	8004	797
印刷和记录媒介复制业	4	175435	294920	206485	27195	173571	-315	5345	299
文教、工美、体育和娱乐用品制造业	4	561232	3732853	2511094	399972	516689	149613	176870	1181
化学原料和化学制品制造业	1	15926	14343	13233	1110	24390	1447	1447	11
医药制造业	35	9203191	21634346	14892273	2612347	9269604	2427837	2988500	10001
化学纤维制造业	1	26655	34755	30211	4544	26128	-195	481	109
橡胶和塑料制品业	5	2969042	1598255	1200397	89057	2751227	177789	247954	1095
非金属矿物制品业	1	128372	138695	120223	18472	128420	1821	6160	86
黑色金属冶炼和压延加工业	4	118294	102444	59115	37221	115050	6376	10018	310
有色金属冶炼和压延加工业	5	636846	457122	427891	25408	668005	1851	8091	222
金属制品业	4	104040	160859	100847	28036	103131	-130	4110	255
通用设备制造业	97	24579116	26961700	17386314	4708948	24305119	1847623	2867250	26521
专用设备制造业	21	1891723	3500857	2303433	416626	1949574	275224	365197	2456
汽车制造业	2	15429735	19167548	9442546	3142441	13453331	1584248	2015596	9871
铁路、船舶、航空航天和其他运输设备制造业	2	376441	475982	259981	147415	343776	48864	65466	668
电气机械和器材制造业	5	405632	433119	325465	67892	446180	52702	80869	812
计算机、通信和其他电子设备制造业	5	537650	722629	498013	103134	541318	61035	87768	1139
仪器仪表制造业	2	76922	177146	93416	9070	70734	19268	24644	130
电力、燃气及水的生产和供应业	5	1469240	1668925	325356	1082234	1467224	48580	123079	665
电力、热力生产和供应业	2	1315690	1311943	196678	873726	1315598	40854	108943	410
燃气生产和供应业	1	54780	33733	10866	16211	54347	11613	14038	27
水的生产和供应业	2	98770	323249	117812	192297	97279	-3887	98	228

表 15　新昌县 2011~2016 年规模以上工业企业主要产品产量

指　标　名　称	计量单位	2011 年	2012 年	2013 年	2014 年	2015 年	2016 年
罐头	吨	29154	35000	31331	31441	31602	33663
精制茶	吨	3900	3428	4327	3292	4745	6486
纱	吨	12085	3289	2795	2378	2466	2075
蚕丝	吨	571	586	594	429	397	393
蚕丝及交织机织物	万米	1503	1500	1725	2078	1949	1791
布	万米	5303	4988	3941	4435	3986	4909
棉布	万米	5224	4918	3874	4085	3716	3826
棉混纺布	万米	79	70	67	350	270	1083
服装	万件	1372	911	1022	1442	1302	1337
领带	万条	291	192	260	349	352	328
化学药品原药	吨	98087	99533	93253	77900	46825	33697
化学纤维	吨	5466	3914	3804	5155	5311	4545
合成纤维	吨	5466	3914	3804	5155	5311	4545
橡胶轮胎外胎	条	722200	665400	548060	498990	393070	366600
塑料制品	吨	107114	133305	151886	171875	187898	201016
铜材	吨	11878	16663	18003	20860	22726	23116
发动机	万千瓦	820	744	874	773	758	595
金属切削机床	台	3285	3136	3680	3566	3265	2978
数控金属切削机床	台	3285	2331	3270	3270	3265	2978
工业机器人	台	160	226	233	220	237	258
纺织专用设备	台						2046
滚动轴承	万套	16824	17758	20756	13886	16594	16662
齿轮	吨	9298	8937	8490	5922	5253	4861
风机	台	5600	2700	6700	45411	50098	71111
弹簧	吨	7094	7832	10551	12770	18808	25208
泵	台	13927	15325	16969	22519	24507	25689
铸钢件	吨	1171	1622	1793	1953	2573	1927
铸铁件	吨	5789	7048	6458	6006	8376	10027
低压开关板	面	51996	45370	15926	2606	1943	2418
小型拖拉机	台			700	2775	1346	775
发电量	万千瓦/小时	5508	6145	14971	13718	23103	25140
火力发电量	万千瓦/小时	5508	6145	14971	13718	23103	25140
自来水生产量	万立方米	2494	2810	3036	3345	3388	3599

（潘红鹰）

表 16 新昌县 2016 年十大工业建设项目进展

项目名称	建设期限	建设内容及规模	实际形象进度	总投资（万元）	2016 年底实际完成投资（万元）
年产 6300 万套制冷空调自控元器件	2010 ~ 2016	新征建设用地 631 亩，新建生产车间、仓库、配套用房、研发中心、会议中心、办公楼等，购置日本水车式专机、台湾产多工位转盘机、精密数控车床、氦检漏仪自动装配线、隧道炉、超声波清洗机、自动性能检测设备等备，配套部分公用工程设备，并依托公司自主研发的技术。	部分设备到位，设备调试，完善配套工程设施。	157800	12000
生命营养品及制剂建设	2014 ~ 2018	利用公司现有厂房，改造建设 DHA 等益脑、降血脂系列制品车间，扩建 VE 系列产品车间。	制剂大楼投产，年产 1000 万瓶冻干粉针实施中，高纯度食用多不饱和脂肪酸精制实施中，药品高架仓库完成。	105000	18500
药品制剂质量保障体系升级及年产 50 亿片（粒）药物制剂产业化	2011 ~ 2016	按照欧盟 GMP/FDA 标准设计建设 4 个生产车间和相关配套工艺技术和装备。	水电气调试，空调系统调试，消防系统调试，清场，办公设备安装。	105000	15200
莱盛总部大楼及动漫创意产业园建设	2015 ~ 2016	建设动漫服饰国际商务中心、动漫服饰研发检测中心、动漫服饰文化展示中心及动漫文化休闲游乐中心。	完成主体建筑的施工，进行内部装修。	50000	10000
年产 20 万台自动变速箱及传动系统	2015 ~ 2017	引进各类进口加工设备 30 多台套，新增各类机加工设备 320 多台套，搬迁现有设备 100 多台套。	一期工程建设中，厂房二屋面安装完成，厂房三主框架安装完成，厂房四框架施工中。	51200	12000
日发航空产业园建设	2016 ~ 2019	建设新型航空产业基地，内设研发中心、全自动化数控装备车间、机械加工车间，形成年产 10000 件航空零部件和 60 台航空装备（航空航天特种加工设备、飞机数字化装配系统及专用工装夹具的研发制造）的生产能力。	一期工程动工建设，完成航空零部件加工、生产线装配等厂房建设，购置并安装调试进口设备。	300000	40000
年产 1000 万套高强韧铝合金车轮智慧工厂	2016 ~ 2017	新建厂房面积 237088 平方米，新增智能燃气铝合金熔化炉、浇注机器人、全自动燃气热处理线、热处理机器人、铝沫处理线、数控机床上下料机器人、自动打包机线和三坐标测量仪等智能化先进设备。	完成部分生产厂房建设，购置、安装、调试部分生产设备，进行试生产。	107100	61200
日发智能纺织装备制造	2016 ~ 2018	用地规模 220 亩，计划年产智能化，数字化纺织设备 2000 台。	围墙安装围栏、钢结构主体厂房基本完成，办公区域进行装修，场外道路的浇筑和大门传达室施工，绿化、停车场和景观开始设计施工。	60000	33000
年产 200 万套中央空调油汽分离器和 50 万套螺杆式空气压缩机	2016 ~ 2017	新建厂房面积 56034 平方米。	完成 20000 平方米厂房建设。	32300	5700
年产 1000 万套电磁阀	2016 ~ 2017	新建厂房面积 38845 平方米，购置 4 条自动装配线。	内部水电基本完成，进行隔断和地面硬化。	16000	5500
合计				984400	213100

万丰奥特控股集团有限公司　陈爱莲
新和成控股集团有限公司　胡柏藩

二、新昌县经济发展杰出功臣

浙江五洲新春集团股份有限公司　张　峰

三、新昌县经济发展功臣

浙江中财管道科技股份有限公司　丁良玉
京新控股集团有限公司　吕　钢
浙江医药股份有限公司新昌制药厂　李春波

四、新昌县经济发展杰出人才

美盛控股集团有限公司　赵小强

五、新昌县经济发展优秀人才

浙江新柴股份有限公司　俞柏金
国邦医药化工集团有限公司　邱家军
达利丝绸（浙江）有限公司　林　平
浙江捷昌线性驱动科技股份有限公司　胡仁昌
浙江凤鸣道实业有限公司　徐孝方
浙江博泰纺织有限公司　石　勇
浙江日发控股集团有限公司　吴　捷
浙江泰坦股份有限公司　陈其新
浙江耿基实业有限公司　宋国钱

【中小企业跨越奖】　根据有关文件精神，经部门审核，县委、县政府审定，2016年度全县中小企业跨越奖获奖企业如下：

浙江新涛电子机械股份有限公司
浙江美力科技股份有限公司
浙江新宝汽车电器有限公司
远信工业股份有限公司
浙江万盾制冷股份有限公司
浙江新龙实业有限公司
浙江新益针织制衣有限公司
浙江科贸实业有限公司
浙江金泰实业发展有限公司
浙江省新昌县澄潭茶厂
新昌新天龙纽尚精密轴承有限公司
新昌县永强空调配件有限公司
新昌县富士精工科技有限公司
浙江元盛塑业股份有限公司
浙江日发航空数字装备有限责任公司

（俞月英）

工业园区

【新昌高新技术产业园区规上企业98家】　2016年底，新昌高新技术产业园区有超亿元企业29家，规上企业98家。规模以上工业企业实现工业总产值491.25亿元，增长7.55%；实现利税总额75.37亿元，增长34.5%；工业性投入36.1亿元；新产品产值294.7亿元，新产品产值率57.21%。园区内有58家规上企业与85所院校研究院达成产学研合作183项，与浙大软件学院签订研究生实习基地协议。3月，园区与理工大学续签共建浙江省高校产学研联盟新昌中心的协议，理工大学博士生常驻园区开展企业产学研指导。2016年，引进“330海外高层次人才”8人。共有国家千人计划1人，浙江省千人计划3人,高中级技术职称人员201人，“新四军”人才37人。设有院士工作站5家，博士后工作站8家，省级外国专家工作站6家。园区管委会与北京长城企业战略研究所合作编制《国家高新区创建工作方案》。2月，开展全国首批、全省唯一的国家高端装备制造业标准化试点。企业完善国家行业标准9项，“浙江制造”标准2项，规上企业国际先进标准采标率达到64%。管委会融资10.2亿元，保证园区建设资金需求。

【新昌高新技术产业园区固定投资】　园区完成基础设施建设投资8亿元。沃西大道至三花路连接工程正式动工，平水区块排涝工程、镇前路、纬11路、铁牛二路和梅和路、庙前地侯村片一期道路等基本建成。全年出让土地46.40公顷，申请土地报批62.27公顷，完成拆迁1.5公顷。全年招商项目固定投资34.7亿元，工业性技术改造投资18亿元，零土地技术改造投资2.2亿元。

【智能装备小镇列入全省第二批特色小镇创建名单】　智能装备小镇位于高新园区梅澄区块。1月28日，智能装备小镇列入全省第二批特色小镇创建名单。2016年，小镇有入驻企业38家，其中上市公司3家，规模以上工业企业27家。全年累计投资21.3亿元，配套设施投资4.57亿元，实现规上工业总产值 243.3 亿元。

（姚怡喆）

【新昌工业园区】 2016 年，新昌工业园区规模以上工业实现总产值 118.04 亿元，增长 0.99%；实现利税 14.86 亿元，增长 33.39%；实现固定资产投资 39.32 亿元；实现工业投资 25.22 亿元；规模以上服务业主营业务收入增长 16.09 亿元，增长 14.76%。2016 年新昌工业园区共涉及政府投资前期项目 1 个、实施项目 12 个，年内完成投资 1.57 亿元，完成羽林东路二期、新槽路、平浦路三期、羽林东路三期、东一路、新老江拔线连接工程、采石路与 104 国道连接工程、大市聚消防站装饰装修工程、园区雨污水管提升工程、沿江东路整治提升工程和园区配套工程等 11 项建设；完成技师学院文化路建设工程总体形象进度 20%。园区完成 4906 亩土地征收，资金兑付到村；完成新昌驾校等拆迁，合计建筑面积 6915 平方米；蓝色彩钢瓦整治 123 家，合计整改面积 407414 平方米；供地 17 宗，合计 604.99 亩，筹集资金 8335 万元，办理农转报批 398 亩；办理土地利用规划布局调整 376 亩，基本农田调整 6400 亩；新增融资 10.1 亿元。

【大明市区块规划及土地征用】 2016 年，园区编制《大明市区块招商引资实施办法》《产业导向及空间布局指引》，委托浙江大学城乡规划设计研究院编制《大明市区块控制性详细规划》。3 月 18 日，县政府对大明市区块实施规划控制。9 月 22 日，县政府启动大明市区块藕岸、大明市、大塘坑、丁家园、山头里、王山、万石坑、枫家潭、五丰等 9 个村的土地征收。10 月 12 日，完成土地征收协议签订，累计征收土地 10073 亩。8 月 22 日，县政府批复同意启动实施泉清至五丰道路工程，总投资 5.4 亿元，11 月 30 日开工建设。

泉清至五丰道路工程动工

【新昌工业园区交通路网优化】 优化交通路网，打通江滨路；会同城管中队清理园区范围内的 36 辆僵尸车；会同羽林街道、城管中队整治拔茅王泗洲路、王家园单家山路等地段乱设摊点占道经营情况。检测疏通羽林畈区块、船头畈区块、青山区块的雨污水管网，发现并及时修补管网私接情况 10 处；清理凤凰制衣渠道、泉清渠道的淤泥，并对局部地段进行渠道底部硬化；会同环保局、羽林街道做好雨污水排放口规范化建设和入河口排水口摸排。全年拆除违法建筑 49 起，合计建筑面积 40608 平方米；清理江滨路城东大桥至青山四路、钟林路、城东污水泵站等地的建筑垃圾，并进行硬化和绿化；整治钟林山、拔茅大坑排厂边新昌大道城东大桥入口的乱挖乱种。

（梁涛涛）

企 业

【三花控股集团有限公司】 1 月 22 日，杭州三花国际大厦项目正式动工。三花控股集团董事局主席张道才、总裁张亚波，江干区委书记盛阅春，江干区委常委、副区长魏丹英等领导参加。

3 月 2 日，福建省科技厅厅长陈秋立带领考察团到三花学习考察。浙江省科技厅副厅长邱飞章、新昌县委书记邵全卯、县长李宁、副县长朱润华陪同考察。考察团参观电磁阀事业部电子膨胀阀生产车间与集团样品室，并在三花会议室召开座谈会，县领导介绍全县科技创新带动经济发展的基本情况。 3 月 4 日，三花微通道换热器有限公司被评定为 2015 年度杭州市第 16 批“杭州市企业技术中心”。3 月 9 日，三花汽零子公司三花印度私人有限公司作为印度贝洱膨胀阀主要供应商，参加印度马勒贝洱 2016 年度供应商大会会议并荣获“NPD 1ST

Runner Up”（杰出新产品开发）奖项，这是印度三花继 2015 年获得贝洱的“杰出成本奖”以来获得的又一殊荣。3 月 10 日，由中国家用电器协会创办的艾普兰奖典礼在上海召开。杭州三花家电热管理系统有限公司（三花家电）凭借洗干一体机热泵系统，被授予艾普兰核芯奖。此次是三花家电第一次参展中国家电及消费电子博览会。3 月 10 日，杭州三花研究院院士专家工作站及中国科学院周远院士创新团队以全省第一名的成绩被认定为“浙江省院士专家工作站优秀院士专家团队”。

三花汽零印度公司荣获印度贝洱 NPD

4 月 7 日至 9 日，第二十七届中国制冷展在北京举行，三花微通道公司的模块热泵机微通道换热器产品入选 2016 年中国制冷展“创新产品”。 4 月 14 日，浙江三花股份有限公司加入美国最大的空调制冷行业协会——美国空调供暖和制冷工业协会（AHRI）。4 月 20 日，中华人民共和国工业和信息化部 2016 年第 17 号公告，发布《不锈钢烧结网》等 587 项行业标准，其中浙江三花股份有限公司起

三花产品获 2016 中国制冷展“创新产品”

草的《空调用直动式电子膨胀阀》《电自动控制器压力传感器》两项机械行业标准被批准发布。两项标准将由机械工业出版社出版，于 2016 年 9 月 1 日起正式实施。

5 月 21 日，中央电视台焦点访谈栏目记者到三花新昌梅渚工业园采访三花控股集团总裁张亚波。采访前摄制组去三花股份技术中心和电磁阀事业部电子膨胀阀生产与装配车间现场拍摄。5 月，三花亚威科土耳其工厂开始筹建。2016 年 12 月第一次生产。

6 月 29 日，由浙江制造品牌建设促进会组织的“浙江制造”标准——《空调或类似用途电磁四通换向阀》评审会在浙江三花制冷集团有限公司举行。专家组听取三花《空调或类似用途电磁四通换向阀》标准送审稿及该标准编制说明、先进性说明的汇报后，一致同意通过标准评审及先进性评价。

《空调或类似用途电磁四通换向阀》通过评审

7 月 8 日，控股集团公开发行 2016 年公司债券（第一期），完成簿记建档。于 7 月 13 日发行结束。本期债券发行规模 10 亿元。7 月 27 日，2016 年（第十四届）《中国机械 500 强研究报告》暨《世界机械 500 强》发布会在北京举行。三花控股集团名列中国机械 500 强第 78 位，中国机械 500 大第 73 位，世界机械 500 大第 438 位，中国机械品牌 100 强第 95 位。7 月 27 日，由三花申报的《空调和类似用途排水泵》标准项目批准发布（工信厅科〔2016〕110 号文），项目纳入中华人民共和国工业和信息化部 2016 年第二批行业标准制修订计划，编号 2016-0738T-JB。该标准项目由全国冷冻空调设备标准化技术委员会归口。7 月 26 ~ 27 日，国家工信

部信息化和工业化两化融合管理体系专家评审组，对三花控股集团两化融合管理体系建设及运行情况进行第二阶段现场审核。集团经营班子成员、中层以上干部及各部门主要工作组成员参与本次审核。三花控股集团通过本次审核。7 月底，与三花家电微通道换热器匹配的家用制冰机上市，市场反馈良好。

三花获 2016 年中国机械 500 强暨中国机械品牌 100 强

8 月 4 日，在印度金奈举行的印度 HANON 的供应商大会上，三花汽零公司子公司三花印度私人有限公司荣获印度 HANON 供应商“最佳质量表现奖”称号。印度三花负责人吴铁兵上台领奖。8 月 9～10 日，三花股份通过由中启计量体系认证中心浙江分中心组织的测量管理体系现场再认证审核。审核组对三花股份建立的测量管理体系的符合性，体系实际运作的适宜性、有效性及持续改进的能力进行现场再认证审核。8 月 31 日，杭州三花微通道换热器有限公司的微通道冷凝器、蒸发器、热泵产品获得高效节能装备与产品类浙江制造精品荣誉。

三花荣获印度 HANON“最佳质量表现奖”

9 月，三花控股集团创始人、董事局主席张道才经中国企联、企协征求意见和推荐，中国贸促会通过，入选 B20 就业议题组，成为绍兴 6 家 B20 入选企业中唯一的议题组成员参加会议。三花控股副总裁、“国千人才”黄宁杰博士作为张道才主席的 B20 助手，配合参与就业增长工作组的常规性讨论活动。9 月 10～11 日，计量测试中心通过由中国合格评定国家认可委员会委派的实验室评审活动。

10 月 8 日，三花汽零入围 2017 年《汽车新闻》PACE 大奖的名单。这是中国汽车企业第一次进入该名单。同日，三花微通道的热泵热水器内胆换热器产品被认定为 2016 年度杭州市国内首台（套）重大技术装备及关键部件产品。10 月 19 日，中国三花控股集团入选 2017 年德国 B20 能源、环境、资源效率（简称 ECRE）工作组。控股集团总裁张亚波、首席科学家黄宁杰作为代表参会。这是三花继 2016 年参加杭州 B20 峰会后，连续第二年参加 B20 峰会。10 月 22 日，三花亚威科受邀参加美的厨电集团供应商大会，荣获“质量零缺陷”奖。公司总经理叶树林、副总经理肖郑凯和大客户销售经理梁桂和出席会议。10 月 26 日，2016 浙江省企业领袖峰会暨企业家活动日在杭州举行，三花控股集团荣膺“浙江省工业大奖”金奖。峰会公布浙江省百强系列榜单，三花控股集团名列浙江省百强企业（第 61 位）、浙江省制造业百强企业（第 42 位）、浙江省成长性最快百强企业（第 28 位）。

11 月初，三花研究院收到《浙江省发展改革委转发国家发展改革委关于 2016 年度国家地方联合工程研究中心（工程实验室）复函的通知》（发改高技〔2016〕2203 号）文件。文件指出三花申报的“纯电动汽车空调与热管理系统技术国家地方联合工程研究中心”获批准立项建设。11 月 10 日，三花家电和三花亚威科参加 2016 中国家用电器技术大会，三花家电的洗干一体机热泵系统项目荣获“中国家电科技进步奖”三等奖；三花亚威科作压轴演讲。11 月 15 日，三花股份取得浙江省工商行政管理局换发的“浙江三花智能控制股份有限公司”企业法人营业执照。自 2016 年 11 月 15 日起，公司名称变更为“浙江三花智能控制股份有限公司”，英文名称变更为“Zhejiang Sanhua Intelligent controls Co.,Ltd.”。公司证券简称自2016年11月18日起由“三花股份”变更为“三花智控”，但公司英文简称保持不变，仍为“SANHUA”。11月28日，杭州三花研究院有限公司被认定为“2016年浙江省专利示范企业”，成为三花控股集团下属企业中第四家获得该荣誉的企业。

三花获“中国家电科技进步奖”

12月，三花成功入选2016《中国企业在美国》。《中国企业在美国》由《中国日报》美国版主办，在美国九大城市印刷。12月23日，在第九届中国长三角青商论坛暨青年浙商论坛上，三花控股集团总裁张亚波等6位杰出企业家荣获“2016年度中国长三角青商领袖”称号。12月24日，全球光荣浙商2016年会暨致敬“工匠精神”研讨会在杭州举行。三花控股集团总裁张亚波等8位杰出浙商被授予第三届全球光荣浙商荣誉称号，张亚波并参加本届年会的“工匠精神”研讨论坛。

张亚波获2016年度中国长三角青商领袖称号

【万丰奥特控股集团】 3月24日，浙江万丰科技开发股份有限公司成功并购美国Paslin公司。Paslin公司是焊接机器人应用系统服务商，为全球汽车产业和重工业的生产提供自动化系统解决方案。

4月26日，万丰航空飞机制造业务与DF公司签署战略合作协议。DF公司是捷克轻型运动类飞机的制造商。

万丰航空飞机制造业务与DF公司签署战略合作协议

5月10日，新昌县2016年二季度重大项目集中开工暨万丰航空小镇奠基仪式举行。小镇占地面积5.5平方公里，总投资100亿元，一期投资75亿元，项目以飞机研发制造为核心，以通航运营、观光旅游、航空运动、飞行体验、驾照培训等为亮点。5月，万丰镁瑞丁开发的汽车镁合金薄壁压铸门技术荣获由美国铸造协会颁发的年度铸造大奖。5月25日，推进“浙江制造”品牌建设暨省政府质量奖

2016年二季度重大项目集中开工暨万丰航空小镇奠基仪式举行

表彰大会在省人民大会堂举行，浙江万丰奥威汽轮股份有限公司荣膺全省质量最高奖项“浙江省政府质量奖”（全省仅2家）。5月25日，莲花大厦项目奠基。旨在让各金融机构（企业）入驻，成为新昌县的第一财富中心。

公司荣膺“浙江省政府质量奖”

莲花大厦奠基典礼

6月3日，国家发改委副主任胡祖才到访万丰航空特色小镇，考察调研万丰航空的发展情况。他高度评价万丰航空小镇，说这是迄今为止听到的最系统完整、计划最详细、起点最高、贯穿全产业链、具有国际视野的航空产业发展方案。

8月11日，浙江省委副书记、代省长车俊到访万丰，考察调研万丰的智能装备产业和通用航空产业发展情况。8月24日，全国人大常委会副委员长陈竺带领全国人大教科文卫委员会部分委员到访万丰集团，就科技创新、转型升级及产学研合作等内容开展专题调研。

9月28日，万丰奥特控股集团等龙头民营企业参与建设的杭绍台铁路 PPP 项目合作协议在杭州签约。陈爱莲主席出席并参加签约仪式。

10月3日，捷克布尔诺国际机械工业博览会在布尔诺国际展览中心开幕，万丰奥特控股集团特邀参展，旗下万丰航空工业有限公司携飞机整机亮相展会。

集团参加捷克布尔诺国际机械工业博览会

11月29日，浙江省通用航空产业协会成立大会暨第一次会员代表大会在杭州召开，万丰奥特控股集团总裁陈滨出任协会首任会长。

【浙江新和成股份有限公司】 2月19日，山东省政府下达 2016 年省重点建设项目名单，山东新和成氨基酸有限公司年产 10 万吨蛋氨酸项目成功入项。山东新和成氨基酸有限公司通过该项目的实施建成国内第一套国产化的蛋氨酸装置，实现国产蛋氨酸清洁生产的突破。

蛋氨酸项目列入2016年山东省重点建设项目

5月11日，国家食品药品监督管理总局发布“总局批准上市药品公告（2016年第96号）”，浙江新和成股份有限公司酮亮氨酸钙、消旋酮异亮氨酸钙、酮苯丙氨酸钙、酮缬氨酸钙和消旋羟蛋氨酸钙5产品名列其中。

6 月 20 日，山东新和成氨基酸有限公司在厂区举行“MET 项目试车动员大会”，号召全体干部员工凝心聚力，确保一次性试车成功，股份公司副董事长、总裁胡柏剡在会上作重要讲话。

山东新和成氨基酸有限公司 MET 项目试车动员大会召开

8 月 22 日，帝斯曼新和成工程塑料（浙江）有限公司成立仪式在上虞天玥开元名都大酒店举行。双方于 2013 年底开始合作意向商谈。帝斯曼拥有生命科学和材料科学领域的专长，在高性能工程塑料领域享有领导地位，拥有丰富的产品应用开发经验和完备的全球销售渠道。8 月 24 日，全国人大常委会副委员长陈竺率全国人大教科文卫委员会部分委员到访股份公司，就科技创新与投入、产学研合作、科研人员培养和激励、转型升级等方面情况进行调研。8 月 26 日，股份公司产品聚苯硫醚（PPS）一项国际申请专利（PCT/CN2013/086096）在日本获得授权。该专利公开一种纤维级聚苯硫醚树脂的合成方法，涉及采用 C5－C6 脂肪酸盐为缩聚助剂进行聚苯硫醚树脂合成的技术。

闰土股份 · 新和成项目合作签约仪式

9 月 17 日，股份公司董事长胡柏藩与浙江闰土股份有限公司董事长阮静波共同签署投资合作项目浙江闰土股份有限公司上虞生态产业园。合资公司注册资金 2 亿元，其中公司全资子公司浙江新和成特材料公司出资 0.98 亿元，占股 49%，浙江闰土股份有限公司出资 1.02 亿元，占股 51%。项目包括年产 22740 吨对二氯苯、年产 2 万吨 50%硫氢化钠等，为公司 PPS 项目配套。

10 月 26 日，浙江省企业联合会、浙江省企业家协会、浙江省工业经济联合会公布浙江省百强企业榜单，新和成控股集团有限公司荣获“2016 年浙江省制造业百强”和“2016 年浙江省成长性最快百强”称号。在“2016 年浙江省成长性最快百强”排名中集团公司位列第十。此次排名是以 2015 年营业收入为入围标准。

12 月 9 日，中国饲料工业协会第七次会员代表大会在京召开，股份公司副董事长、总裁胡柏剡被选为中国饲料工业协会第七届理事会副会长，荣获中国饲料工业协会先进工作者称号，公司荣登全国二十强饲料添加剂企业第一位。

12 月 26 日，股份公司第六届董事会第十四次会议审议通过关于《公司非公开发行股票方案》的议案，本次非公开发行股票特定对象不超过十名，募集资金总额不超过 490000 万元，扣除发行费用后将全部投入年产 25 万吨蛋氨酸项目。

【浙江五洲新春集团有限公司】 4 月 27 日晚，中国证监会官网发布公告，浙江五洲新春集团股份有限公司通过首发上市审核。10 月 25 日上午 9:30 分，在上海证券交易所交易大厅，浙江五洲新春集团股份有限公司股票正式登入中国证券 A 股交易市场。

7 月 2 日，浙江五洲新春集团投资有限公司与安徽省霍山县衡山镇签订投资备忘，在衡山工业园区投资建设生产基地。

11 月，五洲新春 3 只省级新产品（机器人轴承、绿色电机轴承、叶片环）通过专家鉴定。

【浙江京新药业股份有限公司】 6 月 20 日，第十六届世界制药原料中国展医药国际化百强企业评选新闻发布会在上海举行。中国医药保健品进出口商会发布2015年度医药国际化百强企业榜单，京新药业荣登 2015 年度最佳海外医药投资企业（15强）榜单。

7月26日，公司的 PCT 专利申请：PROCESS FOR PREPARING (1S)-1-PHENYL-3, 4-DIHYDRO-2(1H)-ISOQUINOLINE-CARBOXYLATE 获得美国专利商标局颁发的发明专利授权证书。专利授权公告号 US9399624，为公司首件通过 PCT 途径获得国外授权的发明专利。该专利是治疗膀胱活动过度症（OAB）的主流药物——索非那新原料药的绿色环保制备工艺专利。其工艺规避原研工艺中剧毒的氯甲酸酯、光气或者三光气，以及替代试剂——比较昂贵的羰基二咪唑等原料，通过吸收二氧化碳辅之以极其价廉的烷基化试剂就达到相应的目的。该专利方法可推广至其他类似氨基甲酸酯结构原料药和中间体的制备。7月29日，京新药业头孢固体制剂车间通过新版 GMP 复认证。

9月9日，根据浙江省工商行政管理局文件《关于公示2016年浙江省 AAA 级“守合同重信用”企业的决定》（浙工商同〔2016〕9号），京新药业被评定为2016年浙江省 AAA 级“守合同重信用”企业。9月13日，京新药业继2015年入选绍兴市首批市级“三名”培育试点企业后，入选浙江省第三批“三名”培育试点企业名单。9月24日，2016中国医药研发·创新峰会暨医药企业研发实力百强榜发布会在重庆举行，会上揭晓《2016中国药品研发综合实力百强榜》。京新药业荣登榜单。

10月26日，2016浙江省企业领袖峰会暨企业家活动日在杭州之江饭店千人会场举行。京新药业董事长吕钢获第十五届省优秀企业家称号。

11月15日，2016中国化学制药行业年度峰会在湖北武汉举办。会议发布 2016 中国化学制药行业优秀企业和优秀产品品牌榜。京新药业获 2016 中国化学制药行业工业企业综合实力百强、2016中国化学制药行业制剂出口型优秀企业品牌称号，产品瑞舒伐他汀钙片（商品名：京诺）荣获 2016 中国化学制药行业调血脂类优秀产品品牌称号，荣登

吕钢获第十五届省优秀企业家称号

中国制药品牌榜，该产品成为首个单品种销售额超4亿元品种（市场销售价10亿元）。

12月，京新药业喹诺酮主环化合物的合成方法被国家知识产权局授予“中国专利优秀奖”。12月，京新药业总投资 3.6 亿新研发大楼项目一期工程落成并投入使用。12月，京新药业启动“人力资源管理软件（E-HR）项目”和“客户关系管理平台（CRM）项目”，通过信息化技术提升公司人力资源业务体系化管理和客户关系的系统化管理能力。

【浙江医药股份有限公司】　3月23日，杭州市拱墅区企业培育“六大行动计划”工作推进会在区政府报告厅召开。会议表彰区重点骨干企业。浙江来益医药有限公司荣获“拱墅区重点骨干企业”称号。浙江来益医药有限公司是浙江医药股份有限公司投资15800万元设立的以药品、医疗器械、保健品、食品等产品的批发、零售为业务的医药流通企业，拥有控股企业浙江来益大药房连锁有限公司。

4月25日，公司下属来益医药现代物流项目被杭州市发展和改革委员会列入《2016年杭州市现代物流业重点项目库》。

5月，由省总工会、省发改委组织的2016～2017建设“两美”浙江重点工程立功竞赛活动正式启动，浙江医药生物产业园建设工程从全省一千多个候选工程中脱颖而出，在 10 个参赛工程中是唯一的企业项目。5月13日，浙江省高新技术企业协会第一届第五次理事会暨 2016 年浙江高新产业论坛在杭州召开。浙江医药入围高新技术“百强企业”，名列第 50 位，生物与医药产业十强中的第 4 名。

本次评价对象的范围是截止 2015 年底，按照 2008 年《高新技术企业认定管理办法》，经国家正式备案认定的高新技术企业，期间复审或备案未通过的企业不纳入评价。此次评价指标由六个核心指标构成，总体上可分经济指标和创新指标两个方面。浙江医药研究院院长吴国锋代表企业上台领取匾牌。

6 月 1 日，天然类胡萝卜素制备关键技术与产业化项目技术鉴定会在北京会议中心召开。鉴定会由中国轻工业联合会组织并主持，新昌制药厂为该项目第一完成单位，与其他四家合作单位一起参加会议。鉴定委员会认为，本项目对类胡萝卜素的工艺技术、应用技术进行创新性研究，创制类胡萝卜素的咀嚼片剂、水剂、喷涂剂、吸收增强型软胶囊等多种应用新剂型、新型配方食品，满足不同目标人群摄食需求，主要技术达到国际领先水平，一致同意通过鉴定。6 月 20 日，中国医药保健品进出口商会发布 2015 年度医药国际化百强企业榜单，浙江医药被评为“2015 年度国际市场优质供应商。

天然类胡萝卜素制备关键技术与产业化鉴定会

9 月 23 日，浙江医药“cGMP 再提高培训”启动。董事长李春波动员讲话。培训分启动阶段、关键阶段及延伸阶段进行，启动阶段由公司高管参加，关键阶段由质量部门各专业主管、分厂及部门负责人参加，延伸阶段由班组长及普通员工参加。

10 月 20 日，由中共新昌县委、新昌县人民政府主办，上海市教育委员会科技发展中心协办，新昌县科学技术局承办的浙江新昌·上海高校院所科技对接交流会在上海光大会展中心国际大酒店举行。浙江医药与上海交通大学的合作项目“糖肽类新药研发技术服务”在会上签约。

11 月 9 日，浙江省科技厅在杭州召开由新昌制药厂承担的省级重大科技专项“抗复杂性感染药物的研发及产业化”项目验收会。验收组听取项目实施情况的汇报，审查有关资料，经质询与讨论，一致同意通过验收。该项目包括 3 个子课题，新型脂肽类药物达托霉素发酵纯化关键技术的研究、芬净类抗生素的研发、抗病毒手性药物溴夫定及其片剂工艺开发及产业化。达托霉素原料药及注射用达托霉素获得药品申报生产注册申请受理通知书，并获 2 项授权发明专利，原料药出口销售。卡泊芬净的生产菌、发酵及半合成条件等进行系统优化，建成 5～10 千克/年生产能力的多功能车间。溴夫定原料药和制剂的工艺和质量研究，建成 50～100 千克/年生产能力的生产车间。

【美盛文化创意股份有限公司】 1 月，公司投资浙江文化产业成长基金（有限合伙），重点投资于互联网创新产业及相关行业具有发展潜力的企业。投资杭州业盛实业有限公司（旗下品牌：1001 夜童装），布局衍生品线下销售运营平台；投资广州漫联贸易有限公司，打造 COSPLAY 文化品牌和二次元生态；投资 O2 清华音乐工作室，进军音乐领域。

3 月，投资广东超级队长教育咨询有限公司，布局 VR 落地应用领域，打造一站式 VR 体验与消费平台，联合超级队长、创幻科技、同道大叔创造更好的体验式消费。

5 月，投资 Kascend Holding Inc.，布局手游直播平台。投资上海瑾馨商贸有限公司（旗下品牌：童年智造），涉足儿童手工衍生品领域。投资上海豆萌科技有限公司（旗下平台：白熊阅读），布局二次元文学创作与阅读平台。

6 月，公司作为《魔兽》电影官方玩具产品的中国地区总代理，也是中国唯一的正版玩具供应商，近百款魔兽精致玩具产品在全国各大影院、电商平台、百货商场等渠道上线。

7 月，成立 Meisheng USA Inc.（美国公司），打开美国市场。投资 Costume Craze, L. C.，涉足

COSPLAY、节庆、派对服饰及配饰有关的销售。由公司联合出品的重磅星座网络剧《星座啪啪啪》在乐视网独家放送，两周内播放量达 1.1 亿次，评分高达 9.8，成为 2016 年网剧“黑马”。

8 月，投资日本株式会社爱华，涉足出版、翻译、咨询及中日友好交流等业务。公司原创长效动漫 IP《星学院》系列第二季《星学院Ⅱ之月灵手环》在优酷土豆首播，一度位列优酷动漫品类童话分类指数排行榜前 3 名，跻身优酷少儿动画榜 Top10。后在腾讯视频、芒果 TV 相继热播，全网播放量累计 1.7 亿次。

9 月，公司旗下美盛二次元获得人气动漫《月歌》正版授权。《妖神记》大电影正式立项制作。29 日，由公司联合出品的青春校园星座 IP 精品网剧《超星星学园》在腾讯视频独播，上线首日微博实时热门话题排行第一名，位居微话题电视剧榜单第一名，上线 3 天播放量破亿，上线 1 个月播放量 10 亿次。

10 月，募集资金 20.88 亿元，有望深度挖掘优质 IP 资源和进行产业链整合布局。公司旗下酷米首款跨界品牌 IP 服务——酷米动漫视听音乐会落地北京音乐厅，在观看动画的同时得到艺术的熏陶。

11 月，美盛二次元旗下 uwowo 淘宝双十一魔玩类目销售额第二。由公司联合出品的校园青春音乐网剧《薛定谔的猫》在腾讯视频热播，音乐剧目类型和逗趣热血的故事情节引得 2 亿多网友围观，是国内首部豆瓣评分 7 分以上的音乐网剧。

12 月 8 日，美盛控股以人民币 21750 万元向蔡跃栋（同道大叔本人）、北京红杉信德股权投资中心（有限合伙）、江西省创东方科技创业投资中心（有限合伙）、深圳市创东方富程股权投资基金合伙企业（有限合伙）、宁波明侨投资管理有限公司收购，其持有同道文化 72.5%的股权。同道文化拥有全网第一星座文化类微博账号“同道大叔”以及全网第一女性微信订阅号“同道大叔”，账号内容涉及星座、动漫、趣味、女性、娱乐、创意等各个领域。截至 2016 年 8 月“同道大叔”在新浪腾讯微博、微信中拥有的粉丝用户人数超过 1600 万人次，各平台粉丝总计超过 3000 万人次，其粉丝和内容阅读数均保持持续高速增长态势，2016 年上半年营收接近 2500 万元、净利润超 600 万元。12 月，美盛游戏旗下媒体平台游戏港口（www.gk99.com）手机版上线，《妖神记》网剧正式立项制作。

【浙江新柴股份有限公司】 2 月 15 日，省人大常委会副主任毛光烈一行调研浙江新柴股份有限公司。调研组参观公司的产品展示区、动力研究院，并深入装配车间、测试车间现场，董事长俞柏金向调研组介绍新柴的产品、转型升级规划、企业科技体制改革等情况。

5 月，浙江新柴股份有限公司与意大利 IAE 设计公司合作，启动 3E22 系列发动机开发，功率覆盖 22–55KW，扭矩覆盖 110–250N·m，排放满足非道路国Ⅳ，国Ⅴ要求。

6 月，浙江新柴股份有限公司与浙江大学签订发动机缸体缸盖升级关键技术研究项目合作开发协议。

9 月，浙江新柴股份有限公司法人代表由王宝沪变更为俞柏金，公司董事会成员由朱先伟、王宝沪、张德范、陈炎达、杜海明变更为俞柏金、张虎、王宝沪、张德范、杜海明。

2016 年，浙江新柴股份有限公司根据先进的辅助软件设计和传统经验手段，通过四种方法达到排放标准，完成 4D32RT40/754 国四机样机开发工作：（1）通过进气增压中冷和 EGR 技术降低初始燃烧温度减少 NOx；（2）通过提高燃烧速度降低微粒物排放；（3）通过缩短扩散燃烧周期来降低微粒物排放和改善燃油经济性；（4）再辅助于机外废气净化的 DOC 后处理技术，通过增加后处理系统并按一定的先后顺序对 PM 及 NOx 进行分别处理，使发动机废气排放最终能满足非道路国 IV 排放法规要求。

【达利丝绸（浙江）有限公司】 1 月 12 日，由达利丝绸协办的《中华旗袍》杂志创刊活动在上海举行。达利丝绸俞慧英荣任《中华旗袍》杂志社理事单位主席和《中华旗袍》杂志社荣誉主编。1 月 13 日，达利丝绸“雅慕”被评为 2015 中国十大蚕丝被品牌。

2月25日，达利丝绸被评为全国重质量守信用单位。

3月8日，中国纺织工业联合会副会长孙瑞哲携中纺联调研组莅临公司考察指导。3月19日，捷克驻上海总领事馆馆员米德仁考察达利丝绸。

4月6日，由世界外交官协会组织的2016 G20国家驻华使节浙江行先期考察团到访达利丝绸。4月29日，中央电视台《不朽的番号》摄制组及陈毅元帅之子、原中国人民对外友好协会会长陈昊苏，粟裕大将之子、原中国远洋公司副经理粟寒生等12位开国元勋子女在浙江省新四军研究会和新昌县领导的陪同下莅临达利丝绸。

5月2日，全国政协副主席、九三学社中央主席、中国科学技术协会主席韩启德考察达利丝绸。5月11日，浙江省副省长黄旭明考察达利丝绸现代农业。5月24日，全国政协外事委员会委员、商务部原副部长陈健考察达利丝绸。

6月28日，全国纺织工业先进集体劳动模范和先进工作者表彰大会在北京人民大会堂举行，公司董事长林平荣获全国纺织工业劳动模范称号。在表彰大会上，中国纺织工业联合会会长王天凯表扬达利丝绸及林总对中国纺织工业发展作出的突出贡献。6月29日，中国工程院院士、国家科技部副部长徐南平和科技部相关领导陪同下调研达利丝绸智慧制造、蚕丝转基因工程研究、新材料与蚕丝的应用、智能穿戴等科技项目。

9月4～5日，达利丝绸助力G20峰会，床品“雀舞芳华”被中国丝绸博物馆永久收藏。9月26日，达利丝绸在2016全国纺织行业党建工作暨劳动关系和谐企业交流经验会上被授予2016全国纺织劳动关系和谐企业称号。9月29日，达利丝绸被评为全国质量诚信标杆典型企业。

10月17日，达利丝绸被评为浙江省重点企业设计院。

11月30日，达利丝绸在“常州杯”全国纺织劳模精神和纺织优秀文化传承会议上被评为“全国纺织精神文明建设示范基地”。

12月12日，达利丝绸董事长林平在2016年全国纺织企业家年会上被授予2016年全国纺织优秀企业家称号。12月13日，达利丝绸在中国纺织创新年会上被授予中国纺织十二五产品开发突出贡献奖称号和国家丝绸产品流行趋势研究中心资质。12月20日，达利丝绸董事长林平在2016中国丝绸大会上被授予全国茧丝绸行业终身成就奖。12月22日，中国服装设计师协会主席张庆辉考察达利丝绸。12月26日，2016中国纺织服装行业年度精锐榜揭晓，达利丝绸（浙江）有限公司荣获中国纺织服装行业年度精锐榜十大领先企业，董事长林平荣膺中国纺织服装行业年度精锐榜十大年度人物。

【浙江捷昌线性驱动科技股份有限公司】 1月，公司在德国、日本分别成立子公司。2011年成立宁波海仕凯驱动科技有限公司，2014年成立美国公司，2015年成立浙江居优智能科技有限公司、杭州研发中心、台湾研发中心，布局国内智慧办公市场，打造个性化的智能办公、医疗平台。

5月11日，公司与浙大工研院、学工部签约，共建众创空间和学生创新创业实践基地，并向浙江大学教育基金会捐赠1000万元。该捐款在浙大教育基金会下设立“浙江捷昌驱动大学生创业创新专项基金”，定向用于支持竺可桢学院创业与创新强化班的奖学金、浙江大学大学生创新创业及学科建设。此次捐赠将逐年分批到位。

6月，浙江捷昌智慧医疗系统技术研究院，被浙江省科学技术厅评为浙江省省级企业研究院。

8月，公司向中国证监会正式提交IPO申报资料。公司于2014年8月在全国中小企业股份转让系统成功挂牌，成为绍兴地区第一家 “新三板” 挂牌的企业。

【浙江日发控股集团有限公司】 2月27日，日发智能纺机、航空装备产业园奠基活动在梅渚镇村头举行。绍兴市委常委、副市长吴晓东，新昌县委书记邵全卯等参加。日发控股、日发精机、日发航空部分员工参加。总投资30亿元的日发航空产业园项目，将使新昌在3年后拥有一个新型航空产业基地。

4月11日，CCMT第九届中国国际机床展览会

浙江日发航空数字装备有限责任公司

在上海开幕。日发精机以“智造未来、智惠世界”为主题，携各子公司共同亮相展会，展出由公司自主研发的高端智能化数控设备，并荣获春燕奖。

5月15日，日发与西安汇恒数控设备有限公司签订一套盘类零件柔性加工单元的合同，最终客户为中国兵器工业集团下属西北工业集团有限公司。该合同是国内首条采用MCM的JFMX系统的柔性生产线订单。

6月12日，浙江日发航空数字装备有限责任公司第一个导弹类订单中标洪都商飞滑块测量装配设备。6月18日，浙江日发精密机械股份有限公司被授予建立浙江省外国专家工作站。

7月28日，浙江日发航空数字装备有限责任公司获得BUREAUVERITAS Certification颁发的航空质量体系，即EN9100:2009认证证书（技术等同AS9100C），证书编号：AS16007SHN0-1，有效期自2016年7月22日至2018年9月14日。

8月15日，日发精机控股子公司意大利MCM公司首张订单成飞五坐标立卧转换加工中心成功中标，订单总额150万美元。8月25日，浙江日发精密机械股份有限公司RFMP2060GM/5X蜂窝芯材加工用高架桥式五轴联动加工中心被列为2016年度浙江制造精品。

9月20日，日发精机亮相“中国国际轴承及其专用装备展览会”上海展会，日发精机作为轴承行业优秀设备供应商应邀参展。此届展览会汇集全球20多个国家和地区的800多家企业。9月23日，浙江日发航空数字装备有限责任公司获得空客天津A330交付中心项目，这是日发航空装备第一个民机客户项目。

11月2日，浙江日发航空数字装备有限责任公司与中航国际航空发展有限公司签署《战略合作框架协议》，旨在致力于航空领域地面支持设备项目的开发与合作。中航国际是中国航空工业的重要组成部分。其下属子公司Aritex（Shanghai）于9月和10月就天津空客飞机装配项目与公司签署销售合同，采购各类飞机装配的工作平台，累计金额515.5162万元。11月8日，浙江日发精密机械股份有限公司年产120台大型龙门加工中心、落地铣镗床等系列重型数控金切机床技术改造项目通过专家组验收。11月19日，国家标准化管理委员会副主任殷明汉、工业一部副主任孙旭亮一行调研组来浙江日发精密机械股份有限公司调查高端装备制造业标准化试点工作。

12月8日，2016轴承产品质量技术研讨会100多名代表来浙江日发精密机械股份有限公司进行参观。

【浙江美力科技股份有限公司】 3月29日，美力科技测试中心通过CNAS实验室认证，并获得中国合格评定国家认可委员会颁发的实验室认可证书。

4月21日，浙江美力科技弹簧及弹性装置研究院被浙江省科学技术厅、浙江省发展和改革委员会、浙江省经济和信息化委员会共同评定为省级企业研究院。

9月19日，美力科技发动机气门弹簧被浙江省优秀工业产品评选委员会评为浙江省优秀工业产品。

11月2日，公司与浙江理工大学合作，建立博士后工作站，引入博士后专家进站，并设立以弹簧钢材料为研究方向的项目课题。

12月30日，公司企业技术中心被浙江省经济和信息化委员会、浙江省财政厅、浙江省国家税务局等部门联合审定为浙江省级企业技术中心。

12月30日，公司通过中国证券监督管理委员会发审会审核，是中国弹簧行业第一家上市公司。

【浙江陀曼精密机械有限公司】 2月3日，省人大常委会副主任毛光烈一行莅临浙江陀曼智造科技有限公司调研，参观陀曼智造的办公研发中心，观看公司最新研发的产品以及陀曼智能制造信息化管理平台。浙江陀曼智造科技有限公司系陀曼集团全资子公司，位于杭州市滨江新区，主要从事智能部件及装备、数字化车间、智能制造系统等产品研发、集成和服务。

5月10日，绍兴市委书记彭佳学一行来陀曼调研。观看陀曼自主研发的AGV智能物流配送系统、手机客户端实现生产线远程控制以及陀曼MES系统（生产过程执行管理系统）等智能工厂方面的运行演示。随后，彭书记一行参观轴承车削自动线、高效七轴数控滚齿机等装备的生产装配现场。彭书记对陀曼在智能制造以及自主高端装备替代进口等方面取得的成果表示赞赏。

6月15日，浙江省财政厅党组书记、厅长钱巨炎一行来陀曼调研，指出陀曼把握住智能制造的未来趋势，是产业结构合理、产品技术含量高的创新型企业。

8月底，陀曼齿轮装备大幅增长，订单超过2015年全年订单总额的120%。

11月9日，浙江省人大常委会副主任毛光烈一行到五洲新春集团调研由陀曼负责实施的轴承生产智能车间项目。五洲新春集团项目应用负责人汇报试点车间进行智能化改造后所带来的可量化效益：设备有效利用率提高14%、人员减少37%、人均产值提高45%、节能10%，管理水平以及综合竞争力等方面也有提升，订单逆势增长。陀曼俞朝杰总裁从项目实施内容、预期效果等方面进行总结。

2016年，德国舍弗勒总部技术中心正式采用陀曼机床装备舍弗勒欧洲工厂。

（俞月英）

责任编辑 陈 凯

水利电力

水利

【概况】 2016年，县水利水电局以市委巡查组驻点巡查问题整改为契机，完成和超额完成省市县下达的各项考核。2016年，新增高效节水灌溉面积5052.5亩，渠道衬砌80公里，治理水土流失面积10.68平方千米。主办人大代表建议7件、政协提案1件。继续开展“慈善一日捐”活动，全县水利系统共捐款11050元。扎实开展“部门联村”活动，共落实帮扶资金10万元；开展“万名干部联万户”结对帮扶活动，共提供帮扶资金30500元，慰问儒岙镇王渡口，王渡里、圳塍、庄山、横山等5个村困难户61户。2016年，新昌县获全省农田水利标准化建设2015年考核优秀县称号；新昌县水政渔业执法大队被省水利厅评为2016年度全省水政监察队伍单项考核优秀（水政执法优秀）；新昌县水文站获2016年度水文情报预报质量评比三等奖；赵兴才被浙江省水政监察总队评为优秀水政监察员；潘新华、陈学清、吕新军、张湧、王继良被绍兴市水利局评为2016年度水利系统先进个人；梁英、张湧被中共新昌县委、新昌县人民政府评为新昌县2016年度“五水共治”工作先进个人。

（孙可青）

【2016年水资源情况】 全县年退水总量26.2090百万吨，年入河退水量14.4150百万吨（不包括火核电厂贯流式冷却水年排放量）。2016年，全县9个省级以上水功能区水质断面均满足水功能要求，水质达标率100%；县（市）级以上集中式生活饮用水源地（长诏水库）水质达标率100%；跨行政区域河流新昌江、黄泽江、澄潭江“三江”交界断面水质达标率100%。

表17 新昌县2015～2016年水资源情况

指标名称	单位	2016年	2015年
总水资源量	亿立方米	12.3176	17.0259
产水系数	–	0.59	0.65
产水模数	万立方米/平方公里	101.6	140.4
人均占有水资源量	立方米	2392.2	3322.8
年末蓄水总量（3座大中型水库）	亿立方米	1.1470	1.5084
总供水量	亿立方米	1.3788	1.3488
其中：地表水供水量	亿立方米	1.3586	1.3282
总用水量	亿立方米	1.3788	1.3488
其中：农田灌溉用水量	亿立方米	0.7588	0.7926
林牧渔畜用水量	亿立方米	0.0484	0.0499
工业用水量	亿立方米	0.2197	0.2188
城镇公共、居民生活和生态环境用水量	亿立方米	0.3519	0.2875
水资源利用率	%	11.2	7.9
总耗水量	亿立方米	0.9068	0.9349
平均耗水率	%	65.8	69.3
其中：农田灌溉耗水量	亿立方米	0.6064	0.6146
林牧渔耗水量	亿立方米	0.0399	0.0411
工业耗水量	亿立方米	0.0922	0.1007
城镇公共、居民生活和生态环境耗水量	亿立方米	0.1683	0.1785

（杜玉祥）

【世界水日宣传活动】 以第24届“世界水日”、第29届“中国水周”为契机，3月22日，县水利水电局联合县平安办、县科协以“坚持人水和谐，共建平安新昌”为主题，在江滨公园开展宣传活动；在《今日新昌》设立“世界水日”宣传专版，通过广播FM88.4同步宣传水法律法规和节水知识，通过微信、手机短信等媒介开展专题宣传；发放宣传手册1500多份、宣传用品600多份，张贴宣传海报100多张，悬挂横幅60幅。

（贾晓芳）

【最严格水资源管理制度】 2016年，出台《实行最严格水资源管理制度考核工作的意见》，落实水资源管理“三条红线”（水资源开发利用控制红线、用水效率控制红线、水功能区限制纳污红线）及“四项制度”（用水总量控制制度、用水效率控制制度、水功能区限制纳污制度、水资源管理责任和考核制度），增强水资源管理能力，完善水资源保护机制，推进节水型社会的建设。至年底，共登记取水许可证156本。地下水许可量从2015年的37.2万立方米下降到2016年的5.63万立方米；封堵企业污水、雨水排放口专项整治151家；完成雨水收集系统97处；改造节水器具2564套；改造“一户一表”1813户；创建节水型单位37家，节水型企业3家。

（叶　旦）

【水土保持工作成效显著】 2016年，完成全国水土保持信息化建设生产建设项目监管示范县、省水利厅水土保持政府目标责任制和考核奖惩制度建设试点工作。6月21日，县政府印发《关于印发新昌县水土保持目标责任制和考核奖惩制度的通知》（新政办发〔2016〕80号）。全年共治理水土流失面积10.68平方千米，水土流失得到有效遏制。共审批水土保持方案55个，防治责任范围430.56公顷，设计拦挡弃土弃渣123.50万立方米。开展15次水土保持监督检查专项行动，对64个重点工程项目进行检查。6月30日，开办全省首次县级水行政主管部门主办的生产建设项目水土保持培训班；在小将镇南洲村设立绍兴市首个青少年水土保持教育基地。实施巧英里坞坑等5条小流域水土流失综合治理项目，改善农村水土流失地区的生产生活条件。

【“天地一体化”监管示范通过验收】 2015年，新昌县率先在省内开展生产建设项目“天地一体化”监管，利用高分辨率遥感影像解译生产建设项目扰动图斑，掌握生产建设项目实际扰动情况与水土保持工作动态，通过全国水土保持监督管理系统V3.0进行数据管理、分析，实现生产建设项目扰动范围动态监督、检查、整改落实等情况信息及时上传和交换。2016年，共统计项目597个，317个项目有复核结果，177个为非生产建设项目。复核结果中，116个为合规项目，6个项目超出防治责任范围，18个项目未批先建。2017年1月，通过省水利厅和水利部验收。

（何银彪）

【水政执法有成果】 3月，召开水政渔政工作会议，整合水政渔政执法力量，出台《关于对接县检察院两个专项检察工作的意见》，建立水环境监管执法工作联席会议制度，建全日常工作联系机制，建立司法协作联动机制，完善信息共享互通平台。全年巡查三江两岸250余次，联合执法巡查70余次，出动执法人员1000余人次；接110指挥中心联动指令82次，出警574人次。在“无涉水违建县”创建的基础上，督促属地管理单位建立长效管理机制。共处罚处理水事案件3件；送达《责令停止违法行为通知书》2件、送达《责令改正违法行为通知书》2件。所办案件无行政复议、行政诉讼现象发生。分2个小组轮班加强日常巡查，同时通过群众举报、110联动、蹲点守候、日夜巡查等手段严查严防严控电鱼、网鱼等违法行为。4月1日~6月30日禁渔期以来，联合公安局开展执法检查104次，出动执法人员624人次；立案查处渔政案件27件，移送司法机关侦查14件；巡查违规渔具集中下放点71处，拆除水库养殖围栏1处30米，收缴违规网具71余套、电鱼工具27套，抓获犯罪嫌疑人16名，8人以涉嫌非法捕捞水产品罪被追究刑责。清理（销毁）禁用渔具，网具280余套，推进“一打三整治”、“春潮2016”、禁渔期禁渔区管理和打击电鱼，非法捕猎、杀害珍贵、涉危水生野生动物等违法犯罪专项行动，保护全县渔业资源。

（张　湧）

【农村水电站安全生产标准化创建】 在完成长诏、棣山水电站安全生产标准化创建工作的基础上，巧王水电站和沃洲水电站于2016年4月通过市水利局组织的二级达标验收，门溪水电站和石门水库一级、二级电站完成初验。至此，全县1000KW以上农村水电站基本完成安全生产标准化创建。

（王继良）

农田水利

【“五水共治”水利建设投资10.5亿元】 省水利厅下达新昌县2016年度全县水利投资任务11.3亿元，其中“五水共治”水利投资9.5亿元。新昌县分解落实2016年“五水共治”工作任务，明确项目进度、责任领导、项目责任人，推行“一图一表”（即“五水共治”水利重点项目分布图和重点水利工程进度表）挂图作战。2016年，全县“五水共治”水利投资完成10.5亿元，完成率111%。

【清淤疏浚84.3万立方米】 根据2月23日的全市2016年清淤1500万立方米现场会要求，分解落实全县40万立方米清淤任务；先后出台《新昌县清淤疏浚工作实施方案》《技术指导意见（试行）》《工作考核办法（试行）》《资金管理办法》等4四个文件，确保清淤疏浚工作开展。清淤重点以池塘、山塘、水库为主，全年完成清淤84.3万立方米，完成计划任务的210.8%，完成率名列全市第一。

（梁伟华）

【3个中小河流治理工程完成】 澄潭江河道社古大桥至澄潭大桥段治理工程，位于澄潭镇区，起于社古大桥，止于澄潭大桥，综合治理河长1.86千米，新建（加固）堤防2.59千米（其中左岸1.998千米，右岸0.592千米），新建穿堤箱涵3座，新建人行桥1座。工程自2014年11月13日开工，2016年12月16日完工验收，实际投资5305万元。澄潭江河道镜岭大桥至蔡家村尾段治理工程，位于镜岭镇区，起于镜岭大桥，止于蔡家村尾，综合治理河长2.0千米，新建（加固）堤防1.621千米（其中左岸0.934千米，右岸0.687千米），完成投资2752万元，建设内容包括堤防、挡墙、排水沟、涵管等，河道疏浚清障1.5千米。沃西大桥至上山泊村段治理工程，治理河道长2.3公里，堤防长3.96公里，批复投资2848万元，完成投资3553万元。黄泽江干流综合治理工程位于羽林街道，规划于2016年11月21日获得县政府批复，将于2017年3月28日开工，工程起点为钦寸水库坝址，终点为石桥头活动堰，全长约8千米，总投资2.15亿元。工程任务以防洪和水生态修复为主，兼顾水环境改善、休闲旅游等综合利用，建设内容为新建或改造防洪标准堤防10.84千米、堰坝4座，新建绿道11.23千米，修复滩林、滩地9.15万平方米，增设多处休闲游憩节点等。

（吕新军）

【病险水库除险加固】 列入2015年省病险水库除险加固建设计划的下岙、上坂、里沙溪、湾底、里安棚5座小（二）型水库除险加固全面完成，完成计划总投资1431万元；列入省水利厅2016年度建设计划的荷花塘、望回山、南洲、毛竹园4座水库，荷花塘、望回山完成，南洲完成85%，毛竹园完成82%。田门、大洋、竹坑湾、塘后山、里家岙、华公、美湾库、乌里坑等8座1~10万立方米山塘综合整治，完成投资585万元。2015年计划30座、2016年度计划29座存在严重安全隐患的重要山塘整治，完成投资1422万元。开展水利标准化管理，落实2016~2020年水库及5万立方米以上山塘标准化管理计划，并按计划完成2016年度3座大中型水库、12座小型水库、4座山塘标准化创建，其中长诏水库通过省厅组织的验收，前丁、跃进、天烛岭、西桥弄、沙山等5座小（一）型水库通过市水利局组织的验收，小（二）型水库及山塘通过县组织的验收。

（朱英龙）

【农村饮用水工程建设和管理】 2016年，全县完成4个村级农村饮用水工程建设，受益人口3100人。开展农村饮用水工程长效管理建设，落实92个村的创建计划，联合卫生部门进行专门业务培训，促进工程管理规范有效。启动农村饮用水工程

“改质提升”工程，计划在2017~2018两年内，投入8000万元，改善5万农村人口的饮用水条件，提高农村饮用水水质合格率。

【小农水建设】 2016年，全县开展百里渠道疏浚工程、百塘整治工程等小农水工程建设，共投入1500万元，完成129处小农水工程建设，新建防渗渠道131公里渠道，整治农村太平塘28座。

【水利工程标准化管理创建】 2016年，全县启动水利工程标准化管理创建工作，7大类206个重点水利工程列入创建名录。全年创建23个工程，落实水利工程管理责任主体单位、编制管理手册、设置标识标牌、划界定桩管理和保护范围、建设信息化管理平台、落实管护经费等管理措施走上规范化轨道。

（黄 炎）

防汛抗旱

【梅雨期情况】 新昌县于6月11日入梅，7月1日出梅，梅雨期天数为20天，比常年少3天，入梅时间较常年偏早3天，出梅时间较常年偏早6天。梅雨期有4次较为集中的降雨过程：第一次出现在6月12日，次过程全县面雨量25.9毫米，最大为巧英乡巧英水库站55.5毫米；第二次集中在6月15日至16日，次过程全县面雨量64毫米，最大为儒岙镇长征站96.5毫米；第三次集中在6月25日至26日，次过程全县面雨量为76.5毫米，最大为沙溪镇蔡峰站111毫米；第四次集中在6月28日至29日，次过程全县面雨量为89.7毫米，最大为小将镇结溪站114.5毫米。梅雨期67个遥测站，1小时大于30毫米的暴雨共出现13个站次，最大为大市聚镇寨岭水库站38.5毫米(6月12日15时~16时)。

【强降雨情况】 汛期全县67个遥测雨量站共发生1小时大于30毫米的暴雨68站次，其中：前汛期17站次，梅雨期13站次，7月份12站次，8月份12站次，9月份14站次(其中14号台风“莫兰蒂”12站次)。短历时暴雨均未造成大的损失。

【影响新昌较大的三个台风】 第1号台风“尼伯特”7月8日5时50分前后在台湾省台东县太麻里乡登陆，9日13时45分前后在福建省泉州石狮市再次登陆。受其外围影响，7月8日8时至10日8时全县面雨量25.1毫米，最大为巧英乡敖坑水库站42毫米。新昌江新昌站最高水位42.52米（距警戒水位0.48米），澄潭江溪西站最高水位69.36米（距警戒水位1.3米），澄潭江澄潭站最高水位39.27米（距警戒水位2.73米）。

第14号台风“莫兰蒂”，9月15日3时5分在福建省厦门市翔安区沿海登陆。受其外围影响，9月14日8时至17日8时全县面雨量157.4毫米，最大为巧英乡敖坑水库站280.5毫米。67个遥测雨量站共发生1小时大于30毫米的暴雨12站次。黄泽江钦寸水库站最高水位63.1米；新昌江新昌站最高水位42.93米（距警戒水位0.07米），澄潭江溪西站最高水位70.39米（距警戒水位0.27米），澄潭江澄潭站最高水位40.96米（距警戒水位1.04米），出现时间为9月15日21时35分。

第17号台风“鲇鱼”，9月27日14时10分前后在台湾花莲沿海登陆，28日4时40分前后在福建省泉州市惠安县沿海再次登陆。受其外围影响，9月27日8时至30日8时全县面雨量63毫米，最大小将镇岭脚站128毫米。新昌江新昌站最高水位42.57米（距警戒水位0.43米），澄潭江溪西站最高水位69.43米（距警戒水位1.23米），澄潭江澄潭站最高水位39.46米（距警戒水位2.54米）。

【高温干旱】 2016年，大于35℃的高温天数40天，其中6月份4天，7月份18天，8月份16天，9月份2天。极端最高40.2℃（出现时间为2016年7月29日），连续高温最长14天。由于前期降雨充分，全县水库山塘蓄水基本能保障城乡生活生产用水。

【防汛物资储备】 在按要求做好防汛物资储备的基础上，新增物资货架24只、橡皮艇4艘、钢管20吨、编织布4000平方米、土工布3185平方米、防汛麻袋1万只、水泵7台、发电机1台等一批防汛物资，在大市聚水管站建立东片防汛物资仓库，确保防汛物资可以就近调用。

【应急能力提升】　一是修订《新昌县防汛防台抗旱应急预案》《新昌县洪水防御方案（试行）》，编制《新昌县防汛防台抗旱手册》，印发防汛防台抗旱宣传读本10000本。二是协助省市防指于5月25日在羽林街道枫家潭村举办全省防汛机动抢险暨绍兴市防汛演练。三是完成新昌县城南乡山洪灾害群测群防示范建设和6所受山洪灾害威胁的学校监测预警能力提升。开展乡级防汛防台应急演练和知识讲座各1次；发放宣传袋、宣传围裙、宣传抽纸、宣传册、明白卡2600份；安装简易雨量报警器10套（4个示范村和6所受山洪灾害威胁的学校）；在4个示范村均制作安装危险区告示牌和转移路线标识牌；根据储备定额标准配齐城南乡政府及4个示范村的防汛物资。

（杨晓军）

【水文测站标准化建设通过验收】　贯彻执行《中华人民共和国水文条例》《浙江省水文管理条例》，全县13个国家雨量站、2个水位站、1个蒸发站做好资料整编工作。全县12个水功能区和2个地下水水质加强监测，98个遥测站点的测报设施、仪器设备、遥测系统的全面维护和管理，为防汛抗旱提供技术支撑。结合"五水工治"和水利工程标准化建设安排，钦寸雨量站和儒岙雨量站的标准化完成创建工作，于10月底通过县标办的验收。

（裘洪斌）

钦寸水库

【概况】　2016年是钦寸水库工程建设的冲刺之年，钦寸水库工程建设指挥部根据绍兴（新昌）、宁波两地协调会议精神，健全库区稳定联席会议制度，定期召开维稳联席工作会议，建立处置各类突发性事件应急小分队，协同处置多起库区遗留户及重点人员赴省进京上访和诉讼事件。全年共接待9批次300多人的集体访（不包括移民局的日常信访接待），办理信访件25件，告知不再受理5件，初信初访办结率达100%；共出面应诉涉及移民安置的行政诉讼9件，应诉的7件均胜诉。钦寸水库建设全年投资9.18亿元，累计投资52.38亿元。水库大坝、溢洪道等工程基本完成；新林乡、大市聚镇水库淹没影响村土地征收登记及青苗评估完成扫尾；98米淹没线下林木完成清理；库区建筑物清理拆除面积约4万平方米，拆除3座桥梁；电力、移动、电信、联通、华数等线路完成改建；库周交通石沿山至祝家庙公路路面混凝土工程和交通安全设施安装，实现通车。工程通过省移民办组织的下闸蓄水阶段移民安置技术验收，工程建设全年"零事故"。

【钦寸水库工程建设推进大会】　3月1日，钦寸水库工程建设推进大会召开。县委书记邵全卯强调，钦寸水库工程建设已到决战决胜的关键时刻，各级各部门、各责任单位以及广大移民干部，必须咬定"全面完成移民安置工作，大坝主体工程完工，水库具备蓄水条件"工作目标，坚定信心，迎难而上，确保打好打赢钦寸水库工程建设这场没有退路的硬仗。县委副书记、县长李宁主持会议。县领导求子平、罗国安、尹国樑、盛林炳，指挥部总工程师马晓明等在主席台就座。

【钦寸水库工程建设协调小组第八次会议】9月23日，钦寸水库工程建设协调小组第八次会议在宁波召开，交流绍兴、宁波两地在钦寸水库工程建设、移民安置、要素保障、运行管理、水源保护等方面的工作进展和下步打算，讨论审议有关事项。宁波市副市长林静国，绍兴市副市长冯建荣，县委副书记、县长李宁，县委副书记、指挥部总指

钦寸水库工程建设协调小组第八次会议召开

（俞伟波摄）

挥尹国樑，县委常委、指挥部常务副总指挥盛林炳以及两地相关部门负责人等参加会议。

【水库大坝混凝土面板浇筑】 2月26日，钦寸水库大坝第1块混凝土面板开始浇筑。4月26日凌晨2时，钦寸水库大坝31块混凝土面板全部浇筑完毕。大坝混凝土趾板、面板浇筑、堆石料填筑、面板分缝止水完成；坝顶防浪墙、电缆沟、观景平台和管道间及大坝右岸岸坡排水沟完成；量水堰固结灌浆及库周帷幕灌浆工程完成。大坝下游面干砌条石护坡砌至65.0米高程。右坝头坝顶公路路基开挖完成。6月29日，钦寸水库大坝枢纽工程库周帷幕灌浆施工全部完成。

5月23日，钦寸水库大坝溢洪道启闭机房结顶（俞晓委摄）

【溢洪道建设】 进水渠段左右岸混凝土边墙、底板浇筑、左岸混凝土护坡（除施工道路缺口外）完成。控制段左右边墩、中墩、溢流面、交通桥、检修桥完成；泄洪闸门及支座检修钢平台完成安装；泄洪闸启闭机房装修工程完成90%。泄槽段完成浇筑。消能防冲段挑流鼻坎混凝土浇筑完成，预挖冲坑混凝土浇筑完成90%，出水渠混凝土浇筑完成25%。进水渠延伸段边坡治理工程土石方开挖，喷混凝土支护完工，混凝土基础挡墙浇筑，溢洪道具备过流条件。

【输水隧洞建设】 输水隧洞全线贯通；其中1标段隧洞开挖完成并完成进水口导砂堰工程、进口支洞封堵及隧洞进水口段底板、洞身混凝土衬砌，累计完成混凝土总衬砌量的60%；2、3标段隧洞开挖、衬砌及灌浆工程等合同内容全部完成；输水隧洞及放空洞进水口取水塔、启闭机房完成，闸门及启闭机安装并通过试运行。

【引水发电工程建设】 发电洞进水口、洞身段及钢管段工程全部完成；发电厂主厂房、副厂房、装配场及升压站主体结构工程建成；装饰工程完成工程量的90%，三台发电机组安装。

【钦寸水库工程蓄水安全鉴定】 8月10日至15日，省水利厅在新昌召开新昌县钦寸水库工程蓄水安全鉴定会。由南京水利科学研究院、河海大学等科研院所、高校水利专家组成的鉴定组，通过实地踏看现场、详细听取汇报等，认为钦寸水库工程形象面貌基本满足下闸蓄水条件；工程设计总体合理，满足规范要求；工程施工质量满足设计及规范要求。9月21日，由国家水利部建设与管理司副司长朱云带队的考核组赴新昌对钦寸水库工程进行现场质量考核。

钦寸水库工程蓄水安全鉴定会召开（喻 石摄）

【遗留户限期搬迁强制执行】 年初库区共有限期搬迁强制执行对象55户，经过15批次强制执行，至年底尚余39户遗留户未化解。8月1日上午，钦寸水库最后一户遗留户石某某开始主动搬离物

最后一户遗留户房屋被拆除　（俞晓委摄）

品，下午4时石某某所有房屋被拆除。至此，钦寸水库遗留户限期搬迁强制执行工作完成，库区移民户房屋全部拆除。

【县内有土安置】 4月21日，县委副书记、县长李宁主持召开钦寸水库县内安置配套工程督查汇报会，县委副书记、钦寸水库工程建设指挥部总指挥尹国樑，副县长、钦寸水库工程建设指挥部常务副总指挥盛林炳参加督查。会前实地踏看钦寸水库新民公寓房配套工程、南明街道梨木村和羽林街道三联村安置地公建配套建设现场。县内有土安置地11个完成市政配套工程，除大坪头未建房区域外；综合楼项目8个建成，在建1个，2个并入原村综合楼；16个县内安置地生态污水处理池建成11个，在建1个，其余4个并入村污水处理池或市政配套工程也已建成；9个县内安置地公厕完成5个，在建2个，已招标2个。13个县内有土安置地生产用地分配完成，其中11个安置地已交地，三丰、大坪头等2个安置地未落实。至2016年末，县内有土安置移民4108人，其中农村移民4023人，非农移民85人。

表18　　新昌县内有土安置情况

乡镇街道	点序号	安置村	小计	
			户数	人数
大市聚镇	1	大市聚村	285	712
	2	后梁村	55	145
	3	坑西	41	103
新林乡	4	大坪头村	139	293
南明街道	5	甘棠村	121	298
	6	梨木村	167	412
羽林街道	7	三联村	115	305
	8	三丰村	168	410
	9	大塘坑村	122	309
	10	拔茅坑	118	309
	11	磨石孔	117	307
	12	新旺村	90	236
	13	年岙村	103	266
合计	13	13	1641	4108

【安置公寓房建设】 移民安置公寓房工程南明街道新民地块于4月通过房建工程主体结构验收，于10月底通过竣工验收。南明街道棣山地块于5月份通过房建工程主体结构验收，12月通过竣工验收。年底前公寓房工程通过竣工验收。开展公寓房安置对象交房前期工作，按照实测面积、实际价格重新计算公寓房购房款，并向安置对象发送《交房通知书》。至2016年末，县内公寓房安置总计1256户，3063人（其中移民人口1001户、2197人，财产人口178户、442人，随迁人口77户、424人）。

表19　　外迁宁波安置情况

县市区	安置情况	
	户数	人数
北仑区	188	488
慈溪市	365	1081
奉化县	143	375
宁海县	141	344
象山县	76	194
鄞州区	358	906
余姚市	340	922
镇海区	94	277
合计	1705	4587

注：合计外迁宁波移民4587人，其中农村移民4381人，非农移民90人，应迁未迁116人。

【下闸蓄水移民安置省级技术验收】 12月19日至21日，受浙江省水库移民安置办公室委托，国家水利部水利水电规划设计总院组织11位专家组成专家组，对钦寸水库工程移民安置、专业项目处理、库底清理等工作检查验收。专家组通过实地踏看现场、查阅资料、听取汇报等，形成《浙江省新昌县钦寸水库工程蓄水阶段建设征地移民安置专家组验收意见》，同意钦寸水库工程通过下闸蓄水移民安置省级技术验收。至2016年年末，移民共计11335人，县内有土安置移民4108人，公寓房安置2197人，投亲靠友11人（农村移民9人、非农移民2人），集中供养1人，应迁未迁431人，外迁宁波移民4587人。

【文物迁建建筑拆卸完毕】 3月17日，库区胡卜村清风台门拆解结束，古建筑将运至三丰和大坪头安置地根据“原拆原建”的要求复建，进行异地保护。至此，钦寸水库库区文物迁建工程整迁建筑全部拆卸完毕。盘山寺及相关古墓的挖掘启动。

表 20　　外迁宁波安置情况

县市区	乡镇街道	安置点（村）	第一批		第二批		第三批		小计	
			户数	人数	户数	人数	户数	人数	户数	人数
镇海区	骆驼街道	清水湖村					7	21	7	21
		朝阳村	7	19					7	19
		沙河村	5	15					5	15
	澥浦镇	庙戴村	11	29					11	29
		岚山村					7	25	7	25
		湾塘村					5	15	5	15
	蛟川街道	迎周村	3	9					3	9
	庄市街道	万市徐村	7	21					7	21
		永旺村					8	24	8	24
		光明村	4	11					4	11
	九龙湖镇	杜夹岙村			3	7	3	9	6	16
		长宏村			6	18			6	18
		田顾村					7	19	7	19
		汶溪村					5	15	5	15
		中心村					6	18	6	18
北仑区	新碶街道	岭南村					13	33	13	33
		永久村					14	32	14	32
		许胡村					12	32	12	32
		算山村					13	32	13	32
		高塘村					13	33	13	33
	大碶街道	柴楼村			14	33	3	6	17	39
		嘉溪村			3	9	13	31	16	40
		金家村					14	40	14	40
		莘岙村					16	40	16	40
	小港街道	下邵村	12	32					12	32
		姚张村	13	30					13	30
		下周隘村	14	30					14	30
		桥头严村	12	32					12	32
		合兴村	10	33					10	33
鄞州区	瞻岐镇	东一村					6	15	6	15
		南二村					5	13	5	13
		岐西村					4	10	4	10
	咸祥镇	球东村					5	15	5	15
		南头村					6	16	6	16
		龚筷村					6	15	6	15
	塘溪镇	鹳山村					8	21	8	21
		前溪头村					7	17	7	17
	东吴镇	生姜村	12	27					12	27
	五乡镇	石山弄村					10	31	10	31
		涵玉村					7	20	7	20
	邱隘镇	上万龄村	22	56					22	56
	云龙镇	荷花桥村	8	20					8	20
		任新村	9	20					9	20
		石桥村	5	14					5	14

县市区	乡镇街道	安置点（村）	第一批		第二批		第三批		小计	
			户数	人数	户数	人数	户数	人数	户数	人数
鄞州区	横溪镇	金娥村					9	21	9	21
		上任村					6	19	6	19
	姜山镇	董家跳村	4	14					4	14
		联荣村	6	13					6	13
		茅山村	6	12					6	12
		南林村	5	12					5	12
		沈风水村	5	13					5	13
		同三村	6	14			6	13	12	27
		新汪村	5	12					5	12
		阳府兴村	9	18			2	3	11	21
		张村庙村	6	13					6	13
	高桥镇	合心村	5	11					5	11
		江南村	6	12					6	12
		岐阳村	4	11					4	11
		石塘村	4	11					4	11
		岐湖村	5	11					5	11
		民乐村	3	7					3	7
		望江村	4	12					4	12
		梁祝村	3	11					3	11
	横街镇	水家村					5	10	5	10
		凤林村					4	11	4	11
		桃园村					4	10	4	10
		梅梁桥村			6	13			6	13
		万华村			4	13			4	13
	集士港镇	山下庄村					6	10	6	10
		翁家桥村					12	30	12	30
		西陆村					10	20	10	20
	古林镇	葑里村			6	13			6	13
		龙三村			6	14			6	14
		茂新村			6	14			6	14
		前虞村			7	13			7	13
		蜃蛟村			6	14			6	14
		三星村			5	11			5	11
	洞桥镇	孙王村					7	21	7	21
		蕙江村					10	20	10	20
	鄞江镇	梅园村					8	18	8	18
		沿山村					8	18	8	18
	龙观乡	桓村					10	28	10	28
慈溪市	宗汉街道	二塘新村	16	52	4	10			20	62
	周巷镇	建五村					34	102	34	102
	掌起镇	东埠头村			10	31			10	31
		鹤凤村			8	26	1	3	9	29
	新浦镇	新闸村	20	59					20	59
	逍林镇	振兴村					8	22	8	22
		破山村					9	21	9	21
	天元镇	十甲村	10	29					10	29

县市区	乡镇街道	安置点（村）	第一批		第二批		第三批		小计	
			户数	人数	户数	人数	户数	人数	户数	人数
慈溪市	胜山镇	大湾村					7	18	7	18
		四灶村					7	18	7	18
	桥头镇	五姓村					4	12	4	12
	龙山镇	山下村					16	48	16	48
		小施山村					16	47	16	47
	匡堰镇	石人山村					8	24	8	24
	坎墩街道	五塘新村	11	31					11	31
	坎墩街道	四塘南村	8	22					8	22
	横河镇	乌玉桥村			28	73			28	73
	观海卫镇	福山村	36	98					36	98
		天妃宫村					17	49	17	49
	附海镇	花塘村	4	13			1	2	5	15
		花木村	6	17					6	17
	崇寿镇	海运村					13	34	13	34
	庵东镇	富民村					19	62	19	62
		新建村					22	64	22	64
	长河镇	大牌头村	16	49					16	49
余姚市	丈亭镇	丈亭村					10	27	10	27
		胡界村					13	31	13	31
	三七市镇	魏家桥村					7	22	7	22
		祝家渡村					9	24	9	24
		胜利村					6	19	6	19
		二六市村					10	25	10	25
	河姆渡镇	翁方村					5	13	5	13
		江中村					6	15	6	15
		小泾浦村					7	18	7	18
		罗江村					5	15	5	15
		芦山寺村					6	18	6	18
	马渚镇	大将桥村		0			10	25	10	25
		渚北村	6	11			10	24	16	35
		全佳桥村		0			7	17	7	17
		沿山村		0			7	22	7	22
		下沙畈村		0			9	23	9	23
		瑶街弄村		0			8	21	8	21
	牟山镇	狮山村		0	5	14	6	15	11	29
		青港村		0	9	27	1	2	10	29
	临山镇	临南村					15	40	15	40
		汝东村					21	61	21	61
	黄家埠镇	五车堰村		0			18	50	18	50
		华家村	14	29			10	25	24	54
	小曹娥镇	朗海村			10	20			10	20
		镇海村			4	13	3	6	7	19
		南新庵村			2	5	3	7	5	12
		滨海村			5	13			5	13
		曹娥村			7	15			7	15

县市区	乡镇街道	安置点（村）	第一批		第二批		第三批		小计	
			户数	人数	户数	人数	户数	人数	户数	人数
余姚市	泗门镇	水阁周村					13	34	13	34
		大庙周村					11	29	11	29
		海南村					22	52	22	52
		镇北村					12	35	12	35
		楝树下村					15	34	15	34
宁海县	梅林街道	方前村	15	25	18	27	2	6	35	58
	桥头胡街道	建设村		0			19	47	19	47
	长街镇	大湖村					12	30	12	30
		洋湖村					12	35	12	35
		山头村					22	59	22	59
	力洋镇	海头村					15	37	15	37
	越溪乡	下湾村							0	0
	黄坛镇	大木村					11	31	11	31
	大佳何镇	民主村					14	35	14	35
	西店镇	香石村		0			19	49	19	49
		凫溪村		0			9	19	9	19
象山县	石浦镇	雷公山村					18	49	18	49
	定塘镇	漕港村							0	0
		花港村							0	0
	晓塘乡	美礁碶村							0	0
	新桥镇	关头村							0	0
	泗洲头镇	泗洲头村					3	8	3	8
	茅洋乡	李家弄村							0	0
	东陈乡	沙岗村	3	7				27	3	34
	墙头镇	墙头村	3	7			16	30	19	37
	大徐镇	大磊头村			1	3	2	4	3	7
	贤庠镇	盐厂村	3	6			8	14	11	20
		官司塘村	8	16			5	10	13	26
	涂茨镇	涂茨村	5	14			6	13	11	27
	黄避岙乡	横塘村			7	16	1	3	8	19
奉化市	溪口镇	沙堤村			5	9	7	16	12	25
		新建村				0	11	25	11	25
	锦屏街道	三溪村					24	55	24	55
	岳林街道	童赵村					12	32	12	32
	西坞街道	东陈村	5	10			5	11	10	21
		四维村	12	34			3	7	15	41
	江口街道	横里埭村		0	1	2	10	25	11	27
		上三村		0			16	43	16	43
	萧王庙街道	潘前村		0	2	5	11	31	13	36
	尚田镇	金地寺村		0			12	32	12	32
	莼湖镇	谢家村							0	0
		贺墅村					3	9	3	9
		黄檗村							0	0
	裘村镇	阎家村							0	0
	松岙镇	淡溪村					4	10	4	10

注：文中 3 张表格均由钦寸水库移民局提供。表 20 数据统计时间截至 2016 年 8 月底。

胡卜村清风台门拆解　（钟　靓摄）

【库区企业和个体工商户拆除】　处置库区特殊企业 1 家，43 家企业的遗留政策处置问题得到妥善解决，并按要求腾空交付拆除；10 月 17 日，位于新林乡查林村的汇龙轴承有限公司厂房被全部拆除工作，至此库区 320 家企业（个体工商户）拆除完毕。

（杨春健）

长诏水库

【标准化管理通过省级验收】　2016 年 8 月，长诏水库建立标准化管理的领导小组机构，完成划界限权，安装标识标牌，编制管理手册，完成自动化信息管理平台的安装调试等。9 月 28 日，省水库管理站副主任郁孟龙一行到长诏水库指导创建。11 月 24～25 日，经过省水库管理总站组织标准化管理考核专家组的现场检查、资料查阅、验收评定，通过水库标准化管理考核验收。

【水库防汛调度】　4 月 19 日，省水利厅厅长陈龙到长诏水库调研指导防汛工作。入汛后，实行 24 小时不间断防汛值班制。汛期降水量 1500.7 毫米，为常年降水量的 123%。台汛期，成功抵御 1 号台风“尼伯特”、第 14 号台风“莫兰蒂”和第 17 号台风“鲇鱼”，三个台风带来入库水量 8060 万立方米，泄洪水量共计 6211 万立方米。6 月 30 日 8 时，受连降暴雨影响，库水位 133.13 米，库容 15028 万立方米，超过 130.66 米的汛期汛限水位，12 时开始，先后调节开启 6 孔闸门及大坝放水孔进行预泄，泄洪最大流量 41 立方米/秒。

长诏水库开启 6 孔闸门泄洪　（潘　杰摄）

【饮用水源保护常抓不懈】　执行沃洲湖“河长制”管理，及时更新河长公示牌，定期开展河道巡查，确保水库湖面整洁美观。完成全长 2 公里多的长诏水库饮用水源保护第二期生物隔离工程（岭根至黄坛）。编制《新昌县长诏水库饮用水水源地保护规划报告》并获县政府批准实施。在库区真家坪（茶场梨头园片）陡坡的茶园果园进行退耕还林的生态化改造，共退耕还林 250 亩，在库区滩涂种植落羽杉 1000 枝，红豆杉 10000 枝，增强库区生态林的水源涵养和防护功能。2016 年，水源保护执法中队开展执法巡查 690 多次，警告和阻止钓鱼、游泳等违法行为 2830 人次，对其中 2310 人进行依法处罚。

（王莹莹）

供　水

【概况】　2016 年，水务集团新增绍兴银行、农商银行水费代扣渠道，升级支付宝水费系统并拓展微信缴费服务。通过水务门户网站、微博微信及时发布水质报告、停水通知、水务动态和用水小知识等信息 150 多条。及时回应各类投诉和新昌信息港、108 社区等网络新媒体上的问题，2016 年共受理 12345 政务热线、县长信箱、电话投诉件共 43 件，下降 193.02%，回应网络舆情 50 多条，办结率

100%，满意率 98%。全年实现经济总收入 16128.70 万元，增长 4.41%。其中供水收入 5949.35 万元，增长 10.89%，排水收入 3304.62 万元，增长 1.62%，发电收入 1224.81 万元，增长 7.75%，工程安装收入 4986.7 万元，增长 0.76%，水库收入 663.22 万元，下降 7.38%。

【钟山水厂一期工程主体完工】 工程位于羽林街道拔茅钟林山，总投资概算 4855 万元，占地 35.6 亩，一期设计供水能力 2 万吨/天，二期设计供水能力 4 万吨/天。2016 年 3 月动工，截至 2016 年 12 月底，完成滤池、综合楼、配电间、加药房、污泥调节池、回用水池、叠合池、脱水机房等水厂土建主体工程，场外管线工程管道安装完成。全年实现投资 2850 万元，一期总体形象进度 72%。

钟山水厂工程顺利推进 （王莹莹摄）

【嵊新污水厂二期扩建工程】 2013 年启动实施，2015 年 10 月中旬被列为省重点建设工程，2015 年完成省批选址意见、红线图，绍兴市土地预审意见等报批工作，2016 年完成地质勘探（详勘）、监理招标，设计方案及建设用地规划许可证办理，并启动场地平整等建设工程，累计实现总投资 7350 万元。

【应对寒潮冰冻天气】 2016 年 1 月底，受罕见强寒潮天气影响，持续低温和雨雪冰冻天气，期间落实抗雪防冻预案，全面开展供水管线巡查，确保供排水设施安全、正常运行。冰冻天气期间，共受理供水服务热线 2506 个，抢修管道、阀门等 901 处，维修更换水表 3496 只。

猪山水厂 DN800 进厂水管抢修（王莹莹摄）

【城市供水管网建设】 2016 年，结合县城区道路改造计划，完成万丰大道（江滨南路至南岩路）、人民西路延伸段等城区供水主管网改造工程。结合新镜线道路建设工程，完成总长度 7.4 公里的供水主管网改造工程，同时完成澄潭中学至社古村连接线供水管道工程，使新旧新镜线供水主管形成环形管网，提升梅澄区块一体化供水安全格局。5 月，完成地下供排水管网信息勘测工程招标，至 12 月底，完成 280 余公里的物探、测绘，初步建立数据库平台。

【移民安置区供水配套设施建设】 2016 年，完成棣山地块、新民村、拔茅坑、磨石孔、甘棠村、梨木村等 6 个安置区自来水户表安装工程，共计安装水表 2800 只，为移民安置区提供用水保障。

【拔茅至坑西段截污干管工程通过验收】 工程总投资 1124 万元，与江拔线坑西至拔茅公路同步建设实施，于 2014 年 12 月 2 日开工建设，2015 年 5 月 30 日完成主干管道安装，管道全长 3845 米，设计 81 只检查井，设计输送污水能力 1.5 万吨/日，2016 年 10 月 11 日，通过竣工验收。污水主干管收集大市聚镇污水后接入拔茅污水系统，最终接入嵊新污水处理厂，为扩面收集大市聚工业区块工业污水奠定基础。

【城市污水收集管理】 完成梅渚山头路口至纬二路段 DN800 污水总管迁移工程。及时抄检、保养、检修各污水大户的污水表，并对大市聚区域污水管线调查摸底。浙江美力科技股份有限公司、浙江美克药业有限公司、新昌县森焱纺织品有限公司等 15 家企业完成工业废水入网。全年污水入网量 2205.37 万吨，污水收集率 70.9%。

（王莹莹）

供 电

【概况】 截至 2016 年底，新昌电网发展成以 1 座 500 千伏变电所为枢纽、2 座 220 千伏变电所为中心、9 座 110 千伏变电所和 12 座 35 千伏变电所为骨架的供电网络。2016 年，全社会用电量 19.17 亿千瓦时，增长 6.53%；售电量 18.49 亿千瓦时，增长 6.12%；综合线损率 2.24%；供电可靠率 99.918%，综合电压合格率 99.929%，最高负荷 41.27 万千瓦（7 月 27 日），增长 8.58%；主营业务收入 12.32 亿元，增长 2.14%；全口径劳动生产率 95.92 万元/人·年，全局累计安全生产天数 6490 天。2016 年，县供电局荣获浙江省电力公司同业对标综合标杆单位、浙江省电力公司安全生产劳动竞赛先进县供电企业、浙江省质量管理小组活动优秀企业”等多项荣誉。

7 月 13 日，第 9 座 110 千伏望江变电所竣工投运 （张滨滨摄）

【电网建设快速推进】 110 千伏坑西输变电工程按期开工建设，推进 220 千伏新南输变电工程，110 千伏望江输变电工程竣工投运。35 千伏回山制茶变竣工投运，35 千伏白云变整体改造，累计新建改造 35 千伏线路 6.9 公里，10 千伏线路 126.01 公里，0.4 千伏线路 66.65 公里，投运环网柜 27 座，新装增容配变 277 台，容量 116755 千伏安。

表 21　　2016 年分产业行业用电情况

项　　目	2016 年累计（万千瓦时）	2015 年累计（万千瓦时）	比 2015 年同期增长（%）
全社会用电总计	191690.57	179937.32	6.53
A、全行业用电合计	160888.14	153142.61	5.06
第一产业	1348.86	1164.80	15.80
第二产业	139193.07	134006.81	3.87
第三产业	20346.21	17971.00	13.22
B、城乡居民生活用电合计	30802.43	26794.70	14.96
城镇居民	15772.13	13547.85	16.42
乡村居民	15030.30	13246.85	13.46
全行业用电分类	160888.14	153142.61	5.06
一、农业	1348.86	1164.80	15.80
二、工业	137250.81	132148.03	3.86
轻工业	38197.72	38965.84	-1.97
重工业	99053.09	93182.19	6.30
1. 水的生产和供应业	906.15	798.04	13.55
2. 食品、饮料和烟草制造业	1491.92	1480.48	0.77
3. 纺织业	9391.67	10019.42	-6.27
4. 服装鞋帽、皮革羽绒及其制品业	2277.51	2319.65	-1.82
5. 化学原料及化学制品制造业	4358.04	4658.30	-6.45
6. 医药制造业	22030.43	22344.75	-1.41
7. 化学纤维制造业	32.08	32.21	-0.41
8. 橡胶和塑料制品业	6007.68	6163.44	-2.53
9. 非金属矿物制品业	1126.74	1029.67	9.43
10. 黑色金属冶炼及压延加工业	0.00	0.00	0.00
11. 有色金属冶炼及压延加工业	423.14	419.69	0.82
12. 金属制品业	3560.80	2654.36	34.15
13. 通用及专用设备制造业	74810.43	69843.76	7.11
14. 交通运输、电气、电子设备制造业	3018.06	2904.97	3.89
15. 工艺品及其他制造业	407.45	382.18	6.61
三、建筑业	1942.26	1858.78	4.49
四、交通运输、仓储和邮政业	711.90	670.71	6.14
五、信息传输、计算机服务和软件业	1631.47	1465.06	11.36
六、商业、住宿和餐饮业	8287.01	7317.10	13.26
七、金融、房地产、商务及居民服务业	3366.49	2858.56	17.77
八、公共事业及管理组织	6349.34	5659.57	12.19

【供电服务优化升级】 落实保供电各项措

春茶炒制高峰期开展保供电服务（陈海澎摄）

施，圆满完成全国科技强县现场会、茶文化节、高中考、大佛成像1500周年等重大活动保供电12次。开展G20峰会电力用户专项检查，联合县消防大队等单位开展护航G20电气火灾防范专项排查整治，对全县高危重要用户及其他重要用户开展专项检查15户次。推行营业厅标准化管理应用和业务操作手册，定期开展业务考试和典型案例穿透性分析。推行“快响”作业模式，实现“线上全天候受理，线下一站式办电”，提高业扩报装响应速度。配合美丽新昌建设，拆除大佛寺景区内高压线路19.5公里、拔除电杆29基，敷设电缆2800米。编制《美丽乡村电力建设三年行动计划》，完成废旧设备、废旧电杆专项清理，农村配电房环境美化，城区箱变、环网柜等围栏场地硬化等工作。

拆除大佛寺景区高压线路　（陈海澎摄）

【企业管理成果丰硕】 开展同业对标管理团队运作月报分析，同业对标工作继续进入浙江省电力公司综合标杆。实施计划进度分解和内部预警，提高计划刚性执行率，年度综合计划完成率100%。加强班组软硬件建设，仓储配送班成功创建浙江省电力公司五星级班组。QC成果《降低10千伏双杰XGW环网柜异常倒闸操作时间》获全国“海洋王”杯发布赛最高奖优胜奖，《10千伏线路穿刺线夹电动扳手专用套筒的研制》和《电力通信线路敷设专用放线器的研制》获二等奖。《茶区用电特征分析指导台区优化运行》获浙江省电力公司首届数据价值挖掘大赛三等奖。2016年新获发明专利2项，实用新型专利10项，累计获得发明专利5项，实用新型专利80项。

开展阳光流动少年宫活动　（陆献传摄）

【党建及精神文明建设】 开展正风肃纪检查9次，参与各类现场监督40次。《表舅爷送“礼”》获浙江省电力公司微廉剧大赛一等奖，并在浙江省电力公司“两会”上成功汇演。荣获全县行风评议综合评比第一名，其中群众评议连续18年保持第一，大市聚供电所获评五星级基层站所。提升青年员工建功能力，县供电局团委被评为浙江省先进团委。外宣工作连续七年被评为新昌县外宣先进单位，全年在系统内外发稿千余篇。

（唐战军）

责任编辑 陈 凯

商贸服务

国内贸易

【概况】 2016年，新昌县限上社会消费品零售额累计156.48亿元，增长11.7%，增幅位居全市前三位。服务业小微企业“下升上”完成29家（其中批零住餐22家，其他服务业7家）。列入商务局监测的17家重点商贸监测企业共实现销售收入229612万元，与2015年比减少4.1%；10家重点住宿餐饮监测企业共实现营业收入16054万元，增长0.8%；6家重点市场实现成交额740617万元，减少6.49%；成品油共销售114163吨，增加10.8%，其中汽油75568吨，增加17.13%，柴油38595吨，增加0.19%。

【农村电子商务发展】 开展“电子商务进万村工程”，推进阿里巴巴农村淘宝项目。2016年新昌县农村淘宝村级服务站（点）93个，服务覆盖行政村353个（年度目标覆盖行政村300个），完成率117.67%。1~12月网络零售额210210.16万元，累计订单251759笔。培育农特产品网络销售额在1000万元以上电子商务龙头企业1家。建成新昌县电子商务园，入驻企业48家。新昌县连续三年被评为“电子商务百强县”。

【传统市场向线上线下转型】 清承堂茶叶有限公司在2016年“618”活动期间，清承堂天猫店成交大佛龙井茶订单4400多个，3000多斤，当日销售茶叶高达16万元，3日累计销售31万元，销售增长155%，同时借助阿里巴巴淘宝集团“一县一品”特殊活动资源，成为村淘首页8个主打产品之一，极大地提高新昌大佛龙井茶的品牌知名度。

【规上企业电子商务应用调研】 按照属地化管理原则，对16个乡镇（街道）398家规上企业电子商务应用情况进行问卷调查，建立适合开展电子商务的企业数据库。完成规上企业开展电子商务数58家，其他企业开展跨境电子商务数15家。召开轴承（机械）企业跨境电商对接会，引导轴承（机械）行业开展电子商务业务及建立电子商务运营团队。引导商贸企业在美团、去哪儿网等开设店铺，或建立企业微信公众帐号、借组平台开展大促活动等各种手段进行网络营销。对符合条件的电商企业进行备案奖补，激励企业开展电商业务。

【推进重点商贸项目建设】 2016年底，新昌海洋城购物中心南面地块，完成安装工程60%，外幕墙65%，酒店内装修50%，场外工程45%，脚手架拆除；北面地块，完成安装工程45%，外幕墙40%，土建二次结构完成，粉刷工程15%。预计2017年5月开业。红星美凯龙全球家居生活广场，一期工程完成竣工验收，2商家进场装修，装修中17家，出样5家，装修完毕4家。二期工程的主体外墙粉刷完成北侧和西侧外保温施工，最后一层罩面砂浆施工中。主体外墙东侧、南侧保温砂浆粉刷中。

【散装汽油严防严控】 制定《关于严管严控加油站销售散装汽油的工作方案》，2016年全年检查加油站176家次，出动人员400人次，查出问题29个，整改29个。联合消防、公安等部门开展联合检查5次，重点检查加油站的消防安全、散装汽油销售登记台账和实名系统的使用；全县30家加油站中有4家不销售散装汽油，26家销售散装汽油。销售散装汽油的加油站，安装散装汽油销售实名登记信息系统达到100%，系统与公安信息平台对接达到100%；不销售散装汽油的加油站做好“不销售散装汽油”标识的张贴。30家加油站均开展“平安加油站”创建工作。

【行业管理规范有序】 制定《新昌县成品油零售体系“十三五”发展规划》，完成《商贸业发展“十三五”规划》。共完成37家成品油年检工作、3家成品油证书变更工作、6家成品油证书到期换证工作、2家典当企业年检工作。落实上年度27家“下升上”企业的政策兑现工作。2016年，新昌县国贸实业有限公司首获省商贸流通业诚信示范企业称号，3家获市诚信示范企业。制定《新昌县商务局安全生产管理工作方案》，整改3个市场（七星批发市场、义乌小商品市场（鼓鑫）、新城副食品批发市场）的安全隐患，完成率100%，与38家商贸企业签订安全生产责任书，制定执行《平安护航G20安全生产综合整治大行动方案》，开展商贸业平安护航G20八大治安行动，制定并下发《新昌县商务局安全生产隐患整治年活动方案》。

（杨 凯）

表22 1985~2016年社会消费品零售额

年份	社会消费品零售额（万元）	按销售地区分		按行业分	
		县	县以下	批零贸易业	住宿和餐饮业
1985	10408	5179	5229	7478	363
1986	11970	6759	5211	8568	491
1987	14255	8336	5919	10897	527
1988	18609	10873	7736	14043	546
1989	18801	11394	7407	13748	757
1990	19752	11984	7768	14282	909
1991	23543	15289	8254	16469	1099
1992	29489	17931	11558	20896	1678
1993	57855	29061	28794	45328	3735
1994	81048	39494	41554	61435	3843
1995	104169	53418	50751	76359	6085
1996	130574	70531	60043	86020	9074
1997	146017	75024	70993	100866	10934
1998	170105	87889	82216	113500	13359
1999	190331	97237	93094	121408	16818
2000	206018	106083	99935	126140	22987
2001	224357	116826	107531	141788	32030
2002	232179	121430	110749	183092	37912
2003	262825	138270	124555	206356	44736
2004	321600	170934	150666	275619	45981
2005	365659	194612	170237	312694	52965
2006	421958	224795	197163	359600	62358
2007	491099	261898	229201	420098	71001
2008	567340	303019	264321	485626	81714
2009	642650	343688	298962	556099	86551
2010	713987			617717	96270
2011	835863			719037	116826
2012	963848			831435	132413
2013	1111864			962951	148913
2014	1257518			1086803	170715
2015	1400875			1208855	192020
2016	1564777			1343987	220790

（潘红鹰）

对外经济贸易

【概况】 2016年，全县自营进出口118.69亿元，增长4.91%，其中自营出口116.35亿元，增长8.13%，增幅排名全市第一位；进口2.34亿元，下降57.70%。全年完成服务外包执行额7262.8万美元，增长21.4%，占全市服务外包执行额的60.4%。全县累计合同外资3487万美元，实到外资2700万美元，增长18.1%，1000万美元以上项目1个（万丰镁瑞丁新材料科技有限公司）。全县新批外资企业1家，转内资企业2家，注销外资企业2家。全县累计新备案境外企业14家，增资企业2家，累计境外投资额4.89亿美元，占全市境外投资额的49.4%。

【外贸出口持续发展】 2016年，全县有出口实绩的企业281家，比2015年同期增加13家，其中内资企业248家，比2015年增加18家；三资企业30家，比2015年减少5家；个体工商户3家，与2015年持平。生产企业和贸易公司有出口实绩的企业分别为224家和57家。2016年新增获进出口经营权企业48家。全县出口超10亿元的企业有3家，为浙江万丰奥威汽轮股份有限公司、浙江三花智能控制股份有限公司和浙江新和成股份有限公司，出口金额分别达 18.08 亿元、14.13 亿元和 10.22 亿元，分别排在全市第一位、第三位和第十位。出口超 1 亿元企业 20 家。2016 年全县共有 11 家企业入选全市出口百强企业。全县机电产品和高

表 23　新昌县 2016 年出口前 30 家企业

排名	企业名称	2016年出口（万元）	增长（%）
1	万丰奥特控股集团有限公司	279453	20.68
	浙江万丰摩轮有限公司	97425	9.94
	浙江万丰奥威汽轮股份有限公司	180767	27.65
	浙江万丰科技开发股份有限公司	1262	-5.75
2	浙江新和成股份有限公司	167280	6.97
	浙江新和成进出口有限公司	192	-82.17
	浙江新和成股份有限公司	102198	2.37
	浙江新维普添加剂有限公司	61136	15.51
	新昌新和成维生素有限公司	3754	47.07
3	三花控股集团有限公司	158022	11.61
	浙江三花制冷集团有限公司	16688	-74.81
	浙江三花股份有限公司	141334	92.11
4	浙江医药股份有限公司新昌制药厂	64283	-10.50
	浙江来益进出口有限公司	64283	-10.50
5	浙江五洲新春集团股份有限公司	59083	1.89
	浙江五洲新春集团股份有限公司	53303	4.77
	浙江富日泰轴承有限公司	477	-72.48
	新昌县新宸进出口有限公司	5303	-1.43
6	丰岛控股集团有限公司	46214	10.41
	浙江丰岛股份有限公司	11442	14.05
	浙江丰岛食品有限公司	34773	9.26
7	浙江捷昌线性驱动科技股份有限公司	39013	35.34
	浙江捷昌线性驱动科技股份有限公司	22430	-22.19
	新昌县捷昌进出口有限公司	16583	
8	美盛文化创意股份有限公司	32460	-2.29
	美盛文化创意股份有限公司	24737	9.28
	新昌县万盛进出口有限公司	7723	-27.03
9	浙江新昌皮尔轴承有限公司	31149	-3.67
10	浙江京新药业股份有限公司	19705	-0.40
	浙江京新药业进出口有限公司	17781	-3.06
	浙江京新药业股份有限公司	1923	33.46
11	浙江耿基实业有限公司	17278	25.36
	浙江耿基实业有限公司	12606	13.50
	新昌县耿基进出口有限公司	4265	71.00
	新昌县景富发展有限公司	408	123.54
12	达利丝绸（浙江）有限公司	16690	-6.86
13	浙江恒通机械有限公司	14338	-28.51
14	国邦医药化工集团有限公司	14035	3.93
	国邦医药化工集团有限公司	13309	1.05
	新昌国邦进出口有限公司	726	117.98
15	新昌县开源汽车轴承有限公司	13388	39.77
	新昌县开源汽车轴承有限公司	13011	35.84
	新昌县浙东国际贸易有限公司	376	
16	浙江莱姆控股集团有限公司	7839	-19.94
	浙江新昌别克跃电动工具有限公司	7745	-19.96
	浙江新昌莱姆进出口有限公司	94	
17	浙江西密克轴承股份有限公司	7446	5.85
	新昌县西密克进出口有限公司	1166	-14.49
	浙江西密克轴承股份有限公司	6280	10.74
18	浙江新龙实业有限公司	7046	10.19
19	浙江省新昌县澄潭茶厂	6594	10.79
20	浙江顺泰实业集团有限公司	6406	11.20
21	新昌县开心纺织有限公司	6119	-7.53
	新昌县开心纺织有限公司	2633	-26.70
	新昌县开心进出口有限公司	3486	15.23
22	浙江斯菱汽车轴承股份有限公司	5780	-15.91
	浙江斯菱汽车轴承股份有限公司	2804	40.52
	新昌县斯菱汽车零部件贸易有限公司	2976	-39.00
23	新昌越峰不锈钢铸造有限公司	5679	28.60
	新昌越峰不锈钢铸造有限公司	3596	64.34
	新昌县越峰铸钢实业有限公司	2083	-6.50
24	新昌新天龙纽尚精密轴承有限公司	5587	45.36
25	新昌县恒达制衣有限公司	5179	52.30
26	新昌沛斯轴承配件有限公司	4639	-4.27
27	浙江省新昌新轴实业有限公司	4515	-7.99
	浙江省新昌新轴实业有限公司	4003	-14.64
	浙江骏达轴承有限公司	513	135.26
28	新昌县花艺植物制品有限公司	4259	30.10
29	绍兴汉泰药业有限公司	3939	28.87
	绍兴汉泰进出口有限公司	3229	32.82
	绍兴汉泰药业有限公司	710	13.51
30	新昌县新柴机械有限公司	3509	27.59

表 24　新昌县 2016 年自营出口分行业汇总

分行业	2016 年出口（万元）	占比重（%）	2015 年同期（万元）	占比重(%)	增长(%)
医药化工	235307	20.2	236580	22.0	-0.54%
机　电	708850	60.9	647263	60.2	9.52%
轻　纺	119218	10.2	103466	9.6	15.22%
农副产品	100114	8.6	88727	8.2	12.83%
*高新技术产品	59895	5.1	66556	6.2	-10.01%
合　计	1163489		1076036		8.13%

*“高新技术产品”包括本表中已列名的有关商品

新技术产品出口占全县总出口额的比重为 66.1%，比全市平均高出 44.4 个百分点。2016 年有出口实绩的国家和地区 148 个，比 2015 年增加 10 个，出口金额超过 1 亿元的国家有 17 个。美国是新昌出口的主要市场，从三季度开始，逐渐复苏回暖，2016 年出口美国达 38.36 亿元，增长 12.3%，超过全县平均增幅 4.2 个百分点。

【境外投资方式优化】 企业向境外拓展意愿逐年增加，投资方式逐步从创办贸易公司向建立生产企业和并购优质资产转变。2016 年，全县共有境外投资项目 14 个，增资企业 2 个，中方投资额达 4.89 亿美元，其中境外投资额 1 亿美元以上项目 2 个，以并购方式进行的项目 6 个，生产性项目 8 个。以往以贸易公司为主的投资方式有所改变，其中浙江万丰科技开发股份有限公司并购美国 T3 派司令控股公司金额达 3.02 亿美元，是新昌县 2016 年最大的境外投资项目，也是 2016 年全市最大的境外投资项目。

【首个境外并购项目回归】 5 月，外商独资经营万丰镁瑞丁新材料科技有限公司设立，该项目投资总额 5300 万美元，注册资本 1800 万美元，是由万丰镁瑞丁控股有限公司（注册地英国）全额出资。万丰奥特根据国家产业政策，通过海外并购加拿大镁瑞丁控股公司（全球最大的镁合金汽车零部件生产企业），引进国外先进镁合金压铸工艺再产业化，做强做大国内镁合金汽车零部件产业市场。此次通过收购加拿大镁瑞丁控股公司的第一层级境外企业万丰镁瑞丁控股有限公司再投资，实现浙商回归、返程投资，也为新昌县招商引资注入新动力。

【服务外包总量位居全市之首】 2016 年，全县新注册 2 家服务外包企业，完成服务外包离岸执行额 7262.8 万美元，增长 21.4%，占全市离岸执行额的 60.4%，主要分布在工业设计、产品技术研发、医药生物研发等领域。截至 12 月，全县共有服务外包企业 11 家，从业 12508 人。

【鼓励企业参展】 2016 年，商务局共组织春季广交会、华交会、中国日用消费品展等国内展 61 届次，参加企业达 108 家次，摊位 205 只；组织参加 2016 德国汉诺工业展、南非国际贸易展等国外

表 25 新昌县 2016 年外商投资分国别（地区）情况

单位：万美元

国别（地区）	项目		总投资		合同外资		实到外资	
	本年	历年累计	本年	历年累计	本年	历年累计	本年	历年累计
总计	1	247	5300	166301	3487	90991	2700	43448
亚洲		167		100011		48420		19142
香港		98		81640		40184		15126
日本		29		6747		2184		2208
台湾		22		7293		2996		842
巴基斯坦		1		1850		1200		
毛里求斯		1		1100		660		660
韩国		8		930		246		214
马来西亚		2		338		66		66
澳门		1		52		15		
新加坡		4		61		847		13
印度尼西亚		1				25		25
欧洲	1	29	5300	37293	1800	23101	1000	14375
英国	1	10	5300	27765	1800	21691	955	13031
德国		3		7126		654		823
匈牙利		1		280		49		50
奥地利		4		490		132		132
马耳他		1		290		101		101
意大利		4		234		68		57
瑞士		1		172		60		60
西班牙		1		110		40		40
瑞典		2		640		291		21
挪威		1		86		15		15
斯洛伐克		1	100	100		45	45	45
北美洲		39		16458	1687	10051	1700	5140
美国		37		14617	1687	10091	1700	5677
加拿大		2		1841		560		63
拉丁美洲		7		9422		7463		2932
巴西		3		4924		4554		54
洪都拉斯		1		150		51		
英属维尔京群岛		3		4348		2858		2878
大洋洲		8		1744		764		640
澳大利亚		4		693		230		115
新西兰		2		26		16		7
萨摩亚		2		1025		518		518
非洲		1		420		0		150
塞舌尔		1		420				150
其他		1		953		544		457

注：如果一个项目有两个以上国家（地区）项目数会出现重复

（杨　凯）

展销会 76 届次，参展企业达 114 家次，摊位 219 只。在组织同类展销会中，注重信息的提供和展览公司的选择以及事后跟踪问效，据不完全统计，2016 年参加展览促出口达 40 多亿元，接待客户 6000 多人次。

【创新驱动拓市场试点示范县建设】 在前两次下达的 750 万元创新驱动专项资金的基础上，2016 年又下达给新昌县 300 万元创新驱动专项资金，这些资金的下达，将有利于创新驱动示范企业的技术改造、开发新产品等。2016 年，机电产品和高新技术产品（不含机电产品）出口 75.3 亿元，增长 8%，增幅在全省十个示范县中位居第 2 位。

【推进水泥散装化】 2016 年，全县散装水泥使用量 25.69 万吨；供应预拌混凝土 90.15 万立方米，比 2015 年同期增加 7.94 万立方米，增长 9.70%。废弃物综合利用量 19.62 万吨。全面完成 2016 年散装水泥使用量 16 万吨，预拌混凝土供应量 40 万立方米的目标任务。

【优化商务发展环境】 开展“商务服务年”活动，举办多层次、多渠道商贸流通和涉外政策等商务经济实务培训班，继续健全重大项目、重点企业领导联系制度，全年为企业向上争取资金 880 万元。2016 年全县应参加联合年检的外商投资企业有 74 家，参检企业 69 家，通过率 100%。通过设立年报咨询电话、开通 QQ 群，及时发布年报参检信息，了解企业的生产经营状况，依法确认企业的经营资格，确保企业应检尽检，保护企业的合法权益。2016 年共编制预警期刊 12 期，向相关企业发送预警短信 1600 多条，在县商务局网站公平贸易专栏中，及时刊登预警信息，为企业提供国际市场信息服务。使企业应对国际贸易摩擦、规避贸易风险的能力得到不断加强。做好原产地签证和加工贸易审批业务，为新嵊两地企业签发原产地证 3000 余份，原产地证审核 4000 余 件，原产地证年检企业 157 家，办理对外贸易经营者备案登记 180 份，加工贸易合同审批 128 件。

（杨　凯）

表 26　新昌县 1985～2016 年对外经济贸易

年份	进出口总额（万美元）	出口额	进口额	年末三资企业（家）	当年实际利用外资
1985					
1986					
1987					
1988		4			
1989		40			
1990		74			48
1991		89		10	252
1992		244		14	251
1993		329		37	522
1994		878		49	616
1995	1159	1159		53	422
1996	3010	3010		74	772
1997	5628	5628		69	51
1998	9602	7550	2052	72	56
1999	13432	10847	2585	85	86
2000	13767	11639	2128	93	319
2001	15621	12767	2854	102	778
2002	21661	18005	3656	112	2616
2003	33987	27691	6296	148	3566
2004	52370	44607	7763	172	4347
2005	58881	51545	7336	213	1675
2006	77675	71435	6240	230	3086
2007	93420	86277	7143	234	3519
2008	123437	115730	7707	236	903
2009	93302	86825	6477	238	2051
2010	129439	121777	7662	239	2301
2011	166272	152453	13819	240	2420
2012	161409	149576	11833	243	2557
2013	183644	173357	10287	244	2715
2014	194980	189476	5504	245	2206
2015	182201	173480	8721	246	2287
2016	179949	176416	3533	247	2700

（潘红鹰）

商品市场

【概况】 2016 年底，全县有各类市场 40 个，其中消费品市场 30 个，生产资料市场 6 个，生产要素市场 2 个，网上交易市场 2 个。全年市场总成交额 879595 万元，其中网上市场成交额 32000 万元。成交额超亿元的市场 5 个：新昌中国茶市、羊毛衫兔毛市场、钟楼农贸市场、轴承市场、耿基建材市场。全县有星级市场 19 个，其中新昌中国茶市、钟楼农贸市场为四星级，新昌商城、耿基建材市场、七星综合市场、城北市场、东联农贸市场为三星级。

【农贸市场提升改造】 指导澄潭、上礼泉、城东农贸市场做好改建新建工作，组织主办单位到上虞、绍兴参观学习，从市场摊位布局、设计等学习别人经验，结合自身实际完成市场建设。澄潭农贸市场、上礼泉农贸市场分别投资2500万元和7000

表 27 新昌县2016年度市场名录

序号	市场名称	成立日期	建筑面积	摊位数	总投资（万元）
1	新昌县羊毛衫兔毛市场	1992.6.5	34500	1333	6316
2	新昌县钟楼农贸市场	1992.6.5	14100	792	3470
3	新昌县粮食批发交易市场	1992.4.10	658	32	15
4	新昌县东联农贸市场	1992.11.6	9000	256	36
5	新昌县大明市农贸市场	1992.6.5	1200	40	72
6	新昌县镜岭农贸市场	1992.6.5	270	117	38
7	新昌县回山综合市场	1992.6.5	1232	80	22
8	新昌县古玩奇石收藏品市场	2011.7.15	6000	80	1200
9	新昌县三坑综合农贸市场	2013.1.23	2400	50	160
10	新昌县彩淳农贸市场	2013.5.9	2000	120	156
11	新昌县儒岙综合市场	1992.6.5	1750	152	385
12	新昌县城北市场	1995.4.21	2148	156	150
13	新昌县小将农贸市场	1993.12.26	600	63	15
14	新昌县拔茅集贸市场	1997.5.19	532	50	12
15	新昌县新城副食批发市场	1996.1.8	2500	45	830
16	新昌县上市场茶叶市场	1995.4.1	2550	480	45
17	新昌县城东综合市场	2001.1.18	2100	228	220
18	新昌商城	2000.3.20	14000	75	2600
19	新昌县塔山综合市场	2000.6.5	2510	100	150
20	新昌县大市聚综合市场	2001.5.17	3800	230	120
21	新昌县双彩乡综合农贸市场	2002.9.3	1500	130	65
22	新昌县名都购物广场	2003.1.18	4480	174	1800
23	新昌县丽都综合市场	2003.9.16	3880	148	600
24	新昌县江北农贸果蔬市场	2003.12.4	3524	70	180
25	新昌县澄潭镇农贸市场	2000.4.27	750	160	150
26	新昌县七星综合市场	2004.2.9	11000	64	250
27	新昌县新南综合农贸市场	2006.1.6	1600	168	200
28	新昌中国茶市	2008.4.18	100900	585	19520
29	新昌县轴承市场	1995.5.9	4000	100	300
30	新昌县耿基建材市场	2002.10.22	35000	500	2500
31	新昌县耿基油漆市场	2008.4.1	4200	95	650
32	新昌县五金建材装饰市场	2009.4.27	4500	55	500
33	新昌县丽都二手车交易市场	2011.1.31	1852	103	50
34	新昌县人力资源市场	1993.12.4	100		10
35	新昌县人才市场	2002.4.23	600		5
36	新昌中国茶市网上市场	2011.2.24			
37	新昌县古玩奇石收藏品网上市场	2012.12.20			
38	新昌县金汇农贸市场	2014..11	3324	150	450
39	新昌县俊俊二手车交易市场	2015.9.1	5765	80	29
40	新昌县石溪综合农贸市场	2016.9.26	600	25	100

万元，预计 2017 年 6 月底前投入使用。城东综合市场投资 150 万元，完成对营业房、棚顶和地面的改造。

【放心农贸市场创建活动】 指导金汇农贸市场、城北市场做好省放心市场的创建工作。对照省放心农贸市场创建标准，对市场不符合要求的硬件进行改造升级，完善各项管理制度，提高管理水平，规范市场经营秩序，认真做好各项准备工作。年底，被省政府评为放心农贸市场。

【农贸市场国家卫生县城创建】 针对农贸市场在创建国家卫生县城过程中的重点和难点问题，县市场监督管理局制定详细的创建工作方案，多次召开农贸市场负责人会议进行动员部署，落实完成时间和相关责任人。加强对市场的检查督促，对检查发现的问题，及时指出，及时整改，顺利通过上级的检查验收。

【城区农贸市场长效管理】 县领导非常重视城区农贸市场长效化管理工作，落实专项资金 50 万元。县市场监督管理局会同县创建办制订相关文件和考核标准，并委托绍兴文理学院进行考核，全年随机检查考核 20 次，其中每月不少于一次，并及时总结讲评。通过长效管理，市场环境卫生、车辆乱停放、占道经营、熟食摊位无“三防”设施等问题均得到解决，市场内管理者和经营者的食品安全卫生意识普遍增强，成效明显。

【加强市场日常管理】 定期组织召开由各市场负责人及管理人员参加的专题会议，明确任务标准，进行部署动员，落实岗位职责。组织对市场管理人员进行业务培训，提高管理水平。加强平时的指导和检查，维护市场经营秩序，严厉查处各类违法违章行为。全年共出动检查人员 742 人次，检查市场 268 个/次，检查经营户 1910 户，查处市场各类案件 28 件，上缴罚没款 9.31 万元。

（何锡东）

粮　食

【概况】 2016 年，全县有粮食收储公司、粮食批发市场等国有粮食企业 2 家，个体私营经营户 140 多家，重点经营户 20 家。新昌县出台《粮食安全责任制考核办法》，与全县 16 个乡镇街道和 8 个责任部门签订《2016 年粮食安全责任书》，构建制度化、系统化、长效化的粮食工作分工负责机制，向县政府建议修订完善县三农政策。县粮食局被县委、县政府评为县级机关目标责任制考核二等奖单位。

【粮食储备中心建设】 粮食储备中心项目用地面积 68754.7 平方米，选址在羽林街道孟家塘村花树湾自然村（新西线边），建造粮仓 8 幢，面积 10216 平方米，总仓容 4.4 万吨，另设应急加工中心、机械库 1276 平方米，中心化验室、中心控制室及其它管理用房 1316 平方米，总投资 12541 万元。4 月 19 日，省粮食局副局长李益敏等 3 人来新昌督查新粮库建设与危旧老库，踏看粮食储备中心新建工地及梅渚中心粮库。5 月 10 日，浙江新华建设有限公司中标承建单位，5 月 25 日，新昌县城镇建设工程监理有限公司中标监理单位，项目从 6 月初动工以后，经过紧张施工，承建单位已完成地表清理，施工便道修筑，施工管理用房的搭建，施工配电房的安装，300 米水渠开挖浇注，场地地基开挖平整，仓库地基打桩作业，到 12 月底仓库 A3、A4 基本结顶，其余的 6 幢仓库正在墙体砌筑，实际完成投资 6500 万元，完成工程量的 51%。

【完成 19744 吨储备粮油轮换】 全年共轮换储备粮 19744 吨，所有轮换的储备粮均通过网上粮食市场公开竞价交易，其中早籼谷 6106 吨、小麦 3000 吨、晚籼（粳）谷 10538 吨、菜籽油 100 吨。2016 年再次增加储备粮 4600 吨，其中小麦 1500 吨、早籼谷 2100 吨、晚籼（粳）谷 1000 吨，地方储备粮中的口粮比例达到 25% 以上。强化粮食产销衔接，稳定与江西、安徽、河南等粮食主产区的购销关系，落实省外粮食基地 50000 亩。

【提升粮食应急管理能力】 一是修订完善粮食应急预案，确保在发生自然灾害和突发事件时及时启动应急预案，并积极组织应急预案的模拟演练与专题培训。二是加强市场供求、价格预警监测工作，及时掌握粮食市场动态信息，尤其在市场价格出现异常波动时，要做到反应敏捷、上报及时、信息准确，为县政府决策提供可靠依据。三是全年落实粮食应急供应网点 20 个，粮食应急加工能力 160 吨/日，粮情监测点 8 个，成品粮 310 吨。四是粮食应急资源统一纳入县政府的农业农村政策补助范围，全年实际补贴 6.52 万元。

【提高仓储管理水平】 在储备粮的日常管理中做到：一是全年开展四次“一符四无”（账实相符、无虫害、无变质、无鼠雀、无事故）检查，全县所有仓库都达到“一符四无”标准。二是落实专人管理，专仓存放，专账记载。三是定期开展粮情检测，对粮温、包温、湿度、害虫、色泽、气味、结露等每 10 天检查一次，并有详细记录。四是根据粮情检测情况，及时进行风机拉风降温降湿作业，并随季节变化进行自然通风降温降湿作业。

【开展粮食库存普查】 3 月，开展全县粮食库存自查，按照“有仓必到、有粮必查、有账必核、查必彻底”的原则，对全县 2 处粮库、32 个仓房、3 个代储成品粮经营点进行全面细致清查。截至 3 月底，全县粮库现储存粮油 22150 吨（含 310 吨成品粮），粮温正常、粮情稳定，符合国家粮食质量标准。

【粮食供需平衡调查】 3 月，根据国家粮食局的统一部署，局组织专人分别对乡镇、村、农户粮食收支情况，对工业用粮企业、饲料用粮企业、转化用粮企业等用粮情况进行实地调查，详尽掌握全县粮食供需情况，科学编制粮食供需平衡计划。全县现有国有粮食企业 2 家，重点粮食经营户 20 家，全年粮食供给 17.03 万吨，其中自产 5.93 万吨，外部调入 11.10 万吨，粮食需求 16.39 吨，年末社会粮食库存 6.78 万吨。

【世界粮食日宣传志愿活动】 10 月 16 日世界粮食日，县粮食局联合县粮食收储公司、粮食批发市场全体干部职工在“爱粮节粮宣传周”“世界粮食日”期间，集中开展以“爱粮节粮，传承美德”为主题的宣传活动，大力倡导公民爱粮节粮、科学消费，活动期间共接受群众咨询 350 多人次，发放宣传手册 600 余份。

（俞　翔）

供销合作

【推进“三位一体”综合改革】 做好深化供销合作社和农业生产经营管理体制改革，构建生产、供销、信用“三位一体”农民合作经济组织体系，健全农业全程服务和农民共建共享平台。10 月 19 日，县委、县政府下发《深化供销合作社和农业生产经营管理体制改革，构建“三位一体”农民合作经济组织体系的实施意见》文件。10 月 30 日，全县 16 个乡镇（街道）完成农合联（办事处）的组建。10 月 31 日，召开县农民合作经济组织联合会成立大会，100 名县级农合联会员选举出 28 名理事和 7 名监事，新昌“三位一体”的农合联及其体系组建完成。成立后，县农合联积极推动与各单位合作，多种方式开展各项服务。一是普及农村金融信贷服务。在小将镇农合联开展授信试点的基础上，新昌农商银行为全县 937 名农合联会员开展授信服务，建立征信档案，评定信用等级，信贷规模总额达 3.5 亿元，解决农民贷款难的问题。二是承接农民职技培训服务。开展电子商务、农产品经营

10 月 31 日，新昌县农民合作经济组织联合会成立大会召开

等职业技术培训，聘请杭州、绍兴的老师及专家主讲，共有 180 余人参加业务培训，其中 120 人获得国家人社部颁发的资格证书。

【组建农特产品供销公司】 县供销社下属新

合联投资有限公司与绍兴物恋电子商务有限公司合作，投资组建新昌县天姥绿农特产供销有限公司，申请注册“天姥绿”商标。并与20家特色农产品加工企业完成对接加盟，统一使用“天姥绿”商标，并在物恋网上架40余种农特产品，在东阳等6个县市区开展农产品销售。

【培育农资龙头企业】 新昌惠多利农资有限公司系县供销社参股的股份制企业，自2016年成立运作以来，农资年销售额达1800余万元，化肥销量占到全县的50%以上，并做好淡季农资物资的应急储备。同时新昌惠多利农资有限公司承接全县农药废弃包装物的回收工作，在全县16个乡镇（街道）下设123家经营回收网点，投资建造9个专业的收储仓库，并添置相关的配套通风及装卸设备等。2016年度累计回收农药废弃包装物近100吨，共计45.03万元。

【助力茶产业发展】 一是成立中茶院茶叶培训实训基地。为加强茶产业、交流茶文化，打响茶品牌，县供销社促成中茶院茶叶培训实训基地落户新昌，对于打响新昌茶产业的品牌有着历史性的意义。二是举办规模较大的茶机茶产品展示。4月11日至13日，新昌县茶机茶产品展示在中国茶市二期长廊举行。经过筛选，共15家茶机、茶点、茶用品企业参加展示，领导、来宾、茶商、有关企业、有关人员、记者等600余人参观展览。三是举办赵玉香品茶讲座。4月13日，《品味中国六色茶 修身养心品人生》品茶艺术讲座在三馆报告厅举行，来自各行各界的150多名爱茶人士聆听讲座。四是建立次级茶生产基地。针对近年来夏秋茶采摘利用率不高的现状，县社下属新昌县四方农副产品有限公司与富农茶叶专业合作社合作，在双彩乡下岩村投资100多万元新建红茶生产线，大量收购茶农无法出售的夏秋茶。2016年共收购青叶50万公斤，生产红茶、乌龙茶13万公斤，产值达130万元，增加茶农收入。

【提升基层供销实力】 2016年新建5家农村电子商务服务站、1家农民合作社联合社、15家庄稼医院等服务主体，农民专业合作社的数量达到全县总数的20%。同时，积极开展信用、等级评定，成员社评价机制及基层供销社的工商登记工作，有7家基层供销社完成登记注册。

【加强社有资产管理】 为确保社有资产保值增值，根据有关法律法规和《供销合作社社有资产监督管理办法》，结合县实际制定《新昌县供销社社有资产监督管理暂行办法》，对社有营业房严格按照规定进行公开招标，将社有资产纳入财政统一资产管理信息系统。同时积极做好内审工作，对下属基层社商贸公司开展内部审计，规范津贴奖金及公务支出，并要求限期整改落实。

（舒 豪）

烟草专卖

【销售卷烟1.82万箱】 面对经济社会新常态带来的各种挑战和机遇，县烟草专卖局（分公司）主动适应、主动融入，抓住“调状态、夯基础、育品牌、促转型”主线，坚持做足市场、做足销量、做足效益，促进市场平稳可控，较好地完成各项经济指标任务。全年共销售卷烟18232.29箱，下降5.16%，占比9.01%；实现批发销售额8.19亿元，下降2.84%，占比9.45%；单箱销售额4.49万元，高出地区平均水平0.21万元，增长2.44%；定制卷烟销售状态良好，“乌镇之恋”“创客”占地区市场份额分别为13.36%和11.13%；细支卷烟销售190.11箱，增长368.07%。全年实现税利2.5亿元，增加2661.25万元，增长11.91%；实现利润2.07亿元，增加2682.3万元，增长14.88%。剔除桂花园仓库拆迁补偿产生的收入2093.52万元，实际实现税利2.29亿元，增加567.73万元，增长2.54%；实现利润1.86亿元，增加588.78万元，增长3.27%。多元经营实现销售额1942.03万元，毛利259.54万元。

【市场建设有效落地】 把定制品牌培育作为拓展潜力市场、完善消费结构的重要载体，发动全员力量创新开展微信营销。创新品牌投放模式，在不突破营销中心供应上限的前提下，率先采取三级定量的方式调控，并积极拓展“乌镇之恋”企业和婚庆定制市场，成功实现 25 家企业和婚庆定制，占地区定制烟比重 70%以上。以推进烟草元素维护工作为契机，积极做好零售客户店容、店貌、柜台、标价签等的维护工作，受到上级公司的肯定和零售客户的赞扬。深入推进“两周一送”工作，现有“两周一送”客户 563 户，占比全地区最高。以《新昌分公司“促转型、提效率、显亮点”营销工作方案》为抓手，切实转变工作作风，提高营销效率。实施“三问三看”工作机制，借助送货员的力量加强对客户经理的工作检查，有效提升客户经理工作责任感和积极性。

【专卖管理成效明显】 结合山区小县实际，坚持“伸长手、打出去”的思路，树立“互联网+”思维，向互联网和过境的两条高速公路要大案，成功破获涉及十余省、上千余客户的“4·30”销售走私烟网络案，涉案金额达 300 多万元，抓获犯罪嫌疑人 9 人，其中山东判刑 4 人、新昌批捕 4 人、取保候审 1 人，被省局评定为一级国标网络案。“借力”补短板，巩固深化与公安、邮政、电信、运管、路政等部门的协作，与毗邻的天台、奉化、宁海等县局强化协作机制，开展走私烟“百日会战”专项整治、“利剑 2 号”物流运输专项整治等行动，取得明显成效，市场净化率从 2015 年二季度开始连续 6 个季度考核达到 100%。全年共查处各类涉烟违法案件 117 起，查处各类违法卷烟 5704.1 条，案值 97.07 万元，其中 5 万元以上真烟案件 6 起。

【烟叶生产控量提质】 2016 年与全县 485 户烟农签订《烟叶种植收购合同》，约定种烟面积 640.7 亩，减少 81.09 亩。实际收购烟叶 1272.83 担，投放收购资金 255.9 万元，圆满完成烟叶控量目标任务。烟叶质量明显提高，为近 3 年来最好，各等级合格率均达到 86%以上。在库的 1638.7 担烟叶全部以“密封降氧法”进行杀虫防霉处理，并进行日常监测管护，未发生库存烟叶虫蛀、霉变等异常情况。

【企业管理基础提升】 结合市局（公司）开展的“三进三抓”活动，进市场抓难题，进所部抓干劲，进实事抓推进，细化年度计划、月度计划，每周进行检查和分析，确保目标任务的圆满完成。分层次开展标准化宣贯工作，做实标准化管理、痕迹化管理，保障各项工作规范推进、按时序推进。进一步细化、量化绩效考核，严格执行奖惩制度，凸显鲜明的实绩工作导向。以问题导向推进创新工作，3 个 QC 课题参加全市系统 QC 成果发布评审会，获得 2 个二等奖、1 个三等奖。1 个 QC 课题获省质协优秀 QC 成果二等奖；2 个 QC 课题分获市质协优秀 QC 成果评比一等奖和三等奖。落实分层分类对标和联考连评工作，企业活力得到有效激发。基础设施得到完善提升，大楼消防水电改造、停车位改造工程和会议室、活动室改造项目竣工验收；老大楼维修改造项目上级局同意投资计划；完成桂花园仓库搬迁工作。

【队伍建设和谐稳定】 推进“两学一做”学习教育活动，党员干部作风进一步转变。积极开展“入党纪念日”活动，并列入支部常态化运作机制。深化干部队伍梯次建设，按照市局（公司）《关于加强年轻干部培养工作的实施意见》要求，对年轻干部培养机制进行有益的探索。加强所队建设，积极探索“一所（队）一特色一亮点”工程。定期开展各类岗位技能培训，开展真假烟鉴定、许可证后续监管、办案实务、客户及送货服务等业务技能培训 23 次；鼓励配送人员积极参与物流师技能鉴定，持证率 63.16%，为全地区最高。以“金叶户外”运动为特色，组织员工开展羽毛球、篮球、登山、垂钓等工会活动，进一步凝聚团队合力。

（吕鑫锋）

盐 务

【认真履行职责】 2016 年，面对全省盐业调整管控带来的各种波动和多地频发利用工业盐制售假冒小包装食盐个案，县盐务局（公司）始终将食盐安全作为讲政治、保民生的首要任务。一是按照国家以储保供政策要求，加强市场需求预测和产销间协调，合理品种调配，克服仓储紧张矛盾，口食小包装盐库存始终保持在两个月正常需求量水平，实现食盐供应保障安全百分之百。二是抓好进销存各环节质量管控，重视经营户、消费者意见建议，有效杜绝质量事故发生，全年批发供应食盐合格率 100%，没有一起食盐质量事故发生，实现食盐质量安全百分之百。三是调整品种结构，引进湖盐、澳盐等中高端品种以及不同品质绿色食盐、多品种盐，丰富品种供应，满足不同层次消费者用盐需求。为让消费者快速认知并接受澳州精品海盐，全体员工放弃中秋、国庆假期，主动到社区、超市宣传、推广、促销，得到好评。

【加强市场监管】 着力源头治理，协调加巡查，遏制县外大包装散盐冲销。在边界地带设卡、巡查，同时批发销售环节从严控制食品加工用盐供应范围。5 月 16 日至 8 月 15 日，盐政人员在全县范围内开展制贩假盐专项治理联合执法行动。全年盐政累计出动执法检查 282 人次，检查各类用（售）盐企业（户）1088 家。根据县卫生疾控中心监测结果，2016 年局（公司）销售碘盐合格率达到 100%。

【安全生产管理扎实有成效】 县盐务局（公司）牢固树立“不出事故就是效益”的安全发展理念，落实安全生产责任制。一是年初与各科室分别签订并落实《党风廉政建设责任书》和《企业安全生产责任书》，落实安全管理责任。二是加强应收账款和存货管理，有效防范财务风险。三是落实专人定期或不定期对仓储、营业、办公场所等重点部位的安保及用电设施进行仔细检查，及时消除细节隐患。四是公司实现数字化档案管理，把历年陈旧的纸质档案经过专业人员整理归档转换为数字化，为今后在档案管理、调取查阅、保管安全性上提供便捷。公司全年安全运行无事故。

【抓紧功能区块整合集聚】 1 月 27 日，县盐务局（公司）中喻仓库二期生产及配套用房项目工程建设完成竣工验收后，公司将 20 多年来一直分散状的办公、营业、仓储功能区块进行整合，降低企业运行成本、发挥存量资产效应。一是加紧在新址实施办公、营业区块装修及信息化配套建设，在 2015 年底完成功能规划、装修设计、施工招标的基础上，着手进行消防验收、信息化施工方案审核等一系列准备工作，3 月 8 日通过消防验收，3 月 12 日施工进场，经过 3 个多月的紧张施工，在 7 月初成功实施搬迁（新地址：新昌七星街道玫瑰大道 1 号）。二是按照省集团公司资产出租规定程序，将中喻项目新建 2 号楼（建筑面积 5400 平方米）、原横街 49 号办公楼、花园台门 23 号营业部对外公开招租并全部出租。

【提升企业发展软环境】 一是组织党员干部认真开展“两学一做”专题学习会，将精神入脑入心入行。二是注重发挥工会组织的作用，以有限工会经费资助受灾困难职工，并向上级党组织报告，申请党员关爱基金，尽最大努力帮助困难职工渡难关。三是积极参与地方文明及生态城市创建，尽力支持地方奔小康结对帮扶，及街道社区共建活动，密切与地方党政关系，营造企业发展和谐有利外部环境。2016 年公司挤出专项资金 1.3 万元支持社区共建、结对村集体经济发展。干部结对慰问低收入困难群众 6 户，慰问资金 3000 元。

【浙盐 · 新昌教育产业发展基金合作洽谈】 12 月，经过浙盐控股公司的大力支持并精心谋划，浙盐控股公司和新昌县政府合作投资 16 亿元“浙盐 · 新昌教育产业发展基金”资本运作项目洽谈成功。该项目是新昌盐业公司首个资本运作项目，为下一步集团公司在新昌经济跨越式发展中精耕细作扩大参与项目投资打下基础。

（丁维维）

旅　游

【项目建设进展有序】 2016 年是新昌县全面深化旅游二次创业的关键之年，全县旅游总收入 101.74 亿元，增长 16.97 %，旅游总人次 1185.87 万人次，增长 15.21%，项目建设进展有序：一是推进景区提升建设。完成政府性项目投资 1.65 亿元。其中，大佛寺文化旅游区 5A 创建工程：完成投资 4200 万元，完成游客中心装饰改造、游憩设施提升改造、A 级旅游厕所提升改造、景区文化氛围营造等。大佛寺综合提升二期工程：完成投资 3150 万元，完成大佛城广场改造、景区水系改造、环境绿化整治等。穿岩十九峰景区提升工程一期：完成投资1200万元，完成栈道及附属工程、索桥、绿道、停车场整治、出入口改造、游步道整治等，完成旅游厕所建设2座，正在改造2座，滑道、停车场扩建等工程有序推进。新昌县旅游集散中心：完成投资7000万元，完成征地拆迁，房屋拆除全部完成，动工建设。新昌硅化木国家地质公园博物馆：完成投资800万元，完成场地平整并动工建设。沃洲湖景区真君殿大殿及配殿保护工程及周边整治：完成投资220万元，完成真君殿大殿及配殿基础加固、主体维修、排水系统修缮等。二是抓好重大项目建设。韩妃江·安麓度假酒店、梅溪湖休闲养生园、铜锣山养生园（江南中药健康产业示范基地）等10多个项目稳步推进，完成投资18.885亿元。

【旅游规划加快推进】《天姥山风景名胜区总体规划》（2016~2030）根据省建设厅、省政府办公厅意见，修改完善并经省政府上报住建部；编制《新昌县旅游产业发展规划》，并通过专家论证评审。《大天姥山片区战略发展规划及片区详细规划》初稿编制；《天姥山·十里潜溪旅游度假区总体规划》初稿编制及第一轮修改；《大佛寺景区综合提升工程二期——环境整治施工图设计》完成。根据县领导要求，修改完善《天姥山风景名胜区十里潜溪重点区详细规划》，编制《潜溪小镇旅游规划》，完成部门意见征求。

【景区创建强势推进】大佛寺文化旅游区5A创建工程在2015年通过国家旅游局资源评审的基础上，提升景区软硬件建设。在硬件提升方面，累计投资2.6亿元，全面优化景区功能布局；投资2000万元高标准建设景区智慧旅游项目，做到可看、可听、可讲、可控，综合运行指数居全省领先水平。在软件提升方面，细化景区服务标准体系，修订完善制度体系；成立景区志愿服务队，建立24小时游客投诉处理机制；创新机制，与县红十字会合作成立景区应急救援队并在景区设点办公；举办5A创建专题培训班30多期；充实人员、落实任务，全面收集整理创建台帐资料。大佛寺景区5A创建全面完成软硬件环境提升工程，接受国家旅游局专家暗访。

【乡村旅游项目启动】根据2016年乡村旅游项目创建计划安排及个性工作安排，经过前期项目设计、用地政策处理，及与镜岭镇、雅庄村、外婆坑村等多方对接、协商，全面启动雅庄村旅游厕所改造、环村公路建设、十九峰景区雅庄入口建设、外婆坑旅游厕所改造建设等项目。项目建设过程中，多次实地指导并督促项目进度，按期完成雅庄村3个旅游厕所改造，另外环村公路完成40%，雅庄入口项目完成80%，外婆坑3A级旅游厕所完成80%，乡村旅游共计完成投资1000万元。

【旅游招商卓有成效】修改完善《旅游投资项目招商指南》，涉及旅游度假综合体、特色民宿、旅游新业态等多种类型共18个招商项目；组团参加各类旅游项目洽谈会，接洽隐居集团、杭州茶叶研究院等十余批客商实地投资考察；按照“在谈项目抓签约，签约项目抓开工”要求，完成百味斋、十九峰国际跑马场等项目签约。完成招商引资26亿元，其中韩妃江·安岚度假酒店于10月20日正式开工建设。

【市场推介有声有色】一是重宣传。创新思路，落实举措，全面开展以“来了就好”“新昌游、游新昌”为主题的市场宣传推介活动；加强与新华社、江南游报、浙江电视台等主流媒体合作，开展新昌旅游宣传活动，旅游金名片全面打响，十九峰飞龙栈道成为全国网红景区，大佛寺文化旅游区被评为“浙江旅游总评榜之年度景区提升奖”，新昌县荣获“中国禅茶文化之乡”称号。二是重活动。成功举办大佛成像1500周年、十九峰乐春风筝节、沃洲湖桃花节等活动，策划推出禅修养生之旅、寻梦唐诗之旅、茶乡体验之旅、动漫丝绸亲子之旅、红色文化之旅等精品线路，开展“山花烂漫”“来新昌，享清凉”主题推介，有效激活旅游市场。三是重营销。组织旅游企业参加上海、安徽、常州等推介会和省旅游交易会，在巩固长三角传统市场的同时，加强区域合作，注重网络创新，扩大市场份额。

【“十一”黄金周实现新突破】2016年“十

表 28　2016 年三大景区游客数明细（1~11 月）

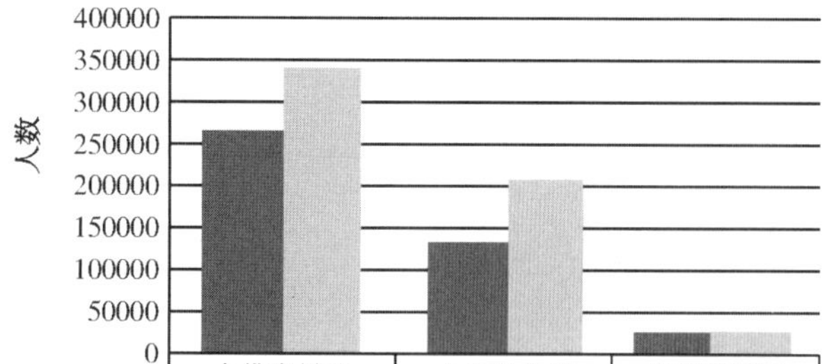

	大佛寺景区	十九峰景区	沃洲湖景区
■2015年	269542	135373	29527
■2016年	340766	210780	30995

一”黄金周期间，新昌旅游整体平稳、有序、安全。通过大佛寺创 5A 级、十九峰创 4A 级、沃洲湖创 3A 级等旅游品牌的创建，景区的客流量、收入实现新的突破，带动全县景区周边农家乐、民宿接待量的增长迅猛。据统计，全县接待国内外游客 67.39 万人次，增长 19.15%，实现旅游收入 5.34 亿元，增长 23.15%。全县景区接待游客 52.45 万人次，国有景区和民营景区分别为 37.14 万人次和 15.31 万人次，旅游收入分别为 1043.93 万元和 158.23 万元。其中大佛寺景区接待游客 22.24 万人次，增长 11.53%，旅游收入 628.26 万元，增长 11.54%；十九峰景区接待游客 11.17 万人次，增长 380%，旅游收入 365.34 万元，增长 410.47%；沃洲湖景区接待游客 3.73 万人次，增长 17.75%，旅游收入 50.33 万元，增长 20.99%；主要酒店客房出租率达 90%以上，全县民宿入住率高达 95%，新昌乡村旅游接待游客 28.51 万人次，实现经营收入 1500 多万元。

【行业管理提档升级】　一是抓好行业提升规范。对照星级饭店评定标准，开展培训，落实任务，完成白云山庄、泰坦国际等高星级饭店复评；按照《旅行社品质等级划分与评定》标准，通过检查、指导、培训等举措，引导旅行社做好评星工作。开展行业培训，提升从业人员素质，全年培训 32 场次 1618 人次，其中赴外培训 9 场次 327 人次、内训 23 场次 1291 人次，内容涵盖景区创 A、卫生县城创建、旅游安全、星级饭店、旅行社业务等。二是落实安全生产工作。定期召开安全生产工作会议，与 39 家企业签订安全生产责任书，完善旅游应急救援队伍；开展安全生产督查整治活动，出动 913 人次，累计检查旅游企业 198 家次；大佛寺景区、雷迪森酒店、新昌旅行社等旅游企业开展 19 场不同形式的应急演练，安全生产形势总体平稳。三是规范市场经营秩序。与发改、市监等部门联合开展景区店铺明码标价、食品卫生等情况检查，引导酒店正当竞争、互惠互利、合作共赢；加大整合旅游投诉处理力度，进一步提升投诉处理质量；开展“护航 G20”专项整治活动，对景区、旅行社等旅游企业同类商品低价竞争等行为进行制止，维护旅游市场秩序。

（黄孝伟）

责任编辑　张　梁

城建环保

城乡规划

【概况】 2016年，县住房和城乡建设局以科学规划为依托，走新型城市化道路，全力推进城乡环境品质提升。全年出具规划设计条件书和规划技术经济指标共47件，完成村庄建设规划136项，办理乡村建设规划许可证531件，完成建设项目规划核实27件，完成1:500地形图县域覆盖更新面积69.5平方千米，新增覆盖面积15.2平方千米。

【完善规划体系建设】 编制完成《2016版新昌县域总体规划》实施评估报告，提出城乡发展的战略思考和规划策略建议；编制《新昌县中心城区公共艺术专项规划》，深入挖掘新昌文化内涵，打造城市公共艺术之都；编制《新昌县年度治理城市交通拥堵工作白皮书》，指导全县年度交通综合治理工作；启动《新昌县中心城区快速通道系统规划》研究工作，提升城市交通网络；组织编制《新昌县（城区——十九峰风景区）绿道示范段详细规划》，促进旅游产业发展；组织编制13个乡镇小城镇环境综合整治规划，大力提升城镇环境。

【规范规划审批管理】 严格按相关法律法规开展建设项目的行政许可。全年共办理建设用地规划许可证23件，建设工程规划许可证30件，临时建设工程规划许可证4件，建设工程选址意见书25件，乡村建设规划许可证531件。审批事项办结率100%，按时办结率100%。办理房地产、物业公司资质审查、配套设施费、房地产估价机构入驻审查等许可事项共218件。对在建项目实施全程监管，完成项目竣工规划核实27件，建筑面积约137万平方米。

【创新建设“智慧新昌”】 发布《新昌县基础测绘和测绘事业发展“十三五”规划》，制定《新昌县测绘与地理信息事业三年工作计划》，推进测绘信息化建设；出台《新昌县测绘地理信息中介服务机构监督管理实施意见》和《新昌县测绘市场管理暂行办法》，促进测绘地理信息中介服务和测绘市场健康有序发展；启动基于倾斜摄影1:500地形图更新技术研究与应用项目，基础测绘工作进一步加强；完成县地理国情普查成果管理系统的开发部署。

【统筹推进乡村规划】 合理编制村庄规划，完成136个村庄规划编制工作；根据《新昌县私人建房通用图集》及《绍兴市农房设计方案通用图集》，做好七星街道塔山村的村居设计落地试点工作；做好小城镇环境综合整治牵头工作，形成13个整治小城镇初步规划方案；加强农村村民建房审批制度及后期监管，按照《新昌县农村村民建房建设管理实施细则》严把规划定点和施工图审查关，完成A类村私人建房审批542件。

（丁天慧）

市政公用事业

【市政养护】 一是做好市政道路日常养护。

修补人民路、鼓山路、南明路等老城区道路及高新园区和七星片道路小方块（青石板、沥青路）共计约1.4万平方米，整修更换破损雨污水井盖420个，疏通下水管道约60公里，全面整治城区道路积水点，修复人行道树根隆起。每周会同养护公司对主要道路进行不少于两次的路况检查。二是做好市政桥梁养护。每两个月安排一次桥梁伸缩缝、泄水孔等部位的淤积清理工作。三是做好市政雨污水管理。开展城区七条河道的入河口调查，累计河道长度26.5公里，调查有效入河口新昌江33处、潜溪江16处、新民江14处、里江33处、南明坑51处、寺下坑25处、孝行碘41处，共计213处排水口。根据调查摸排结果，对存在雨污混排现象的管道进行施工改造。

【工程建设】　新东桥（南幅）重建工程完成竣工验收，总投资约70万元。湖莲潭周边污水收集改造工程完成竣工验收，总投资约340万元。湖莲潭地埋式预制泵站采购及安装工程完成竣工验收，总投资约194万元。2016年城区环境提升工程（钟楼南村36幢边市政配套改造工程）完成竣工验收，总投资约38万元。新昌旧城区排水改造提升工程（寺下坑、南明坑河道水环境综合提升工程）完成竣工验收，总投资约133万元。新昌县旧城区排水改造提升工程（孝行碘一期）主体工程完成，总投资约257万元。2016年城区环境提升工程（浅水湾小区——长湾段雨水工程）完成竣工验收，总投资约80万元。新昌县旧城区排水改造提升工程——沃洲路（西）完成竣工验收，总投资约78万元。新昌县旧城区排水改造提升工程——钟楼菜场西侧道路及环保局门口道路完成竣工验收，总投资约63万元。新昌县环卫处东侧道路改造工程完成竣工验收，总投资约57万元。新昌县旧城区排水改造提升工程——沃洲路（东）完成竣工验收，总投资约73万元。新昌县旧城区排水改造提升工程——育才路完成竣工验收，总投资约88万元。旧城区排水改造提升工程——山亭山污水改造工程主体工程完成，总投资约32万元。旧城区排水改造提升工程——何家茇小区排水改造工程主体工程完成，总投资约59万元。旧城区排水改造提升工程——东门电站西侧小区排水改造工程主体工程完成，总投资约44万元。2016年旧城区排水改造提升工程（湖莲潭取水工程）主体工程完成，总投资约49万元。

【市政配套改造】　2016年城区环境提升工程有序进行，先后完成石城东路人行道改造和天姥广场前人行道提档工程（投资80万元）；丽都花园一区地段挡墙砌筑（投资20万元）；104国道边石柱湾至塔山段挡墙砌筑、绿化种植（投资28万元）；南明三村10、11幢室外排水改造（投资39万元）；县府门口彩色混凝土人行道提档工程、鼓山中路与环城西路交叉口人行道（投资40万元）；人民东路7号、章家山、丝纺厂零星市政改造（投资25万元）；城东一村25幢、都尚超市对面小区市政零星改造（投资40万元）；西郊尾水渠边道路、上礼泉厕所边污水改造（投资18万元）；横街7号、兴南路与城南路交叉口、城东大院、新昌中学对面围墙改造（投资43万元）；石家山新村（紫竹林后）、湖滨一路城东二村二幢、江南之星边、岙桥里、环城东路明鑫楼边市政零星改造（投资68万元）；鼓山新村29、35-1、36幢、大道西路1099号、康乐巷、东门电站洞口市政零星改造（投资48万元）；城西派出所前、人民东路2、4号边、佰鹿堂8号边（玖佰碗后）、佳艺广场边改造（投资70万元）；鼓山新村1、2、3、10幢改造（投资22万元）；振兴南路二弄、三弄改造（投资25万元）；南泥湾村金都南湾边（投资25万元）；大道中路檀香国际前停车位建设（投资20万元）；各社区上报的零星工程，总投资约611万元。

（丁天慧）

房屋征收

【制订2016年度房屋征收计划】　2016年，全县范围内计划实施房屋征收项目共计41个，征收房屋征收总建筑面积约为37.8万平方米，涉及私房、单位约为2111户（家）。据不完全统计，全年完成房屋征收建筑面积约 367270 平方米，完成房屋征收户数约 1491 户（家）。

【人民路西延工程房屋征收】 人民路西延工程建设是新昌县 2016 年政府投资实施项目之一。县政府于 5 月 25 日作出关于对人民路西延工程房屋实施征收的决定，本次征收涉及总户数 130 户（家），其中涉及私房 117 户，单位房与企业共 13 家；涉及建筑面积约为 4.8 万平方米。完成 117 户私房与 13 家单位（企业）房屋的签约工作，签约率 100%，并且完成房屋的腾空拆除工作。

【鼓山公园房屋征收扫尾】 2016 年，经过多方努力，完成鼓山公园 10 户滞留户的签约工作，鼓山公园房屋征收完成私房签约 204 户，完成单位房签约 14 家，签约率为 98.6%，尚余 3 户私房未签约，将继续做好剩余滞留户的签约工作。并将根据 5 月 30 日绍兴市中院作出的行政裁定书，择时对剩余尚未签约的滞留户进行强制搬迁工作。

【达利发安置房的交付】 达利发安置房交付工作于 12 月正式开始，江滨南路二期工程被拆迁安置户共计 35 户。因绝大多数被拆迁安置户要求对车棚重新进行选择，给交房工作的开展造成一定的困难，后与被拆迁安置户和达利发置业公司达成一致，举行再次通知交房和公证抽号大会。2016 年，共有 22 户被拆迁安置户完成安置房款的结清。

【配合南明街道做好旧城回购改造】 2016 年，以南明街道为主体实施旧城回购改造项目，具体为岙桥里、东街局部区块和里江三块旧城区域。自该项目开展以来，从人力、政策指导和宣传上积极配合南明街道的工作。一是抽调 3 位工作人员作为联络员进户开展工作；二是编写新昌县城区危旧房成片回购改造政策宣传册，在宣传册上详细介绍旧城改造的目的、流程并对一些热点问题作出解答和释义，加深群众对于改造政策的了解。

【集体土地房屋征收指导】 根据全县重点工程建设要求，配合七星新区、高新园区、工业园区、交通局等有关部门做好房屋征收业务指导工作。

（陈佳丽）

城市绿化

【概况】 2016 年，县园林绿化管理局围绕县委、县政府提出的“山水品质之城”建设目标，坚持稳中求进、主动作为，全面推进园林绿化各项工作。至 2016 年底，新昌建城区绿地面积达到 842 公顷，绿地率 36.61%，绿化覆盖率 40.27%，公园绿地 272.86 公顷，人均公园绿地 13.06 平方米。

【绿化提升工程】 状元新村路口绿化工程，改造面积约 1000 平方米，种植桂花、紫薇、金边黄杨、草皮等。新西线（马大王至大明市方向）沿线绿化补种工程，种植桂花、红叶石楠色块等。村容村貌美化专项整治（大联村、山头里村）提升工程，沿大联村入村道路种植樱花树苗，营造“十里樱花”景象；对大联村、山头里村村口等重要节点种植红叶石楠色块、桂花、红花檵木、时令花卉等。体育场路绿化提升工程，种植山茶花、桂花、紫薇、茶梅等植物。五四桥头及耿基市场边绿化带改造工程，种植桂花、红叶石楠、麦冬等。环卫处南侧地块绿化种植工程，包括场地平整、苗木移植等内容，种植柳树、红叶石楠、草皮等。104 国道（城东大桥—拔茅三岔口）绿化带改造工程，挖除清理绿化带废土、回填黄泥、以金叶女贞小毛球更换病株死株约 3000 平方米。城西派出所绿化配套工程，改造面积约 2000 平方米，种植桂花、红叶石楠、麦冬等。七星派出所绿化提升工程，改造面积约 150 平方米，种植桂花、鸡爪槭、红叶石楠、杜鹃等。七星路景观绿化提升工程，包括侧石更换、黄泥回填、苗木移栽等，搭配景观石种植杜鹃、小叶女贞造型树、桂花、木槿、碧桃等。2016 年城区零星绿化种植工程，对柴油机厂边、石柱湾海关门口、耿基市场边、南岩大桥、小寺岙门口花坛铁树红花继木球补种、桂花新村花坛绿化、百鹿堂 8 号边（九佰碗后）、新轴实业边绿化、迪欧后面零星绿化、兴南路 61 号小区绿化、104 国道消防大队边红叶石楠种植、青年路小学对面停车场后、孝行路、西昌南路塑钢栏杆、市中公园凉亭油漆、残疾车道、三馆换铁树、七星桥下至安家兴路面修补。

【环境改造工程】 新昌形象浮雕墙工程和配套绿化工程，包括浮雕墙安装、黄泥回填铺摊、绿化种植等，改造面积约 1200 平方米，种植杜鹃、红花檵木、时令花卉、草皮等。江滨公园石栏杆维修更换工程，对江滨公园内破损石栏杆进行维修更换，合计拆装 300 米，包括更换栏杆柱 139 根，栏杆板 28 米，扶手 16 根，小结 50 只，维修小结 171 只。南明路及人民中路树池改造工程，包括树池整理、鹅卵石铺设等，共改造树池约 600 余个。塔山村明塔亮化工程，安装 LED 大型投光灯 12 套、洗墙灯、庭院灯 30 套等。七星转盘亮化改造工程，安装景观灯柱 14 套、LED 投光灯 13 套、安装网格灯等。

【公园提升工程】 江滨公园文化提升改造工程，主体范围为江滨南路七星景观带二期，东至七星大桥，西至潜溪大桥，全长约为 1.4 公里，宽 25~75 米，总投资 480 万元，主要包括园林绿化整治和公园文化提升两大内容。项目整治区域总面积 1510 平方米，其中新建文化设施建筑面积约 516 平方米，围绕新建设施绿化提升面积约 590 平方米，建设主体包括戏台、文化长廊、道德墙、雕塑群、大型壁雕、水系地刻图、文化小道等内容。公园修缮工程，对湖莲潭山顶、城北大桥——七星大桥段、湖莲潭公园、七星大桥——安家兴段、江滨公园、七星大桥下段进行瓦面喷漆、木材面油漆、木材更换、栏杆油漆、外墙涂料等修缮工作。

【新嵊公交车站建设工程】 将林业局对面的小型停车场改建成停放 4 辆公交车并装配基础设施的新嵊公交车站点。建设内容包括：路面导平、浇筑，架设车站水电照明等基础设施，周边种植绿化，搭建管理房，砌筑花坛挡墙，设立防护栏，隔离人行道与车站等。

【园林绿化建管并举】 一是抓好城区公园、绿地的日常养护和保洁。做好行道树养护（包括除草、施肥、修剪、抗旱、抗台、排涝、防冻、复壮、补植、树穴松土等）、零星裸地补植等管理工作，搞好美化、彩化、亮化工作，指派专人负责管理公园照明设施及用电用水管理，全面维护和更换江滨公园、湖莲潭等主要公园健身器材，对公园内建筑小品及附属设施做好修复、维护工作。二是加强公园管理，规范公园活动审批制度。在园林管理中队的共同努力下，经过多次联合整治，各公园乱设摊现象有明显的改善。三是做好 2016 年春节布展，城区、新区主次干道（江滨南路、环城南路、鼓山路、人民路、南明路、阳光路、南岩路、十九峰路等）灯笼悬挂及拆除，江滨公园、湖莲潭公园等满天星、LED 灯带悬挂及拆除更换。

【加强爱绿护绿宣传】 加强爱绿、护绿宣传，以人为本解决群众的实际问题。多次联合园林中队和社区对城区主干道和小区乱种菜等现象进行治理；与社区和热心市民开展形式多样的爱绿护绿宣传活动，逐步提高市民爱护绿化的法律意识。

（王 煜）

市容环境卫生

【概况】 2016 年，共清运处理垃圾 111304 吨；清运处理粪便 7233 吨；疏通化粪池 964 处，其中为居民有偿清理 2229 吨；修理环卫设施 5063 次；处理建筑垃圾 6830 车 118240 吨。清洗街道、人行道 105 万平方米。

【配合国家卫生县城创建】 在国家卫生县城创建期间，环卫处加大城区主次干道的保洁力度，全面增加人员加强绿化带垃圾捡拾、小区卫生死角的清理；并对城区范围内特别是城郊结合部、入城口等重点路段、重点区域加大环境卫生整治力度，采取即时报告、即时清理，及时消除卫生死角盲区。力争做到大街小巷无垃圾堆，主要街道路面现本色、边角无泥沙，绿化带内无杂物和垃圾。同时，按照“重点地段优先清运，溢满地段二次清运”的原则，加班加点对城区生活垃圾进行清运，并加强垃圾桶管理，对缺轮、缺盖、缺销和破损的垃圾桶及时进行维修和更换，做到城区生活垃圾日产日清，垃圾桶上盖且四周干净整洁。同时，环卫处在“茶文化节”举办期间、在“绍兴市城乡面貌大整治行动”及“新昌县优化环境年八大行动”等创建活动中，面对压力，迎难而上，强化环卫日常管理，提升环卫工作质量，改善全县卫生环境，确保各项工作活动的圆满完成。

【农村生活垃圾分类工作】 按照《绍兴市2016年农村生活垃圾分类工作实施方案》，结合新昌实际情况，通过分步骤开展农村生活垃圾分类工作，先确定对大市聚镇、沙溪镇、澄潭镇、镜岭镇、梅渚镇、巧英乡、东茗乡、羽林街道、南明街道、七星街道等10个乡镇（街道）的264个行政村开展实施生活垃圾分类工作。规划建设1个可烂垃圾处置中心和12座镇级处置站，到年底建设12个镇级处置站。同时采购用于农村垃圾分类的垃圾分类桶及运输车辆。

【环境卫生整治提升大行动】 以“创城迎检”为切入点，结合“绍兴市城乡面貌大整治行动”及“新昌县优化环境年八大行动”，主要从加强城区基础环卫设施建设、加大道路保洁和快速保洁管理、联合街道、社区整治卫生死角等方面开展。成立城区一支垃圾桶、果壳箱清洗队，对城区主要街道所有垃圾桶点、果壳箱每天清洗一次，次要小街小巷每周一次，以创建要求保证城区的垃圾桶、果壳箱整洁干净；拆除城区不符合环卫标准垃圾房8只，更换不符合环卫标准的环卫垃圾运输车22辆。

【环卫基础设施的维护和改造】 2016年对处单位楼梯外墙、楼梯扶手、会议室进行粉饰和油漆，对东门中转站和五都中转站内墙进行瓷砖、油漆施工、倒料地面修补。对建筑垃圾临时堆放点进行改造同时对停车站周围进行整改平整；检查城区公厕、垃圾桶、果壳箱等城区环卫设施。公厕内发现“牛皮癣”、小广告，安排人员及时清除；更换安装果壳箱140只，设置禁烟标志和温馨指示牌200块，更换塑料垃圾桶1138只；改造城区及104国道和南复线沿线等165个垃圾桶点；对横街二弄、人民西路、西镇南路、西昌路、钟楼南村、锦绣华庭对面、鼓山桥头、天姥南路等13个公厕进行提升改造，到年底基本完成墙体和内部装璜工程。

【重点工程建设】 新昌县生活垃圾卫生填埋场工程，3月完成大临设施、施工便道、临时围墙建设、初步设计评审，5月中旬完成初步设计的报批，6月完成施工图图审及规划用地许可证办理。填埋场一二期库区工程于8月16日动工清表，到年底完成库区清表工作，并开始综合楼土方开挖。新昌县将作头、长远岗填埋场污水处理厂建设项目，2月完成与BOT单位施工合同和监理合同签订，3月完成临时水电、管理房，4月完成调节池建设，到年底完成完成综合处理池壁和生产处理车间基础浇筑，以及长远岗填埋场雨污分流等应急工程。黄庄水库至眉岱段联网公路建设项目，1月底完成水土保持方案和填方路段安全评估方案，5月完成施工图纸设计批复，6月完成联网公路主体变更，8月15日完成联网公路招标，年底开始动工建设。停车场搬迁，环卫处新停车场位于七星潜溪桥头，占地20000平方米，建设完工后，8月环卫处60余辆各类机动车辆和机修车间、仓库等部门搬入新的停车场。

【抓好环卫内部管理】 一是做好河道管理工作。加大巡回检查力度，强化责任任务落实，实行网格化管理。要求每天打捞作业时间不得少于7小时，对巡查中发现的问题，及时调整、及时督促落实，重点关注新昌江、里江等7条河道坑面的保洁质量。2月下旬开始对保洁区域内河道存在问题进行集中整治，全面清理江底河床沉积的垃圾杂物，桥下两侧、河道两岸和台阶处堆积的杂物；二是做好建筑垃圾管理工作。通过公开清运联系电话、各生产线负责人发现报告等途径，及时掌握装潢建筑垃圾动态信息，第一时间及时处理。加大对辖区内建筑工地和主要道路的巡查力度，及时清理堆放的装潢建筑垃圾，避免形成无主垃圾的堆积。同时加强源头控制力度，对市区内的主要施工工地进行重点监控，督促各施工单位落实工地周边的保洁措施，提升市区卫生水平；三是加强安全生产工作。定期开展安全检查，排查各办公场所、垃圾中转站、垃圾填埋场、停车场等作业场所安全隐患，检修各类车辆，检查各场所的消防安全，发现问题及时整改。2016年实施环卫处消防提升改造工程，提升单位的消防安全环境。四是抓好环卫队伍建设。开展“两学一做”工作，把“两学一做”学习教育作为一项重要政治任务，融入党员日常教育管理。制定“两学一做”学习教育实施方案和学习，并召开动员部署会，要求每个党员做好学习笔记，力求让党章党规和习总书记系列重要讲话精神的学习真正入脑入心。继续开展周一学习制度，以自学和集中学习相结合，学习优秀的文章和最新会议、文件精神，以及与岗位相关的业务知识，全面提高工作人员的业务素质和工作能力。

（杨　灵）

城市管理行政执法

【概况】　2016年，县城管执法局以“城管队伍建设年、市容管理提升年、无违建县推进年”为指导思想，坚持不懈抓队伍，全力以赴抓落实，全年共拆除违建188.21万平方米，扣押人力三轮车等经营工具及物品8560余件，查处人行道违停车辆41870余辆，城市管理各项工作稳步推进，城市品质显著提升。

【队伍建设】　实行“准军事化建设，半军事化管理”模式，开展队容风纪大检查，分批开展军事强化训练。结合“两学一做”和“传家风、守纪律”专题教育活动，学习中央“八项规定”、党内法律法规和党风廉政建设精神，组织观看《郑义门》《镜鉴》等廉政教育片，落实“微考学”、禁赌拒赌、自查自纠等廉政活动，开设《正确履职 把好七关》等专题讲座，全年开展各类教育培训50余次。实行每周一检查，每月一通报的明查暗访制度，全年开展各项检查80余次，印发明查暗访通报12期，通报批评队员20多名，辞退1名。注重廉政关口前移，对10名“庸、散、懒”协勤员开展提醒谈话，对4名中层干部开展岗位廉政风险谈话，对1名新提任中层干部开展任前谈话，对全体干部开展廉政谈话。

【控违拆违】　积极开展“无违建”创建工作，大力推进违法建筑大整治行动，突出一户多宅、影响消防安全、两路两侧、住宅小区等重点类型、重要区域的存量违法建筑整治，制定出台《关于对涉违房产采取“四不予”措施的实施意见》，实施挂图销号管理办法和通报约谈制度。共拆除违法建筑188.21万平方米，完成市定任务85万平方米的221.42%，完成县定任务103万平方米的182.72%。继续实行A、B类网格化管理机制，重点抓好规划区域内农民建房、老城区危旧房修缮的管理工作，针对建成区少批多建、未批先建、私搭乱建等情况，采用巡查监控与群众信访举报相结合的方式，加大打击力度，严格管控，维护城乡规划秩序。共查处规划区内违法建设案件386起，拆除违法建筑面积7742.90平方米。

【市容管理】　结合国家级卫生县城创建、城市品质提升十大行动、优化环境年八大行动等相关要求，建立“七块九组”的网格化管理模式，对小餐饮店、维修店等店开展“拔钉式”整治，对拔茅村、五都村、茶市路段、大市聚新街等区域逐个攻克，全年共开展大型整治行动20余次，签订“门前三包责任书”1230余份，纠正店外占道65800余起，拆除横幅以及破损广告招牌470余块。对城区范围内100余家水果店走访摸底，发放《城区沿街水果店规范使用果壳箱告知书》，免费提供果壳箱150余只。实行店铺装修前审批围挡制度，解决装修时建筑材料和建筑垃圾乱堆问题，共办理围挡审批30余起。

【人行道管理】　积极参与全县治堵工作，对人行道乱停车行为开展联合治理。合理安排执法力量，加强城区主要路段和夜间违停行为的查处力度。全年共查处人行道违停行为41870余起，现场劝告教育车主19500余起，施划人行道免费停车泊位882个。升级改造停车系统设备，转变为使用地磁检测器结合智能停车管理系统的模式，支持95036手机拨号、微信停车等智能支付方式。累计建设停车收费泊位1000余个。

【数字城管】　完善考核制度，深化各个子系统的实际应用，优化数字城管工作流程，开辟信息采集新渠道，充分挖掘数字城管公共服务信息平台优势，从体制、机制以及技术层面上进行逐步提升和拓展，稳步向智慧城管推进。县数字城管监督指挥中心全年受理各部门上报案件21936件，应结案件22279件，实际结案21613件，处理率97.01%。

【办理实事】 倾听社情民意，关注群众心声，把处理群众投诉、举报、信访案件作为提效能、转作风、听民声的重要途径，坚持有诉必接、有访必办，确保G20峰会、世界互联网大会、中共十八届六中全会期间和谐稳定。全年共受理96310、12345等渠道的投诉电话2100多件，县纪委三中心、县信访局、县纪检组等各类转办件70多件，化解信访积案1件。信访投诉案件总量同比下降40%，其中市容管理案件下降65%。主办人大建议和政协提案13件、协办11件，同比下降62.5%，满意率为100%。

（陈优芳）

建筑业管理

【概况】 全年完成建安产值195.31亿元，同比增长3.92%。上交税收2.148亿元（地税1.561亿元，国税0.587亿元），地税收入占全县比例为7.89%，继续保持支柱产业地位。税超百万元企业25家，比2015年增加3家。办理施工许可证项目72个，面积125万平方米，竣工验收项目74个，建筑面积180.61万平方米；完成工程备案259只，预备案312只。阳光建设工程有限公董事长吴启行、博大环境集团有限公司董事长梁红苗被评为县“建筑业发展杰出人才”，白云环境建设有限公司董事长吕伯安被评为县“建筑业发展优秀人才”。阳光建设工程有限公司、博大环境集团有限公司、白云环境建设有限公司、彩建控股集团有限公司、浙江中柱建设有限公司、绍兴市园林建设有限公司、新昌县新城建筑安装工程有限公司、浙江省新昌县中厦建筑发展有限公司等8家企业被评为“县优秀建筑企业”。新昌县天海建设有限公司、绍兴祥和市政园林建设有限公司、浙江鼎顺建设发展有限公司、新昌县栖光生态古建工程有限公司、浙江劳武建设有限公司、新昌县天姥建筑安装有限公司、新昌县利鑫建设有限公司、新昌县兴厦建筑安装工程有限公司、浙江新祥建筑有限公司、新昌县恒大建设有限公司、浙江越达交通工程有限公司等11家企业被评为“县建筑业先进企业”。

表29　2016年纳税超百万元建筑企业

序号	企业名称	税款（元）
1	新昌县新明实业有限公司	13305496.68
2	阳光建设工程有限公司	9606710.04
3	博大环境集团有限公司	6774914.75
4	白云环境建设有限公司	5626134.59
5	彩建控股集团有限公司	5488228.68
6	新昌县恒大建设有限公司	5438512.45
7	浙江中柱建设有限公司	5267874.03
8	新昌县新城建筑安装工程有限公司	4415421.58
9	新昌县天海建设有限公司	2871321.38
10	绍兴祥和市政园林建设有限公司	2295485.78
11	浙江省新昌县中厦建筑发展有限公司	2214166.53
12	浙江鼎顺建设发展有限公司	2086438.79
13	新昌县栖光生态古建工程有限公司	2034348.87
14	浙江劳武建设有限公司	1942127.77
15	绍兴市园林建设有限公司	1674772.19
16	新昌县金辉建筑安装工程有限公司	1669258.18
17	浙江方华联合实业有限公司	1663301.59
18	新昌县腾营建筑工程有限公司	1624606.44
19	新昌县天姥建筑安装有限公司	1346806.94
20	浙江九域窗业有限公司	1293824.41
21	新昌县安顺建设有限公司	1276415.52
22	大有环境有限公司	1217817.28
23	新昌县利鑫建设有限公司	1075183.34
24	新昌县兴厦建筑安装工程有限公司	1068851.48
25	浙江新祥建筑有限公司	1055839.09

【县外业务稳步拓展】 在县外等地开设分公司，开拓贵州、云南、上海、江苏、德清、成都等域外市场。全年县外产值134.14亿元，占总比68.68%。共承建3个亿元工程，分别为博大环境集团有限公司承接的“江苏运河文化体育会展中心绿化景观工程”，合同价9042万元；浙江鼎顺建设发展有限公司承接的“众安山水苑二期工程”，合同价1.05亿元；大有环境集有限公司“昭通市耕山水市政道路项目1、2标段”，合同价1.1亿元。博大环境集团有限公司、大有环境有限公司、浙江鼎顺建设发展有限公司、浙江省新昌县中厦建筑发展

有限公司、浙江中迪装饰工程有限公司等5家企业被评为“县建筑业外拓市场先进企业”。

【资质换证顺利进行】 全县建筑业企业完成9个一级资质、44个二级资质、36个三级资质和3个不分等级资质的换证工作。共有6家一级企业，28家二级企业，15家三级企业重新取得建筑工程建设许可资格。同时10家企业在换证过程中被淘汰，其中缺少人员企业8家（企业主动放弃换证6家，其中包含一建公司、祥和劳务等2家二级企业、家和装饰、中联建筑、新立建筑、天马建筑等4家三级企业）、过期失效1家（彩建劳务）、县内转出1家（东昌建筑）。因新标准取消资质而失去换证资格企业2家（中泰爆破、江川生态）。基本完成建筑市场监管与诚信平台“企业库、人员库、业绩库”的“三库一网”信息录入和完善，完成建筑类企业信息上报数63家（含市政），审核入库62家；录入人员总数1162人（含市政），其中注册建造师623人、注册监理师45人、注册工程师9人、安全“三类人员”942人、其他人员139人。大有环境有限公司晋升为装修二级资质和古建筑三级资质，新昌县新明实业有限公司晋升为电力总承包三级资质，新昌县和东建设监理有限公司晋升为房建乙级监理资质。

【工程监督力度加大】 落实企业主体安全责任，与68家建筑施工企业签订《安全生产目标管理责任书》。组织召开企业主要负责人安全生产述职质询点评活动。联合安监、消防等部门，相继开展元旦春节期间安全生产大检查、节后复工安全生产大检查、国卫县城创建期间文明施工专项检查、“五一”期间安全生产大检查、第15个“全国安全生产月”活动，G20峰会、国庆期间以及世界互联网大会期间的安全生产检查。共检查在建工程262个，建筑面积1031万平方米，建筑企业200家次，监理单位101家次，下发安全生产隐患整改单91份，停工通知书24份，定人、定时、定标准完成纠正安全隐患958条。继续开展工程质量治理两年行动，重点落实建筑工程五方责任主体项目负责人质量终身责任，实行质监、安监联动机制，加强工程质量监督巡查力度，共组织开展5次质量大检查，38次监督巡查，对全县公共建筑、保障性住房、住宅小区进行重点检查，共检查工程项目49个，建筑面积209.7万平方米，涉及建设单位49家、施工单位44家、监理单位28家，签发整改通知书65份，工地现场抽查预拌混凝土塌落度及试块12批次，抽查原材料23批次。对检查中发现的问题第一时间督促施工、监理单位进行整改落实。实行住宅工程质量分户验收制度，加强对各方参与分户验收人员和分户验收方案的督查，减少质量通病以及住宅工程质量问题投诉。

【创优创杯成效明显】 阳光建设公司承建的新昌制剂国际化发展能力建设项目、杭州建工集团承建的新昌年产30万套汽车冲压件建设项目等2个工程获市建筑工程优质结构奖，中柱建设公司参建的万丰广场景观绿化工程获2016年度绍兴市“兰花杯”园林绿化工程优质奖，博大环境集团承建的安吉竹博园扩建东区块景观绿化工程、江滨绿廊西侧提档改造工程等2个工程获2016年度浙江省优秀园林工程奖金奖。博大环境集团承建的温州市中心区电信大楼室外配套及景观绿化工程、中柱建设参建的万丰广场景观绿化工程、新昌县领先置业有限公司参建的新昌县悦澜山府邸住宅区绿化工程等3个工程获2016年度浙江省优秀园林工程奖银奖。博大环境集团公司承建的宿迁三台山森林公园健康养生景区景观工程二标段获2016年度江苏省园林绿化优秀园林工程奖三等奖。绿城·新昌兰园项目Ⅰ期（华汇建设）、公租房建设项目4#宿舍、5#宿舍（中柱建设）、浙江三花股份有限公司高新园区梅渚新厂区三期工程13#厂房（中厦建筑）、新和成新昌V-1地块（御园）Ⅰ标（中成建工）、新和成新昌V-1地块（御园）Ⅱ标（中厦建设）、新昌县七星新区保障性住房（演溪路地块）（中柱建设）、三花悦庄Ⅷ标段（金辉建筑）、新昌县大市聚正好轴承厂主厂房（兴厦建筑）、新昌县华鼎机械有限公司车间一（兴厦建筑）、风荷苑小区（彩建控股）10个工程被评为2016年度绍兴市安标化工地。绿城·新昌兰园项目Ⅰ期（华汇建设）、公租房建设项目 4#宿舍、5#宿舍（中柱建设）、成品仓库（中厦建筑）、浙江三花股份有限公司高新园区梅渚新厂区三期工程 13#厂房（中厦建筑）、新昌中学公共教学楼扩建项目（利鑫建设）、新和成新昌V-1 地块（御园）Ⅰ标（中成建工）、新和成新昌V-1 地块（御园）Ⅱ标（中厦建设）、新昌县七星新区保障性住房（演溪路地块）（中柱建设）、三花悦庄Ⅷ标段（金辉建筑）、新昌县森焱纺织有限公司车间三、车间四、车间五、车间六、办公楼（新城建筑）、新昌县大市聚正好轴承厂主厂房（兴厦建筑）、新昌县华鼎机械有限公司车间一（兴厦建筑）、恒杰·檀香国际花园（长城建设）、风荷苑小区（彩建控股）等 14 个工程被评为 2016 年度县安标化工地。

【市场秩序逐步规范】 全年共立案调查 8 个工程，其中涉及建设单位无证施工问题 5 起、未验先用 1 起、施工单位现场施工扬尘污染 1 起、建筑起重机械违反安全管理规定 1 起。建立建筑工程严重违规行为责任人约谈制度，共对 6 个项目的参建主体责任人、企业负责人共 12 人进行约谈，对 25 家建筑施工企业或监理企业作出通报批评或不同程度的行政处罚，并对相关施工企业、监理单位及主要负责人作出相应的扣分处理，清退监理企业 1 家。出台《关于进一步加强建筑施工企业承接业务管理的实施意见》，对进新备案的县外市内企业按“一地缴存，全市通用”原则，民工工资保证金缴纳方式调整为以企业注册地主管部门的缴存数为准。开展县外进新企业办公环境、人员到岗到位、管理制度、从业行为等情况的检查，实行准入清出制度。积极协调处理欠薪问题，共协调解决民工工资 1.25 万元，涉及民工 5421 人，组织召开欠薪协调会议 13 次，警示约谈施工企业 1 家，重点协调解决博士苑、翡翠公馆、红星美丽家生活广场等难点欠薪问题。彩建控股集团有限公司、阳光建设工程有限公司、新昌县兴厦建筑工程有限公司、新昌县天姥建筑安装有限公司、新昌县金辉建筑工程有限公司、浙江省新昌县中厦建筑发展有限公司、新昌县新城建筑安装工程有限公司等 7 家企业被评为“县建筑业规范用工管理先进企业”。

【教育培训扎实开展】 组织企业参加“营改增”、现场管理人员、特种作业人员、中级工、“三类人员”考试培训，累计完成培训人员 3297 人。其中现场管理人员考试、继续教育 598 人，一、二级建造师继续教育培训 105 人，特种作业人员考试、继续教育、延续 562 人，中级工培训 1229 人，“三类人员考试、初审、延续、变更 803 人。2016 年起住房和城乡建设领域专业人员岗位培训考核“七大员”考试开始取消纸质考试，全县共有 120 人参加机考。浙江政务服务网网上考核、延期的人员社保信息均采用“在线提取”，全年累计在政务网上办理三类人员考核、延期、变更、注销共计 334 件，其中 A 类人员 63 件、B 类人员 123 件、C 类人员 148 件。三类人员继续教育 487 人。成功举办第三届建筑业技能运动会，共有 18 家企业的 210 名运动员参加砌筑、电焊等技能比赛和消防应急、沙包负重等趣味比赛。博大环境集团有限公司、浙江越达交通工程有限公司、彩建控股集团有限公司分获团体总分第一、二、三名。浙江鼎顺建设发展有限公司、浙江劳武建设有限公司、浙江省新昌县中厦建筑发展有限公司获优胜奖。

【科技创新进展顺利】 贯彻落实《浙江省绿色建筑条例》，加强国家机关办公建筑和大型公共建筑用能监管，完成既有公共建筑节能改造面积 6.75 万平方米。推进可再生能源建筑应用，完成太阳能等可再生能源建筑应用面积 16 万平方米；浙江万丰摩轮有限公司年产 1000 万件高强韧铝合金车轮智慧工厂建设项目申报省再生能源建筑一体化应用示范工程。开展建筑节能评估与审查工作，完成节能评估审查项目 28 个，建筑面积 51.6 万平方米。落实新昌技师学院、新昌县西郊中学扩建工程、新昌农商银行科技金融服务中心、新昌县礼泉小学迁建工程、钦寸水库文物迁建工程等 5 个项目共计 10.8 万平方米为县建筑现代产业项目。绍兴市园林建设有限公司的木制品构件生产基地建设有序开展，生产厂房建设处于主体施工阶段。白云环境建设有限公司被认定为市级建设行业企业技术中心，浙江中泰爆破科技有限公司的《复杂环境下钢筋混凝土双曲桥爆破拆除技术》获得中国爆破行业协会科学技术进步二等奖，浙江中柱建设有限公司的《提高坡屋面英红瓦观感质量》获绍兴市第二十一届建筑系统 QC 小组三等奖。白云环境建设有限公司、浙江中柱建设有限公司、浙江中泰爆破科技有限公司、绍兴市园林建设有限公司等 4 家企业被评为 2016 年度科技创新先进企业。

（梁绍全）

房地产管理

【物业管理积极进展】　根据浙江省人民政府办公厅《关于加快发展现代物业服务业的若干意见》，出台《新昌县物业服务收费管理实施办法（试行）》；加强物业维修基金和物业保修金的收缴管理，建立和完善相关收缴管理运行制度，确保收缴及时，管理规范，运行安全；充分发挥职能作用，积极为全县物业企业及物业小区提供优质服务，努力解决物业管理服务中的矛盾纠纷。规范物业管理招投标活动，促进全县物业管理水平的提高，建立、健全物业管理市场竞争机制，保护物业管理招投标当事人合法权益，营造一个公平、公正、公开的市场竞争环境，根据《中华人民共和国招投标法》和《新昌物业管理办法》等相关法律、法规，结合县实际，制定完善前期物业管理招投标办法。

【直管公房管理逐步完善】　租赁管理更加规范。网上下载签订直管公房租赁合同，完善直管公房租赁审批程序，确保符合住房保障条件的住房困难家庭租住直管公房。组织工作组对公租营业房进行调查，为稳妥处置公租房公开拍租积累第一手资料。公有住宅增加投入，加大修缮力度，使原本破旧的房屋在安全性、功能性和舒适性上大大提升，改善人居环境。针对直管公房转租和不符合承租直管公房条件的租赁户长期占用直管公房问题，根据县领导批示要求，对现有直管公房开展地毯式摸排，进行梳理分类，提出整改意见，制订和完善直管公房管理长效机制。积极探索公房维修资金的使用效益，确保公房维修质量，提升群众的居住满意度。全年，对 158 户、处公房进行正常维修，其中大修 9 处，支出维修经费 25 万元。

【白蚁防治工作】　严格浙江省房屋建筑白蚁预防技术规程，及时组织开展新建房屋白蚁预防施工。加强行业标准化的监督管理、制度和建立质量标准的检测与监督管理制度或办法，适时更新或增添科技含量高的白蚁防治设备（工具），建立白蚁防治质量检测工作室。推广应用“白蚁监测控制”技术，最大限度的减少化学品用量，逐步替代传统的以喷洒化学药剂为主的白蚁防治模式。建立健全各项安全生产工作目标管理责任制度，加强白蚁防治设备、工具、材料、药品的管理，严格入库制度，保证施工现场的用药安全，做到白蚁防治工作公开、公平、公正。全年灭治白蚁 97 户次，签订防治合同 26 只，建筑面积 22.5 万平方米，预防率达到 100%。

【预售许可管理加强】　严格按照规定从严从细审核商品房预售备案资料，观察现场，把握政策，不符合条件不发证，手续不齐不发证。1~12 月新批准预售商品房项目 23 个，建筑面积 66.76 万平方米；网上签订商品房销售合同备案 7774 份，备案面积 72.41 万平方米，备案变更 457 户。全年办理预售资金监管项目 21 个，监管资金 19.58 亿元，合同金额 46.25 亿元，缴款资金 23.77 亿元。

【房地产行业健康发展】　认真贯彻落实国务院颁发的“新国五条”及住建部关于促进房地产市场健康发展的有关文件精神，严格市场监管，促进房地产管理规范有序，全县房地产市场平稳健康发展。2016 年，全县商品住宅销售面积 52.75 万平方米，比 2015 年度下降 29.28%；商品住宅销售金额 34.44 亿元，比 2015 年度下降 20.8%；商品住宅销售均价 6947 元/平方米，比 2015 年度增长 3.05%。

（何洋洋）

住房公积金管理

【概况】　2016 年，全县住房公积金制度覆盖面扩大，新增缴存单位71家，新增缴存职工6512人，期末正常缴存人数49595人，应缴城镇职工覆盖率达76.27%。公积金归集额54825万元，历史累计归集350716万元；共发放公积金贷款1301户41000万元，历史累计发放贷款11050户246544万元；支取37773万元，历史累计支取189415万元；逾期贷款账面余额为零，存贷比为91.45%，实现增值收益2134.45万元。2016年住房补贴审核新职工485人，合计发放住房补贴711万元。做好钦寸水库移民空房拆除工作和养老保险办理工作，完成户籍迁移考核任务，迁移率100%。做好奔小康帮扶结对（儒岙镇锦琅坑村）、联创联建（儒岙镇东家坑村）、社区共建工作，2016年提供帮扶资金16万元。2016年新昌分中心被评为市岗位目标责任制先进单位、县绩效考核A类单位、县行风评议优胜单位，机关党支部被评为“绍兴市先进基层党组织”。

【制度扩面克难推进】 制度扩面净增职工人数每年以超10%的比例递增，2016年企业关停或减员现象非常突出，封存销户人数偏多。面对严峻的企业形势和扩面潜力有限的现实，新昌分中心通过完善考核制度、加强政策宣传、入企上门服务等方法，千方百计攻坚克难开展制度扩面工作，全年新增缴存单位71家，应缴城镇职工覆盖率达76.27%。

【惠民举措不断推出】 2016年优化出台六项惠民便民政策。一是公积金贷款向低收入职工群体倾斜。自2月1日起，公积金贷款金额以申请人与共同申请人近12个月公积金账户月均余额的10倍计算，切实保障低缴存职工的利益。二是降低缴存门槛。农民工与用人单位签订劳动合同后最低缴存基数可按绍兴市上一年度月最低工资标准计算，缴存比例不低于5%。三是放宽支取条件。本地户籍农民工与单位终止劳动关系，1年以上未再就业的，可销户支取其住房公积金账户余额；租房提取手续继续简化，租住商品住房的无房职工不需再提供租房合同和房租发票。四是实行提取“承诺制”。以填写《住房公积金提取承诺书》取代单位预审盖章。五是两项提取试行“零材料”。针对已办理公积金贷款的职工申请购房提取和纯公积金贷款的职工申请每年还贷提取，只需提供身份证即可。六是取消二手房评估费用。年初中心引进房屋询价系统，费用由中心承担，省去客户二手房评估费用，真正做到让惠于民。

【运作安全得到保障】 一是加强运作风险管理。建立二手房贷款评估制度，实施备案楼盘动态监管，加强骗提骗贷防范工作；规范二手房贷款政策宣传，使买卖合同、申请额度、发放对象等更加合法、合规、合理。二是规范资金使用管理。坚持民主集中制，做到重大决策、重要干部任免、重大项目安排、大额资金使用集体讨论决定。2016年首次完成8200万元的增值收益资金竞争性存放招投标；完善银行考核制度，督促银行更好完成公积金业务。三是严格控制“三公”开支。在“三公”经费管理方面，继续坚持厉行节俭原则，严控经费使用，规范经费支出。顺利完成公务用车改革工作，按规定做好涉改车辆移交、司勤人员安置等工作。完成固定资产清查盘点工作，进一步完善固定资产管理系统数据。

【开展5S管理提升】 一是开展培训树立标准。邀请温州亚美信企业顾问有限公司的专家团开展为期一周的5S管理和窗口服务培训。通过经常性的整理清洁，使服务环境达到标准化。开展窗口服务“7+7”培训。以“7句礼貌用语和7个标准化手势”为主的礼仪训练，使服务行为达到规范化。“5S管理树标准优服务”做法得到县委常委王仲林批示，“住房公积金中心窗口服务态度受发帖人和跟评人一致好评不容易，请县审管办调研总结一下

开展晨会

做法。”二是周一晨会提振精神。每周一提前15分钟到岗开展晨会训练。主持人以鼓掌形式召集晨会，通过列队问候、仪容仪表检查、窗口服务“7+7”训练、值周领导讲话、做早操五个环节，进一步提振工作人员精气神。三是三级督查强化执行。5S管理实行“科室自查、单位抽查、例会反馈”三级督查，切实抓好工作落实。“5S管理树标准优服务”荣获2016年度服务基础十大工作亮点。

（徐赛英）

人民防空

【自建工程建设】 七星地下人防工程，项目主体结构施工完成，人防门框安装到位，并通过安全验收、土建验收及人防工程结构验收。人防指挥大楼建设，县政府要求指挥大楼必须与县公共服务大楼整体设计、同步建设，该项目土方开挖顺利完成，边坡围护桩安置初步成型。儒岙镇民防文化综合体建设工程，主体施工初步完成，9月19日市人防办副主任郭志新带队对该工程进行实地察看，充分肯定新昌人防办与儒岙镇镇的协调工作与项目推进工作。

【人防工程管理】 特聘请法律顾问全方位提供法律服务。2016年，审批结建人防项目9个，地面总建筑面积21.87万平方米，审批应建面积1.48万平方米，验收人防工程5个，验收6级人防地下室面积2.71万平方米，5级人防地下室面积1.94万平方米。做好收费工作，对于人防易地建设项目，依法收取人防易地建设费，做到“应收尽收”，共计审批易地建设项目28只，依法收取人防易地建设费2070.4万元。做好巡查工作，做到定期巡查和不定期巡查相结合，执法巡查与安全生产检查相结合，进行1次专项执法检查、每月结合巡查做好安全生产检查并及时做好安全检查台账。

【人防宣传教育】 3月1日，在新昌世贸广场组织开展“国际民防日”人防知识宣传活动，向现场群众实物展示防化服、石棉耐高温服饰、手摇式警报等应急器材；4月19日，组织开展新昌县“警钟日”警报试鸣活动；5月12日“防灾减灾日”，除鸣响警报外还在东溪社区、钟楼社区、七星社区、鼓山社区、实验小学、南明小学、城东小学、七星小学等地组织开展防灾应急疏散演练，通过短信“E助手”向全县手机用户发送警报鸣响常识，在七星街道、江滨公园向市民分发人防知识宣传手册，并利用《今日新昌》、电视台、人防知识展板、手机微信平台等向全县人民传播人防知识。利用全县有7家上市企业的县城企业优势，牢牢抓住企业员工多、宣传效果好的有利资源，积极开展人防宣传教育进企业工作，协助企业成立人防工作站及人防工作小组，并配发人防应急应灾器具，通过人防工作小组向企业广大员工宣传人防知识。学习诸暨人防办、嵊州人防办等兄弟单位的先进经验在新昌县青少年活动中心创办人防教育基地，并在确定“居安思危、共建人防”的基地主题下，进一步加大对人防教育基地的资金投入，将该基地办得更加有声有色。

【加强指挥通信】 大市聚镇民防应急指挥中心、澄潭镇民防应急指挥中心全面投入使用，儒岙镇民防应急指挥中心建筑主体施工完成。警报系统建设不断完善，落实专人进行警报的鸣响及平时查看工作，对平时查看中发现的故障问题，及时有效地进行排除，顺利完成“4·19新昌警钟日”“5·12防灾减灾日”的警报鸣响任务，鸣响率达100%；同时购入包括军用第三代短波电台信息系统、三线天线等在内的警报设施，对现有的人防综合业务网进行改造，使警报系统更加完善。演习巡展任务圆满完成，9月邀请县分管领导及各相关单位领导参加“浙江金盾-16”实战化演习，顺利完成拉练及规定科目的演习任务，10月指挥车参加有市办组织的拉练活动，圆满完成拉练任务。

（张路安）

环境保护

【县域环境质量进一步提升】 水环境质量稳中有升。2016年，纳入浙江省跨行政区域河流交接断面水质考核的黄泥桥、田东、石桥头断面水质稳定达标，高锰酸盐指数、氨氮、总磷平均值达到Ⅱ类水标准，相比功能区要求的Ⅲ类水提升一个等级，只因总磷单项指标上升幅度超过10%而在初步考核中为良好，但三项指标污染指数之和仍较上年同期下降2.6%；纳入绍兴水环境质量考核的14个地表水断面水质均达到或优于环境功能区要求，初步考核（市级）为优秀；县城、乡镇饮用水源地水质均达到功能区要求的Ⅰ～Ⅱ类标准。空气质量继续改善，2016年，空气自动站累计监测有效天数360天，AQI优良天数比例为88.9%，PM2.5均值浓度为40μg/m^3。与上年相比（85.3%，44μg/m^3），优良天数比例上升3.6%，PM2.5均值浓度下降了4μg/m^3。降水监测67次，酸雨率95.5%。声环境质量总体平稳，区域环境噪声平均等效声级昼间54.2 dB（A），城市道路交通噪声路长计权平均等效声级昼间69.8 dB（A），均达到相应功能区标准。

【“五水共治”扎实推进】 2016年，全县完成“五水共治”工程投资14亿元，完成市定目标任务12.52亿元的112%。治污水方面，省定65个农村生活污水治理村全部完成主体建设，旧小区污水管网改造工程等12个项目完工。防洪排涝方面，钦寸水库工程完成投资8.69亿元，完成全年计划的108.6%；湖莲潭周边区块配套排水工程等项目完工。保供水方面，老城区供水管网改造工程等项目完工。抓节水方面，高效节水灌溉工程和源头节水工程全部完工。另外，污泥浊水大整治行动全市排名前列，6月，提前完成年度清淤40万方工作任务，全年累计完成84.3万方，为目标任务的210.75%，完成率位居全市第一。入河排污、排水口标识工作基本完成。

【“河长制”细化深化】 四级河长全覆盖，并建立河长巡河制，巡河过程推广使用绍兴河长通APP。在全县河道“一月一考评”的基础上，每周对城区及周边重点河道“河长制”落实情况进行明查暗访；建立“新昌治水”微信群，日常督查中发现的问题第一时间以图文形式反映给相应河长，整改情况第一时间在微信群中公布，实现快速处理。

【全民治水氛围日益浓厚】 在新昌电视台、新昌广播电台和《今日新昌》上加大2016年“五水共治”的宣传力度，重点做好“五水共治”满意度调查期间的集中宣传工作，组织开展全县“治水美村（居）”的评选，尽力营造治水氛围。“五水共治”满意度测评得分为81.04%，比2015年提升10.5个百分点。

【“五气合治”不断深化】 制定出台《新昌县2016年大气污染防治实施方案》，2016年煤炭消费总量实现负增长，率先完成高污染燃料禁燃区创建。2016年共淘汰小型燃煤锅炉58台，完成全年任务121%。完成黄标车淘汰任务，启动老旧车淘汰工作。华佳热电超低排放改造接近尾声，完成年度VOCs、LDAR整治任务。全年全县AQI优良天数比例88.9%，PM2.5均值40μg/m^3，均优于2015年的85.3%、44μg/m^3。

【保障G20峰会期间环境质量】 出台《G20峰会新昌县环境质量保障实施方案》，成立县G20峰会环境质量保障指挥部，召开全县动员部署会，严格落实工业企业、施工工地、混凝土搅拌站、矿山、汽车维修喷漆房等行业的限产、停产措施；实施车辆限行和启动应急管控企业停产工作；强化现场执法管控，累计出动执法、管控1.7万人次，检查点位9000余个，发现和整改问题500多处。峰会期间县域环境空气质量稳定达标。

【机动车污染防治】 制定出台《新昌县机动车污染防治监管工作方案》，4月1日起新轻型汽油车执行国5标准，对机动车环保检测机构每月检查1次以上，环保、公安上路执法每月4次以上，交通运输部门对车辆维修企业每年检查2次以上，商务部门对加油站每季度检查1次以上。根据环保部等文件要求，11月21日起停止核发环保检验合格标志。

【推进生态创建工作】 3月30日，国家环保部正式授予新昌“国家生态县”称号，新昌县成为绍兴市首个获此殊荣的县（市、区）。2016年新昌县生态环境质量公众满意度为78.34%，连续4年为全市第一。县委十三届九次会议明确提出要在十三五期间成功创建为国家生态文明建设示范县，相关工作正有序推进中，《关于创建国家生态文明建设示范县推进美丽新昌建设的实施意见》正式发文实施，《新昌县生态文明建设规划》于12月通过省环保厅组织的专家论证。

【深化美丽新昌建设】 成立以县委书记为组长、县长为常务副组长的美丽新昌建设领导小组，16个乡镇（街道）美丽建设领导小组和办公室全部成立，并结合新昌实际，分解落实各部门美丽新昌建设工作任务，《新昌县环境功能区划》获省政府批复。

【水源保护得到强化】 《新昌县饮用水源保护规划》初步完成编制，《新昌县长诏水库饮用水源地保护规划》由县政府批准实施。饮用水源执法继续保持高压态势，2016年以来开展“禁泳”“禁钓”检查700余次，警告和制止钓鱼、游泳等违法行为700多人次，其中500多人受处罚或没收工具，并积极开展与公安、渔政部门联合执法，全年抓获非法电鱼人员2名并移交渔政部门处理。进一步督促库区村做好生活垃圾处理和保洁，加强库区农家乐监管，消除长诏水库饮用水源地的安全隐患。

【开展各类环境执法专项行动】 先后开展2016年春节前环境安全大排查大整治、绿色“护考”“2016越剑1号”大气污染防治百日专项检查、“一线三区”废气专项执法、护航G20专项执法等各类专项执法行动，强化环保公安执法联动机制。2016年，共出动环境执法人员1.3万人次，检查企业5000余家次，立案查处环境违法企业134家，责令停止生产97家，作出处罚决定125件，累计罚款金额638.59万元，责令停产整治企业6家，查封企业3家，关停企业1家，按日计罚1件，移送公安11件。开展污染源在线监控设施专项检查，排查所有安装在线监控系统的企业，杜绝企业违法行为，确保纳管污水达标排放。完成生态环保信息中心建设，随着硬件更新、性能提升、监管面拓宽、人员配备到位，监管能力也有所加强，加大平台巡检和现场核查的力度。

【环境监管和应急处置】 根据《绍兴市污染源日常环境监管随机抽查制度落实方案（试行）》要求，推进随机抽查制度化、规范化、常态化管理，随机选派执法人员，随机抽查环境监管对象，实行保密抽查原则，监测和监察同步进行，每季度随机抽查35家。开展重点污染企业前端站房标准化建设，完成35个智能门禁系统建设，完成高清视频改造60个点，完成22家污染源自动监控系统新改建计划以及验收任务。加强污染源自动监控系统建设与运行管理，全县重点污染源企业有32家企业安装自动监控设备37套，其中废水监控设备35套、废气监控设备2套。修订完善《新昌县环保相关应急预案（2016年版）》，组织开展新昌制药厂甲类仓库乙醇火灾事故应急处置演练，并应急处置一起因槽罐车侧翻甲醇泄漏事故，切实提高危险化学品事故的应急救援能力。

【推进污染整治】 一是开展企业雨污排放口专项整治，督促相关企业按照标准规范化设置雨水、污水排放口，并安装视频监控系统与县环保局联网。第一批市控以上重点企业雨水口规范化建设工作，开展整治企业11家均完成整治。第二批工业企业污水、雨水排放口规范化整治企业140家，全面完成整治。到12月底共安装监控视频企业151家，监控点位248多个。二是深化工业废气整治。新昌制药厂投入200多万元资金，更换尾气塔等废气处理设施，改进工艺，取消辅酶Q10气流干燥工段等措施，尽力减少废气对周边环境的影响。万丰集团投入1000多万元，安装低温等离子、催化燃烧处理设施处理涂装废气，并计划2017年3月将万丰摩轮公司40%产能转移到大市聚工业园区。通用机械厂改进生产工艺，安装除尘设施，减少熔铸废气对环境的影响，计划逐步减少铸件粗品的生产，向精加工生产转型。力渊铸造厂筹备拍得拔茅年岳土地180亩，预计可于2017年底启动现有铸造厂区的搬迁工作。

【环保验收和排污费收缴】 加强建设项目“三同时”监管，2016年共督查项目278个，验收项目248个。加强排污申报审核核定，2016年共申报排污企业101家，按年收费54家，按季收费30家，建筑工地收费17家。 征收排污费192家次，累计征收排污费304万元，收缴入库额361万元。

【加强环境信访处理】 积极开展环境安全隐患、突出环境问题和社会不稳定因素排查化解、环境信访积案排查和重要信访问题梳理、“两排查一促进”专项治理等一系列信访专项行动，解决一批群众关心的热点难点问题。2016年，共受理调处各类环保信访案件241件，其中处理110报案7件，处理市长公开电话、省市环保、信访部门和门户网站县长信箱等交办信访件26件，按种类分水、气、固、噪声各类信访件分别有53件（21.9%）、115件（47.7%）、10件（4.1%）、44件（18.3%），其它22件（9.1%）。

【减排项目顺利实施】 落实2016年度减排项目，新昌制药厂异植物醇、天然VE车间关停项目，老住宅小区环境改造工程建设项目，华佳热电企业脱硫脱硝改造，新和成公司煤改天然气项目。削减化学需氧量55.14吨、氨氮2.40吨、二氧化硫445吨、氮氧化物531吨，完成年度减排任务。

【排污权交易顺利推进】 开展第二轮排污权有偿使用费收缴工作，共收缴排污权有偿使用费196家、累计金额761.48万元，核发放许可证215本，其中A证194本，B证21本。开展排污权抵押贷款，实现排污权抵押贷款零突破，完成排污权抵押贷款3笔，贷款总额111.5万元。积极开展排污权交易，2016年举行5次排污权指标公开拍卖会，共有28家企业通过公开拍卖取得排污权指标，成交总额为183.2万元。政府储备排污权直接出让3家企业3个项目，出让金额92.5万元。

【环保许可服务优化】 2016年，完成建设项目环境影响报告书审批21个，环境影响报告表审批146个，环境影响登记表审批81个，完成危险废物转移核准174个，锅炉安装核准4个、建筑施工夜间施工核准39个、主体变更20个。环评审批均在承诺时限里办结，平均办理时限提速80%以上。积极落实“负面清单”“零审批”等制度创新。政府性投资项目和公益项目备案37个，“零土地”技改项目备案11个。

【环境监测服务加强】 一是完成环境质量监测。每月监测国控断面长诏水库出口和11条城市河道支流水质；每月对新昌江、澄潭江、黄泽江、夹溪江交接断面联合监测；每两月监测19个乡镇考核断面、市控断面14个、乡镇饮用水源地12个；每季度对选定的5个村庄进行农村环境质量监测；每季度开展220个村居断面监测抽样比对及数据审核。二是完成重点污染源监督性监测。每季度对13家重点源和儒岙污水处理厂进行监督性监测和在线比对监测。三是开展验收、委托、应急等监测。完成96个建设项目“三同时”验收监测、55家企业的委托监测、459家执法检查监测。共采样4533只，完成监测数据1.5万个、监测报告395份。如期完成全市统一部署的空气质量自动监测网络建设任务，在高新园区和新昌工业园分别建成常规六项空气自动站，高新园区加装VOC监测，在澄潭等4个乡镇率先建成PM2.5自动监测站点。

【党风廉政建设制度】 结合实际制定《新昌县环境保护局2016年党风廉政建设组织领导和责任分工》《新昌县环境保护局2016年纪检监察工作要点》，把党风廉政建设责任制的落实与环保业务工作紧密结合起来，同部署、同落实、同检查、同考核，严格落实“一岗双责”。环保权力监督制约不断强化，全面排查岗位、科室、单位等不同层级的廉政风险点，“预防职务犯罪、防控廉政风险、规范权力运行”，落实相应防控机制，编印《新昌县环境保护局风险防控手册》，人手一册发放给每位干部职工，使预防腐败的责任落实到每一个岗位和每一个人。

【环保服务意识增强】 深入开展“环保服务手册”制度，通过“一人一册”“一周一记”“一月一查”“一季一评”“一年一考”，切实强化基层工作人员的服务意识，促进生态环保各项工作顺利开展。环保宣传服务工作进一步增强，《今日新昌》每月2期的“环保之窗”专版，全年刊出24期；紧跟新媒体发展态势，通过“五水共治、生态新昌”公众微信平台发布信息、组织网络互动等，共发布微信公众号88篇。

（钟　芷）

责任编辑　张　梁

交通邮电

交通运输

【概况】 2016年，全县共实施12个交通建设项目，包括3个续建项目和9个新建项目，其中有4个项目列入2016年新昌县十大基础设施建设，全年计划完成投资4.3亿元。到12月底，累计完成投资4.97亿元，完成年度计划的115.6%。截至年底，全县公路总里程1360.275千米，其中国家高速公路40.067千米，普通国道97.396千米，省道24.136千米，县道401.455千米，乡道316.658千米，专用公路1.121千米，村道479.442千米，全县公路网密度达到112.05千米/百平方千米。全县拥有营业性道路运输车辆1966辆，其中载客汽车623辆（包括班车266辆，出租车150辆，旅游包车62辆，城区公交145辆），各类维修企业238家，机动车驾校6家。2016全年完成道路旅客运量792.5万人次、周转量48159.4万人千米，同比减少22.39%和增加36.15%。完成货物运量911.64万吨、周转量71572.45万吨千米，同比减少28.84%和减少16.4%。

【重点工程项目推进】 江拔线新昌段改建工程（含坑西至拔茅公路改建工程）作为钦寸水库建设的控制性工程，到12月底基本完成主体工程，具备试通车条件。指挥部要求各施工标段抓紧扫尾工作，对各自的标段全面查漏补缺，确保新路在2017年春运投入使用。秀洲至路桥公路新昌梅渚至澄潭段改建工程，到12月底基本完成主体工程，标志标线、行道树和绿化带及非机动车道护栏在紧张施工中。新昌至磐安公路新昌双彩互通至植林段改建工程，截至年底完成投资额26000万元，其中一标完成路基形象进度85%，路基完成1公里交验。欧潭1号桥接近完成架梁工作；欧潭2号桥完成下部结构，等待梁板架设。三标路基形象进度92%，路基完成4公里交验。雅里大桥完成桥面铺装，并浇筑完成右侧护栏6孔，路面标完成K9+090-K11+770全幅基层、下面层铺设（其中K10+880-K11+360上面层完成铺设），完成K12+240-K12+980全幅底基层铺设。上三高速新昌南互通，通过初步设计评审，启动政策处理，局部节点开工建设。527国道改造工程，因与嵊州段交界接点连接规模等问题，影响报批进程，完成项建书受理，启动前置报批，连接线动工建设。城东环线建设工程，下姆岭至拔茅段提级改造基本完成，兰沿桥改造、拔茅桥拓宽

秀洲至路桥公路新昌梅渚至澄潭段改建工程

（陈羽明摄）

秀洲至路桥公路新昌梅渚至澄潭段改建工程（陈羽明摄）

动工建设，完成形象进度的50%。另外，拔茅公路站业务用房建设工程主体工程结顶，完成80%以上。

【交通“十三五”规划编制】 编制完成并实施《新昌县综合交通运输“十三五”发展规划》，会同有关单位加快新昌通用机场、客运西站迁建等项目的前期准备工作，杭绍台高铁、金甬铁路先行段动工建设。同时，积极筹措资金，新增融资1.3亿元，保障项目建设需要。

【平安交通建设扎实有效】 抓好G20峰会交通安保工作，全面落实客运实名制，加强违禁物品管控，配齐配全反恐安保人员及器材设施，发动志愿者及业务科室人员充当安全员，圆满完成G20峰会交通保障任务。进一步落实安全生产责任制，全行业签订安全生产责任书1180份，全年共组织各项安全监督检查91次，363人次参加，查出安全隐患20项，完成整改20项，整改率100%。一年来，全县道路运输行业发生9座以上营运客车道路交通责任事故2起，死亡2人（旅游客运1起，死亡1人，次要责任；农村客运1起，死亡1人，全责），指标控制在上级下达的范围内，安全生产形势保持平稳。

【公路通行环境改善明显】 开展优化环境年“八大行动”城乡面貌、违法建筑大整治，加强公路边“三化”、两路两侧管理，全年累计拆除非标志标牌288块，完成污染点位整改182处，完成2015—2020年整治范围普通县道污染源75处。组建绿化管养专业队伍，以精细化作业促沿线道路绿化水平提升，累计修剪绿化带17500平方米，除草1822公里，行道树修枝74公里。对新蟠线、老104线、蛟澄线等路域绿化进行提档升级，力求实现“一路一特色”“一路一风景”，累计种植香樟、桂花、紫薇等乔木25000株，补植夹竹桃、柏树、红叶石楠等灌木5万平方米。对17条共42公里农村公路进行路面大中修，对9条共42.89公里农村公路进行提级改造，建设联网公路21公里，对74条共67.8公里农村公路安装钢质护栏，对11座农村公路危桥进行维修改造，建成美丽乡村公路81.635公里。城南乡、儒岙镇成功创建“美丽乡村公路示范乡镇”。强化预防性养护，完成国省道公路沥青路面灌缝102公里、坑洞修补7万平方米，清扫路面路肩3.02万公里，清理堆积物9096立方米。

【道路运输行业规范有序】 全县463辆总质量12吨以上普货车辆安装卫星定位装置，安装率达99%，入网率为93%，位居全市前列。严格推进道路货运站场实名制工作，全县69家货运站场视频监控全部安装到位，并接入县公安局情报网进行实时监控，道路货运站场安全管理工作作为全省运管系统先进典型进行工作交流。积极推进科技治超，公路治超非现场执法电子监测系统完成5个点位18个车道的建设任务，非现场执法处罚案件数为59件，完成率为118%。严厉打击各类非法营运行为，对货运车辆违法运输行为管理达到道路全覆盖、区域全覆盖、内容全覆盖、领域全覆盖，查处违法超限运输车辆245辆，超限超载率控制在2.9%。妥善应对传统出租车与网络约租车、新嵊班车等群体性纠纷，有效化解农村客运企业不稳定因素。

除冰保畅通（陈羽明摄）

【公共交通服务水平提升】 加快推进城乡公交一体化改革，对西郊环线、新嵊线客运班车进行收购，分别开通西郊环线公交车和50路新嵊城际公交车。进一步实施公交优先战略，优化城区公交线路，增加公交运力，扩大公交覆盖面，延伸线路2条，新增站点25个，新增公交车6辆，新增公交运营里程40多公里，公交出行分担率达到18.52%。同时，开通社会保障市民卡城市公交乘车功能，方便市民出行。按照一村一策要求，通过提级改造等措施，解决3个行政村未通客运班车问题。不断完善公交站场基础设施，完成拔茅公交站建设并投入使用，新增农村客运候车亭15个。

【推进党风廉政建设】 全面落实党委主体责任和“签字背书”制度，严格按上级要求对中央八项规定精神和“四风”问题整治情况开展“回头看”。着力加强交通项目和机关内部管理，严肃财经纪律和财务管理，认真落实津补贴福利待遇管理，严格实行车改制度。结合交通基础设施建设存在的短板，着力以学促知、以知促行。立足本职工作，突出行业特色，开展理想信念、纪律作风、担当有为、对标看齐等专题大讨论，使党员干部的党性、品格、境界和素质得到进一步提升。

全民清洁日 （陈羽明摄）

【抓效能建设重舆情回应】 进一步加强服务效能建设，积极推行首问负责制、一次性告知制、限时办结制，全年办理行政许可91件，行政处罚案件336件，未发生行政诉讼、行政复议案件。积极回应民情民意，认真落实人大建议、政协提案办理工作，全年共办理建议、提案50件，按时办结率达100%。注重信访投诉和网络舆情应对处置工作，共受理答复信访115件，应对处置网络舆情107件，受理12345政务热线301件。

（陈羽明）

邮 政

【加强企业内控管理】 一是全力加强代理金融、包裹快递、农村电商“三个一把手”工程的财务支撑力度，对标管理，优化资源配置，强化资金资产集中管理，切实做好财务支撑管理工作。二是统筹规划，推进人才队伍建设工作。根据重点业务情况，通过采取岗位整合和盘活人员等措施，激发员工潜能和活力。

【农村电商业务平稳发展】 一是充分利用邮政农村电商平台优势，推动当地农特产品线上线下联动推广销售，重点做好春茶扶贫项目，为“互联网+扶贫”作有益尝试。二是加快邮掌柜推广，助力农村电商市场拓展。在完成电商服务点建设数量要求基础上，重点关注有效运营占比，防止片面追求数量情况发生，确保站点建设的有效性。

【邮政普遍公共服务体系建设】 一是完善“E邮站”建设保障机制。按照“政府主导、邮政主体”原则，加强与政府部门的沟通汇报与联系，协同建立完善各项建设和运营保障机制，较好解决“E邮站”建设的资金、场地、设备等问题。二是建立“E邮站”运营的管理体系。成立“E邮站”项目办，指定专人专职负责和协调“E邮站”运营工作，全面抓好“E邮站”的运营管理工作。三是加强制度建设，管好、用好“E邮站”。根据实际情况完善制定一系列规章制度，从“E邮站”服务流程、业务培训、业务管理与指导、业务检查与考核、服务支撑等方面进行详细规范。

【落实安全防范措施】 一是平安护航G20各项工作取得圆满成功。严格贯彻落实“严字当头、抓好落实，确保万无一失”的要求，狠抓落实，确保G20峰会期间全县邮政“零事故、零案件、零事件”。二是强化非生产现场监督检查。组织开展监控系统安全检查，进一步规范监控设备的操作，有效提升监控中心管控效率。三是加强邮政运钞安全管理。强化运钞安全监督检查和风险管控，进一步提高运钞、守押人员的安全意识和风险防范意识，确保人防、物防、技防措施到位，确保邮政金融资金和人身安全。

【狠抓服务质量】　一是严格执行G20期间邮政服务标准和规范。针对护航G20开展一线员工邮政业务、禁限寄物品等业务知识教育，提高业务技能及辨别禁寄物品能力，严格窗口收寄验视和快递包裹揽收验视及安检，杜绝不安全邮件从邮政渠道流入。二是加强对包裹快递业务运营质量的管控，加强检查和考核力度。同时加强对银企对账单、电力账单投递质量的检查，加强对村邮站、E邮站运行服务质量监控。

【推进党风廉政建设】　一是开展“四风”问题整治情况“回头看”工作。制定完善《新昌县分公司2016年党委理论学习中心组学习意见》和《新昌县分公司党委中心组学习制度》，推行党风廉政建设责任清单，开展“党风廉政宣传教育月”活动。二是扎实推进“两学一做”学习教育。成立“两学一做”工作领导小组，制定活动方案，每位党员干部都积极参与其中，同时做好“两学一做”系列配合动作。三是组织开展党员组织关系集中排查、党费收缴工作专项检查等工作。开展“党建+”主题实践活动，大力助推企业经营发展。四是着力提升党员干部的理论水平、能力素质和党性修养。“七一”期间，组织党员到革命烈士纪念碑前重温入党誓词，邀请党校老师上党课；积极参加全省邮政组织开展的“浙江邮政百名好党员”评选和“两学一做”知识竞赛等活动。

观看廉政文化教育片《郑义门》（陈文雅摄）

电　信

【新昌免费无线 WiFi 建设与优化】　新昌无线城市 aWIFI 全称为“新昌无线城市 i-zhejiang-aWIFI”，是县委、县政府为加快信息基础建设，加大信息惠民力度的实事工程之一。该工程首期覆盖范围为新昌县主城区中的公共场所、医院、办事中心、公园、学校、车站及1个特色旅游小镇和29个特色旅游村，投放AP点811个，2016年10月运行至12月底，累计用户数已超过69万户，为广大市民提供免费使用无线网络的普惠和便利。新昌无线城市aWIFI是按照全省一流的无线WIFI网络质量标准进行建设，在建设和验收过程中经多组省级专家论证和测试达标，AP信号强度指标全省领先。新昌无线城市 aWIFI 统一接入 SSID 是“i-zhejiang-aWIFI”。根据县委、县政府的安排，新昌无线城市aWIFI网络将陆续开展提质补盲建设，同时作为项目支撑单位（中国电信）也在不断地加强网络的维护，多渠道科普使用方法，以最大的努力提升市民使用aWIFI网络的满意度。

9月6日，吴磊副县长视察无线WiFi建设现场

【光纤入户接入能力建设】　积极响应“宽带中国”战略，加速光纤入户接入能力建设。2016年投资4000余万元完成358个小区 、行政村的光纤接入网的工程新建及优化改造工作，新增光纤接入能力8万余线，新建成光小区（行政村）覆盖用户数6.5万户。截至12月初，实现光纤入户县域内全覆盖，全县光接入能力覆盖率达99.56%。此外，针

对光改小区内的普通宽带用户制定按照网龄和月消费情况升光提速降费政策，以便用户体验高速的上网服务。

【LTE 4G 网络信号覆盖优化】 电信 4G 通过混合组网搭建无缝高速移动网络，同时支持 FDD 和 TDD 制式，其高速、广域、低延时的优势将为用户提供更快更好的服务体验。4G 网络总体覆盖良好，但由于 4G 制式频点较高，信号穿透损耗较大，导致部分密集小区室内信号覆盖较差，后期需要采取增加室外基站，增添小型化设备等手段加以优化。2016 年 LTE4G 网络建设相关配套工程完成。2016 年第四期 LTE 4G 建设基站 32 个，近百个全县第五期 LTE4G 800MH 基站正在实施中，将于春节前开通，开通后预计农村区域 LTE4G 信号覆盖率达 95.23%。

【钦寸水库通讯线路改复建】 紧跟钦寸水库移民改建工程进度，及时完成相关配套工作。5 月底完成库区淹没区内的电信线路、基站迁移工作，11 月底完成库区清库工作要求的电信杆线清理。公寓房建设按时完成新民、棣山公寓房的弱电设施配套建设。完成 12 个已建成的安置地块的通信设施配套工作，并根据移民需求同步完成电信产品入户安装工作，以满足移民对电信产品的需求。

【"数字企业"创建】 根据市县相关部门建设"数字企业"的要求，中国电信新昌分公司围绕"数字企业""六个一"建设内容，依托自身在互联网和 4G 通信技术方面的优势，2016 年完成年初 10 家单位建设目标：新昌县旅游集团有限公司大佛寺分公司、新昌县绿城雷迪森大酒店有限公司、新昌县环景智能科技有限公司、浙江美力科技有限公司、浙江新昌南岩园区投资开发有限公司、浙江省新昌县汽车运输总公司、浙江五洲新春集团有限公司、浙江兴昌风机有限公司、新昌县世贸广场有限公司、新昌县广通物流有限公司。

（王锦晓）

移　动

【概况】 2016 年，中国移动新昌分公司积极落实集团战略转型、改革创新，抓服务质量和抓网络质量，大力发展 4G 网络，实现 4G 网络优质覆盖。新昌移动用户数达 31 万，其中 4G 用户达 20.5 万户，占 66.1%以上。新昌移动累计开通 603 个 4G 基站，实现全县 13 个街道乡镇和高速公路的全覆盖，为新昌县建设智慧城市提供有力的保障。

【信息化项目卓有成效】 2016 年完成公安视频监控建设 318 个，累计达到 1820 个。通过重点行业信息摸排，抓住公安视频监控、行业电路等重点信息化项目，密切跟进车卫士等行业物联卡市场，拓展政府、行业工作机市场，平安通、检务通、司法通、农机通、河长通、食安通等项目全面开展，将信息化业务拓展与管理提升到新的高度。

【服务业务双推进】 加强服务人员的业务素质、技能与服务意识，始终将用户满意度提升措施贯彻到公司运营管理工作中，公司全年满意度考核评价位居全地区前列。严格落实手机用户实名制，持续开展垃圾短信的治理工作，从业务管理、平台跟踪等入手，严厉打击不良信息。为广大智能手机用户推广安装浙江移动手机营业厅客户端，使话费、流量及套餐等信息清晰明了，简单易查，方便用户使用。着力营造网络更流畅、资费更实惠、消费更透明、信息更安全、服务更便捷的消费环境，提升客户端的实际感知。在市公司明察暗访及第三方调查中满意度始终名列前茅。

【交通安全教育讲座】 1 月 14 日，中国移动新昌分公司特邀新昌县公安局交警大队副大队长石青中到公司开展交通安全教育讲座，分公司综合部、全体驾驶人员、部分员工参加讲座。讲座从围绕新昌道路安全形势、道路交通事故的主要原因、摒弃交通恶习倡导交通文明行为、几种交通违法行为及影响、发生道路交通事故的一般处理方式等五个方面展开论述。结合具体案例，图文并茂，对遵守交通法规的必要性、紧迫性以及安全出行常识作细致讲解。

开展交通安全教育讲座 （陈雪焱摄）

开展交通安全教育讲座 （陈雪焱摄）

【开展春节慰问活动】 新春佳节来临之际，新昌移动对退休老同志进行节日的慰问。在退休职工家里，慰问组一行送去慰问品、慰问卡，并与退休职工及家属进行亲切交谈，详细询问他们的生活情况、身体健康状况，并送上新春祝福。

开展春节慰问活动 （陈雪焱摄）

【廉洁从业教育活动】 新昌分公司开展廉洁从业教育巡讲活动。教育巡讲活动中播放关于党员纪律条例相关的动漫视频。结合移动公司近几年发生在各部门、岗位的一系列具有代表性的案例详细地分析滋生各种贪污腐败及经济犯罪的环境、内部成因及其危害，阐述从管理机制方面建立预防违法犯罪的意义，并通过剖析公司中各种职务犯罪的特点、职务犯罪成本解析和职务犯罪长效机制的构筑等内容，给与会的员工们上一堂生动的警示教育课。

开展廉洁从业教育活动 （陈雪焱摄）

【“扮靓环境，迎接考评”义务劳动日】 7月16日，新昌分公司组织党员干部、入党积极分子、暑期实践人员等在社区的带领下开展“扮靓环境，迎接考评”义务劳动日活动。在公司所属的卫生包干区，党员干部开展清理社区内外道路及公共区域垃圾，清理道路周围花坛里的垃圾等。此次活动既改善社区的环境卫生，又提高干部职工卫生意识，营造全民参与卫生县城创建的良好氛围。

【赴甄完故里开展党员活动】 为进一步提高党员干部的拒腐防变能力，激发爱岗敬业工作热情， 12月2日下午，新昌分公司党支部全体党员干部前往镜岭镇岩泉村参观廉政文化教育基地

赴甄完故里开展党员活动 （陈雪焱摄）

——甄完故里，接受廉政警示教育。参加活动的党员干部边认真听取讲解，边观看实物、图片、文字、故事、正反面案例等廉政文化史料、廉政文化图片，受益匪浅。

（陈雪焱）

联　通

【加大网络建设】　2016年，中国联通新昌县分公司继续加大网络建设力度，基本实现市区和主要乡镇全覆盖、高话务区域的立体覆盖及主要交通干道无缝覆盖。3G网络全县行政村实现95%覆盖，4G网络覆盖城区和各乡镇及主要县域道路。继续加强商务楼宇、住宅区、工业园区、专业市场的宽带覆盖能力，持续推进“光进铜退、宽带提速”的改造工程，全年新增覆盖家庭5000户。

【努力提升服务水平】　2016年中国联通新昌县分公司以示范窗口创建，文明标兵评比等活动为载体，从多方面着手提升窗口的服务水平，并对鼓山中路营业厅进行重新装修，进一步改善服务环境及服务质量。加大对装机人员和代维队伍的培训和考核，装、拆、移、维的时效性进一步的得到保证。响应国家“提速降费”的号召，对存量宽带用户端口速率免费进行提速，极大地改善用户感知。

【坚决推进实名制】　中国联通新昌县分公司按照上级公司的要求于2016年继续开展“进一步防范打击通讯信息诈骗专项行动”，强力推进实名制，对实名制考核实行一票否决制，积极配合公安机关加大对网络诈骗的打击力度，做好联通公司应尽的社会责任。

【提升信息化服务能力】　中国联通新昌县分公司在上级部门的指导下，积极推动信息基础设施建设，在企业上云、大数据应用、物联网等多个信息化服务领域推出相应的解决方案，并积极参与政府部门、企业的信息化改造，为当地“互联网+”的飞速发展服务。

【加强基层党建工作】　2016年，中国联通新昌县分公司依据上级党委的要求和部署，坚持一手抓业务，一手抓党建，确定“党员带头践行行为准则，积极投身企业发展”主题，并通过“转型促发展、勇攀新高峰”、客户日“匠心换你心”等一系列活动开展党员教育实践，激发员工工作热情，树立企业良好形象。

（张健健）

责任编辑　张　梁

金　融

综　述

【概况】 2016年，中国人民银行新昌县支行出台《关于金融支持供给侧结构性改革的实施意见》，助推新昌经济平稳创新发展。出台《关于金融支持新昌县小微企业发展的实施意见》，助推“小微企业三年成长计划”实施。制订开展微信贷计划、小微企业三年成长计划、普惠金融工程等活动，支持新昌农商银行发行同业存单47.4亿元、新昌浦发村镇银行发行同业存单1亿元，其中新昌浦发村镇银行成为浙江省内首家成功发放同业存单业务的村镇银行。支持新昌农商行发行信贷资产支持证券32480万元。到12月末，人民币涉农贷款余额255.57亿元，占全部人民币贷款余额的76.83%。到12月末，支持中小微企业1901家，新增中小微企业贷款12.57亿元，占全部贷款增加额的54.06%。2016年12月底，全县金融机构本外币各项存款余额为469.89亿元，比年初增加39.96亿元，增长9.29%；各项贷款余额为389.36亿元，比年初增加23.31亿元，增长7.17%。

【引导金融产品创新】 一是创新企业融资体系，率先在全市开展知识产权质押贷款，探索突破专利、商标、知识产权等融资抵押模式，开展农村“三权”抵押试点，积极解决中小微企业融资过程中的抵押担保困难等问题，辖内11家银行机构发放知识产权质押贷款共计17笔、金额5230万元，受益企业12家，贷款余额4280万元。二是大力推介应收账款融资服务平台，到12月末，辖内成功注册33家机构，成交业务30笔，金额合计3.39亿元。三是大力发展科技金融，加大科技型企业信贷投入。通过设立“新昌县科技信贷风险补偿基金”、建立中小微科创企业实行奖励和风险补偿机制等方式，开展投贷联动、高新技术企业信用贷款等科技金融业务试点，支持科技型企业发展，截至四季度末，各金融机构科技贷款余额37.05亿元，较年初增加2.47亿元，受益企业234家。四是降低小微企业融资成本，积极与上级行沟通，争取到再贷款优质信贷资源，截至12月，辖内2家法人银行机构运用支小支农再贷款累计发放的小微企业贷款金额4818万元，受益小微企业户数46户，2家法人银行机构利用支小再贷款发放的贷款加权平均利率分别低于用非支小再贷款资金发放的小微企业贷款1.31和1.2个百分点。

【加强金融监管】 2016年支行开展各类行政执法检查11次，外汇管理局开展各类行政执法6次，其中对2家银行机构违反外汇管理和征信管理规定的行为进行立案查处，共处罚款6万元，促进辖内金融平稳运行。做好防范电信网络新型违法犯罪有关事项以及落实个人银行账户分类管理制度有关工作，维护良好结算秩序。加强反洗钱宣传和管理工作，向当地公安移送可疑交易线索2条、金额4700多万元，可疑交易线索公安机关立案侦查。

【优化金融环境】 参与县政府防范金融风险、处置风险企业的协调工作，及时出台《新昌县经济秩序大整治行动工作方案》，加大对欠薪欠税欠息、恶意逃废债等问题的整治力度，开展“失信黑名单”管理和“逃废债”专项行动，优化经济发展环境。通过充分挖掘企业自身资产担保能力、创新金融产品、设立应急转贷基金、成立金融监督和审判联席会议制度、创新不良贷款处置方式等化解担保链风险，至12月末，全县不良贷款余额仅为2.63亿元，不良贷款率为0.77%，余额和不良率均为全市最低，资产质量处于行业领先地位。

【加强农村信用体系建设】 通过“互联网+”、示范村建设、建立责任银行制度、出台优惠激励措施等方式，开展农户信用信息采集和信用户、信用村的评定工作，积极推进农村信用体系建设。截止到12月末，评定2016年年度信用户7586户，评定县级信用村60个，推荐申报省级信用村5个，并组织举行2016年度信用村、信用户授牌仪式。引导涉农金融机构加大对创建成果的转化和应用，对2015年度的3个县级信用村开展“整村授信”业务，截止到12月末贷款信用户50户，贷款金额1084万元。

【加强外汇管理和服务】 建立大额购付汇监测和异常购汇付约谈工作机制，开展银企约谈，全年共开展约谈工作14次，其中银行8次，企业6次。坚持资本项目事前报告制度，300万美元境外投资项目要求银行在境外投资外汇登记前向外汇局报告。及时进行外汇政策宣传，实地走访万丰、新和成、三花等企业，在第一时间宣传外汇局便利和规范外汇收支有关政策，正面引导企业合理进行境外投资。开展货物贸易外汇管理的非现场监测和现场核查工作，加强购付汇监测。加强跨境资金流动双向监管，以跨境资金流动监测系统等为基础，灵活运用分析指标，加强跨境资金流动监测，重点关注经常项目、直接投资项下、外债还本付息和利润汇出等资金流出，发现异动及时预警。针对不同主体跨境资金情况，采取恰当的方法引导银行和企业领会政策意图、规范业务操作，督促银行在经营外汇业务时自觉承担好真实性审核职责，认真履行“展业三原则”。引导企业合理用汇，全年境外投资项目11个，其中4个项目是以并购方式进行，在支持企业海外并购带动产业转型升级的同时，通过政策辅导引导企业合理使用对外投资资金组合。如前期根据“控流出”精神，指导辖内浙江万丰科技开发股份有限公司3.02亿美元并购项目中用跨境人民币及境外融资的方式解决部分并购资金，减少购汇压力。

【深化“便农支付”服务】 推广助农取款服务点，在人员、电子设备和支付结算工具的配备上向农村倾斜，在全县399个行政村设立助农取款服务点478个，使农民足不出村就能享受现代金融的便利。深化服务内涵，拓展城乡社保卡服务功能，建立涉农资金统一发放平台，实现“一卡通”。大力推广网上支付服务，发展网上银行、电话银行等业务，加大网上支付示范区创建力度。通过“示范区”建设，带动全县现代电子支付业务的发展，成功创建“网上支付示范区”1个省级示范区、4个市级示范区，创建市级“电子支付应用示范村”1个。

（杨仲富）

银　行

【概况】 2016年年末，全县银行业金融机构本外币存款469.89亿元，比年初增加39.96亿元；其中个人存款214.63亿元，比年初增加16.52亿元；非金融企业存款139.28亿元，比年初增加13.91亿元；广义政府存款111.59亿元，比年初增加6.52亿元；外汇存款2.47亿美元，比年初增加1.34亿美元。全县金融机构本外币贷款348.36亿元，比年初增加23.31亿元；其中住户贷款119.48亿元，比年初增加17.52亿元；非金融企业及机关团体贷款223.69亿元，比年初增加5.67亿元；全县金融机构外汇贷款1217万美元，比年初增加640万美元。

【银行机构支持科技创新企业】 一是引导银行机构进一步优化信贷结构，将信贷规模重点向科技创新型企业倾斜。至2016年末，全县列入科技创新企业名单共222家，辖内11家银行机构均不同程度对名单企业实行信贷倾斜，其中县农商银行对 141 家企业建立信贷关系,有贷款余额的 84 家，贷款余额为 8.11 亿元。二是深入推动科技与金融结合力度，大力引导开发无形资产金融运用新方式。三是鼓励银行机构积极开发信贷新产品，多种形式开展信贷支持。支持新昌农商银行相继推出中小企业“连心贷”“税银贷”信用贷款、理财质押贸易融资、NRA 账户、境外结汇、信保融资等产品；共同参与由县科技局牵头召开的邮储银行与科技创新型企业现场对接会，并代表监管部门对金融支持科技创新型企业进行政策解读。邮储银行重点推出“科技贷”、“新三板挂牌贷”等产品，并与县科技局签订总规模为 1.5 亿贷款框架协议，对夸克生物有限公司、三新风机有限公司等 5 家企业发放“科技贷”贷款 2850 万元。四是支持农商银行单设科技支行。农商银行设立科技支行完成前期调查和论证，待科技大楼落成即可进行申报。

【切实推进支农支小】 一是引导涉农银行机构继续推进金融支农服务。一方面以绍兴银监分局《关于实施普惠共享金融“一三五”工程的通知》为抓手，及时加强与县农办的沟通与联系，督促涉农银行认真落实文件精神，努力打造“5+1”专项活动升级版。另一方面，指导农商银行重点推进金融普惠工程，督促农商银行在推进整村授信的基础上，针对农村抵押物少，联保影响面大的情况，推广“手续简化，随借随用，随贷随还”的丰收小额信用贷款，进一步提升对农村地区的金融服务，至 12 月末，农商银行共安装 ATM 机 74 台，实现主要乡镇街道全覆盖，建设离行式自助银行 7 家，安装 POS 机 512 台、便民自助服务终端 23 台，并在 116 个行政村开展整村授信，推广小额信用贷款，共建档 13130 户，授信 9803 户，金额 123461 万元。同时，积极支持农商银行探索开展涉农贷款资产证券化等各种业务创新试点，该行钱潮 2016 年第一期信贷资产证券化项目发行成功，金额 3.248 亿元，系绍兴辖内首家获得发行信贷资产证券化资格的法人银行。二是提升对小微企业的金融服务水平。引导银行机构充分借鉴“微贷技术”的理念，探索试行分行业建立企业数据库模型，提高对授信企业在行业中地位判断的准确性。新昌农商银行在轴承、纺机、胶囊等行业，使用分行业格式化调查报告的基础上，向羊毛衫行业、餐饮行业、零售行业等其他行业扩展，并将信用等级、授信、用信审查、利率定价、风险监测等环节与客户关系系统挂钩，优化调查报告和分析系统的格式和内容，优化校验指标的设计与使用；浦发村镇银行充分借鉴和运用“小微贷款”信贷技术，并于 9 月专门成立“微贷中心”，专门开展“小微贷”业务。

【营造良好金融生态环境】 一是配合地方政府做好对社会经济金融秩序的整治工作。先后参与打击非法集资、经济秩序大整治、优化发展环境八大行动、打击逃废债专项行动、投资咨询类公司“百日整治”、治理通讯网络新型犯罪行动等几项重大活动。在经济秩序大整治行动中，逐月排查出欠息问题企业，至 12 月末，累计清欠 2843.93 万元；在投资咨询类公司整治中，配合公安对 3 家违法企业进行取缔；积极推动与公安、工商等相关部门联合开展打击恶意逃废银行债务行为。二是由县政法委牵头，协调公、检、法等部门妥善解决部分信用卡透支起诉难问题。通过多次努力，逐一与相关部门进行协调沟通，经提议，最后由县政法委牵头，召开公安、检察、法院、工商等部门参加的协调会，达成共识，妥善解决这一难题。

【突出对法人银行的监管】 一是继续以下达年度重要监管任务、按季开展监管评级达标、经营目标责任制考核等为中心，督促辖内 2 家法人银行机构落实工作措施，分阶段有序推进各项工作任务和监管指标的完成。二是主要通过年初编制机构概览、年报审计三方会谈、半年度审慎性监管会谈、年度规划执行和完成情况综合评价、列席指导董监事会会议、不定期走访参会等方式加强日常非现场监管。三是实施指标管理，对 2 家法人机构包括资本充足率、杠杆率、流动性比例、不良率在内的 13 项主要监管指标，分别设定目标值和触发值，按季实行监测，一旦触及触发值，及时下发通知，要求涉及银行详细分析原因，提出整改措施。四是促进法人机构“立杆定向、进位升级”，督促 2 家法人机构认真制定转型升级五年规划，进一步细化目标，明确达标方向和措施，并指导协助 2 家法人机构“立标杆”、“找差距”、“定规划”、“抓落实”，对 2 家法人机构拟定的标杆行,分别参与共同考察。

【强化银行机构合规经营意识】　一是加强前、中、后台风险管理组织和职能建设，建立分层次的风险管理体系，明确业务一线人员风险责任的同时，强调中后台合规风险的连带责任，以加强对各类操作风险易发环节的风险控制。二是提高制度执行的有效性，制度执行的质效直接影响着业务的合规性。三是加大内部审计（或事后监督）的监督力度，对规章制度执行情况进行检查，并对检查结果逐笔登记、逐次通报、按季考核，突出各类检查的实效。四是对违规问题实行层级管理，要求银行机构结合本行工作岗位设置的实际，对违规内容、违规类型和处罚内容，实行轻微、一般及严重三个不同层级进行问责。五是加强对表外业务的风险控制，建立监测、提示、检查和处置机制，着重在销售、风险提示、资金流向、纠纷处理等环节加强管理。六是强化案防高压态势，做好案件风险的排查，完善案防责任追究机制，落实各机构“一把手”案防职责。

【防范和处置信贷风险】　按照绍兴银监分局《绍兴银行业 2016 年信用风险防控“清淤活水”专项行动方案》要求，督促各银行机构制定信用风险防控“清淤活水”工作计划。立足“清淤”，进一步加大不良贷款化解处置力度，通过摸排以风险贷款名单制管理，严控不良源头，对症下药制定清收化解方案，同时加强与司法机关沟通，加快诉讼，加大司法执行力度，提高依法清收效果；鼓励和支持农商银行通过资产管理公司，对不良贷款打包批量处置，以时间换空间来化解不良压力。立足“活水”，促进贷款总量增加，在稳定贷款存量，确保存量贷款正常周转，提高转贷效率外，加强贷款营销，有效拓展贷款增量。

（陈晓玲）

保　险

【概况】　2016 年，新昌县保险市场新增财产险公司主体 1 家，共有县级保险机构 21 家（财产险 13 家，人身险 8 家）；各类保险机构 28 家，其中支公司 15 家，营业部 2 家，营销服务部 11 家；从业人员 1600 余人，其中营销员近 1300 人。全年全县总保费收入 6.75 亿元，增长 9.74%，其中财产险公司保费收入 3.29 亿元，增长 0.09%，人身险公司保费收入 3.46 亿元，增长 20.79%。全县保险企业提供 4005 余亿元的风险保障。累计支付各类赔款和给付 2.66 亿元，增长 3.50%，其中财产险公司赔款金额 2.07 亿元，增长 0.83%，人身险公司赔付金额 0.59 亿元，增长 13.4%。

【商业车险改革】　6 月 3 日，商业车险改革在全县正式实施，此次改革以市场化为导向，推动行业转向以公司品牌、理赔服务等为主要内容的全方位良性竞争，主要为解决“高保低赔”、“无责不赔”等突出问题，保费实施“奖优罚劣”，保障水平明显提高，投保选择范围扩大，保险消费者多方面受益。

【“互联网+”技术普遍应用】　随着信息技术的发展和保险环境的变化，“互联网+”技术普遍应用于保险销售和服务的各个环节，网销模式的普及、微信服务的推广、手机 APP 客服平台的运用、智能核保系统的试用、3G 远程理赔定损技术的成熟等，进一步提高保险服务效率，让广大消费者充分体验“指尖上”的便捷。

【财产险公司业务】　全年全县车险保费收入 2.68 亿元，下降 0.22%；非车险保费收入 0.61 亿元，增长 1.48%。全县财产险公司提供 2378 余亿元的风险保障。累计支付车险赔款 1.85 亿元，与上年同期持平；非车险赔款 0.22 亿元，增长 10.00%。

【人身险公司业务】　全年全县车险个人业务保费收入 2.75 亿元，增长 32.85%，其中新单业务保费收入 0.90 亿元，增长 41.14%；银保业务收入 0.60 亿元，下降 12.54%；团体业务收入 0.12 亿元，与上年同期持平。全县人身险公司提供 1627 余亿元的风险保障。累计支付短险赔款金额 0.09 亿元，增长 5.17%；死伤医给付金额 0.09 亿元，增长 12.61%；满期给付金额 0.33 亿元，增长 9.02%；年金给付金额 0.09 亿元，增长 49.33%。

表 30　全县财产险公司主要业务数据

序号	公司名称	累计保费（万元）	增长（±%）	赔款（万元）	市场份额（%）
1	人保财险	10889.51	5.76%	6061.74	33.13%
2	太保产险	4203.57	-0.02%	2641.86	12.79%
3	平安产险	7443.79	-1.46%	4100.91	22.65%
4	天安保险	870.04	5.60%	511.72	2.65%
5	华泰保险	1087.52	-7.50%	695.00	3.31%
6	中华联合	1515.98	-9.15%	1037.03	4.61%
7	大地保险	1150.21	-8.32%	827.55	3.50%
8	永安保险	694.63	-14.49%	736.22	2.11%
9	安邦保险	1350.65	4.51%	1109.84	4.11%
10	阳光财险	590.49	-37.44%	471.06	1.80%
11	国寿财险	2085.02	6.64%	2007.72	6.34%
12	长安责任	813.98	-5.33%	480.40	2.48%
13	浙商保险	174.19	-	6.79	0.53%
	合计	32869.58	0.09%	20687.84	100.00%

表 31　全县人身险公司主要业务数据

序号	公司名称	累计保费（万元）	增长（±%）	赔款与给付（万元）	市场份额（%）
1	中国人寿	15325.77	21.15%	3119.39	44.23%
2	太保寿险	2241.60	14.15%	83.80	6.47%
3	平安寿险	8752.65	3.81%	745.72	25.26%
4	泰康人寿	595.22	1.10%	49.95	1.72%
5	新华人寿	4004.51	21.53%	1626.94	11.56%
6	人保人寿	366.77	122.54%	0.00	1.06%
7	华泰人寿	843.59	65.51%	142.17	2.43%
8	阳光人寿	2519.87	132.76%	144.67	7.27%
	合计	34649.98	20.79%	5912.64	100.00%

【扩大三农保险范围】　2016 年，新昌保险业继续开展水稻、生猪、林木等 18 个品种的政策性农业保险，全年全县农业保险金额达 2.27 亿元，共向 309 户受灾农户支付赔款 35.9 万元；农房保险金额达 27.17 亿元，参保农户逾 12 万户，基本实现百分百参保率，赔付 116.6 万元。安信农业保险股份有限公司绍兴中心支公司和中国太平洋财产保险股份有限公司新昌支公司在上年全国首创茶叶低温气象指数保险的基础上，继续为全县茶叶种植大户、茶叶专业合作社和茶叶企业提供风险保障。搞好农村保险服务体系建设，认真落实乡镇（街道）和村各级保险营销服务部、服务站和服务点工作，配发“三农”服务车，将服务触角延伸至涉农第一线，实现公司产品、服务、人员三下乡，有效服务“三农”建设。

【积极开展责任保险】　2016 年，新昌保险业认真普及校园方责任险，基本覆盖全县所有中小学校和幼儿园；扩大公路客运和道路危险货物承运人责任保险；组成共保体统一推广电梯安全责任险和开展食品安全责任险；多家公司继续推行环境污染、火灾、燃气管道、道路和雇主等一系列责任险，减轻政府救灾压力。

【商业大病保险覆盖 25 万人】　2016 年，新昌保险业做好城乡居民大病保险承保工作，覆盖人群达 25 万人左右，减轻政府负担，提高运作效率；切实做好企业年金和商业养老保险工作，参与探索多层次养老保障体系建设；推出全国连锁式“将保险与养老社区嫁接”的商业保险模式，开展高端养老产业，扩大服务功能。

【特殊人群意外伤害保险】　2016 年，中国人寿新昌支公司连续第四年承保新昌县流动人口意外伤害保险，为 4.85 万余名新昌流动人口提供 10.66 亿元的保险保障；为全县残疾人提供人身意外伤害保障，实现全覆盖；为农村居民提供农村小额保险，提高农村居民的风险保障。多家公司推出老年人出行平安险、企业高管意外险、团体意外险、建工险等人身意外保险产品，扩大特殊人群意外伤害保障覆盖面。

【多举措支持新昌企业走出去】　2016 年，中国出口信用保险公司绍兴办事处和中国人民财产保险股份有限公司新昌支公司为出口企业提供出口信用保险；中国出口信用保险公司绍兴办事处持续加大对新兴市场出口的支持力度，支持新兴市场出口；推广“出运前风险”的附加保险，解决出口企业按照商务合同备好货后还未能出运买方就违约的风险；联合有关职能部门大力支持企业“走出去”，进行一系列政策宣讲和风险提示，建立“风险发布会”或“风险大讲堂”平台；定期为外经贸企业免费提供风险资讯、信用风险管理培训，点面结合做好辅导等；主动对接“一带一路”，拟定保险支持“一带一路”沿线国家贸易的具体细则，支持企业向沿线国家贸易出口；发挥专业优势，帮助企业筛选优质客户，如为企业提供资信调查和资信评估；继续当好外贸企业的“风险顾问”，针对收汇高风险国家，通过国别风险预警等方式引导企业开拓市场时保持谨慎。

【拓宽企业融资渠道】 2016年，中国出口信用保险公司绍兴办事处利用保单拓宽融资渠道，帮助投保企业向商业银行获得贸易融资；中国人民财产保险股份有限公司新昌支公司助力小微企业融资，提供贷款的增信服务，开展小额贷款保证保险，为个人提供信用保证贷款；全县人身险公司普遍利用保单质押贷款功能，推出保单借款服务。中国出口信用保险公司绍兴办事处继续推行新型信保融资产品，解决企业出口收汇风险、汇率波动、融资和担保困难等一系列问题，还加强与银行合作，向企业推广出口买（卖）方信贷保险，通过向国外项目业主提供中方融资帮助企业走出去或获取工程承包。

【做好防灾防损服务工作】 2016年，新昌保险业重新修订完善全县洪涝灾害车险理赔协作方案，重新酌情确定灾情预警点，平时结合新昌灾害风险特点，开展各种形式防灾减灾科普知识宣传，提高保险消费者防灾防损意识，及时走访督促重点企业落实防灾防损措施，提供防灾防损物资，防患于未然。

（倪达初）

资本市场

【概况】 2016年新昌县多层次资本市场建设取得阶段性成果。A股市场方面，五洲新春集团于10月25日在A股主板市场挂牌上市，股票代码603667。“新三板”市场方面，新增挂牌企业2家，万盾股份于8月10日在挂牌“新三板”市场，奔野重工于12月16日挂牌。截至年底，全县共有A股上市公司9家，“新三板”挂牌公司10家。全县直接融资增长迅猛，全年实现直接融资规模70.2亿元。其中三花集团超短融15亿元、中期票据5亿元，万丰集团短期融资15亿元，新和成集团中期票据10亿元，美盛文化非公开增发募资20亿元，捷昌驱动非公开增发1.25亿元，五洲新春集团首发募资4亿元。

（张培源）

责任编辑 张 梁

经济管理

发展和改革

【加强经济分析能力】 2016年，新昌县发展和改革局对全县72家重点工业和服务业企业进行监测分析，完成《样本企业监测报告》4期、《全县经济运行分析》4期。《关于新昌县2015国民经济和社会发展计划执行情况与2016国民经济和社会发展计划草案的报告》，提交县第十五届人民代表大会第五次会议通过。《2016年上半年国民经济和社会发展计划执行情况的报告》，提交县人大常委会通过。编制《新昌县2017年经济社会发展主要经济指标初步建议》，起草《关于新昌县2016国民经济和社会发展计划执行情况与2017国民经济和社会发展计划草案的报告（草案）》。按照省、市国动办及省军区的要求，收集录入新一轮的国民经济动潜力调查数据，形成经济动员潜力报告。

【重抓有效投资增长】 2016年，全县完成固定资产投资171.08亿元，增长14.0%，其中基础设施投资43.39亿元，增长58.1%。省重点项目完成投资44.44亿元，完成年度计划128.72%；市重点项目完成投资78.08亿元，完成年度计划111.3%；政府投资项目累计完成投资62.16亿元，新建项目开工率92.73%。引进浙商回归项目20个，到位资金18.5亿元，完成市对县考核任务目标123.3%，获得“绍兴市越商回归工作先进单位”称号。

【推进重大项目建设】 杭绍台铁路先行段（新昌与天台接壤段，以新昌为主）初步设计方案通过评审，于12月23日开工；甬金铁路完成可研评审，先行段（新昌与嵊州接壤段）于12月29日动工。上虞——新昌天然气管道工程前期工作接近尾声，其中隧道段于8月开工。开始建设浙商跨国并购回归项目产业园，成立领导小组，完成该区域的控制性详细规划、招商引资产业导向及空间布局指引等，土地征迁有序开展。527国道线暨泉清至五丰隧道工程于11月30日动工建设。铁路货运站场连接线等配套工程进行前期工作。

【提升项目服务效能】 加强政府投资项目进度跟踪，帮助协调解决存在问题。开展省市重点项目、省集中开工项目等专项督查，并牵头开展2016年度重大项目季度集中开工活动。抓好项目日常推进，编制项目推进计划，实行重大项目“挂牌作战”。草拟《关于建立新昌县重大项目分层协调快速推进机制的意见》，解决重大项目建设中的难题，促进重大项目早开工、早建设、早竣工。2016年共备案项目140件，总投资105.76亿元；核准项目4件，总投资1.36亿元；审批项目113件。

【争取资源要素保障】 2016年，全县新增省重点项目6个，省重大服务业项目1个，列入省重大工业项目9个。浙江万丰摩轮有限公司年产1000万件高强韧铝合金车轮智慧工厂、浙江三花自控元器件有限公司基于工业物联网为核心的智能工厂和梅溪湖民俗文化及休闲养生园等3个建设项目列入国家专项建设基金项目。申请专项建设基金2.05亿元。全年争取中央、省、市各类补助资金3402.6

表 32　**2016 年十大基础设施建设项目**

项目名称		项目性质	2016 年底实际形象进度	实际完成投资（万元）
钦寸水库建设		续建	1.大坝主体工程基本完工，12 月 21 日水库通过下闸蓄水移民安置省级技术验收，具备下闸蓄水条件；2.输水隧洞 1 标完成工程量 80%，2、3 标全部完成，总体隧洞衬砌完成 93%。3.公寓房完工，并通过竣工验收。	91870
秀洲至路桥公路新昌梅渚至澄潭段改建		续建	完工。	13172
新昌至磐安公路新昌双彩互通至植林段改建		续建	路基工程基本完成，路面施工。	12000
青山大桥至南复线建设	青山头至南复线道路连接	续建	完成道路路基 20%。	25000
	青山大桥建设	续建	完工。	2427.5
新昌县生活垃圾卫生填埋场（一期）和 104 国道黄庄水库至眉岱段联网公路及将作头长远岗垃圾填埋场污水处理厂 BOT		续建	填埋场一期工程：完成一期库区边坡工程；污水处理厂：设备进场安装，污水外排管线完成 90%；联网公路：完成 30%路基土石方。	4400
鼓山公园建设		续建	天姥阁及山顶建筑群主体完成 60%；城市展览馆及休闲文化街完成 40%；景观绿化工程完成 15%；完成半地下车库主体结构工程（新增）。	10000
220 千伏新南输变电		续建	完工。	15743
城东环线建设		新建	完成边沟、路肩、路面等工程，完成形象进度 50%。	1500
上三高速城南互通建设		新建	完成工可审批，完成初步设计评审。	3000
新昌县钟山水厂建设		新建	完成场外进出厂管线安装，总体完成形象进度 70%。	2800

表 33　**2016 年十大社会事业建设项目**

项目名称	项目性质	2016 年底实际形象进度	实际完成投资（万元）
社会公共服务大楼	续建	桩基完成。	5300
磕下保障房建设	续建	完成主体工程及内外墙粉刷。	8000
科技孵化大楼（工业设计中心）	续建	完成主体工程及内墙粉刷。	11500
西郊中学扩建	续建	一期风雨操场、综合办公楼、1 号教学楼、报告厅、地下车库等完工；二期 2 号教学楼、食堂等进场动工；景观配套工程正在施工。	2000
技师学院新建	续建	8 月，立面改造完工；两校区教学楼、宿舍楼、实训楼、风雨操场、食堂等主体完工；两校区配套工程完成 50%；技工学校校区南大门、围墙、一期景观完成。	16000
青少年活动中心建设	续建	工程竣工。	4666
礼泉小学迁建	续建	教学楼、食堂等基础完工，开始一层施工；行政综合楼、音乐艺术楼一层完工，准备二层施工；地下停车场主体完工。	5500
新昌县粮食储备中心	新建	A3、A4 基本结顶，其余 6 幢正在砌墙。	6500
新昌县多媒体传播中心	新建	清标动工。	1625
殡仪馆改扩建	新建	主体完工。	1000

万元。

【深化社会改革发展】 9 月，《新昌县公务用车制度改革实施方案》和相关配套政策出台，车辆处置基本完成，司勤人员妥善安置，公车平台有序运行。出台《关于印发全面开展县域经济体制综合改革实施意见的通知》，建立《县域经济体制综合改革监测指标体系（试行）》，加强动态监测。启动供给侧结构性改革工作，召开专题会议进行分工部署。制定《2016 年新昌县社会信用体系建设重点工作和任务方案》，开通“信用新昌”网站，推进“黑名单”制度建设和联合惩戒机制。

【特色小镇建设】 1 月，新昌智能装备小镇被列入省第二批特色小镇创建名单。小镇面积 3.46 平方公里，在创新理念的驱动下，园区的高端装备制造实现跃升。三花股份生产的家用空调四通换向阀在全球市场占有率达到65%以上；日发纺机经济效益连续10多年位列全国纺机行业前五强；泰坦股份纺织机械产品销量居全国同行之首，并达到国际纺机制造的高端技术标准；远信印染集纺织机械、印染机械、机械配件等产品专业生产加工于一体，成为高端后整理印染设备专业制造商。8月2日，在全省特色小镇规划建设工作现场推进会上，新昌智能装备小镇被评为2016年度优秀小镇，新昌万丰航空小镇被列入省级特色小镇第三批创建名单。

【乡镇发展基金管理】 6月2日，《新昌县乡镇发展基金管理办法（试行）》出台，下达2016年乡镇发展基金补助项目计划，共29个补助项目，总投资9000多万元。全年对涉及12个乡镇的29个项目实行预拨，共预拨基金1810万元。

【民生价格改革】 2016年，实行居民生活用天然气阶梯价格制度和天然气价格上下游联动机制，完善停车服务收费政策，明确机动车驾驶员科目二、科目三场地训练收费标准，核定儒岙卫生院普通病房床位价格，完善部分医疗服务价格政策。修订完善物业服务收费管理办法、民办学校学历教育收费政策、县体育中心公共体育设施服务收费政策以及十九峰景区门票价格和大佛寺景区游览车服务收费标准。落实国家扩大18项行政事业性收费免征范围，将原仅对小微企业免征的国内植物检疫费、拖拉机相关证照费等18项行政事业性收费扩大范围为所有企业和个人。

【农产品生产成本调查和价格监测】 对龙井茶、早籼稻（中籼稻）、香料烟、白术、蚕茧、小京生和茭白等7个品种的生产成本，进行定点记账调查，并及时在省物价局网站、《今日新昌》等媒体发布农产品生产成本调查报告，指导农民科学种植高收益农产品。对农业生产资料、农村居民服务、瓶装液化气、粮油副食蔬菜及特色农产品等5大类进行定期价格跟踪分析。

【价格执法宣传】 开展医疗服务和药品价格、涉农涉企收费、商品房销售明码标价、景区门票价格等专项检查。2016年共出动检查人员90余人次，检查单位50余家，对汽运总公司、旅游景点、钟楼农贸市场、华联超市等20余家单位开展节日市场督查。受理各类举报案件34件，办结率100%；接受各类价格咨询30余件。查处价格违法

表34　　2016年度（调查户）主要农产品生产成本和收益

项目名称	单位	绿毛茶		白术		晾晒烟		中籼稻		桑蚕茧		花生		茭白	
		2015年	2016年	2015年	2016年	2015年	2016年	2015年	2016年	2015年	2016年	2015年	2016年	2015年	2016年
每亩主产品产量	公斤	36.75	39.2	297.27	171.82	101.28	71.93	594.28	608.75	77.09	102.4	139.58	128.57	1668.17	1690.59
每亩产值	元	7143.44	8092.18	5469.9	5308.72	3661.42	2872.26	1789.98	1835.21	2474.63	3526.3	4087.5	3450	6789	7195.4
主产品平均出售价格	元/担	9718.97	10321.7	920.02	1544.84	1807.57	2145.77	150	149.89	1568.99	1688.15	1464.21	1341.68	203.49	212.81
每亩生产成本	元	4161.3	4820.29	6358.52	3279.02	5217.47	5125.27	1308.11	1652.73	4653.6	6712.5	1984.55	1935.36	2824.43	3536.38
其中：1.每亩劳动用工	工	38.44	44.01	58.89	23.66	66.98	61.29	13.53	15.33	59.25	80.37	23.5	17.68	30.88	38.18
2.每亩物质费用	元	1278.06	1405.25	2354	1504.3	662.83	476.47	388.07	508.77	624.6	685.2	386.55	609.18	724.59	627.29
每亩净利润	元	2782.14	2981.43	−1038.6	1813.03	−1756.1	−2599.4	181.87	−197.38	−2445.6	−4102	1802.95	1164.64	3814.57	3358.98
每亩现金收益	元	3095.72	6157.48	3055.9	3752.57	2978.59	2074.36	1371.91	1271.2	1823.36	2841	3670.95	2840.82	6049.41	6277.16

注：1.2014年劳动工价为每工58元，2015年提高为每工 68元，2016年再提高为每工75元。

2.生产成本不含土地成本。

案件 3 件，计多收违法所得 10.44 万元。开展价格行为约谈提醒告诫活动、消费者权益日价格政策宣传活动、价格服务进社区活动，发放各类宣传资料 1000 份。

（何旻妮）

财　政

【概况】　2016 年，新昌县实现生产总值 368.46 亿元，比 2015 年增长 6.6%，其中：第一产业增加值 22.4 亿元，增长 2.6%，第二产业增加值 184.4 亿元，增长 6.5%，第三产业增加值 161.66 亿元，增长 7.2%。人均生产总值达到 84441 元，三次产业结构比为 6.1 : 50.0 : 43.9。全县财政总收入 52.65 亿元，增长 2.23%；其中一般公共预算收入 30.94 亿元，增长 10.49%，剔除营改增因素，同口径增长 4.18%；一般公共预算收入占财政总收入的 58.76%，提高 4.39 个百分点；一般公共预算支出 41.42 亿元，增长 7.51%。

【组织财政收入】　落实税收法定原则，强化税种税源基础管理，确保税收收入及时足额入库。一般公共预算收入中税收收入 25.64 亿元，占公共财政收入的 82.88%。加强社会保险费征管，完善地方水利建设基金、残疾人就业保障金征管措施，提升规费收入管理水平。推进政府非税收入收缴电子化改革，完善和规范票据管理，全年非税收入入库 5.3 亿元，增长 39.13%。

【向上级争取资金支持】　2016 年，全县各企业、单位争取上级补助资金 9.9 亿元，其中县财政局向上争取 3.18 亿元。完成债券置换存量债务 23.09 亿元。新昌县兴财担保公司全年提供融资担保业务 64 户次，担保金额 2.59 亿元，办理中小企业银行到期借款短期周转业务 50 户次，提供周转资金 2.33 亿元，推荐中小企业专项信用贷款 34 户次，金额 0.76 亿元。

【规范产业基金】　成立新昌县产业投资发展有限公司，与金融机构、基金管理公司合作，通过参与上市公司定向增发和参与设立医疗健康基金、中小企业转型升级成长基金、中小企业新三板挂牌成长基金等方式，推进产业基金规范运行。全年政府产业基金投出前期资金 1.5 亿元，拉动社会资本 9.9 亿元。

表 35　2014～2016 年一般公共预算收支执行情况

单位：万元

项目	2014 年	2015 年	2016 年
一、一般公共预算收入合计	247528	280028	309400
（一）税收收入	236276	241963	256440
1.增值税	53113	57492	99705
其中：国内增值税	49305	53318	84272
改征增值税	3808	4174	15433
2.营业税	58929	61619	24978
其中：一般营业税	55279	57759	22751
金融保险业营业税	3650	3860	2227
3.企业所得税 40%	30473	35627	40107
其中：国税	15150	16609	15771
地税	14265	17639	23164
财政	1058	1379	1172
4.个人所得税 40%	16626	14230	13497
5.契税	8174	10149	7415
6.耕占税	7484	2452	10313
7.其他地方各税	61477	60394	60425
（二）非税收入	11252	38065	52960
8.专项收入	7420	29966	24652
9.行政事业性收费收入		1291	1296
10.罚没收入		4024	6219
11.国有企业计划亏损补贴	-3056	-500	
12.其他收入	6888	3284	20793
二、中央收入合计	218737	234990	217125
1.增值税（含改征增值税）	147914	159954	133201
2.国内消费税	174	250	226
3.营业税			3292
4.企业所得税 60%	45710	53441	60161
其中：国税	22726	24914	23657
地税	21398	26459	34746
财政	1586	2068	1758
5.个人所得税 60%	24939	21345	20245
三、财政总收入	466265	515018	526525
四、财政总支出	330258	385268	414198
1.财政支出	288800	346500	392000
2.省拨专款及 2015 年结转支出	41458	38768	22198

【加强民生保障】　健全县级基本财力保障机制，完善公共财政体系。全年一般公共预算支出 41.42 亿元，增长 7.51%，民生支出 33.53 亿元，占一般公共预算支出的 80.96%，人均公共财政民生支

出 7657 元。其中教育支出 9.93 亿元，科技支出 2.66 亿元，社会保障和就业支出 3.83 亿元。以“一事一议”财政奖补为方式，以“五水共治”、美丽乡村建设为重点，加大财政支农投入，2016 年财政安排“三农”投入 6.94 亿元。

【保障重点项目】 健全财政资金科学调度机制，全年审拨财政配套资金 3.15 亿元，保障重点项目建设。加强政府投资项目概算、预算审核管理，2016 年审核工程立项 34 个，投资估算 83.37 亿元；审核初步设计 80 个，概算 23.79 亿元，调整不合理投资 1.08 亿元。鼓励和引导社会资本参与基础设施及公共服务建设，对新昌高新园区沃西大道至三花路接线工程项目计划，实施 PPP 模式，项目总投资 3.5 亿元，其中 PPP 投资 2.8 亿元。

【深化财税改革】 深化政府购买服务改革，完成安保、保洁、绿化养护服务、电路租赁服务和审计（造价审核）等 5 个定点采购项目。深化国库集中支付改革，加快推进公务卡改革，实施公务卡强制结算制度，累计发放公务卡 6044 张，全年公务刷卡消费 743 万元。充实乡镇公共财政服务平台工作内容，扩大资金补助项目，有 58 项涉农资金通过平台发放，受益农户 18.01 万人次，涉及资金 0.96 亿元。规范财政资金竞争性存放，开展 3 次竞争性存放，中标资金 24.1 亿元，对比基准利率增加收益 4800 万元。完善绩效评价方式，落实 61 个项目开展绩效自评，涉及财政资金 6.95 亿元，确定 2 个项目实行重点评价，涉及财政资金 5942 万元。

（俞美娜）

地方税务

【2016 年税收特点】 全年共组织各项收入 40.31 亿元，增长 13.82%，其中税收收入 19.79 亿元，增长 9.57%。税收特点：一是税收月度收入增幅不均，剔除“营改增”因素，总体保持稳健增长。受一次性税源影响，3 月税收增长 11.4%，为全年最高。5 月全面实施“营改增”后税收增幅逐步下行，至 12 月份达最低点-7.37%。剔除“营改增”因素，各月总体呈现为稳健增长状态。二是税收增长依赖企业所得税，其他各税差异较大。企业所得税入库 5.8 亿元，增长 31.52%；个人所得税入库 3.37 亿元，减少 5.15%；营业税入库 2.7 亿元，减少 55.70%；其他各税入库 6.14 亿元，总体小幅增长 1.71%；耕地占用税入库 1.03 亿元，增长 320.60%。契税入库 7415 万元，减少 26.94%。三是社保基金稳步增长，推动规费收入增收。规费收入入库 20.52 亿元，增长 18.25%，增收 3.17 亿元。主要是社会

表 36　　2016 年度地税收入分税种情况

单位：万元

项目	2016 年累计入库数	2015 年累计入库数	增减%
总计	403133	387199	4.12
总计同口径	403133	354179	13.82
一、税收收入合计	197900	213636	-7.37
税收收入同口径	197900	180616	9.57
税收结构%	53.14	62.71	-15.26
1.企业所得税	57997	44098	31.52
2.个人所得税	33743	35575	-5.15
3.营业税	27006	60968	-55.70
4.其他各税	61426	60394	1.71
其中：城建税	13527	13516	0.08
房产税	9211	10045	-8.30
印花税	5764	4027	43.13
城镇土地使用税	13955	14640	-4.68
土地增值税	15610	15755	-0.92
车船税	2251	2106	6.89
资源税	51	256	-80.08
烟叶税	56	49	14.29
改征增值税	1001	0	
5.耕地占用税	10313	2452	320.60
6.契税	7415	10149	-26.94
三、其他收入	20033	21125	-5.17
1.水利建设基金	5115	6776	-24.51
2.地方教育附加收入	5423	5412	0.20
3.教育费附加收入	8139	7603	7.05
4.文化事业费	19	58	-67.24
5.税务部门罚没收入	7	9	-22.22
6.残保金	1330	1267	4.97
四、社保基金	185200	152438	21.49
1.养老保险基金	117113	94261	24.24
2.医疗保险基金	56015	44246	26.60
3.失业保险基金	5795	6668	-13.09
4.工伤保险基金	4380	4565	-4.05
5.生育保险基金	1897	2698	-29.69

保险基金增长 21.49%，增收 3.28 亿元。其中养老保险金入库 11.7 亿元，增长 22.24%，增收 2.29 亿元；医疗保险金入库 4.42 亿元，增长 26.60%，增收 1.18 亿元。地方水利建设基金下降 24.51%，减收 1661 万元，主要原因是政策性减收；教育费附加等其他规费收入与 2015 年持平。

【支持转型升级】 全年累计落实惠企减负金额 3.83 亿元，涉及纳税人 23968 户次，其中包括高新技术企业 21 户，减免企业所得税 9526 万元。小型微利企业 215 户，减免企业所得税 225 万元。其他企业资产损失税前扣除等项目扶持企业 163 户，减免企业所得税 1.27 亿元。减免 62 家困难企业城镇土地使用税 630 万元。亩产税收政策落实减免 65 家企业城镇土地使用税 491 万元。减免 26 家困难企业房产税 448 万元。

【征收管理】 落实营业执照、组织机构代码证和税务登记证等“五证合一、一照一码”。确定全局税收风险管理重点，做好省、市、县三级风险识别和推送，深入分析风险应对结果，建立风险应对监督机制。推广应用数据综合分析管理平台，开展房产税、城镇土地使用税、契税、耕地占用税等税种税源信息比对，社保缴费基数与个人所得税全员申报工资比对，加强税费申报异常风险应对，提高税源监控水平。

【加强税务稽查】 落实重点税源企业税收专项检查，重点检查房地产及建筑安装行业、物业管理行业、劳务输出行业。全年查结 53 户，其中重点检查 34 户，责成自查 19 户；查补收入 2116 万元。开展打击发票违法犯罪活动，提高税务稽查的震慑力，查处发票违法企业 8 户，非法发票 44 份，涉税金额 318 万元，查补税款、滞纳金、罚款 25 万元。落实税收违法“黑名单”制度和重大税收违法案件曝光制度，开展部门联合惩戒，营造守法经营、依法纳税良好氛围。

【做好纳税服务】 落实《纳税服务规范》，降低纳税人涉税成本，优化涉税登记流程，积极开展多部门、跨系统协作，优化信息共享，实现联合新办税务登记 4156 户，变更 3451 户，注销 969 户。开展“优化服务、共谋发展”走访活动，走访企业 1300 多家，收集问题 40 余个，并逐一进行解答落实。深化行政审批制度改革，健全纳税服务制度体系、运行体系、评价体系，提高纳税人满意度和遵从度，全年开展最新税收优惠政策辅导 14 期，举办新办企业办税辅导 18 期，与 3 家金融机构签订银行协作协议，共为 8 家企业提供纳税信用服务，累计金额 1700 万元。依托网税系统，推行网上审批制度，实行审批事项一窗受理、内部流转、限时办结、窗口出件。

【税务信息化管理】 2016 年，新昌县作为全省十个“金三”软件小范围试点单位之一，稳步推进“金三”软件上线。结合“金税三期”优化版上线，完善县局数据风险管控平台应用，开展数据清理和风险排查，据以评价征管状况、风险分布情况，发现税源增长点和征管风险点。推进税收征管保障，深化部门信息共享，规范涉税信息的采集、传递、分析流程，提升第三方信息增值利用水平。

（俞美娜）

国家税务

【概述】 2016 年，县国家税务局共组织国税收入 287503 万元，比 2015 年增长 4.43%。增值税入库 240023 万元，其中营改增增值税入库 30820 万元，新扩围营改增入库 26636 万元；入库企业所得税 39428 万元；直接贡献地方财政收入 109104 万元。

【落实税收优惠政策】 2016 年，全县共办理出口退（免）税 179314 万元，落实固定资产申报抵扣 17902 万元，促进小微企业发展减免 5225 万元，煤炭行业减免 4880 万元，企业所得税减免 14012 万元，高新技术减税 10156 万元，社会保障等民生减免 3467 万元，车购税减免 2670 万元，福利企业和软件企业退税 3810 万元，各类税收优惠减免合计 262217 万元。

【推进“营改增”进程】 3 月，成立新昌县“营改增”试点工作领导小组，并制定《新昌县“营

表 37　新昌县 2016 年国税收入

项目	2016 年入库数（万元）	2015 年入库数（万元）	增长%
一、税收合计	287503	275308	4.43
（一）两税小计	240249	223424	7.53
1. 增值税	240023	223174	7.55
2. 消费税	226	250	-9.60
（二）所得税小计	39428	41522	-5.04
1. 内资所得税	24398	21380	14.12
2. 涉外所得税	15030	20142	-25.38
（三）利息所得税	0	1	-100.00
（四）车辆购置税	7826	10361	-24.47
二、出口退税	-179314	-206514	-13.17
（一）退增值税	-87414	-100504	-13.02
（二）免抵调增值税	-91900	-106010	-13.31

改增”试点工作实施方案》《税收征管业务衔接方案》《工作应急预案》等。对 6449 户试点纳税人信息进行逐户筛选、清分、核实。加强与财政、地税部门的配合，确保改革前后政策及征管衔接到位。组建先锋突击队、应急小分队、青年志愿服务队等队伍，设立大厅值班长制度、共产党员首尾责任制等制度，开设营改增专窗。5 月 1 日，“营改增”全面铺开，各项工作运行平稳。

【整顿和规范税收秩序】　2016 年，共安排稽查案件 76 户（包括上年结转 16 户），结案 35 户，有问题 34 户，有问题率 97%，稽查查补总额（含自查）1497 万元，处罚率 83.76%（按金额），入库数 1902 万元（包括自查税款）。开展打击发票违法犯罪活动。10 月 8 日，“金税三期”上线，依托金税协查信息系统，受托协查发票 101 份，按期回复率 100%，委托协查 4 份，回复有问题 3 份，选票正确率 75%；接待异地国税机关来人协查 6 次，涉及新昌企业 6 户；完成打击发票 8 户 57 份，查补入库税款 203 万元。

【加强各税种管理】　参照“八大行动”整治方案，共清缴欠税 17 户，部分追缴 4 户，欠税入库金额 528 万元，压欠 57.33%。完成 2015 年度企业所得税汇算清缴。完成清缴户数 3680 户，应补缴企业所得税税额 5114 万元，预缴比率 84.62%。严格落实分类管理，确保备案单证及时完整；继续抓好无纸化管理，对留存企业申报资料和备案单证进行核查，对存在问题进行处理。完善“非居民企业税收控管协作网”。组织开展企业对外支付自查及检查，涉及企业 90 家，补缴税款 586 万元。

【开展国地税合作】　在现有组织和制度下，定期召开国地税协作会议以及税收形势分析研讨会，实行多项联合内容。在地税二分局设立 2 个国税办税窗口，实现“纳税人走进一家门、办妥两家事”。联合地税举办金税三期“五证合一、一照一码”专题培训会。联合开展纳税信用等级评价，评价出 A 级纳税人 707 户，B 级纳税人 1810 户，C 级纳税人 1248 户，D 级纳税人 81 户，联合补评纳税人 1 户，联合复评纳税人 1 户，共计 3862 户。与建设银行、农商银行、邮政储蓄银行签订“银税互动”合作协议，对 A 级、B 级纳税人进行推送。通过合作协议，帮助 8 家企业获得 1700 万元贷款。协同地税局、司法局、教体局在南岩小学建立普法教育基地。

【推进依法治税】　推行税收执法公示制度，落实税收执法全过程记录制度和说情登记制度，编写《税务行政执法典型案例及剖析》案例集。11 月，县国税局成功创建绍兴市国税系统法治税务示范基地；12 月，又被浙江省国家税务局命名为 2016 年全省国税系统法治税务示范基地。全年未发生一起复议、诉讼。全年共发生执法行为 29626 起，无执法过错产生；继续做好重大税务案件集体审理工作，审结案件 18 件，查补增值税 27 万元，企业所得税 17 万元，罚款 45 万元。

【提升征管质效】　做好重点税源预测分析，全年完成省局下达 4 户评估和 29 户风险提醒企业，县局 31 户评估企业，总计入库税款 1008 万元；推送中小税源评估企业 31 户，累计入库税款 200 万元；完成省局两批重点税源风险应对任务，总计 33 户，累计入库税款 772 万元；开展股权转让风险核查，通过补充申报补缴入库股权转让企业所得税 577 万元；做好欠缴税款阻止出境工作，完成阻止出境企业 5 户；抓好风险控制，全年完成风险管理全流程 1225 户，风险管理成果 8701 万元，弥补亏损金额 2879 万元。　（石桂汀）

审　计

【概况】　2016 年，县审计局完成审计项目 62 个（政府投资项目 44 个），查出违规金额 1760.43 万元，管理不规范金额 28384.79 万元，应上缴财政金额 592.82 万元，核减工程造价 3594.67 万元，移送案件线索 4 件，提出审计建议和处理意见 178 条。撰写审计信息、专报等 41 篇，被《中国审计报》《中国审计》《浙江审计》等各级媒体采用 26 篇（次），其中审计报告、专报受到县主要领导批示 39 篇（次）。催生县政府及有关部门修订出台《关于印发新昌县小额工程建设项目简易发包管理办法的通知》《关于新昌县农村生活污水处理设施运行维护管理工作实施方案（试行）的通知》等规范性文件 29 个。

【深化财政审计】　完成 2015 年度财政预算执行与全部政府性资金专项审计调查，结合公务支出、公款消费等专项审计调查，强化对重点资金、重点项目和全部政府性资金的审计监督，摸清县本级全部政府性资金的家底，揭示预算执行不严格、内控制度不健全、资金管理不到位等问题，针对性地提出改进和完善的建议意见，并分别向县人大常委会、县人民政府提交报告。实施完成新林乡、城南乡、东茗乡财政决算审计和县职技校、大市聚职中财务收支审计。

【严格经济责任审计】　围绕权力运行和责任落实两个重点严格经济责任审计，完成新林乡、农业局、新昌工业园区等 7 个单位、10 位县管领导干部的经济责任审计；完成市审计局授权的新昌县公安局、柯桥区检察院等 2 个单位、2 名市管领导干部的经济责任审计。坚持问题导向，查深查透问题，发现并揭露个别单位违纪违规情况，移送案件线索 2 件，涉及单位 1 家，涉案人员 2 人。

【加强政府投资审计】　完成政府投资审计项目 44 个，送审金额 33729.24 万元，净核减 3594.67 万元，审减率 10.66%。按规模标准实施政府投资项目竣工结算、决算审计的同时，加大对工程立项、招投标、施工管理、工程变更、工程质量等全过程监督评价力度，揭露影响效益、损失浪费、管理失职等行为。实施重大政府投资项目跟踪审计，做到监督关口前移、提前介入、主动服务、全程监督，实施完成青山大桥、新昌工业园区非特路二期工程项目跟踪审计。

【开展民生类专项审计和审计调查】　实施“五水共治”政策措施落实跟踪专项审计调查等民生项目，按上级要求实施完成嵊泗县浙商回归和嵊州市保障性安居工程、基本医疗保险基金和医疗救助资金等专项审计，围绕审计目标要求，摸清相关政策的执行情况和资金的使用情况，揭示政策目标落实不到位以及影响和损害群众利益等问题，保障党和政府各项政策落实到位。

【强化内部审计】　加强内部审计工作的指导和监督，组织 190 名内审人员参加绍兴市内审培训班，实现有重点多层次全覆盖业务培训；安排全县乡镇（街道）农村生活污水治理项目建设管理情况专项审计调查项目，会同乡镇（街道）内审机构联动实施；深化内审联系点制度，领导带头、全员参与分头调研乡镇、部门、企业内审工作，走访 16 个乡镇（街道）、20 多个部门和 30 多个企业。《万丰奥特控股集团审计中心实施的实业板块各公司 2014 年度固定资产投资专项审计调查》项目被浙江省内部审计协会评为 2016 年度省级优秀项目；内部审计论文《运用“四多法”显内审价值，增食堂效益》《适应新常态，践行新理念，全面推进民营企业内部审计全覆盖》《打造万丰特色审计 4.0 助推企业内部审计转型升级》分别获 2016 年度省级一等奖、三等奖、优秀奖；《京新药业对建设工程实行跟踪审计》等 4 篇论文和信息在《中国审计报》和《中国审计》上刊登。

（潘闽怀）

统　计

【统计监测与服务】　2016 年，按照《2016 年新昌县重点工作和经济社会发展相关指标完成情况定期通报实施办法》，通报各乡镇（街道）新增限上服务业家数。开展规模农业调研、“十二五”时期浙江经济社会发展系列评价分析，完成反映转型升级、服务业发展等方面情况的专题分析报告。在浙江政务信息网上加载统计信息，发布经济社会发展统计公报，编印《新昌统计年鉴（2016）》。每月编印《新昌统计信息》，配合有关部门做好温室气体编制、浙江省农民发展指数样本采集有关数据资料提供测算。

【加强名录库建设维护】 开展“四上”企业申报，利用第三次经济普查数据更新名录库，截至10月底，“四上”单位申报31家。制订部门联席会议制度和部门联动工作机制，以及项目确认和检查制度，发改、经信、建设等10余部门分工负责，抓好GDP、服务业、投资等重要经济指标的核算。

【开展统计调查】 开展平安浙江、1‰人口抽样调查、非公企业用人和人才资源调查、四众企业调查、浙江省企业发展环境调查等专项调查。根据省统计局要求，做好浙江省各设区市改革满意度评估企业调查问卷、2016年度省直机关“为官不为”专题民主评议问卷调查、浙江省规模以上工业企业金融服务状况调查问卷。

【基层统计队伍建设】 明确乡镇（街道）统计工作分管领导和统计工作岗位，落实统计人员岗位制度、报表报送制度等。县政府专门研究决定，对3个街道、3个中心镇、梅渚镇、高新园区和新昌工业园区等9个统计任务较重的单位各增加1个专职统计人员编制，经费财政全额拨款。县统计局制订考核细则，对各专业基层统计工作进行百分制考核。除网上直报外，还利用办公协同网进行文件传输。全年共培训农业、服务业、投资、一项目一档案、农业普查、劳动工资等统计人员近1000余人次。组织相关部门参加三新统计、特色小镇统计、园区统计等省市统计培训活动。分4期对全县规上工业、资质以上建筑业、房地产业、规上服务业企业统计专业人员进行业务培训。全年统计初级和中级报名34人。

【第三次农业普查】 2月，县政府发出《关于开展第三次农业普查的通知》，组建由县委常委、常务副县长柴理明任组长的第三次农业普查领导小组及其办公室。制订2016年工作计划，组建乡镇（街道）、村（社区居委会）农业普查机构，招聘10名农普临时用工，申请农业普查经费，并购置有关设备，参加诸暨市普查试点工作。10月初，全县第三次农业普查试点动员大会召开，副县长柴理明作动员讲话，然后梅渚镇棠村开展普查试点。

【“数据造假、以数谋私”专项整治】 按照全省统计局系统落实中央巡视整改要求开展“数据造假、以数谋私”专项治理工作暨党风廉政建设视频会议精神，新昌县成立领导小组，部署专项治理。配合市统计局对新昌县人民政府、羽林街道和七星街道进行巡查。组织对澄潭镇、梅渚镇、大市聚镇、羽林街道、七星街道等5个乡镇（街道）统计巡查。对5个乡镇（街道）分别抽取2个有投资项目的企业进行稽查。全年稽查工业、投资、服务业等企业45家。首次开展统计诚信单位创建，新昌制药厂等6家单位通过验收。

（潘之旦）

国土资源管理

【概况】 2016年，新昌县成功创建全国国土资源节约集约模范县，县国土资源局被县委、县政府授予县级机关绩效考核A类单位、信访工作先进单位；儒岙国土所被授予四星级基层站所称号，国土窗口被评为十佳满意窗口。全年规划新增建设用地规模2.5万亩，立足重大项目，多渠道争取新增用地指标1425亩；推进土地市场招拍挂出让工作，累计供地2509.2亩。整治非法矿产开采点2个；参与整治非法“一户多宅”3656户，共计61.43万平方米；参与集中拆违184.2万平方米；依法处置违法用地93宗，共计6.32万平方米；全年组织动态巡查2737次，发现并制止违法行为148起；做好卫片执法，全县2015年度的违法用地耕占比为4.43%。贯彻落实最严格的耕地保护制度，永久基本农田划定数据库通过省国土资源厅的质检；确保耕地占补平衡，全年完成土地开发 1223 亩，完成农村土地综合整治 104 亩。规范耕地占补“数质”双平衡；加强建设损毁耕地的复垦，启动耕地保护资金补偿工作，争取耕地保护补偿资金 903 万元。

【促进土地节约集约】 出台《新昌县 2016 年批而未供土地消化利用考核办法》，分解任务、落实责任、明确分工，全年消化利用批而未供土地 1588.3 亩，总供地率排名位于全省前列。鉴于全县旧城改造力度不大、存量建设用地少等实际困难，通过多种方式盘活存量土地 921 亩。以专项规划和年度实施方案为指导，完成低效用地再开发 437.7 亩。强化土地批后监管，加大闲置土地处置力度，提升用地效率。

【规范矿产管理】 实施《新昌县矿产资源规划（2011～2015 年）》，做好《新昌县矿产资源规划（2016～2020 年）》修编，送审稿报市国土资源局审查。做好采矿权管理，实行矿产资源规划分区管理和总量调控制度，全县现有采矿权 8 宗，设置方案已批尚未出让 1 宗，已出让未发证 1 宗，探矿权 9 宗。依法做好地质勘查管理和矿产资源储量管理，加强矿山储量动态监测，防范矿山企业超层越界开采。做好建设用地压覆矿产资源审核，出具建设用地无矿产资源压覆证明 94 份。加强采矿权人、探矿权人信用监管和矿山自然生态环境治理管理，东茗乡下岩采石场完成治理。

【优化民生服务】 全年完成土地储备 6 宗，办理土地征收项目 92 宗，总面积 1751.2 亩。加强地质灾害防治，全面排查隐患点、学校等重点区域，发现并整改问题 3 处，开展应急避险演练 37 次，消除隐患点 11 个，完成避让搬迁 25 户 68 人、建设治理项目 3 个。落实农民建房专项指标 145 亩，保障农民建房 889 户，其中危房户 255 户、无房户 363 户。加强地籍信息管理，率先实施不动产统一登记，实现登记机构、登记依据、登记簿册和信息平台“四统一”，办理不动产登记业务 2.55 万件。

（吕　莉）

市场监督管理

【概况】 2016 年，新昌县市场监督管理局开展打击无照无证、广告违法、商标侵权、假冒伪劣、食药安全、商业贿赂、“红盾网剑”等 7 类专项整治行动。全年共立案查处 463 起，办结 385 起，大要案 84 起。其中食品药品类案件 126 起，产品质量类案件 31 起，虚假宣传类案件 10 起，商标侵权类案件 4 起，广告类案件 6 起，无照经营类案件 147 起。移送新昌县公安局立案查处 8 起，采取刑事强制措施 35 人。成功查处新昌县房管局所属营业房租赁权拍卖违法行为，成为 2016 年度全市唯一一起商业贿赂案件，获评全市典型案例。组建食品药品行业情报员 60 人，组织义工参与食品安全监管检查、抽检、宣传等。全年共开展“四个你我”活动 26 次，参加人数 3000 人次，发放资料、纪念品 6000 份。开展供用水、电、气合同格式条款规范专项工作。对行业加大监管执法力度，巩固前期整治成果。2016 年认定“守合同、重信用”单位 9 家，其中 AAA 级 1 家、AA 级 5 家、A 级 1 家。上报国家工商总局公示守重企业 1 家。规范、推广订单农业文本，对涉农企业自制的订单农业文本，采取报备审查的方式进行备案登记，推广订单农业合同示范文本。严格动产抵押登记网上申报，网上审查与书面审查无缝对接，全年共办理动产抵押登记 61 件，抵押登记金额 12852 万元。全年共办理拍卖备案 112 起，签订拍卖成交确认书 212 份，成交金额 8907 万元。全年共查处各类商标侵权案件 5 件，上缴罚没款 8.6 万元。涉及市场线共接收建议提案 5 件，其中主办 4 件、协办 1 件。5 个建议提案全部办结完毕。5 件建议提案主要涉及市场提升监管、商标品牌等方面。

【推进商标品牌战略】 成立商标品牌建设领导小组，制定发展规划，明确对认定为中国驰名商标与省著名商标的个人和企业给予最高 30 万元的奖励；开展企业商标品牌建设业务指导，引导企业重视商号、商标一体化注册。2016 年，5 家企业的

5 只商标被省工商局认定为浙江省著名商标，4 家企业的 4 只商标被绍兴市市场监督管理局认定为绍兴市知名商标。至此，全县共有行政认定中国驰名商标 8 个，省著名商标 41 个，市著名商标 48 个，累计发放商标奖励 654.3 万元。促成企业以本公司注册商标作为质押，以融资助推企业转型发展；鼓励企业发挥自身地域特色，以特色行业为基础规划品牌建设。组织“京常乐”等 4 件新申报市著名商标，“和宝”等 10 件延续确认为市著名商标，“新和成”等 5 件申报省著名商标。确定以驰名、著名、食药等领域的商品和大佛、新昌小京生等地理标志证明商标为重点，开展打击侵犯知识产权与制售假冒伪劣商品整治行动；加强商标品牌中介服务机构监管，打击恶意抢注、夸大宣传、欺骗欺诈等违法行为。查处各类商标侵权与制售假冒伪劣商品案件共 27 件，罚没款总额 26.67 万元。

表 38　2016 年认定的浙江省著名商标

商标	企业名称
图形	新昌县群星实业有限公司
京诺	浙江京新药业股份有限公司
图形	浙江新柴股份有限公司
雅慕	达利丝绸（浙江）有限公司
NHU	浙江新和成股份有限公司

表 39　2016 年认定的绍兴市著名商标

商标	企业名称
新绿	浙江康乐胶囊有限公司
京常乐	浙江京新药业股份有限公司
丹青华碧	新昌县双彩乡大佛玉龙茶厂
百鸟峥茗	新昌县群星茶业有限公司

【商标品牌融资】 2016 年，县委、县政府出台政策对商标等知识产权融资进行鼓励，财政对企业支付的知识产权质押评估费，按实际支出额 50% 给予补贴。对因知识产权质押业务造成损失的银行，县财政在司法处置结束后，按照实际损失额的 30%给予补贴。全年共办理商标质押融资 3 笔 700 万元，盘活企业商标无形资产，促进企业的发展。

【广告法宣传及专项整治】 县市场监督管理局先后开展 3 次新广告法的培训会，对执法干部、广告经营单位、新昌新闻信息传播中心、新昌广播电视总台等进行系统培训，发放相关资料 500 余份。开展投资类广告、虚假广告、互联网广告等各项整治行动，重点整治投资、理财、医疗、药品、医疗器械、保健食品、房地产等广告。全局共出动执法人员 620 人次，共查处违法广告案 6 件，罚没款 24.48 万元。

【商事登记制度改革】 落实先照后证、五证合一、一照一码、简易注销等商改举措。12 月，出台《关于做好推行试用“先照后证”企业信息共享平台的通知》，实行部门告知网上流转制度，全面落实事中事后监管。推进局所一体化登记，下放内资有限责任公司、农民专业合作社、非公司企业法人及分支机构等 9 类新增注册主体的登记事项到各基层窗口。全年，县行政服务中心市场监管窗口共办理“五证合一、一照一码”营业执照 4289 户，其中新设 1204 户，变更及换照 3085 户。12 月 1 日，个体工商户办理营业执照开始实施“两证合一”。

【小微企业助力工程】 2016 年，县市场监管局召开小微企业三年成长计划工作部署会 1 次，推进会 3 次。在电视、报纸、微信、微博等平台累计发布信息 60 条，发放宣传资料 1500 份，发放小微企业政策汇编 1200 册。开展“双对接”培训 4 次，对接金融、科技活动 6 次，参加企业 480 家。在对接金融座谈会上，16 家企业与银行达成信贷意向 400 多万元。继续推进“个转企”，以提升公司制比率、税务登记率、统计目录率、企业存活率为抓手，深化沟通协调和信息共享机制，支持拟转企业向现代企业制度迈进。2016 年，共完成个转企 150 户，其中转型为公司 131 户，二次转型 2 户，新转公司制比例 87.33%。

【提升诚信体系建设】 推行食药生产企业质量安全主体责任述职报告制度，完善食用农产品市场准入制度，加快推进农产品质量可追溯体系、大型食品销售企业食品安全溯源电子化建设。严格落实“黑名单”制度、企业信息公示制度、质量信息公示制度，失信企业在信用贷款、各类财政奖励补助及部分公民权力行使等受到限制更加明显。2016 年，全县企业年报公示率 93.86%，未年报企业全部列入经营异常名录，“黑名单”公示 2 家，行政处罚案件公示 196 件，开展“双随机”检查 70 家。

【建设“阳光厨房”】 通过全面摸排、选点，确定“阳光厨房”建设对象是大型及以上餐饮单位、学校食堂和养老服务机构食堂。9 月，全县首家室外大屏幕监控“阳光厨房”在九月九大酒店建成，投入资金 20 万元，面积 14 平方米，将酒店厨房内食品原料粗加工、切配、烹饪、凉菜制作和餐具消毒等现场管理状况以及食品加工制作过程在大屏幕中分为六大区块向公众展示。2016 年，全县建成“阳光厨房”61 家。

【推进小餐饮整治】 按照“网格化监管，跟踪式服务，阶段性推进，分类化整治”的工作方式，抽调 85 名基层骨干组成小餐饮整治小组，将城区分片设组定网排人，落实 1 名干部定向跟踪整治 14～20 家小餐饮的“责任包干”制度；召开每周工作推进会；实行每日督查通报制和领导约谈制，倒逼整治工作强势推进。2016 年，规范提升城区小餐饮 1052 家，办理无证无照证照 204 家，取缔 48 家，统一标配加盖垃圾桶 1077 只、泔水桶盖 500 只，发放禁烟标识 1000 份，管理台账 2000 本，实现监管覆盖率、持证率、量化分级管理和信息公示率三个 100%。

【整治校园周边食品安全】 建立“县级主导、街道牵头、部门联动”的整治模式，划定各学校周边整治区域，加强重点时段整治力度和频次，并不定期进行暗访督查。做好宣传教育引导，共同构筑校园食品安全“防护网”。全年共开展联合整治 20 次，督查 12 次，检查经营户 3894 家，发放经营户告知书 1000 余份，流动摊贩告知书 800 余份，家长告知书 7000 余份，食品安全宣传单 38000 份。

【开展食品企业和小作坊整治】 3 月，县市场监管局对全县获证食品企业、小作坊开展地毯式隐患行动。重点排查生产场所卫生、食品添加剂使用、标识标签以及食品安全问题容易多发、高风险食品生产加工场所，严防非食用物质、过期回收原料、三无标识原料产品等流入生产加工环节。查处生产环节无证无照案件 1 起。督查、检查食品生产企业 273 家（次），出动执法人员 642 人次，开展技术执法 70 家次，出动许可审查人员 140 人次，发出整改通知书 31 份，消除隐患 78 个，掌握案件线索数 5 条，配合稽查、各所办理食品生产环节案件 8 件，涉案货值 9.91 万元，罚没金额 37.21 万元，其中 3 件移送公安，3 人追究刑事责任。

【加大安全检测力度】 2016 年，在食品生产经营领域共监督抽检 1215 批次，合格率 95.9%。推进重点领域消费维权，共组织商品检测 4 次，抽检商品 91 个批次，商品涉及农资（化肥）、汽柴油、消防器材、镜片镜框等，其中 13 个批次检测不合格，所有不合格产品均立案查处。

（何锡东）

个体私营经济

【个体工商业发展】 2016 年底，全县有个体工商户 26226 户，从业人员 53694 人，资金数额 160244 万元，分别增长 12.98%、13.71%、20.60%。其中第一产业 550 户，第二产业 6334 户，第三产业 19342 户，分别占个体总户数的 2.10%、24.15%、73.75%，呈现三、二、一的结构格局。个体工商户行业中，列前五位的是批发零售业 12682 户、制造业 5968 户、居民服务和其它服务业 2897 户、住宿餐饮业 2510 户、交通运输业 603 户，分别占个体总户数的 48.36%、22.76%、11.05%、9.57%、2.30%，这五大行业占个体总户数的 94.04%。2016 年个体户注销 1086 户，增长 9.92%，其中批发零售业 509 户、制造业 185 户，分别占个体工商户注销总数的 46.87%、17.03%。

【私营企业发展】 2016 年底，全县私营企业 7385 户，增长 10.69%；注册资本 2603898 万元，增长 16.57%；其中公司（有限责任公司与股份有限公司）5865 户，占全部企业户数的 72.56%；注册资本 2240363 万元，占全部注册资本的 87.89%。私营企业产业结构中，第一产业企业 209 户，占 2.83%，第二产业企业 3485 户，占 47.19%，第三产业企业 3691 户，占 49.98%。从注册资本来看，第一产业注册资本 64681 万元，占 2.48%，第二产业注册资本990215万元，占38.03%，第三产业注册资本1549002万元，占59.49%。截止12月底，注册资本排名前六位的行业依次是租赁和商务服务业、制造业、批发和零售业、建筑业、房地产业、金融业。

【农民专业合作社发展】 2016年底，全县农民专业合作社654户，增长7.04%，出资总额72380万元（其中货币出资70487万元，非货币出资1893万元），增长6.35%（其中货币出资增长7.08%，非货币出资与2015年持平）；成员总数5545人，减少8.04%。2016年新设农民专业合作社60户，出资总额5930万元。从业务分布看，2016年全县农民专业合作社业务分布前三位的情况与2014年、2015年相同，分别是种植业、农产品销售和与农业生产经营有关的技术、信息等服务。截止12月底，全县出资总额在100~500万元的农民专业合作社有237家，增长8.22%；出资总额在500~1000万元的有41家，增长5.13%；成员总数50~100人的农民专业合作社有11家，增长10%；成员总数100~500人的有8家，减少42.86%。

（张　力）

【个体工商户商品交易市场党建】 县市场监管局探索个体工商户党建工作新路子，形成以点带面、整体推进的效果，推进个体工商户党建工作。开办个体工商户和商品交易市场党务工作者培训班，130名个体工商户和商品交易市场党员及党务工作者开展“两学一做”学习教育活动，开展支部活动列会29次，组织志愿服务队开展爱心助学，慈善捐款，走进敬老院等公益活动13次，个体工商户梁如结被评选为“全国先进个体工商户”。

（陈　迪）

安全生产监督管理

【概况】 2016年，全县共发生各类上报事故189起（不包括生产经营性火灾），死亡48人，与2015年相比，上升1.61%和4.35%。其中工矿商贸领域发生上报事故8起，死亡8人，上升100%；道路交通领域发生生产经营性道路交通事故181起，下降0.55%；死亡40人，下降4.76%。生产经营性火灾消防领域发生上报事故21起，下降4.55%，无人员死亡。各类事故数量均未超市下达控制指标。

【企业主体责任落实年】 2016年，在全县企业中开展“企业主体责任落实年”活动。活动分三个阶段开展：1~5月，开展“百名干部进千企、走访谈心促安全”活动。走访企业1307家次，发放宣传资料2535份，帮助企业排查隐患1000余处，梳理问题建议150余条。5~9月，开展“落实企业主体责任、提升员工安全素质”活动。安全生产隐患排查防控治理系统中共有258家企业上传安全生产教育培训计划，329家企业上传教育培训档案，排名全市第一；开展送教上门63家，完成率128%。11~12月，开展“安全生产述职质询点评”活动。对30家企业进行安全生产述职质询点评活动，3家企业进行公开述职、现场分析点评。

【行政执法规范建设年】 健全执法制度，实行行政执法与法制监督分离原则。组织开展综合行政执法专题培训2期100余人次，信息化管理专题培训2期140人次、现场观摩执法2期150余人次，伤亡事故现场会6次。采取事故通报制度，将政府机关纳入责任追究范围。执法检查72家规上重点企业，查处安全生产事故7起，发出责令整改指令书40份，一般程序立案20起，发出处罚决定书26份，罚款168.6万元。非事故类安全生产违法案件8起，非事故罚款数28.7万元。

【安全生产四化融合】 2016年，全县网格员巡查企业1.13万家次，发现隐患2700处，整改率98.7%。推进安全生产标准化，全县有达标企业350余家。实施标准化退出机制，对2家事故企业进行摘牌。开展隐患排查系统“清零行动”，每月对各乡镇（街道）推广使用情况进行排名通报。2016年，录入检查信息2739家次，上报隐患1733处，企业自查隐患3091处。引入第三方机构，通过企业购买服务、安全生产协作等形式，破解小微企业安全管理服务难题，社会化服务覆盖企业715家。

【推进安全风险防控】 一是开展安全隐患大

整治行动和安全生产专项巡查，平安护航 G20 杭州峰会。全县摸排上报的 349 条隐患全部按计划完成整治，完成率 100%。组织 7 个巡查组，开展平安护航 G20 工矿商贸行业领域安全生产专项巡查。监督巡查工矿企业 500 家次，发现隐患 192 条，整改隐患 192 条，立案 8 起，查处企业 25 家。二是做好重点领域安全监管工作。开展危化品生产企业、非煤矿山企业体检式检查。开展市级挂牌督办重大事故隐患整治。开展职业健康调查摸底与职业安全监督检查。累计完成摸排企业 297 家，涉及职业危害 20133 人；完成用人单位检测评价 91 家，建设项目“三同时”17 个；依托技术服务机构，落实职业安全健康评估企业 42 家。

【提升全员安全素质】　连续 5 年开展安全文化建设示范企业创建，有县级安全文化建设示范企业 15 家。开展第十五个安全生产月活动，发放各类宣传资料 20 余种 1 万份。2016 年，新昌县安监局荣获全国安全生产月和安全生产万里行活动先进单位。举办安全生产培训师资班，编印《安全生产师资培训材料》250 册。全年共举办各类安全生产教育培训 34 期，2083 人。组织企业开展“安全隐患随手拍”与“十佳金点子”评选活动，形成“人人查隐患、人人反违章、人人保安全”的良好氛围。收到摄影比赛投稿作品 224 幅，评出个人单项奖 25 名和单位组织奖 6 名。

（胡颖颖）

责任编辑　王晓岚

中国共产党

重要会议

【县委全体（扩大）会议】 2016年，中共新昌县委召开全体（扩大）会议4次，县委常委会主持会议。会议谋划全县“十三五”发展，做出重大决策，开展优化环境“八大行动”，实施精准发力补齐短板攻坚行动计划，加快教育现代化县建设，实施小城镇综合环境整治，启动省级全面创新改革试验区建设。

1月18日，县委十三届九次全体（扩大）会议。回顾总结2015年工作，研究部署2016年任务，审议通过《中共新昌县委关于制定国民经济和社会发展第十三个五年规划的建议》。《建议》全面总结“十二五”时期新昌发展成效，科学分析“十三五”时期的发展形势，认为今后五年是新昌发展的重要战略机遇期，面临产业化、城市化、区域化三大机遇。《建议》确立“十三五”发展的指导思想，即牢牢把握创新、协调、绿色、开放、共享发展理念，以“工业立县、生态兴县、创新强县”三大路径为引领，深入实施“三城四化”战略，建设美丽新昌。《建议》提出“十三五”的发展目标，即今后五年，保持经济年均增长7.5%左右，到2020年生产总值、人均生产总值、城乡居民收入均比2010年翻一番，实现经济实力更强；优化全县发展空间格局，实现城乡发展更协调；形成高水平的覆盖城乡居民的社会保障体系，实现人民生活更幸福；建设生态新昌共享品质生活，实现生态环境更优美；重要领域和关键环节改革上取得决定性成果，实现社会治理更成熟。县委书记邵全卯代表县委常委会做工作报告。县委副书记、代县长李宁部署当前工作。县委委员、县委候补委员，县纪委委员；县人大常委会副主任，县政府副县长，县政协副主席；县法院院长、县检察院代检察长；驻新部队主要领导；钦寸水库指挥部总工程师；高新园区管委会主任、澄潭镇党委书记；县政协秘书长；各乡镇（街道）党政主要负责人；县人大、县政协各专（工）委主任；县级机关各部门党政主要负责人；民主党派、工商联主要负责人；党委建制企事业单位党委书记；原县处级部分老同志；部分县党代表参加会议。县级机关各部门副局级领导列席大会听取报告。

7月14日，县委十三届十次全体（扩大）会议。回顾总结上半年工作，研究部署下半年任务，审议通过《中共新昌县委关于精准发力补齐短板攻坚行动计划》和《中共新昌县委关于加快建设教育现代化县的决定》。会议指出，要把补齐短板作为“十三五”发展的关键一招，扎实推进供给侧结构性改革，努力补齐制约新昌发展最关键、最迫切的短板。要精准把握补短板的主要内容，补齐科技创新、交通设施、生态环境、增长后劲、城市建设、农村发展、公共服务有效供给、作风建设等八块短板，全面提升新昌发展水平。《决定》提出，力争到2018年通过“基本实现教育现代化”评估验收，2020年通过“全面实现教育现代化”评估验收，全县基本建立起比较完善的现代国民教育体系和终身教育体系。县委书记邵全卯代表县委常委会向全会做工作报告。县委副书记、县长李宁部署当前工作。

10月28日，县委十三届十一次全体会议。决定召开中共新昌县第十四次代表大会的有关事项。县委书记邵全卯主持会议，县委委员、候补委员参加会议。

12月20日，县委十三届十二次全体（扩大）会议。回顾总结2016年工作，研究部署2017年任务，审议通过《中共新昌县委关于落实全面从严治党要求加强新形势下干部队伍建设的决定》。县委书记邵全卯代表县委常委会向全会作工作报告。县委副书记、县长李宁部署当前工作。

【全县作风建设大会】 1月5日，县委、县政府召开全县作风建设会议。总结2015年全县作风效能建设情况，部署2016年工作。县委书记邵全卯强调，作风建设务必弛而不息，常抓不懈；务必突出重点，突破难点；必须严抓实管，抓出成效；各级各部门一定要从事关新昌发展全局的高度，牢固树立“作风建设永远在路上”和“作风建设越往后执纪越严”的意识。县领导邵全卯、李宁、求子平、罗国安、王浩萍、尹国樑、柴理明、周巍出席会议。县委副书记李宁主持会议。县四套班子其他领导，县法院院长、县检察院代检察长，钦寸水库工程建设指挥部总工程师，高新园区主任、澄潭镇党委书记，各乡镇（街道）、县级机关部门副科级以上领导干部，有关部门中层正职，各金融机构负责人等参加会议。

【全县离退休干部春节慰问大会】 2月2日，县委、县政府召开离退休干部春节慰问大会，向全体离退休干部致以新春的祝福与问候。县委书记邵全卯讲话。县委副书记、县长李宁主持。县人大常委会主任求子平，县政协主席罗国安，县级机关各部门分管领导出席。

【全县经济工作会议】 2月14日，县委、县政府召开全县经济工作会议。总结2015年经济工作，表彰各类先进，全面部署2016年经济工作任务。会议强调，要以“五大发展”理念为引领，围绕美丽新昌目标，大力推进“三城四化”战略，牢牢把握“稳中求进、转中求优”的工作基调，以“工业立县、生态兴县、创新强县”为引领，开展“产业提升年、创新突破年、环境优化年”活动。县委副书记、县长李宁主持会议。县人大常委会主任求子平，县政协主席罗国安，县委副书记、政法委书记王浩萍，县委副书记、钦寸水库工程建设指挥部总指挥尹国樑等出席。县四套班子其他领导，县法院院长、县检察院检察长，钦寸水库工程建设指挥部总工程师，高新园区管委会主任、澄潭镇党委书记，部分县级老领导，各乡镇（街道）、县级机关各部门副科级以上干部，各派驻纪检组组长，重点企业主要负责人，农村党支部书记代表以及受表彰奖励的人员等参加会议。

【全县农村工作会议暨乡村旅游发展大会】 2月14日，县委、县政府召开全县农村工作会议暨乡村旅游发展大会。总结2015年农业农村工作，研究部署“十三五”和2016年农业农村工作任务，推进农村和乡村旅游发展，表彰2015年度农业农村工作先进单位和个人。县委书记邵全卯作主题报告。县委副书记、县长李宁主持。求子平、罗国安、王浩萍、尹国樑、柴理明、潘启富出席。各乡镇（街道）党政正职、分管领导，市县农村工作指导员、农村党支部书记代表，县级机关各部门主要负责人，县人大农经工委、政协农业农村委主任，重点部门班子成员，农业龙头企业、示范性专业合作社代表，受表彰代表，奔小康工程结对帮扶企业代表，特色旅游村庄主要负责人等参加会议。

【省委第四巡视组巡视新昌县情况反馈会】 2月24日，省委第四巡视组巡视新昌县情况反馈会召开。省委第四巡视组组长龚吟怡向新昌县委书记邵全卯反馈巡视情况，省委巡视工作领导小组办公室负责同志洪国良传达省委夏宝龙书记关于巡视工作讲话精神，绍兴市委常委、组织部部长徐晓光参加反馈。之后，龚吟怡代表巡视组向新昌县领导班子进行反馈，洪国良、徐晓光分别对落实巡视反馈意见的整改工作提出要求，邵全卯主持会议并作表态发言。省委第四巡视组副组长郭庄宁和有关成员，县四套班子领导，县法院院长、县检察院代检察长，县人武部长，钦寸水库工程建设指挥部总工程师，高新园区管委会主任、澄潭镇党委书记，县政协秘书长，各乡镇（街道）党政主要负责人，县级机关各部门主要负责人，县委办、县府办、县纪委（监察局）、县委组织部班子成员，县纪委各派驻纪检组组长及 2010 年以来退休的县级老领导等参加会议。

【全县党建工作会议】 2月25日，县委召开全县党建工作会议。总结 2015 年全县党建工作，全面部署 2016 年党建工作各项任务。县委书记邵全卯强调，全县各级党组织要牢固树立“抓好党建就是最大政绩”的理念，以高度的政治责任感和强烈的历史使命感，以严的作风和实的举措抓好党建工作。县委副书记、县长李宁主持会议。县领导王浩萍、尹国樑、潘岳梦、赵如浪、周巍、袁国飞出席会议。相关县领导分别就纪检、组织、宣传思想、统战等分管口工作进行具体部署。县党建工作领导小组成员；各乡镇（街道）党委（工委）书记、党群副书记，纪（工）委书记、宣传委员，县委组织员；县级机关各部门党委（党组）主要负责人；纪委各派驻纪检组组长；县委办、纪委、组织部、宣传部、统战部副科级以上干部；党委建制企事业单位党组织负责人参加会议。

【全县平安建设暨信访工作会议】 2月26日，县委、县政府召开全县平安信访暨开展环境优化年“八大行动”工作会议。回顾总结 2015 年全县平安建设和信访工作，分析当前面临形势，部署 2016 年“平安新昌”建设和信访工作任务。邵全卯强调，各级各部门要强化责任抓创建，强化考核抓创建，强化宣传抓创建，要继续保持高昂的精神状态和工作斗志，做好平安建设各项工作，确保“平安县”创建成功。县委副书记、政法委书记王浩萍作工作报告，强调全县平安建设工作将着重做好 G20 峰会安保维稳、抓实“八大行动”、强化目标导向和机制建设等五方面工作。县委常委、常务副县长柴理明通报 2015 年度全县平安建设工作各类先进。县领导求子平、罗国安以及县法院院长钱长龙、县检察院检察长柴峥涛，县级机关有关部门主要负责人，各乡镇（街道）党政正职、分管领导；政法部门中层正职以上干部等参加会议。

【钦寸水库工程建设推进大会】 3月1日，县委、县政府召开钦寸水库工程建设推进大会。县委书记邵全卯在钦寸水库工程建设推进大会上强调，钦寸水库工程建设已到决战决胜的关键时刻，各级各部门、各责任单位以及广大移民干部，必须咬定“全面完成移民安置工作，大坝主体工程完工，水库具备蓄水条件”这个水库建设的年度工作目标，确保打好打赢钦寸水库工程建设这场没有退路的硬仗。县委副书记、县长李宁主持会议。县委副书记、钦寸水库工程建设指挥部总指挥尹国樑作动员部署报告，报告明确加快工程建设、抓好移民安置、做好政策处理、深化建设管理、维护社会稳定等五方面工作。县四套班子领导求子平、罗国安、尹国樑、盛林炳，钦寸水库工程建设指挥部总工程师马晓明出席会议，钦寸水库工程建设指挥部、县交通局、县市场监管局、新林乡、羽林街道等单位负责人作表态发言。

【全县村主职干部集中培训会】 3月13日，县委召开全县村主职干部集中培训会。会议学习贯彻中共十八届三中、四中、五中全会和习近平总书记关于全面从严治党的系列讲话精神，按照“两学一做”学习教育要求，加强村主职干部队伍的教育培训，提高农村基层干部的廉洁意识和法治观念。县委书记邵全卯强调，农村发展任重道远，村干部要不负组织所托，不负群众所盼，始终做到讲政治、守规矩、敢担当、有作为，为农村加快发展提供坚实基础。柴理明、赵如浪、周巍、朱国凡、袁振华出席会议。县委常委、组织部部长赵如浪主持会议。县级机关有关部门主要负责人，各行政村党组织书记、村委会主任参加会议。

（俞　辉　俞建军）

表 40　　中共新昌县委新委〔2016〕文件目录

文号	文件题名	发文时间
1	关于印发 2016 年工作要点的通知	2.23
2	关于调整县委常委分工的通知	1.14
3	关于同意召开新昌县第十五届人民代表大会第五次会议的批复	1.14
4	关于同意召开政协新昌县第九届委员会第五次会议的批复	1.14
5	关于乡镇（街道）党委（工委）宣传委员配备管理的意见	1.17
6	关于印发邵全卯同志在县委十三届九次全体（扩大）会议上的报告的通知	1.19
7	关于制定国民经济和社会发展第十三个五年规划的建议	1.19
10	关于同意新昌县侨联第四届委员会主席、副主席候选人建议人选的批复	1.22
11	关于命名表彰 2015 年度县级文明单位、文明村的决定	1.26
12	关于 2015 年县级机关工作工作绩效考核结果的通报	2.2
13	关于 2015 年乡镇（街道）工作绩效考核结果的通报	2.2
14	关于表彰 2015 年度奔小康工程结对帮扶工作先进单位的通报	2.5
15	关于表彰 2015 年度政府投资项目建设优胜单位的通报	2.5
16	关于表彰 2015 年度农业农村工作先进单位和个人的通报	2.5
17	关于表彰 2015 年度十佳现代农业特色村的通报	2.5
18	关于表彰 2015 年度“五水共治”工作优胜单位河道认养推广先进集体和先进个人的通报	2.5
19	关于授予张亚波等 15 名同志新昌县经济发展特别奖等荣誉的通报	2.5
20	关于表彰 2015 年度中小企业跨越奖获奖企业的通报	2.5
21	关于表彰 2015 年度新昌县工业转型升级考核工作的通报	2.6
22	关于表彰 2015 年度纳税超千万元企业的通报	2.6
23	关于表彰 2015 年度自营出口十强企业的通报	2.6
24	关于授予章伯昌等 6 名同志新昌县建筑业发展杰出人才等荣誉称号的通报	2.6
25	关于表彰优秀建筑企业的通报	2.6
26	关于表彰 2015 年度新昌县现代服务业突出贡献奖、跨越奖和最佳现代服务企业的通报	2.6
27	关于表彰 2015 年度钦寸水库工程建设先进单位的通报	2.6
28	关于表彰 2015 年度乡镇街道科技目标责任制考核优胜单位的通报	2.6
29	关于印发《新昌县乡村旅游发展三年计划（2016～2018 年）》的通知	2.14
30	关于印发《开展优化环境年“八大行动”实施方案》的通知	2.19
31	关于表彰 2015 年度建设“平安新昌”先进集体和先进个人的决定	2.25
32	关于调整新昌县“五水共治”工作领导小组的通知	2.26
33	关于表彰 2015 年度县信访工作先进集体和先进工作者的决定	3.1
34	关于同意县社科联第一届六次常务理事会表决结果的批复	3.7
35	关于 2016 年乡镇（街道）领导干部“积分制”绩效考核管理的意见	3.8
36	关于 2016 年县级机关部门领导干部“积分制”绩效考核管理的意见	3.8
37	关于印发《2016 年新昌县乡镇（街道）领导干部社会化评价工作方案（试行）》的通知	3.8
38	关于印发《2016 年新昌县县级机关部门领导干部社会化评价工作方案（试行）》的通知	3.8
39	关于 2016 年乡镇（街道）领导干部包村（社区）工作考核的意见	3.8
40	关于印发《新昌县领导干部德行考核办法》的通知	3.8
41	关于 2016 年乡镇（街道）工作绩效考核的意见	3.14
42	关于 2016 年县级机关工作绩效考核的意见	3.14
44	关于表彰 2015 年度科技创新带头人、科技创业领头人、科技工作好领导的通报	3.18
47	关于印发 2016 年新昌县全面深化改革工作要点的通知	3.27
48	关于坚持工业立县推进创新驱动发展的若干意见	3.31
49	关于同意新昌县侨联第四届委员会主席、副主席选举结果的批复	4.6

文号	文件题名	发文时间
50	关于调整县委常委分工的通知	4.11
52	关于认真贯彻执行换届纪律要求切实加强换届风气监督的通知	4.28
53	转发《中共新昌县人大常委会党组关于加强新昌县人民代表大会代表日常管理的意见》的通知	5.2
54	关于同意召开中国共产党小将镇第十五届代表大会第一次会议的批复	5.5
55	关于中共小将镇第十五届委员会委员和镇纪委委员候选人预备人选的批复	5.5
57	关于对乡镇（街道）领导班子和领导干部进行届期考核的通知	5.5
59	关于中共小将镇第十五届委员会和纪律检查委员会组成人员的批复	5.17
60	关于成立中共新昌县委落实省委巡视工作领导小组办公室的通知	3.25
61	关于进一步促进企业上市挂牌的若干意见	6.12
62	关于《开展产学研合作创新体制综合改革先行试点的请示》的起草说明	6.15
63	关于成立县委巡察协调领导小组的通知	6.22
66	关于落实省委巡视组反馈意见整改工作报告	6.3
67	关于表彰优秀县优秀共产党员、优秀党务工作者和先进基层党组织的决定	7.7
68	关于落实市纪委党风廉政建设主体责任评议意见整改工作方案	7.11
70	关于印发《精准发力补齐短板攻坚行动计划》的通知	7.15
71	关于印发《加快建设教育现代化县的决定》的通知	7.15
72	关于确定新昌县领导班子换届会议推荐建议人选的报告	8.3
73	关于确定新昌县纪委领导班子换届会议推荐建议人选名单的报告	8.3
75	关于新昌县领导班子换届拟新提拔人选考察建议人选名单的报告	8.8
76	关于纪委领导班子换届拟新任人选考察对象建议名单的报告	8.8
78	关于表彰2016年度普通高考成绩突出单位和个人的决定	8.23
79	关于换届拟新提拔人选考察对象信访核查暨廉政情况的报告	9.4
80	关于同意县妇联第十四届十次常委会表决结果的批复	9.14
81	关于同意召开共青团新昌县第十九次代表大会的批复	9.14
82	关于要求批复《新昌县关于深化供销合作社农业生产经营管理体制改革构建“三位一体”农民合作经济组织体系实施方案》的请示	9.18
83	关于深化完善“天姥英才”计划加快推进“创新强县”战略实施的意见	9.24
84	关于同意召开新昌县工商业联合会（总商会）第九次会员代表大会的批复	10.8
85	关于表彰新昌县G20杭州峰会工作先进集体和个人的决定	10.12
86	关于报请审批全面创新改革试验方案的请示	10.13
87	转发《中共新昌县人大常委会党组关于做好全县县乡两级人民代表大会换届选举工作的意见》的通知	10.15
88	关于同意沙溪镇党委提出的第十六届人民代表大会代表候选人初步建议人选的批复	10.17
89	关于中共沙溪镇第十五届委员会和镇纪委候选人预备人选的批复	10.17
90	关于同意召开中国共产党澄潭镇第十五届代表大会第一次会议的批复	10.17
91	关于同意召开中国共产党梅渚镇第十五届代表大会第一次会议的批复	10.17
92	关于同意召开中国共产党镜岭镇第十五届代表大会第一次会议的批复	10.17
93	关于同意召开中国共产党回山镇第十五届代表大会第一次会议的批复	10.17
94	关于同意召开中国共产党儒岙镇第十五届代表大会第一次会议的批复	10.17
95	关于同意召开中国共产党大市聚镇第十五届代表大会第一次会议的批复	10.17
96	关于同意召开中国共产党沙溪镇第十五届代表大会第一次会议的批复	10.17
97	关于同意召开中国共产党城南乡第十五届代表大会第一次会议的批复	10.17
98	关于同意召开中国共产党东茗乡第十五届代表大会第一次会议的批复	10.17
99	关于同意召开中国共产党双彩乡第十五届代表大会第一次会议的批复	10.17
100	关于同意召开中国共产党新林乡第十五届代表大会第一次会议的批复	10.17
101	关于同意召开中国共产党巧英乡第十五届代表大会第一次会议的批复	10.17

文号	文件题名	发文时间
102	关于深化供销合作社和农业生产经营管理体制改革构建“三位一体”农民合作经济组织体系的实施意见	10.17
103	关于中共澄潭镇第十五届委员会委员和镇纪委委员候选人预备人选的批复	10.18
104	关于中共梅渚镇第十五届委员会委员和镇纪委委员候选人预备人选的批复	10.18
105	关于中共儒岙镇第十五届委员会委员和镇纪委委员候选人预备人选的批复	10.18
106	关于中共大市聚镇第十五届委员会委员和镇纪委委员候选人预备人选的批复	10.18
107	关于中共城南乡第十五届委员会委员和乡纪委委员候选人预备人选的批复	10.18
108	关于中共巧英乡第十五届委员会委员和乡纪委委员候选人预备人选的批复	10.18
109	关于成立中共新昌县第十四次代表大会筹备工作领导小组的通知	10.18
110	关于中共镜岭镇第十五届委员会委员和镇纪委委员候选人预备人选的批复	10.21
111	关于中共回山镇第十五届委员会委员和镇纪委委员候选人预备人选的批复	10.21
112	关于中共东茗乡第十五届委员会委员和乡纪委委员候选人预备人选的批复	10.21
113	关于中共双彩乡第十五届委员会委员和乡纪委委员候选人预备人选的批复	10.21
114	关于中共新林乡第十五届委员会委员和乡纪委委员候选人预备人选的批复	10.21
115	关于共青团新昌县第十九届委员会委员候选人的批复	10.28
116	关于召开中国共产党新昌县第十四次代表大会的请示	10.28
117	关于中国共产党新昌县第十四次代表大会代表选举工作的通知	11.6
118	关于中共澄潭镇第十五届委员会和纪律检查委员会组成人员的批复	11.7
119	关于中共梅渚镇第十五届委员会和纪律检查委员会组成人员的批复	11.7
120	关于中共镜岭镇第十五届委员会和纪律检查委员会组成人员的批复	11.7
121	关于中共回山镇第十五届委员会和纪律检查委员会组成人员的批复	11.7
122	关于中共儒岙镇第十五届委员会和纪律检查委员会组成人员的批复	11.7
123	关于中共大市聚镇第十五届委员会和纪律检查委员会组成人员的批复	11.7
124	关于中共沙溪镇第十五届委员会和纪律检查委员会组成人员的批复	11.7
125	关于中共城南乡第十五届委员会和纪律检查委员会组成人员的批复	11.7
126	关于中共东茗乡第十五届委员会和纪律检查委员会组成人员的批复	11.7
127	关于中共双彩乡第十五届委员会和纪律检查委员会组成人员的批复	11.7
128	关于中共新林乡第十五届委员会和纪律检查委员会组成人员的批复	11.7
129	关于中共巧英乡第十五届委员会和纪律检查委员会组成人员的批复	11.7
131	转发《新昌县普法教育领导小组关于在全县公民中开展法治宣传教育的第七个五年规划（2016～2020年）》的通知	11.21
132	关于同意共青团新昌县第十九次代表大会选举结果的批复	11.28
133	关于提名邵全卯等同志为县十六届人民代表大会代表候选人的通知	12.2
135	关于认真组织学习《胡锦涛文选》的通知	12.5
136	关于表彰2016年度新昌县产学研合作先进个人的通报	12.1
139	中共新昌县委关于提名新昌县第十六届人民代表大会常务委员会委员候选人的通知	12.10
140	关于提名政协新昌县第十届委员会常务委员候选人的通知	12.10
144	关于确定新昌县出席中国共产党绍兴市第八次代表大会代表候选人预备人选的情况报告	12.21
145	关于明确新昌县铁路工程建设指挥部职能配置、内设机构设置的意见	12.22
146	关于命名表彰2016年度县级文明单位文明村的决定	12.27
147	关于同意县妇联第十四届十一次常委会表决结果的批复	12.28
148	关于落实全面从严治党要求加强新形势下干部队伍建设的决定	12.31
149	关于印发邵全卯同志在县委十三届十二次全体（扩大）会议上的报告的通知	12.30
150	关于省对县2016年度计划生育目标管理责任制实地检查整改措施的报告	12.28

表 41　　中共新昌县委办公室新委办〔2016〕文件目录

文号	文件题名	发文时间
1	关于进一步加强重大突发事件和紧急敏感情况报告工作的通知	1.8
3	关于印发《中共新昌县委落实市委巡查组反馈意见七大整改行动方案》的通知	1.13
4	关于印发《乡镇（街道）纪（工）委书记、副书记提名考察办法（试行）》《县纪委派驻纪检组组长提名考察办法（试行）》的通知	1.17
5	关于印发新昌县创建国家 AAAAA 级旅游景区工作方案、计划任务书等文件的通知	1.21
6	关于进一步加强村党组织书记和村委会主任考核管理及调整基本报酬的指导性意见	1.21
8	关于调整办公室领导工作分工的通知	1.26
9	关于实行企业人才租房补贴制度的通知	1.27
10	关于做好春节期间信息报送工作的通知	2.2
11	关于调整新昌县科技体制综合改革试点工作领导小组的通知	2.4
12	印发《关于深入开展“找短板、补短板”专项工作实施方案》的通知	2.4
13	关于公布 2015 年度我县获省部级以上荣誉单位和个人的通报	2.5
14	关于公布 2015 年度“三治一提升”合格村名单的通知	2.5
15	关于加快推进一季度“开门红”项目的通知	2.6
17	关于认真组织实施 2016 年“五个十大”建设项目和十方面为民实事的通知	2.15
18	印发《关于加强县纪委派驻机构建设的实施意见》的通知	2.17
19	关于印发《2016 年乡村旅游发展实施方案》的通知	2.18
20	关于调整新昌县地方志编纂委员会组成人员的通知	2.15
21	关于表彰 2015 年度党委信息工作先进单位和先进个人的通知	2.18
22	关于印发 2016 年县领导联系安排一览表的通知	2.16
23	关于印发《2016 年县委、县政府重点工作责任清单》的通知	2.19
24	关于印发新昌县志（1979 ~ 2013）专业篇志稿评审验收办法的通知	2.19
26	关于调整新昌县“河长”名单的通知	2.26
27	关于印发 2016 年度“三治一提升”专项行动考核办法的通知	3.1
28	2016 年全县党员干部理论学习教育意见	3.2
29	关于成立新昌县公务用车改革工作领导小组的通知	3.3
30	关于县委县政府美丽新昌建设领导小组组成人员的通知	3.7
31	关于 2015 年度市对县工作目标责任制考核指标得分排名情况的通报	3.3
33	关于成立新昌综合保税区暨浙商跨国并购回归项目示范园领导小组的通知	3.8
34	关于成立新昌县杭绍台高速铁路项目前期工作领导小组的通知	3.9
35	关于成立新昌县特色小镇培育建设领导小组的通知	3.1
36	关于成立 2016 中国茶叶大会暨第十届新昌大佛龙井茶文化节组委会的通知	3.10
37	关于印发《2016 年新昌县科技体制改革试点任务分解表》的通知	3.10
38	关于印发 2016 年度村主职干部重点工作考核细则指导性意见的通知	3.10
39	关于印发新昌县流动人口积分制管理办法（试行）的通知	2.29
40	关于印发新昌县流动人口积分制管理办法实施细则的通知	3.15
41	关于公布新昌县新闻（网络）发言人及联络员名单的通知	3.17
42	关于开展乡镇（街道）干部交流工作的通知	3.17
43	关于印发新昌县清淤疏浚工作实施方案的通知	3.18
44	关于进一步加强规上企业科技指导员工作的通知	3.18
45	关于印发《新昌县党委信息工作考核评比办法》的通知	3.23
46	关于成立争创国家级高新技术产业开发区工作领导小组的通知	3.29
47	关于重新明确社区结对共建单位的通知	3.31
52	关于印发新昌县 2016 年度“五水共治”目标任务分解表的通知	4.7
54	关于印发 2016 年度新昌县行政审批软环境指数考评办法的通知	4.12
55	关于调整新昌县经济责任审计工作联席会议成员的通知	4.13
56	关于印发 2016 年全县农业农村工作配套政策的通知	4.15
57	关于印发新昌县 2016 年普法依法治理工作要点的通知	4.26

文号	文件题名	发文时间
58	关于印发新昌县2016年度县级机关部门“五水共治”工作考核办法和新昌县2016年度乡镇（街道）“五水共治”工作考核办法的通知	4.26
59	关于印发《2016年乡镇（街道）任务类个性工作》的通知	4.26
60	关于成立县委统一战线工作领导小组的通知	4.26
61	关于印发《新昌县社会治安大整治行动实施方案》的通知	4.27
62	关于印发《2016年县级机关部门个性工作》的通知	4.25
63	关于成立新昌县乡镇发展建设领导小组的通知	5.2
64	印发《关于在全县党员中开展“学党章党规、学系列讲话，做合格党员”学习教育的实施方案》的通知	5.4
65	关于公布2016年第一季度“三治一提升”合格村名单的通知	5.9
66	关于印发《统一战线工作责任清单（2016～2017）》的通知	5.9
67	关于印发《2016年新昌县党风廉政建设责任制考核细则》的通知	5.6
68	关于印发《2016年全县作风效能建设工作要点》的通知	5.9
69	关于调整中共新昌县委保密委员会组成人员的通知	5.9
70	关于调整新昌县国家安全领导小组成员的通知	5.10
72	关于进一步加强和完善防汛防台组织指挥体系的若干意见	5.18
73	关于印发《2016年全面深化法治新昌建设工作实施方案》的通知	5.26
74	关于印发新昌县优秀宣传文化成果奖励办法（修订）的通知	5.26
75	印发《关于建立“三级书记”抓县直机关党建工作责任清单并实行三级联述联评联考的制度（试行）》的通知	5.25
77	关于印发2016年新昌县重点工作和经济社会发展相关指标完成情况定期通报实施办法（试行）的通知	6.2
78	关于分解落实2016年市对县新农村建设工作考核任务的通知	6.8
79	关于推进我县农村基层作风巡查工作的通知	6.7
80	关于成立新昌县万丰航空小镇项目推进工作小组的通知	6.14
81	关于印发《全县平安护航G20大会站实施方案》的通知	6.12
82	关于印发《2016年新昌县委常委、副县长重点调研课题》的通知	6.12
83	中共新昌县委办公室　新昌县人民政府办公室关于开展2016年度奔小康结对帮扶活动的通知	6.12
84	关于印发G20峰会新昌县环境质量保障实施方案的通知	6.15
85	关于严肃整治农村党员干部非法“一户多宅”的通知	6.15
87	关于严格落实外出请假报告制度的补充通知	6.16
88	关于在“两学一做”学习教育中开展“学大联、激活力、做先锋”活动的通知	6.21
89	关于在全县各级党组织和广大党员中开展　纪念建党95周年系列活动的通知	6.21
90	关于印发新昌县工业园区污染专项整治行动方案的通知	6.21
92	关于印发加快现代公共文化服务体系建设实施方案的通知	6.24
93	关于印发新昌县党政机关办公用房管理暂行办法的通知	6.24
94	关于印发新昌县党政机关国内公务接待管理办法的通知	6.24
95	关于成立新昌县全面创新改革试验区试点工作领导小组的通知	6.29
96	印发《关于组织开展新时代“新昌精神”大讨论活动的实施方案》的通知	6.29
97	关于印发《新昌县新闻媒体绩效考核暂行办法》的通知	6.29
98	关于印发新昌县人才公租房日常管理办法（试行）的通知	7.6
99	关于印发新昌县推进珍贵彩色健康森林示范县建设实施意见的通知	7.5
100	转发中共浙江省委办公厅关于在“两学一做”学习教育中深入学习贯彻《中国共产党党组工作条例（试行）》的通知	7.6
101	关于调整部分议事协调机构组成人员的通知	7.6
102	关于全面推进社区治理和服务创新的意见	7.6
104	关于新昌县审计局退出有关议事协调机构的通知	7.8
105	关于要求做好2016年绍兴市对我县工作目标责任制考核相关工作的通知	7.12
106	关于印发新昌县人才公租房租住对象遴选实施办法（试行）的通知	7.11
107	关于成立新时代“新昌精神”大讨论活动联络协调小组的通知	7.14
109	关于印发《关于建立建设信息发布和政策解读机制的实施办法》的通知	6.27
110	关于切实做好市“晒亮点 比业绩”考评活动新昌县存在问题整改工作的通知	7.19
111	关于印发《县委十三届十次全体（扩大）会议〈攻坚行动计划〉重要工作任务分工方案》的通知	7.21

文号	文件题名	发文时间
112	关于要求协调安排绍兴市委班子领导出席新昌县2016年三季度重大项目几种开工仪式的请示	7.25
115	关于进一步完善2016年县领导联系项目制度的通知	7.28
116	关于公布2016年第二季度“三治一提升”合格村名单的通知	7.30
117	关于成立新昌县青少年工作领导小组的通知	8.3
118	关于成立新昌县青少年工作领导小组的通知	8.4
119	关于印发建立“谁执法谁普法”普法责任制实施意见的通知	8.8
120	关于成立新昌县青少年工作领导小组的通知	8.3
122	关于成立新昌县农民学校的通知	8.18
123	关于印发《G20峰会党委政府维稳安保任务清单》的通知	8.18
125	关于印发新昌县主要道路两侧环境综合提升工作方案的通知	8.24
126	关于进一步加强和规范县委领导批示件的通知	
127	关于G20杭州峰会期间落实信访工作“双重”稳控责任的通知	8.28
128	关于公布2016～2017年度新昌县重点成长型中小企业（工业）名单的通知	8.28
129	关于印发《2016年新昌县反腐倡廉建设组织领导与责任分工》的通知	8.27
130	关于认真做好村级组织换届准备工作的通知	8.28
131	关于关于进一步完善G20维稳安保决战阶段指挥运行体系的通知	8.30
135	关于成立上三高速新昌南互通和泉清至五丰道路工程项目推进工作小组的通知	9.6
136	关于印发新昌县“无违建”创建工作“三比”竞赛考核办法的通知	9.9
137	关于印发《新昌县村级集体经济发展基金管理办法（试行）》的通知	9.7
139	关于组织开展2016年项目建设百日大决战活动的通知	9.9
140	关于在全县开展第二轮“党政机关密切联系群众、社会各界关爱困难群众”活动的通知	9.1
141	关于印发创建国家生态文明建设示范县推进美丽新昌建设实施意见的通知	9.29
142	关于成立新昌县2016年县乡两级换届工作领导小组的通知	9.22
143	关于成立新昌县大明市区块征迁工作领导小组的通知	9.22
144	关于推荐新昌县G20杭州峰会工作先进集体和先进个人的通知	9.22
145	关于做好国庆期间信息报送工作的通知	9.29
146	关于做好优化2016年经济考核工作的通知	9.29
147	关于新昌县公务用车制度改革实施方案及相关配套政策的通知	10.6
148	关于成立新昌县小城镇环境综合整治行动领导小组的通知	10.14
149	关于印发《新昌县公务员考核实施办法（试行）》的通知	10.8
150	印发《关于对党员干部开展谈话提醒的实施办法（试行）》的通知	10.8
151	关于深入开展“两学一做”学习教育强化乡镇干部联村责任和规范村干部值班履职的通知	10.9
152	关于印发《新昌县社会治理信息采集“以奖代补”实施办法》的通知	10.14
153	关于印发《党风廉政建设党委（党组）主体责任和纪委（纪检组）监督责任清单》的通知	8.30
154	关于印发《优化2016年经济考核工作办法》的通知	10.19
155	关于进一步加强换届风气监督工作的通知	10.20
157	关于做好“访客登记系统”推广安装工作的通知	10.27
158	印发《关于贯彻省、市〈繁荣发展社会主义文艺实施意见〉的具体举措》的通知	10.28
160	关于切实做好2017年度党报党刊发行工作的通知	11.11
161	关于印发《新昌县基层宣传窗建设管理使用办法》的通知	11.15
166	关于加强乡镇（街道）“四个平台”建设完善基层治理体系的实施意见	12.13
167	关于印发新昌县产学研合作创新体制综合改革实施方案的通知	12.7
168	关于转发《中共绍兴市委办公室　绍兴市人民政府办公室关于建立健全文明创建长效工作机制的意见》的通知	12.6
169	关于印发新昌县全面创新改革试验实施方案的通知	12.20
170	关于印发《新昌县第十四次党代会代表提案征集与办理工作实施方案》的通知	12.21
171	关于落实党风廉洁建设责任制主体责任情况的报告	12.22
172	关于召开中国共产党新昌县第十四次代表大会的通知	12.22
173	关于印发《学习弘扬新时期“新昌精神”的实施意见》的通知	12.25

（县委办）

县委办公室

【县委办公室公文办理】 按照“严谨、细致、准确、快捷”的原则，完善办公室文件制发、传阅等制度，严把公文起草、审核、收发“三关”。会务组织严谨高效，严格落实会议审批制度，通过削减、整合，进一步提升会议效率；接待工作细致周密，方案、汇报材料、路线、安保等工作逐一落实。完成县委各类大型会议报告的起草工作。共起草撰写县委全会、领导干部会议、经济工作会议等大型会议材料和各类讲话材料200多篇。完善主任联系常委、常委部门办公室主任联席会议、常委事前决策调研和常委决策跟踪落实等相关制度，以四办主任联席会议为桥梁，主动加强与人大、政府、政协的联系沟通。

【信息考核评比】 完善《新昌县党委信息考核评比办法》，将被考核单位分成乡镇街道组、党委部门组、经济组等7个，实行分类、分组考核。围绕县委工作重点、工作亮点编报信息，做到及时、准确。被省委办录用《上报中办专件》1篇，录用《工作情况交流》1篇、《每日汇报》5篇。被中办录用2篇，省委办录用22篇。完善乡镇（街道）、部门信息员上挂顶岗制度，主动邀约重点部门、单位信息员参加上挂顶岗，落实专门人员对顶岗信息员进行信息编写指导，有5名基层信息员参与顶岗。

【联系督查指导】 完善县领导联系制度，制订县委、县政府重点工作清单和县领导联系安排一览表，围绕县委主要领导对五水共治、三改一拆、深化改革、钦寸水库建设等工作提出的相关要求，做好责任分解落实和跟踪督查。围绕市“晒亮点、比业绩”和“八大行动”等活动，开展市对县考核重点工作“聚焦”行动，每周采取定期督查、不定期督查、节点督查三结合的方式。全年开展现场督查56次，督查各类项目132个（次），形成书面各类督查通报 36 期。提高领导批示件办理的水平和质量，全年共登记转办各级领导批示件503件，拟办领导信访批示件交办单88期。

【政策调研及课题】 完成《创新驱动县域经济发展的实践与思考——以新昌为例》重点调研课题。牵头做好省重点突破项目——全面创新改革试验区的前期对接工作，成功争取为全省全面创新改革试验区四个县（市）之一，其中 11 个项目被列入省重点突破专项改革试点清单。推进其他省级以上改革试点项目及全县深化改革重点项目，做好全面深化改革工作的督查检查及考核评比。整理印发《2016年新昌县委常委、副县长重点调研课题》。

【台湾事务】 全年共接待台胞台商 10 批次 31 人次，接待台属 70 余人次，赴台经贸交流 5 批次 6 人次。1 月，台湾南投县埔里镇珠仔山社区干部参访团来新考察；6 月，台湾南投县草屯镇里长参访团来新参观交流，镜岭镇楼基村、外婆坑村、溪西村、雅庄村分别与草屯镇石川里、富寮里、新丰里、北投里签署《绍台两地村里结对交流合作备忘录》。共出版《新昌摄影》两岸交流专版20期；4 名新昌籍学生赴台就学，暑期召开赴台学生座谈会，并对赴台学生逐一走访。

【保密文件管理】 及时调整中共新昌县委保密委员会组成人员，要求重要涉密单位成立保密委员会领导小组，依据“依法、依规、从严、从广”的原则加强内部管理，出台《县委办保密工作管理办法》《办公室涉密文件管理流程》等文件。抓宣传、推进教育。组织参加各类培训，发放《机关、单位保密管理实务手册》《保密工作》等各类宣传手册，提升机关干部、涉密人员的保密技术和防范能力。通过技术手段和方法，全面加强保密检查。

（俞　辉）

纪律检查

【县纪委十三届六次全体（扩大）会议】 1 月 26 日，中共新昌县第十三届纪律检查委员会召开第六次全体（扩大）会议。会议总结 2015 年纪律检查工作，部署 2016 年工作任务。县委书记邵全卯强调，各级党委要大力支持纪委“三转”，履行监督职责，既要自觉接受监督，又要做纪委的坚强后盾，为纪检监察机关开展工作创造良好的条件和环境。县委副书记、代县长李宁，县委副书记、政法委书记王浩萍，县委副书记、钦寸水库工程建设指挥部总指挥尹国樑和其他县委常委出席会议。县委常委、纪委书记周巍代表县纪委常委会作《坚持全面从严践行“四种形态”坚定不移推进党风廉政建设和反腐败斗争》工作报告。县四套班子其他领导；县法院院长，县检察院代检察长；钦寸水库指挥部总工程师；高新园区主任、澄潭镇党委书记；县纪委委员，各乡镇（街道）党委（工委）书记、纪（工）委书记，县级机关各部门主要负责人，派驻部门纪检组长、副组长，相关单位纪检组织主要负责人或纪检工作分管领导，县纪委各室主任，部分县党代表、党风廉政建设监督员、行风效能监督员代表等参加会议。会议要求：2016年，全县各级纪检监察机关要坚决维护党纪权威，把政治纪律和政治规矩挺在前面；要加大督查问责力度，督促推动全面从严治党责任落地生根。

【党的纪律建设】 在全县党员干部中分类分层开展纪律规矩专题教育，建立“一周一短信、一季一作业”工作机制，邀请省纪委副书记罗悦明作专题报告，组织60多名新提任领导干部赴甄完故里开展集体廉政谈话，分三批对县管党员领导干部开展党章党规党纪集中轮训，县领导与乡镇部门“一把手”讲廉政党课195堂，组织全县60支队伍开展党纪法规知识竞赛，加强对各单位学习《准则》《条例》的监督检查。对决策部署落实、重点工作（工程）推进过程中职能部门和责任单位工作履职不到位等移送问题进行追责，全年共通报批评19个单位、处理责任人员80人次。

【两个责任落实】 将党风廉政建设和反腐败工作任务细化为55项具体工作，落实到县委、县政府所有领导班子成员。专题听取16个乡镇（街道）和6个重点部门党委（党组）履行主体责任和个人履行第一责任人职责的情况报告。全年县乡两级党委、纪委共教育提醒1446人次，诫勉谈话、函询等461人次。3个单位因落实党风廉政建设责任制不到位被通报批评、10名县管干部被责任追究。

【强化正风肃纪】 2016年，县正风肃纪组开展专项监督检查126次，发现问题128个，处理人员60人，公车私用、奢侈浪费、相互吃请等突出问题得到有效遏止，2016年全县“三公”经费下降17.08%。完善行风评议评选办法，开展行政审批满意度测评，全年回访8570次。县“三中心”受理投诉515件，广播“热线800”栏目接听受理群众来电258件。全县经济社会发展环境总体评价满意度达91.16。

【加强纪律审查】 全年共受理群众信访举报510件，其中初信初访197件，按期办结率99%。全县各级纪检监察组织共处置问题线索118条，立案查办114件，结案112件，给予党纪政纪处分116人，其中处分乡科级领导干部4人，涉嫌犯罪被移送司法机关处理8人。重点查办新镜线拆迁案件等一批发生在群众身边的腐败问题。

【预防腐败工作】 开展党员干部“六不准”行为自查、津补贴发放等执行情况专项检查，督促抓好公款竞争性存放管理工作，2.2亿元社保资金进行公开招投标存放。开展县管以上领导干部近亲属经商办企业、担任银行高管情况检查，79名有近亲属经商办企业、8名担任银行高管的领导干部按规定进行报告。27名领导干部按规定及时报告个人家庭重大事项，53名新提任县管领导干部进行财产申报公示。针对征地拆迁系列腐败案暴露的问题，督促相关部门完善征迁机制体制。推进“天姥清风”廉政文化品牌建设，启动甄完故里二期建设，组织《甄清官》走进高校演出，家规家训传承事例在媒体报道。达洁园和甄完故里两大基地全年接待党员干部群众1.6万人次。

【基层民主管理】 完善星级创评标准，严格考评管理和结果运用，抓住村级事务决策和农村“三资”管理等重点开展监督检查。加强乡镇村监会工作站建设，深化村务监督积分管理。探索优秀村监会主任兼职乡镇纪委委员制度列为市试点。开展农村党员干部“讲规矩守法纪”教育活动，出台村干部履职规范意见，编发典型案例《天姥警钟》。全年共立案调查农村党员干部违纪案件 88 件，处理农村党员干部 89 人。

【纪检体制改革】 建立 5 个协作区，实施纪检监察区域协作机制，加强对乡镇、部门纪检组织纪律审查工作的监督指导。推行乡镇纪委向县纪委报告工作暂行办法，明确 4 方面 20 项具体报告事项。开展县纪委派驻机构改革，以综合派驻、单独派驻方式共设立 16 个派驻机构。出台纪检监察干部重大事项报告制度，82 名纪检监察干部报告个人事项。开辟纪检监察干部“勤学乐思”论坛，举办纪检监察干部培训班 3 期。2 名纪委书记因履行监督责任不力被追责。

（章晓笑）

组　织

【“两学一做”学习教育】 4 月 29 日，县委召开全县“学党章党规、学系列讲话，做合格党员”专题党课暨学习教育部署会。县委书记邵全卯讲专题党课，县四套班子领导李宁、求子平、罗国安、尹国樑、孙建焕等出席；县委常委、组织部长邵永明主持并作工作部署；县四套班子其他领导，县法院院长、县检察院检察长，钦寸水库指挥部总工程师，高新园区管委会主任、澄潭镇党委书记，各乡镇（街道）党委（工委）书记，县级机关各部门党委（党组）主要负责人等参加会议。全体党员把规定动作做到位、自选动作做出彩。通过县委常委带头讲、基层书记层层讲、讲师团巡回讲、示范点现场讲等，推动县乡村三级党员干部上讲台、作宣讲，其中“老林”讲坛、“西山红”大讲堂成为党课下村示范点。在县级媒体开设“两学一做”先锋榜，将先进典型汇编成《天姥党旗红》。

【领导干部考核评价】 根据领导干部“积分制”绩效考核办法，对全县 400 名县管副科以上领导干部分组分线分类进行排名，并严格运用考核结果，做到与干部激励、培养、使用、管理有机结合，88 名干部被评定为“优秀”等次，7 名实绩突出的领导干部被提拔使用或转任重要岗位，17 名干部被诫勉谈话，1 名干部被免职。完善 2016 年干部积分制绩效考核管理办法，下发 6 个系列文件，明确考核内容、目标分值和难度系数。完善乡镇（街道）与县级机关部门领导干部 2 个社会化评价方案，确定电视评议专栏，录制播出 7 期电视评议节目，27 个单位的一把手现场接受评议代表提问，开展满意度测评。

【乡镇党委换届选举】 年初，确定小将镇作为 2016 年乡镇党委换届的试点镇，选举产生新一届党委班子和纪委班子。7 月，在前期乡镇（街道）届期考核基础上，做好考察工作，完成乡镇换届人事调整，涉及 50 个单位，184 人次，其中提拔任用 59 名、转任重要岗位 18 名。全年调整干部 6 次，涉及 368 人次，其中提拔任用 84 人，转任重要岗位 20 人，按规定做好各类结构性干部的选配。10 月，制定《人大代表候选人初步人选和政协委员人选调研、考察、联审工作实施办法》，按程序做好党组织主导人大代表候选人初步人选和政协委员人选的提名推荐、考察联审工作，严把人大代表和政协委员人选质量。

【激发干部队伍活力】 2016 年，新昌县加强干部队伍建设，打造一支“讲规矩、敢担当、有作为”的新昌铁军。1 月 5 日，新昌县域创新驱动发展现场教学示范基地被省委组织部、省委党校授牌为第三批省级干部教育培训现场教学基地。4 月，开展第二轮乡镇一般干部集中性交流工作，以培养性交流为重点，每个乡镇（街道）至少推荐交流 1 名后备干部，跨乡镇成功交流 32 名干部。实施梯度有序的后备干部分级培养计划，加快后备干部和选调生村官的压担培养和岗位锻炼，选派 6 名年轻干部到市级机关重要部门挂职锻炼，2 名年轻干部到省外挂职，抽调 180 多名优秀年轻干部到等重点工作一线锻炼，选调 33 名优秀年轻干部参加中青年干部培训班学习。全年举办主体班 12 期，在中青班、领导干部进修班等班次中针对性安排对策性研讨，分别安排学员赴延安市委党校和上海交通大学参加学习培训。

【加强干部日常监督】　全面开展领导干部报告个人有关事项工作，完成537名县管领导干部个人有关事项报告和信息更新，并按照10%比例进行抽查核对。对1680册干部人事档案进行审核整改。开展“一报告两评议”工作，16个乡镇（街道）和70个县级机关部门全部按要求对本单位年度选任用人工作进行报告和评议。坚持“凡提四必”，对拟提拔或转任重要岗位的104名对象实行个人有关事项报告必核、干部档案必审、纪检机关意见必听、线索具体的信访问题必查，开展生活圈调查，个人财产也在一定范围内公示，加强八小时外监督。

【县党代会代表选举】　将全县1716个基层党组织划分为20个选举单位，由各基层党组织召开党代表大会、党员大会或党员代表会议，代表选举按照推荐提名、确定初步候选人、资格审查、考察公示、确定预备人选、正式选举等步骤进行。选举产生出席县第十四次党代会代表308名，其中各级党员领导干部占39%，基层一线代表占61%，年龄在45岁以下的占51%，大专以上文化程度的占75%，女代表占24%。

【“村村晋位、乡乡提标”行动】　以镇、村党组织书记责任清单“两清单”及示范台账、整转台账、问题台账“三台账”为抓手，实施“村村晋位、乡乡提标”行动，分类分批推进示范点建设。推行对标创建“四个过硬”20条工作标准，细化为镇、村“四个一”可视化标准，集成制作镇、村两本党建工作手册，全年创建完成85个党建对标示范村（社区）、2个示范带、2个示范片、10个两新党建示范点。抓好22个软弱落后村整转，通过县领导挂村、部门联村、乡镇包村等方式强化整转，并结合机关干部“挂乡驻村”活动选派“第一书记”，帮助理清思路，6月底前全部完成整转。推进基层治理大提升行动，重抓村级组织问题台账，排查出村（社区）各类问题486个，“一事一档”实行销号管理，明确时限和责任人，6月底前全部销号。

【村干部队伍建设】　连续三年对全县800多名村主职干部进行集中培训，县委书记专门给村干部上党课。对村干部议事决策、财务管理、项目建设等三类履职行为立规明纪，并落实问责追责机制，全年处置村干部17人。推行村主职干部绩效考核，开展村干部轮流值班制度，将村主职干部的基本报酬与工作实绩相挂钩，采取月考和年考相结合的方式，评定考核等次，考核排名结果每月在镇、村两级同步公开，切实做到“月月排名、人人赛绩”，激发村主职干部干事创业的积极性。

【党员日常管理】　开展党员组织关系集中排查，排查出123名失联党员，全部整改到位。推进违建违排专项整治，1.5万余名农村党员干部签订《零违建违排承诺书》，自查上报241宗违建违排问题，并全部落实整改。开展党费收缴专项检查，全县补交党费330余万元。深化发展党员“三步准入”机制，完善“五不五先”党员标准，细化加扣分情形，将党员志愿服务和党员中心户制度落实情况列入考评体系。开展乡镇（街道）教育支部集中整转帮扶，完善不合格党员处置“双细则”，深化乡镇党委直接处置不合格党员工作，健全完善不合格党员的处置链。全年评定警示型党员165名，处置不合格党员82名，其中除名出党52名。

【提升人才工作实效】　出台《关于深化完善“天姥英才”计划加快推进“创新强县”战略实施的意见》《操作细则》等。引进培养省“千人计划”专家3人，绍兴“330海外英才”计划专家10人，国务院特殊津贴专家1人，海外工程师、资深专家和海外留学人员62人，硕士及副高以上人才316名，新增为新昌服务的研究生1265人，培育省领军型创新创业团队2个、省151第二层次培养人才1人。开展“店小二”式的助企引才服务，走访重点企业52家，现场协调解决问题63个，帮助10名引进人才解决子女上学问题，推出第一期108套人才公租房，并对企业大学本科应届毕业生实行每月300元的租房补贴。依托全省全面创新改革试验区建设和产学研合作体制改革试点，实现人才与科技的紧密结合。2016年底，全县共有外国专家工作站7家、院士专家工作站11家、企业博士后科研工作站10家。

（唐冬冬）

宣　传

【概况】　2016年，中共新昌县委宣传部组织全县各部门学习习近平总书记系列重要讲话精神，组织开展党中央治国理政新理念新思想新战略重大主题宣传教育，推出《今日新昌》“沃洲论坛”50多期和“天姥学堂”电视理论讲座24期。组建“两学一做”学习教育、新思想新理念新战略、十八届六中全会等专题宣讲团赴基层宣讲，全年共开展各级各类宣讲活动1500多场次，受众5万余人。举办“新理念、新举措、新征程”主题微型党课大赛。分发并组织学习《知之深 爱之切》《活页文选》等书籍资料3000多册。举办“新昌（科技）大讲堂”12场，邀请陈健、郭曰方、丁志杰等专家学者来新授课。在县级媒体开设钦寸水库工程建设、国家卫生县城创建、环境优化年“八大行动”、“两学一做”学习教育、项目建设百日大决战等专栏16个，推出专栏报道2000余篇（条）。开展社会主义核心价值观等公益宣传，报纸刊登公益广告182篇，广播每日播出58条（次），电视每日播出135条（次）。全年在市级以上新闻媒体刊播报道1500多篇（条），其中国家级100多篇（条），省级600多篇（条），市级800多篇（条）。在中央级主流媒体刊发报道16篇（条）。

【县委理论中心组带头学习习近平总书记系列重要讲话精神】　3月1日，县委办发出《2016年全县党员干部理论学习教育意见》（新委办〔2016〕28号文件），要求以学习贯彻习近平总书记系列重要讲话精神、党的十八届五中全会精神等为重点，安排10个专题开展学习。县委理论中心组带头传达学习近平总书记系列重要讲话精神，举办专题研讨等活动16次，各基层理论中心组开展各类研讨、讲坛等活动100余次。

【域外媒体看新昌】　2016年，全年共召开新闻发布会6场，每场次新闻发布会的参加媒体达10家，媒体刊播报道近百篇，网上转载达数千条。组织近80家媒体的100多位记者走进新昌，亲自体验，深入采访，对新昌社会、经济发展进行全方位、多角度地报道。2月25日，《人民日报》头版头条刊发报道《新昌完成从“模仿”到“创造”的涅槃》，六版同日刊发《小县新昌凭啥“昌”》和《这种“坚守”值得赞》，全面解读新昌科技创新的典型经验，创出“小县大科技”的发展模式。

【建设清朗网络空间】　陆续出台《新昌县网络信息安全防范和网络舆情应急管控工作实施方案》《关于要求进一步加强网络安全和舆情处置应对工作的通知》等文件，编印《今日舆情》274期，其中《舆情专报》24期，发出《舆情抄告单》14次、舆情提示1923次，发出《网络发言人工作平台运行情况通报》6期。调整完善以核心网评员、骨干网评员、青年网民志愿者为主的网军队伍，全年集中开展网络舆情处置模拟演练6次。开展网络约谈10次，开展招聘网站严重违规失信专项整治行动1次、商业网站地方频道专项整治行动2次。做好“两会”、G20杭州峰会、世界互联网大会等重大事件及县内各类突发事件的正面舆论引导工作，完成上级舆论引导任务243项，组织跟评3720条，微博、微信、论坛发帖3970条。

【农村文化礼堂建设】　2016年，修订《新昌县农村文化礼堂建设工作考核验收及资金奖励办法》。全年建成农村文化礼堂21家，至此，全县共有农村文化礼堂81家。举办第六届“古韵飘香•追梦梅渚”文化礼堂闹新春活动暨“浙江省百年百镇百梦启动仪式”。开展“阳光文化进礼堂”活动12次，“部门服务进礼堂”活动732场次，在文化礼堂开展各类活动2000多场。

【全市文化礼堂建设工作现场推进会召开】　9月28日，全市农村文化礼堂建设工作现场推进会在新昌召开。外婆坑村将农村文化礼堂建设和乡村文化旅游有机融合、梅渚村依托农村文化礼堂打造“梅渚春晚”“梅渚年味节”等活动的经验，成为农村文化礼堂建设的“新昌样本”。会议对全市农村文化礼堂十佳“特色示范点”、十佳“最美管理员”等进行表彰。

【文化产业发展迅速】　3月16日，中共新昌县委宣传部印发《新昌县重点文化产品创作规划（2016～2018年）》，分舞台艺术、广播影视、人文研究、文史汇编、文学及书画摄影创作、工艺美术等6个系列，规划由各个责任单位完成重点文化产品的创作。3月30日，县人民政府办公室印发《新昌县文化产业发展规划（2016～2020年）》。实施新昌县重点文化企业培育工程，14只县重点文化产业项目完成投资约19.5亿元，奖补文化企业文化产业专项资金500.12万元。浙江天艺古建艺术文化发展有限公司和浙江九汇广告有限公司被列为绍兴市重点文化企业，新昌县天功坊砖瓦有限公司、浙江天艺古建艺术文化发展有限公司被列入省首批成长型文化企业，白云艺术村文化创意街区被列入创建省文化创意街区试点之一。

（石则明）

【社会科学界联合会工作】 加强对县社科联各团体会员的管理和指导，2016年初出台《新昌县社科工作资金使用管理办法》《新昌县社科团体会员评先办法》等文件，完成县级社科研究专项课题21项，推出《新昌社科》3期，举办主题展览、人文讲座等活动50多场。建立社科人才库，11月14日，县社会科学界联合会公布新昌县社科人才库首批入库人才名单，确定首批入库26名。培育命名第二批县社会科学普及基地4家（县档案馆、中国茶市、外婆坑村和甄完故里）。开展“坚定文化自信 共建两美新昌”为主题的社科普及周系列活动。

【新时期“新昌精神”大讨论】 6月29日，县委办发出《关于组织开展新时代“新昌精神”大讨论活动的实施方案》。发动县级机关、乡镇街道和企业单位等150多个单位，以理论学习中心组学习会、周一夜学、座谈会等形式，围绕新昌发展实践开展专题讨论，提炼出如“竹子精神”、“三花精神”等特色子精神，并撰写理论文章，形成《从我县生态环保历程看“新昌精神”》、《新昌改革发展的“精神”因子》等60多篇理论文章。与绍兴市社科院合作开展“新昌精神”课题研究，形成《新昌精神的生成及其本质特征》《新昌创新教育思想及实践研究》等研究论文。在报纸、电视和网络媒体开辟“新昌精神大家谈”专栏专版专题，刊发动态报道30余篇，理论专版19期，刊发理论文章28篇。汇集编印《新时期“新昌精神”理论调研文章选编》。12月15日，第81次县委常委会正式确定“崇文守正务实创新”为“新昌精神”。

（金俞超）

精神文明建设

【厚德新昌道德建设】 5月，《新昌县“厚德新昌”道德建设活动实施方案》制定出台，标志着全面启动“厚德新昌”道德建设活动，大力实施立德、尚德、遵德、载德、润德、弘德等六德工程，确定身边好人推荐评选、家训家规提炼悬挂等2016年道德建设“十大活动”，着力打造“厚德新昌”道德建设品牌。

【身边好人评选推荐】 2016年，竺慧江荣登“中国好人榜”敬业奉献类型好人。石兴汀、吕美良、陆华厦、陈国启、盛林娥入选“浙江好人榜”。陈泾霞获评“最美绍兴人”提名奖。李玥琼、盛林娥、金柏忠、李祝英家庭被评为浙江省“最美家庭”。开展最美青工、最美护士、最美教师、最美环卫工人、最美志愿者、美德少年等“最美”系列评选活动，共评出各类好人200余人。

【家训家规提炼悬挂】 5月，县文明办印发《关于开展家训家规提炼悬挂活动的通知》，在全县范围内开展家训家规提炼悬挂活动，力争5年内全县20%的家庭提炼悬挂家训家规。全年羽林街道大联村、七星街道元岙村等4000户家庭悬挂家训家规。

【推进国家卫生县城创建】 实施环境卫生、交通秩序、食品安全、建筑工地、五小行业、市场秩序等“十大攻坚行动”，全面彻底清理城区、城中（郊）村的卫生死角和各种脏乱差现象。推进市容整治规范、景观改造提升、文明交通行为规范、环境卫生治理提升等“十大整治行动”，夯实创卫基础。组建日常督查小组3个，开展密集型、地毯式创卫工作督查100多次，累计编发创卫《督查通报》13 期、《工作简报》26 期，发出《整改通知书》110 多份，督促整改问题 1000 多个。1 月，新昌县通过省级调研测评；4 月，通过省级暗访检查；7 月，通过省级考核验收，公示两周后上报全国爱卫办，迎接国家级暗访抽查。

【文明单位创建】 8 月 3 日，县文明办发出《关于开展市级文明单位（村镇、社区）评选和复评工作的通知》，在全县范围内组织开展新一轮市级文明单位（村镇、社区）评选和复评工作。全年共创建市级文明单位 8 家、市级文明乡 1 个、市级文明村 11 个、市级文明社区 1 个；创建县级文明单位 8 家、文明村 19 个村。深化“联创联建”活动，安排 31 个省市级文明单位与 31 个县级文明创建村结对共建，帮助结对村办成一批实事。

【“我们的节日”主题活动】 全年共组织开展“我们的节日·春节、元宵、清明、端午、中秋、国庆、重阳”等主题活动 7 次，收到群众热烈欢迎。特别是在闹元宵、庆端午活动中，收到社区居民、中小学生制作的花灯 3200 多盏、香囊 1500 多只，并开展花灯、香囊制作比赛。

【“三治一提升”专项行动】 1 月起，把每月 5 日定为“全民清洁日”，组织县级机关部门、企事业单位深入联系村（社区），开展环境卫生集中整治。全年开展“全民清洁日”活动 11 次，参加人数 4 万人次，清理面积约 310 万平方米，清理垃圾 3600 多吨。出台《2016 年“三治一提升”考核办法》，开展“三治一提升”合格村创建和考核。有 396 个行政村通过县级考核。对考核通过村按照基础版和提升版要求进行绿化美化建设，对通过县级考核的合格村开展回头看，共督查 600 多个（次）村，发现问题 300 多个，印发督查通报 15 期，对 34 个村黄牌警告。4 月 20 日，全市村容村貌美化专项整治行动现场会在新昌县召开。彭书记批示：“新昌的‘三治一提升’工作是八大行动的有益实践，成效显著，可以推广”。

【新昌幼儿园文明出行入选典型案例】 新昌幼儿园的“小手拉大手，文明出行一起走”活动入选浙江省 2016 年度“九大文明出行”典型案例。2017 年 1 月 11 日，由省文明办、省公安厅交管局、浙江广电集团主办，FM93 交通之声承办的“改变——浙江省 2016 年度文明出行现状发布会”在杭州举行，新昌幼儿园的交通安全游戏课程内容入选“交通典型事例文明榜”，新昌幼教集团总园长何春丽作为特邀嘉宾参加发布会。2017 年 1 月 16 日，公安部交管局在北京举办“车@城@人展览暨《播一颗种子给未来》宣传片首映式”，总园长何春丽作为幼儿教育工作者代表嘉宾应邀参加。

【社会志愿服务组织】 2016 年，经批准，新昌县天姥义工、姐妹花、关爱老人协会、暖心公益等社会志愿服务组织正式成立。开展“文明在身边，创卫在行动”、“天天敬老 月月重阳”、设立环卫工人爱心服务点 232 家、“爱心黄手环”免费发放、“礼让斑马线，文明在路上”文明劝导等志愿服务 600 多场，惠及群众 3 万多人。鼓山社区率先在全县推出志愿服务积分管理、星级评定制度，志愿者每服务 1 小时可以获得 1 个积分，按照年度积分的高低授予一星到五星级志愿者称号，并可兑换相关物品。“书香新昌”广播电视公益广告创作大赛活动，共收到广播电视参赛作品 37 件，共评出 16 件获奖作品。

【未成年人思想道德建设】 双彩乡中心小学成为第五所中央彩票公益金支持的乡村学校少年宫，建好管好用好梅渚、东茗、儒岙、巧英 4 所中央乡村学校少年宫和其他 12 所县级乡村学校少年宫。组织开展“网上祭英烈”“做一个有道德的人”网上签名寄语、“童心向党”歌咏、“向国旗敬礼”等主题实践活动；深入开展“千张红榜送好人”“千名好人进校园”活动，通过报告会、讲座、巡演等方式，讲述好人故事，传递社会正能量。组织开展“美德少年”评选表彰活动，评选产生县级“美德少年”100 名，其中 1 人获评绍兴市第六届“十佳美德少年”，14 人获评市第六届“美德少年”。开展校园周边环境整治，营造有利于未成年人健康成长的社会环境，在全县 68 所中小学校中开展“文明校园”创建活动。

（吕林灵）

统一战线

【县委加强对统一战线的领导】 县委常委会专题研究统战工作，建立县委统战工作领导小组，拟订《2016～2017年统战工作责任清单》。2月25日，县委召开统战群团工作会议。邵全卯强调，要突出组织领导，强化工作新保障；各级党委要把统战和群团工作摆上更加重要的位置，加强对统战和群团工作的统一领导、统筹协调、支持保障。县委副书记王浩萍主持会议。李宁、求子平、罗国安、尹国樑等县四套班子领导出席会议。各乡镇（街道）党委（工委）书记、副书记、统战委员和工会、团委、妇联负责人，县级机关有关部门主要负责人，县委统战部部务会议成员，县民建、工商联、台联会、知联会、网联会主要负责人参加会议。县委组织部、卫计局、团县委负责人在会上作表态发言。

【贯彻落实有关会议文件精神】 组织召开报告会、座谈会等形式，学习宣传、贯彻落实好各级统战工作会议精神和中央《统战工作条例》、省委《实施细则》、市委《实施意见》，特别是习近平总书记重要讲话精神。全国、全省宗教工作会议召开后，及时在统战部机关进行了传达学习，县委常委会上进行了专题学习，研究我县宗教工作，在宗教执法队伍建设等方面积极争取县委县政府的重视和支持，成立新昌县宗教管理服务中心（由县委统战部〈民宗局〉管理，相似正股级全民事业单位，定编2名）。

【指导民建、工商联、无党派人士参政议政】 制定《2016年度新昌县委、县政府和县有关单位与民主党派、工商联及无党派代表人士协商通报计划》，就重大决策和重大问题召开专题协商通报会。在县政协九届五次会议上，民建会员提交提案32件，工商联会员提交提案59件，知联会会员提交提案21件，其中重点提案4件（占总数4/8），大会发言5人次（占总数5/9）。

【政协换届人事安排】 根据政协章程规定和中央、省、市关于政协换届有关文件精神，加强与县委组织部、县政协党组的沟通、协商，在调查摸底、征求意见的基础上，县委组织部、统战部和县政协党组联合向县委提出做好政协新昌县第十届委员会人事安排工作的意见，12月5日，县委以〔2016〕134号文件作了批转。12月12日，两部召集各乡镇（街道）党委（工委）副书记、统战委员和县级机关有关部门及联审单位负责人举行了政协委员推荐考察联审工作会议，就第十届政协委员的推荐提名和考察联审工作作了具体部署，明确了人选条件、推荐对象、年龄和任期界限、推荐名额。

【党外代表人士和新的社会阶层人士队伍建设】 协助县委调整县委常委、党员副县长联系党外代表人士名单。建议县委在县换届中配备好党外干部。2016年，提拔为县处级领导干部2名，副科级领导干部3名，6名党外干部进行职务调整。完善党外代表人士后备人才数据库。推荐人员参加市委统战部组织的党外科级干部培训班和民主党派、知联会骨干培训班。发挥新生代企业家联谊会平台作用，了解掌握新生代企业家人员动态，通过引导和培养，向市新生代企业家联谊会成功推荐了两名新的80后的创二代。依托网联会，开展了“我为景区创5A添绿助力”、薰衣草园开园仪式等活动，加强对新媒体从业人员和网络意见人士的团结引导。

【第四轮非公经济代表人士综合评价】 在前面三轮综合评价工作的基础上，开展调查摸底，把已作和拟作各级人大代表、政协委员和工商联执委等政治安排的以及部分规模以上非公企业的非公有制经济代表人士作为评价对象，完成评价对象133人。

【港澳台和海外统战】 先后5次赴香港、深圳等地开展海外新春团拜会、乡情联络等。接待来新参观考察、探亲访友的海外华侨华人、港澳同胞9批28人次。受理来电、来访、咨询等5件次，重要节日慰问生活困难归侨侨眷、走访重点人士及其眷属8户，关爱侨界空巢老人2人，帮助解决困难问题，为办实事、解难事3件。

【侨务工作】 2016年，接待来新昌参观考察探亲访友的海（境）外人士11批110余人次，其中有绍兴各旅港社团“故乡行”访问团等大型团组，美国宾州费城会展中心亚裔委员会主席、美中商旅总会会长张文龙先生，美国雅虎财经总编苏安迪先生等重要人士。6月，陪同张文龙先生回祖籍地梅渚镇张家店村寻根问祖，考察张家店中心完小办学现状。在县政协九届五次会议上，侨界政协委员共提交提案12件。帮助1名香港同胞到公证处、房管局等部门办理祖屋继承手续；就香港同胞老家房屋拆迁一事到有关街道办事处进行专题研究。受理来电、来访、咨询等5件次，涉及子女升学、困难求助、政策咨询等方面。重大节日走访慰问重点人士眷属、困难侨眷8户，慰问款物0.47万元；看望慰问回乡奔丧港胞2人；关爱侨界空巢老人2人，慰问款物0.15万元。在县政协九届五次会议上，侨界政协委员共提交提案12件。3月，浙江文化美食旅游节活动期间，在香港维多利亚公园布展，印发宣传资料，现场向香港市民推介小京生、大佛龙井茶等土特产。向企业发布有关经济政策和海外人才项目信息，动员企业参加“海外英才与绍兴发展”论坛项目对接活动。进一步夯实基层基础，10月，南明街道、镜岭镇分别完成基层侨务工作联络站建设，有关标识和工作制度全部上墙，联络联谊和双向服务工作更加贴近侨界群众。

【归侨侨眷代表大会】 3月29日，经县委批准，新昌县第四次归侨侨眷代表大会召开，市、县有关领导、归侨侨眷代表、特邀嘉宾等共108人参加会议。大会选举产生新昌县侨联第四届委员会委员17名，随后召开县侨联四届一次全委会，选举产生常委7名，其中：主席1名、副主席1名、秘书长1名，并聘请侨联顾问1名。10月，组织县侨联委员参加绍兴市第七次归侨侨眷代表大会。

（张芳芳　潘晓蔚）

党　校

【概况】 2016年，中共新昌县委党校从最新理论、理想信念、党史国史、党章党规、反腐倡廉、基层党建等展开教学布局、构建红色课程体系，实现两类课程占主体班次总课时70%，党性教育课程达到总课时的20%。利用梁柏台纪念碑亭、甄完故里、外婆坑村等红色资源，实地参观、体验点评。全年共举办中青年干部班、领导干部进修班等15个主体班次，培训3250人次。完成县人大代表培训班、县水利水电业务培训班、县支农政策暨新型职业农民继续教育培训班等46期社会培训，学员3600人次。组织教师参与党建对标示范点建设和省教学基地建设，集中走访调研15个农村基层党建对标示范村和11家规上企业，编撰解说稿和教学资料近10万多字，开展农村党建现场教学18场次，受训近1200人次。参加县反腐倡廉宣讲团、普法教育宣讲团、微型党课宣讲队、“两学一做”学习教育专题宣讲团、中共十八届六中全会精神专题宣讲团等活动。全年进机关、进企业、进农村、进社区、进学校，开展宣讲活动60余场次，受教育干部群众近4000人次。

【调查理论研究成果】 2016年，完成“‘五大发展理念’与浙江发展的实践经验”案例开发，《创新发展理念在新昌的实践与启示》《精英外流背景下乡村治理格局的重构》等2项成果通过省委党校案例审核入库；参与省市党校项目，合作决策咨询报告3篇，获省委政法委主要领导批示肯定；完成2期《党校内参》，《新昌县民宿短板调查和发展对策》《我县信访工作“跨部门协同”的对策建议》获县领导肯定性批示。中共新昌县委党校申报3项课题均获全省党校系统课题立项，2项评分为政治组第一、经济组第二；6篇论文参评全省党校系统理论研讨会，一等奖3篇，二等奖2篇，三等奖1篇，获奖率、获奖数、高等次全省名列第一；1项课题获省社科联重点立项，实现省社科联课题“零”突破。2项课题获绍兴市社科联规划重点课题立项；2篇文章包揽全市党校系统理论研讨会一等奖。5项课题获县社科联立项，并获一等奖2篇，二等奖、三等奖各1篇。

【创建省级教学示范基地】 组建教学科研的

教研团队，参与教学基地优化提升和后续开发，创建成为县域创新驱动发展—浙江省干部教育培训现场教学示范基地。全年基地共接待省委党校进修班和上海、宁夏、福建、安徽等 24 个省内外领导干部培训班，学员 1300 余人次。

（臧照青　丁赛姮）

信　访

【概况】　2016 年初，县委、县政府与各乡镇（街道）、信访考核部门签订 2016 年度信访工作责任书，各乡镇（街道）与村居（社区）签订年度信访工作责任书，分解落实信访工作职责。县信访局对信访答复内容，由专门科室进行审核，每月通报办理情况，全年通报办理不规范信访事项 85 件次。建立律师访前服务制度，每周一、三由 1 名律师坐堂参与接访。县大调解服务中心实行一站式法律服务。乡镇（街道）构建“3+X”纠纷调解模式等新模式。举办 2 次全县信访干部培训班。重抓初信初访办理，全年实际重复来访 205 批次，下降 21.3%。办理署名有效信访事项 1139 件，未按期处理 1 件。2016 年全县信访总量为 2701 人（件）次，下降 12.8%。县级信访总量 2430 人（件）次，下降 14%，其中来访 856 批次 2027 人次，来信 403 件次；去市以上越级上访总量 125 批次 271 人次，分别下降 3.1%和 1.1%，其中去市 12 批次 60 人次，到省 60 批次 97 人次，进京 53 批次 114 人次。未发生造成严重影响的集体上访和恶性上访事件，总体情况比较平稳。

【信访积案化解攻坚】　4 月，县信访联席办印发《关于交办 2016 年度信访积案的通知》，将各级挂牌积案交办至相关责任单位。经相关单位努力，12 件省级积案，全部按要求调处到位；94 件市级积案，其中 36 件黄色类积案全部化解，58 件红色类积案全部清理，6 月底，提前实现化解清理率 100%工作目标。11 月，开展“信访积案化解攻坚月”活动，推进红色类积案化解，共化解红色类积案 35 件。

【建立领导分线约谈制度】　紧扣全省“精准信访”工作要求，首创县领导分线约访制度。每季度第 3 个月 15 日，由县政府领导约谈分管线相关信访问题，全年约访的 22 件涉众型疑难案件中，5 件得到妥善解决，17 件情况稳定没有发生重复上访。《绍兴市优化环境“八大行动”简报》第 60 期，对新昌县该做法进行专题报道。

【政务咨询投诉举报平台】　6 月 29 日，新昌县统一政务咨询投诉举报平台试运行，下设分平台账号 92 个。并组织对 45 个经办单位工作人员进行业务培训。至年底，承接市平台下派工单 3166 件，按期办结率 100%，经短信满意度调查，群众满意率为 92.24%。

（潘明伟）

老 干 部

【概况】　2016 年底，全县离休干部有 78 人，比 2015 年减少 5 人，其中省内外易地安置在新昌的 5 人。2016 年，县委老干部局邀请县委副书记、县长李宁作“十三五”规划及上半年经济社会发展情况为主题的通报，县委常委、组织部部长邵永明作全县组织工作的形势通报；局领导先后向老同志传达十三届九次全面（扩大）会议、十八届六中全会、县两会精神、“两学一做”学习教育活动情况和《关于进一步加强和改进离退休干部工作的意见》，邀请各级专家作《学习十三五规划，深化供给侧改革》《老年人树立正确有消费观念》、健康知识等讲座，并组织观看纪录片《反腐前线》，为离休干部征订《浙江日报》《今日新昌》《浙江老年报》等报刊。

【“两学一做”学习教育】　县委老干部局制定《老干部局“两学一做”学习教育实施方案》和《学习教育计划表》。5 月 9 日召开动员大会。开展学习教育活动以来，组织 3 次专题讨论，局领导带头讲党课，并邀请“两学一做”宣讲团成员作《心怀理想、敬畏规矩》的党课；组织 2 次重回红色故里主题教育活动，赴常熟沙家滨参观革命历史纪念馆，赴镜岭镇外婆坑村重温入党宣誓仪式；以学促干，党员服务老干部、老党员，开展“送学上门”活动47人次，到澄潭镇左于村开展慰问困难老党员等活动。

【离休干部服务管理】 坚持完善每月一次的离休干部政治理论学习制度，以读书会、通报会、专题讲座等方式组织老干部学习党的方针政策和重要会议精神，全年共举办政治理论等学习10次。年终向17位离休干部发放2000元/人的困难帮扶专项资金，先后赴医院探望住院离休干部47人次，为78位离休干部过生日主动上门祝寿，联合县卫生和计划生育局制发离休干部医疗优待证，并会同县人民医院组织离休干部健康体检。春节前陪同县委、县政府领导分路看望离退休老领导，牵头组织召开全县离退休干部春节慰问大会。对易地安置在河南、上海等地和在外地治病疗养的老干部上门慰问，对全县离休干部进行全面上门走访慰问。

【老年大学学员1061名】 2016年，新昌县老年大学开设21门课程，31个班级，学员人数达1061名。开展“双争”活动，评选出优秀学员37名，优秀班干部8名，文明班级10个；打造老年大学教学品牌，聘请画家何国门、书法家何中梁来校上课；召开第二十一届老年大学毕业典礼。学员们文化硕果累累，其中参加全省老年书画比赛，13名学员获奖，老年大学被授予最佳组织奖；在全国老年大学系统举办《中华夕阳红兰亭文艺杯》书画比赛中，学员得金奖4名，银奖3名，老年大学获优秀集体称号。县老年大学澄潭分校开设太极拳、二胡、剪纸等5门课程，5个班级，吸引农村老年学员148名。

【老年活动中心】 2016年，县老年活动中心为1.18万名老同志办理活动证。参加活动的老年人达29.7万人次。在大市聚茅坪村举办“欢乐乡村行”游园活动，吸引100多位老人前来参加活动。举办第十四届老人节金秋游园活动，6400名老同志参加活动。

（高赛莎）

县直机关工委

【“两学一做”学习教育】 4月29日，县委召开“学党章党规、学系列讲话，做合格党员”学习教育专题党课暨学习教育部署会，以县委书记邵全卯讲党课开局。5月11日，下发《关于在县直机关党员中开展“学党章党规，学系列讲话，做合格党员”学习教育的实施方案》（新委直〔2016〕24号）。5月20日，县直机关“两学一做”骨干培训班举办，92名县直机关党组织负责人参加。县委常委、组织部部长邵永明作专题党课。县检察院检察长柴峥涛作领导干部职务犯罪预防辅导。工委成立8个督导组，分4次对131个基层党组织的学习教育情况进行督查。确定县质监局、住房公积金中心、公安局、检察院、档案局、工业园区、水利局为联系点。7月，开展党建创新成果征集和“两学一做”优秀案例征集活动，收到各单位上报优秀案例50例。

【党组织建设和党员发展】 2月，《县直机关基层党组织严格执行党内组织生活制度的意见》出台，并建立季度督查制度。出台《调整县直机关基层党组织设置方案》，完成县检察院、人力社保局等17个单位的基层党组织设置调整。将近年来省、市、县出台的重要政策文件、常用的党建工作方法进行汇总，编印《新昌县直机关党建工作实用手册》450册，下发给基层党务干部。组织基层党组织学习《关于中国共产党党费收缴、使用和管理的规定》，全面检查党费收缴情况，对下属党组织党费收缴业务进行培训。下发《2016年党员发展计划》，6月上旬，举办县直机关党员发展对象培训班，39名发展对象参加。全年审批发展预备党员35名，预备党员转正33名。开展党员信息排查，核查所属94个单位393个支部5000多名党员的身份信息，对10位不合格党员给予劝退或自行脱党除名的处分。

【机关党建大讲堂】 3月，邀请对外经济贸易大学校长助理丁志杰为“机关党建大讲堂”作当前经济金融形势专题报告； 4月，县直机关工委与县委宣传部联合开展“新理念 新举措 新征程”主题微型党课比赛，180多人参赛，评出一等奖5名，二等奖11名，三等奖14名。5月，邀请中国科学院机关党委书记郭曰方作《科学与文化同行》报告。

【共产党员“先锋工程”】 3月底，“先锋工程”实施方案完成申报备案，32个岗位确定参加共产党员先锋岗创建。4月11日，“共产党员先锋岗”创建单位集中前往绍兴学习取经。5月25日，在各基层党组织择优推荐上报的基础上，县直机关工委考评小组经初审，分别确定共产党员先锋岗和先锋标兵候选名单，并在新昌机关党建网上公布，接受社会投票。按照投票结果，同步征求纪委、政法委、信访局、卫计局等部门意见，最终评出共产党员先锋岗10个和改革先锋10名、服务先锋15名、志愿先锋10名。

【深化假日支部制度】 假日支部的参加对象扩大到机关单位党员、入党积极分子和发展对象。10月，与县委组织部联合发文《关于进一步深化“假日支部”制度推动在职党员开展志愿服务活动的通知》，要求以工作单位党组织为基础组建“假日支部”，全县机关单位 73 个基层党组织在职党员的2490名共成立111个假日支部。开展爱心服务、便民服务外，还联动式开展每月5日的全民清洁日、护水日等活动。

【“三级书记”联述联评联考】 5月，县委办下发《关于建立“三级书记”抓县直机关党建工作责任清单并实行三级联述联评联考的制度（试行）》。要求各单位的党组（委）书记、基层党组织书记制订并上报“三级书记”责任清单，包括共性和个性两大方面，审核后统一在新昌机关党建网上公布。12月，组织联述联评联考。

【开展“三个最佳”评选】 12月，市直机关工委组织开展最佳服务举措、最佳制度创新、最佳项目推进评选活动。经推选、网络投票等程序，县公安局农村道路交通网格化智能管理工作被评为最佳制度创新、新昌县钦寸水库新昌县钦寸水库工程建设项目被评为最佳项目推进、新昌县科技局线上线下结合打造全链条协同创新共同体获最佳服务举措优秀奖、新昌县发改局浙商跨国并购回归项目示范园暨新昌综合保税区项目获最佳项目推进优秀奖。

【查办党员干部违纪案件】 查办党员干部违纪案件，办理县府办退休人员刘某和县食品总公司一副总经理酒驾等4起案件，分别给予相关人员开除党籍、警告、严重警告处分。6月，联合纪委开展以“扬天姥清风、助新昌发展”为主题的反腐倡廉辩论赛，来自全县各乡镇（街道）、县级机关部门单位的40个单位代表队和120多位辩手参加比赛。有8个代表队获团体一、二、三等奖和优秀奖，个人最佳辩手1名、优秀辩手2名。

（石笑梅）

责任编辑 王晓岚

政权 政协

人民代表大会

【新昌县十五届人大五次会议】 1月30日～2月1日，新昌县第十五届人民代表大会第五次会议在县城举行，出席会议代表216名，列席人员196名。本次会议共举行全体会议4次、主席团会议4次。会议听取和审议县人民政府代理县长李宁所作的《政府工作报告》，审查新昌县国民经济和社会发展第十三个五年规划纲要，审议县发展和改革局局长李一峰所作的《关于新昌县2015年国民经济和社会发展计划执行情况与2016年国民经济和社会发展计划草案的报告》、县财政局局长求国安所作的《关于新昌县2015年财政预算执行情况和2016年财政预算草案的报告》，听取和审议县人大常委会主任求子平所作的《新昌县人民代表大会常务委员会工作报告》、县人民法院院长钱长龙所作的《新昌县人民法院工作报告》和县人民检察院代理检察长柴峥涛所作的《新昌县人民检察院工作报告》，并通过相关决议。会议依法选举李宁为新昌县人民政府县长、柴峥涛为新昌县人民检察院检察长、杨宇勇为新昌县第十五届人民代表大会常务委员会委员。会议共收到代表提交议案5件，代表建议、批评和意见199件。经议案审查委员会审查，对收到的5件议案，作为代表建议、批评和意见处理。对收到的199件代表建议、批评和意见，其中196件作为代表建议、批评和意见处理，另有3件作为来信，由县人大常委会办公室转交有关部门处理。组织29名公民旁听政府工作报告，并召开座谈会，县人大常委会领导、县政府领导听取旁听公民对政府工作报告的意见和建议。会议完成各项议程，通过各项决议。会议号召全县人民在中共新昌县委领导下，与时俱进抓创新，攻坚克难打硬仗，为开创新昌更加灿烂辉煌的明天而努力奋斗。

【十五届人大常委会会议】 2016年，新昌县第十五届人民代表大会常务委员会共举行10次会议，听取和审议“一府两院”专项工作报告14个，作出决议决定13项。

1月7日，第四十七次会议。审议表决有关人事任职、辞职议案。决定任命李宁为新昌县人民政府副县长，根据全国人大常委会《关于实行宪法宣誓制度的决定》和新昌县《组织实施宪法宣誓制度办法》的有关规定，本次会议首次举行宪法宣誓仪式，新决定任命的副县长李宁在接受任命书后，进行宪法宣誓，常委会组成人员监督。会议接受邵全卯辞去新昌县人民政府县长职务；决定李宁为新昌县人民政府代理县长。

1月19日，第四十八次会议。听取和审议县政府关于新昌县2015年财政预算执行情况和2016年财政预算草案的报告，初步审查新昌县2016年财政预算草案；听取和审议县人大常委会代表资格审查委员会关于新昌县第十五届人民代表大会的代表资格审查报告；审议通过县人大常委会关于召开新昌县第十五届人民代表大会第五次会议的决定、新昌县第十五届人民代表大会第五次会议议程（草案）、日程（草案）、《新昌县第十五届人民代表大会第五次会议主席团关于议案截止时间的决定（草案）》《新昌县人大常委会工作报告》、新昌县第十五届人民代表大会第五次会议有关建议名单和《新昌县人民代表大会常务委员会关于依法许可对县人民代表大会代表采取限制人身自由措施或刑事审判的实施办法》。

3月17日，第四十九次会议第一次全体会议。听取和审议表决县公安局有关许可事项。3月25日，第二次全体会议。听取县政府关于行政监察工作情况的报告；听取和审议县政府关于科技体制改革试点工作情况的报告；听取和审议县政府关于农产品质量安全工作情况的报告；审议表决县人大常委会主任会议、县政府有关人事任免议案。决定任命：莫靓为新昌县人民政府副县长。免去：金琳妃的新昌县人民代表大会常务委员会七星街道工作委员会主任职务。经县十五届人大五次会议依法选举并报绍兴市人民检察院提请绍兴市第七届人大常委会第三十次会议审查批准，被任命为新昌县人民检察院检察长的柴峥涛和新决定任命为新昌县人民政府副县长的莫靓进行宪法宣誓，常委会组成人员监督。

5月19日，第五十次会议第一次全体会议。审议通过县政府关于提请审议农业银行旧城改造融资授信相关事宜的请示。5月26日，第二次全体会议。专项审议县法院民事审判工作、县检察院职务犯罪预防工作、县公安局经济犯罪侦查工作；审议表决县政府有关人事任免议案。决定任命：文龙生为新昌县人民政府副县长。决定免去：朱润晔、盛林炳、严钢的新昌县人民政府副县长职务。审议表决通过有关接受辞职的决定。接受：潘岳明、陈军方、吕明均、章丽栋辞去新昌县第十五届人民代表大会代表职务。新决定任命为新昌县人民政府副县长的文龙生举行宪法宣誓，常委会组成人员监誓。听取和审议表决县公安局有关许可事项。

7月28日，第五十一次会议。听取和审议县政府关于新昌县 2016 年上半年经济社会运行情况的报告；审议县政府关于新昌县 2016 年上半年国民经济和社会发展计划执行情况的报告；听取和审议县政府关于新昌县 2015 年度财政预算和 2016 年度上半年预算执行情况的报告，审查、批准 2015 年度县级财政决算；听取和审议县政府关于 2015 年度同级财政审计工作情况的报告；审议表决县人大常委会和县政府有关人事任免议案。决定任命：周巧米、徐立新为新昌县人民政府副县长。任命：舒金仁为新昌县人民代表大会常务委员会羽林街道工作委员会主任，章建平为新昌县人民代表大会常务委员会南明街道工作委员会主任，孙新霞为新昌县人民代表大会常务委员会南明街道工作委员会副主任，徐祝雨为新昌县人民代表大会常务委员会七星街道工作委员会主任，俞胜利为新昌县人民代表大会常务委员会代表工作委员会副主任。决定免去：郑刚的新昌县人民政府副县长职务。免去：梁文国的新昌县人民代表大会常务委员会羽林街道工作委员会主任职务，何越明的新昌县人民代表大会常务委员会南明街道工作委员会主任职务，章建平的新昌县人民代表大会常务委员会南明街道工作委员会副主任职务。举行宪法宣誓仪式，由新决定任命为新昌县人民政府副县长的周巧米领誓，其他新决定任命、任命的同志跟誓，常委会组成人员监誓。听取和审议表决县公安局有关许可事项。

9月26日，第五十二次会议。听取和审议县政府关于县十五届人大五次会议代表建议办理情况的报告；审议通过《新昌县人民代表大会常务委员会关于县乡两级人大换届选举时间的决定》《新昌县人民代表大会常务委员会关于新一届乡镇人民代表大会代表名额的决定》和《沙溪镇选举委员会组成人员名单》；听取和审议表决县公安局有关许可事项。

10月12日，第五十三次会议。专题审核沙溪镇第十六届县人大代表候选人是否符合差额选举和代表构成要求。

10月21日，第五十四次会议。审议通过《新昌县人民代表大会常务委员会关于设立新昌县选举委员会的决定》《乡镇选举委员会、街道选举办事处组成人员名单》、沙溪镇的新昌县第十六届人民代表大会正式代表候选人名单和关于吕亦斌等同志请求辞去沙溪镇选举委员会有关职务的报告。

12月13日，第五十五次会议。听取和审议县政府关于“六五”法制宣传教育决议执行情况和“七五”法制宣传教育规划内容的报告，审议通过《新昌县人民代表大会常务委员会关于开展第七个五年法制宣传教育的决议》；听取和审议县政府关于要求调整2016年度财政支出预算的报告；审议表决通过县政府、县法院、县检察院有关人事任免的议案。决定任命：方维炯为新昌县人民政府副县长；陈竹进为县经济和信息化局局长，俞剑锋为县财政局局长，李亚明为县交通运输局局长，石炜瑶为县农业局局长，吴青松为县林业局局长，赵新建为县市场监督管理局局长，胡力强为县质量技术监督局局长。决定免去：周巧米、孙嘉江的新昌县人民政府副县长职务，俞剑锋的县经济和信息化局局长职务，求国安的县财政局局长职务，王晓明的县交通运输局局长职务，黄友诚的县农业局局长职务，梁汉良的县林业局局长职务，张绍忠的县安全生产监督管理局局长职务，吕国军的县市场监督管理局局长职务，张林勇的县质量技术监督局局长职务。免去：王海云的新昌县人民法院民事审判第一庭副庭长、审判员职务，叶文波、刘根妃、董品谦的新昌县人民法院审判员职务，杨仲华的新昌县人民检察院检察员职务。审议表决通过有关接受辞职的决定。接受：孙建焕辞去新昌县选举委员会主任职务；顾坚刚、梁碧珍、张绍忠、杨宇勇辞去新昌县选举委员会委员职务。举行宪法宣誓仪式，由新决定任命的新昌县政府副县长方维炯领誓，其他新决定任命人员跟誓，常委会组成人员监誓；审议通过《新昌县人民政府关于提请审议新昌县与浙江浙盐控股有限公司教育项目投资合作投融资有关事项的决议》；听取和审议表决县公安局有关许可事项。

12月24日，第五十六次会议。听取和审议表决县公安局有关许可事项。

【十五届人大常委会主任会议】 2016年新昌县第十五届人大常委会共召开主任会议15次，听取“一府两院”和有关部门工作汇报9次。1月7日，第五十八次主任会议。听取县委组织部有关人事任职事项的说明；讨论提请县政府代理县长的议案；商议举行县第十五届人大常委会第四十七次会议方案。

1月18日，第五十九次主任会议。听取县政府关于新昌县2015年财政预算执行情况和2016年财政预算草案的报告及说明；研究关于召开县十五届人大五次会议的决定（草案）；研究县十五届人大五次会议议程草案、日程草案；研究关于县十五届人大五次会议议案截止时间的决定（草案）；研究县人大常委会工作报告（送审稿）；听取代表工委关于代表资格审查报告的说明；听取县委组织部关于县十五届人大五次会议各类建议名单的说明；听取法工委关于《新昌县人民代表大会常务委员会关于依法许可对县人民代表大会代表采取限制人身自由措施或刑事审判的实施办法（草案）》的说明；商议举行县第十五届人大常委会第四十八次会议方案。

1月23日，第六十次主任会议。听取关于国家卫生县城创建工作情况汇报；研究县人大常委会2016年工作要点；研究3月县人大常委会审议议题调研方案；研究确定对县法院民事审判工作、检察院职务犯罪预防工作、公安局经济犯罪侦查工作开展专项审议。

3月17日，第六十一次主任会议。听取县委组织部有关人事任免事项的说明；听取县卫计局、县市场监管局对评议意见研究处理情况的汇报；听取各调研组关于3月常委会审议议题调研情况的汇报；研究落实省委巡视组反馈意见；商议举行县第十五届人大常委会第四十九次会议方案；听取县公安局有关许可事项的汇报。

4月19日，第六十二次主任会议。研究《关于明确新昌县第十五届人民代表大会第五次会议代表建议重点承办单位及县领导联系督办的方案》和《关于明确新昌县人大常委会各工作委员会、办公室对口联系督促承办单位办理县人大代表建议的方案》；研究关于接受代表辞职的有关事项；研究5月县人大常委会审议议题调研方案；研究《关于加强新昌县人民代表大会代表日常管理的意见》。

5月19日，第六十三次主任会议。听取县政府有关融资事项的说明；听取县委组织部有关人事任免事项的说明；讨论2015年度乡镇街道人大工作先进集体；听取各调研组关于5月常委会审议议题调研情况的汇报；商议举行县第十五届人大常委会第五十次会议方案。

6月29日，第六十四次主任会议。视察大明市区块规划情况；研究对县法院民事审判工作、县检察院职务犯罪预防工作、县公安局经济犯罪侦查工作专项审议意见；研究县人大常委会7月会议审议议题调研方案；研究恢复有关代表职务事项。

7月26日，第六十五次主任会议。听取县委组织部有关人事任免事项的说明；讨论提请县人大常委会会议人事任免事项；听取各调研组关于7月常委会审议议题调研情况的汇报；商议举行县第十五届人大常委会第五十一次会议方案；听取县公安局有关许可事项的汇报。

9月14日，第六十六次主任会议。听取关于司法改革和公共法律服务体系建设情况的汇报；讨论《关于做好全县县乡两级人民代表大会换届选举工作的意见》；研究县乡两级人大代表换届选举试点工作有关事项；商议县人大常委会9月审议议题调研方案。

9月21日，第六十七次主任会议。听取县公安局有关许可事项的说明；听取调研组关于9月常委会审议议题调研情况的汇报；讨论《关于县乡两级人大换届选举时间的决定》（草案）；商议举行县第十五届人大常委会第五十二次会议方案。

10月12日，第六十八次主任会议。听取代表工委关于沙溪镇新昌县第十六届人民代表大会代表候选人预备人选名单的说明。

10月21日，第六十九次主任会议。讨论关于设立新昌县选举委员会的决定（草案）；讨论乡镇选举委员会、街道选举办事处组成人员名单（草案）；讨论沙溪镇的新昌县第十六届人民代表大会正式代表候选人名单；讨论关于吕亦斌等同志请求辞去沙溪镇选举委员会有关职务的报告；商议举行县第十五届人大常委会第五十四次会议方案。

11月4日，第七十次主任会议。听取代表工委关于沙溪镇新昌县第十六届人民代表大会代表选举结果的汇报。

12月13日，第七十一次主任会议。听取县委组织部有关人事任免事项的说明；听取县法院有关人事免职事项的说明；听取县检察院有关人事免职事项的说明；听取县财政局关于要求调整2016年度财政支出预算和有关投融资事项的说明；听取法工委关于开展第7个五年法治宣传教育决议的说明；听取代表工委关于有关人员辞去选举委员会职务的说明；听取县公安局有关许可事项的说明；商议举行县第十五届人大常委会第五十五次会议方案。

12月24日，第七十二次主任会议。听取县公安局有关许可事项的汇报。

（竺　超）

人民代表大会工作

【助推重点项目建设】　2016年，县人大组织视察大明市区块规划情况，并专题听取新昌工业园区关于大明市区块规划编制情况的汇报，做到高起点规划、高品质开发、高效能运作。视察海洋城等重点商贸服务业项目；视察技师学院建设工程，提出探索学校管理机制、加强名师队伍建设、引导学生价值观念、做好校企结合发展文章等意见建议。每位常委会领导联系2个重点项目，定期督促指导。

【促进依法行政公正司法】　2016年，县人大常委会听取全县监察工作情况的报告，跟踪督查县卫计局和市场监管局对评议意见的整改落实情况，促进被评议部门转变作风、依法履职。根据大多数代表的意见，确定对县法院关于民事审判工作、县检察院关于职务犯罪预防工作和县公安局关于经济犯罪侦查工作开展专项审议，并进行工作满意度测评，提出书面审议意见，要求限期整改。

【推进宪法宣誓制度】　制定新昌县组织实施宪法宣誓制度办法。1月1日，宪法宣誓制度正式实施，共组织县人代会选举产生和常委会会议任命、决定任命的 19 位国家机关工作人员进行宪法宣誓，激励和教育选举任命干部忠于宪法、遵守宪法、维护宪法。加强宪法宣誓仪式宣传报道，推进宪法宣誓公开。

【推进民主法治建设】 听取和审议关于“六五”普法工作情况和“七五”普法工作规划的报告，并作出《关于开展第七个五年法治宣传教育的决议》。听取关于司法改革和公共法律服务体系建设情况的汇报。对县政府报送备案的 10 件规范性文件严格审查，反馈审查意见。做好来信来访的交办督办，依法受理群众来信来访 102 件次。

【依法组织人大代表换届选举】 加强对换届选举新情况新问题的分析研判，并在沙溪镇先行试点，试点工作经验在全省作交流。在县委的直接领导下，依法作出换届选举时间、代表名额等相关决定。11 月 3 日，县乡两级人大代表换届选举工作会议召开。2017 年 1 月，224 名新昌县第十六届人民代表大会代表由各选举单位选出。

【加强和促进代表工作】 制定《关于加强新昌县人民代表大会代表日常管理的意见》《关于加强和改进新昌县人民代表大会代表闭会期间学习教育的若干意见》，促进代表整体素质提升。贯彻关于补齐发展“短板”的精神，组织动员各级人大代表共同参与，查找出“短板”问题 160 个，提出对策建议 200 条。开展“五水共治”工作督查和城市环境管理监督检查活动，组织集中视察活动 16 次，代表个人日常监督 229 人次，发现问题 154 个，提出建议 79 条，整改落实 65 条。县十五届人大五次会议上，收到代表建议意见 201 件，交由 39 个部门主办。常委会抓好建议督办，主任会议确定建设局、交通运输局等 7 个单位为建议重点承办单位，分别由常委会领导和政府分管领导联系督办，每位政府领导领办 1 件代表建议，“一办六工委”对口联系 39 个承办单位，促使代表建议办理落实。加强对代表建议办理的跟踪监督，对经信局和人力社保局代表建议办理情况进行满意度测评。

（竺 超）

政府重要会议

【县政府全体会议】 3 月 17 日，第六次县政府全体（扩大）会议在县府大院 4 号楼三楼会议室举行，县委副书记、县长李宁作重要讲话。会议指出，2016 年是“十三五”的开局之年。要肯定成绩，找准短板，增强赶超发展的信心决心，切实提高政府工作的质量和成效。会议要求，各级各部门和广大干部要贯彻省政府全会、市政府全会和县委十三届九次全会、县“两会”精神，围绕“美丽新昌”建设目标，以“工业立县、生态兴县、创新强县”三大路径为引领，分解落实全年目标任务，狠抓有效投资、狠抓城乡统筹、狠抓民生发展，全力维护社会和谐稳定。

【县政府常务会议】 1 月 18 日，第 47 次常务会议。会议审议并原则同意《新昌县综合行政执法工作实施方案》《关于进一步促进电子商务发展若干意见》《应对极端天气停课安排和误工处理实施意见》《调整住房公积金缴存基数建议方案》《2016 年城乡居民基本医疗保险费用结算管理办法》《新昌县城乡居民大病保险筹资标准调整方案》《新昌县企业欠薪应急周转资金垫付实施方案》《2016 年五个十大项目、十方面为民实事和政府投资实施项目、前期项目安排》《新昌县国民经济和社会发展第十三个五年规划纲要》《2015 年国民经济和社会发展计划执行情况与 2016 年国民经济和社会发展计划草案报告》《2015 年财政预算执行情况和 2016 年财政预算草案报告》《政府工作报告》，听取 2015 安全生产工作情况和 2016 年工作思路的汇报，部署寒潮及雨雪冰冻天气应对工作。

2 月 2 日，第 48 次常务会议。会议审议并原则同意《2015 年度各类先进及表彰奖励名单》《促进股权投资业发展若干意见》《拔茅村移民生产用地分配及村民待遇落实实施方案》《秀洲至路桥公路梅渚至澄潭段改建污水工程概算调整》《新昌县乡村旅游发展三年计划（2016～2018 年）》《全县农村工作会议暨乡村旅游发展方案》，部署政府系统党风廉政建设。

3月4日，第49次常务会议。会议审议并原则同意《新昌县集体土地上房屋征收与补偿实施意见》《加快创新驱动推进工业强县建设若干意见》《新昌县对涉违房产采取“四不予”措施实施意见》《关于调整新昌县城镇修建防空地下室有关政策的汇报》《新昌县城市建设工地扬尘管理办法》《关于调整和完善乡镇（街道）财政体制、完善园区财政体制的说明》《新昌县县级财政资金竞争性存放管理暂行办法》《新昌县县级行政事业单位公款竞争性存放管理暂行办法》，听取2016年县政府工作报告目标任务分解的汇报。

4月5日，第50次常务会议。会议审议并原则同意《2016年全县农业农村工作配套政策》《新昌县人才公租房租住对象遴选实施办法（试行）》《新昌县人才公租房日常管理办法（试行）》《新昌县城镇危房治理改造三年行动专项规划》《新昌县城镇危房治理改造工作实施意见（试行）》《加快现代公共文化服务体系建设实施方案（2016～2020）》，听取新昌县产业基金出资与浙江京新控股有限公司等5家企业设立医疗健康产业基金的情况汇报。

5月24日，第51次常务会议。会议审议并原则同意《关于创建国家生态文明建设示范县推进美丽新昌建设的实施意见》《新昌县人民路西延工程房屋征收决定》《新昌县新中路南段建设项目房屋征收决定》《关于加强重点工业项目用地管理的意见》《推进全县无线局域网（WiFi）建设和免费开放实施方案》《新昌县小京生花生产业发展规划（2016～2018）》《2016年小京生花生产业发展扶持政策实施细则》《关于进一步促进企业上市挂牌的若干意见》《新昌县企业投资项目高效审批50天全流程试点实施办法》《2016年新昌县城区道路交通拥堵治理工作要点》《新昌县小额工程建设项目简易发包管理办法》《新昌县公共资源交易工作责任追究办法》《新昌县乡镇发展基金管理办法（试行）》，听取开展2016年度奔小康结对帮扶活动的汇报，市级相关考核指标排名靠后的情况说明，优化环境“八大行动”进展情况的汇报。

6月15日，第52次常务会议。会议审议并原则同意《重大工业项目“一企一策”建议方案》《岙桥里和东街等旧城局部地块危旧房改造回购方案》《新昌县农村生活污水处理设施运行维护实施方案》《沃洲房地产开发有限公司遗留问题解决建议方案》《建设统一政务咨询投诉举报平台实施意见》《新昌县澄潭中学办学体制改革方案》《新昌县国家高端装备制造业标准化试点工作实施方案》《新昌县党政机关国内公务接待管理办法》《新昌县党政机关办公用房管理暂行办法》《新昌县城乡居民临时救助实施办法》，听取全面推进社区治理和服务创新意见的汇报。

7月25日，第53次常务会议。会议审议并原则同意《新昌县城市建设投资集团有限公司组建方案》《新昌县城投集团公司薪酬制考核管理实施意见》《新昌县村级集体经济发展基金管理办法（试行）》《新昌县 2016～2017 年重点成长型企业建议名单》《高新园区沃西大道至三花路接线工程 PPP 实施方案》《新昌县2016年上半年经济社会运行情况报告》，听取促进民办教育健康发展意见的汇报，十九峰韩妃江综合旅游度假项目实施要件的汇报。

9月6日，第54次常务会议。会议审议并原则同意《新嵊线客运班车收回国有经营方案》《新昌县综合交通运输“十三五”发展规划》《新昌县农村生活垃圾分类工作实施方案（试行）》《深化供销合作社和农业生产经营管理体制改革构建“三位一体”农民合作经济组织体系实施方案》《退还五洲新春土地出让金有关事宜》《公开招拍百味斋项目合作经营权有关事项》《新昌县卫生重点县建设工作方案》《新昌县公务员考核实施办法（试行）》《深化完善“天姥英才”计划，加快推进创新强县战略实施意见》《新昌县公务用车制度改革实施方案及相关配套政策》《县产业基金与三花控股集团有限公司合作设立“新能源汽车及智能汽车全球并购基金”的有关事宜》《县产业基金参与合作设立浙商银行——财通玖华新昌中小企业转型升级成长基金（一期）有关事宜》，听取《国家信息化发展战略纲要》精神的汇报，2016年1～8月全县安全生产工作情况的汇报，五都村整村搬迁工作情况的汇报，钦寸水库县内安置点配套工程变更情况的汇报，十五届人大五次会议代表建议、批评和意见办理情况报告的汇报。

9月20日，第55次常务会议。会议审议并原则同意《加快推进残疾人全面小康进程的实施意见》《新昌县大明市区块土地征收补偿办法》《大明市区块土地征收工作实施方案》，听取对工业项目征收市政基础设施配套费有关问题的汇报。

10月26日，第56次常务会议。会议审议并原则同意《新昌县建设工程渣土处置管理暂行办法》《新昌县促进民宿产业规范化发展实施意见（试行）》《2017年城乡居民基本医疗保险工作方案》《新昌县中小学校闲置校产处置方案》《关于调整土地征收留地政策的意见建议》《积极稳妥推进户籍制度改革实施意见》《新昌县审计整改责任追究办法（试行）》《关于鼓励民间资本进入社会事业领域的若干意见》，听取调整新昌县城乡居民最低生活保障标准的汇报，传达学习《深入学习贯彻习近平总书记“七一”重要讲话精神，秉持浙江精神，勇做弄潮儿——廖国勋同志在省委党校2016年秋季开学典礼上的讲话摘要》。

11月28日，第57次常务会议。会议审议并原则同意《关于加强乡镇（街道）“四个平台”建设完善基层治理体系的实施意见》《新昌县无线WiFi建设和免费开放（二期）实施方案》《大明市区块青苗评估补偿管理实施办法》《新昌县教育质量提升方案》《产学研合作先进个人建议名单》《新昌县治超联合执法实施方案》《新昌县铁路工程建设指挥部职能配置、内设机构设置的意见》《新昌县铁路建设办公室内设机构的意见》《新昌县测绘市场管理暂行办法》《新昌县小城镇环境综合整治行动实施方案》，听取安全生产工作情况的汇报，新昌县人民东路东延道路建设投资概算调整的汇报，馒头山保障房分配方案的汇报，鼓山公园项目增加工程建设费用情况说明。

（吴樟永）

法　制

【行政规范性文件管理】　2016年，县政府出台《关于推行行政规范性文件“三统一”制度的意见》，对行政规范性文件，按要求统一登记、统一编号、统一发布，并在门户网站开设规范性文件专题子栏目。对《新昌县应对极端天气停课安排和误工处理实施意见的通知》《关于进一步完善职工基本医疗保险实施意见的通知》《关于进一步促进电子商务发展的若干意见》《新昌县城市建设工地扬尘管理办法》等文件进行审查，提出合法性意见，并按要求向县人大和市法制办报备。对卫计局等部门报备的《新昌县责任医生签约服务规范（试行）的通知》《关于进一步完善设施农用地管理的意见》等文件予以备案审查并登记。根据省、市的工作要求，做好行政规范性文件集中清理，对《新昌县国家建设项目审计办法》等文件决定予以停止执行并发文公布。

【行政复议和应诉】　引入行政调解机制，开展复议、诉讼过程中的行政争议化解。通过信访接待过程中引导进入复议程序解决行政纠纷案例19件，其中3件进入复议受理立案程序，以县政府行政复议决定的形式裁决，另外16件在复议程序启动前得到协调化解。政府与法院之间实行信息共享，成功调处13起行政争议案例。全年共涉及县级部门和街道的行政复议7件。执行省高院有关行政诉讼中行政机关法定代表人出庭应诉的规定，将出庭应诉情况列入年度依法行政工作目标责任制考核，对行政机关法定代表人未按规定出庭应诉的单位进行通报。

【行政执法效能】　根据相关部门提交的行政处罚决定书副本、依据、证据和其他有关材料，围绕抽查案件的事实、证据、程序、适用法律等进行备案审查，对案件的整体质量进行分析认定。对审查中发现的问题及时予以指出，问题严重的，启动监督程序予以纠正。完善行政执法人员档案管理，加大行政执法证件管理力度，定期梳理行政执法证件，及时变更已调整岗位的行政人员执法证件 239 本，回收离退休人员的执法证件 17 本，吊销违法违纪人员的执法证件 2 本。组织各行业监督管理领域行政执法业务培训，实现执法人员岗位资格与执法证件全覆盖。

【政府信息公开】 制订主动公开和依申请公开的相关规定及公开流程，全县 79 个部门实现政府信息网上主动公开，各级行政机关共计受理政府信息公开申请 107 件，其中 93 件依法予以答复，14 件通过与申请人的沟通协调得到处理，政府信息公开答复率与法定期限内答复率均为 100%。完善县政府门户网站“政务公开”和“政府信息公开”专栏，充实县政府信息公开指南、各部门公开目录、各乡镇公开目录、依申请公开等内容。累计通过“浙江·新昌”门户网站主动公开信息 30455 条。完善《县政府公报》的内容编排、发行，自 2009 年创刊以来，累计出版 30 期，赠阅范围覆盖全县 415 个行政村及企事业单位。将信息报送纳入依法行政考核，全年录用得分 94 分，全省排名第 43 位。

（何锴锴　吕　琳）

政府办公室

【信息的采编刊发与上报】 2016 年，县人民政府办公室信息科做好信息的采编、刊发与上报，采编本级信息近 600 条；编发《新昌信息（每日动态）》249 期，《专报信息》25 期，《政务信息》4 期，《紧急信息》10 期；被《绍兴政务信息（今日政务）》录用 56 篇，《绍兴政务信息（专报信息）》录用 5 篇，《浙江政务信息（昨日要情）》录用 5 篇；被《浙江政务信息（专报信息）》录用 8 篇，其中有 3 篇获得省领导批示，1 篇作政务工作交流；被《专报国办信息》录用 2 篇。全年办理市长电话、县长信箱、人民来信 1118 单次，交办率、回复率、反馈率、办结率均为 100%。

（杨柳芳）

【督查重点工作】 制定《政府工作报告目标任务分解》，重点抓好事关全局、具有战略意义的重点工作的督促检查，实行一月一通报。强化重大建设项目和政府投资项目建设、土地资源管理、人大建议办理等专项督查，通报进展情况。对重点、热点工作，深入基层，开展调研督查，形成专题报告，共撰写专题报告 5 篇。落实交办事项督查，对县领导批办、会议要求落实事项，下发督查通知单进行跟踪督办。全年共发出督查通知单 18 份，办结率 100%，编发政务督查 57 期。

（卢金金）

【应急工作】 加强隐患排查整治，强化物资储备和应急值守，开展县级专项预案、乡镇（街道）总体应急预案和专项预案备案。完善应急联动体系，一级联动单位增加到 31 家。强化救援队伍建设，乡镇专职消防队伍编制由 48 名增加到 80 名，县红十字山地救援队参与浦江失联孩童救援，夺得全国山地救援比赛桂冠。开展反恐应急处置演练等演练 618 次。组织参加省市应急管理培训，结合传统媒体，发挥微信、微博、手机客户端等新媒体优势，提高“互联网+”在应急宣传中的作用。

（吕挺锋）

【外事工作】 2016 年，全县共报批因公临时出国 12 批 27 人次，其中县（处）级以上领导干部带队的自组团 3 批 14 人次，学校文化交流访问团 1 批 3 人次，参加上级团组 8 批 10 人次。10 月，德国石荷州奥伊廷市东荷尔斯坦恩职业文理中学师生 23 人回访新昌中学。11 月，美国、加拿大、澳洲、英国、新西兰五国教育访问团访问澄潭中学，交流研讨“互联网+教育资源全球优化与共享”成功经验，澄潭中学与美国瓦萨琪中学签订合作协议。完成 10 家企业 15 人次申请来华的邀请预审。和德国石荷州奥伊廷市初步拟订友好合作协议章程，计划就经济、文化、旅游等方面开展合作。

（黄鑫烨）

【电子政务统筹管理】 2016 年，全县电子政务项目的统筹规划、综合协调、项目评审、监督管理进行统一管理，预审 5 个大中型项目，备案 103 个项目。电子政务纳入部门工作目标责任制考核，组织各类培训会议 12 次。在杭州 G20 峰会前，将安全性不高的政府部门网站均纳入网站群统一管理，形成新昌政府机关网站集群。对门户网站部分板块进行整合改造，将“网上办事”栏目直接链接至政务服务网“行政审批”栏目，在门户网站显著位置做好政务服务网的链接设置。对政务咨询类、调查征集类、互动访谈类等栏目进行整合，将相关板块纳入统一政务咨询平台。

【政务服务网建设】　加强权力事项目录库建设，建立动态调整机制。推进行政处罚系统建设，加快投资项目在线审批监管平台建设；开展政务服务网乡镇（街道）延伸，开展在线互动业务，统一咨询投诉平台。统一权力运行系统全面实现行政审批事项一站式网上运行。完成本地事项信息、办件信息与省事项库、办件库的数据对接。实现除行政处罚等执法类事项外的其他8类权力事项一站式网上运行。11月，政务服务网平台进行扩容及灾备改造。统筹党政机关及事业单位线路租赁。定期巡检UPS、空调、网络及服务器等设备，制订网络故障、安全隐患应对策略。环保局、建设局、国土信息局系统部分迁入核心机房。

【视联网建设】　一期接入视联网单位共49个，包括34个机关部门和15个乡镇（街道），15个乡镇（街道）按照上级综治部门要求，升级使用A终端。11个单位采用共享会议室方式接入，视联网覆盖部门60个。12月，根据省政府要求完成对视联网的验收。视联网在省市重大活动中发挥重要作用，多次利用视联网召开会议，应用情况良好。

（梁一锋）

表42　新昌县人民政府新政发〔2016〕文件目录

文号	文　件　题　名	发文日期
1	关于表彰2015年度计划生育目标管理考核优胜单位的通报	1.25
2	关于开展第三次农业普查的通知	2.5
3	关于命名第十六批农业龙头企业的通知	2.5
4	关于表彰2015年新昌县县长质量奖获奖单位的通报	2.5
5	关于暂停全县活禽交易的通告	2.18
6	关于印发促进股权投资业发展若干意见的通知	2.27
7	关于下达2016年部门预算的通知	2.29
8	关于公布2015年新昌县科学技术奖励项目的通知	3.1
9	关于2016年度民兵组织整顿工作的实施意见	3.2
10	关于进一步促进电子商务发展的若干意见	3.6
11	关于完善园区财政体制的通知	3.14
12	关于调整和完善乡镇（街道）财政体制的通知	3.14
13	关于新昌县大明市区块红线控制范围的通告	3.18
14	关于印发新昌县加快建设两化深度融合国家示范区工作方案的通知	3.17
15	关于表彰2015年度银行业金融机构考核先进单位的通报	3.21
16	关于印发全面开展县域经济体制综合改革实施意见的通知	3.28
17	关于下达2016年乡镇财政收支基数的通知	3.31
18	关于新昌县遁山小镇（暂名）红线控制范围的通告	4.8
19	关于常台高速公路增设新昌南互通立交工程红线控制范围的通告	4.10
20	关于印发新昌县集体土地上房屋征收与补偿实施意见的通知	4.12
21	关于中心城区禁止燃放烟花爆竹的通告	4.24
22	关于公布第七批县级文物保护单位的通知	4.25
23	关于调整和明确计划生育利益导向政策的通知	5.3
24	关于调整县政府领导分工的通知	5.28
25	关于印发新昌县2016年度治理城市交通拥堵工作白皮书的通知	5.30
26	关于支持大众创业促进就业的实施意见（试行）	6.29
27	关于表彰2015年度征兵工作先进单位和先进个人的通报	7.26

文号	文件题名	发文日期
28	关于调整县政府领导分工的通知	7.30
29	关于促进民办教育健康发展的意见	8.9
30	关于发布林区禁火令的通告	8.18
31	关于组建新昌县城市建设投资集团有限公司的通知	9.2
32	关于加强重点工业项目用地管理的意见	6.27
33	关于全面建立困难残疾人生活补贴和重度残疾人护理补贴制度的实施意见	9.11
34	转发绍兴市人民政府关于深入推进市县行政审批层级一体化改革继续下放一批行政审批和管理事项的通知	9.12
35	关于527国道新昌大市聚至嵊州黄泽段工程红线控制范围的通告	9.26
36	关于加强新时期爱国卫生工作的实施意见	9.29
37	关于进一步完善城乡义务教育经费保障机制的通知	9.29
38	关于印发新昌县卫生重点县建设工作方案的通知	10.12
39	关于印发新昌县环境保护“十三五”规划的通知	10.20
40	关于印发新昌县现代服务业发展“十三五”规划的通知	10.20
41	关于印发新昌县文化事业发展“十三五”规划的通知	10.20
42	关于印发新昌县“十三五”人才发展规划的通知	10.20
43	关于加快推进残疾人全面小康进程的实施意见	9.28
44	关于积极稳妥推进户籍制度改革的实施意见	11.2
45	关于做好2017年城乡居民基本医疗保险工作的通知	11.7
46	关于调整新昌县城乡居民最低生活保障标准的通知	11.8
47	关于印发新昌县“十三五”重大项目建设规划的通知	11.21
48	关于鼓励民间资本进入社会事业领域的若干意见	11.21
49	关于金华至宁波至舟山铁路新昌段红线控制范围的通告	11.24
50	关于新建杭州至绍兴至台州铁路新昌段红线控制范围的通告	11.24
51	关于印发新昌县儿童发展规划（2016～2020年）的通知	12.3
52	关于印发新昌县妇女发展规划（2016～2020年）的通知	12.3
53	关于印发新昌县“十三五”科技创新规划的通知	12.3
54	关于印发新昌县综合行政执法工作实施方案的通知	12.18
55	关于调整新昌县城乡居民最低生活保障标准的通知	12.25

表43　新昌县人民政府新政办发〔2016〕文件目录

文号	文件标题	发文日期
1	关于下达2016年新昌县政府投资项目计划的通知	2.5
2	关于印发新昌县应对极端天气停课安排和误工处理实施意见的通知	1.20
3	关于公布2015年度安全生产目标管理责任制考核结果的通知	1.20
4	关于完善用人单位社会保险费缴费基数的通知	1.20
5	关于成立新昌县应对寒潮及雨雪冰冻天气指挥部的通知	1.24
6	关于建设气象灾害监测预警全覆盖县的实施意见	1.25
7	关于做好防范和处置非法集资工作的通知	1.25
8	转发市政府办公室关于贯彻实施浙江省机关事务管理办法的通知	1.28
9	关于春节元宵期间中心城区有限开禁燃放烟花爆竹的通知	2.1
10	关于公布新昌县2016年度政府采购目录及标准的通知	2.1
11	关于要求落实省电子政务视联网平台建设费用的请示	2.5
12	关于进一步完善职工基本医疗保险实施意见的通知	2.5
13	关于印发2016年城乡居民基本医疗保险费用结算管理办法的通知	2.5
14	关于调整新昌县PPP项目推进工作领导小组的通知	2.16
15	关于表彰2015年度绍兴市市长公开电话、新昌县县长信箱和人民来信领导批示件办理工作先进单位及个人的通报	2.23
16	关于表彰2015年度全县政务信息工作先进单位和先进个人的通报	2.23
17	转发省政府办公厅关于进一步加强消防安全工作的通知	2.23

文号	文 件 标 题	发文日期
18	关于印发新昌县职业病防治工作联席会议制度的通知	2.29
19	关于加强固定资产投资统计工作的若干意见	2.27
20	关于深化权力清单责任清单工作的意见	3.1
21	关于成立新昌智能装备小镇建设指挥部的通知	3.10
22	关于举办天福杯第十一届中国新昌大佛龙井茶王赛的通知	3.10
23	关于印发2016年政府工作报告目标任务分解的通知	3.10
24	关于开展中心城区禁止燃放烟花爆竹联合整治行动的通知	3.11
25	关于进一步加强危险化学品安全监管的通知	3.14
26	关于公布新昌县重点政协提案办理联系领导的通知	3.8
27	关于印发新昌县县级财政资金竞争性存放管理暂行办法的通知	3.14
28	关于印发新昌县县级行政事业单位公款竞争性存放管理暂行办法的通知	3.14
29	关于进一步深化胶囊产业综合整治工作的通知	3.14
30	关于调整新昌县修建防空地下室相关事项的意见	3.14
31	关于切实做好2016年工业投资工作的通知	3.17
32	关于明确2016年度融资计划和考核方案的通知	3.17
33	关于做好新昌县党政机关及事业单位线路租赁服务实行定点采购的通知	3.21
34	转发浙江省人民政府办公厅绍兴市人民政府办公室关于电子政务云计算平台管理办法的通知	3.21
35	关于调整新昌县审计整改工作领导小组的通知	3.21
36	关于印发新昌县城镇危房治理改造三年行动专项规划的通知	4.28
37	关于开展全县投融资咨询类公司“百日整治”专项行动的通知	3.24
38	关于成立澄潭中学深化办学体制改革工作领导小组的通知	3.24
39	关于印发新昌县城市建设工地扬尘管理办法的通知	3.28
40	转发县审计局关于新昌县本级2015年度财政预算执行和其他财政收支审计总体方案的通知	3.29
41	关于印发新昌县文化产业发展规划（2016～2020年）的通知	3.30
42	关于印发新昌县国民经济和社会发展第十三个五年规划纲要的通知	3.30
43	关于对涉违房产采取“四不予”措施的实施意见	4.10
44	关于印发新昌县创建国家知识产权强县工程试点县工作方案的通知	4.10
45	关于表彰2015年度黄标车淘汰工作先进单位和先进个人的通报	4.10
46	关于进一步规范农贸市场及周边经营秩序的意见	4.14
47	关于印发2016年新昌县政府投资项目推进计划的通知	4.14
48	关于成立新昌县信息安全等级保护协调小组的通知	4.21
49	关于开展森林资源二类调查工作的通知	4.21
50	关于开展全县水环境监管执法大行动的通知	4.21
51	关于印发新昌县地质灾害应急处置流程及分工办法的通知	4.25
52	关于县政府领导领办县人大代表建议的通知	4.28
53	关于印发新昌县城镇危房治理改造工作实施意见（试行）的通知	4.28
54	关于实施村庄绿化工程的通知	5.10
55	关于成立新昌县城市建设重要基础设施项目推进领导小组的通知	4.29
56	关于成立新昌万丰航空小镇建设指挥部的通知	5.11
57	关于印发新昌县新型职业农民认定管理办法（试行）的通知	5.12
58	关于成立新昌县钦寸水库工程移民安置自验委员会的通知	5.18
59	关于印发新昌县2016年度金融支持经济发展考核评价办法的通知	5.21
60	关于谢雷等同志职务任免的通知	5.24
61	关于印发2016年新昌县城市道路交通拥堵治理工作要点的通知	5.26
62	关于下达2016年度政策性农业保险指导性计划的通知	5.27
63	关于印发新昌县生猪养殖整治扩面工作方案的通知	5.31
64	关于推进全县无线局域网（WiFi）建设和免费开放的实施方案	6.1

文号	文件标题	发文日期
65	关于印发新昌县乡镇发展基金管理办法（试行）的通知	6.2
66	关于印发新昌县企业投资项目高效审批 50 天全流程试点实施办法的通知	6.2
67	关于印发新昌县小额工程建设项目简易发包管理办法（试行）的通知	6.2
68	关于印发新昌县公共资源交易工作责任追究办法的通知	6.2
69	关于开展护航 G20 新昌县百日环保执法专项行动的通知	6.2
70	关于印发 2016 年小京生花生产业发展扶持政策实施细则的通知	6.2
71	关于成立新昌县 G20 峰会环境质量保障指挥部的通知	6.2
72	关于印发新昌县小京生花生产业发展规划（2016～2018）的通知	6.2
73	关于进一步加强食品安全科普宣传工作的意见	6.7
74	关于结合“两学一做”学习教育开展“学习先进补短板，完善制度提效率”行动的通知	6.8
75	关于张亮同志任职的通知	6.12
76	关于印发新昌县国家高端装备制造业标准化试点工作实施方案的通知	6.17
77	关于建立重大项目分层协调快速推进机制的意见	6.16
79	关于印发新昌县 2016 年有序用电工作实施意见的通知	6.16
80	关于印发新昌县水土保持目标责任制和考核奖惩制度建设试点工作实施方案的通知	6.21
81	关于深入开展护航 G20 消防安全大排查大整治暨夏季消防安全检查行动的通知	6.21
82	关于建设统一政务咨询投诉举报平台的实施意见	6.24
83	关于印发新昌县 2016 年土地利用管理工作目标任务考核办法的通知	6.25
84	关于印发新昌县城乡居民临时救助实施办法的通知	7.5
85	关于印发新昌县水利工程标准化管理实施方案（2016～2020）的通知	7.5
86	转发浙江省政府办公厅关于 2016 年浙江省深化“四张清单一张网”改革推进简政放权放管结合优化服务工作要点的通知	7.13
87	关于 G20 峰会新昌县食品药品安全保障的实施方案	7.15
88	关于废止规范设施农用地管理文件的通知	7.18
89	关于加强外来建筑企业税收征管工作的通知	7.18
90	关于调整新昌县税收征管保障工作领导小组的通知	7.18
91	关于印发新昌县农村生活垃圾运输车辆和垃圾池（房）整治方案的通知	7.18
92	关于印发新昌县耕地保护补偿实施办法（试行）的通知	7.19
93	关于印发新昌县温室气体清单编制工作方案的通知	7.20
94	关于印发新昌县农村生活污水处理设施运行维护管理工作实施方案（试行）的通知	7.21
95	关于要求协调安排绍兴市政府领导出席新昌县 2016 年三季度重大项目集中开工活动的请示	7.25
96	关于成立新昌县主要道路两侧环境综合提升工作领导小组的通知	7.25
97	转发绍兴市人民政府办公室关于进一步加强消防安全工作的通知	7.28
98	关于调整县政府办公室领导工作分工的通知	8.1
99	关于印发新昌县创建浙江省食品安全县工作方案的通知	7.29
100	关于成立新昌县互联网金融专项整治工作领导小组的通知	8.3
101	转发市消安委关于七星街道等 2 个镇街贯彻落实市政府消防安全大排查大整治行动情况通报的通知	8.4
102	关于成立新昌县城区危旧房成片改造工作领导小组的通知	8.5
103	关于成立新昌县户籍制度改革工作领导小组的通知	8.8
104	关于下达 2016 年土地整治项目目标任务的通知	8.10
105	转发绍兴市人民政府办公室关于 2016 年绍兴市法治政府建设工作要点的通知	8.12
106	关于调整新昌县社会应急联动单位响应分级的通知	8.12
107	关于成立新昌县加快构建现代公共文化服务体系工作协调组的通知	8.15
108	关于何良良等同志职务任免的通知	8.22
109	关于成立新昌县农村生活污水治理设施运维管理领导小组的通知	8.24
110	关于进一步加强监管严格禁止秸秆及农作物废弃物露天焚烧的通知	8.25
111	关于印发新昌县印染化工产业转型升级实施方案的通知	8.29
112	关于要求增设调研科的请示	8.29
113	转发绍兴市人民政府办公室关于绍兴市事业单位公开招聘工作实施细则（试行）的通知	8.29

文号	文　件　标　题	发文日期
114	关于印发新昌县电梯安全管理办法的通知	8.31
115	关于做好行政规范性文件清理工作的通知	9.8
116	关于新昌县园区企业投资项目集中评价的实施方案	9.20
117	关于调整新昌县粮食安全工作协调小组的通知	9.20
118	关于下达 2016 年 GDP 目标任务的通知	9.19
119	关于加强“十三五”期间年森林采伐限额管理的通知	9.21
120	关于加强农村（社区）集体聚餐食品安全指导工作的实施意见	9.21
121	关于做好政府网站季度抽查工作的通知	9.21
122	关于要求协调安排绍兴市政府领导出席赵淳生院士团队与新涛华宇集团合作暨超声电机技术应用(北斗精密制导控制系统）项目落地签约仪式的请示	9.25
123	关于成立新昌县创建浙江省食品安全县工作领导小组的通知	9.23
124	关于开展“打造整洁田园、建设美丽农业”行动的通知	9.30
125	关于印发新昌县大明市区块土地征收补偿办法的通知——未发	9.22
126	关于加强农产品质量安全监管工作的意见	10.14
127	关于印发新昌县省级农产品质量安全放心县创建实施方案的通知	10.14
128	关于印发全县“五水共治”满意度提升宣传工作方案的通知	10.18
129	关于要求协调安排绍兴市政府领导出席五洲新春上市仪式活动的请示	10.18
130	关于印发新昌县农村生活垃圾分类工作实施方案（试行）的通知	10.19
131	关于印发新昌县 2016 年珍贵彩色健康森林建设项目实施方案的通知	10.20
132	关于俞滨同志兼任新昌县农民合作经济组织联合会副理事长的请示	10.26
133	关于开展古树名木资源普查工作的通知	10.30
134	关于推进政府职能向社会组织转移的实施意见	10.28
135	关于印发新昌县农业两区土壤污染防治行动计划的通知	10.28
136	关于印发新昌县审计整改责任追究办法（试行）的通知	10.31
137	关于印发新昌县林地经营权流转证发证实施细则（试行）的通知	11.4
138	关于公布县政府及县政府办公室行政规范性文件清理结果的通知	11.7
139	关于印发新昌县建设工程渣土处置管理暂行办法的通知	11.9
140	关于进一步完善县动物卫生监督体系建设的通知	11.11
141	转发浙江省人民政府办公厅关于进一步加强和创新政府监管有关工作的通知	11.11
142	关于印发 2016 年新昌县老旧车淘汰工作实施方案的通知	11.16
143	关于全面推行“双随机”抽查监管的实施意见	11.22
144	关于印发新昌县住宅小区配套幼儿园建设管理办法的通知	12.8
145	转发绍兴市人民政府办公室关于开展建立各类事业单位统一登记管理制度试点促进民办公益事业发展实施意见的通知	12.9
146	关于新昌县中小学校闲置校产处置工作的意见	12.9
147	关于印发新昌县治超联合执法实施方案的通知	12.12
148	关于印发新昌县大明市区块青苗评估补偿管理实施办法的通知	12.9
149	关于印发新昌县小城镇环境综合整治行动实施方案的通知	12.13
150	关于调整县政府办公室领导工作分工的通知	12.21
151	关于印发新昌县无线 WiFi 建设和免费开放提质实施方案的通知	12.21
152	关于中小企业专项信用贷款操作管理办法的补充意见	12.23
153	关于表彰 2016 年度新昌县治水美村（居）的通知	12.25
154	关于县综合行政执法工作部门联席会议更名为县城市管理和行政执法联合协调指挥工作部门联席会议的通知	12.27
155	关于印发新昌县新能源汽车推广应用工作实施方案的通知	12.3
156	关于要求增加事业编制的请示	12.27
157	关于开展 2016 年度县经济发展优秀人才中小企业跨越奖等奖项申报工作的通知	12.27
158	关于印发《新昌县人民政府特邀行政执法监督员工作规则》的通知	12.27
159	关于完善新昌县职工基本医疗保险实施意见的通知	12.30

（县府办）

编 制

【实现“两张清单”全覆盖】 3月，县编办拟订《关于深化权力清单责任清单工作的意见》，并报县政府出台。县编办及时汇总乡镇（街道）本级权力事项中常用权力事项、服务事项，填充相关事项的通用信息，推送乡镇（街道）园区进行完善发布，重点审核乡镇、园区提交的责任清单，督促及时发布权力清单和责任清单事项。3月底，37个政府部门的责任清单全都纳入2016年度主要工作任务，乡镇（街道）、园区权力清单、责任清单全部上网公布。2个园区和16个乡镇（街道）共发布权力事项904项，主要职责160项，涉及具体工作事项698条，事中事后监管制度160项，服务事项624项。

【组建政务咨询投诉举报平台】 5月，县编办拟订《关于建设统一政务咨询投诉举报平台的实施意见》。6月15日，县政府第52次常务会议审议并通过。除110、120、119等紧急类热线以外，全县15个部门20个热线号码统一整合到绍兴市市长电话受理中心（12345）。6月29日，新昌县统一政务咨询投诉举报平台试运行，下设分平台账号92个，县信访局具体负责平台的整合和建设运行，增设2个内设机构，增加事业编制4名和编外用工控制数4名，撤销县人力资源和社会保障局所属事业单位——县劳动保障投诉咨询服务中心。

【推进综合执法体制改革】 12月18日，县政府印发《新昌县综合行政执法工作实施方案》，县城市管理行政执法局更名为县综合行政执法局，县城管执法大队更名为县综合行政执法大队，并在12月30日正式挂牌运行。

【推进承担行政职能事业单位改革】 2016年，新昌县被列为浙江省行政职能事业单位改革试点。11月，在全县开展承担行政职能事业单位职责清理工作，编制上报《新昌县承担行政职能事业单位改革试点初步方案》。全县共20家事业单位（未包括执法队伍）涉改，其中17家拟只转职能不转机构，2家职能拟整合到主管部门转为内设机构，1家保留职能拟单独设置为政府工作部门。

【推进乡镇（街道）“四个平台”建设】 3月，县编办专门分组到有关乡镇（街道）进行走访、调研，听取乡镇（街道）对“四个平台”建设的意见建议。11月，拟订《关于加强乡镇（街道）“四个平台”建设完善基层治理体系的实施意见》。11月22日，新昌县“四个平台”建设专题会议召开。指导儒岙镇出台“四个平台”建设实施方案和相关考核文件，帮助儒岙镇示范镇创建。

【事业单位统一登记制度试点】 组织人员学习传达中央、省、市关于建立各类事业单位统一登记管理制度的有关文件精神，与各相关部门做好沟通协作，深入开展调研工作。对县民办公益服务机构的现状、自身存在的问题进行全面梳理，并组织人员对民办教育和卫生机构进行重点调查，对统一登记制度不相适应的各类配套政策进行梳理，对准入标准问题、可能出现的问题、登记后的监管等问题进行分析，并提出有关建议意见，启动试点工作。

【严格机构编制管理】 全年共办理出入编手续908人次，其中出编539人次、入编369人次。办结机构编制请示件65件，其中主要有渔政与水政执法职责合并机构调整、钦寸水库后续运行机构设立、全县基层卫生院的编制调整、撤并乡镇广电服务站、县纪委派驻机构人员编制、领导职数明确、省委巡视组提出涉及县水电局的机构编制相关问题整改事项等。撤销事业单位47家，新成立事业单位2家，增挂牌子事业单位4个，事业单位更名11家，调整内设机构8个单位。收回（核减）事业编制4名（含控编减编），划转事业编制19名，增加部门事业编制58名。

【加强编外用工管理】 审核2016年新昌县机关事业单位编外（企业）用工招考的控制数使用计划，共涉及25家单位52个岗位，办理请示件31件，新增13家单位的控制数211名，核减2家单位的控制数18名，调整划转控制数8名，新增临时用工21名，办理出入库备案277人次。开展技能工资联审2次，审核通过23人。配合做好车改工作，核对涉改单位的司勤人员200名，为车改工作提供基础数据并提出相关意见和建议，并对安置后的数据进行汇总调整。

（周　莉）

行政服务中心

【概况】 2016年，县行政服务中心（审管办）坚持“便民、规范、廉洁、高效”的服务宗旨，全面深化行政审批制度改革，优化项目审批流程，完善便民服务机制，强化监督考核管理，全力打造高效的项目审批“快车道”、便捷的证照办理“流水线”、优质的便民服务“示范窗”。全年共受理各类审批服务事项2880174件，办结2854252件，办结率99.1%。

【推行企业投资项目高效审批】 6月2日，县政府出台《新昌县企业投资项目高效审批流程实施办法》，明确企业投资项目高效审批全流程业务操作流程及流程图，探索实施50天高效审批模式。实施5个项目，获得企业的欢迎和好评。对工业企业“零土地”技术改造项目实行审批目录清单管理，对涉及审批目录清单的环评审批、能评审批、消防设计审核、防雷装置设计审核等前置审批事项，改审批制为承诺备案制。全年共有60个项目实行“零土地”技术改造项目备案。联合踏勘、联合测量、联合评审、联合图审、联合验收、多证联办的“六联动”改革更趋完善。全年共完成政府和企业投资项目联合踏勘28个，村级公共事业项目联合踏勘63个，联合测量项目72个，联合评审项目30个，联合图审项目11个，联合验收41个。按照“自愿委托、无偿代办、全程服务、高效合法”的原则，由投资者自愿委托，新昌县投资项目代办中心负责全程免费代办（协办），共代办8个投资项目，提供咨询服务200余次。

【行政审批中介服务机构管理】 在全面实施中介机构脱钩的基础上，面向全国引进涉行政审批的中介服务机构入驻，有268家中介机构入驻，其中10家在中心设立窗口，并明确业务范围，承诺办理时限、收费标准、服务质量等。中介机构必须亮证亮照经营，并开辟网上“中介超市”。将已入驻的中介机构进行公示。出台《新昌县涉行政审批中介机构信用等级评定管理办法》《新昌县涉行政审批中介机构考核办法》，与发改局联合发出《关于公布新昌县涉及行政审批中介服务事项清单的通知》。

【推进商事制度改革】 推进“五证合一”工作，推行营业执照、组织机构代码证、税务登记证、统计证、印章审批等“五证合一”“一照一码”。自2015年9月以来，共办理“五证合一”“一照一码”营业执照5068本。落实先照后证，执行法律、行政法规和国务院决定规定的工商登记前置审批调整或明确为后置审批的事项，在办理工商登记时不再要求申请人提交相关审批部门的许可文件、证件。全年共办理先照后证营业执照5328户，注册资本70.08亿元。12月1日起，共核发“两证整合”个体营业执照713本。

【三级联动便民服务】 落实《乡镇（街道）便民服务中心考核办法》和《代办员工作职责》，开展日常工作指导，形成县、乡镇（街道）、村三级联动的便民服务工作机制。梳理完成便民服务事项，在征求各部门意见后，制作完成服务指南下发各乡镇，15个乡镇完成政务服务网乡镇平台建设。12月2日，举办新昌县浙江政务服务网镇村延伸工作推进会暨浙江政务服务网应用实务培训。

【强化行政审批监管考核】 制定重大投资项目审批全流程监管实施方案，成立投资项目全流程监管工作小组，全面分析投资项目审批过程中存在的问题，落实整改措施。2016年重点对“三个十大”建设项目进行跟踪监管，明确具体项目联系人。量化设定规范性指数、满意度指数、竞争力指数、控制指数等四大指标，对35个审批职能部门及其责任窗口的审批提速增效情况、服务对象满意度等进行考评，考评结果排名和通报，并列入部门年度绩效考核。出台《关于开展行政审批服务工作社会化评价的实施方案》，委托第三方对审批服务事项进行满意率回访，及时发现审批过程中出现的问题。

全年共回访审批服务事项 5280 项，回访满意率达 96.17%。

（王菁菁）

公共资源交易

【概况】 2016 年，县级公共资源交易中心完成工程建设项目、政府采购、国有（集体）产权、土地资源交易共计 717 项，成交金额 39.93 亿元，增收节资 3.08 亿元；乡镇（街道）公共资源交易中心完成工程建设项目、集体产权交易 688 项，成交金额 3.60 亿元，增收节资 0.37 亿元。全年参与现场监管 717 场次，纠正招标文件不规范、条款设置不合理，代理机构、拍卖机构行为不规范等 21 起，办结上级交办信访投诉件 11 件（其中绍兴市 12345 政务热线 6 件，政府采购投诉件 2 件，县纪委转办件 2 件，县府办转办 1 件），曝光 3 家企业和 4 名评标专家。其中比较典型的是核实一起政府采购供应商提供虚假资料案并移送案件线索至财政局，经查实，由财政局向涉案单位发出行政处罚告知书，告知其中标无效，并处以 1000 元罚款；同时，列入不良行为记录名单，禁止参加全县政府采购活动一年。试行政府采购项目年度投标（竞投）保证金制度。全年办理工程建设项目年度投标保证金的企业 152 家，其中县内 40 家，县外 112 家；办理政府采购年度投标（竞投）保证金的企业 13 家，其中县内 10 家，县外 3 家。根据采购单位申报和中心预安排，全年按计划完成采购项目 26 项，采购成交金额 1603.20 万元，节约资金 276.00 万元，节约率 14.69%。

【推进要素交易平台建设】 5 月 6 日，全县要素交易首场拍卖会——排污权拍卖于在县公共资源交易中心开拍，最终有 8 家企业拍卖成交，共拍出化学需氧量指标 2.081 吨，氨氮指标 0.208 吨，成交总额达 29 万元。全年共完成要素交易 6 场。11 月，印发《关于建立新昌县要素资源交易平台的实施意见》，将土地交易、排污权指标交易、用能指标交易和碳排放权交易纳入要素资源交易平台。

【建设中心网站信用档案】 创新建立工程建设项目中标企业信用档案，先行对 2015 年以来在县公共资源交易中心完成招投标的工程建设项目中标企业有关情况进行梳理并定期公开（公开项目名称、中标时间、工期、项目经理等内容），共公开 33 家县内企业和 128 家县外企业的有关情况。

【开展专项标后督查】 5 月，开展政府采购定点协议标后督查，走访 9 家采购单位，对 10 家协议供应商提供的计算机、打印机、电视机、空调等进行现场查验、比对，供应商供货履约基本到位。12 月，会同财政局开展政府采购分散采购项目标后督查，抽查新昌幼教集团悦庄幼儿园食堂设备、新昌县看守所大米采购、新昌县农业局农村土地承包经营权确权登记颁证定点入围等 3 个项目，发现采购单位在自行组织分散采购时均不同程度地存在招投标、合同签订等过程欠规范的问题，事后进行督促改进。5 月、8 月，先后组织人员参与县纪委牵头实施的政府投资项目标后督查，通过听取汇报、查阅资料、现场踏勘、问题交流等，发现监督机制欠全、标后监管缺位、违规处置欠缺等问题，县纪委分别发文通报并提出处理意见建议；12 月，公管办牵头就 1000 万元以上政府投资项目进行标后督查，抽查新昌县“1212 工程”及新昌县社会公共服务大楼建设、新昌县人民路西延建设工程、高新园区南岩三期区块道路工程（南岩水库）规划一、二路一标及排水渠一期工程排水渠（一）东段施工等 3 个项目，重点检查项目招投标情况、合同签订情况、工程转包分包情况、项目负责人到位情况、合同双方履约情况等，对检查发现的问题进行梳理并及时将情况反馈至有关部门。

【完善乡镇（街道）、园区交易中心制度】 1 月起，各乡镇（街道）、园区每月将交易情况和应招标而未招标情况进行自查，并报送至县公管办，其中应进未进项目自查月报表由分管领导亲笔签名并纸质报送，全年无应进未进情况反映。制定《2016 年乡镇（街道）公共资源交易工作考核标准》，规定凡发现有应进未进项目等情况的乡镇（街道），给予当年度公共资源交易工作考核扣分。县府办印发《新昌县小额工程建设项目简易发包管理办法》，简化小额工程发包程序，从制度上预防和治理挂靠、串标、中标企业项目经理有在建工程等问题。6 月，全县公共资源交易管理工作会议暨省委、市委巡视组反馈意见整改工作会议召开，开展业务培训。全县共完成 39 个小额工程项目发包，产生中包人 137 家/次。

（石伟杰）

机关后勤

【提升后勤服务保障】 2016 年，全省“名企、名品、名家”培育试点企业技术创新工作现场会，全省产学研合作体制综合改革试点动员会、全市“两化”融合工作现场会等大型会议在新昌召开，县机关事务局做好后勤服务，协助完成县委十三届十次全体（扩大）会议，2016 中国茶叶大会暨第十届新昌茶文化节、市委谈话组驻点谈话、创建国家卫生县城考核验收工作等重大活动，全年共接待福建党政考察团、嘉兴党政考察团、开化县考察团、安吉县考察团等县市党政考察团、人大、政协考察团。在日常会议服务工作中，4301 会议室共承办各类会议 160 场，接待与会人员 15173 人次，3 馆报告厅共承办各类会议 56 场，接待与会人员 13945 人次。

【办公用房和公务接待管理】 6 月 15 日，县政府第 52 次常务会议讨论并通过的《新昌县党政机关办公用房管理暂行办法》《新昌县党政机关公务接待管理办法》，于通过之日起在全县严格按照《办法》规范机关办公用房使用和公务接待管理。全年共调剂 4 个部门 2000 平方米的办公用房。

【做好公车改革工作】 10 月，根据全县公车改革具体安排，县机关事务管理局对 90 多个单位的涉改车辆进行验收，在验收过程中确保涉改车辆资料完备、证件齐全、产权明晰，与发改局、财政局、公车公司对接，完成车改工作，拍卖车辆 112 辆，公车公司接收车辆 114 辆。

【规范大院安保工作】 重新制作换发通行证、停车证、机动证，对各类证件规定适用范围，加强出入大院的机动车辆安全管理。G20 峰会召开期间，县机关事务管理局对安保器械进行检查更新，升级院内探头保存仪，并联合消防大队在大院内举行机关干部应急演练以及消防安全培训，安保人员实行 24 小时值班制度。

【加强公共机构节能】 县机关事务管理局联合水利水电局、建设局等部门开展第一批 38 家县级节水型单位创建，推进机关大院能耗监测平台建设和 LED 光源改造项目。2016 年完成机关大院公共区域、会议室、3 号楼、4 号楼办公区域等 1100 只灯具 LED 光源的改造，添置智能电表 13 只、智能水表 9 只。倡导机关大院干部职工低碳绿色出行，在 1 号楼、2 号楼地下室设立 2 个公共自行车停车点，放置公共自行车 40 辆。

（过柳倩）

政治协商会议

【政协新昌县第九届委员会全体会议】 1 月 29～31 日，中国人民政治协商会议浙江省新昌县第九届委员会第五次会议在新昌县城举行。223 名政协委员、13 名特聘委员参加会议，20 名在新的省、市政协委员，15 名县历届政协老领导，75 名县级机关有关部门负责人，15 名乡镇（街道）政协工作委员会主任，38 名有关方面人士和 9 名促进新昌经济同乡联谊总会代表列席会议。

第一次大会即开幕式。会议审议通过县政协九届四次会议议程。邵全卯代表县委在会上作重要讲话，提出“强化大局意识，共谋发展新篇；强化为民导向，提升履职实效；强化自身建设，树立良好形象”三点建议。开幕式由县政协副主席袁国飞主持。县政协主席罗国安代表新昌县政协第九届委员会常务委员会作常委会工作报告。县政协副主席袁振华代表第九届委员会常务委员会作提案工作情况的报告。

第二次大会作委员参政议政发言。8 名委员在会上作口头发言，他们分别是委员梁林美代表县政协经济科技委员会、县工商业联合会（总商会）作的《融入义甬舟开放大通道，建设浙商跨国并购示范园》的发言、委员潘若平代表县政协经济科技委员会作的《加大食品安全监管，保障我县公共食品安全》的发言、委员石志辉代表县政协农业和农村工作委员会作的《着眼电商蓝海，实现农村淘宝腾飞发展》的发言、委员张斯鸿代表县政协文史资料学习委员会作的《重视文化传承，建设美丽乡村》的发言、委员周学超代表县政协城市资源环境旅游委员会作的《强化工作业废气治理，提升县域空气质量》的发言、委员梁樟军代表县政协城市资源环境旅游委员会作的《凝聚共识，把握契机，合力推进徐霞客游线标志地认证申遗工作》的发言、委员梁小光代表县政协文教卫体计生委员会作的《加强卫生人才建设，提高医疗服务质量》的发言、委员张晓岚代表县政协社会法制委员会作的《加强小区管理，提升城市品质》的发言、委员吴再红代表县党外知识分子联谊会作《优化企业人才工作，推进创新新昌建设》的发言。

另有8篇书面发言材料，分别是：县政协经济科技委员会的《适应经济新常态，推进我县小微企业创新发展》、县政协农业和农村工作委员会的《以农村“股改”为新起点，实现农村集体经济发展新提升》、县政协城市资源环境旅游委员会的《抢抓机遇，注重融合，着力打造浙东内陆高能级开放平台》、县政协文教卫体计生委员会的《以“文化+”理念加快推动文化产业发展》、县政协文教卫体计生委员会的《以集团化办学为重点，促进城乡教育均衡发展》、县政协社会法制委员会的《加强禁毒综合治理，维护社会长治久安》和共青团新昌县委员会的《科技兴县、人才强县，加强企业青年人才队伍建设》。大会由县政协副主席袁振华主持，会议邀请县委办、县府办、农办、发改局、经信局、教体局、科技局、财政局、人社局、建设局、交通运输局、农业局、文广局、卫计局、市场监管局、商务局、旅游局等18个单位负责人和9名市民代表旁听会议。

第三次大会即闭幕式。县政协副主席袁振华作提案受理情况报告。会议期间，大会共收到提案298件，其中集体提案19件，委员联名提案99件，委员个人提案180件。县政协副主席何小伟宣读2015年度政协工作各项先进名单，通过大会决议，县政协主席罗国安在闭幕式作重要讲话。

会议期间，举行1次召集人会议、1次常委会会议、2次专题议政会、1次市民代表座谈会，分2次进行分组讨论。与会委员、列席人员在会议期间还列席县人大十五届五次会议，听取并讨论代县长李宁所作的政府工作报告和大会其他报告，参加大会的小组讨论、撰写提案等各项参政议政活动，圆满完成各项议程。会议对县九届政协过去一年工作表示满意，要求政协常委会认真组织实施。

召集人会议　1月28日下午，县政协九届五次会议召集人会议召开，会议通报县政协九届五次会议筹备情况。会议由县政协副主席袁振华主持，县政协秘书长徐跃龙通报会议安排情况。

“两会”党员会议　1月29日下午，党员政协委员、党员列席人员参加“两会”期间在文化中心举行的“两会”党员会议。会议由县委书记邵全卯主持并作重要讲话。

专题议政会　1月30日上午，“推进美丽乡村建设”专题议政会召开。县委书记邵全卯、县政协主席罗国安、副主席袁振华出席会议。1月31日上午10：00，县委副书记、代县长邵全卯、县政协主席罗国安、副主席何小伟出席会议，听取“加快中小微企业发展”专题议政会工业组政协委员、特聘委员、列席人员的协商意见。

市民代表座谈会　1月30日下午，在县政协九届五次会议第二次大会即委员参政议政发言结束后，组织出席旁听的来自社会各界的9名市民代表参加座谈会，对全县工作以及政协工作提出意见建议。会议由县政协副主席马兴龙主持，秘书长徐跃龙出席座谈会。

【县政协常委会会议】 2016年，政协新昌县第九届委员会共召开5次常委会会议。1月18日，县政协九届二十次常委会会议。会议听取并协商讨论县政府工作报告（征求意见稿）；书面审议县政府提案办理情况通报；讨论决定召开县政协九届五次会议的有关事项；审议政协常委会工作报告（征求意见稿）和提案工作报告（征求意见稿）；委组工作交流评比。

1月31日，县政协九届二十一次常委会会议。会议听取县政协九届五次会议期间各组分组讨论和审议情况，审议通过县政协九届五次会议会议决议（草案），各组上报年度委组活动计划。

3月4日，县政协九届二十二次常委会会议。会议听取并讨论由县纪委副书记、监察局局长胡玲萍所作的关于行政监察工作情况的通报，听取副主席袁振华作关于县政协九届四次会议提案审查情况的报告。县政协主席罗国安主持会议并作讲话，县委常委、纪委书记周巍出席会议并就行政监察工作作讲话，县人大常委会副主任吕国民列席会议。

8月1日，县政协九届二十三次常委会会议。会议听取并讨论由县委副书记、县长李宁所作的关于全县半年度经济社会运行情况通报。县政协主席罗国安主持会议并作讲话。县人大常委会副主任王敏慧列席会议。会议还传达学习全省政协主席读书会精神。

10月20日，县政协九届二十四次常委会会议。会议听取和审议县政府关于县政协九届五次会议以来提案办理情况的通报。县委常委、常务副县长柴理明出席会议并作情况通报。袁国飞副主席部署安排“新昌县九届政协委员届末述职考评工作”。县政协主席罗国安主持会议并作讲话。县人大常委会副主任朱国凡列席会议。

【县政协主席会议】 2016年，共召开6次主席会议，会议由县政协主席罗国安主持并讲话。2月24日上午，县政协九届三十次主席会议。审议《政协新昌县委员会2016年工作要点》和2016年度常委会会议、主席会议安排，2016年度重点调研课题和年度重点提案，审议通过2016年度委组调研协商活动计划，通报县政协九届五次会议期间政协委员、列席人员签到通报制度执行情况，审议《2016年度乡镇(街道)政协工作考核实施意见(征求意见稿)》。

4月28日上午，县政协九届三十一次主席会议。会前，主席会议成员实地视察技师学院新建项目（技工学校校区）和七星小学、新昌幼儿园。会上，县教体局局长邵继红通报教育现代化县创建工作情况。副主席徐剑平作中心发言。教体局班子成员列席会议。

5月27日上午，县政协九届三十二次主席会议。听取并协商讨论全县禁毒工作。县委常委、公安局局长潘海波出席会议并通报情况，副主席马兴龙作中心发言，副局长周晋东和禁毒大队负责人列席会议。会议还安排部署“两学一做”学习教育，主席罗国安上专题党课。

6月30日上午，县政协九届三十三次主席会议。听取并协商讨论经信局局长俞华锋所作的关于全县中小微企业发展情况的通报。副主席何小伟作中心发言。会议还传达两办关于“进一步规范公务接待工作的补充规定等文件”。

8月23日，县政协九届三十四次主席会议，会议由县政协主席罗国安主持并讲话。上午，主席会议成员在县委常委、钦寸水库指挥部常务副总指挥盛林炳的陪同下实地视察大明市区块，并召开会议听取大明市区块规划编制单位关于规划编制情况的介绍，新昌工业园区主任梁君汇报相关工作。下午，建设局副局长张国良汇报县域总体规划编制和执行情况，副县长裘武宏出席会议并讲话。陈亚红、何孟荣、吴军民、梁仕忠、祝志芳等市、县政协委员和发改局、国土局、建设局、交通运输局、商务局、新昌工业园区、羽林街道的主要负责人列席会议。

9月28日下午，县政协九届三十五次主席会议。会前，主席会议成员实地视察羽林街道山头里村、大联村农村环境整治工作。会上，县创建办主任吕德军通报“三治一提升”工作。县委副书记孙建焕列席会议并讲话，县创建办班子成员列席会议。

【县政协开展参政议政各项工作】 2016年，落实县领导重点工作领衔制、季度工作交流制、月度研商推进制，全力助推“五个十大”及十件为民实事项目。县政协8个专委会围绕全县中心工作和委组、界别特点，开展履职活动，譬如送医、送文化下乡的为民服务。16个乡镇（街道）政协工作委员会的组织建设、制度建设得到健全。开通“新昌政协”公众微信号，在省政协联谊报等媒体上刊登理论文章和动态信息10多篇。《“中国式商量”中县级政协协商民主的现实思考》一文在省政协理论研讨会上进行交流。接待全国各地政协考察团来新昌学习考察，累计45批次。

【重大视察活动20次】　视察钦寸水库建设工地和生态保护工作。视察技师学院新建项目、七星小学等，听取关于教育强县创建情况。视察羽林街道山头里村、大联村，关注“三台一提升”工作。视察治污现场和生活垃圾分类减量化处理点。配合国家级生态县、国家卫生县城创建，视察交通治堵和环境整治等工作。支持“无违建县”创建，专题督查“三改一拆”、“四边三化”、清洁家园等工作。全年组织重大视察活动20次。

【开展“五水共治”专项民主监督】　政协主席分别担任总河长、执行总河长，开展“三江一湖四季访”活动，对“五水共治”体制改革试点提出建议意见。组织5个民主监督小组深入一线，断面找问题、河岸找原因、机制找突破，巩固提升治水成果。连续两年参加省政协“五水共治”民主监督工作座谈会。3月27日，黄泽江水系河道专项治理督查汇报会召开。会前，县政协主席、黄泽江水系总河长罗国安，执行总河长尹国樑、吴新宇、盛林炳、徐剑平和徐跃龙，分别视察钦寸水库坝址钦寸村和小将镇、沙溪镇、新林乡各1个点。会上，水系流径乡镇（街道）和治水办、国土局、环保局、水利水电局、农业局负责人分别汇报情况，各执行总河长提出工作要求，罗国安在会上作具体要求。

【参加省政协民生论坛】　5月20日，县政协主席罗国安作为基层政协主席代表之一，就“加强古村落的保护与开发”参加第二十二次“浙江政协·民生论坛”，并在会上作《文化为魂、山水为本，建设“天姥人家”古村落》的专题发言。

2016年度政协先进集体和个人

一、先进委（组）

财贸组　农业组　城市建设组　社法组　镜岭组　回山组

二、双好委员

杨　能　张广才　梁林美　吴　楠　潘惠燕　陈玲萍　徐　萍　丁周全　潘秋祥　杨林成　徐宏辉　王金鹏　郑哲文　张再沛　何新军　王麒凯　丁碧江　许周国　俞朝杰　石增长　严　岚　梁水屿　盛伯增　张斯鸿　周学超　何孟荣　梁祝萍　梁杭淳　梁樟军　张孝芹　陈雨庆　徐东方　李　明　俞金奎　王　莺　潘春雷　王丽瑛　传　实　陈永光　吕益敏　高　强　何海玲　俞圆圆

三、乡镇（街道）政协工作先进个人

潘晓英　吴志宏　王春红　魏张弦

四、提案积极分子

潘若平　梁林美　何海玲　袁方勇　俞圆圆　何小均　杨旭勇　徐志宏　商纯尔　徐宏辉　梁伯贵　吴军民　俞朝杰　姚灿珍

五、优秀提案

俞朝杰委员提出的《关于促进小微企业转型升级的建议》；

吴军民委员提出的《关于合理调配巧英水库剩余水量，保障县域及下游水源供应的建议》；

城市建设组提出的《关于大明市区块的建设规划已刻不容缓的建议》；

工业组提出的《关于尽快融入义甬舟开放大通道，建设浙商跨国并购示范园的建议》；

潘若平委员提出的《关于大力发展我县乡村旅游的建议》；

土地环保组提出的《关于强化工业废气治理，提升县域空气质量的建议》；

医卫计生组提出的《关于加强卫生人才建设、提高医疗服务质量的建议》；

潘鹏腾委员提出的《关于餐饮食品安全管理的建议》；

姚灿珍委员提出的《关于解决居家养老医疗服务问题的建议》；

社法组提出的《关于加强禁毒综合治理、维护社会长治久安的建议》。

六、社情民意积极分子：潘春雷

（吴刘江）

责任编辑　王晓岚

群众团体 民主党派

总工会

【概况】 2016年，新昌县65%的单建基层工会达到“六有”工会要求。2016年新建工会组织20家。工会组建率、职工入会率均达到95%，开业5年职工50人以上非公企业工会组建率达到95%。联合工会中企业职工25人以上的单位都单独建立工会组织。年底，国有企业、事业单位厂务公开建制率达到98%，非公企业厂务公开建制率达90%。国有企业、集体企业及其控股企业职代会建制率达到98%，非公企业职代会建制率达到90%。各级工会组织开展职工帮扶保障，2016年，新增建档困难职工81户，累计在档困难职工466户。给252户困难职工实施生活救助，发放生活救助金56.99万元，给13户职工家庭中的尿毒症患者发放医疗救助金5.85万元，给48名困难职工子女发放助学金9.91万元。全县职工参与医疗互助保障达3.55万人，1572人次享受医疗互助保障，赔付金额271万元。

【劳动立功竞赛】 县总工会与建管局等单位联合举办全县第三届建筑技能运动会；与人民银行联合举办2016年金融系统技能竞赛等活动。12月，全县职工职业技能大赛举行，设数控车工、维修电工、装配钳工3个比赛项，企业一线技术工人参加比赛。组队参加绍兴市职业技能大赛，获得2个项目的团体第一名。开展班组“工人先锋号”创建活动，创建省级工人先锋号1个，市级工人先锋号5个，县级工人先锋号10个。2015年7月，钦寸水库建设工程竞赛活动被列为“两美”浙江立功竞赛的十大重点示范工程。2016年2月5日，2015年度钦寸水库工程表彰总结大会召开，会议表彰22家立功竞赛先进单位和32位先进个人。此立功竞赛活动的相关工作得到省总工会的肯定。全县共获得2个省五一劳动奖章、1个省五一劳动奖状、4个省工人先锋号，市五一劳动奖状1个、市五一劳动奖章4人。万丰卡达克新动力有限公司新能源混合动力项目被列入市“两重·两美”十大重点工程立功竞赛工程。

【“劳动美”五一系列活动】 4月26日，举办“劳动美”庆五一颁奖晚会，晚会上表彰全县20名模范职工、10名创新技术能手和10个工人先锋号。组织开展“劳动美”全县职工征文比赛，征集作品328篇，评出一、二、三等奖48篇，获奖文章在《今日新昌》专版刊登。参加市职工经典作品诵读比赛获佳绩，选送的2名选手分获一、二等奖。

【工资集体协商】 3月，在全县企业开展工资集体协商要约行动。浙江新昌皮尔轴承有限公司和浙江五洲新春集团股份有限公司等2家企业建设工资集体协商示范点，带动全县40多家企业规范“八个程序，三个公开”工作。落实规模以上企业集体协商七个规范化流程。

【依法维权维稳】 走访企业60多家次，调查企业的生产经营情况、职工的工作环境、薪资、福利及企业民主管理等情况，并对企业的集体合同、工资协议、企业规章制度制定和执行等情况提出建议。全年接待来信来访咨询92件，159人次，来电咨询183件次，受理劳动争议案件12件，涉案84人次，成功调解结案12件，结案标的86.38万元，调案结案率100%，请求法律援助2起4人次，结案金额2.5万元。

【开展安康杯竞赛】 浙江医药股份有限公司新昌制药厂获得全国安康杯竞赛优秀组织单位，浙江三花股份有限公司获得省安康杯竞赛优胜企业。获得省安康杯竞赛优胜班组2个，市安康杯竞赛优胜企业2家，市安康杯竞赛优胜班组2个，评出县安康杯竞赛优胜企业10家。

（丁淑锋）

共青团

【概况】 2016年，新昌县共青团加强组织建设，南明街道鼓山社区、儒岙集镇网格、梅渚镇梅渚网格、羽林街道网格、回山镇网格等5个双网开展互动团建工作示范点。以中学共青团为重点，打造县“绿色学校”十九峰户外基地、梅渚红庄青少年拓展基地、南明班竹青少年户外营地等阵地。完成青少年活动中心新场馆建设，完善并提升青少年禁毒教育体验馆、人防教育馆等教育基地设施。开展“青春榜样”典型宣传和青春故事分享活动，寻找和评选出24名最美青工，通过最美志愿者（项目）寻访活动，寻找优秀青年志愿者20余名、项目15个。维护“新昌青年”微信公众号，每周微信推送信息5条以上，全年推送信息252条。组建团属核心网评员、网络宣传员、网络志愿者3支队伍，有青年核心网评员50人，青年网络文明志愿者5000人。

【第十九次团代会召开】 10月26～27日，县第十九次团代会召开，220名团员代表参与会议。团县委书记杨宇勇代表共青团新昌县第十八届委员会向大会作《激扬青春跟党走、奋力建功十三五、引领广大团员青年为建设“美丽新昌”贡献智慧和力量》的工作报告。县十九次团代会对自2013年以来的共青团工作进行回顾总结，并提出此后三年的总目标。大会选举产生新一届团县委领导班子，选出十九届团县委委员21人，常委7人，书记班子3人。

县第十九次团代会开幕式

【创业创新促发展】 10月，举办2016年“杭州银行杯”新昌青年创客大赛，评选出6大创业项目。构筑银企对接平台，争取农商银行、邮储银行等金融机构的信贷资金和授信贷款支持。共向创业青年发放小额贷款200笔，金额达1350万元。累计建立团属就业创业阵地30个，为青年提供见习岗位1000余个。挖掘10个电商创业示范点，2个创业园区，3个创业示范乡镇。

【关爱帮扶助圆梦】 深化“爱心·阳光”助学项目，为贫困中小学生、大一新生下发关爱资金40万元，帮助近300名学生继续学业。启动第二季流动少年宫，深化走基层活动、六一童玩节活动，累计举行12场次，近6000名小朋友参与。组织“书香家庭·亲子共读”主题活动，向城区初一年级学生赠送图书2600册；为回山镇小、镜岭镇小、巧英乡小、塔山小学的学生送去价值1万元的书籍。六一前夕，走访慰问11所幼儿园、小学，为孩子们送去价值13200元的慰问品。发起“亲青筹”项目，为回山女孩梁佳男募集善款20010元。新昌县荣获浙江省希望工程25周年优秀奖项，如儒岙镇华强希望小学荣获省模范希望小学，启康希望小学教师潘碧江荣获省优秀园丁奖、马云乡村教师奖等。

【志愿服务展青春】 组织青年志愿者服务重大节会，累计服务4500人次。开展青春暖流、文明劝导、关爱老人、植树护绿等主题活动，直接参与3800多人次。组建县、乡镇（街道）、村三级联动的平安志愿者队伍443支，设立平安志愿岗5个，招募平安志愿者12017人。8月，牵头开展护航G20平安志愿行大型平安宣传活动、誓师大会，组织志愿者开展平安巡查。组建护水队伍20支，每月5号定期开展青年护水日活动，累计开展河道清理、河道认养、母亲河水源保护等352场次，参与人数6200人次。重点宣传和推广"志愿汇"系统，至年底网上注册志愿者2.8万人。开展2016斑马来了——礼让斑马线快闪、卡通斑马交通劝导等活动，参与人数500人，发放宣传单1800多份。开展青春治水·绿色毅行活动，带动会公益组织一齐行动，参与620人。

（王苏莉）

妇女联合会

【概况】 2016年，石亚妃家庭被评为全国最美家庭；中国移动新昌分公司政企客户部、县人民医院十五院区被认定为浙江省巾帼文明岗；羽林街道拔茅村妇代会主任求翠凤被评为2015年度百名浙江省最美妇女主任；陈亚萍、李国东、石亚妃、王月燕、董寒松、盛再根、王善云、徐志金等8户家庭被评为浙江省文明家庭；李玥琼家庭、盛林娥家庭、金柏忠家庭、李祝英家庭分别被评为浙江省2016年第一季度、第二季度、第三季度、第四季度最美家庭；潘连和、杨雪珍、盛再根、杨晓恺等4户家庭被评为浙江省绿色家庭；县妇联张秋心被评为浙江省巾帼建功标兵；儒岙镇上里村、镜岭镇雅庄村被评为绍兴市美丽家园示范带；镜岭镇溪西村巾帼护水志愿服务队、澄潭镇棠村巾帼志愿服务队被评为绍兴市最美巾帼护水志愿服务队；七星街道凤山社区妇联主席张静、镜岭镇外婆坑村妇代会主任张金芳被评为绍兴市最美妇女主任；县人民医院十五院区蔡幼红、澄潭镇西镇路三弄顾亚伟被评为绍兴市最美巾帼志愿者；石兴汀、盛林娥、李国东、章亚萍、陈亚萍、石亚妃、陈万千、董寒松、李玥琼、徐志金、刘槐洋、黄野朋、袁行健、杨晓燕、俞立元等15户家庭被评为绍兴市最美家庭。

【"立家规、传家训、树家风"活动】 在全县征集家训家规的基础上，将优秀家训家规制作成宣传资料《家风家规》，共发放5000份。开展家风家规展板宣传活动18场。9月26日，县妇联在钟楼社区举行"传承家风家规 共谱文明新风"宣传演出活动。

【新昌县家庭教育指导者培训班】 9月19日，县妇联、县教体局联合举办新昌县家庭教育指导者培训班，全县各乡镇（街道）妇联主席、各级家长学校负责人及家庭教育教师骨干共135人参加培训，邀请浙江省德育特级教师、中国教育学会班主任专业委员会副主任韩似萍授课《家庭教育特征与指导策略》。

【首届单身训练营活动】 5月8日，"缘来是你"首届单身训练营活动启动，来自企业、机关企事业单位的59名单身青年参加活动，绍兴市妇联钱国正授课《"恋爱秘诀"单身课》，县心理卫生协会秘书长邵晓红带领单身青年开展趣味心理游戏。5月15日，进行拓展训练，为单身青年搭建交友平台。

【"建设法治新昌巾帼在行动"主题活动】 3月3日，在湖莲潭社区举行"反家暴法实施宣传月"启动仪式；开展反家暴普法小课、反家暴普法宣传展示、"珍爱家庭、远离暴力"的承诺签名等活动。组织开展普法讲座下基层31场、宣传咨询服务42场，参与群众5150余人，发放反家暴倡议书3万份，收看反家暴微电影等513场，参与群众6万余人。3月，县妇联与县人力社保局、县总工会联合开展企业女职工劳动保护专项检查行动，对40家女职工相对集中的企业进行专项检查。自编自演快板《珍爱生命、远离毒品》节目，在县禁毒委组织的禁毒宣传活动中进行展演。

【助推家园美丽建设】 3月，组织建立新昌县村嫂志愿服务总队、乡镇（街道）村嫂志愿服务分队，每月5日作为村嫂集中活动日。全县共有各级村嫂志愿服务428支，2298名队员。开展监督检查、志愿服务、宣传发动等活动 10091 次。制作“清洁家园”宣传展板，进村、社区、公园宣传 15 场。县妇联村嫂文艺宣传队带着妇联自编的节目 15 只，到回山村、西街村、湖莲潭公园等地巡回宣传演出 52 场。3 月，县妇联、县农办联合启动美丽家园创建评选活动，全县 15 个行政村申报创建新昌县美丽家园示范点，15 户家庭申报创建新昌县“美丽家园”户。评选出麻家田村、大联村、坪桥村为新昌县美丽家园示范点，潘柏银等 10 户家庭为新昌县美丽家园示范户。3 月 3 日，在湖莲潭公园举行“创建国家卫生县城 ——巾帼在行动”启动仪式；向广大妇女群众发放倡议书 5 万份，并在《今日新昌》刊登。三级巾帼志愿者队伍开展打扫卫生、卫生监督和上门宣传等活动 55 场。

（张美英）

科学技术协会

【概况】 2016 年初，新昌县科学技术协会首次对学会工作进行考核， 8 家学（协）会、企业科协经考核，被评定优秀，并给予奖励。浙江医药股份有限公司新昌制药厂周迪获第四届绍兴市青年科技奖。新昌县轴承行业协会加入县科协，县心理卫生协会、县肿瘤康复协会举行换届。科协组织科技人员到回山镇回山村、巧英乡莒根村、羽林街道丁家园村、镜岭镇黄岙村等 13 个村，开展送科技下乡活动，发放培训资料 2000 余份，现场解决技术难题 25 余次，解答技术问题 50 余次。利用农函大阵地，培训一年制农民学员 2037 人，短期培训农民 131 期 8764 人次。

【创新驱动助力工程】 2016 年，全县新增全国针织物染整前处理装备技术研发中心、中国科协创新驱动助力工程学会服务站、中国机械工程学会武汉纺织大学创新驱动助力工程机械制造服务站、新昌县学会联合体创新驱动助力工程服务站等 4 家服务站。轴承黑皮检测项目、针织物染整前处理装备项目、轴承锻造自动划技攻项目、智能纺机电子精密装卷绕机项目、汽车轮毂轴承装备自动化研制项目等进展顺利。为企业引进 2 名中外院士，建立 2 家院士专家工作站，其中通过武汉纺织大学，为新昌三雄轴承有限公司引进的俄罗斯院士内捷洛夫·布里杨·东达科维奇，得到企业和市、县领导的高度认可。10 月，布里杨院士被浙江省人民政府授予西湖友谊奖。

俄罗斯内捷洛夫·布里杨·东达科维奇院士被授予“西湖友谊奖” （吕新浩摄）

【助推中小企业发展】 5 月 20 日，县科协、浙江省机械工程学会、县工商联联合举办新昌中小企业装备制造产业发展研讨会，省机械工程学会执行副理事长李大柯、浙江大学机械工程学院副院长傅建中等 8 位专家在会上作演讲，并与 50 多位企业负责人开展面对面交流。5 月 26 日，县科协与浙江省机械工业联合会、浙江省机械工程学会、县工商联联合举办企业知识产权内审员培训班，80 余名企业知识产权管理参加培训，经考核获得证书。全年帮助企业申报 16 项项目，其中浙江省千人计划 1 项、首台套 1 项、两化融合 1 项、国家专利 13 项。

【举办大型科普活动】 9 月 20 日，在三馆广场举行 2016 年全国科普日现场咨询活动，10 多家科普联席会议成员单位参加，展出展板 30 多块，发放资料 5000 多份。此后城南、儒岙、澄潭、双彩、羽林街道等乡镇（街道）相继开展各类科普活动。9 月 24 日，绍兴市科协送科技服务下乡活动在梅渚镇山头村举行。组织省农科院农技专家、浙大博士生医疗科技服务团和市九三学社医护专家、科普工作者，开展现场农技咨询、医疗义诊、种子发放、常用药品发放等活动。以“优化发展环境、共享品质生活”为主题的 2016 年全国科普日“科普文艺进文化礼堂”在梅渚镇麻家田村文化礼堂举行专场演出活动。9月26日，在钟楼社区广场举行科普宣传咨询活动，10多个部门（单位）参加，免费向市民发放2000本科普书籍,展出20块科普展板。邀请中科院老科学家郭曰方在三馆报告厅作《科学与文化同行》专题报告。中科院白武明、王宁寰、刘大禾、高登义、潘习哲、张继民等六位老科学家分别为实验、南瑞、七星、南岩小学及儒岙、城关中学举办科普报告会。

【科普示范单位】　石志辉被评为国家级科普惠农兴村计划科普带头人，七星社区被评为国家级社区科普益民计划；新昌县天姥巡星会宇宙探索馆被评为绍兴市十佳基层特色科普馆、新昌县青少年活动中心科普教育基地被评为绍兴市十佳科普教育基地、新昌县草农生态农业有限公司薰衣草庄园被评为绍兴市十佳农村科普示范基地、东茗乡后岱山村赵百江被评为绍兴市十佳农村科普示范户；大市聚镇永庆兔场徐永庆、新昌县潜溪苦丁茶发展有限公司丁周全被评为绍兴市五星级民间人才。

【建设科普信息平台】　利用“科普短信息”群发平台，发送科普知识短信49万条，受众人数达5000人。微信公众号推送科普信息420条，科普微博发布信息400条。探索现代科普传播方式，投资4万余元在县人民医院建立首个“信息化科普e站”全媒体科普阅览屏。12月13日，举行起动揭幕仪式，副县长徐立新与县人民医院为“信息化科普e站”揭幕。

【十佳农村杰出实用人才评选】　继续开展十佳农村杰出实用人才评选活动，经评定，丁剑锋、吕品、杨斌、应文方、张萌兰、陈章云、唐云飞、盛品尧、梁小江、蔡元东等10位农民被评为2016年度新昌县十佳农村杰出实用人才，由县委、县政府给予表彰奖励。

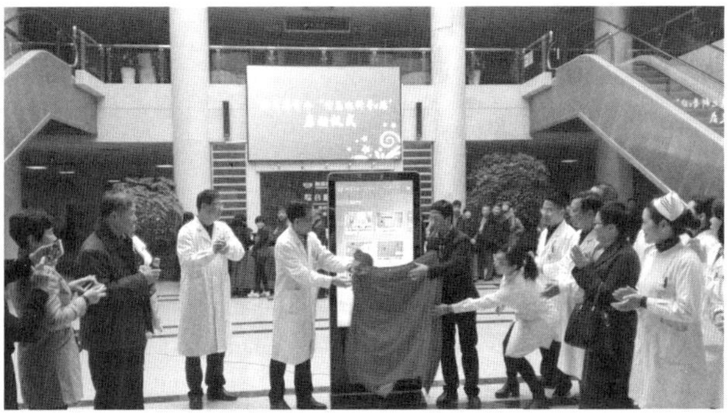

首个新昌“信息化科普e站”落户县人民医院

（吕新浩摄）

（吕新浩）

文学艺术联合会

【首届新昌美术作品大展】　4月8日，由县委宣传部、文联、县美术家协会联合举办的首届新昌美术作品大展开幕式在博物馆举行。本次大展共有作品140件，涉及到的作者有131位，内容有国画、油画、水彩、版画、雕塑等。开幕式后，举办新昌美术大展座谈会。

【中韩书法交流展】　6月28日，由新昌县人民政府、韩国槿墨书学会主办，县委宣传部、县文联、县书协联合承办的“梦回天姥”——中韩书法精品交流展在博物馆开幕。韩国著名书法家郑道准、槿墨书学会会长金载俸率领代表团出席，省书协主席鲍贤伦为“梦回天姥”题名，县委副书记、县长李宁为作品集作序。共展出韩国书法家作品50件、新昌书法家作品60件、特约作品20件。举行中韩书法交流会和笔会。

中韩书法交流展中韩书法交流展开幕式

（钟　靓摄）

【梦游天姥·全国山水名家新昌邀请展】　11月10日，由新昌县政府主办，县文联和美协承办的“梦游天姥·全国山水名家新昌邀请展”在博物馆隆重开幕。展出中国国家画院院长杨晓阳、副院长李宝林、范扬，浙江省美协副主席马锋辉、池沙鸿等101位山水画名家的101件（组）作品，其中38位参展画家出席开幕式。开幕式由县委常委、宣传部部长潘岳梦主持，县委书记邵全卯致辞，浙江省美协副主席池沙鸿、原广西美协副主席苏旅、绍兴市美协主席田一平等讲话。本次展览表现天姥山、沃洲湖以及唐诗之路的“新昌元素”。

全国山水名家新昌邀请展开幕式 （钟 靓摄）

【播音主持协会和微印社成立】 1月5日，新昌县播音主持协会成立大会暨第一次代表大会在广播电视总台会议室召开，县播音主持协会宣告成立。丁奇、毛明、吴锦晖、吴函颖、杨琳、徐赛丽、彭军、潘玉（按姓氏笔划排列）等8位同志为第一届理事会理事。毛明为第一届理事会主席，吴函颖、杨琳等为副主席。丁奇为秘书长，潘玉、彭军、徐赛丽等3位同志为副秘书长。张晓亮为名誉主席。6月29日，新昌微印社成立大会暨第一次代表大会在新昌宾馆举行，新昌微印社宣告成立。王小瑛（女）、石荣、石江平、石峰昂、吕玲（女）、吕关林、过水军、柴永兴、盛旭兰（女）、裘庆卫、潘益平（按姓氏笔划排列）等11位同志为新昌微印社第一届理事会理事。裘庆卫为第一届理事会社长，石荣、柴永兴为副社长，石峰昂为秘书长，吕玲、吕关林为副秘书长。同意聘请王义骅、蔡毅、陈民、孙小东、张峰、何国门等6位同志为第一届理事会顾问。

【儒岙镇文联成立】 8月4日，新昌县第一个基层乡镇文联——儒岙镇文学艺术界联合会正式成立。儒岙镇文联覆盖天姥戏迷协会、书画协会、影视协会、根艺协会、音乐舞蹈联谊会、体育健身联谊会等6个协会，会员200余人。

【全县文艺骨干培训班】 5月27日，新昌县文联在新昌宾馆举办全县文艺骨干培训班，县文联所属10个团体会员的全体理事会成员、宣传文化系统各单位负责人和部分基层文艺社团负责人共80余人参加培训。省文联党组书记、副主席、书记处常务书记田宇原作《新形势下文联工作》的专场报告。县文联党组书记、主席盛伯增作心态与文艺的动员讲话，县民政局有关负责人作《规范社会行为促进社团健康发展》讲座，县财政局有关负责人作《民间非盈利组织会计法律知识讲座》。

【第三届地域与文学研讨会】 10月22~23日，浙江第三届“地域与文学”研讨会在新昌举行。来自全省6个县（区、市）的作家、38位诗人汇聚新昌。绍兴市作协主席马炜、副主席东方浩、斯继东、袁方勇，杭州市作协副主席俞梁波、嘉兴市作协副主席张敏华、舟山市作协副主席李国平、嘉善县文联主席陆勤方等参加研讨活动。新昌县委常委、宣传部部长潘岳梦，县文联主席盛伯增参加研讨会。研讨会上，各地作协负责人交流作协工作特点、特色。并举行赠书仪式，向新昌县图书馆和相关企业赠送书籍，县图书馆向赠书的作家诗人颁发收藏证书。

【文艺创作结硕果】 县作家协会：丁国祥、潘丽萍、张纯汉、张炎、吕士君、袁方勇、张文辉、骆艳英等在报刊杂志中发表的中短篇小说、诗歌、散文、文学评论达数百篇（首）。县书法家协会：有3件书法作品入展省第七届中青展，有9件书法作品参展“守望故乡——绍兴市中青年书法精英展”，其中3件获精英奖。4件书法作品入展“沙孟海奖”第九届全浙书法大展，另有何中梁的书法作品获得银奖，会员任峰的书法作品入展《第八届中国书坛新人新作展》。县美术家协会：梁少膺被批准加入浙江省美术家协会，俞国儿被批准加入中国金融美术家协会；陈雷作品参加美术新青年作品展并获全国十强；陈炜杰油画作品《人体》被上海大学档案馆收藏；何国门6幅中国画作品参加“时代青风”当代中国画青年艺术家提名展；俞宣红作品

——路过系列7件作品入展浙江油画家协会主办的“深度”6012 浙江油画提名展。县摄影家协会：1件作品获“天姥佛缘”全国摄影大赛银奖；摄影人梁柏林在天姥古村——儒岙镇南山村投资创建“摄影·影视基地”。微印社：8件篆刻作品入展“吴昌硕奖”第五届浙江省篆刻大展。电影电视工作者协会：组织开展“中国好声音”新昌海选活动，吸引500多位选手参加，相关新闻信息阅读转发量达到4万余次，累计视频点击量达到10万余次；多部新闻、专题作品在中央电视台、中国之声等国家级媒体播出。协会会员创作的作品在省级活动中获奖3部，市级13部。《黄手环》获浙江省广播电视政府奖广告公益类二等奖。工艺美术协会：俞柏青、吕伯生、翁恩乐、刘毅等参加第六届2016中国（浙江）工艺美术精品博览会，其中刘毅作品—竹编《地动仪》获得银奖；刘国才设计、刘毅制作的—腾王阁荣获第六届中国木（竹）雕展优秀作品金奖，并授予制作者第六届“中国木（竹）雕金雕手”称号。王益英在“中华泰山游轮”全国剪纸表演比赛活动中获“十佳剪纸能手”。俞柏青创作的《画中情》，在第十一届中国（东阳）木雕竹编工艺美术博览会参展作品中荣获特等奖，浙江省首届木雕技能大赛中荣获银奖。音舞协会：在2016年浙江省教育厅、文化厅主办的全省中小学生艺术节，由杨天生指导学生参加的节目，获得省一等奖，本人获得优秀指导教师奖项，学校获得优秀组织奖戏剧。戏剧工作者协会：新昌调腔《闹九江》参加浙江省第十三届戏剧节汇演，以全市县级团唯一的优异成绩进入决赛。

（王伟兰）

残疾人联合会

【残疾人补贴救助】 出台《关于加快推进残疾人小康进程的意见》《关于全面建立困难残疾人生活补贴和重度残疾人护理补贴制度的意见》《困难残疾人生活补贴实施细则》《重度残疾人护理补贴实施细则》等。全年共有6883名残疾人通过二项补贴审核，其中5849名通过审定，通过乡镇公共服务平台发放补贴金1283万元。根据《新昌县残疾人困难补助资金管理办法》，慰问残疾人相对集中的4个集中托养点，送去慰问品480份。春节前期发放临时、康复等救助金约20万元，各乡镇（街道）残联慰问136名残疾人家庭。全年发放燃油补贴161名，发放省爱心助残特殊救助资金13.77万元，主动协助7名残疾人获得意外伤害保险理赔金。与中标单位签订保险合同，完成11000名残疾人2017年度意外伤害保险招标工作。

【完成残疾人康复任务】 全年为40名白内障患者实施免费复明手术，为下肢缺失者安装假肢6条，30名听障者接受助听器捐赠，9名残疾儿童实施抢救性康复。为有需求的残疾人配置残疾人辅助器具200多件，对符合条件的残疾人申请轮椅、拐杖、手杖等残疾人辅助器具做到即时审批，免费发放共计124件。县级康复中心和社区为残疾人提供康复训练服务1000人次。组织开展“爱耳日”活动，发放宣传资料1000份，向需求者发放发光耳勺和防噪音耳塞。开展无障碍设施进家庭活动，免费赠送25床残疾人专用护理床、护理垫。对纳入精神残疾人门诊服用基本抗精神病药物个人自付部分实行全额保障。

【残疾人教育就业】 下发《关于征收2016年度残疾人就业保障金的通知》，全县574家机关企（事）业单位的1587名残疾人完成劳动就业认证，全县按比例就业新增33名，依法足额征收残疾人就业保障金1350万元。4月28日，会同县人力资源和社会保障局举办残疾人劳动力专场交流会，18家企业进场参加招聘，95名残疾人报名。资助育才特教学校在校残疾学生57名，送教上门帮助残疾学生就学50名，资助聋哑学校学生就学15名。

【增强残疾人自主意识】 在“助残日”期间，开展以“关注孤独症儿童，让爱洒满人间”为主题的系列活动，主要有公益宣传、家庭慰问、残疾儿童生活技能比赛、应急逃生演练、摄影比赛等活动。7月，承办全省残疾人飞镖邀请赛，新昌籍飞镖选手代表绍兴市代表队获得团体第一，在四个项目的比赛，获得 2 金 1 银 1 铜的战绩。

新昌县残疾人法律援助工作站回复处理经济补助等 8 件来信、来访件，全年没有发生越级访、集体访，没有发生侵害残疾人合法权益事件。

【残疾人服务设施建设】 2016 年，座落在县中医院后勤楼西则房屋 4~6 层的残疾人综合服务设施楼建设列入政府投资项目，县残联合理规划布局，编制项目建议书，完成初步设计，县发改局批准立项，丰邦建设集团有限公司进入装修改造工程。年底前，建成集综合办公、康复服务、教育培训等于一体标准化综合服务设施楼。

（潘 瑶）

工商业联合会

【概况】 2016 年，新昌县工商业联合会鼓励非公人士参政议政。“两会”期间，工商联界别提出 59 件提案，工商联集体的《关于尽快融入义甬舟开放大通道，建设浙商跨国并购回归项目示范园的建议》、委员潘若平的《关于大力发展我县乡村旅游的建议》以及委员俞朝杰的《关于促进小微企业转型升级建议的提案》均被评为重点提案。加强与北京、深圳、重庆等地新昌籍企业家的联系。1 月，召开首次异地商会座谈会。5 月 14 日，北京新昌商会成立，金山软件创始人求伯君当选为第一届商会会长。9 月，在鄞州新昌商会的基础上重新注册成立宁波市新昌商会。

【嵌入式服务成工作亮点】 2016 年，县工商联分二批次组织全体会员学习习近平总书记系列重要讲话精神，邀请上海交大教授陈宪、中宝系企业创始人吴良定等给全体会员做讲座。与新昌锦程人才服务公司签订长期合作协议，会同杭州、上海、宁波等地商会联合举行“情系家乡”公益招聘活动。与浦发村镇银行、中信银行等金融机构建立战略合作关系，共有 129 家企业获贷。与华东理工大学、上海大学材料科学与工程学院、浙江工业大学机械工程学院、浙江大学继续教育学院、浙江省机械工程学会等建立合作意向关系，请教授专家为新昌企业定向指导。邀请国信证券公司的专家来新授课。县工商联为 7 个直属分会和 4 家乡镇商会各配备一名律师，为所有总商会直属分会和各乡镇商会都配备一名税务师。县工商联提出的《“嵌入式服务”开启商会工作新征程》被省工商联评为 2016 年度全省十大工作亮点。

【八届六次执委会议召开】 1 月 28 日，县工商联举行八届六次执委会议。主席王敏慧作工作报告。会议增补 12 名执委会委员（王杏桃、王鑫、吕炫涛、吕鹏林、李文、陈建光、陈高峰、许永春、朱晓锋、胡仁昌、赵贤国、顾东明）；副主席丁良法代表县工商联与中信银行、浦发村镇银行、新昌县啸天律师事务所、新昌锦程人才服务公司 4 家单位签署合作协议；大会表彰 2015 年度商会工作先进集体和先进个人，会议由盛之恒主持。县委副书记王浩萍出席会议并作重要讲话，县政协副主席、县委统战部部长袁国飞出席会议。

【助力公益事业】 5 月 26 日，绍兴市工商联在梅渚镇召开全市河道认养制、企业河长制现场会，再次向全市推广新昌的经验和做法。7 月，小将商会推出乡旅“认筹制”，成立浙江菩提乡旅投资发展有限公司，募集资金近千万元。11 月 29 日，县总商会组织全县各乡镇商会、直属商会负责人与会员代表到南明坑义务劳动，引导和带动群众自觉参与到“五水共治”中来。

【民营企业调研】 在全国 500 强企业调研中，万丰奥特控股集团有限公司以年营业收入 231.81 亿元位列全国 198 位，较 2015 年前进 19 位；三花控股集团有限公司以年营业收入 180.43 亿元位列全国 255 位，较 2015 年前进 34 位。4 家企业入围中国民营企业制造业 500 强，万丰奥特第 123 位，三花集团第 157 位，新和成第 348 位，中财管道第 351 位，其中新和成与中财管道第一次入围。在浙江省工商局、省民营企业发展联合会发布的 2015 年度浙江省民营企业百强榜单中，万丰奥特和三花集团分别排名第 33 位和 42 位。

（邓奕文）

民建新昌县基层委员会

【概况】 2016年底，民建新昌县基层委员会有会员131名，其中33名会员担任市、县人大代表、政协委员，12名会员担任副局级以上领导干部，担任企业董事长总经理30名，副高以上职称24名。发展新会员5名。5月，印发《民建新昌县基层委员会制度汇编》，共26项制度。共召开基层委员会全委（扩大）会议6次，组织委员、宣传委员专题会议1次，全体会员大会1次，基层委员会骨干会员专题会议1次。派出20多名会员分别赴北京会议中心、浙江省社会主义学院、绍兴市社会主义学院等地学习培训。各支部共开展活动36次。春节前夕，基层委员会领导带队上门慰问老领导和70岁以上的老会员。重阳节，组织退休会员和支部主委近30人举行座谈会。向《浙江民建》《绍兴民建》《今日新昌》以及民建省委网站的“会员风采”“建言献策”栏目等报送信息50余篇，刊登20余篇。

【履行参政议政职能】 1月，民建新昌县基层委员会组织会员查看卫生县城创建工作，对查看中发现的问题提出合理化意见建议；3月，会员到巧英水库开展五水共治、清洁家园专题调研活动。督促巧英乡政府整改落实“三治一提升”中产生的大量垃圾随意倾倒在库区周边的问题。6月，民建新昌县基层委员会五支部会员一行到新昌大市聚后梁村，参加“三治一提升”活动。县“两会”期间，民建新昌县基层委员会提交《关于“小城大堵”有效治理的建议》《关于进一步规范茶叶产业发展的建议》等集体提案4件，《关于要求出台全县集体土地房屋征收与管理办法的建议》《关于科技创业中心逐步由“创业孵化”向“产业孵化”发展的建议》等个人提案28件。

【医疗队服务受好评】 11月5日，民建新昌县基层委员会组织22名会员医生赴镜岭镇潭角村卫生服务站开展送医下乡活动，共接诊患病群众230多人次，其中针灸治疗40多人次，B超检查20多人次，内科、骨伤科、五官科等诊治近200人次，发放健康宣传资料近100份。2016年，医疗队被评为全国社会服务工作先进集体，主委徐剑平作为全国先进代表在全省社会服务工作会议上发言。会员陈轩芹和岳艳被评为全省社会服务先进个人。

（王晓冰）

责任编辑 王晓岚

政法 军事

综 治

【落实平安创建责任】 4月29日，下发《2016年度“平安新昌”评审工作责任分工》，将创建责任分解到56个责任单位。督促15个牵头责任部门将系统平安创建活动作为推动工作任务的重要载体。明确16个乡镇（街道）和65个县级部门的职责任务。对社会治安、信访工作、安全生产、特殊人群管控、基层社会治理、重大事项6大类22个子项目进行量化打分，每月对乡镇（街道）的平安指数进行排名通报。2016年，各单位开展平安主题宣传活动93次，其中在清明节、消防宣传日等重要时间节点联合开展宣传10次。投资20万元在主要街道长期悬挂线杆旗560对，制作城市小高抛大型固定宣传牌3块。组织干部、网格员及平安志愿者进村（社区）入户开展平安宣传活动，发放平安小礼品8万份，宣传手册3万份，入户宣传率80%以上。

【平安志愿者队伍建设】 全县招募并注册登记平安志愿者12017人，其中精干力量407名，形成县、乡、村三级联动的平安志愿者工作网络。6月30日，县平安办联合团县委组织召开新昌县G20平安志愿者誓师大会。县委副书记、政法委书记孙建焕，县委常委、宣传部部长潘岳梦，县委常委、人武部政委何志良，县委常委、公安局局长潘海波，县人大副主任朱国凡，副县长孙嘉江，县政协副主席马兴龙出席大会，政法委、团县委主要负责人、县委办、县府办、组织部、宣传部、县直机关工委、教体局、公安局、司法局、建设局、交通运输局、卫计局、人武部、人民银行分管领导，各乡镇（街道）分管负责人参加大会。平安志愿者开展治安巡逻832次，驻守公交站点58个，走访重点人员3049人次，发现整改各类问题隐患746个，发放宣传资料94617份。

【重大决策社会稳定风险评估】 2016年，全县开展社会稳定风险评估50件，按照110报警、安全生产、群体性事件、越级上访、社区矫正等五块内容，评估各乡镇（街道）的社会稳定状态，发布相应预警信号，其中红色预警4次，黄色预警4次。

【无邪教创建达标】 开展2次基础性排查，对重点、不放心人员进行评估，逐人落实措施。依法打击散发“法轮功”反宣品人员1名，阻止2名“心灵法门”人员欲出境参加法会。全县无邪教创建达标率95%以上。

【开展“八大行动”】 “八大行动”指违法建筑大整治行动、污泥浊水废气大整治行动、安全隐患大整治行动、经济秩序大整治行动、社会治安大整治行动、法治环境大提升行动、基层治理大提升行动、城乡面貌大整治行动。2月16日，“八大行动”领导小组建立，由县委书记、县长担任组长，各乡镇（街道）党（工）委书记和负责人为成员，行动办公室设在县委政法委。全县“八大行动”推进会先后于2月26日、3月14日、5月19日、5

月 26 日召开。各牵头部门、乡镇（街道）累计召开碰头会、协调会、例会 20 多次。绍兴市“八大行动”简报刊发新昌经验 24 篇。5 月 5 日、5 月 18 日《绍兴日报》整版报道新昌县“八大行动”工作，6 月 13 日《浙江日报》以《优化环境年“八大行动”，助力新昌扬帆起航》为题刊出新昌的工作开展情况。

【摸排梳理问题清单】 2016 年，组织部、政法委、创建办、发改局、公安局、环保局、安监局、综合执法局八个牵头部门累计摸排梳理问题清单 22926 条，乡镇（街道）层面累计摸排问题清单 20171 条，逐一登记造册，明确责任部门、责任领导、工作措施和完成时限。在广播电台的“热线 800”和电视台的“今日聚焦”栏目开展问题曝光和监督整改。全年落实交办单 7 份，“热线 800”曝光并帮助解决问题 300 个，“今日聚焦”曝光并协助化解问题 110 个。2016 年，牵头部门共销号 22868 个，完成 99.74%。乡镇（街道）层面销号 20060 个，完成 99.45%。

【全科网格调整到 718 个】 2016 年，各乡镇（街道）的全科网格由原来的 730 个调整为 718 个，村干部及时充实到队伍。统一制作村（社区）“网格化管理、组团式服务”工作网络图，在醒目位置公布村网格专管员、网格长和网格员姓名及联系电话。8 月 5 日，网格长集中培训会在新昌县文化中心举办，县委书记邵全卯做主题报告。8 月 5 日至 15 日，结合平安志愿者培训，对网格长、网格员应知应会和工作职责强调部署。推广应用“平安通”和“平安浙江 APP”，平安通应用占网格总数的 70% 以上，“平安浙江 APP”下载安装达 6511 个。15 个乡镇（街道）指挥平台场地和大屏显示落实到位。将平安建设信息采集、流转、处置纳入乡镇（街道）平安指数排名考核。落实财政资金 30 万元，“以奖代补”，用于信息采集。

【调处矛盾纠纷】 2016 年，全县共排查调处各类矛盾纠纷 2447 起，调处成功 2438 起，调处成功率为 99.63%。开展重大矛盾纠纷摸排，初次摸排省市县挂牌督办矛盾纠纷 5 件，滚动加单 13 件。截至 12 月，2 件省级督办、1 件市级督办、15 件县级督件化解销号。全县 70%以上的村成立乡贤参事会，重点的 51 个村级乡贤组织开展活动，共募集资金 502.84 万元，收集村情民意 878 条，为村两委提供决策咨询 370 条，帮助化解各类矛盾纠纷 357 起。

（俞陈群）

公 安

【概况】 2016 年，新昌县公安局抓住 G20 峰会安保和信息化实战警务两条工作主脉络，警务效能、工作实绩和队伍风貌都得到提升，实现“小县城有大平安，小县局更有大作为”任务目标。1～12 月份，全县共受理刑事案件 1622 起，比 2015 年下降 25.56%，其中立“两抢”案件 5 起，下降 54.55%；七类案件 4 起，下降 69.23%；侵财型案件 1201 起，下降 34.16%；破刑事案件 699 起，上升 4.64%；当年案件破案率 31.44%，上升 8.21%。抓获各类犯罪嫌疑人 1003 人，下降 5.02%。移送起诉 1082 人，下降 1.01%。受理治安案件 5733 起，下降 11.25%；查处 5729 起，下降 11.18%；查处违法人员 2024 人，上升 1.80%。杭州 G20 峰会、第二届互联网大会、钦寸水库强拆等大型活动安保圆满完成；新昌农村道路三级网格智能管理机制在全省改革创新大赛中获得三等奖。2016 年度，新昌县公安局被评为全省公安队伍正规化建设优秀单位、市局信息化实战优胜单位，公安机关综合实绩在全市列第四位，县绩效考核 A 类单位。

【全县公安工作会议】 2 月 22 日，全县公安工作会议召开。县委书记邵全卯，县委副书记、县长李宁，县委副书记、政法委书记王浩萍，人大副主任朱国凡，副县长孙嘉江、政协副主席马兴龙出席会议。县委常委、公安局局长潘海波作题为《以 G20 峰会安保为总抓手、信息化实战警务为总引领，全面实现“十三五”公安新开局》工作报告。全局领导班子成员、民警、职工、全县武警、消防官兵（值班人员除外）参加会议。

【被评为全省公安队伍正规化建设优秀单位】 3月25日，县公安局召开全县公安队伍建设暨深入开展“无限忠诚·走在前列”主题教育实践活动动员部署会。局党委委员、纪委书记郑捍锋主持会议并就党风廉政建设作报告；局党委委员、政治处主任何红刚点评队伍正规化建设工作，就开展“无限忠诚.走在前列”主题教育实践活动进行动员部署；县委常委、公安局局长潘海波作重要讲话；纪检监察室、交警大队、城东派出所等3个单位代表表态发言。5月9日，县公安局召开“两学一做”专题党课暨学习教育部署会议，局党委委员、政治处主任何红刚对“两学一做”学习教育活动进行部署，县委常委、公安局长潘海波为参会人员上专题党课。8月11日，县公安局召开行风建设座谈会暨行风监督员聘请仪式，邀请19位社会各界代表参加。是年，新昌县公安局被评为2016年度全省公安队伍正规化建设优秀单位。

【开展“越剑”行动】 5月10～11日，县公安局组织开展“越剑2号”第一波次集中统一行动。此次行动共调集841名警力参与，共清查场所2093家，检查出租房1912间，当场查获涉嫌“三非”外国人2人，打击处理涉嫌违法犯罪外国人3人，共排查消防安全隐患169处，查处各类交通违法行为3788起，其中酒后驾驶机动车30起。

【完成G20安全保卫】 6月30日，县平安办联合团县委组织召开新昌县G20平安志愿者誓师大会。8月4日，县公安局在三馆报告厅召开全县公安机关G20峰会安保工作实战阶段部署会。副局长刘伯青对G20峰会安保实战阶段工作进行部署；相关局领导对分管线下阶段工作进行布置；同时举行G20峰会增援警力授旗、授牌仪式，杭州安保组、绍兴马鞍卡点安保组负责人分别表态发言；县委常委、公安局局长潘海波局长作重要讲话。11月2日，县公安局召开全县公安机关G20峰会安保工作总结表彰大会暨“越剑4号”行动推进会。会议播放G20杭州峰会安保工作纪实短片，表彰G20峰会安保先进集体和个人，实战中心、刑侦大队、巡特警大队、城东派出所、七星派出所、镜岭派出所代表分别表态发言。县委常委、公安局局长潘海波出席会议并讲话，全局民警、部分协警代表及家属参加会议。

【道路交通安全研究中心调研农村道路交通安全宣传】 5月19日，公安部道路交通安全研究中心副主任丛浩哲来新昌调研指导农村道路交通安全宣传工作，听取了交警大队近年来农村道路交通安全宣传工作开展情况介绍，实地查看了镜岭镇楼基村交通安全工作站和交通安全信息员工作情况，镜岭派出所交通管理基层基础化建设，并在镜岭镇政府进行座谈。

9月27日，县委副书记、县长李宁等领导调研智能交通建设

【开展反恐应急演练】 8月19日，反恐应急处置演练在七星小学附近举行。县委书记邵全卯，县委副书记、县政法委书记、县反恐怖工作领导小组组长孙建焕，县委常委、公安局局长、县反恐怖工作领导小组副组长潘海波，副县长、县反恐怖工作领导小组副组长、社会应急联动工作领导小组组长孙嘉江出席演练现场，县局各单位、环保局、卫计局、建设局、交通运输局、水务集团、气象局、供电局、电信公司、移动公司、联通公司、七星街道、中孚燃气公司参与演练。

【警察运动会】 11月3～4日，县公安局在新昌县体育中心举行警体达标测试暨警察运动会。比赛项目有100米、1000米（女子800米）、 4×100米往返跑、立定跳远、俯卧撑、引体向上、跳绳等。

【破获一起传销案件】 5月16日，县公安局会同县市场监督管理局在七星街道中国茶市B1幢二楼东侧，对浙江天姥红网络科技有限公司开展整治行动，抓获违法犯罪嫌疑人 6 名，扣押电脑 12 台、银行卡 13 张及一批财务账册、宣传资料等，冻结资金 25 万元。经查，浙江天姥红网络科技有限公司法人代表孙某某（男，44 岁，临安市太阳镇）等人以销售“天姥红”茶叶为名发展下线三级以上，并从中获利，涉嫌组织、领导传销活动罪。

【破获一起特大通讯（网络）诈骗案件】 6 月 8 日，新昌一受害人通过平台炒原油，被骗 12.2 万元。接报后，县公安局开展专案侦查。7 月 26 日，县局出动 85 名警力在上海抓获杨某（男，39 岁，江苏南京）等犯罪嫌疑人 177 名，刑拘 42 人，成功摧毁这一特大通讯（网络）诈骗团伙。

【破获一起涉嫌盗刷银行卡案件】 6月11日，县公安局在广东佛山抓获李某某（男，34 岁，广东怀集）等 3 名盗刷银行卡嫌疑人，当场缴获制卡工具、大量复制银行卡及部份赃款等，捣毁一个盗刷银行卡团伙。经审查，李某某等三人供述 5 月 13～30 日期间，合伙在新昌横街邮政储蓄银行 ATM 机上秘密窃取银行卡信息、密码后，制作伪卡大肆盗刷，案值 50 万元的犯罪事实。

【破获一起重大命案】 7 月 3 日，县公安局在新昌小将镇街上抓获嫌疑人傅某某（男，51 岁，小将镇岭脚村，疑似精神病患者）。经审查，嫌疑人傅某某供述 7 月 2 日下午在小将镇岭脚村王庙内为争物，用石头、扁担将孙某某（男，64 岁，天台县石梁镇上庄村）当场砸死的犯罪事实。

（丁冠锋）

检 察

【概况】 2016 年，新昌县人民检察院共受理审查批准逮捕各类刑事犯罪案件 270 件 402 人，批准逮捕 215 件 325 人，批准逮捕人数下降 11.4%，受理移送审查起诉 653 件 1064 人，提起公诉 561 件 840 人，提起公诉人数下降 2.4%。监督公安机关立案 11 人，监督撤案 35 人，追加逮捕 3 人，追加起诉 9 人，向侦查机关发出相关纠正意见 10 份，对非法证据坚决予以排除，对不构成犯罪或证据不足的案件作出不批捕决定 26 人、不起诉决定 12 人。提起刑事抗诉 5 件，其中 3 件获得上级院支持并被改判，提起民事行政抗诉或发出再审检察建议 2 件，对民事执行活动提出检察建议 1 件。全年共立案查处贪污贿赂职务犯罪 6 件 10 人，渎职侵权职务犯罪 3 件 3 人，其中科（局）级以上领导干部 4 人。监督收监严重违反社区矫正规定罪犯 21 人、判实刑后未及时交付执行罪犯 5 人，监督 6 名罪犯缴纳罚金，建议变更在押犯罪嫌疑人强制措施 20 人。县检察院被市矫正办授予“绍兴市社区矫正工作先进单位”称号、被县委宣传部授予“外宣先进集体”称号，反贪污贿赂局被市检察院记集体三等功，县检察院党建工作被评为全市检察机关践行绿色司法十项最优措施，17 人获市级以上荣誉。

【整治电信网络诈骗与金融领域犯罪问题】 打击电信网络诈骗犯罪，对符合法定条件的犯罪嫌疑人进行快捕快诉，办理木马植入、伪基站群发诈骗短信、利用反向行情误导被骗人员等犯罪 35 人，遏制电信网络诈骗高发势头。参与金融领域犯罪整治、打击恶意“逃废债”等专项行动，办理非法吸收公众存款、金融诈骗等犯罪 24 人，对 3 件涉及企业融资、银行借贷、担保纠纷的民事案件提出监督意见。深入推进预防和惩治涉黄涉毒犯罪，严打贩卖毒品、容留他人吸毒者，对涉黄涉毒案件加强与公安、法院等相关部门沟通会商。

【开展职务犯罪预防】 着重把握工程、土地、

8 月 30 日，县人民检察院到县环保局召开预防职务犯罪座谈会 （石璐铭摄）

拆迁、揽储（险）等重点领域以及“五水共治”、“三改一拆”、“三项检察”中的职务犯罪，加强线索排查，做到深挖深究。对钦寸水库、杭绍台高速等建设工程开展预防指导，在高新园区等6个单位召开案例剖析会、预防渎职犯罪座谈会，从检察长到各科室检察官共开展预防宣讲38场，听众5000余人次。会同县纪委建成预防职务犯罪信息共享平台。

【开展未成年人检察工作】 探索未成年人检察工作异地协助机制，积极推行柔性帮扶司法机制。2月15日，成立“新苗”未成年人工作室，11月25日，与新昌技师学院（筹）联合设置未成年人观护帮教基地。加大未成年人远离犯罪法治宣传力度，开展“法治进校园”活动3次，通过上法治课、法治交流问答等方式加强在校学生的法治意识和自我保护意识。对10名涉罪未成年人作出不起诉决定，对3名未成年被害人进行心理辅导和创伤修复。

【护航企业发展】 6月22日，出台《新昌县人民检察院护航企业发展工作方案》，与新昌县工商业联合会联合发出《关于依法保障和促进非公有制企业健康发展的实施意见》。建立检企对接联系制度，一领导一联系企业，先后至14家企业走访调研，帮助企业防控刑事风险。严厉打击侵犯商业秘密、合同诈骗、串通投标、强迫交易等侵犯企业合法权益的犯罪行为。助力省级科技体制改革综合试点工作，构建检察与公安、法院知识产权保护联动机制。深入企业释法，至重点企业举办预防宣讲，所涉听众800余人。

【生态环境保护专项检察】 2016年，重点推进生态环境保护专项检察工作，办理破坏环境类案件15件23人。8月2日，对破坏环境类案件中情节较轻的7起非法捕捞溪鱼案件启动生态环境司法修复机制，涉案人员通过投放鱼苗进行生态环境修复补偿。与县环保局、水利局、农业局、市场监管局、林业局、建设局建立顺畅的刑事司法与行政执法衔接机制，打击污染环境、非法采矿等案件。7月至12月，县检察院经介入调查、发送检察建议等方式，妥善办理浙江新昌天和医药公司违规建桥系列案，保护了新昌县的青山绿水。

涉案人员通过投放鱼苗进行生态环境修复补偿 （石璐铭摄）

【推进矛盾化解】 开展刑事和解、检调对接，促使9件刑事案件当事人和解，向法院提出量刑建议499份。办理刑事、民事申诉案件10件，受理司法救助案件4件，共发放救助金1.6万元，远赴江西听取服刑人员谢某的当面申诉意见。大市聚检察室妥善处理因民间纠纷引发的案件，促使一批矛盾纠纷化解。在特殊时期，与公安、法院、司法、信访等部门无缝对接，畅通群众信访渠道，形成合力消除风险隐患。

【强化检察信息化】 坚持内部信息挖掘和外部信息收集并重，形成内部信息汇总机制。投入资金提升设备，通过信息化培训、实战化演练等途径培养专业人才。立足“基础信息建库、技术设备应用、预防平台建设、公开信息查询、网络舆情监控”五大内容，协作参与全市平台建设，数据采集工作顺利进行。

【召开全市首例审查逮捕案件公开听证会】 建设公开听证室，召开绍兴地区首例审查逮捕案件公开听证会，探索完善审查逮捕说理和公开审查方式，建立公开听证制度，将审查逮捕方式由封闭性、书面性、片面性向开放性、兼听性、公开性转变，提高审查逮捕质量。全年共对2件拟作出不批捕、不起诉决定的案件进行公开听证。

【深化检察公信力】 实现立案、批捕、起诉、开庭等情况全公开，公开终结性法律文书和程序性信息1569份，“新昌检察”微信公众号等媒体影响力不断扩展。7 月底，检察服务大厅建成，集控申接待、案件管理、阳光检务网络平台等于一体，实现检察机关各项对外服务职能集约化管理和“一站式”服务。推进检律良性互动，落实和完善诉讼各阶段告知律师和听取律师意见制度，履行保障律师执业权利十项承诺。11 月 22 日，与市律师协会刑辩委员会联合召开“检律关系大家谈”座谈会，绍兴市律协刑辩委员会主要成员和本县部分律师参加座谈。12 月 13 日，全省检察系统新闻宣传工作会议暨全省检察机关首届新媒体“三优”评比活动表彰大会在新昌举行。12 月 23 日，举行“服务非公企业，加强侦查监督，维护公平正义，新检在行动”为主题的“检察开放日”活动，邀请县工商联部分企业家人大代表、政协委员参观办案工作区，展示办案流程，县委副书记、政法委书记孙建焕、县人大副主任、工商联主席王敏慧出席活动并作讲话。

【创新党建工作】　2016 年 5 月 9 日，新昌县人民检察院机关党委成立，随后召开“两学一做”学习动员大会，检察长柴峥涛作动员讲话。建设党员活动室，以“规范、理性、文明”的司法理念为核心，立足“防控风险、服务发展”工作大局，深化“两学一做”学习教育。由 9 名年轻党员组成的“天姥剑”多媒体工作室被评为绍兴市“党员先锋岗”，组建的护航、服务和志愿三大服务团队，多次开展全员预防宣讲、争创党员先锋岗、送法进学校、服务非公经济等活动。12 月 26 日，组织“浙江英模大讲堂”活动，5 名干警代表讲述工作经历，号召全院干警向模范看齐。

（俞慈音）

法　院

【概况】　2016 年，新昌县人民法院探索建立以员额法官为核心的审判团队，组建 27 个审判团队。新收各类案件 8574 件，办结 8564 件（含旧存），分别上升 3.58%和 0.42%。员额法官直接签发案件 4590 件，院庭长承办案件占全部结案数的 27.31%，审判委员会讨论案件减少 14.29%，当场登记立案率达 99.6%。一线法官年人均结案 174.26 件，是全国平均数的 1.76 倍。为 77 名经济困难、可能被判处三年以上有期徒刑的被告人，通知法律援助律师出庭，三年以上辩护率达 97.18%。为困难当事人缓、减、免诉讼费 27.68 万元。为 6 名困难当事人、被害人发放救助金 2.53 万元。诉前成功化解各类纠纷 116 件。全部诉讼档案进行电子化扫描，累计查询档案 14 万页。全年共评查裁判文书 7376 件，对查找出的问题进行实名通报。推行轻微刑事案件快速办理机制，办结案件 321 件，当庭宣判率 100%。全年上网公开裁判文书 3342 份。借助司法网拍平台，成功拍卖土地、厂房、车辆等 95 件，网拍成交额 1.17 亿元，为当事人节省佣金 580 万元。召开审判执行工作新闻发布会 3 次，发布官方微信 155 条。一审普通程序陪审率达到 96.26%。案件平均审理天数、月均存案工作量、民事调撤率、民商事案件实际履行率等主要指标继续位居全市首位。

【办结刑事案件和民商事案件】　受理刑事案件 595 件，下降 1.33%，审结 604 件，上升 2.72%，判处罪犯 895 人，其中判处三年以上有期徒刑 123 人。审结涉网络犯罪案件 8 件 31 人。依法审结贪污、贿赂、渎职等职务犯罪 14 件 19 人。对 340 名属于初犯、偶犯、从犯、未成年人犯等具有从轻情节的被告人判处缓刑或免予刑事处罚。为被害人挽回经济损失共计 3043 万元。受理各类民事案件 2709 件，审结 2716 件，分别上升 22.58%和 12.84%。审理婚姻家庭、继承等家事类纠纷 550 件。集约化审理拖欠民工工资、涉“农嫁女”集体经济组织成员权益等纠纷案件 259 件。审结商品房买卖、物业服务等涉民生案件 624 件，调处涉尚礼苑小区逾期交房群体性纠纷案件 162 件。受理各类商事案件 2188 件，审结 2215 件，标的额达 13.1 亿元。依法处理买卖、租赁、服务、承揽等商事合同纠纷案件 496 件。

【办结执行案件 2702 件】　新收各类民商事执行案件 2766 件，办结 2702 件，执行到位金额 2.3 亿元。依托与公安、房产、银行等建立的网上“点对点”查控系统，查询被执行人存款、车辆、房产等各类财产信息21491次。部署开展贯穿全年的执行积案清理、涉民生案件清理、金融案件清理、反规避执行、涉执信访化解、正作风强队伍等六大专项行动。累计公开曝光471人次，将1702名失信被执行人纳入全国失信被执行人名单库。落实24小时执行值班备勤制度，借助公安协控机制布控被执行人475人，拘留367人次，违法制裁率由0.83提升至3.52。联合公安、检察机关严厉打击“拒执罪”，将11名涉嫌拒不执行判决裁定罪的被执行人移送侦查，判处罪犯1人。

【省高院院长陈国猛明察暗访县法院】　8月3日下午，省高院党组书记、院长陈国猛轻车简从到县法院明察暗访，深入了解基层法院工作情况和法官工作状态。陈国猛肯定县法院“平时战时一个样”的工作作风，对暗访结果表示满意，并对县法院司法改革试点工作和改革后取得的效果予以肯定。

【助推社会治理法治化】　向党政机关和有关单位提出司法建议7件。在各类媒体上刊发司法宣传报道190余篇，举行公众开放日13次，邀请社会各界代表到法院参观交流600余人次，开展送法进校园、进社区、进农村活动12次。连续四年召开金融审判与金融监管联席会议，发布金融审判白皮书。

【数字法庭改造】　儒岙法庭顺利实现搬迁，法庭办公条件和诉讼环境实现飞跃。打造“智慧法院”，完成16个高清数字法庭改造。通过“省级示范数字档案室”评定，形成信息化与各项审判业务的良性互动。

6月23日，县法院召开第七届学术讨论会

（梁　军摄）

【提升全体干警素质】　22篇案例和文章发表于市级以上刊物。发挥刑事、民商、行政等7个专业指导小组的作用，统一裁判尺度，规范法官裁量权，强化法官庭审驾驭能力、裁判文书说理能力和群众工作能力。与浙江大学进行联系沟通，联合举办2期法官综合素质培训班。

（梁　军）

司　法

【概况】　2016年，全县共有直属司法所16个，司法所司法行政编制人员33名。全县有人民调解员2149名，人民调解委员会586个，调解组织覆盖16个乡镇街道、428个村（居、社区）、135家民营企业和7个区域性行业性领域。全年共调处各类民间纠纷2416件，调结2405件，举办调解业务培训班16期，培训调解员960人次，县大调解中心组建下乡服务团开展送调解下乡活动4次。全年共开展各类普法宣传和法律服务23场次，印发各类宣传资料7.5万余份，提供现场咨询服务1000人次，组织普法讲师团成员开展普法讲座20余场次。镜岭镇外婆坑村成功创建省级民主法治村，大市聚镇姚卜丁村、东茗乡下岩贝村和梅渚镇红庄村成功创建市级民主法治村。2016年，全县社区矫正人员在册总人数700人，办理审前调查案件51件，提请撤销缓刑、假释、收监执行19人，警告处分152人次，表扬奖励52人次，五年内在册刑释人员1994人。县“12348”法律服务中心、县法律援助中心共办理法律援助案件547件（其中刑事案件193件、民事案件354件），下降35.4%，接听来电来访共1308件。7家律师事务所共担任各级政府及部门、企业法律顾问286家，办理各类案件2091件（其中刑事辩护案件352件、民事诉讼案件1255件、经济诉讼案件211件、行政诉讼案件111件、非诉法律事务162件），律师业务总收入1745.5万元，业务收入上四百万元的律师事务所1家。5家法律服务所共办理诉讼和非诉讼法律事务626件。县公证处全年办理公证案件2342件（其中国内经济案件364件、民事案件1343件、涉外港澳台635件），增长6.7%。新昌县司法局被评为2011～2015年全省法治宣传教育先进集体、市司法局集体三等功、绍兴市社区矫正工作先进单位。新昌县司法局羽林司法所被命名为省四星级规范化司法所。

【平安护航G20杭州峰会】 3月8日，省司法厅党委委员、副厅长金登尚到新昌县调研指导社区矫正及G20峰会安保工作，绍兴市司法局副局长王建夫、新昌县副县长孙嘉江、县司法局局长洪平等陪同调研。3月25日，制定下发《新昌县司法局关于发挥司法行政职能平安护航G20峰会的实施意见》（新司发〔2016〕12号）、《全县社区矫正机构“平安护航G20”安保工作的实施方案》（新矫正办〔2016〕1号），全力做好G20峰会维稳安保和法律服务保障工作。6月30日，省司法厅党委委员、副厅长俞世裕率队到新昌县督查司法行政G20峰会维稳安保工作。全年实现重大活动期间社区服刑人员“零脱管”、律师办理重大敏感案件“零炒作”、矛盾纠纷排查化解“零死角”的目标。县司法局被评为全县G20杭州峰会维稳安保先进集体。7人分别被评为省、市、县先进个人。

【建成2个公共法律服务站】 县司法局在完善县司法行政服务中心的基础上，2016年7月，建成羽林、澄潭2个乡镇公共法律服务站，通过整合法律援助、律师、公证、基层法律服务、人民调解等法律服务职能，开辟开放式服务大厅为群众提供法律咨询、法律援助、纠纷调解等“常日制”“坐诊式”法律服务。截至2016年底，38个村级公共法律服务点完成挂牌，其余14个乡镇（街道）便民服务中心公共法律服务站咨询台完成设置。开通新昌县公共法律服务网，构建网上公共法律服务大厅，将法律援助机构、律师事务所、基层法律服务所等标入“法律地图导航”系统，开放法律知识学习、法律问题咨询、法律服务引导、志愿者加入平台等功能，形成三级公共法律服务平台和电子网络平台对接互通、有机融合的服务机制。7月21日，省委常委、省军区政委王新海、省人大常委、省军区原副司令员徐云法一行到新昌县司法行政法律服务中心调研指导工作。绍兴市委常委、市委秘书长魏伟，新昌县委书记邵全卯等市、县领导陪同调研。

【社区矫正APP信息监控系统】 2016年8月，县司法局引进“司法E通”APP信息监控系统和电子腕带，建立社区矫正“面部+指纹”考勤报到系统和“司法E通+电子腕带”的双重精细化管控模式，实现从身份识别验证到日常报到、学习教育、社区服务核查备案再到24小时跟踪监控、轨迹查询、实时预警、信息提示等信息化核查的全时段动态监管。

【规范“七五”普法】 2016年是“七五”普法开局之年，县司法局招募“七五”普法讲师团、普法志愿者队伍，落实“谁执法谁普法”责任制。“新昌司法”普法微信平台开展全县领导干部和公务员学法用法考试、法律知识竞答等活动。11月10日，全县普法领导小组成员单位会议召开，审议通过“七五”法治宣传教育规划送审稿。12月13日，“七五”普法规划通过县人大常委会第55次会议决议，《新昌县普法教育领导小组关于在全县公民中开展法治宣传教育的第七个五年规划（2016~2020年）》（新委〔2016〕131号）出台。12月2日，县司法局联合县委宣传部、普法办在江滨公园止水碑雷锋广场举办2016年国家宪法日广场活动，县委政法委、公安局、建设局、人力社保局、妇联等十六个职能部门积极参与。

【衔接物业管理纠纷及调解】 县司法局以县大调解中心为龙头，健全县、乡镇、村三级调解组织，加强基层调解组织规范化建设。4月26日，制定下发《新昌县司法局 新昌县住房和城乡建设局关于建立健全物业管理纠纷人民调解衔接工作机制的指导意见（试行）》（新司发〔2016〕19号），建立物业管理纠纷人民调解衔接工作机制。2016年，共组织开展矛盾纠纷集中排查调处109次，调处矛盾纠纷2405件，成功率达99.6%。

【公证法律援助】 6月，出台《新昌县公证法律援助实施办法（试行）》，办理首例公证援助案件。联合多部门开展“民工讨薪专项行动”，对民工欠薪案件开通“绿色通道”实行优先受理、优先审批、优先办理，简化程序。2016年，累计接听来电、来访、解答法律咨询1207人次，办理法律援助案件522件，帮助320名民工向25家企业挽回经济损失429.4万元。

【建成1个省级民主法治村】　镜岭镇外婆坑村坚持将法治元素与江南民族村特色相结合，落实村级管理“四民主三公开”，致力提高基层民主、维护社会稳定、提高基层各项事务的法治化水平、增强干部群众法律意识和法律素质，于2016年11月成功通过省级民主法治村创建验收；大市聚镇姚卜丁村、东茗乡下岩贝村、梅渚镇红庄村通过市级民主法治村创建验收。至2016年末，全县建成省级民主法治村（社区）9个，市级43个、县级290个。

（石伟东）

军　事

【开展思想政治建设】　2016年，新昌县人武部坚持以强军目标为统揽，聚焦遂行任务能力，开展“两学一做”学习教育，结合每日交班会，落实“手抄党章一百天，党规党纪记心间”活动。组织传达中央关于郭徐案件的通报，搞好各类涉郭徐信息清理，清理出问题书刊19本，图片25张。

【加强军事斗争准备】　按照“三结合”要求，修订完善抗洪抢险、维稳处突等8类战备方案，坚持岗位练兵，实现与驻军、人防、交战、重要目标、年度形式任务等要素的紧密衔接。组织专武干部集训，开展政策法规、军事技能、民兵组训法等学习训练，加强民兵分队的军事训练。展开新一轮规范化达标建设，规范部机关“三室三库”、基层武装部“二室一库”建设和民兵训练基地建设，提升部机关信息化、规范化水平。

【后备力量拓展】　贯彻“七项制度”和上级指示要求，协调政府划拨专项资金160万元新建民兵靶场。对13名专武部长作岗位调整。做强民营企业武装工作特色品牌，指导万丰奥特集团投入1300万元，抓好新武装部大楼建设，做好迎接军委首长国防教育调研的各项准备。

【领导到新昌视察指导】　1月27日，省军区参谋长周志斌到新昌县人武部检查指导安全管理工作。2月18日，省军区副政委兼政治部主任单秀华检查督导县人武部新年度工作筹划展开情况。3月31日，金华市委常委、军分区司令员程友敏带工作组，参观调研万丰奥特控股集团军民融合发展情况。4月14日，绍兴军分区司令员徐新春率调研组一行4人，到新昌县人武部调研指导基层武装工作，现场拉动部分乡镇的基干民兵队伍。4月21日，省军区副司令员姚淮宁率领工作组到新昌县人武部检查调研全面停止有偿服务工作情况。5月6日，浙江省人武学院副院长、党委委员张伟堂率调研组到新昌参观指导武装工作。5月19日，绍兴军分区司令员徐新春到新昌视察防汛备汛工作。6月24日，省军区装备部部长辛凤民带检查组到新昌县人武部检查指导重点工作、“两学一做”学习教育、安全管理工作落实以及作风建设等工作。8月6日，省军区副参谋长刘忠诚率征兵检查组到新昌县人武部征兵体检站检查指导征兵工作，看望适龄青年和医务工作者，了解征兵体检信息化管理系统使用情况。9月14日，省军区副政委兼政治部主任单秀华率工作组到新昌县调研后备力量基层建设有关情况，对新昌基层武装工作给予肯定。11月8日，浙江省军区副政治委员张晓林率队到新昌万丰奥特控股集团检查指导武装工作，对万丰集团抓建武

11月8日，省军区副政治委员张晓林检查指导武装工作。（赖巧晶摄）

装工作的有力举措和实际成效给予充分肯定。11月15日，绍兴市市委常委、军分区司令员徐新春到新昌县羽林街道后岸村扶贫帮扶调研，查看后岸村基本设施、文化礼堂建设情况。

【组织“抗击寒潮”行动】 1月底，受强寒潮的影响，新昌县遭受严重冰冻灾害，县人武部和各乡镇街道启动应急方案，并组织民兵应急分队成员分组、分片进行破冰扫雪、维修电路、应急搜救等行动，维持交通顺畅，转移老弱病残群众上百余人。

组织民兵开展“抗击寒潮”行动（赖巧晶摄）

【开展民兵整组】 5月初，采取有重点、分片和集中组织的方式对全县16个乡镇街道民兵进行广泛拉网式摸底整组点验，点到率100%，全面摸清掌握辖区内基干民兵人员，并对民兵队伍进行结构重组，基本形成有重点、有方向的基干民兵组织建设新格局。

【组织民兵应急分队训练】 5月底至6月初，组织125名县属民兵应急连集中训练，检查训练结果，检验队伍战备水平，提高民兵应急分队遂行多样化军事任务的能力。

【共建军民鱼水情】 6月8日，县人武部组织干部职工参与南明街道东溪社区开展的“融融暖人情，军民一家亲”主题端午活动，共话鱼水情，营造浓厚和谐的军民共建氛围。12月，坚持“主管慰问、解决问题”的原则，县人武部领导分组带队，走访慰问新昌现役干部军属，2016年共走访慰问170余名现役干部家庭，了解军属的生活状况及身边难事，营造“拥军优属”的良好氛围。

【征兵宣传进校园】 6月23日，县人武部组成征兵工作宣传组，在鼓山中学开展征兵宣传进校园活动，宣传2016年新兵入伍政策。号召广大青年积极响应祖国的号召，参军报国。

【完成年度征兵任务】 年初以来，各单位扎实开展兵役登记、征兵调研、宣传发动、业务培训、目测初检、县站体检、政治考核等工作。做到依法征兵、科学征兵、廉洁征兵，完成了157人的征集任务，其中大学生比例占58.9%。

【征兵体检首次启用信息化管理系统】 8月1日，新昌县征兵上站体检全面展开，首次全程采用无纸化网络操作，应征青年体检信息可实现准确导入、自动传输数据、统一标准词条、智能生成结论、全面统计分析，校验纠错、跟踪修改痕迹等功进，节省体检时间、规范体检程序，彰显了征兵工作的公正廉洁。

【组织奋战G20暑期安全百日攻坚战】 8月5日，新昌县民兵应急分队50余名基干民兵组成机动精干力量，参与平安志愿者誓师大会，并安排239名民兵分别担负守点集中备勤、重要目标巡逻和协助公安执行交通要道卡点值守任务，做好峰会期间服务保障工作。

【开展普法讲座活动】 8月26日，新昌县人武部联合县法律援助中心举办以“护航G20，普法在行动”为主题的法律实务讲座，专业律师深度解答干部职工的法律问题，促进法制宣传教育在地方武装系统更加深入开展。

【组织开展国防动员潜力调查培训】 9月30日，县人武部组织八办联络员及业务骨干召开国防动员潜力调查工作动员暨业务培训会。对人民武装动员、政治动员、经济动员、人民防空动员、交通战备动员、科技动员、信息动员7大类展开“拉网式”调查，开展国防动员潜力数据采集、填报等相关业务培训，为制订各类动员计划，战时快速动员、参战支前奠定了基础。

【举行烈士公祭活动】 9月30日，县人武部干部职工与县各局办有关代表共260余人，在新昌县烈士陵园纪念广场进行烈士公祭活动，向革命先烈敬献花篮，深切缅怀革命先烈。

【民兵参与地方建设】 年初以来，新昌县人武部为助力“清洁家园、美丽新昌”建设，组织民兵应急分队30余人参加新昌县40万立方清淤泥行动，清理大量河道淤泥。“清洁日”活动中，组织民兵应急分队与有关单位团结协作清理城区死角垃圾，营造美丽的新昌风貌。

（史锋 高林）

消 防

【概况】 2016年，新昌县消防大队共接警348次，出动车辆603辆次，出动警力3636人次，抢救被困人员53人，疏散被困人员70人，抢救财产价值24.6万元。大队官兵中，2名荣立个人三等功，8名荣获个人嘉奖，1名被省公安厅评为优秀共产党员，2名被市消防支队评为优秀共产党员，2名被市消防支队评为优秀团干。

【各级领导慰问检查消防工作】 2月2日下午，新昌县委书记邵全卯率县四套班子领导慰问消防官兵。2月24日上午，副县长孙嘉江带领督导组督导东茗乡和澄潭镇的“百千万”消防队伍建设情况。3月3日，新昌县政协副主席袁振华在教导员俞金勇的陪同下，查看大市聚消防站的建设情况。3月25日，浙江省公安消防总队政治部副主任夏国锋率工作组深入新昌蹲点帮扶，听取大队冬春火灾防控、出租房整治、大火灾隐患整治、“两会”安保等方面工作汇报。5月25日，政委戴慧峰到新昌，检查部队管理、荣誉室建设等情况，在大队长毛连城的陪同下踏看大市聚消防站的建设，对楼内功能区设置提出具体意见。6月14日，支队长傅松良到新昌对大队荣誉室和数字影院建设进行实地指导，并就推进“越剑2号”行动、大市聚消防站等工作进行强调。

3月25日，夏国锋率工作组到新昌蹲点帮扶

（裘红霞摄）

【评为G20杭州峰会工作先进集体】 G20杭州峰会期间，新昌消防大队严格按照“听党指挥、能打胜仗、作风优良”的指示精神，全体消防官兵团结一致，顽强拼搏，扎实工作，圆满完成各项安保工作任务。7月9日，浙江消防总队副政委虞益元一行到新昌暗访督查G20峰会消防安保及队伍管理教育工作。8月27日至28日，浙江消防总队政治部主任余昌带到绍兴督导G20峰会消防安保工作。余昌带慰问基层官兵，并与新昌县县长李宁、副县长孙嘉江等政府领导就落实政府部门职责、层层压实消防安全主体责任和监管责任等方面进行会商。10月11日，新昌县消防大队被绍兴市人民政府评为G20杭州峰会工作先进集体荣誉，4名官兵被省、市、县人民政府评为G20工作先进个人。

【成功处置两次火情】 1月22日清晨6时28分，天空飘着大雪，新昌消防大队接到镜岭镇外婆坑村一民房起火的报警后，立即派出1辆消防车8名消防官兵赶赴现场，成功扑灭火势。4月7日凌晨，常台高速往台州方向过双彩出口2公里处，满载40吨啤酒麦芽的半挂车轮胎突然起火，火势迅速被新昌消防大队官兵扑灭。

【成功处置天然气管道被挖断事件】 3月31日下午，新昌县七星街道五龙岙村因施工人员操作挖掘机不慎将地下天然气管道挖断，导致天然气大量泄漏，险情得到新昌消防大队官兵及时处置，故并未造成大的影响。

【救出高速追尾事故被困司机2人】 6月6日上午，常台高速新昌往台州方向，接连发生两起追尾的交通事故，事故点相距不到1公里。第一起集装箱车追尾半挂车造成驾驶员被困，第二起大货车追尾半挂车造成驾驶员被困车头，新昌消防官兵利用破拆的方法成功将2名被困司机救出。

【退伍老兵为百姓送水】 9月9日上午，新昌县镜岭镇后畈村后年山自然村村民给消防大队打来求助电话，村里的蓄水池干涸，村民已断水一天，希望消防大队能帮忙送水，解决生活用水问题。大队即将退伍的上等兵朱炜得知情况后，主动请缨，和战友们一起赶往后年山村送水，朱炜还帮着村里的老人将一桶桶清水拎到家中，发挥着他在部队最后的余热。

多种形式消防队伍业务技能比武启动仪式
（裘红霞摄）

【多种形式消防队伍比武】 11月9日，新昌县2016年度多种形式消防队伍业务技能比武暨“消除火灾隐患 共建平安社区”主题宣传启动仪式在“三馆”广场举行，来自全县9支专职消防队和13支志愿消防队共141名队员同台竞技。

【大市聚消防站入驻仪式】 大市聚消防站新昌县大市聚市铜中井村，于2015年3月开工，总用地面积17000平方米，总建筑面积7649.74平方米，消防站工程包含中队综合楼、业务用房、附属用房、体能训练房、训练塔等。9月7日，新昌县县长李宁到施工现场，听取园区工作人员关于消防站建设进度汇报，提出指导意见。12月30日，大市聚消防站入驻仪式举行。市消防支队政委戴慧峰，新昌县委常委人武部政委何志良、新昌县副县长裘武宏等领导，共70余人参加入驻仪式。

（张家乐　虞浩露）

责任编辑　赵晓蓉

教育科技

学前教育

【概况】 新昌县学前教育经过二轮学前三年行动计划的实施，势呈“发展快，变化大”的良好态势。2016年，通过科学规划，规范管理，优化办学环境，推动学前教育内涵发展，学前教育进入健康、有序、快速发展阶段。全县共有幼儿园69所，其中教育部门办16所、其他部门办1所、民办52所。在园幼儿11842人，学前三年入园率为95.81%。省一级幼儿园4所、省二级幼儿园10所、省三级幼儿园45所，全县幼儿园等级率为85.5%，在等级幼儿园就读的幼儿11253人，占比为95.03%；普惠性幼儿园55所，普惠性幼儿园比例为79.71%，覆盖面为90%；全县幼儿教师704名，学历合格率为100%，持有教师资格证书人数为610名，持证率为86.65%。

【园舍建设】 3所新园建成并投入使用。新昌幼儿园于2月搬入新园；儒岙镇中心幼儿园新园于3月顺利开园；悦庄幼儿园是一所小区配套幼儿园，占地6.76亩，建筑面积2916平方米，9个班级规模，投入2460万元资金，成为新昌幼教集团下的一所公办幼儿园，9月顺利招生。6所幼儿园完成改扩建。机关幼儿园暑期完成扩建6个班级规模，办园条件得到较大改善。巧英乡、双彩乡等3个乡镇中心幼儿园于上半年完成改扩建工程，为农村幼儿提供一个优质的教育环境。五都等2所民办幼儿园完成改扩建。园园在投入，所所有变化。2016年是近几年中全县幼儿园添置器材最多，建设投入最大、呈现效果最好的一年。幼儿园教玩具能基本满足幼儿需求，区角设置得到高度重视，许多幼儿园添置先进的设施设备、大中型玩具，各园自制教玩具、废旧品利用、自然物利用等方面精彩纷呈，校园环境更加优美，校园氛围也日趋浓厚。

【规范管理】 选拔优秀、能干、富有进取心、责任心、有办园特色的民办园园长为片组长，让街道内的民办幼儿园自主选择加入片区，组成民办幼儿园园际联盟圈。壮大新昌幼教集团，2016年又增添悦庄幼儿园。出台《新昌县普惠性民办幼儿园认定及管理办法（试行）》（新教体〔2016〕79号）。教育体育局、财政局、发展和改革局联合发文，使全县普惠性民办幼儿园的认定和管理有章可依，同时通过规范奖励和补助，提高民办幼儿园争创积极性，使普惠性幼儿园覆盖面达到90%。出台《新昌县住宅小区配套幼儿园建设管理办法》（新政办发〔2016〕144号），城镇新建住宅小区要根据规划和居住人口规模配套建设幼儿园，并做到“同步规划、同步建设、同步验收、同步交付使用”。出台《食品留样操作规范》，建立从2016年起对拒绝建立财务账目的民办幼儿园在年检时不予通过的制度等，全县幼儿园办学行为得到相对统一。分别于3月、8月、12月召开园长会议，就财务、安全、教学管理进行专项布置、重点要求。县幼教办、教研室不定期深入幼儿园进行调研、业务指导等，帮助幼儿园规范管理各项工作，不断提高教育质量和办园水平。全年进幼儿园达到 100 多所次。

【特色创建】 上半年，下发《关于组织开展新昌县体育特色幼儿园创建活动的通知》，制订《新昌县体育特色幼儿园管理办法》。下半年，开展体育特色幼儿园的创建活动，共有 10 所幼儿园被命名为新昌县体育特色幼儿园，同时举办以“园本体育特色创建与发展”为主题的园长论坛活动，并配合体育科组织幼儿园参加绍兴市幼儿（少儿）体育技能展示大会，有 4 所幼儿园参加展示取得好成绩。机关幼儿园被评为浙江省体育示范幼儿园。2015 年组建以 4 所一级幼儿园为龙头的项目合作圈。2016 年，项目合作圈活动继续深化，白云幼儿园合作圈组织“游戏化早操”观摩与研讨，实验幼儿园合作圈组织“多元化绘本阅读的策略研究”教研活动，机关幼儿园合作圈组织“传统民间艺术与幼儿园美术游戏”研讨活动，新昌幼儿园合作圈举行“交通安全体验游戏”观摩研讨活动。合作圈研讨活动质量在不断提升，幼儿园特色也在不断明晰，新昌幼儿园的交通安全主题课程，以其打造的生活化教育场景和创设的游戏化教育情境，入选浙江省 2016 年度“文明出行”典型案例，并参加浙江省 2016 年度文明出行现状发布会和公安部交管局在北京举办的“车@城@人”展览暨《播一颗种子给未来》宣传片首映式。

【师资优化】 一是参加培训人数多，不断提高教师业务水平。2016 年，教体局委托教师进修学校组织幼儿园教师全员培训，近 700 人参加 32 课时的继续教育培训；113 人参加 32 课时的主题培训；80 多人的无证教师参加为期 6 天的免费考前培训。二是当年取得教师资格证书和大专及以上学历人数多，不断提高持证率与高学历率。2016 年持证率与高学历率分别提高到 86.65%、92.61%，进步较为明显。三是开展活动多，呈现教师整体素质的提升。一年来，举行第六届幼儿教师素质比武教学技能比武、学前教育宣传月幼儿园教师保教知识竞赛、优质半日活动评比、镜岭镇中心幼儿园特色体育游戏活动展示、新昌幼教集团新昌幼儿园优质半日活动观摩等活动，推荐的新昌幼教集团黄美玲老师参加绍兴市优质半日活动评比荣获一等奖，回山镇中心幼儿园的潘燕芹老师荣获 2016 年浙江省农村教师突出贡献奖。

（潘兰芳）

义务教育

【概况】 2016 年，以创建教育现代化县为契机，推动义务教育向优质、均衡、规范、全面发展。小学阶段 6~12 周岁儿童入学率达到 100%，巩固率和完成率均也达到 100%，初中阶段 13~15 周岁少年入学率达到 100%，6~14 周岁残疾儿童少年入学率为 100%。九年义务教育完成率为 94.38%，

表 44　新昌县城区主要小学基本情况

学校名称	在校生数	班级数
新昌县实验小学	1882	37
新昌县青年路小学	1900	37
新昌县南明小学	2156	42
新昌县城西小学	2216	42
新昌县城东小学	2132	43
新昌县南岩小学	1525	30
新昌县七星小学	1562	33
新昌县礼泉小学	1016	20
新昌县南瑞实验学校（小学部）	1348	36

表 45　新昌县初中基本情况表

学校名称	在校生数	班级数
新昌县城关中学	2161	39
新昌县实验中学	2114	38
新昌县七星中学	2233	40
新昌县西郊中学	748	16
新昌县新民中学	218	6
新昌县拔茅中学	615	15
新昌县大明市学校（初中部）	159	6
新昌县沃西中学	980	24
新昌县镜岭中学	377	12
新昌县回山中学	311	9
新昌县儒岙中学	796	24
新昌县大市聚初级中学	660	16
新昌县小将中学	342	9
新昌县沙溪中学	118	4
新昌县城南中学	493	12
新昌县道南中学	135	6
新昌县南瑞实验学校（初中部）	983	22

初中升高中段比例为 99.07%。2016 年，全县义务教育阶段有初中 17 所，在校班级 298 个，在校学生 13443 人，校均规模达到 790 人；小学 24 所（包括南瑞实验学校小学部与大明市学校小学部），另加 15 个校区，13 个教学点，在校班级 642 个，在校学生 24447 人，校均规模达到 1018 人；特殊学校 1 所，在校班级 9 个，在校学生 48 人，送教上门学生 30 人。

【出台城区义教段招生政策】 继续规范城区初中小学招生秩序，严格按学区招生，严禁跨学区招生，出台 2016 年《新昌县城区义务教育阶段学校学区生招生办法》和《新昌县城区义务教育阶段学校随读生招生办法》，其中随读生招生政策中对明后年大的政策变化进行预告，城区义务教育公办学校继续全面取消择校生。2016 学年，全县义务教育阶段共有外来进城务工人员子女 4019 人，其中 3634 人在公办学校就读，占 90.42%。

【出台高中招生新方案】 经多方征集意见，于 5 月 27 日出台高中招生实施方案，和往年的招生政策相比产生较大的变化：一是招生性质有变化，增加天姥中学、澄潭中学民办的招生。二是招生人数变动较大。三是志愿填报方式有变化，普高计划生录取实行平行志愿，按总分高低逐个投档，志愿之间不设分差，并对明年中考优惠加分的项目调整进行预告。根据招生意见对全县初中升高中报名资格逐一进行细致审查，组织开展体育中考，进行体育中考分数录入和校对。审核中考优惠加分材料，汇总公示。

【完善初中小学办学水平考核方案】 综合局各科室的考核指标，出台新的初中、小学办学水平考核办法，加强对义教段学校教学质量的监测和调控，促使学校面对全体学生，全面提高教育教学质量，进一步推进教育整体均衡发展。

【深化义务教育课程改革】 下发《关于深化义务教育课程改革的指导意见》，指导全县各中小学制订义务教育课程改革三年规划及实施方案，9 月开始，全县所有义务教育阶段学校均按省厅要求开齐开足拓展性课程，并确保师资、活动场地。拟定于 2017 年开学初在全县初中学校试点进行分层走班教学。

【深化集团化办学】 在首批教育集团的基础上，8 月又组建新昌中学、城西小学、南明小学、青年路小学 4 个教育集团，推动教育一体化发展，实现优质教育资源同城化配置。上半年，教育科对部分教育集团的办学情况进行专题调研，在调研的基础上出台教育集团考核办法，进一步促进教育集团各项工作的开展。

【继续实行免费入学】 符合条件的外地民工子女接受与本地居民同等待遇的义务教育。上半年全县义务教育阶段学生 38509 人次接受免费义务教育，其中小学 25734 人次，初中 12775 人次。下半年全县义务阶段学生 37890 人次接受免费义务教育，其中小学 24447 人次，初中 13443 人次。

【继续关注困难学生】 加强困难学生调查摸底工作，建立健全义务教育阶段困难学生档案。继续实施发放营养餐。2016 年春季义务教育阶段共有 4080 人享受营养餐，资助金额 204 万元，秋季义务教育阶段共有 3453 人享受营养餐，资助金额 172.65 万元。做好寄宿困难生生活费补助工作。9 月开始，寄宿生中的五类生享受生活费补助，享受人数 96 人次，补助资金 5.75 万元。

【关注特殊学生的成长】 育才学校对特殊学生分设 A、B、C 三个班级，在校学生 48 人，送教上门班学生 30 人。学校以“爱心塑造、真心感化、细心呵护”为校训，以生活为核心，以生命关怀为内容，最大限度开发智障孩子的潜能，满足他们个别化需求，帮助他们学会生活、融入社会。学校不断完善硬件设施，设立康复室、心理咨询室，省第四批福彩基金 100 万元资助项目 4 个功能室在建设中。

【德育工作扎实开展】 一是开展 2015 学年度县、市级先进班集体评选活动，评出 59 个县级先进班集体、6 个市级先进班集体、1 个市学校德育工作先进集体和 1 名市先进工作者。开展 2016 年美德少年评比，评出县级美德少年 100 名、市级美德少年 15 名。 二是加强心理健康教育工作。加强对心理高危学生名单、干预方案的建档和备案。在2015年9月对全体学生全面心理测评的基础上，2016年3月，全县各校再次对部分学生进行心理测评，并及时采取相应的干预措施同时建档。4月中旬，高危学生名单及干预方案上报市心理辅导中心备案。据统计，全县共有21名高危学生。随着心理辅导专业教师队伍的扩大，学校干预制度的完善，心理高危学生人数明显减少。三是加强应急救护师资培训。下半年，联合红十字会开展应急救护师资培训，共50位老师参加，48位老师通过考试，取得救护师资证。四是积极开展各类活动。组织各类征文比赛：3月，开展“图书馆就在我身边”征文活动，上交征文50余篇；3~4月，开展“国卫创建征文”活动，共收到征文115篇；4月27日，组织全县中小学生“国卫创建”演讲比赛，参赛选手共40名；6月21日，组织经典诵读大赛，评选出91名诵读之星；6~9月，开展“逐梦路上”“美丽水城，爱我绍兴观看大禹宝藏影评征文”“红色记忆 伴我成长”寻访爱国主义教育基地征文、“我的书屋，我的梦”等征文活动；10月，组织“筑梦路上”演讲比赛，有4位选手参加市比赛，其中小学组2名选手获市一等奖，南明小学陈尔杰获小学组第一名。代表市参加省比赛，初中组2名选手获市二等奖。结合传统节日开展各种活动：如3月雷锋月活动，4月网上祭英烈活动、警钟日活动，5月端午节活动，6月六一儿童节庆祝活动，同时号召全县学生学习习总书记回信，并及时作好活动总结。10月，向国旗敬礼系列活动。12月，组织学生参加“爱我绍兴、共建水城”漫画大赛及微视频作品大赛，收到漫画120幅，微视频28个。9月、12月，组织城区学校学生观看电影《大禹宝藏》、话剧《孔子》。开展各类教育实践活动，如“做文明有礼的新昌人”主题教育实践活动、“迎接G20–与文明同行”主题教育实践活动、开学五个一禁毒教育活动等。据不完全统计，开展全县性活动达30余项。

【开展各类创建】　4月29~5月8日，指导23所学校完成“零犯罪”学校申报工作。11月，城西小学、澄潭镇小申报创建省红十字达标学校，实验小学、城关中学申报创建省红十字示范学校。11月，南岩小学通过省绿色学校验收。城东小学被评为市级毒品预防教育示范学校。

【启动学生艺术素质测评】　12月，下发《新昌县中小学生艺术素质测评工作实施方案》，要求各校把学校艺术教育发展年度报告作为一项基本工作制度，开展学习性测评、学科性测评、发展性测评。从2017年开始，教研室将对义务教育学校开展学生艺术素质监测工作。

【创造发明硕果累累】　9月，举行第三届绍兴市“校园科学达人”（新昌赛区）大赛，评选出新昌县2016年十佳校园科学达人。11月，举办新昌县2016年青少年科技创新大赛，共收到各类作品2009件，其中创造发明作品242件、小论文531篇、科幻画1197幅、科技实践活动31个、科技创意项目8个。推荐科技创新作品参加市科技大赛，有79件获奖，其中科技创新成果获市一等奖8件、二等奖10件、三等奖10件；科幻画获市一等奖7幅、二等奖11幅、三等奖13幅；科技实践活动获市一等奖1个、二等奖2个、三等奖6个；获优秀创意奖作品1件；机器人创意获市一等奖2件、二等奖1件、三等奖2件；科技辅导员创新成果获市一等奖1件、二等奖1件、三等奖3件。

【语言文字工作开拓创新】　4月，陪同省语委会对大佛寺创5A级风景区语言文字工作的督查；5月，组织177名人员参加普通话测试；6月21日，组织全县中小学生经典诵读比赛，总参赛节目40个，推荐个人节目、集体节目各1个参加市比赛。启动语言文字规范化管理达标乡镇创建工作，儒岙镇作为语言文字规范化管理达标乡镇创建试点镇，将在2017年初迎接市语委办的验收。

（梁乃雪）

普通高中教育

【概况】　2016年，新昌县有普通高中5所，其中省一级重点中学兼省特色高中1所（新昌中学），省二级重点中学 1 所（澄潭中学），省综合高中兼省艺术特色学校 1 所（鼓山中学），市级重点中学 1 所（知新中学），民办高中 1 所（天姥中学）。高中毕业生 2676 名，招收新生 2364 人，在校班级 157 个，学生总数 7203 人，教师 549 人。全县初中升高中比率持续稳定在 98%以上。8 月底，天姥中学招生，学校有注册学生 120 名，其中 28 名为本县招生计划，其余为县外自主招生，分 2 个班级。

【高考成绩再创辉煌】 2016 年，新昌县普通高考再创佳绩，共有高考文理科考生 2865 人，上重点线人数为 583 人，以新昌 43 万人口计算，万人上重点线率为 13.56%，居绍兴市第一，进入全省文理科前 100 名的考生共有 7 人，其中新昌中学刘洋以总分 710 分获全省文科第三名、全市第一名，有 9 人被北京大学、清华大学录取，居绍兴市前列。此外，2016 年共有高考艺术类考生 200 人，体育类考生 48 人，上重点线人数分别为 140 人和 26 人，上重点线率分别为 70%和 54%。县委、县政府专门发文表彰。

【校园文化健康向上】 新昌县各普通高中一年一度的校园文化体育艺术节，成为新昌县校园文化建设的品牌之一。新昌中学围绕“让每个学生走向成功”的办学理念，贯彻学校 2016 年“情怀 品格 价值观”的教育主题，积极营造健康向上的校园文化，搭建能让各类学生健康成长的舞台。举行一系列活动，从上半年的“济困助学行动”、经典诗歌诵读、“康乃馨杯——我最想对母亲说的一句话”活动，到下半年的十月放歌、运动会、英语演讲比赛、道德故事会、大型菊花（画）展、元旦文艺演出等，充分激发全校师生的想象力和创造力。继续致力于深化文明创建和引领社会风尚。4 月 22 日，曾担任学校第二任校长、以地球物理为研究对象的中国科学家——陈宗器的雕像，在新昌中学落成。9 月 28 日，在孔子诞辰纪念日，学校举行第五届书香家庭评选暨校园书店进驻签约授牌仪式。11 月 4 日上午，新昌首家校园书店“芸香苑”正式落户新昌中学。澄潭中学举办春秋两季运动会和教职工运动会，开展历时 3 个多月的第 19 届文化艺术节系列活动，包括 9 月的“经典阅读——走进大师心灵，世界经典名著阅读及朗诵会”“美的教育——功勋教师、模范教师教学艺术展示”、10 月的“青春活力——第 53 届秋季田径运动会开幕式及艺术展示”。定时更新校园文化宣传橱窗，开展优秀寝室、模范寝室、优秀寝室长评比活动及寝室文化节活动，积极创建寝室文化。开展各类社团活动，丰富校园文化，陶冶师生高尚情操。鼓山中学在加强学校化内部管理，狠抓教学质量的同时，积极推进校园文化建设，营造积极向上、清新高雅、健康文明的校园文化。每年一度的校园文化节包含合唱比赛、诗歌朗诵比赛、辩论赛、运动会等一系列主题突出、内容丰富、形式多样，有益于学生健康成长的文体活动。在培养学生的创新精神，展示学生个人风采，提高学生的综合素质方面产生积极影响。知新中学以“光荣与梦想”为主题，围绕理想信念教育，先后举行“光荣与梦想同在，责任与希望同行”学雷锋活动、“传承光荣与梦想，缅怀革命英烈”活动、“我们的光荣与梦想”18 岁成人宣誓仪式、“弘扬长征精神，唱响爱国旋律”诗歌朗诵比赛、“历史的回响”大合唱比赛，通过寓教于乐的形式，渗透社会主义核心价值观和革命传统教育。

【科技创新再展风采】 新昌县科技创新优势明显，继续走在全省前列。新昌中学创造发明特色鲜明。学校注重激发学生的创造潜能，培养学生的创新精神，创造发明全省第一。学生发明作品获省级奖 287 项次，国家级奖 68 项次，其中金奖 13 项次，国际级奖 8 项次，拥有学生发明专利 70 多项。澄潭中学每年暑假期间学校团委组织学生参与各类暑期社会实践活动，学生深入商业区、社区、农村、企业，对社会热点、环境卫生、现代农业、社会公益等开展多方面调研。在 2016 年中学生电脑制作活动评比中，吕雄凯同学设计的“客户端封包测试工具”“数据广播接收系统”获县中小学电脑制作活动一等奖。张水力同学获第 17 届全省中小学电脑制作活动二等奖。俞敏同学作品《家园绮梦》获县 2016 优秀征文比赛一等奖。

【课程改革不断深化】　新昌中学课程改革稳步推进，物理学科被认定为绍兴市特色学科。《发明与创造》等3门校本选修课程被评为浙江省精品选修课程，14门选修课程被评为绍兴市精品。澄潭中学根据校情师情学情，开发由“科学类”“人文类”“艺术类”三级课程组成的核心课程。学校建立较为完善的澄中美育课程群，总课程数达到178门，有16门选修课被评为省市县精品课程。鼓山中学稳步推进选课走班制，学生根据自己的学业志趣、学业基础和学校建议，由学生自主选择选考科目。同时做好特色文章，构建美术类课程建设体系，凸显学校办学特色，《石膏几何体》和《人物速写》课程成为省精品课程，《平面构成》课程成为市精品课程。知新中学遵循“积极稳妥、分段推进、规范实施、特色发展”课程建设的总体思路，根据学生个性、潜能、禀赋有针对性地开展工作，顺利推进选课走班制度，平稳有序，开局良好。

【办学彰显优质多样】　新昌县各普通高中积极进行优质多样办学新探索，除德育、高考成绩、学科竞赛以外，学校在美术、体育、音乐、文学、研究性学习等各个方面取得全面丰收。新昌中学为进一步优化学校招生制度改革，适应新时期对创新型人才培养的需求，擦亮“学在新中”教育品牌，培养出人数更多、质量更高的尖子生群体，经县教体局审核同意，2016年新昌中学首次实行单独提前招生。1326名初中毕业生报名参加考试，最终录取153人。进校后，学校精心研究，专门为这些学生量身定制课程方案和教学计划。一年来，教育教学成绩显著，师生认可率和满意度高。10月接受省教育厅专家组的评估验收，12月底省教育厅批准新昌中学为省二级特色示范普通高中。澄潭中学以“怀文抱质，自强不息”为校训，坚持“为了学生的成长，为了人类的未来”的办学理念，坚守“真诚真心、美言美行”的教育准则，认真落实“精神立校、特色兴校、科研强校、依法治校”的发展战略，以培养具有民族灵魂、创新精神、实践能力和国际视野的具有美好人性的中国人为己任，不断追求和实践“唯真唯美、美育育人”的教育特色。教师努力追求“爱心、责任、诚信、睿智”的教育品质，学生人人践行“善良、大气、理性、高贵”的价值观，学校具有安宁的静气，浓浓的书卷气，浩然的英气。2016年学校积极准备浙江省普通高中特色示范学校创建，一年来先后获得“浙江省法治宣传教育先进集体”、新昌县“等级平安校园”、校园文化建设示范学校”“美丽校园”等荣誉称号。鼓山中学继续走好美术特色发展之路。6月，省教育厅厅长刘希平一行，在市教育局局长贺晓敏、县委书记邵全卯、副县长王仲林、县教体局长邵继红等陪同下莅临调研。刘希平厅长高度肯定鼓山中学走美术特色教育之路取得的成绩，鼓励学校不断探索多样化、特色化办学之路，大力推进素质教育，实现人人成才。2016年高考，学校美术类考生第一批上线率达到80%，58人次上八大专业美院及985、211重点大学专业分数线。在浙江省美术高考中，108个考生100%上线，80分以上100人，占考生数的92.5%，其中85分以上55人，占考生数的51%，15人进入全省前1000名，美术尖子生数量、办学质量和办学规模稳居全省前列。知新中学坚持育人为本，全面发展，坚持从严治校，从严治教。实施阶段性德育模式，关注学生行为的阶段性特征，把握学生思想行为的发展规律。实施分层分类教学策略，因材施教，扬长避短，多层多样多次选择，帮助学生及早进行职业规划和人生规划。2016年顺利通过绍兴市文明单位复评。

【科研成果彰显实力】　全县各普高立足科研兴教，2016年科研工作成绩喜人。新昌中学37项课题获各级教育研究部门立项，其中1项为浙江省教科规划立项课题，1项为浙江省教研室立项课题，12项为绍兴市教科规划立项课题。完成县级与市级教育规划立项课题30项，其中9项获奖。在2016年绍兴市学科主题教学论文和专项论文评比中，共有8篇论文获得一等奖。学校整体课程建设规划方案《建设生态校园、培育创新人才》获绍兴市一等奖。澄潭中学“学习与教育结合，教学跟研究结合，全校教师以备课组为载体，开展“一人主讲，同伴互助，上课评课，案例示范，做题选题，精编资料”

教学跟研究结合的活动。一年来有11位老师获省、市级论文一、二、三等奖，23位老师在县级素质比武、录像课、主题教学论文评比中获一等奖。《艺术歌曲的成熟》课程入选2015~2016年度“一师一优课、一课一名师”活动省级“优课”。知新中学以“享受学习，追求科研，塑造风格”为目标，努力创设研修平台，学校教科研工作硕果累累。2016年，学校共有11项县级课题结题，6项课题市级立项，多篇论文在省市级评比中获奖或在省级以上期刊发表，在班主任基本功评比中，1位教师荣获绍兴市一等奖第一名、浙江省二等奖；在省市优质课比赛中，1位教师获省二等奖，3位获市一等奖第一名；在县第九届高中教师综合素质比武中，5位教师获一等奖；在浙江省启动实施的400个普通高中学科教室建设项目中，学校成功申报语文、历史2个学科教室。

【办学条件进一步完善】 2016年新昌县普通高中办学条件进一步改善。10月21日，新昌中学公共教学楼通过竣工验收，总投资额约1700万元，占地面积1069平方米，总建筑面积6283平方米，普通教室25个，教师办公室6个，以教学用房为主，兼具教育教研中心、电子阅览室等功能。通用技术创新实验室、生物创新实验室分别获得省教育技术部门36万元和10万元的资助。语文、数学、政治、历史、地理、物理、生物等7个学科教室获得省级资助17.5万元。另外，学校投入53万元，在综合教学楼、图书馆、音乐室安装22套智能互动一体机系统，投入22万元，建立一个新的学生机房。暑假期间对生活指导老师房间进行卫浴改造，对食堂地面进行翻新，对3号教学楼办公室实施加层改造。澄潭中学逐步淘汰落后设备，升级改造各项硬件设施，为学校有序健康发展夯实基础。学校投入13.7万元建设急救演练中心和心里辅导中心。投入4万元添置更新高三投影仪，以保障选课教学的正常开展。鼓山中学投入资金400多万元，对学校田径场和球馆进行改造，投入资金近50万元，启动实施“热水淋浴工程”，对学校部分学生浴室的地面、吊顶、墙面进行装修改造，对高二、高三各班的多媒体设备进行更新，为全体一线教师更换新的办公桌。学校还积极参与政府“蓝天行动”，实施天然气管道进校园工程。

【社会各界捐资助学】 2016学年，澄潭中学使用新昌制药厂出资的奖教基金，向优秀教师发放奖教金共计147.8万元。2016学年，澄潭中学向在校期品学兼优的学生发放吕志涛院士奖、李春波英才奖、李冠军俊才奖、木兰巾帼奖共计36130元。新昌金鹰齿轮有限公司、新昌长城空调部件有限公司分别在鼓山中学设立“金鹰、长城、天意”奖学金，专门用于奖励教师及学习刻苦、成绩优异、进步明显的学生。2016年在高一奖励92人，发放奖金5350元。高二奖励61人，发放奖金3200元。高三奖励24人，发放奖金1700元。

【对外交流】 2016年，全县对外交流活动丰富多彩，开放办学让学校更具活力。暑假期间，新昌中学23位师生赴德国东荷尔斯泰因一级职业文理中学交流访问。10月，德国东荷尔斯泰因职业一级文理中学师生一行23人来学校进行回访。学校对外交流得到上级领导支持，县委书记邵全卯、副县长王仲林于10月21日上午在白云山庄亲切会见德国师生。11月1日，国际校长中外教育研讨会在澄潭中学举行，本次研讨会由新昌县人民政府、新昌县教体局、美国波士顿教育局主办，由浙江澄潭中学、浙江越秀外国语学院、纽菲尔德国际教育集团承办。县委副书记、县长李宁，副县长王仲林，教体局局长邵继红，新昌22所中小学校长，浙江越秀外国语学院副书记张永波，纽菲尔德国际教育集团董事长沙静红，美国波士顿教育局局长Ceronnr Natasha Daly及来自美国、英国、加拿大、澳大利亚、新西兰等5个国家17所学校的校长出席本次研讨会。研讨会期间，澄潭中学与美国瓦萨琪中学正式签署合作协议，并与澳大利亚西方高级中学、英国剑桥文理学院、加拿大皇家精英中学签署友好协议。

（何一锋）

中等职业教育

【概况】 2016年，全县有新昌职业技术学校、大市聚职业中学2所职业学校，均为国家级重点职业学校和省中职改革发展示范校。2016年新昌职业技术学校与新昌大市聚职业中学整合筹建新昌技师学院，设立两个办学区域，新昌职业技术学校称作七星校区，大市聚职业中学称作大市聚校区。全县职校在校学生3972人，2016年招生数为1327人，职校教师320人，专任教师307人，专业课及实习指导教师169人。

【育人质量不断提高】 2016年，在全国职业院校技能大赛中职组通用机电设备安装与维护比赛中，新昌技师学院七星校区 13电气高级工班的俞利权同学勇夺一等奖，胡柯超老师获全国优秀指导教师奖。在6月5日举行的“税友衡信杯”全国税务技能大赛总决赛上，由祁继艳、潘彩霞、俞梦瑶3位同学组成的新昌技师学院七星校区代表队在潘莉琴、俞静静两位教师的指导下，从全国47个代表队中脱颖而出，以排名第三的成绩获中职组一等奖。2016年全县参加高职考试共有241人参考，上线241人，其中97人上本科线，上线率100%。另外，通过“3+2”或“5年一贯制”进入大学深造的有270人。总计有511人进入高校继续深造，占毕业生数的44.08%。新昌职业学校毕业生双证书取证率达99.2%，初次就业率达99.2%，专业对口率达86.3%。

【学院筹建稳步推进】 按照《技师学院设置标准》和《浙江省技师学院评审细则》的要求，2016年，教体局和七星、大市聚两个校区实施《新昌县技师学院指标创建挂图作战方案》，通过研读指标、明确责任、查找差距、定期督查的形式扎实推进指标体系创建，取得较好的成效。2016年新昌技师学院（筹）重新修订各项教学管理制度，编修《新昌技师学院（筹）教学类资料汇编》，积极探索院、系二级管理模式和中职、大高段区分的教育教学管理模式，认真做好技工学校和技师学院之间的教学管理接轨，9月正式实行院、系二级管理模式；大市聚校区实行学部管理，进一步提高管理学生水平。截至12月，七星校区完成立面改造，宿舍楼、综合实训楼、风雨操场等主体完工并开始安装施工，学校南大门、围墙、一期景观完成，配套工程完成50%以上。大市聚校区完成立面改造，实训楼、教学楼、食堂、宿舍楼等主体完工，配套工程完成50%。

【教改力度不断加强】 新昌职业学校形成适应企业需求和学生学习方式的培养方案。一是全面推行课程改革，修订完善《钳工技能》《普车技能》《数车技能》等适应理实一体化教学的课程标准。开发《钳工职业教程》《数控机床编程与加工技术》等实习手册（其中《钳工职业教程》《数控机床编程与加工技术》入选省示范校本教材），主持编写和公开出版《机械制造工艺基础》《机械基础》等5本教材，同时创设条件开设选修课，激发学生的学习主动性，培养学生的职业素养、专业能力以及知识应用能力；二是创新培养模式，加强校企合作，推进学校与企业零距离合作，11月，由学校牵头的新昌县职教集团召开第二届理事会大会，近60家企业参会。积极开展“现代学徒制”的试点工作，2016年七星校区的轴承加工技术专业和服装设计与制作专业被评为浙江省“现代学徒制”试点专业。6月，美盛文化在学校成立美盛动漫服装学院。12月5日，万丰集团在校内建校，万丰机电学院挂牌成立并举行开班仪式。

【专业建设优势突出】 新昌职技校的机械加工技术、电子电工、轴承加工技术，大市聚职中的数控技术应用、机电设备维修与管理等5个专业为省级示范专业；新昌职技校机械加工技术、数控技术应用、钳工加工技术、机电技术应用、电子电工、轴承加工、计算机游戏和动漫制作、会计电算化，大市聚职业中学的数控技术等8个专业为市级高标准示范专业。2016年，新昌技师学院（筹）机械加工技术专业被评为浙江省中职品牌专业。

【德育管理不断提升】 各职业学校改革教育管理方式，在端正学生的学习态度和行为习惯上下功夫，使学生逐步走上学习的正轨，养成良好的学习和行为习惯。通过家校合作、强化班级管理、引导学生树立正确的学习目标 、改进教学方法、研发适合学生实际的校本课程，逐步形成学生想学、会学的良好氛围。七星校区在开展“亮点工程”德育主体教育活动的基础上，实施“圆梦工程”德育育人模式，通过“缘梦、筑梦、追梦、圆梦”等德育管理过程，激发学生自信心，形成积极进取的向上力量，增强学生特别是后进生的自信心，促进他们不断进步。新昌大市聚职中“以准军事化管理为载体，以日常养成为渠道，以督查强化为抓手”，德育工作以细化落实常规工作为基础，开展养成教育活动为载体，努力营造“阳光、自信、进取”的校园风尚，促进学生全面发展。

（石英俊）

招生和自学考试

【概况】 6月统一高考，全县共有3129人报考普通高校，比2015年减少117人。其中报考高职类263人，报考普通高校一类1944人，二类602人，三类319人。全县共组织实施一次学考，1月学考报考各科目5004人。

【成人高校】 2016年全县共有222人报考成人高校，与2015年基本持平，最后录取187人。全县共有3921人报名参加中考，比2015年减少267人。经统考后，县内4所普高共录取新生2218人，县内职高录取 1723 人。组织一次三项考试，安排在3月进行。其中报考英语听力2518人次，报考信息技术135人次，报考通用技术955人次。组织两次自考报名，全年累计报考人数为272人（其中新生130人），报考536课次。报名人数与2015年基本持平。全年共有8人获得自考毕业证书，其中本科6人、高职2人。组织全国计算机等级考试1次，报考人数为241人。组织全国英语等级考试2次，上半年报考人数344人，下半年报考人数为90人。

【新学考选考】 省高考综合改革后，2014年秋季入学的学生高中学考、高考选考将安排在每年的4月、10月进行。由学生从高中学考科目中选定高考选考科目，除语文、数学、外语3科外，政治、历史、地理、物理、化学、生物、技术7科，同一科目提供学考和选考两种试卷，学考满分 70 分，考“必考题”；选考在学考“必考题”基础上增加“加试题”（满分 30 分），选考满分 100 分。同科目的学考和选考同时在不同考场安排考试，学考考1 小时，选考考 1 个半小时。4月学考选考是按高考改革试点方案实施的第二次考试，选考人数较2015年10月大大增加，共有8046人次参加学考，2789人次参加选考。2016年10月学考选考是按高考改革试点方案实施的第三次考试，也是外语参加全国考试开始实施的第一次。选考人数较4月又大大增加，共有8380人次参加学考，8202人次参加选考。

【考试安全】 县招生办以考试安全为核心，加强综合治理，强化层层部署，内外兼顾，标本兼治。平稳实施两次学考、选考，两次考试秩序井然，考风考纪良好。组考中，按照省、市要求，请公安（武警）、保密等部门全程参与试卷保密工作，始终秉持“考试无小事”的工作理念，牢固树立“首考意识”，对试卷的领送、运输、交接、保管等每一个环节进行周密安排，确保考试安全。

【主动服务广大考生和基层】 一是综合利用微信、微博、网站、热线、报刊等各种方式，及时发布教育考试政策信息，解疑释惑、提供指导。在此基础上，重点围绕新高考录取方案，面向高中学校、广大师生开展详实、具体的宣传解读，确保知晓、熟悉、认同新的录取政策。二是尽力为考生提供周到服务。配合省、市考试院对全县应届高三考生进行语文、数学两科的模拟测试，使考生和教师心中有底、缓解焦虑感。同时开展覆盖专业选择、志愿填报、投档录取全过程的招生录取模拟演练，使学生对新录取模式增强适应性。三是针对调研中了解到的考生、家长需求，提供更多填报志愿参考资料，将近三年各学校招生及分专业录取情况的书刊送到每位考生手上。

（吕小萍）

成人教育

【概况】 2016 年全县有成人文化技术学校 15 所，其中省示范性成技校 2 所，省一级成技校 8 所，省二级成技校 3 所。2016 年各级成技校开展各类农业专业技能培训、企业职工岗位培训、农村劳动力转移培训等中短期培训达 53265 人次。

【打造成教品牌项目】 一是新昌阿姨品牌。坚持“项目精品化、管理规范化、培训规模化、宣传品牌化”四化要求，全面实施“先面试再培训”制度，构建落实培训就业一条龙服务方法。2016 年新昌社区学院以及各乡镇成校开设育婴师、催乳师、医院护工、家政服务等各类培训 1000 余人次。学校与宁波、杭州、绍兴等地多家家政公司保持长期合作关系，为新昌阿姨们的就业提供保障。二是大佛茶艺品牌。2016 年共举办 5 期茶艺师培训班，190 人获得茶艺师证书。“大佛茶艺”培训项目被评为绍兴市成人教育品牌项目和浙江省成人教育品牌项目。三是“新昌小吃”品牌。2016 年学院本部和乡镇成校成功举办 6 期“新昌小吃”培训班，共培训 500 余人并获得新昌小吃制作师专项能力证书。

【积极拓展培训项目】 为满足群众需求，在双证制培训、扫盲培训、农村实用技能培训、劳动力素质提升培训、劳动力转岗培训、企业职工培训、电子商务培训等常规培训的基础上，新昌社区学院和乡镇成校积极拓展天姥戏曲、摄影、烘焙等培训项目。

【构建终身教育体系】 为更好的服务地方经济建设和社会发展，新昌社区学院及各社区学习中心、成校认真贯彻落实国家和浙江省中长期教育改革和发展规划纲要精神，积极与政府有关部门对接，加大软硬件投入力度，进一步健全教育网络构建终身教育体系、建设学习型社会。4 月，县教体局批复同意新昌社区学院增挂浙江老年开放大学新昌学院牌子，承担组织开展新昌县老年教育的业务指导、教育示范、师资培训、资源开发、平台建设、理论研究、政策咨询和信息服务等工作。7 月，浙江省终身教育学分银行管理中心，发文《浙江省终身教育学分银行关于公布服务体系第一批建设单位的通知》（浙学银〔2016〕2 号），确定依托浙江广播电视大学新昌学院成立浙江省终身教育学分银行分部，新昌社区学院为第一批建设单位。8 月，县委办、县府办发文，正式在浙江广播电视大学新昌学院（新昌县社区学院）成立新昌县农民学校。旨在切实加强农村实用人才队伍建设，增强农民创业就业能力，构建“省级农民大学、市级农民学院、县级农民学校”三位一体的农民教育培训服务体系。

（石英俊）

师资管理

【概况】 2016 年全县有公办中小学教职工 3788 人，其中普通高中教工 598 人，职业高中教工 332 人，初中教工 1088 人，小学教工 1573 人，公办幼儿园教工 197 人。中小学专任教师合格学历的比例为：小学 100%（其中专科以上占 93.5%），初中 100%（其中本科以上占 92.5%），普高 99.3%，职高 96.1%。录用新教师 150 人，其中中学教师 95 人，小学教师 32 人，幼儿园教师 23 人。2016 年有 62 位教师退休，其中高中教师 10 人，初中教师 18 人，小学教师 34 人。

【加强教师队伍建设】 2016 年评定中高级教师职称 81 人，其中正高职称 1 人，副高职称 48 人，中级职称 32 人。开展面向社会教师资格认定工作，2016 年有 103 位教师资格认定申请者获得教师资格证书，其中获得初中教师资格证 29 人、获得小学教师资格证 50 人、获得幼儿园教师资格证 24 人。全县被评为浙江省杰出教师 1 人、浙江省农村教师突出贡献奖 1 人、浙江省中小学师德楷模 1 人、浙江省春蚕奖 3 人、浙江省绿叶奖 1 人、绍兴市优秀党务干部 1 人、绍兴市优秀共产党员 1 人、绍兴市最美教师 1 人、县最美教师 10 人、县优秀共产党员 4 人，列为省市名师名校长培养工程对象 45 人。

重视局管后备干部的培养工作，2016年有99人被列为局管后备干部。

【师训干训成绩显著】 2016年新昌县共有3902位专任教师在浙江省中小学教师培训管理平台注册，完成培训总学时368957，人均94.55学时。县级90学时集中培训共完成539人，其中初中社会思品145人、初中语文155人、初中英语143、小学语文96人。5人参加“国培计划（2016）”培训，21人参加省级培训，7人参加中职学校非师范类专业新教师培训，16人参加新校长上岗培训，99位新教师参加见习期培训，147人参加新教师上岗培训，335人参加心理健康教育教师C证培训。县教师进修学校在2016年浙江省中小学教师培训工作绩效考核中成绩位居绍兴市培训机构首位。

（张晓萍）

教育教学研究

【优质课评比】 在2016年“一师一优课”录像课评比中获部级“优课”10节、省级“优课”20节，10位老师获绍兴市品质课堂录像课一等奖。在浙江省优质课评比中3位老师获一、二等奖，15位老师获绍兴市优质课一等奖。

【年度教育教学论文评比】 在浙江省论文评比中获奖9篇、课题获奖1项，新昌中学何文魁开发的《校园文学个性写作》、曾毓斌开发的《洗车的物理》等2门课程入选浙江省第五批普通高中精品选修课程，澄潭中学潘继凯开发的《美丽的色彩与化学》入选浙江省网络课程。在绍兴市课程建设规划方案评比中11项获奖，在绍兴市论文评比中获奖79篇，其中15篇一等奖。

【学科工作室成立】 2016年成立首批15个学科工作室，同时制定《新昌县教体局学科工作室章程》（试行）。学科工作室的定位是学科发展的研究中心，教师成长的重要平台和教育教学质量提升工程的重要内容。

【教育质量综合评价监测】 10月26日，举行浙江省中小学教育质量综合评价监测工作，对反映区域教育质量的26个健康指数进行一次全面体检。新昌县抽测到的样本学校有城关中学等8所初中和实验小学等12小学，抽测对象是五年级与九年级的部分学生及家长、相关科目的老师及样本学校校长，抽测学科是四年级语文、数学，八年级语文、数学、科学。

【教育质量健康体检项目测评】 在2016年区域教育质量健康体检项目测评中，新昌县四年级在补课指数上显著高于全省平均水平，处于全省各县区前5%；在学业成绩标准达成、高层次能力等指数上高于全省平均水平；在睡眠、自尊、主观幸福感、学习自信心、校长课程领导力、同伴关系、亲子关系、家政教育满意度等指数上与全省平均水平相当；在品德行为、学习兴趣、艺术兴趣、体育兴趣、学习策略、内部学习动机、师生关系、家长参与、教师教育满意度、学校归属感等指数上低于全省平均水平；在学习压力、作业、教师教学方式、学生教育满意度等指数上低于全省平均水平。新昌县八年级在学业成绩标准达成、高层次能力、补课、家长教育满意度等指数上显著高于全省平均水平，学业成绩标准达成指数处于全省各县区前5%；在学习兴趣、主观幸福感、家长参与等指数上高于全省平均水平；在品德行为、学习策略、内部学习动机、教师教学方式、校长课程领导力、师生关系、同伴关系、亲子关系、学生教育满意度、学校归属感等指数上与全省平均水平相当；在艺术兴趣、体育兴趣、学习压力、睡眠、学习自信心、教师教育满意度等指数上低于全省平均水平；在作业等指数上低于全省平均水平。

（潘学军）

勤工俭学

【概况】 教育发展有限公司下属分公司9家，2016年总收入42万元。2016年，根据县政府统一安排，澄潭中学整体资产划入总公司，公司现有总资产10346万元。

【加强学校食堂管理】 制定《新昌县学校食

堂管理办法》，贯彻落实《绍兴市深化百万学生饮食放心工程三年计划（2016~2018年）实施方案》，加快学校食堂提档升级。2016年再次投入100多万元，用于学校食堂的量化升级改造。全县新创A级食堂2家，C级升B级食堂8家，食品安全监督量化分级管理B级食堂有较大幅度的提高。截至12月，全县52家中量化等级为A、B级的中小学食堂有49家，占有食堂学校数的94.2%（100人以上食堂量化分级管理B级及以上占比达100%）。实施学校食堂大宗食品定点采购工程。全县中小学校食堂共有52家，从业人员535人，均持有餐饮服务许可证和从业人员健康证，其中学校自营食堂26家，自主经营、委托管理15家，托管经营11家，全县公办幼儿园食堂都由幼儿园自营。所有中小学校、公办幼儿园的米、油、菜蔬类、生鲜肉、调味品等大宗食品全面实施定点、索证、采购，实施完整的索证、索票制度。

【推进品牌超市进校园】　6月，在第一轮品牌超市进校园经营期已满的基础上，教体局委托县公共资源交易中心，对新昌县学校校园品牌超市准入企业项目采用公开招标的方式进行再次招标，最后确定招标单位，于8月如期进驻新昌中学等10所学校，并正常营业。全县品牌超市进校园比例达到91.7%(公办学校校内商店品牌超市直营100%)。

【完善校（园）方责任保险工作体系】　2016学年，在全县中小学、公办幼儿园开展校（园）方责任保险工作，并将参保时限调整为以学年为周期的参保期限，实现公办学校校（园）方责任保险全覆盖，参保率达100%。

【规范素质教育实践基地】　全县继续投资30万元，新增综合实践基地1个，并用于11个实践基地建设和综合实践活动的正常开展，活动主要内容涉及农业劳动、茶文化、气象预报、团队合作、工业生产等项目。各基地学校因地制宜，扎实推进，收到较好的教育效果。如东茗乡中心小学的“开心农场”有关主题教育活动在《光明日报》、浙江在线、绍兴电视台等媒体上均有报道。中小学校内主题型素质教育实践基地的成功创建，开辟一条有效盘活校园闲置土地资源，建设学生实践基地的新路子。

（赵德源）

体　育

【群众体育】　一是大力开展各类群众性体育活动。采用政府购买，体育社团提供服务的方式，通过市场化运作，逐步向产业化，实体化发展。广泛组织开展群众性体育活动和体育比赛，推动群众体育的普及和活跃。打造“一县一品”群众体育格局，大力发展休闲体育，充分发挥新昌优质山水生态资源优势，全年开展登山、驴行、马拉松长跑等群众性休闲体育活动60余次。二是承办浙中片区活动。6月，新昌县承办浙江省全民健身浙中片区活动，来自全省各创建2016年体育强乡镇的乡镇，先进街道，省级各类体育俱乐部，省级先进体育总会以及各县区体育总会的27支代表队的350余名运动员、裁判工作人员参加在新昌县千丈幽谷景区举行的“军事五项，目标一致，浑水摸鱼，攀岩接力，趣味拼字”五个项目的比拼。

【举办大型赛事】　一是首次举办马拉松比赛。10月29日，协同巧英乡举行“新昌巧英环湖马拉松比赛”，来自山东、辽宁、江西、陕西、杭州、宁波、绍兴近400名运动员参加全程13.14公里的环湖比赛。会前组委会邀请省内外多家新闻媒体召开新闻发布会，浙江电视台公共新闻频道对赛事进行报道。二是开展浙江马帮走进新昌活动。11月底，开展“青山绿水健康中国·浙江马帮走进新昌暨T3赛道比赛”活动，来自全国各地的200多辆JEEP牧马人越野车及600位车友齐聚新昌。省内外多家新闻媒体对赛事进行报道，青海卫视专门派电视展播车及新闻团队进行录播。

【体育设施】　加强体育设施建设，加大各项创建工作力度，2016年体育创建工作全面铺开，省级中心村体育休闲公园建设1个（羽林街道新岩村）、省级小康体育村提升工程10个、省级现代化体育乡镇1个（大市聚镇）、省级体育先进社区2

个、省级幼儿体育示范园 1 个、省村级体育俱乐部 5 个、省社区体育健身俱乐部 1 个、省老年体育活动中心（俱乐部）1 个、省星级职工体育俱乐部 1 个。完成 10 所学校操场的塑胶化改造工作及 5 所学校的足球场地建设工作。

【竞技体育】 精心谋划新周期业训布局，2016 年，全面启动第十六届省运会各项备战工作，以县少体校为龙头，以传统项目学校和业余训练点为抓手，在上一周期布局的基础上重新谋划布局新一轮业余训练项目。新周期体育后备人才布局中，省局下达给新昌县的名额为 325 人，比上一周期 216 人增加 109 人（其中田径 60 人、游泳 40 人、皮划艇 15 人、赛艇 30 人、举重 15 人、柔道 15 人、跆拳道 30 人、篮球 26 人、排球 14 人、足球 25 人、乒乓球 10 人、羽毛球 25 人、网球 10 人、武术 10 人），县财政在本周期内每年给予训练经费 131.58 万元。积极做好对“瑞和游泳馆、双赢青少年乒乓球俱乐部、羽毛球协会青少年培训部、县棋类培训点”四个社会力量业余训练点的监督管理工作，做强田径、游泳、赛艇等基础优势项目，巩固羽毛球、跆拳道等次重点项目，攻克篮球、乒乓球等弱势项目，培育皮划艇、足球、武术等新兴项目。2016 年青少年在全国、省、市各类比赛中共获得全国比赛 7 金 1 铜 1 个第四名，全省比赛 7 金 23 银 14 铜，全市比赛 96 金 88 银 74 铜。

【体育产业】 一是完善体育彩票销售体系。2016 年体彩销售全县体彩销售网点达到 48 家，体彩销售首次突破 5 千万，达到 5203 万元，增长 12.03%，2016 年体彩销量占全县彩票销量的 34%。二是研发“足球防拉手套”。新昌川石科技体育发展公司投入 5000 多万元，历时 10 年成功研发足球防拉手套，并获得世界专利，在美国，欧盟等 60 个国家或地区注册申请专利。省，市，国家体育总局及国际足联，中国足协高度关注该项发明专利技术，4 月，中国足球协会王俊生、戚务生、马元安等名宿走进新昌、走进川石科技，对该足球防拉手套的研发给予高度肯定。中国足协李毓毅副主席代表国务院足球改革发展领导小组，在 5 月又对该项目进行考察指导。现由浙江省体育局、省足球协会联合向国家体育总局、中国足协提出申请，要求在国内足球联赛中对该产品进行推广试用，中国足协向国际足联书面申请要求该产品在世界级比赛中进行推广试用。

【学校体育】 一是普及青少年校园足球运动。按照上级有关开展校园足球运动的要求，县足协配合教体局开展校园足球定点建设，县足协专门成立青少部，由 2 位副主席负责此项工作，协会还专门筹资 100 多万元，聘请原江苏舜天足球俱乐部主教练陆殿明到新昌执教 5 年，并任全县足球总教练。每周陆教练到七星小学、城东小学、南岩小学、实验小学、儒岙中学、新昌技师学院执教足球课，并组建县足球队。二是投资 2500 万元，对儒岙中学，鼓山中学，拔茅中学等 20 所学校的足球场地进行改造，建成 11~5 人制校园足球场地 20 片。三是开展名教练走进校园活动，由陆教练对全县各校足球运动进行巡回指导，营造校园足球良好氛围。2016 下半年在回山镇小、小将中学开展足球教学研讨活动，并开展送足球教学器材下乡活动。四是裁判员队伍建设。为提高足球技术和裁判员业务水平，县足协在 4~5 月举办足球裁判员培训班，共有 32 人报名，新昌县现有二级以上裁判 9 人。五是运动员队伍建设。全县现有群众性的业余注册球员 310 余名，积极开展校园足球，儒岙中学，七星小学，城东小学，南岩小学四所学校申报浙江省青少年校园足球特色学校，全县有青少年球员注册人数 1147 人。其中城东小学 210 人，新昌技师学院 114 人、回山镇小 100 人、南岩小学 261 人、七星小学 200 人、儒岙中学 262 人。六是组织开展校园足球联赛。7 月 10 日到 15 日，全县共有 17 支球队参加比赛，小学 8 支、初中 6 支、高中 3 支。

（徐柏辛　沈国锐）

科学技术

【科技创新企业培育】 深化实施“123”企业培育计划，推进“个转企、小升规、规转股、股上市”工作，共申报国家级高新技术企业 12 家，10 家企业通过认定。其中新认定为 5 家，重新认定为 5 家。认定省级科技型中小企业 61 家。全年新增省级重点企业研究院 1 家、省级企业研究院 4 家、省级研发中心 2 家。新昌县 4 家全省首批的印染纺机装备领域省重点企业研究院，分别承担 1 项省重大科技攻关项目，累计研发投入 7315 万元，成功开发 10 个新产品，技术水平达到国际先进或国内领先水平，得到省验收专家组的一致肯定。

【10 家企业评为国家重点扶持的高新技术企业】 通过积极入企帮扶，举办高新技术企业申报管理工作培训会。浙江陀曼精密机械有限公司、浙江鹤群机械股份有限公司、浙江中柴机器有限公司、浙江圣世机械有限公司、新昌县蓝翔机械有限公司、浙江凯成纺织机械有限公司、浙江陀曼智造科技有限公司、绍兴市元盛塑业有限公司、浙江中集铸锻有限公司、浙江天龙胶丸有限公司等 10 家企业被评为国家高新技术企业。在省科技厅公布的省技术创新能力百强企业中，浙江新和成股份有限公司、万丰奥特控股集团、浙江三花股份有限公司、浙江医药股份有限公司等 4 家企业名列其中。

【科技成果转化】 2016 年全年组织申报省级以上科技项目 115 项，立项 104 项。全年争取上级科技资金实际到位 3087.58 万元。全县列入省级新产品试制计划 112 项，通过立项 101 项。全县实施国内国际合作 72 项。2016 年度获得国家技术发明二等奖 1 项，中国专利优秀奖 1 项，申报省级科学技术奖 6 项，其中获得科技进步三等奖 1 项。同时获得市级科学技术奖 7 项，其中一等奖 2 项（市科技奖共评选出一等奖项目 10 个，其中主要完成单位为企业的共 5 项，新昌县企业占比达 40%）。

【加快协同研发创新】 建立政企双层对外对接的协同合作平台。一是深化产学研合作体制改革。推进产学研合作创新综合体制改革试点。继续开展规上企业产学研合作“清零”行动，使中小企业与大院名校“结亲联姻”。全年组织大型科技对接活动 5 次，新增产学研合作企业家（次）50 家；捷昌线性驱动与浙江大学建立全面战略合作关系。二是深化科技创新区域协作。加强与杭州、上海等智力富集地区的精准对接合作，继续加强滨江区的新昌企业研发中心建设，鼓励引导有条件的企业入驻。浙江理工大学新昌技术创新研究院帮助 6 家新昌本地企业进行产品升级和技术开发。三是深化科技项目重点攻关。组织企业申报省级重点研发计划项目共 12 项，2 个项目成功立项。立足新昌产业优势，梳理智能纺织印染装备、轴承、生物医药、航

表 46　**2016 年新昌县获市级及以上科学技术奖名单**

序号	项目名称	完成单位	奖项
1	重要脂溶性营养素超微化制造关键技术创新及产业化	浙江新和成股份有限公司	国二等奖
2	RFMP16055M 动柱动梁龙门加工中心	浙江日发精密机械股份有限公司	省三等奖
3	瑞舒伐他汀钙及片剂生产关键技术研究和产业化	浙江京新药业股份有限公司	市一等奖
4	纱线电动驱动节能成型控制系统	浙江康立自控科技有限公司	市一等奖
5	CF 组合式灵敏高控车轮制造关键技术研究与产业化	浙江万丰奥威汽轮股份有限公司	市二等奖
6	RFMP2060GM/5X 蜂窝高速加工中心	浙江日发航空数字装备有限责任公司	市三等奖
7	城市公交大客车用混合动力总成	万丰卡达克新动力有限公司	市三等奖
8	安全高效制动毂刹铝合金车轮	浙江万丰摩轮有限公司	市三等奖
9	45° 肩踝悬吊牵引下撞击腰椎治疗腰椎间盘突出症的临床研究	新昌县中医院	市三等奖

10 月 20 日，新昌县在上海举办新昌上海科技对接活动

空航天等产业链薄弱环节，组织开展强链补链工作，由企业出题，经专家评审，择优确定并实施重大科技项目10项。

【加快开放形式创新】 创建国家科技成果转化示范基地。一是发挥好科技大市场作用。出台科技大市场入驻机构管理制度和考核办法，依托科技成果交易网、手机微信等信息媒体，建立常态化科技信息推动机制，全年共发布企业技术需求154项，发布成果、专家、政策信息2105条，全县技术成果交易额达6580万元。建立企业科技体检机制，完成科技创新要素管理系统建设，已“问诊式”精准服务科技型中小企业133多家，科技大市场累计接待全国各地参观考察159批次，累计1700人。二是探索建设“众创”平台。制定《关于发展众创空间推进创业创新的实施意见》《新昌县众创空间认定管理暂行办法》，技师学院“创新创业实验室”和“俞升强技能大师工作室”建成投用。鼓励社会力量举办“众创空间”，德纵实业投建的“初心众创”完成注册登记。三是深化企业创新机制改革。2016年选择120家企业扩面推进企业内部创新机制改革。充分发挥科技指导员的作用，帮助企业完善技术创新管理、关键技术攻关、人才引进培育的创新活力。

【强化创新氛围营造】 1月11日，新昌在全国科技工作会议上作典型发言；2月25日，人民日报头版头条报道新昌科技创新的做法经验。5月28日，中央电视台《焦点访谈》以“创新驱动，国家发展新动源”为题，报道新昌依靠创新驱动实现经济转型、人才集聚的做法。3月22日，全县科技创新暨国家知识产权强县工程建设启动大会召开，表彰科技创新带头人、科技创业领头人、科技好领导。5月31日，新昌在全国科技创新大会上作交流发言，向党和国家领导人汇报新昌创新驱动的做法。新昌县正式被省委、省政府批复为全面创新改革试验区，12月8日，全面创新改革试验区建设暨产学研合作综合体制改革试点动员大会召开，副省长冯飞出席会议并作重要讲话。

【农业科技扎实有效】 着力抓实农业新产品、新技术引进工作和农业培训工作。做好浙江省茶产业升级转化工程项目验收及省级重大专项实施，浙江丰岛食品有限公司的《柑橘软包装加工新工艺和新产品研究》项目，补助经费240万，为迄今最大补助农业科技项目，按照合同进行中期检查，指导企业完成要求的各项指标。同时，组织实施《茶叶叶斑病诊断及绿色防控技术研究与示范》等5项重点县级农业科技项目。对乡镇特色农业进行针对性扶持，使全县一乡一品的格局更加突出，促进农业增效，农民增收。

5月31日，县委书记邵全卯在全国科技创新大会上作典型发言

12月8日，新昌县全面创新改革试验区建设暨产学研合作体制综合改革试点动员大会召开

【国家知识产权强县工程试点县】 国家知识产权局正式确定新昌县为国家知识产权强县工程试点县。年初，县委、县政府专门召开全县科技创新暨国家知识产权强县工程试点县建设启动大会，布置落实相关工作任务；3月，县公安局知识产权保护联络室正式入驻新昌县知识产权维权援助中

心；“4·26 知识产权日”，在国贸广场举办主题为“加强知识产权保护运用，加快知识产权强县建设”宣传活动，推介知识产权维权援助热线 12330；7 月，纺织印染装备产业专利导航项目经公开招投标后，取得阶段性成果。组建以侦监工作员和检察官为首的知识产权刑事案件办理小组，严厉打击侵犯知识产权和商业秘密行为。建立政企联动机制，全面推行企业内控体系与保密制度，上市、驰名品牌、驰名商标、产值 10 亿元以上企业实现警企联络室全覆盖。稳妥推进商标、专利、出版“三合一执法”改革试点。

【专利申请与专利示范企业】 全年共申请专利 14356 件，增长 78.47%，其中申请发明专利 5689 件，增长 77.12%；授权专利 4699 件，增长 56.89%，其中授权发明专利 304 件，增长 38.81%，发明专利申请量居全省各县（市）第一位，每万人发明专利拥有量达到 25.39 件。新认定省级专利示范企业 2 家，市级专利示范企业 8 家。全年开展专利业务培训 3 次，专利行政执法检查 2 次，查处假冒专利商品 4 件；浙江新和成股份有限公司的发明专利“纳米分散的高全反式类胡萝卜素微胶囊的制备方法”喜获第十八届中国专利奖优秀奖，浙江中柴机器股份有限公司、浙江五洲新春集团股份有限公司被认定为省级专利示范企业，浙江宏辉胶丸有限公司、新昌县宏宇制冷有限公司等 8 家被认定为市级专利示范企业。

【防震减灾工作稳步推进】 加强新昌县七星地震台（遥测、强震和基准综合台站）的管理，完成国家地震烈度速报与预警工程项目新昌七星基准站改建和七星地震台点之记信息和成果资料整理上报工作；加强对七星地震台监测设施和监测环境保护；完成七星地震台保护标志设置和与相关部门的协调备案工作；对观测环境、避雷接地实时监控等方面进行升级改造；完善台站的管理制度。七星地震台全年运行正常。开展防震减灾宣传走进农村文化礼堂，防震减灾电影宣传进乡村、进学校，防震减灾避险自救科普知识宣传进广场等培训宣传活动。编印《地震知识 50 问》等宣传折页，发放防震减灾知识宣传资料和《浙江省防震减灾条例》3000 多份（册）。在《今日新昌》举办“新昌县 2016 年防震减灾知识竞赛”，组织中小学校开展防震减灾逃生演练。

（潘小炜）

责任编辑 张　梁

文 化

文化行政管理

【概况】 新昌县文化广电新闻出版局主管全县文化艺术、文物保护、广播影视、新闻出版和文化市场，内设职能科室4个，下属单位9个，分别为县文化馆、县图书馆、县博物馆（县文物管理委员会办公室）、调腔保护传承发展中心、县电影公司、县文化中心、县文化市场管理办公室、县文化市场行政执法大队和县非物质文化遗产保护中心（县唐诗之路研究中心）。县文市办、县文化市场行政执法大队、县非遗中心与局机关合署办公。

【优秀宣传文化成果奖励】 5月26日，中共新昌县委办公室、新昌县人民政府办公室发出《关于印发新昌县优秀宣传文化成果奖励办法（修订）的通知》。奖励由宣传文化部门选调或推荐代表新昌县参加在全国、省、市党委、政府或宣传文化部门牵头组织主办的各类宣传文化工作考评、竞赛中获奖的作品（项目），或被授予荣誉称号的单位，以及重大，外宣成果及重大文艺精品项目。所需经费在县文化发展专项资金中列支（其中优秀外宣成果的奖励在外宣经费中列支）。凡符合本奖励扶持办法的作品或个人，须由所属单位于次年填写《新昌县优秀宣传文化成果奖励汇总表》、《新昌县文艺精品扶持项目申请表》等，附相关有效证明（证书或获奖文件复印件等），于获奖次年年初或计划创作的年初，以书面形式报县委宣传部、县文广局、县文联、各乡镇街道，由相关主管部门确认后，汇总送县文化建设工作领导小组办公室（县委宣传部）审核，报县文化建设工作领导小组批准，资金由县财政局核拨有关单位。

【领导考察文化工作】 6月21日，副省长郑继伟在绍兴市副市长丁晓燕，新昌县委副书记、县长李宁，副县长王仲林陪同下调研全县文化工作，并考察县博物馆，局长竺健庭、副局长梁益铭陪同调研。12月20～21日，市政府副秘书长周宝林、市文广新局局长徐之澜带队来新督导检查乡镇综合文化站整改情况，并赴东茗乡、双彩乡、城南乡等乡镇现场督查，县领导杨哲文、县府办副主任吕栽平、局长竺健庭陪同检查。

副省长郑继伟参观新昌博物馆历史文化陈列展厅 （钟 靓摄）

【文广新系统集体廉政谈话专题会议】 3月18日，局党委组织召开文广新系统集体廉政谈话专题会议，局长竺健庭代表局党委对60余位局机关和局属单位中层以上干部进行集体谈话。县纪委派驻第六纪检组组长杨庆文出席会议并讲话。

表 47 **新昌县文化事业及活动**

项　目	单位	2016 年	2015 年	2014 年	2013 年	2012 年	2011 年	2010 年
一、艺术事业								
1.艺术表演团体	个	1	1	1	1	1	1	1
#戏曲剧团	个	1	1	1	1	1	1	1
演出场次	场次	89	73	63	84	56	82	69
观众人次	万人次	18.69	14.60	10.90	5.88	4.28	6.60	9.00
2.艺术表演场所	个	1	1	1	1	1	1	1
#剧场	个	1	1	1	1	1	1	1
二、公共图书馆								
单位数	个	1	1	1	1	1	1	1
总藏量	千册	317	268	234	190	170	160	163
# 古籍	千册	0	0	0	0	0	0	0
图书	千册	298.59	255	222	177	167	157	161
总流通人次	万人次	69.53	55.54	19.95	8.07	32.26	15.48	38.57
三、群众文化事业								
群艺馆、文化馆数	个	1	1	1	1	1	1	1
文化站数	个	16	16	16	16	16	16	16
#乡镇文化站	个	13	13	13	13	13	13	13
举办展览培训班活动	次	46	319	282	131	157	26	15
四、文物事业								
文物保护单位数	个	38	33	33	33	33	33	28
#省级文保单位	个	5	6	6	6	6	6	3
文物藏品	件	2444	2268	1741	1732	1732	1732	1732
五、电影事业								
电影放映单位	个	14	12	12	11	11	12	10
# 电影院	个	3	2	2	1	1	1	1
放映队	个	11	10	10	10	10	10	9
电影放映场次	万场	3.13	3.34	0.30	0.41	0.30	0.30	0.29
电影观众人次	万人次	43.7	39.59	32.89	80.23	56.63	129.76	106.46

注：省级文保单位 5 个，加上国家级是 6 个

【尹派艺术研讨会】 11 月 29 日，“福建省芳华越剧团 70 周年团庆——故乡行”尹派艺术研讨会在新昌举行。市委宣传部副部长、市文联党组书记何俊杰，市文广新局局长徐之澜、副局长胡华钢，县委常委、宣传部部长潘岳梦，副县长周巧米，县委宣传部常务副部长吴贤锬等领导和越剧演员代表出席会议。会上，县文化广电新闻出版局与福建省芳华越剧团签署合作意向书。

（俞克媚）

文化市场管理

【概况】 2016 年，新昌县有文化娱乐经营单位 316 家，其中网吧 40 家、歌舞娱乐场所 11 家、游艺娱乐场所 1 家、出版物经营单位 86 家、印刷企业 94 家、打字复印店 41 家、演出场所 2 家、演出团体 15 家、电影放映单位 3 家、地卫设施使用单位 1 家、广播电视经营单位 10 家、内部性报刊出版单位 11 家、网络文化经营单位 1 家。新昌县文化市场行政执法大队全年出动检查 449 次，1084 人次，检查各类场所 2484 家次，开展各类联合检

查 27 次，发现各类安全隐患 31 处，没收非法出版物 1053 册，发放法规宣传资料 2800 余份，查处各类违规案件 31 件，办结案件 27 件。取缔非法大篷演出 13 起，11 月 13 日，监管张卫健中梁香缇公馆涉外演唱会。召开 6 次文化市场各行业业主会议，组织业主学习相关法律法规。更新宣传内容，上墙健康教育宣传栏 13 套,共发放宣传手册 2800 余份，现场回答市民相关咨询 60 余起。进行实物鉴定 40 余件。开展 4 次校园周边专项整治行动，开展 2 次教辅材料专项检查活动，对全县中小学周边的书店、报亭进行地毯式检查，对校园周边的网吧进行重点检查。乡镇文化站检查文化市场及文保单位各类场所 75 家次，检查乡镇物资交流会 5 次，发现并督促整改安全隐患 4 处，取缔乡镇非法大棚演出 3 起。新昌县文化市场行政执法大队荣获 2016 浙江省文化市场综合执法先进单位，绍兴市文化市场信息工作先进单位。

【护航 G20 峰会】 5 月起，会同公安、消防、乡镇街道部门开展多次联合检查，组织互联网户外大屏播放、娱乐场所消防等应急演练，所有影院落实进场安检制度，开展 2 次网吧专项整治行动，2 次出版物专项整治行动，1 次印刷企业专项整治行动，1 次文保单位专项整治行动。峰会期间共出动检查 162 次，382 人次，检查场所 933 家次，办理各类案件 13 件，发现各类隐患 21 处，当场责令整改 14 处，抄告相关部门处理 7 处。

【打击侵权盗版】 2016 年，共检查出版物经营单位及印刷复制单位 932 家次，开展知识产权保护法制宣传 1 次，进行出版物经营单位及印刷复制单位的专项检查 3 次，取缔地摊游商 5 家，全年共立案查处非法出版物经营案件 13 件，立案查处擅自从事出版活动案件 1 件，没收非法出版物 1053 册（片）。

【实施网吧区域联防】 全年共组织网吧业主培训 3 次，组织网吧工作人员培训 1 次，并组织网吧业主及工作人员参加全市统一组织网吧业务考试，向考试合格者发放网吧上岗证书。探索实施网吧区域联防制度，做到同一区域网吧实现消防信息共享，消防器材共享，做到联防联治。引导网吧进行升级改造，鼓励网吧安装人脸识别系统。提升网吧硬件条件、软件环境及服务水平，有效降低网吧违规率，减少网吧安全风险。

【确保文化场所安全】 1 月 15 日，县文广新局与文化市场各经营业主签订 2016 年度安全生产工作目标管理责任书，并纳入目标责任制考核。全年会同县消防大队开展消防安全知识培训 4 次，培训人数 240 人次，组织娱乐场所、影院开展消防安全应急演练 10 次。在元旦、国庆、春节等重大节假日联合相关部门开展消防安全专项检查共计 12 次，督促整改安全隐患 7 处。

（章星君）

群众文化

【举办文娱活动】 2016 年，新昌县文化馆共举办各类文娱活动 142 场次，其中阳光文化进礼堂活动 7 场，农民文化节、广场文化活动 30 场，参加省市文化活动 10 场，举办各类文化走亲活动 7 场，阳光文化进校园活动 20 次、开设各类培训、讲座共 68 期次。其中：承办“古韵飘香 · 追梦梅渚”2016 文化礼堂闹新春晚会、2016 中国茶叶大会暨第十届大佛龙井茶文化节开幕式“大佛龙井 · 天姥红茶之春地方文艺演出”、“盛世强音中国梦” 2016 新昌县音舞晚会、“戏苑芳菲 · 天姥情韵”新昌县第五届地方戏曲大展演等重大节会及群众文化月活动 13 场，协办“弘扬非遗文化 · 倡导全民健身”新昌县小将镇南洲村非遗民俗文化节之第二届南洲罗汉专场演出、绍兴市地方曲艺走进外婆坑文化礼堂文艺演出、“大佛龙井茶”2016 年绍兴市敬老茶会活动、绍兴禁毒办“绍兴市禁毒宣传走进新昌”文艺演出。

【群文辅导初成气候】 新昌县文化馆内场地适当改造，研究开设馆内免费常设活动项目，馆内活动厅室免费开放，接受社会文艺团队预约活动 220 场，受益 2132 人次。举办 2016 免费排舞培训班、腰鼓培训班、声乐培训班、暑期少儿书法、民族器乐、百姓健康舞、合唱、基础乐理知识等8大项目68期次，直接受训乡镇文化站室、文化礼堂及基层文艺骨干270人。参与全市联动的现代公共文化服务体系建设创新项目—文艺专家门诊活动，筹备新昌县承担的子项目“快乐戏苑”戏曲专家门诊开设，6月起每月一场，共完成京剧、越剧等3期门诊活动，共计受益200人次。

【群文赛事争佳绩】 积极组织参加省、市各项群文赛事，取得良好成绩。第五届绍兴市青歌赛获二等奖2个，优秀奖2个；绍兴市第七届排舞大赛，文化馆青年排舞队《甜蜜冲刺》获一等奖，进入浙江省第十届排舞比赛，文化馆获优秀组织奖；绍兴市第九届合唱比赛，城西小学童心岛合唱团获三等奖，并参加浙江省第三届合唱节童声组比赛，获童声组入围奖，最佳风采团队；绍兴市第六届器乐（西洋乐）比赛，礼泉小学清风队获合奏组二等奖1个，独奏组二等奖2个，三等奖1个，天姥琴行吴蓓华获小提琴独奏三等奖；10月绍兴市第三届“美丽水乡·放飞梦想”才艺秀，新昌队选送5个节目参加，其中叠罗汉、梅渚剪纸、幸福鼓3个节目进入决赛，最总获得2个优胜奖，2个入围奖；11月，“美丽乡镇”第十届绍兴市乡镇（街道）文艺汇演，南明街道荣获二等奖，南明街道市中社区荣获三等奖。潘玉、杨春蕾撰写的论文获2016中国文化馆年会征文二等奖、浙江省一等奖，杨春蕾音乐论文获浙江省第二届音乐论坛征文二等奖，潘玉诗歌在浙江省第六届乡村诗歌大赛中获兰花铜奖。

【文化走亲活动】 承办“馆际联动走进岱山蓬莱”2016文化走亲活动；“山海相连· 文化同心”平阳·新昌文化走亲文艺演出；奉化、嵊州京剧票房走进新昌文化走亲演出活动；宁波、温岭、金华、新昌四地京剧文化走亲活动；馆际联动走进临安；六馆联动走进建德；2016富阳·新昌两地文化走亲文艺演出；七馆联动聚平湖；馆际联动缘聚新昌等9场。

（陈　明）

非物质文化遗产保护

【集锦数据库通过省级验收】 2016年，新昌县非物质文化遗产按级别分，有县级72项，市级31项，省级4项，即民间文学刘阮传说，传统技艺小京生炒制技艺（新昌县），传统砖瓦制作技艺（羽林街道），传统音乐新昌十番，国家级2项，即新昌调腔、绍兴目连戏。有绍兴市非遗传承基地2个，即：综合性传承基地—新昌县非遗保护中心，展示性传承基地—新昌县调腔保护传承发展中心（新昌调腔），生产性传承基地：新昌县俞氏古建砖瓦厂（传统砖瓦制作技艺）、新昌县大市聚大鹏食品厂（小京生炒制技艺）、新昌县张氏骨伤医院（新昌张氏伤科）。2016年5月，绍兴市文广局发文公布第五批绍兴市非物质文化遗产代表性传承人名录，新昌县11人上榜。“非遗”集锦数据库对新昌县县级以上非遗项目进行详细介绍，2016年10月，通过2015年度浙江省文化信息资源共享工程地方特色资源建设项目验收。

附：绍兴市非物质文化遗产名录（新昌县31项）

一、传统音乐

1.西坑吹鼓亭（镜岭镇）

2.甘棠元宵乐（南明街道）

3.十番（梅渚镇）

二、传统舞蹈

1.大市聚板凳龙（大市聚镇）

2.西王莲子行（大市聚镇）

3.王桥三十六行（大市聚镇）

4.山南村狮舞（大市聚镇）

5.西王哑背疯（大市聚镇）

6.上求布龙（大市聚镇）

7.下州狮舞（城南乡）

8.丁家坞马灯（城南乡）

9.石溪香龙（城南乡）

10.上道地狮舞（儒岙镇）

11.洪塘狮舞（儒岙镇）

12.梁家狮舞（镜岭镇）

13.董村龙舞（沙溪镇）

三、传统戏剧

1.布袋木偶（东茗乡）

四、游艺、传统体育和竞技

1.南洲罗汉（小将镇）

2.三坑秋千船（巧英乡）

3.传统武术（新昌县）

五、传统美术

1.梅渚剪纸（梅渚镇）

2.西坑石雕（镜岭镇）

3.根雕（新昌县）

4.竹编工艺（南明街道）

六、传统技艺

1.同兴茶食手工制作技艺（南明街道）

2.梅渚糟烧酿造技艺（梅渚镇）

3.二胡制作技艺（梅渚镇）

4.越罗织造技艺（新昌县）

七、民俗

1.端午节（新昌县）

2.真君殿庙会（大市聚镇）

3.茶祭（新昌县）

八、传统医药

1.新昌张氏伤科（南明街道）

2.梁氏针炙疗法（南明街道）

3.新昌郑氏肝胆科中草药疗法（七星街道）

新昌县非物质文化遗产名录（72项）

一、民间文学

1.唐诗之路（新昌县）

2.《新昌方言录》（新昌县）

3.《新昌风情录》（新昌县）

4.落马桥的传说（南明街道）

5.孝行碑与牛头岭的传说（南明街道）

6.甄布政使（镜岭镇）

7.刘罗锅寻祖（巧英乡）

8.倒脱靴的传说（东茗乡）

9.石猪、石牛、石媳妇的传说（东茗乡）

10.十八摸（大市聚镇、新林乡）

二、传统音乐

1.王坑抬阁（大市聚镇）

2.下湖吹工亭（回山镇）

三、传统舞蹈

1.王桥回头拜（大市聚镇）

2.查林莲子行（新林乡）

3.下朱部旱船（小将镇）

4.精艺舞狮民间武术（城南乡）

四、传统戏剧

1.调白脸

2.财神菩萨捧元宝（小将镇）

五、游艺、传统体育和竞技

1.息坑踩高跷（大市聚镇）

2.四绕弯棋（巧英乡）

六、传统美术

1.木雕（镜岭镇）

2.乾坤如意无量佛（镜岭镇）

3.竹根雕（儒岙镇）

七、传统技艺

1.天然芋饺（大市聚镇）

2.炒米糕（儒岙镇）

3.刨烟丝（城南乡）

4.春饼（南明街道）

5.糯米糖的制作（回山镇）

6.煮咸锅笋（小将镇）

7.割蜂蜜（南明街道）

8 青团的制作（巧英乡）

9.水车（儒岙镇）

10.牛草鞋（南明街道）

11.自酿白酒（东茗乡）

12.珠茶炒制工艺（新昌县）

13.熜白术工艺（回山镇）

14.弹花-做被丝（回山镇）

15.澄潭香干的制作（澄潭镇）

16.竹编（澄潭镇）

17.竹床帘（小将镇）

18.蒲鞋的笃（大市聚镇）

19.倒笃菜腌制技艺（镜岭镇）

20.澄潭手工汤包制作技艺（澄潭镇）

21.戏曲头盔制作技艺（羽林街道）

22.手工豆腐传统制作技艺（梅渚镇）；手工榨面制作技艺（梅渚镇）

23.红薯干制作技艺（大市聚镇）

24.玫瑰米醋制作技艺（南明街道）

八、民俗

1.黄坛山川大旗（大市聚镇）

2.地头三班（大市聚镇）

3.胡卜乡主庙会（新林乡）

4.新昌方言叫卖声（新昌县）

5.抢二婚头

6.婚礼习俗（南明街道）

7.众多的婚姻形式

8.传统婚礼（新昌县）

9.丧葬习俗（儒岙镇.大市聚镇）

10.出殡安葬（双彩乡）

11.妇女包细脚（羽林街道）

12.七月半判官召小鬼（南明街道）

13.端午庚（新林乡）

14.灯头戏（巧英乡）

15.祭名贤（南明街道）

16.国祭（南明街道）

17.新昌石氏传统大祭祖

18.做道场

19.桥头庵拜忏（梅渚镇）

表 48

第五批绍兴市非物质文化遗产代表性传承人名录

名　称	传承人姓名
新昌调腔	石永中
叠罗汉	胡炎彬
新昌传统拳术	张涌良
	吕珊冰
根雕	俞柏青
新昌竹编	刘国才
古建筑砖瓦和砖雕制作技艺	俞岳良
二胡制作技艺	俞开明
同兴茶食制作技艺	陈万隆
肝胆科中草药疗法（新昌郑氏）	郑黎明
新昌梁氏针灸疗法	岳艳

20.彼苍庙庙会（儒岙镇）

21.看风水（澄潭镇）

22.预测阴晴灾害（羽林街道）

九、传统医药

1.《诊余费墨》（梅渚镇）

2.俞氏中医内科（新昌县）

【新昌十番列为省级项目】　十番，俗称“细吹细打”，是传统古典民乐合奏，以唐代教坊曲牌为基础，多支曲牌组合成套曲，曲调悠扬，丝丝入扣。新昌县黄坛村的石益铭（1808~1872）将十番从杭州带回新昌，在原来十番艺术的基础上，创建圣莞十番，成为第一代传承人。第二代以石履润（1834~1903）为代表组建十番队。第三代以石砚丰（1857~1913）为代表组建十番队。第四代为十番艺术的鼎盛时期，艺人有石晋泰（1906~1979）、石升泰（1908~1989）、马仕敏（1919~1993）、张德仁、张凤钱、上官小邦、上官南和、上官明森、范小松涛、章家栋、范雪生等十余位。第五代以马仕敏为代表，其他艺人有范文招、范雪生、上官玉昌、石菊林等，形成第五代传承群体。目前，通过师徒传承的方式，十番艺术又培养了诸多新人，比如马幼平、何益彭、翁伯阳、石永杰等，成为十番传承发展的新力量。2014 年 4 月 16 日，绍兴市级非遗传承人石菊林恢复的十番演奏队，接受文化部、全国文联、中央人民广播电台专访，成为时长达半小时的“向国庆 65 周年特别献礼节目”。2016 年 3 月，“十番”申报浙江省第五批非物质文化遗产代表性名录。2016 年 12 月，浙江省人民政府公布浙江省第五批非物质文化遗产代表性项目名录，传统音乐新昌十番入选。

【遗产日活动丰富】　以“保护文化遗产，守护精神家园”为主题，开展“文化遗产日”系列活动：一是 2016 年 4 月“图书馆之夜”主题晚会，结合“世界读书日”邀请新昌调腔保护传承发展中心、新昌图书馆、新昌武术协会武术队表演调腔折子戏、叠罗汉等节目。二是 2016 年 6 月新编大型历史剧《闹九江》彩排，新昌县领导、省市多位专家受邀观看彩排。三是 2016 年 7 月参加象山三地文化走亲非遗传统戏剧展演。四是 2016 年 10 月举办非遗节目展演，挑选 10 个项目参加在江滨公园举办的首届非遗节目展演，邀请县领导和来新昌交流学习的德国友人观看演出。五是配合绍兴市非遗中心做好系列庆祝活动：推荐同兴茶食、新昌竹编等 5 个非遗项目参加绍兴城市广场“非遗集市”活动；选送两名小学生参加“绍兴师爷讲故事”比赛；六是 2016 年 10 月调腔国庆大展演，县调腔剧团在新昌江滨公园止水碑广场的 3 天调腔专场演出。

（王明明）

调腔剧团

【调腔戏演出 90 场】 2016 年，新昌调腔保护传承发展中心及下辖新昌调腔剧团全团演职员 59 名（其中副高级以上职称 17 名），全年演出 90 场，其中春节送戏下乡演出 29 场，分赴磕下村、欧潭村、上三溪村等地，是全市春节演出场次最多的专业院团。“星期三文化下乡”演出，先后赴东茗乡章黄山村、镜岭镇黄岙村、澄潭镇西街村、沙溪镇唐家坪村、梅渚镇定坂村等地。在江滨公园演出调腔专场。

【《闹九江》入围省十三届戏剧节前 20 强】 3 月，调腔精品大戏《闹九江》剧本研讨会在白云山庄召开，组建演出班子，昆曲优秀导演、中国戏曲导演学会副会长沈斌为艺术指导，浙江省戏剧家协会主席、浙江省作家协会副主席黄先钢为剧本整理改编，国家一级导演、浙江话剧团团长、浙江歌舞剧院院长王文龙为导演，调腔保护传承发展中心主任、国家一级演员王莺担纲张定边一角。6 月，《闹九江》在嵊州越剧艺术中心成功首演。10 月，《闹九江》参加绍兴市第十三届戏剧节，获新剧目大奖、集体武功奖，演员王莺获得特别表演奖，潘岳军（饰演陈友谅）、俞臻杰（饰演华云龙）、王嘉瑜（饰演陈彩凤）分别获得优秀表演奖，邢奏滨获得优秀司鼓奖。11 月 20 日，参加浙江省第十三届戏剧节决赛，进入前 20 强，其中“江边救驾”一折参加浙江省戏剧节闭幕式开场演出，技惊四座。

11 月 20 日，《闹九江》参加浙江省第十三届戏剧节决赛 （杨 炳摄）

【对外交流演出】 7 月 30 日，新昌调腔剧团连续第四年获邀赴浙江省政协礼堂演出，调腔元杂剧《北西厢》，由剧团 87 级和 07 级两届学员共同担纲完成。小全本《北西厢》吸引众多文学爱好者和戏迷，浙江省戏剧家协会主席黄先钢、省非遗处专家郑金开以及省政协领导到场观看。11 月 11 日，应邀赴四川南充参加第三届嘉陵江灯戏暨地方戏剧艺术节展演，演出杂剧、目连戏专场、廉政调腔剧《甄清官》等剧目，当地《南充日报》报道说“小县城来了大剧团”。11 月 17 日，目连戏《无常》及青年花旦演员赴乌镇参加由省委宣传部主办，省文化厅承办的大型中国戏曲艺术秀《国色天香》，为参加第三届世界互联网大会的各国嘉宾献上戏曲盛宴。12 月 8 日，明传奇《牡丹亭·入梦》赴海宁参加“浙江好腔调·满庭芳：传统戏剧名师高徒”专场，国家级非遗传承人章华琴携爱徒王嘉瑜登台亮相。12 月 15 日，浙江省文化厅主办的浙江好腔调“非遗薪传”浙江传统戏剧展演展评活动颁奖晚会在绍兴市文化馆剧场举行，调腔明传奇《关云长

7 月 30 日，《北西厢》小全本在省政协礼堂演出，省剧协主席黄先钢与演员合影 （杨 炳摄）

千里独行·霸陵挑袍》荣获优秀展演奖，主演潘岳军荣获新传奖、网络最具人气奖。5~8 月，赴宁波象山文体中心、余姚龙山剧院、杭州临平剧院、金华东阳剧院演出《甄清官》《白蛇传奇》等剧目。

11 月 11 日，调腔《甄清官》在四川南充大剧院演出（杨 炳摄）

【中央媒体报道新昌调腔】 6 月 1 日,《光明日报》刊登《古戏台上演调腔》。6 月 2 日，中央电视台《朝闻天下》栏目报道新昌调腔；新华社客户端发布《山村里搭起“非遗”戏台》消息，一天内受众点击量 14 万。6 月 9 日,《中国文化报》刊载《与昆曲同龄的戏曲活化石、唯一自带“合唱队”的戏曲、600 年新昌古调腔发新声》文章，整版报导新昌调腔。6 月 14 日,《经济日报》对新昌调腔进行专题报道《“戏曲活化石”焕发生机》。7 月 26 日，央视《廉政文化建设栏目·文化十分》栏目用 3 分钟专门讲解新昌调腔。

【调腔传承人抢救性拍摄记录】 章华琴（1942~ ），新昌县儒岙镇人。1958 年考入新昌调腔剧团，工小旦。六七十年代，章华琴在《北

7 月 20 日，章华琴和学生在调腔剧团排练厅拍摄记录片现场（杨 炳摄）

西厢》《三月三》《红灯记》《海岛女民兵》等剧中挑大梁。对调腔表演、唱腔深有研究，几度任调腔艺校训练班教师。2008 年 2 月，被认定为国家级非物质文化遗产项目“新昌调腔”代表性传承人。培养学生有章银萍、王晓燕、王嘉瑜等。2016 年 7 月 20 日，浙江省文化厅非遗处组织拍摄团队赴新昌，抢救性拍摄记录章华琴表演艺术，通过老艺人回忆、师徒联袂上台表演等形式录制。

（杨 炳）

新闻信息传播

【概况】 2016 年，县新闻信息传播中心为强化“工业立县、生态兴县、创业强县”，建设“美丽新昌”营造良好舆论氛围。突出重大主题宣传，分别开设专栏，连续刊出动态报道、专题报道、典型报道、跟踪报道等，统一全县干部群众的思想共识。据统计，刊出经济转型升级 68 篇，科技体制改革 121 篇，钦寸水库工程、鼓山公园建设等项目 236 篇，优化环境年“八大行动”463 篇，国家卫生县城创建 138 篇，“两学一做”学习教育 89 篇。全年出版《今日新昌》254 期。新闻作品获 2016 年度浙江省县市区域报好新闻奖一等奖 2 件、二等奖 2 件、三等奖 7 件，2016 年浙江省老龄新闻宣传好作品三等奖 3 件。新昌新闻网被评为 2016 年度浙江在线优秀支站。

【打造品牌栏目】 一是结合“十二五”收官和“十三五”开局，推出“我们这五年·回眸‘十二五’特别报道”，聚焦工业创新驱动、特色农业发展、生态文明建设、民生实事工程等中心工作。二是结合传统节日，推出专栏专版。如“新春走基层”栏目，春节前夕关注旅游出行、菜篮子工程等，春节长假结束推出春节里的那些难忘事、春节里的那些感人事、春节里的那些新鲜事、春节里的那些寻常事等四个专版，随后还推出一批“开门红”报道。三是结合县委十三届九次全会和县“两会”，推出县委“十三五”规划建议深度解读、政府工作报告深度解读等，突出解读手法、版式版样的创新。

四是结合“三治一提升”行动和“两美”新昌建设，推出“美丽新昌百村行”栏目，指派记者深入农村寻找、挖掘、发现“三治一提升”行动中的生动故事，刊出《外婆坑村的环境“治理经”》《莒根村的“两山”融合实践》《坑下村加快打造生态旅游精品村》等文章45篇。五是结合群众关注关心的热点问题，推出“记者求证”栏目，刊出《新昌疫苗安全可以放心接种》《“倒背跑步法”不靠谱 反误黄金抢救时间》等求证报道。六是做强风尚天姥、网络民生直通车、文化礼堂巡礼等品牌栏目。

【加强舆论监督】 围绕五水共治、三改一拆、五气合治、交通治堵、社会管理等工作中出现的问题，以“今日聚焦”和“交通违法曝光台”两个专栏为载体，开展建设性舆论监督。“今日聚焦”每期不少于1/4版面，并对曝光后整改情况进行反馈和记者回访。“今日聚焦”栏目全年刊出124期，“交通违法曝光台”44期，“建筑工程运输车辆专项整治违法曝光台”32期，助力推进优化环境年“八大行动”、三治一提升、创国家卫生县城等重点工作。

【新昌新闻网及微信公众号】 新昌新闻网全年共发布原创新闻2500条次，推出防雪抗寒、文化礼堂、优化环境年“八大行动”、两学一做、视觉公益行动、美丽新昌百村行、礼让斑马线、文明在新昌等14个专题，让广大读者对开展的阶段性重点工作有了解。深化新昌新闻网及微博、微信、手机新闻网等新媒体矩阵建设。1月底，《今日新昌》手机版开发完成并上线运行。全年新昌新闻网手机版发布新闻信息1500条，“今日新昌”微信公众号共发布新闻信息1300条。利用“今日新昌”微信公众号可以查阅数字报、查看新昌新闻网手机新闻，并且可以在新昌论坛看帖发帖。

【做好公益宣传】 以推介美丽乡村建设和点赞“最美新昌人”为主线，开展“视觉公益行动”17次，刊出图片新闻21次、图片专版17期。《今日新昌》刊出各类公益广告180次，其中整版公益广告55次，涉及社会主义核心价值观、平安建设、创建国家卫生县城、文明出行等内容。

（俞帅锋）

广播电视

【办好重点栏目】 开设两学一做、五水共治、创国家卫生县城、开展八大行动 建设美丽新昌、护航G20等20多个新闻专栏，共播出主题报道2000多篇。全年播出《今日聚焦》113期，曝光解决各类问题69个，播出《热线800》90期，解决听众热线反映的问题400多个。我有一个梦、天姥人物、小鬼当家、百姓生活广场等电视节目和快乐上（下）班、杨小维的朋友圈、放学啦等广播节目实现内容本土化、栏目特色化、节目品牌化。做好沃州田野、晓萍跑农村等对农节目。在各乡镇（街道）和有关单位建立20个FTP新闻上传平台，发挥新农村广播在灾害预警、公共事件、政务信息等方面的公共信息服务。

【提升节目品质】 一是讲好“新昌故事”。开展辉煌十二五、驭风新征程，行走三江两岸，新春走基层等三次大型新闻行动。新闻节目中反映基层、群众的新闻占头条新闻43%以上。反映新昌人在他乡创业故事为主题的专题节目《天姥人物》从2016年2月底推出以来共播出20多期。全年在国家级广播电视媒体播出12条，其中中央台《新闻联播》2条；在省级广播电视媒体播出123条，其中浙江之声头条2条，浙江卫视新闻联播头条6条；在市级广播电视媒体播出352条，其中头条13条。文化精品节目完成广播剧《甄清官》的创作。二是开展品牌活动。推出《万朵鲜花送雷锋》《感恩母亲》大型直播活动，并与浙江之声连线直播。成功举办《中国好声音》新昌赛区的比赛，吸引500多位音乐爱好者参与。三是加强公益宣传。每天在电视中播出公益广告135条次，广播中播出公益广告58条次。与县文明办联合开展“文明新昌”公益广告比赛。广播电视公益广告的播出量占商业广告时间3%以上。四是优化频道频率。对各频道进行重新定位，一频道突出新闻综合的定位，引进一批优质节目，在下午时段推出尝试大板块编排；二频道突出休闲定位，增加生活类栏目和影视剧的播放；

三频道突出信息服务。广播频率着力打造调频直播板块。五是加强广告监管。开展新广告法学习培训与测试，不定期对广告开展检查，落实整改措施。在传统广告普遍断崖式下滑的形势下，通过品牌节目栏目、各类广播电视公益活动、商业活动和新媒体活动带动广告创收，2016年度全台经营创收1400多万元，超额完成县财政局、县委宣传部下达的1168万元的目标任务。

【深化媒体融合】　门户网站“浙江新昌网”、微信公众号“视听新昌”和“FM88.4”、手机APP“新昌手机台”全面投入运行，实现新闻信息一次采集、多种生成、多元传播。微信用户超12万，新媒体累计总点击量1400万次。依托总台的广播电视优质内容资源，通过内容重组，以多种形式满足用户需求。由广电总台和县治水办联合举办的“治水美村”活动，通过广播、电视、新媒体立体传播，参与投票65万人次，总点击访问量180万人次。出台《新媒体管理若干规定》，规范新媒体内容的审核、发布程序，把党管媒体原则贯彻到新媒体的各个环节。

【加快事业建设】　完成中央台无线覆盖等广电惠民工程。2016年底，实现县多媒体传播中心建设工程落地清标动工。完成三花现代城、南明花园、和成花苑等36个小区、村的网络优化，累计投入资金105万元。新昌华数公司将原客服热线升格为全省统一客服热线96371，使客服工作纳入全省统一客服考核体系，执行更严格的客服操作规范。96371热线开通后，维修及时率从3月份的56%提高到85%，月度客服考核结果在全省43家子公司中排名稳定在前10名。投资877.12万元的双路由环网工程建设，完成工程进度90%，将有效解决突发事故导致整个乡镇或几个乡镇有线广播电视信号长时间中断的问题。推进2.0版本免费升级，为1.3万用户带来更多的电视体验。

【强化安全播出】　修订完善《新昌县广播电视总台安全播出应急预案》《安全播出系列规章制度补充规定》等制度。全年共举行7次安全播出应急处置和消防安全演练，对重要保障期严格执行领导带班制度、双岗值班制度和零报告制度。对总台的广播电视节目和新媒体发布内容，严格执行三级审查、四级把关制度，实行节目重播重审制度，所有引进的广播电视节目严格执行播前审听审看。实现全年安全播出，无重大责任事故。

（张纯汉）

图书馆

【图书馆藏书及借阅】　新昌县图书馆藏书31.7万册，其中2016年新增3.7万册（地方文献200种、家谱收藏9种）。2016年，县图书馆共计办理借书证5398本（其中全市“一卡通”40本）。图书借阅371083册次，其中网上借阅7956册次，馆内期刊阅览378350册次。接待读者（包括网上借阅，期刊阅览，文献查阅，讲座，展览等）853278人次。

【服务体系建设】　组织内部培训人均10天次，输送参加省、市以上脱产培训人均近3次。G20期间，下达《新昌县图书馆关于重申和明确若干工作纪律岗位职责工作要点的通知》，抓好老馆管理。馆内增加安装摄像探头26个，保洁用工编外岗位调整为政府购买服务1人。指导成立图书馆团支部。组建机关干部县图书馆志愿服务队，新昌“福心”社区心理援助中心县图书馆志愿服务队伍。聘任新昌中学，澄潭中学，技师学院3位老师为县图书馆全民阅读推广指导老师。数字图书馆建设系列之一县图书馆“报刊杂志 微信阅读”公众服务平台建成，前后增设今日新刊、时政新闻、时尚娱乐、文学文摘等9个栏目，共中“开卷有益—荐读”栏目每周定期推荐好书，推送美文，推介作家及特色馆藏资源介绍。第三期《新昌“非遗”集锦》地方特色数据库通过省级验收。参与新时期“新昌精神”研讨，参加百家姓氏修谱圆谱业务指导和庆典活动，收藏五峰俞氏东宅萃和祠宗谱、南明石氏宗谱、源溪张氏宗谱等各一套，组织编写《民德归厚·日新永昌——新昌家训辑录》。

【全民读书月启动仪式】　4月23日，图书馆之夜暨新昌县 2016 全民读书月启动仪式举行，县委宣传部和县文广新局牵头，文化馆、博物馆、调腔剧团、非遗中心大力支持，县图书馆承办。表彰2015 年阅读之星、阅读达人、全民阅读书香门第、学习之星、全民阅读示范单位等先进单位和个人，现场向新林乡大坪头村、镜岭镇溪西村、儒岙镇石磁村各捐赠图书 1000 册，并举行以“诗画新昌古乐颂”为主题的文艺表演。县人大副主任王敏慧、副县长孙嘉江、县政协秘书长徐跃龙、县委宣传部常务副部长吴贤锬、县委宣传部副部长周少卿及相关部门领导出席活动，县文广新局班子成员及相关科室负责人参加活动。

【举办读书讲座活动 50 场次】　举办全民健康知识系列讲座，中国戏曲的场上表演和舞台性结构，守望家山、记住乡愁、探秘天姥山等各类讲座报告会计 16 场次。举办消防安全知识图片展，中华文化五千年，“爱心助力 圆梦觉苑”学生美术作品展览，六一疯狂艺术节，新昌姓氏文化研究交流等活动计 50 场次。

【农家书屋和图书流通服务点】　2016 年，新建成农家书屋示范点 3 家，图书流通服务点 2 个。送服务上门，下基层农村约 40 批次，120 人次。图书流动送书下乡 3.21 万册次，包括 3 个农家书屋示范点，澄潭图书分馆图书支持 1.7 万册，支持西岭社区、武警中队、消防大队、县公安局育人书屋、回山派出所书屋，图书 4500 册。

（徐　鑫）

书目提要

【公开出版的书籍 3 种】

《王羲之研究丛稿》　梁少膺著，西泠印社出版社 2016 年 7 月出版，印数 1500 册，307 页，定价 68 元。本书稿分为二编：上编收关于王羲之书法研究的论文 12 篇，包括《王羲之书法风格的分期研究》《右军〈兰亭诗〉笺证》《春水流觞——王羲之〈兰亭序〉的另种释读》等；下编收录关于王羲之人物、资料研究的论文 5 篇。每篇的末尾，对这些论文的发表时期、刊物以及原来的题目都作了说明。

《居者其屋（第三集）》　吕良著，2016 年 9 月印刷出版，297 页，220 千字，297 页，定价 50 元。本书是日记形式的记叙性诗文作品集，围绕“耕者有其田、居者有其屋”这一中心主题，反映了钦寸水库从开始到结尾的建设全过程，从移居情留别、安居追梦人、闲居浅吟声三个方面延伸、汇聚了作品的全部内容。

《天姥新吟诗词选》　俞鹤春、袁铁军、吕伯贤编辑，中国文化艺术出版社 2016 年 10 月第一次出版，印数 2000 册，301 页，定价 58 元。为纪念天姥诗社、诗刊双双成立十周年，天姥诗社选编部分诗刊作品及部分社员自选自荐作品成集，包括赵仁良《谢公道上》《读林世堂老师〈黄埃〉感而和之》《读李商隐〈无题〉》等诗作。

【内部编印的资料 8 种】

《新昌年鉴（2016）》　新昌县人民政府主办，新昌县地方志编纂委员会编。编纂委员会主任李宁，副主任潘岳梦、杨能、郑刚、袁国飞。总编吕今，主编唐樟荣，副主编王东惠。2016 年 12 月印刷，印数 1000 册，16 开本，288 页，600 千字。本年鉴设有 21 个类目，即：特载、大事记、地情、农业农村、工业、水利电力、商贸服务、城建环保、交通邮电、金融、经济管理、中共党务、政权·政协、群众团体·民主党派、政法·军事、教育科技、文化、医疗卫生、社会事务、镇乡（街道）、附录，下设分目 167 个，条目 1181 个。本年鉴全面记载2015 年新昌县围绕“三城四化”战略目标，按照“抓转型、出形象、强改革”工作基调，大力推进产业结构调整，加强美丽县城建设的实际情况。

《新昌统计年鉴（2016）》　新昌县统计局、国家统计局新昌调查队编，编委会主任周巧米，副主任祝志芳、陈立新、吕惠钰、吕栽平，主编祝志芳、陈立新、吕惠钰，副主编梁益鹏、刘孝蓥、陈剑斌、陈文军。2016 年 9 月印刷，印数 300 册，16 开本，363 页，78 万字。该年鉴是一部全面反映新昌县 2015 年经济和社会发展的资料性年刊，分 12

个部分，即综合，人口、计划生育和劳动工资，人民生活与物价，固定资产投资和建筑业，农业，工业，交通运输、邮电和电力，国内贸易和对外经济，财政和金融保险，科技、教育、文体、卫生事业及其他，乡镇主要经济指标，浙江省分（市）县主要统计资料，特载有中华人民共和国、浙江省和绍兴市的国民经济和社会发展统计公报。

《剑余稿·见知录》　张与福著，张冲霄审定，主编黄志益，策划石临煦，2016年9月印刷，99页，线装本。《剑余稿》诗集，系张与福手稿，由张与福之子、离休干部张冲霄收藏，未曾刊印问世。2005年以来，退休教师石临煦邀请县文史界人士对该诗集进行深入研究，并将诗集及研究成果编著成《张与福剑余稿和有关资料集》，2016年重新排版刊印并更名为《剑余稿·见知录》。剑余稿部分收录旧体诗88题160首，内容有关史事咏怀、状物言志、唱和应酬、怀乡思亲、故园风物、胜迹游程等，但未标栏目，亦不分卷，其中有些篇什涉及民国初新昌社会状况、人物活动、旅游景点，具有一定的地方文献价值。见知录部分收录文史爱好者对张与福及剑余稿的相关研究成果。

《新昌县档案馆全宗指南》　新昌县档案局编，2016年12月印刷，326页。本指南介绍馆藏档案各个全宗的基本情况，一是全宗来源简况，二是档案内容和成分介绍，三是检索查阅注意事项，包括馆藏清代档案（Q001）、民国时期档案（M001~M037）、革命历史档案（G001）、中华人民共和国时期档案等（J001~J269）。

《报海剪花——浙江日报作品选编》　盛伯增著，2016年9月印刷，356页。作者将历年来发表在《浙江日报》《钱江晚报》《经济生活报》和《共产党员》报刊上的416篇（条）文章，汇成这本“浙报作品集”。

《白云悠悠》　俞新晨著，2016年2月印刷，133千字，160页。本诗文集由三部分组成，第一部分为照片，记录作者和周边的人事；第二部分为散文，大多是作者的切身体会和命运走向，包括《白云悠悠》《情系青山》《无聊的回忆》等27篇；第三部分为诗歌，包括《我们都是背石头的人》《建筑工人之歌》《补鞋匠》等20首。

《梦游天姥——全国山水名家新昌邀请展作品集》　主编何国门，中国美术学院出版社2016年11月印刷，16开本，130千字，图101幅，印数1000册，215页，定价280元。作品集荟萃全国百位中国山水画名家为画展主题创作的百余幅作品。2016年11月，梦游天姥·全国山水名家新昌邀请展在新昌博物馆开幕。

《梦回天姥——中韩书法精品交流展作品集》　主编商力戈，副主编俞国儿、何中梁。2016年6月印刷，114页。本集收编此次展览韩国书法家作品50件、新昌书法家作品60件以及特约作品20件。6月28日，“梦回天姥”中韩书法精品交流展在新昌博物馆开幕。

（赵晓蓉）

新华书店

【新华书店的变迁】　浙江新昌县新华书店有限公司初名为绍兴新华书店新昌支店，建立于1950年3月，地点在城关镇西街29号（今属人民中路）。1958年7月，改称新昌县新华书店；1958年新昌、嵊县合并，改设嵊县新华书店新昌镇门市部；1961年11月，恢复新昌县建制，新昌新华书店恢复营业。1979年起，书店财务归属省新华书店统一管理，成为自收自支的全民事业单位，人事隶属新昌县文化局。1987年起推行经理负责制。设办公室、财务科、门市部、业务科、仓库、城乡图书批发部等6个部门。1999年底，加入浙江省新华书店集团有限公司。2000年10月，根据浙政企改〔1999〕35号文件，变更为浙江新昌县新华书店有限公司。2003年，与省新华书店连锁。同年，浙江省新华书店集团被中宣部列入全国文化体制改革试点单位，新昌县新华书店有限公司随集团整体完成事业转企业改制，新华书店的人、财、物由省集团公司统一管理与垂直领导。

【图书发行网点及销售】　2016年底，浙江新昌县新华书店有限公司内设经理室、办公室、财务部、教材部、业务部、门市部等6个部门，有职工37人。除横街门市部（图书超市）以外，另有业务关系的网点9个，其中小连锁书店4家，分别是文星店、大市聚店、回山店、儒岙店，供销网点共5处，分布于各大乡镇，小连锁店和供销社能更好地服务农村读者。2016年5月，王超云任新华书店总经理，原总经理郭力明退休。2016年，全店销售额3395万元（其中横街门市部销售额1063万元），销售图书34.65万册，销售量位居前三位的分别是少儿读物类图书11.2万册、文教体育类图书10.6万册、文学类2.8万册；另外教材销售额2332万元，共销售23万册，为全县77所中小学4.2万名学生“课前到书、人手一册”做出努力。2016年，参与“全民读书月”活动，开展送书进学校活动共20次，参与活动人数共150人次。

【横街门市部重新装修】　新华书店横街门市部自2004年1月25日开始营业，建筑面积1300平方米。2016年4月8日~22日，进行装修改造，重新布局，更换书架、灯具等设施。门市部分二楼，一楼主要为少儿读物、文化用品、数码产品区，二楼主要陈列社科类、文艺类、文教类、医药卫生类图书，图书品种达到5万个。4月23日，世界读书日，重新开业，以全新的环境迎接广大读者。2016年，横街门市部共开展各类主题书展20余场，被中共新昌县委宣传部评为“书香新昌”全民阅读示范单位。

（王祝英）

文物保护

【概况】　2016年，全县共有全国重点文物保护单位1处，省级文物保护单位5处，县级文物保护单位32处，文物保护点93处。县文管办对钦寸水库库区文物遗址进行考古发掘，对鼓山书院西侧院西晋墓、东汉墓进行抢救性清理。其中，东汉墓出土五铢钱7枚、原始瓷罐1件、碎瓷片若干。新昌博物馆举办讲座6次，开展各类主题活动7次，推出8个临时展览，即佛峙天姥——新昌大佛1500年纪念特展、新昌县美术大展、越光宝鉴——越地古铜镜精品展、梦回天姥——中韩书法精品交流展、海洋瑰宝——珊瑚特展、问道天姥——何来胜书法作品展、梦游天姥——全国山水名家新昌邀请展、无上菩提——弘一法师书法展，全年接待团体、散客参观共10.93万人次。佛峙天姥——新昌大佛1500年纪念特展还在东阳、萧山、嘉兴等三地博物馆展出。

【领导与专家考察指导文物工作】　1月19日上午，绍兴市文物局副局长吴军赴新昌调研文物工作。3月11日，日本大和文华馆研究员泷朝子在浙江省博物馆专家陪同下访问新昌博物馆，并考察国家级文物保护单位大佛寺石弥勒像和千佛岩造像。3月14日，美国著名中国历史研究学者、哈佛大学副教务长包弼德，国务院参事、北京大学中国古代史研究中心教授邓小南，台湾中央研究院历史语言研究所研究员、美国普林斯顿大学访问学者黄宽重在浙江省文物考古所研究员郑嘉励的陪同下访问新昌博物馆。3月21～22日，国家文物鉴定委员会委员、原河北省文物出境鉴定中心主任、原河北博物院常务副院长刘建华在浙江省博物馆专家的陪同下应邀访问新昌博物馆，并于22日下午作题为《南北朝时期金铜佛教造像艺术》讲座。3月29日，浙江省文物局副局长吴志强、文物处赵勇、绍兴市文物管理局副局长吴军至新昌指导大佛寺石弥勒像及弥勒大殿无量桥、五层殿阁等相关建筑的维修保护工作，副县长孙嘉江、县民宗局局长叶钟、县

几位学者与新昌博物馆领导合影（钟　靓摄）

文广新局局长竺健庭、副局长梁益铭、大佛寺方丈传实、县博物馆馆长张斯鸿等陪同考察。4月21日，清华大学美术学院教授、中国美术家协会藏书票研究会副主席、新昌籍画家陈雅丹、画家李九红（为陈雅丹儿子）回家乡参观新昌美术大展。6月21日，浙江省副省长郑继伟在绍兴市副市长丁晓燕的陪同下参观新昌博物馆历史文化陈列厅，并与文化工作者座谈。

佛峙天姥——新昌大佛 1500 年纪念特展开幕式　　（钟　靓摄）

【新昌历史文化陈列荣获省博物馆陈列展览精品奖】　梦游天姥——新昌历史文化陈列为新昌博物馆的基本陈列，展厅面积500平方米，展出文物255件，通过序厅及早期文化、佛道文化、唐诗文化、茶道文化、儒学文化五个文化区域展现新昌的历史文化。6月11日，在2016年文化遗产日浙江省主场城市系列活动开幕式上，第十届浙江省博物馆陈列展览精品评选结果揭晓，该陈列荣获陈列展览精品奖。9月，在全省第二届博物馆陈列展览交流（培训）会上，博物馆馆长张斯鸿作《突破小

新昌博物馆馆长张斯鸿领奖　　（钟　靓摄）

格局，做出大气象——关于县级馆办展思考》的发言。11月，在全省博物馆学会上，又作题为《以小见大》的发言。她两次介绍新昌博物馆的办展理念、实际操作情况。12月，县文化广电新闻出版局副局长梁益铭在全省文物干部管理培训班上作关于文博工作展开中的亮点与难点的发言。

【盘山寺遗址考古发掘】　盘山寺遗址，位于新林乡梅坑村，占地约6亩。洪武初年，胡卜村、查林村联合创建盘山寺，延僧住持。成化《新昌县志》记载："盘山禅寺，洪武二十四年，归并石佛寺。"万历四十五年十月，梅溪胡氏、查林梁氏同立《盘山寺碑记》，时有祀田在户：田一百零六亩三分七厘一毫，地二十九亩五分三厘八分，山五十四亩七分五厘。明万历《新昌县志》记载："寺后有空穴，盖假以防侵占者。"延至民国时期，盘山寺建筑有二进及两廊侧屋，前为大殿，面阔三间，明间抬梁式，次间抬梁穿斗结合，梭形柱，平石础，耍头为浮雕古代吉庆人物，牛腿只存一只透雕鹿含草。1944年盘山寺僧檀兴学会议在盘山寺召开，梅溪胡氏和查林梁氏议决拨出盘山寺田五十八亩和山三十余亩为校产，校名改为四庄乡盘山中心学校。二十世纪八十年代，盘山寺建筑拆除，木材用于建设新林中学。寺内原有铁钟二只，大的一千二百斤，当作废铁出售，较轻一只系嘉庆十一年十月所铸。2016年5月31日，考古发掘开始。经过清理，盘山寺原轮廓基本显露，依山而筑，逐级抬高，有山门、前殿、后殿、两侧厢房及斋堂等建筑，建筑的石台基部分，包括块石、卵石驳坎、条石地坪

盘山寺遗址航拍

等，基本保存完整。

【新昌乡主卜曾墓考古发掘】　新昌乡主卜曾墓，位于新林乡胡卜村七星峰下。新昌乡主卜曾，为官清廉，教导乡民走勤劳致富之路，做奉公守法庶民。光绪十三年（1887）《新昌乡上元戏捐田碑记》记载：“卜公讳曾，家世于斯，仕宋为兵马司，有惠政，后诏封新昌乡主。”新昌乡乡主墓和新昌乡乡主庙是新昌乡历史地理的标志，也是“新昌县”名来历的实证。1995 年 10 月，新昌乡主墓重立碑石，2002 年 7 月，新昌乡主庙列为新昌县文物保护点。2016 年 6 月 13 日，新昌县文物管理委员会办公室组织专业人员开始进行抢救性考古发掘。拆开 1995 年 10 月重立的刻有“新昌乡主卜曾公之墓”的墓表石板，先露出一层重修前的卵石砌筑的墓表，向里挖掘四米后，才露出最初的墓表石材。文物考古人员谨慎挖掘清理，发现卜曾墓为夫妻合葬石室墓，有围墙、环道、环墉、墓室、拜坛、拜坛通环墉的台阶、墓道、墓坛（明堂）、享殿。须弥座墓面为石质长方形铺设，共十一层，保存完整。顶部三层由于左室墓早期被盗而遭到严重破坏，地下八层完整。早期被盗时前室被破坏，随葬品被洗劫一空。左室墓有一当代的盗洞，约 80 厘米。右室墓保存完好。出土的文物有咸平通宝、熙宁通宝等铜钿数十枚、“端平二年”铭文砖两块，均收藏于新昌博物馆。在乡主墓沿阶石前还存唐代墓葬，出土瓷油灯一盏、青铜葵花小镜子一面、铜钱数枚，及有唐“元和二年”字样青瓷盘龙罂碎片及砖块。乡主墓的修复，依山势抬高十多米，与梅溪胡氏始祖胡璟墓相邻，形制材质如旧。2017 年 2 月 25 日，卜曾墓迁修完成。

卜曾墓墓室　　　　（丁红霞摄）

【公布第七批县级文物保护单位】　2016 年 4 月 25 日，县人民政府公布第七批县级文物保护单位名单，霞客古道新昌段、新昌古驿铺（关岭驿铺、侯王庙、小石佛驿铺）、下宅村南区公立道南学校、侵华日军碉堡群（鹭鸶岗碉堡、曹州碉堡）、旧坞村吴氏宗祠等 5 处 8 点。

霞客古道新昌段　从藤公岭顶地藏寺至南明街道斑竹村，全长约 15 公里。据《徐霞客游记》记载，明崇祯五年（1632）四月十八日，徐霞客自天台万年寺至地藏寺入新昌县境（天姥），下牛牯岭，出会墅岭，夜宿斑竹小公馆。现司马悔桥至会墅岭脚茶亭桥（含小公馆遗址）、会墅岭、藤公山村清凉寺前至地藏寺三段，古道保存完整，是霞客古道新昌段精华之地。

新昌古驿铺（关岭驿铺、侯王庙、小石佛驿铺）　新昌境内驿铺，明代称急递铺，全县设九铺，有铺兵 45 名。现尚存关岭、小石佛二铺。关岭铺地处新昌至天台古驿道交接处，地界台越，背倚天姥，俯瞰赤城岭头关扼虎山狼山，唐有石垒寨，明设关岭铺。路廊、卵石碇街、侯王庙、新（昌）天（台）界碑等犹存。小石佛驿铺，明万历《新昌县志》称小石佛铺，“在县东二十里”（今央于村内），现存铺廊为清中期所建，廊墙上嵌有五块碑石。

下宅村南区公立道南学校　新昌县南区公立道南学校创建于光绪二十八年（1902），光绪三十四年（1908）开办。时局不稳，校园多次搬迁。1949 年县人民政府接管后，改称为回山中心小学，校址设在下宅村。校舍为 1958 年所建，格局完整，具有典型的五十年代学校建筑风格。

侵华日军碉堡群（鹭鸶岗碉堡、曹州碉堡）　侵华日军留下碉堡，其中 2 个保存完好。鹭鸶岗西侧碉堡，位于大市聚镇梅林山村鹭鸶岗，曹州碉堡在新林乡曹州村后门山半山腰，两座碉堡的建筑结构与构造型制基本相同。由出入口、堡顶、腰檐、枪孔、出气洞、传话洞等部分组成，整体呈扇形，通体用钢筋、水泥、混凝土组建而成。蟠龙山岗和鹭鸶岗东侧的2个碉堡在20世纪六七十年代被毁。

鹭鸶岗碉堡　（丁红霞摄）

旧坞村吴氏宗祠（世昌堂）　在旧坞村西侧，清代重修建筑，由前后两进，戏台及左右看楼组成，用材上乘，格局完整。连廊与正厅部分柱子上撰楹联。正厅明、次间前后三道攀枋及左右山面穿插枋立面绘彩墨画，连廊五架梁彩绘“双龙戏珠”，天井卵石均匀，铺筑部分纹饰精致。建筑占地面积430平方米。

【公布第八批文物保护点】　4月25日，县文管委公布第八批新昌县文物保护点，黄岙村胡公庙、岭头俞村龙镇殿、鱼将村善庆庵、梅渚村莲华庵、上来村灵济侯祠、南洲村丁氏上祠堂、横板桥村金氏宗祠、外婆坑村林氏宗祠、大古年村杨氏台门、董公健墓、梁柏台烈士之墓、胡璟墓等12处。

黄岙村胡公庙　位于镜岭镇黄岙村大岙自然村，坐东朝西，木构件雕刻精致，明间前设拱券石库门框，上书阳刻行楷“临下有赫”四字。殿内均为石柱，前廊卷棚轩，穿枋两面彩绘人物山水，牛腿承托出檐，牛腿造型“倒挂狮子”与“倒挂仙鹿”。总体龙吻正脊，封火山墙，粉墙黛瓦硬山造。

岭头俞村龙镇殿　又称禹王庙，位于双彩乡岭头俞村，始建于清道光年间，光绪年间曾维修。现存建筑由前廊、戏台、两厢看楼、正殿、两侧厢房及后大殿等八个单体组成，外墙用块石叠砌，戏台四角对柱与台前望柱均为石质，为始建时原物，正殿五架抬梁下墨书“清道光年建”等字样。

鱼将村善庆庵　位于儒岙镇鱼将村，始建于清乾隆四十六年（1781），民国时期重修。该建筑坐北朝南，由山门、东西二厢、正殿及放生池等组成。构架抬梁穿斗结合，庵内尚保存善庆庵碑记二通与清道光间登科匾一方，总体青瓦屋面硬山造。

梅渚村莲华庵　位于梅渚镇梅渚村，始建于清光绪二十年（1894），初为黄姓家庵。1957年，大部分庵舍为当地政府部门使用；1981年，根据宗教政策，庵产归还僧尼，比丘尼文达重修尼庵；1993年10月，莲华庵登记为开放寺庵。现建筑由大雄宝殿、藏经楼、厢楼、客房、厨房等单体组成，上下楼层立面均设格扇门窗，构架抬梁穿斗结合，牛腿承托出檐。

上来村灵济侯祠　又称陈家祠堂，位于东茗乡上来村王肖山，建于清代中期，由前厅、戏台、左右看楼及正厅组成。木构件雕刻精细，前厅牛腿透雕“鲤鱼跳龙门”，戏台与连廊牛腿雕刻倒挂狮子、戏剧人物等，正厅前檐檩下浮雕凤穿牡丹。

南洲村丁氏上祠堂　其堂名“慎德”，位于小将镇南洲村，清时期建筑。该建筑为四合院格局，前后二进带左右厢楼，前厅朝南立面设重檐，牛腿透雕雄狮嬉锈球、母狮抚幼子及夔龙等纹饰。戏台单檐歇山顶，施八角藻井，飞椽出檐，牛腿承托撩檐枋。

横板桥村金氏宗祠　其堂名“爱慤”，位于儒岙镇横板桥村。四合院格局，立面朝东，前后两厅，左右两厢，栋宇巍然，正厅悬道光二十五年（1845）御批“七叶衍祥”圣旨匾额一方，整体保存完整。

外婆坑村林氏宗祠　位于镜岭镇外婆坑村，始建于清乾隆初期，民国二十年（1931）重修，三开间正厅一进。厅内陈列清代雕花架子床、嫁装轿、纺花车、制酒器、瓷器等一些早期的生活用具，明间攀间枋悬清光绪间黑底金字　“克配上帝”匾一方。

大古年村杨氏台门　位于镜岭镇大古年村中心地段，清中期建筑，坐东朝西，三合院格局。座楼带左右厢楼，两侧厢楼西山墙之间砌门墙，门墙居中置石库门框。该建筑雕刻精致，座楼重檐廊步卷蓬轩，牛腿浮雕“山水风景”，琴枋雕刻“古代人物故事”及“花鸟香草”等纹饰。

董公健墓　位于巧英乡雪头村东侧桐岗山，墓前用望柱实体栏板护围。封土圆形用泥土堆积，居中横向墓碑上书“宋故武功大夫汝州团练使董公之墓吴氏福国夫人”，落款为“宋嘉口壬口口口甲申重修”及“十三世孙口口口，十五世孙口口”等字样。

梁柏台烈士之墓　位于新林乡查林村安山头，为梁柏台烈士后裔于1957年3月所建之衣冠冢。梁柏台（1899~1935），新林乡查林村人，曾任红色苏维埃政府司法部长等重要职务，为中国共产党早期无产阶级革命家之一。红军长征后，任中共中央苏区办事处副主任（主任为陈毅），协助陈毅领导苏区对敌斗争，后被国民党逮捕，1935年3月20日牺牲于今江西省大余县。

胡璟墓　位于新林乡胡卜村七星峰下，前临盘龙岗，东依马安岭，西靠虎照头山。墓室位于墓道北部，平面呈长方形，南北长约5米，东西宽约4米，底距现地表深约4米，底部见砖，保存完整。民国《新昌县志》记载，胡璟，字汝明，号梅溪，吴越钱武肃王偏将，与张筠、赵承泰同率军攻取福州，有功封行军司马兼尚书，功成后隐居七星峰下，即胡卜村。

（吕越双）

档　案

【档案服务能力提升】　2016年，县档案局以档案的视角展现新昌取得的成绩，更新展板50块，展出图片60幅、实物6件。免费开放档案展厅，全年接待上级领导、群众参观14019人次。接收征集2016年第十届大佛龙井茶文化节、全国县市科技工作经验交流现场会等重大活动档案411件、19卷。加强对县重点建设项目档案工作指导，三花股份创新能力建设等3个项目通过档案专项验收，钦寸水库工程下闸蓄水阶段移民安置项目档案通过绍兴市初验。强化为民服务，推出函电查档、公休日预约查档等服务举措，查阅窗口共接待查档人员3028人次，利用档案5932卷、1921件，出证10113页，拍照4956张，刻录光盘3张。1月14日，副局长李平被评为全省档案系统先进工作者。1月25日，县档案局被浙江省档案局认定为省级规范化档案登记备份中心。12月2日，被社科联命名为第二批县社会科学普及基地。

【档案信息化建设】　数字档案馆（室）建设完成。馆藏284个全宗的数字化完成，合计条目录入320万条，全文扫描809万页，其中2016年度条目录入55.6万条，全文扫描166.9万页。39家单位室藏档案数字化完成，条目录入14.8万条，全文40.4万页。登记备份成效显著，以省级规范化档案登记备份中心为平台，全县94家机关企事业单位完成2015年度文书档案登记备份，备份数据总量234.146GB。涉民领域电子业务系统数据实现实时周期性在线登记备份，民政局、林业局、国土局等3家涉民领域电子业务系统数据累计备份49.3GB。

【档案接收与信息资源库建设】　开展到期档案和机构改革中撤并单位档案、民生档案接收工作，2月，制订新昌县档案馆2016年档案接收计划，接收13个单位档案14416卷、32149件。全面接收县人民医院、县妇幼保健所（包括各乡镇、街道卫生院）、新康医院、县中医院、县城东医院等单位1996~2014年《出生医学证明》档案共计638卷55805件，新建“人生第一证”档案信息库，全年共出具36例证明。

【基层档案室工作】　指导全县各单位做好2015年度各类档案整理归档，各单位档案工作网上年检合格率100%。指导做好乡镇（街道）本级和各行政村（社区）2015年度的档案整理，全年度新增一个行政村室藏档案数字化，全县行政村（社区）的年检合格率95%以上。多次举办档案业务培训班，分别对乡镇（街道）、县级机关、卫计系统、农商银行、农业局、五洲新春集团、交通系统、城投集团等开展培训，全年累计培训224人次。

【档案文化宣传】　按照国家档案局《全宗指南编制规范》，规范编印《全宗指南》，为档案查阅利用提供有效服务。6月9~14日，开展“6·9国际档案日”宣传活动，通过悬挂宣传横幅、提供现场档案咨询服务、发放《档案法律法规选编》《查档须知》等宣传册以及推广公众微信号等形式，提高档案工作影响。打造“微媒体”平台，开展“档案里的新昌历史”活动，利用档案馆微信公众号发布微信292条，关注人数354名，利用网站发布档案文化、老照片等内容，发布信息60篇。

（龚　岚）

编史修志

【县志编纂进入专业篇志稿评审】　2016年是《新昌县志》编纂由县级机关各部门和乡镇（街道）提供初稿之年，根据乡镇（街道）和县级机关工作绩效考核意见，在考核常规工作内容和县级机关部门（单位）共性类共考类工作项目专项工作内容中，分别就县志、年鉴编纂工作设置1分和0.5分。县史志办制定《考核细则》，按季通报编纂进度。1月8日，县地方志编纂委员会办公室召开乡镇（街道）修志工作会议，交流乡镇（街道）修志工作进程、难点和经验，并落实相关任务。1月20日，县交通局志稿撰写的全体人员到县史志办征求志稿修改意见，史志办负责人及经济篇责任编辑就志稿初步审读。2月15日，调整新昌县地方志编纂委员会组成人员，县长李宁为编纂委员会主任。2016年2月22日，中共新昌县委办公室、县人民政府办公室发出《关于印发新昌县志（1979~2013）专业篇志稿评审验收办法的通知》。2月29日，邀请县教体局教研室教研员徐金超作《从历史实证到历史叙述》专题报告，他从历史教育角度就史料、史实、史论的把握和辨别提出看法。县委常委、宣传部部长、县地方志编纂委员会副主任潘岳梦重视志稿的评审，就《关于新昌县志编纂进度情况的通报》（第二季度)作出批示，要求县志办加强督促与协调，推进县志编写。通报中尚有19个单位未完成撰写任务，有14个单位在撰写初稿中。

【党史宣传纪念活动】　协助相关媒体做好纪念建党95周年宣传，并提供有关新昌史料。联合县新四军历史研究会等召开纪念建党95周年座谈会。在《今日新昌》刊出纪念红军长征胜利80周年专文，在《新昌摄影》刊出纪念红军长征胜利80周年图片集，举行纪念红军长征胜利80周年报告会。

【革命遗址的保护和利用】　1月，县史志办负责并筹资10万元，完成丁家园村新北区革命纪念馆史料陈列室的重新设计和陈列布展，完成外婆坑村《红色足迹——中国工农红军挺进师在新昌》红色长廊史料陈列布展。2月24日，县史志办主任唐樟荣在大市聚镇党委副书记王焕忠陪同下，到姚卜丁村梁桢故居，了解抗日战争时期大市聚镇党支部相关情况，并就保护梁桢故居提出建议。

【林安宅后裔到新昌寻访祖先遗迹】　林安宅，字居仁，号寓庵，福建闽侯人，绍兴十二年（1142）任新昌知县。在任期间，倡议百姓开凿孝行碑，主持修筑东堤，挖浚七星井，迁建学宫。万历《新昌县志》记载：“宋时有功于县者，安宅为最。”新昌百姓尊奉其为“止水菩萨”，建庙塑像，世代崇祀。2014年6月18日，林安宅后裔第一次到达新昌，寻访先祖足迹。2016年4月10日，福建六桥林氏文化研究会常务副会长林峰组织林安宅后裔到新昌县参访，顾问林小影，共计22人。上午，他们在止水庙（林安宅纪念馆）按新昌风俗祭奠先祖，随后，谒访止水碑、孝行碑等古迹，下午，来到文物馆碑林，拜读记载有林安宅事迹的《城堤碑记》。县史志办公室向他们赠送万历、民国两个影印版的《新昌县志》。新昌县文史研究专家唐佳文一路陪同，并向他们介绍林安宅在新昌的事迹，福建省闽侯县电视台摄制组全程记录与林安宅有关的文物史迹。

【编印《新昌史志》2期】　4月，《新昌史志》2016年第1期（总第11期）编印出版。本期设特载、方志编修、党史编研、史海钩沉、忆往叙旧、动态简讯等栏目，印数1000册。12月，《新昌史志》2016年第2期（总第12期）编印出版。本期为“新昌大佛成像1500周年纪念特辑”，设诗文碑记、高僧大德、寺内法宝等栏目，印数1000册。

【参与县社科联组织的课题研究】　1月6日，

县委宣传部副部长、县社科联主席周少卿到县史志办调研，听取史志办主任唐樟荣的工作汇报后，并要求史志办利用自身资料人才等优势参与社科研究。县史志办参与县社科联组织的新时代“新昌精神”课题研究，王东惠撰写的《从新昌县的地名解读新昌精神》在《今日新昌》2016年10月25日刊登。11月14日，王东惠、张梁、唐樟荣等三位列入“新昌县社科人才库首批入库人才名单”。

【指导农村文化礼堂建设】 县史志办公室为农村文化礼堂建设工作领导小组成员单位，1名工作人员为业务指导组成员，分工职责为：“积极参与农村文化礼堂建设指导工作，为各村整理展示展陈内容、开展文化礼仪活动提供帮助、指导。”2013年，县史志办联系儒岙镇儒一村、上里村。2014年，《新昌县农村文化礼堂硬件建设验收标准》于2014年3月修订，要求文字板块内容需经县史志办公室审核，未经审核的扣2分。这对县史志办公室提出更高的要求，除了本单位的联系村，还审核23个村的文化礼堂文字材料。2015年，联系沙溪镇唐家坪村。2016年，联系澄潭镇朱凤村、东西城村、社古村。对于联系村，做到实地走访，提供本办掌握的乡村资料，并将本办编印的《新昌年鉴》《新昌史志》等地方文献赠送到村里。

（王晓岚）

责任编辑 王东惠

医疗卫生

城乡社区卫生服务

【责任医生签约服务】　完善签约服务配套政策，出台《新昌县卫生和计划生育局关于印发新昌县责任医生签约服务规范（试行）的通知》（新卫计〔2016〕12号）和《新昌县卫生和计划生育局　新昌县财政局关于印发新昌县责任医生有效签约服务考核办法（试行）的通知》（新卫计发〔2016〕17号），建立有效签约服务考核机制，按有效签约人次每月5元核定有效签约服务补助资金1168020元。发挥医保报销政策对签约服务的引导作用，签约的参保居民基层医疗机构年门诊报销限额提高100元，报销比例提高5个百分点，共有9万多的城乡参保居民可以享受医保优惠政策。完善签约服务模式，优化签约服务团队、签约方式和服务路径，羽林街道社区卫生服务中心大明市责任医生团队被评为全省百姓信赖的责任医生团队。到2016年底，全县共组建签约团队114个，规范签约人数106429人，规范签约率24.34%，其中重点人群规范签约85810人，规范签约率59.72%。

【基本公共卫生服务项目】　2016年，城乡基本公共卫生服务项目户籍人口人均经费提高到45元/人，县财政首次安排外来流动人口经费，按户籍人口标准减半进行补助，全年共安排城乡基本公共卫生服务专项资金2052.5万元，其中户籍人口1966.03万元，外来流动人口86.47万元。修改完善2016年基本公共卫生服务项目绩效考核办法，强调结果应用，考核结果与核拨乡镇（街道）卫生院基本公共卫生服务资金挂钩，对考核不合格的，核定的基本公共卫生服务财政补助经费按得分比例拨付，对考核得分率在80~84%间的，扣拨3%，考核得分率小于80%的，扣拨5%，所扣拨经费作为项目奖励经费，奖励给考核得分前三名单位。开展基层岗位练兵和技能比武以及基本公共卫生服务项目基本理论竞赛，共组织3次全县大规模的集中考试，提高基层医务人员的理论水平。推进电子健康档案信息化工作，开展以修改和完善错误身份证号码为重点的电子健康档案清理工作。到2016年底，全县建立电子健康档案375460份，建档率85.94%，65岁以上老年人健康管理人数41143人，管理率65.35%。

【基层卫生综合能力建设】　增进基层服务功能，培养适合基层开展的特色服务项目，满足群众多元化健康需求，南明街道社区卫生服务中心的消化内科和澄潭镇卫生院的针灸推拿科被评为首批绍兴市基层医疗卫生机构特色科室。推进基层医疗卫生机构医养结合健康服务试点工作，大市聚镇卫生院被列为市级试点单位。

【参保城乡居民体检】　完成以重点人群为主的参保城乡居民健康体检工作，其中60岁以上老年人体检数51414人，体检率70.76%；0~6岁儿童体检数23604人，中小学生体检数44913人，其他成人体检数11585人。检出高血压患者19619人，糖尿病患者2927人，高脂血症8442人，肝功能异常 5045 人，肾功能异常 2069 人，恶性肿瘤 48 人，良性肿瘤 406 人。

（郑　英）

预防保健

【计划免疫】　全年新建卡儿童 3768 人，八苗基础免疫接种率均在 95%以上，累计接种第一类疫苗制品 12 种 79269 人次，第二类疫苗制品 10 种 36423 剂次。3 月积极应对、妥善处置山东疫苗事件。平稳推进脊灰免疫策略调整，5 月 1 日起停用三价脊灰减毒活疫苗（糖丸），用二价脊灰减毒活疫苗替代，并将脊灰灭活疫苗纳入国家免疫规划。

【传染病疫情】　全县无甲类传染病发生。共报告乙、丙类法定传染病 17 种 3458 例，总报告发病率 895.85/100000，其中乙类传染病 12 种 653 例，报告发病率 169.17/100000，居前五位的是：梅毒、肺结核、淋病、病毒性肝炎、流行性出血热；丙类传染病 5 种 2805 例，报告发病率 726.68/10 万。

【H7N9 流感防治】　2 月 18 日报告新昌首例 H7N9 流感病例。疫情发生后，立即启动应急预案，县政府高度重视，多次召开专题会议对防控工作提出要求，全面落实立即暂停为期一月的全县活禽交易、开展外环境应急监测、组织活禽扑杀、开展疫点处置、全县范围内禽类养殖排查、疫情动态监测、规范发热病人诊治、做好舆论引导、开展专项督查等各项措施，该起疫情由于应对及时、措施有力，无续发病例发生，病例经积极救治后好转出院。

【结核病防治】　管理活动性肺结核病人 220 例，其中涂阳 71 例，阳性检出率 31.98%。落实各项查治减免措施，累计免费检查 117218 元。及时处置 5 起学校疫情，筛查密切接触者 271 人次，学校结核病筛查率为 100%，筛查出活动性结核病人 1 例，跟踪监测未发现其他后续病例。

【艾滋病防治】　检测男性行为者、暗娼、性病就诊者、外来婚嫁女、外来务工人员、外出务工返乡人员、男性老年人和监管场所被监管人员等八类重点人群 6306 人；4 家医疗机构对输血、使用血制品、孕妇分娩、接受外科手术者及有关病人检测 28736 人；2 家 VCT 门诊咨询检测 629 人次；组织开展暗娼干预，共调查和检测 2045 人次。全年共发现 HIV 阳性 7 例。

【血吸虫病防治】　继续做好螺情监测，开展查螺工作，投工 2308 工，查螺面积 103.85 万平方米。查出有螺乡镇（街道）3 个，有螺村 9 个，有螺面积 12970 平方米，解剖钉螺 2866 只，没有发现阳性钉螺。认真组织灭螺，螺点处理率达 100%。对有螺村和往来疫区流动人口共 2204 人进行 IHA 检测，未发现血吸虫病病人。新昌连续 35 年保持无急性血吸虫病病人、无新感染、无阳性钉螺的“三无”局面。绘制历史螺点电子地图，完成 3 个流行乡镇 17 个村的钉螺孳生环境和钉螺分布现场 GPS 定位工作。

【地方病防治】　开展碘缺乏病监测，监测碘盐 408 份，合格率 95.59%。全县共抽检学生尿样 200 份、孕妇尿样 100 份，儿童尿碘中位数 169μg/L、孕妇尿碘中位数 102μg/L。采集水样 5 份，氟含量达到国家标准；监测病区村氟斑牙病情和尿氟含量，调查 8~12 岁儿童 54 人，氟斑牙正常或可疑 51 人，极轻度 3 人，轻度 3 人。

【慢性非传染性疾病防治】　上报慢性病 13085 例（死亡 1314 例），其中糖尿病 4441 例（死亡 35 例）、恶性肿瘤 3627 例（死亡 583 例）、脑卒中 4689 例（死亡 549 例）、冠心病 328 例（死亡 147 例）。上报居民死因调查个案 3199 例。全县 15 家乡镇（街道）卫生院慢性病档案规范化管理率稳步提升，登记高血压患者数 34308 例，发现率 7.87%，规范管理率 62.79%，血压控制率 53.33%；登记糖尿病患者数 7349 例，发现率 1.69%，规范管理率 61.65%，血糖控制率 52.22%。组织开展第五次居民漏报调查和成人行为危险因素调查工作，完成 10 个抽样村 3600 户居民的入户现场调查工作。继续实施第三轮全县适龄儿童窝沟封闭项目，共对 52 所小学 114 个班 4006 名二年级小学生进行口腔检查，应封闭 1289 人，实际封闭 1283 人、1983 颗牙齿，窝沟封闭率 99.53%，学校覆盖率 100%。完成

1005名40~69岁农村居民的上消化道癌免费筛查任务（筛查点为大市聚镇西山村），发现阳性病例11例，检出率1.09%，其中9例为早期病例，早诊率81.8%。

【重性精神病防治】　登记管理1741例严重精神障碍患者，检出率3.99‰，接受药物治疗1001人，治疗率57.50%，其中在社区免费领药占81.92%，年内住院治疗82例，全县门诊全额保障药品发放共820人计55.38万元。

【食品安全风险监测】　全年共抽检各类食品样品380份，其中可评价样品282份，合格255份，合格率90.43%；总监测项目1273项次，其中可评价项目1253次，合格项目1121次，项目合格率89.47%。县人民医院继续开展特定病原体的食源性疾病监测工作，共采集病例样本381份，检出阳性16份，样本阳性率4.20%，较去年明显上升。

【生物监测】　开展病媒生物监测，鼠密度1.74%，优势鼠种为褐家鼠；蚊密度4.62只/小时，优势蚊种为淡色库蚊及三带喙库蚊；蝇密度24.6只/笼，优势蝇种为大头金蝇及家蝇；蟑螂密度0.42只/张，优势蠊种为德国小蠊及黑胸大蠊。3~10月开展登革热媒介伊蚊监测工作，共监测行政村（社区）156个，监测居民8000户，各类积水容器8996个，发现阳性容器967个，平均布雷图指数（BI）为12.09。

【卫生应急】　完善联防联控机制，有效应对H7N9禽流感、埃博拉出血热、寨卡病毒病、登革热等传染病疫情。建立突发事件公共卫生风险评估机制，开展日常风险评估和专题风险评估，根据风险等级和可控性，提出预警、风险沟通及控制措施的建议。全年共处置18起聚集性疫情或事件，所有事件均未达到突发公共卫生事件报告标准。

【钦寸水库库底卫生清理】　自2014年起实施库底卫生清理工作，监督第三方专业清理公司对钦寸水库淹没线以下的污染源开展卫生清理。三年来累计清理消毒一般污染源275815平方米，坑穴13427平方米，污水沟（塘）3216处1464平方米，坟墓4895座，厕所（粪池）2375处，牲畜栏1543处，规模饲养场14家，垃圾堆放点665处，传染性污染源6处。开展大范围灭鼠4次，共布放鼠夹13800夹次，鼠密度阳性率降至0.91%。共采集卫生清理后各类样品428份，合格419份，检测合格率97.90%。钦寸水库工程库底卫生清理工作顺利通过省级终验。

（陈良月）

医政管理

【医疗质控】　举办基层医疗机构院感知识培训班，近200人参加培训。开展全县麻精药品管理专项检查。开展二级以下医疗机构处方专项点评，主要点评质子泵抑制剂、中药注射剂、抗菌药物的合理使用情况，点评结果以培训形式进行反馈，取得较好效果。开展全县医疗质量质控检查，其中乡镇（街道）卫生院检查医疗、护理、院感、药事、临检5个质控重点；张氏骨伤医院检查病历、护理、急诊、麻醉、放射、临检、院感、药事、口腔、骨科、设备、血液12个质控重点，检查结果较2015年有明显提升。开展乡镇（街道）卫生院突击夜查岗，并模拟青霉素过敏、有机磷农药中毒急救场景，提高医务人员应急能力。在全市医疗质量控制联合检查中，新昌县人民医院平均得分94.13分，列全市第4名。

【医疗服务准入管理】　按照“从严控制、合理布局、加强管理、严格审批”的原则，加强医疗服务准入管理，全年对260家医疗机构进行年度校验，完成执业医师资格考试报名及确认工作，共计31人取得执业医师资格，12人取得执业助理医师资格。完成医疗美容主诊医师资格审核及报送工作，申报美容外科A类4人，美容外科B类、美容皮肤科、美容中医科各1人，美容C类换证1人。全年办理医师注册368人次、护士注册336人次。

【医联体建设】　推进紧密型医联体建设，七星街道卫生院在人民医院全面托管下，在新康医院原址独立运行，开展预防接种等公共卫生工作。完善同城化医联体建设考核办法，考核结果与医保支付方式改革挂钩，加强对卫生院的业务培训、应急演练，在6家卫生院开设高血压、糖尿病联合门诊。2016年县级医院医务人员共下乡876人次，普通门诊2863人次，糖尿病门诊779人次，高血压门诊2108人次，为卫生院培训1119人次，组织演练473人次。

【社会资本办医】 6月，县卫计局出台《新昌县社会资本举办医疗机构设置规划（2016~2020年）》，明确到2020年，全县非公立医疗机构床位占比20%以上，非公立医疗机构每千人口床位数达1.4张，每千人口执业（助理）医师数达0.5人，每千人口注册护士数达0.66人。基本建立起与新昌县经济社会发展水平相适应的多元化办医新格局。全年共审批设置民营医院3家，设置床位150张，总投资额7178万元。新昌县张氏骨伤分院新建项目和浙江馨馨养老家园被列为绍兴市“十三五”社会资本办医新建重点工程。

【阳光文化进礼堂活动】 2016年安排人民医院、中医院和张氏骨伤医院医务人员共计9次，到农村文化礼堂为群众提供医疗服务，服务群众逾2000人次。

【无偿献血】 对县人民医院行政楼一楼进行改造，建设新昌县中心血库，总投资535万元，面积450平方米，到年底完成建设并投入试运行。加大无偿献血工作力度，积极开展无偿献血宣传，招募新的志愿者，在元宵节、6·14世界献血者日、5·8志愿者日、中秋节、圣诞节等节日开展形式多样的活动，取得较好效果。2016年全县共有2663人次参加无偿献血，无偿献血量958.96升，较2015年增长3%，无偿献血占临床用血比例109.4%，自体输血率达26%。积极实施“血液安全提升工程”，在绍兴市血液质量控制中心对新昌县输血安全专项检查中，新昌县得到市专家组肯定。

（袁伟明）

科教中医

【中医工作】 继续推进基层中医药服务能力提升工程，南明街道、羽林街道、澄潭镇、镜岭镇、儒岙镇、大市聚镇、小将镇、沙溪镇卫生院完成中医综合诊疗区改造，总投资70万元。举办中医药特色诊疗项目推广培训班一期，培训111人。加强中医药人才队伍建设，开办“西学中”培训班，招录学员66人。县中医院推拿科顺利通过市级医学重点学科年审，县中医院联合15家卫生院启动创建浙江省基层常见病多发病中医药适宜技术推广基地。

【卫技人员培训】 继续开展新模式住院医师规范化培训，2016年23人通过结业考试，取得规培合格证，通过率100%；77人通过年度考核，通过率97.5%。2016年招录新学员49人，总在培学员131人。继续推进素质能力提升工程，380人参加初级卫技人员继续教育培训，1人参加城乡社区公共卫生人才培训，1人参加基层复合型公共卫生骨干培训，13人参加护士岗位培训，124名拟晋升高级职称的中高级卫技人员取得继教合格证书。开展省市级继教项目21项，培训2635人次。积极提升基层医疗机构服务能力和水平，县人民医院、中医院为乡镇（街道）卫生院开展业务培训56次，培训1119人次；组织急救演练56次，参加演练473人次。

【科研工作】 各级科研立项21项，鉴定验收5项，获奖10项。县人民医院《Delphi法构建护士绩效分配方案》被列为浙江省康恩贝医院管理软科学研究项目，县中医院《艾盐包热熨对妇科患者腹腔镜术后肠蠕动恢复的临床研究》被列为浙江省中医药科学研究基金项目，县中医院《定风止咳汤加减中药配方颗粒剂与饮片煎剂治疗风咳的临床疗效研究》被列为浙江省中医药配方颗粒研究专项项目。

【共享中心】 依托县人民医院资源优势，以及天桥基金捐赠的DR、心电图机等设备，组建区域影像、心电诊断中心，卫生院将X光片、心电诊断图像上传诊断中心，由人民医院出具诊断结果并反馈给卫生院，提高基层影像、心电诊断水平。影像诊断中心于6月建成投运，半年累计会诊219人次。心电诊断中心于年底前建成投运。到年底，县消毒供应中心累计为基层医疗机构消毒样品 37895 份，县临床检验中心累计为基层医疗机构检验标本 23937 份，县病理诊断中心累计为县内医疗机构检验标本 156 份。

（郑婷婷）

妇幼保健

【孕产妇保健管理】　2016 年，全县产妇总数 3517 人，活产数 3555 人，孕产妇建卡人数 3517 人，建卡率 100%，产前检查人数 3515 人，产检率 98.87%。孕产妇系统管理人数 3404 人，管理率 95.75%；规范高危孕产妇管理，共筛查出高危孕产妇 1960 人，管理率 100%，全部实现安全分娩。规范产后访视工作，产后访视人数 3502 人，访视率 98.51%。剖宫产数 1521 人，剖宫率 42.79%。规范流动孕产妇管理，提供与户籍孕产妇相同的流动人口保健服务，对市外省内流动的孕产妇实行信息交换，全县上报信息交换人数 196 人，通过信息交换平台处理交换请求 256 人。

【0~7 岁儿童保健管理】　全县 7 岁以下儿童保健管理 20802 人，管理率 96.67%，3 岁以下儿童保健管理 9154 人，管理率 96.22%，新生儿访视人数 3512 人，访视率 98.79%。5 岁以下儿童死亡率 4.5‰，婴儿死亡率 3.38‰，新生儿死亡率 2.25‰。作为妇幼卫生省级监测点，上报围产儿死亡个案表 18 例，出生缺陷 188 例，并认真查找危害儿童健康的主要因素和保健工作的薄弱环节，组织两次全县围产儿、0~5 岁以下儿童死亡评审会。

【出生缺陷综合防治】　继续实施优生促进工程，健全出生缺陷三级预防体系，全年免费婚检 4742 人，婚检率 90.08%；国家免费孕前优生健康检查 4068 人，遗传基因筛查 1529 人。扩大产前筛查，产前筛查 2983 人，筛查率 84.82%，其中高风险 97 人。新生儿听力筛查 3548 人，筛查率 99.80%，查出听力异常 4 人，确诊 3 人。新生儿疾病筛查在四项基础筛查的基础上开展多项筛查，全面实行信息录入，方便筛查结果查询，共筛查 3548 人，筛查率 99.80%，查出先天性甲状腺功能低下症 8 例，红细胞葡萄糖-6-磷酸脱氢酶缺乏症 10 例，苯丙酮尿症 1 例。

【妇幼重大公共卫生服务项目】　各项妇幼重大公共卫生项目落实到位，1205 名农村孕产妇获得住院分娩补助；加强预防艾滋病、梅毒和乙肝母婴传播工作，全县孕产妇在孕期接受初次产前保健时艾滋病、梅毒和乙肝筛查数均为 4552 人，筛查率为 100%，其中梅毒感染孕产妇 19 人，乙肝表面抗原阳性孕妇数 242 人，阳性人员均进行母婴医学阻断；继续实施农村妇女增补叶酸预防神经管缺陷项目，叶酸免费发放总人数 2153 人。实施农村妇女“两癌”检查项目，共完成 3333 例宫颈癌筛查和 1536 例乳腺癌筛查，确诊宫颈癌和乳腺癌各 1 例。

【出生人口性别比综合治理】　完成出生人口性别比形势分析报告，召开全县出生人口性别比治理会议，联合公安局、市场监管局开展性别比治理专项行动，对城区部分医疗机构开展集中“两非”检查。落实镇（乡）村再生育全过程管理，全县 2600 多名再生育对象全部纳入管理。

【出生医学证明管理】　2016 年共签发出生证明 4006 本，首次签发 3733 本，换证 98 本，补证 136 本，当年出生签发 3670 本，当年签发率 97.37%。3 月，将 1996 年 1 月 1 日至 2014 年 12 月 31 日期间 55805 份《出生医学证明》的纸质和电子档案移交给县档案馆。

【托幼机构卫生保健管理】　做好托幼机构卫生保健监督管理，对全县 78 家托幼机构及各教学点进行年度考核检查工作，召开托幼机构卫生保健工作会议，规范托幼机构入园儿童“一证、一表、一册”要求，全年儿童入托体检 3472 人，对 78 所托幼机构 947 名教职工开展健康体检，对体检异常人员进行复查和反馈，开展保育人员业务培训 2 次。

（郑　英）

卫生监督

【四小行业整治】　围绕创建国家卫生县城中

心工作，开展公共场所“四小”行业的整治。将城区划分为东、西两个片区，分别由2名领导负责；并以社区为单位细分为11个责任区域，分别落实2名监督员为责任人，将城区700多家小理发美容店、小旅馆、小歌舞厅、小浴室落实到每个工作人员，做到任务到人、责任到人。全年累计开展集中整治3次，出动监督人员5180人次，检查“四小”公共场所2731户次，平均每户3.9次，发放宣传资料1300多份。整治后，城区内的“四小”公共场所卫生质量明显提高，基本做到“四到位、三落实、四公示”，即公共场所卫生管理台账到位、理发场所皮肤病人专用工具到位、清洗消毒设施到位、垃圾收集设施到位；公共卫生用品用具消毒措施落实，从业人员健康管理制度落实，场所环境卫生制度落实。卫生许可证、量化分级标识、从业人员健康证、卫生承诺书等信息公示上墙。“四小”公共场所在各级暗访明查考核中取得较好成绩。

【卫生监督队伍建设】 从7月1日起，卫生监督所全面推行卫生监督员工作日志，每个干部职工对每日工作进行记录，并对一线监督员开展一月一考，考核结果进行排名公示。同时开展执法办案先进个人、卫生监督宣传工作先进个人、全市“双十佳”评选活动，将卫生监督员的办案能力、信息宣传能力等重要指标与年终公务员考核的评优评先相结合，促进监督员想办案、会办案、办好案。通过几个月的试行，卫生监督员检查户次数、书写文书数、信息录入率、办案数等主要工作指标明显上升。

【公共卫生监督】 一是加强环境卫生监督检查。重点开展游泳场所夏季保平安保健康行动，共抽检样品36份，合格率83%；做好公共场所卫生监督量化分级及公共用品用具样品监测工作，共抽检294份，合格率92%，住宿场所、美容美发场所、沐浴场所的合格率分别为97%、76%、92%。二是开展“依法执业守护健康”行动。对医疗机构开展依法执业“双随机”飞行检查，开展母婴保健技术服务、口腔诊疗行业及非公立医院规范管理专项检查，规范医疗市场秩序，全年共立案查处“未取得《医疗机构执业许可证》开展诊疗活动案”5户次，罚款19500元，移送公安司法机关1户次。三是开展校园健康行动。对全县77所中小学校（小学53所，初中17所，高中6所，特殊学校1所）开展学校传染病防控、饮用水卫生、教学环境监测及学校卫生监督综合评价工作，实现监督检查全覆盖。四是强化传染病卫生监督管理。开展餐饮具集中消毒专项行动，共监督检查8户次，抽检消毒餐饮具40份，检验合格38份，合格率95%，实施行政处罚2户次，其中警告1户次，罚款1户次，罚款10000元；对县人民医院、中医院及乡镇（街道）卫生院等20家预防接种单位和疾控中心开展预防接种专项监督检查。开展春秋季呼吸道传染病防控监督检查2次、夏季肠道传染病防控监督检查1次；对19家医疗卫生机构开展病原微生物实验室生物安全专项监督检查。五是加强医疗废物监督检查。共检查医疗卫生机构275家，监督覆盖率达100%，发放各类医疗废物标签标识250余份，各医疗卫生机构基本实现医疗废物分类收集、使用专用包装物及容器，贮存设施（暂存点）基本符合规定，有医疗废物处置登记，配备的个人防护用品符合相关要求，医疗废物由绍兴华鑫环保科技有限公司集中收集、转运和处置，全年集中处置感染性医疗废物322398.4公斤、损伤性医疗废物44791.4公斤，未发生医疗废物在院内流失、泄漏、扩散和意外事件。六是开展放射诊疗机构监督检查。共检查放射诊疗单位16家，监督覆盖率100%，放射诊疗许可证持证率100%，放射工作人员持证率95%，放射工作人员职业健康检查和放射防护知识培训达100%，放射工作人员个人剂量监测、放射诊疗单位放射防护基本达到要求。

【拓展卫生监督领域】 一是开展日供水100吨以上农村自来水站基本情况调查，共调查农村自来水站97家，现场检测余氯符合标准21家，浊度符合标准67家。二是做好传染病防治分类监督综合试点工作，对23家传染病防治试点单位进行综合评价，评出优秀5家，合格18家。三是完成77家托幼机构专项检查，覆盖率达100%，全县托幼机构均建立法定代表人（负责人）为第一责任人制度，卫生保健员均经专业培训并取得合格证书，传染病防控工作等开展情况良好。四是进一步完善移动执法工作，2016 年全年监督检查 1382 户，其中移动终端信息录入 1158 户，占 83.79%，比省级要求 70%高出近 14 个百分点。四是拓展社区饮用水检测示范项目的范围，从南明街道梅湖社区拓展到 3 个街道的 3 个社区，每月定期对 15 个监测点的自来水余氯、浊度、PH 等项目进行现场检测，并在社区公示结果。

（邱永平）

爱国卫生

【国家卫生县城创建】 建立健全卫生创建长效机制。2 月 19 日，县委、县政府召开创建国家卫生县城迎检动员大会。县创卫办印发《新昌县国家卫生县城创建迎暗访攻坚方案》《新昌县国卫创建近阶段各部门主要工作职责》和《新昌县国卫创建重点区域整治方案》等文件，布置开展食品安全、市场秩序、建筑工地、交通秩序、五小行业、病媒生物防治、禁烟控烟及健康教育等 10 项专项整治活动，县主要领导及分管领导多次进行国卫创建督查和召开相关协调会议，研究部署重点、难点工作。创卫办加强督查指导，共编发《创卫简报》43 期、《督查通报》64 期、《整改通知书》74 份。各相关部门、街道对在创建过程中出现的各类问题及时进行整改。进一步加强创卫宣传，积极营造创建氛围，在城区设置 20 块创国卫大型广告牌，其中 100 平方米以上 12 块，各街道的国卫创建墙体宣传绘画近 2 万平方米；在县城 15 所中小学开展以国卫创建为主题的征文、演讲比赛；在江滨公园开展“文明在身边、创卫在行动”志愿者服务行动和举办“创建国家卫生县城”大型文艺演出；在湖莲潭公园举办新昌县 2016 年“创建杯”乡镇（街道）中老年人健身操（拳）活动；投入 15 万元在城区 14 个社区开展国卫创建有奖知识竞答活动，印发环保袋 6 万份、折页 7 万份、奖品 1500 份；制作《新昌县国家卫生县城创建工作专题宣传片》。7 月，新昌县顺利通过省爱卫办现场考核，并在相关媒体上进行公示。

【城乡卫生创建】 年初，召集各乡镇（街道）分管领导及有关人员进行卫生创建业务培训。澄潭镇、儒岙镇启动浙江省卫生镇创建工作，并于 11 月接受市爱卫办的工作调研。在回山镇高湾村、七星街道坎头村、南明街道九间廊村等 3 个省级卫生村申报创建的基础上，下半年又补报 4 个行政村（澄潭镇东街村、西街村；儒岙镇儒一村、会墅岭村）。开展省级健康村（上三溪村）和省级卫生单位（城南社区、东溪社区）的创建工作。6 月，根据省爱卫办的部署，县爱卫办组织专家组对富阳市洞桥镇、临安市於潜镇进行省级卫生乡镇创建暗访。2016 年共创建市级卫生村 10 个、市级卫生单位 1 个。

【病媒生物防制】 年初，召开 2016 年病媒生物防制专项培训会，分发相关宣传资料，下发《新昌县爱卫办关于开展 2016 年春季灭鼠工作的通知》《新昌县爱卫办关于开展 2016 年夏季灭蟑、灭蚊、灭蝇工作的通知》和《新昌县爱卫办开展 2016 年秋季灭鼠工作的通知》文件，要求各乡镇、街道和县级机关各部门结合国卫创建活动，深入开展以环境卫生综合治理为主的病媒生物防制工作。与专业消杀公司签订相关协议，在城区开展越冬蚊及 2016 城区“除四害”消杀工作，县疾控中心每月定期对各乡镇、街道开展蚊密度监测，县爱卫办根据监测情况下发通报，并对消杀工作及时进行督查。印发 8 万多份除“四害”宣传单，分发到各街道居民户，并在电视台、报刊等相关媒体中进行宣传。在 G20 峰会期间，县爱卫办多次下发文件要求各乡镇（街道）控制蚊密度，并进行实地督查，预防蚊媒疾病发生，确保 G20 峰会安全。

【健康教育和健康促进】 开展健康教育讲座“进村居、进学校、进企业”三进活动，发放卫生科普资料，开展健康教育活动。一是开展形式多样的宣传，4 月 27 日，邀请浙江省爱卫办主任张新卫在白云山庄进行“爱国卫生与健康教育”专题讲座；

10月28日，邀请浙江医院心血管内科主任医师任爱华进行“冠心病、心机梗塞及支架术后康复治疗”专题讲座。二是加大健康教育资金投入，在江滨公园建设健康主题公园，配合国家卫生县城创建，印发健康教育宣传海报3000份。三是开展控烟知识宣传，举办“世界无烟日”宣传活动，开展机关单位禁烟、控烟活动，与机关党工委、机关事务局联合开展控烟督查。四是开展“健康中国行—走进诗画新昌”系列活动，以健康讲座、义诊等活动倡导健康生活。

【农村改水改厕】 结合“美丽乡村”建设，积极与相关部门沟通联系农村改水改厕工作，根据《绍兴市2016年农村改水改厕报告》，2016年新昌县农村自来水受益率为99.89%，农村卫生厕所普及率和卫生化卫生厕所普及率分别为96.74%和83.66%。同时，根据省、市爱卫办要求，做好农村改水改厕统计数据的网报录入工作。

（裘乐林）

计划生育

【全面两孩政策实施】 新昌县自2016年1月1日起，新修订的《人口与计划生育法》，正式实施全面两孩政策。取消一孩准生证，推行承诺制办理和村计生服务员代办制，对生育两孩及两孩以内的家庭实行生育登记制度，两孩以上家庭实行生育审批制度。全年办理一孩二孩生育登记3856例，其中一孩生育登记1798例，二孩生育登记2058例，批准再生育127例。2016年全县户籍人口出生4186人，较2014年同期增加985人，生育二孩1921人，二孩率45.9%。

【优生优育优教教育服务】 引进国家互联网重点项目“育儿问一问”平台，搭建育产家庭和专业医生沟通桥梁，完善“优生优育优教”（简称“三优”）教育体系，形成“1+2+N”“三优”教育服务模式，即“一平台（育儿问一问平台）、两课堂（妇计准爸妈课堂、孕产妇课堂）、N个三优指导中心”，“三优”目标人群教育覆盖率达80%以上。

【计生特殊家庭扶助】 开展计生特殊家庭调查，建立计生特殊家庭基本信息档案，落实“双岗”联系制度。全县摸排建立计生特殊家庭档案314份。落实计生特殊家庭扶助制度，面对不同人群，拓宽经济、养老、医疗、再生育等方面个性关爱渠道，加大计生特殊困难家庭扶助力度。发挥计生公益金作用，加强对计生特殊家庭的救助。全县救助计生困难家庭325户（人次），其中失独或独生子女三级以上伤残的一类对象241户（人次），二类9户（人次），三类及其他75人户（人次），发放公益金48.8813万元。

【计划生育利益导向政策】 全县确认2016年度计生奖励扶助对象5428人，特别扶助对象441人。继续施行“双农独女”优惠政策，全年“双农独女”中考加分365人，审核新增“双农独女”户参保补助23人次，发放计划生育高考奖学金1人。

【流动人口计划生育管理】 加强全员流动人口平台应用，推行流动人口婚育电子证，解决流动人口“办证难”的问题。电子证内容包括姓名、性别、当前婚姻状况、出生日期、公民身份证件号码等15项婚育信息内容。加强区域间人口平台交换工作考核，实现计划生育管理信息异地快速交流与查询，促进省内外流动人口婚育情况信息互通。加强与公安协作，实现流入人口信息采集的即时共享，全县流入人口信息掌握率保持高位。加强医疗卫生机构妇幼信息核对工作，杜绝流动人口出生漏报、错报的发生。组织开展元旦春节流动人口宣传服务、流动人口健康考核、关爱流动人口健康义诊等活动。

【计划生育宣传】 下发《关于开展计划生育宣传环境大清理的通知》，启动全县计划生育宣传环境“洗脸”工程，对不符合当前国家计生新政策的宣传标语予以更替，优化计划生育户外宣传整体形象。城区南明街道新世纪广场、七星街道江滨路等群众聚集、醒目位置均粉刷制作墙画、电子屏等，开展新国策宣传。各乡镇也对内容过时、不适应新形势的宣传标语进行全面清理整治。开通微信公众号，大力开展计生法、省条例等计划生育法律法规、全面两孩等生育政策及优生促进工作等相关知识的宣传，群众计生知识的知晓率达到85%以上。

【村级卫计队伍整合】 出台村级计生服务员和公共卫生联络员选调工作意见，按照“人员整合、职能融合”的思路，提出“四必须三原则”人员任职条件，明确计划生育和公共卫生联络服务的新职责，人员整合后统一为“村级卫计服务员”。

【计划生育目标管理责任制】 贯彻国家《关于坚持和完善计划生育目标管理责任制的意见》精神，完善县计划生育目标管理责任考核，县委、县政府将计生工作纳入乡镇（街道）、县级机关部门的绩效考核内容。坚持计划生育“一票否决”制，2016 年共审核各类先进荣誉资格 63 批次，共 475 单位 1443 名个人，否决单位 32 个、个人 24 名。沙溪镇、南明街道、澄潭镇、梅渚镇、七星街道 5 个乡镇街道和公安局、财政局、民政局、人力社保局、卫计局荣获 2016 年计划生育目标管理责任考核优胜单位。

（金　萍）

责任编辑 张　梁

社 会

民 政

【民政行政审批服务】 2016年，新昌县民政局推行政审批改革，通过缩短审批时限、减少审批环节、简化程序手续等举措。协同做好权力事项下放，确保授权下放事项依法高效有序运行，为办事对象提供优质服务。全面推进实施社会组织信用代码制度改革。发出新民字〔2016〕25号文件，对2016年1月1日后申请成立和办理变更业务的社会组织，全面实行三证合一、一照一码登记模式赋予统一的社会信用代码，发放新登记证书。发出新民字〔2016〕194号文件，简化规范社会组织登记验资程序。全局共受理办理除行政给付类外的行政审批服务事项约15500件。其中：行政许可事项131件，城乡最低生活保障对象认定等其他事项约10400件。所有实施事项的审批承诺件，提前办结率100%，行政许可承诺件承诺时限提速率80%以上。县民政局获新昌县服务保障G20杭州峰会工作先进集体、2016年全县行风建设优胜单位、2016年度全县信访工作先进集体、2016年度档案工作先进单位等荣誉称号。

【民政重点工程】 2016年，推进5项重点工程建设。社会福利中心工程完成前期工作，总投资5000万元，拟建床位350张，总建筑面积17851平方米。阳光福利中心二期项目主体工程结顶，总投资1.8亿元，建筑面积18000平方米，拟建床位943张。农村居家养老服务照料中心149家通过验收，实现城乡居家养老服务照料中心全覆盖，其中示范型运行27家。8所乡镇敬老院进行消防整改，8所乡镇敬老院和4家养老机构安装实时视频系统。

【城乡最低生活保障】 12月起，全县实现城乡低保统筹，城镇居民低保和农村低保标准统一提高到每月673元。年底全县有城镇低保174户282人，占非农人口0.17%，月人均补差408.45元；农村低保4305户6361人，占农业人口的2.38%，月人均补差353.85元。城乡低保月人均补差均超过省定低保标准50%的要求。全年下拨低保补助金2301.53万元。全年新批低保401户533人，注销298户456人。

【救灾救济】 7月5日，县政府出台《新昌县城乡居民临时救助办法》，加大对困难家庭的帮扶，临时救助资金公开、公平、公正发放。2016年，共救助3721人次，发放救助金134万元。建设避灾安置点16个，开展“5·12”防灾减灾宣传周活动，发放宣传海报、防灾减灾手册、环保袋等宣传品9000份。发动乡镇（街道）、社区、社会福利机构等开展防灾救灾演练共16余次。

【集中供养】 2016年，全县有乡镇敬老院8所，截至年底，集中供养城镇“三无”、农村五保老人248人，集中供养率100%。健全政府财政投入为主的集中供养经费保障机制，全年下拨经费307.8万元。供养经费从2016年12月起每人每月从986元提高到1346元。全县有各类社会养老机构22个，拥有床位4010张，年末在院人数2602

人。

【儿童福利】 调整孤儿基本生活费政策，福利机构最低养育标准从每人每月 1493 元提高到 1522 元，社会散居孤儿从每人每月 896 元提高到 913 元，全县有孤儿 56 人（其中散居 50 人，机构寄养 6 人）。

【慈善救助】《中华人民共和国慈善法》自 2016 年 9 月 1 日起施行，第七条规定每年 9 月 5 日为“中华慈善日”。新昌县慈善办成为全县十家党员先锋示范岗之一。12 月 28 日，第五届“浙江慈善奖”揭晓，万丰奥特集团获得机构捐赠奖，退休教师赵雪芬获得个人捐赠奖。2016 年，全县机关企事业单位职工开展慈善一日捐活动，共收到捐赠款 87.83 万元，比 2015 年多 20 万元。2016 年，共收到慈善捐赠收入 356.51 万元，共发放救助金 573.95 万元，救助困难群众 1744 人次。

【优抚安置】 2016 年，退役士兵报到接收 161 人，城镇退役士兵自谋职业率 100%，发放一次性安置补助金 428.61 万元。开展退役士兵职业技能教育培训和报考高等职业学校，有 2 名被高等职业学校录取。新批享受 60 周岁以上农村籍退役士兵老年生活补助待遇 188 人，全县共有 2541 人享受补助待遇。带病回乡审批通过 1 人。开展 9 月 30 日烈士纪念日的烈士公祭活动。帮扶 24 名复退军人实现再就业。节假日及两会期间，及时回复涉军群体信访件 92 件。

【基层政权与社区建设】 2016 年 5 月 30 日，中共新昌县委办公室、新昌县人民政府办公室发出《关于建立涉村（社区）工作事项清单制度的通知》，推行事务清单制度。全县 90 多名社区工作者

表 49　　2016 年命名的地名

标准名称	类别	所在乡镇（街道）	位置	批准文号
青山豪庭	住宅区	羽林街道	羽林街道青山头村民房以东，羽林街道青山头村石家山以南，羽林街道青山头村民房以西，羽林街道青山头村民房以北。	新民字〔2016〕90 号
亲亲家园	住宅区	羽林街道	羽林街道王家园村土地以东，王家园村单家山以南，王家园村综合市场以西，单家山路以北。	新民字〔2016〕22 号
幸福里	住宅区	七星街道	汽车西站以东，七星街道坎头村以南，孝行路以西，鼓山西路以北。	新民字〔2016〕37 号
田元路	道路	高新园区	东起山头路，西止梅溪路。	新民字〔2016〕42 号
山元路	道路	高新园区	南起沃西大道，北止田元路。	新民字〔2016〕56 号
智慧家园	住宅区	七星街道	七星街道七星新区，南瑞实验学校以东，演溪路以南，沃州逸郡酒店以西，人才公寓以北。	新民字〔2016〕79 号
昆仑府	住宅区	七星街道	七星街道合新村仰瓦湾山以东，环乡公路以南，绿城雷迪森酒店、绿城·玫瑰园以西，七星街道石柱湾村乌岩山、金昌岭以北。	新民字〔2016〕134 号
紫金苑	住宅区	七星街道	新和成路以东，演溪路以南，上三溪村居民住宅以西，上三溪村留用地以北。	新民字〔2016〕138 号
棣和园	住宅区	南明街道	棣山村。棣山地块北面部分位于江滨路以西，棣山路以北，青山大桥以东，江滨路以南；棣山地块南面部分位于经二路以西，中山路以北，棣山村村级留用地以东，棣山村村级留用地以南。	新民字〔2016〕139 号
田合园	住宅区	南明街道	新民村，新民江以西，新民江以北，104 国道南复线以东，新民村村级留用地以南。	新民字〔2016〕168 号
香缇锦园	住宅区	七星街道	孝行路以东，金山路以南，新合成路以西，现状田地以北。	新民字〔2016〕169 号
玲珑居	住宅区	七星街道	七星街道卧龙三村以东，卧龙二村以南，金凤山以西，新昌自来水公司以北。	新民字〔2016〕173 号
沃东新居	住宅区	大市聚镇	大市聚村。A 区块位于大市聚钦寸水库移民安置区以西，大市聚村级留用地以北，聚东一路以东，建斋村南面道路以南。C 地块位于聚东一路以西，象西线以北，大市聚村居民住宅以东，聚东二路以南。	新民字〔2016〕199 号
首府	住宅区	七星街道	西南至葫丁线，西北至岭边山，东北至元岙村下磕岭村村民房，东南至元岙村下磕岭村村民房。	

进行培训。2016年7月6日，中共新昌县委办公室、新昌县人民政府办公室发出《关于全面推进社区治理和服务创新的意见》。组织城乡社区建设对口见学活动。组织撤村建居工作调研，形成《开展撤村建居工作 补齐城市化短板》的调研报告。县委、县政府发文调整全县社区共建单位。组织26名考生参加社工考试，共考取社会工作师3人，助理社会工作师5人。全年发放农村退职老干部补助资金365.76万元。

【区划地名】 2016年，第二次全国地名普查数据库建设和资料总结成果收集上报完成，全县城区范围内路牌进行更新；正式命名14个住宅小区，在全县设置门、楼牌4852块；发放门牌证13928本。完成绍台线天台段界线和界桩的联检。加强和毗邻县市民政部门沟通和协作，做好界线界桩的日常管理，修复受损界桩。

【社会组织管理】 2016年7月15日，县民政局制定《新昌县加强民间非政府组织监管防控实施方案》，转发《绍兴市社区社会组织备案管理暂行办法》。对存量社会组织开展换证，至年底换证282个，换证率71.6%。开展2016年度社会组织承接政府转移职能和购买服务推荐性目录编制，确定40家社会组织列入2016年度推荐性目录，其中社会团体23家、民办非企业单位17家。2015年度福彩公益金确定资助的“新昌县心理卫生协会农村留守儿童心理援助”等6个项目在2016年10月底全部完成。开展2016年度公益项目征集申报、评审、公示，确定资助项目8个，资助资金23.5万元。开展社会组织年度检查工作，参检社会团体129家、民办非企业单位188家、基金会1家，参检率分别为98.5%、98.4%、100%；全年批准成立社会团体21家，民办非企业单位11家。

表50　　2016年登记的社会团体一览

团体名称	法定代表人（负责人）	注册地址	业务主管单位	登记日期
新昌县人民对外友好协会	赵国平	人民中路190号3号楼	县府办	20160108
新昌县播音主持协会	毛　明	南明街道江滨中路280号	县文联	20160301
新昌县企业信息化促进会	张小彬	南明街道鼓山中路130号4楼	经信局	20160510
新昌县天姥义工协会	潘兴夫	儒岙镇天姥一路电信营业厅2楼	团县委	20160518
新昌微印社	裘庆卫	南明街道横街15号	文联	20160805
新昌县姐妹花义工协会	邓锡芹	七星街道上三溪30幢3号	民政局	20160828
新昌关爱老人协会	邬硕宇	南明街道东南嘉苑和谐园1~5号	团县委	20160929
新昌县南明街道农民合作经济组织联合会	俞　伟	南明街道南街38号	供销社	20161024
新昌县澄潭镇农民合作经济组织联合会	朱　慧	澄潭镇曙光路18号	供销社	20161025
新昌县梅渚镇农民合作经济组织联合会	潘晓富	梅渚镇兴梅大道20号	供销社	20161025
新昌县回山镇农民合作经济组织联合会	张剑锋	回山镇上市场村进镇路1号	供销社	20161024
新昌县小将镇农民合作经济组织联合会	盛旭兰	小将镇小将中路61号	供销社	20161025
新昌县大市聚镇农民合作经济组织联合会	梁晓天	大市聚镇茅坪村新柿路36号2幢	供销社	20161025
新昌县东茗乡农民合作经济组织联合会	陈　隽	东茗乡政府大院内	供销社	20161026
新昌县儒岙镇农民合作经济组织联合会	邹木云	儒岙镇天姥一路66号	供销社	20161027
新昌县双彩乡农民合作经济组织联合会	石光明	双彩乡新市场村20号	供销社	20161027
新昌县镜岭镇农民合作经济组织联合会	梁　英	镜岭镇振兴路镇政府内	供销社	20161027
新昌县七星街道农民合作经济组织联合会	周秋萍	七星街道梅园新村1幢	供销社	20161027
新昌县城南乡农民合作经济组织联合会	柴永明	城南乡石溪村（乡政府内）	供销社	20161027
新昌县羽林街道农民合作经济组织联合会	王　永	羽林街道丽都花园一街二层	供销社	20161027
新昌县巧英乡农民合作经济组织联合会	梁珊萍	巧英乡新市场村20号	供销社	20161027
新昌县沙溪镇农民合作经济组织联合会	俞晓松	沙溪镇沙溪村	供销社	20161031
新昌县越野车运动协会	王元明	七星街道梅园新村36幢17号	教体局	20161114

表 51　　2016 年登记的民办非企业单位一览

单位名称	法定代表人（负责人）	注册地址	业务主管单位	登记日期
新昌县臻奇楼艺术馆	俞长春	新昌中国茶市潜溪江江心亭	县文广局	20160411
新昌县凯名胡琴艺术博物馆	俞开明	梅渚镇麻家田村	县文广局	20160621
新昌县狼牙户外救援队	徐海东	南明街道人民东路 278 号	县民政局	20160706
新昌县幸福婚姻家庭服务中心	俞梁英	南明街道鼓山东路 192 号 3 楼	县妇联	20160918
新昌县福利彩票销售服务中心	梁　军	南明街道阳光路 163 号	县民政局	20160919
新昌县蓝天艺术团	邢茜琳	南明街道横街 48~54 号 2 楼	县文广局	20160927
新昌县紫云绍剧团	杨玉忠	南明街道上小余村文化礼堂	县文广局	20161013
新昌县福心社区心理援助中心	陈　新	南明街道横街 15 号 4 楼	直接登记	20161013
新昌县羽林平安志愿服务队	梁茂青	羽林街道拔茅村何尚书	羽林街道	20161201
新昌县老年电视大学	王育英	南明街道南泥湾村紫湖山 88 号	县老龄办	20161215
新昌澄潭中学	李鑫富	澄潭镇上进新区 1 号	县教体局	20160805

【殡葬改革】　2016 年，殡仪馆改扩建工程完成结顶，投资 1000 万元。发放《文明祭扫和殡葬改革宣传倡议书》4000 份，张贴海报 900 张，挂横幅 25 块，开展“鲜花换礼炮”活动，倡导群众文明祭祀。开展“一沿五区”裸露坟墓绿化覆盖治理，整治 14 处裸露坟头。完善死者信息通报和骨灰安葬跟踪制度，落实殡葬管理联村干部责任制。城南乡眉岱山公墓基本完成，儒岙、大市聚、梅渚公墓建设中。全年火化遗体 3318 具，火化率、火化面保持 100%。全年减免丧户基本殡葬服务费共计 267 万元。

【婚姻收养登记】　2016 年，全县办理结婚登记 3055 对，离婚登记 1058 对，补发婚姻证件 832 件。办理收养登记 36 件，解除收养登记 1 件，撤销收养登记 1 件，补办收养登记证 1 件。

【福利事业】　2016 年，按照《浙江省福利企业管理办法》，利用网上电子考勤系统，规范残疾职工上岗管理。2016 年新批福利企业 2 家，注销福利企业 3 家。年末共有福利企业 21 家，职工总数 1440 人，残疾职工总数 543 人。销售收入 5.7 亿元。残疾职工月人均收入 2532 元。2016 年 10 月开始，按照民发〔2016〕130 号文件，取消福利企业资格认定事项。

【移民工作】　新昌县有建成的长诏、巧英、门溪及在建钦寸等 4 个大中型水库，经核定纳入水库后期扶持范围移民 28892 人，其中资金直补移民 16826 人（新建钦寸水库资金直补移民 6222 人）；不核定到人实行项目扶持的有 12066 人（长诏水库 5925 人，巧英水库 2077 人，门溪水库 4064 人）。全县有 124 座小型水库，其中小（一）型水库 13 座、小（二）型水库 111 座。2016 年 4 月 1 日，全县水库移民后扶干部培训会举办，培训工作人员 33 人。开展水库移民人口复核，核减直补移民 54 人发放，实际发放 9996 人，直补资金 600 万元。2016 年 10 月，开展钦寸水库农村移民的核定登记。经库区村和移民安置村审报，乡镇（街道）审核，报县移民办备案，2016 年度共安排移民专项资金项目 62 个，总投资 2694 万元，安排移民专项资金 1850 万元，其中后扶资金项目 13 个，总投资 726 万元，安排后扶资金 361.98 万元；结余资金项目 36 个，总投资 1508 万元，安排结余资金 1086 万元；创业致富资金项目 5 个，总投资 178 万元，安排创业致富资金 150 万元；小型水库扶持助资金项目 6 个，总投资 260 万元，安排小库扶助资金 174 万元；库区基金项目 2 个，总投资 93 万元，安排库区基金 78 万元。2016 年 92 个水库移民专项资金项目经验收，拨付资金 1665 万元。编制出台《新昌县水库移民后期扶持“十三五”发展规划》，规划共安排水库移民后期扶持专项资金项目 305 个，需投入资金 18170 万元。

【老龄工作】　2016 年，印制《老年人权益保障法》和老年人维权法律知识读本各 5000 份，发放到城乡各社区。印制老年学学会学术论文 20 篇汇编本 200 本。8 月 10 日，县人民医院、县中医院、夕阳红养老院、南明街道城南社区居民委员会、南明街道湖莲潭社区居民委员会等 6 家单位通过考评，被市老龄办评为第二届绍兴市敬老文明号称号。县人力资源和社会保障局被评为第二届浙江省敬老文明号称号。2016 年 7 月 1 日起，开展困难老年人意外伤害保险试点，为 60 周岁以上的困难老人 3551 人每人免费购买一份意外伤害保险；要求行政许可的民办养老机构和公办福利院的入住老人进行意外伤害保险，养老机构共投保意外伤害险 800 人。县老龄办、文明办、教体局、人社局、老干部局等部门联合在江滨公园举办老年体协成立三十周年和庆祝“敬老月”活动，全县 26 支代表队 800 余名中老年朋友们展示小品、健身操、柔力球、太极拳、太极剑等健身舞蹈大展示活动。开展百岁老人调查摸底，由户口所在地的乡镇（街道）卫生院一名医生结对，建立健康档案，办理优先诊疗卡，每月一次健康随访，每年一次健康检查，做到优先优惠百岁寿星健康服务保障工程。

表 52 新昌县 2016 年百岁老人名单

姓名	性别	出生年月	家庭住址
任焕老	男	1913 年 3 月	镜岭镇安山村
吕钱芬	女	1913 年 7 月	镜岭镇楼基村
俞凤娥	女	1913 年 7 月	双彩乡下塘村
梁传经	男	1915 年 1 月	大市聚镇横街 48 号
丁珍凤	女	1915 年 8 月	澄潭镇东西城村西城
周全娟	女	1916 年 10 月	梅渚镇梅渚村
陈银芬	女	1916 年 11 月	儒岙镇横板桥村

（高继民）

民族宗教

【概况】 全县有依法登记的宗教活动场所共 63 处，其中佛教 22 处、基督教 38 处、天主教 2 处、道教 1 处，有经省民宗委认定备案的宗教教职人员 67 人。新昌县民族宗教事务局加强宗教场所安全管理，乡镇（街道）开展 2016 年民间信仰活动场所登记编号，共完成 216 家。对 12 家场所进行非通常聚会审批；在春节、清明、高温天气等重要节点开展专项检查。重阳宫开展三月十五“财神文化节”和九月初九“重阳健身节”等道教文化节庆。新昌天主堂和城中基督教堂举行平安夜、圣诞节文艺演出。组织开展“和谐寺观教堂”创建活动，2016 年新增和谐寺观教堂 4 家，即东岳寺、江左庵、观音阁、逦山教堂，市级和谐场所 1 家，即平顶寺。

【全力护航 G20】 7 月 7 日、7 月 11 日，分批召开宗教活动场所负责人会议，部署维稳工作，邀请统战部原副部长吴锡培作“防范邪教、护航 G20”的专题讲座。8 月 10 日，组织宗教活动场所相关负责人，开展食品安全培训和消防技能演练。督促各场所上报值班表，组织人员对场所进行走访检查，共走访场所 98 人次，对发现的问题现场提出整改意见并落实督查，确保峰会期间民族宗教界的和谐稳定。

【佛教文化节会】 大佛寺充分运用网站、微信平台等新媒介，弘扬佛教文化。1 月 17 日，大佛寺在佛成道日与信众、游客共度腊八节。3 月 25 日，大佛寺特邀新昌县委统战部原副部长吴锡培作“学习两会精神，发挥积极作用”的专题讲座。4 月 12 日，举办大佛龙井茶礼佛仪式，提升大佛龙井的品牌价值。农历四月初八，各佛教场所均开展浴佛节法会活动。大佛寺栖光净院进行中秋祈福传灯法会。12 月 7 日，县佛教协会在大佛寺举行“来共点”佛学讲坛—新昌县 2016 年讲经交流会，方照、兴德、万弘、宏仁、悟真等 5 位法师作精彩宣讲，县佛协理事、各佛教场所负责人和寺庵常住僧人参加

11 月 23 日，大雄宝殿举行佛前大供法会

新昌大佛成像 1500 周年暨大佛寺 5 星寺院创成纪念纪念大会

讲经交流会。

【大佛成像 1500 周年暨大佛寺 5 星寺院创成纪念活动】　11 月 22 日至 23 日，新昌县民族宗教事务与县旅委、文广局联合举行新昌大佛成像 1500 周年暨大佛寺 5 星寺院创成纪念活动，活动内容包含文艺晚会、纪念大会、佛前大供、弥勒文化讲座。浙江省民宗委副主任倪忠扬，浙江省旅游局副局长杨建武，海南省人大（民宗委）副主任王振雄等国内外高僧大德和领导参加活动。

【大佛寺接待领导嘉宾 20 多批次】　2016 年，大佛寺接待领导嘉宾 20 多批次 200 多人。其中重要人物有：4 月 1 日，阿里巴巴创始人马云。11 月，

4 月 1 日，阿里巴巴创始人马云在大佛寺

台湾“中国佛教会”副理事长、海明禅寺方丈明光法师率领的“台湾・美东佛友参礼团”100 多人。

【少数民族服务】　为 20 名考生办理加分资格手续。提供少数民族结对村松阳县象溪镇毛弄村帮扶资金 3 万元，开展结对户走访慰问。上报镜岭镇和江南诚茂砖茶有限公司两家单位作为全省民族团结进步示范单位重点和一般培育单位。镜岭镇以创建为契机，打造外婆坑村民族特色村品牌。以研制新疆、内蒙等少数民族地区砖茶为主的江南诚茂砖茶有限公司，以边茶为媒介，搭建促进少数民族交流的合作平台。

（徐春霞）

劳动就业

【概况】　2016 年，新昌县人力资源和社会保障局组织人力资源招聘会 61 次（其中专场招聘 7 次），大篷车下乡招聘 2 次，参加招聘的企业 7630 家次，入场招聘 21.7 万人次，有 2.04 万人次求职者与用人单位达成初步就业意向。网络招聘企业 871 家次，提供岗位 2.97 万个，介绍成功 880 人次。全县城镇新增就业人员 11085 人，下岗失业人员实现再就业 4098 人，就业困难人员实现再就业 1085 人，失业保险参保净增 6543 人，城镇登记失业率 2.56%。2016 年征缴失业保险金 5800 万元，发放失业保险金 10761 人次，计 1192 万元，发放率 100%。培养各类高技能人才 1700 人，培养新技师 154 人，职业技能培训鉴定 9903 人。受理劳动保障投诉案

件 313 起（其中 8 人以上案件 13 起），投诉 769 人次，投诉标的 1281 万元。13 起中有 8 起被公安立案，涉及 90 名职工工资共计 111 万元，均按时得到处置。共发出劳动监察询问书、指令书 87 份，行政处罚 15 件，移送欠薪逃匿案 7 件。开展专项检查行动 6 次。主动检查用人单位 600 家，完成书面审查 4020 家。规上企业和已建工会企业开展双爱活动参与率分别达到 100%、98%，小微企业劳动合同签订率 95.2%，已建工会企业集体合同签订率 98.3%，劳动保障监察举报投诉结案率 100%，全年未发生一起因欠薪而引发的重大群体性事件。县劳动人事争议仲裁委员会共受理劳动争议案件 429 件，涉及人数 791 人，申诉标的 2438.24 万元。2016 年已结案件 372 件，其中裁决结案 78 件，调解结案 294 件，结案标的 1620.18 万元。其中集体劳动争议案件 12 件，涉及职工 374 人，申诉标的 651.23 万元。2016 年度无一仲裁上诉案件被法院改判。全县 211 家规模以上企业均已建立劳动争议调解委员会，小微企业较多的 350 个行政村建立劳动争议调解小组。

【张方明技能大师工作室省级授牌】 张方明是浙江五洲新春集团高级技师，长期从事电气控制和机电一体化设备改造，曾获市突出贡献高技能人才、省技术能手、全国技术能手等称号。2016 年 1 月，浙江五洲新春集团有限公司的“浙江省张方明技能大师工作室”正式授牌，这是新昌县第三家省级技能大师工作室，

【参加技能比赛】 2016 年 9 月 22 日，浙江医药股份有限公司化学检验工高级技师朱金林获 2016 年绍兴市突出贡献高技能人才称号。浙江医药股份有限公司新昌制药厂高级技师屠宏斌等 9 人参加金蓝领培训。吴玉梅等 3 位选手代表绍兴市参加“望海茶杯”第三届浙江省茶艺师职业技能竞赛，分别获全省第一名、第十名、第十五名的好成绩，吴玉梅被授予“浙江省技术能手”称号。在 2016 年“绿宝石杯”第三届全国茶艺职业技能竞赛中，吴玉梅又获个人赛银奖。在浙江省职业技能大赛中，浙江新和成股份有限公司获得有机合成工项目第一名、第二名。

【农民培训转移就业】 全面实施省“千万农民素质提升工程”，推进一产“新昌茶师”、二产“新昌技工”、三产“新昌阿姨”三大品牌培育建设。全年共培训农民 12648 人，其中农村实用人才 1909 人，转移就业技能培训 525 人，农业专业技能培训 1865 人，普及性培训 6043 人。

【8 起劳动保障案得到处置】 13 起 8 人以上劳动保障投诉案件中，有 8 起被依法移送公安部门查处，涉案 8 人，涉案金额共计 130.6 万元，分别是新昌县极银机械有限公司、新昌县兴富矿石销售有限公司、新昌县宇柯纺织有限公司、新昌县双木机械厂、新昌县澄潭永昌机械厂、新昌县大市聚镇旭翔机械厂等 6 家企业实际经营人和包工头潘某某欠薪逃匿案，新昌县第一起因骗取社会保险基金当事人张某某。

（梁 波）

人事人才

【概况】 2016 年，全县共录用公务员（参公人员）103 名。共办理调动手续 340（含新录用 101 名）人，事业单位工作人员调动手续 505（含新招聘 382 名）人。实施公务员职务与职级并行制度。2016 年 3 月 23 日，《关于丁国胜等同志职级晋升为副科级的通知》（新人社发（2016）41 号）文件确任政府口公务员（参公人员）晋升副科级 25 人，《关于梁新平等同志职级晋升为正科级的通知》（新委组〔2016〕19 号）文件确认公务员（参公人员）晋升正科级 235 人。公务员晋升级别工资 2104 名，事业单位工作人员增加薪级工资 7558 名。截止 5 月，共有 5212 名退休人员列入生活补贴发放范围，其中 1694 名差额拨款及自收自支事业单位退休人员由县社保局代发，从 2016 年 6 月起全县机关事业单位退休人员生活补贴费全部由社保局代为发放。2016 年。组织 168 家重点企业赴外引才 17 场次，推出各类岗位 4250 个，初步达成引进意向 1583 人。培养和引进各类人才 5680 人，其中硕士研究

生或副高以上职称高层次人才316人。举办各类人才交流会16场次，发动353家企业参加，推出就业岗位5910个，达成初步就业意向2183人。落实《关于进一步促进以创业带动就业的实施意见》，引导3个大学生创业项目参加绍兴市第七届创业大赛，其中一个进入决赛。全年接收人事档案2734人次，办理人事代理手续2328人次。在各类交流平台设置“毕业生就业指导服务台”，解答毕业生各类咨询500多次，分发各类人才政策、招聘信息等宣传材料1000多份，审核、发布相关信息4.5万条。获得高级工程师专业技术资格72人，高级经济师8人，工程师专业技术资格118人，参加职称评定公需科目学习考试941人，注册课程7493门。全年组织退休干部开展各类活动18次，其中学习培训活动6次780人次，外出参观3次720人次，开展重阳节大型游园活动、书画展、乒乓球、棋类、垂钓等文体活动9次6100人次。

【公务员和事业单位工作人员录用】 2016年，全县各级机关计划考录公务员（参公人员）94名，其中地税机关6名，公安机关10名，法院6名（法官2名），检察院3名（检察官2名），乡镇机关13名（专职人民武装干部1名），选调生村官4名，其他机关和参公事业单位52名。网上报名2335名，通过初审2289名，因报名人数不足而核减4名（检察院驻监所检察官助理职位取消1名，公安局工作人员1岗位取消1名，基层民警2职位取消1名，乡镇机关优秀村干部“岗位1（2）”核减1名），实际录用90名，其中从服务基层项目人员（大学生村官）中录用公务员10名。根据市人力社保局、市公安局分配，录用省警察学院新昌县2016年应届毕业生9名，录用试点班学员4名。2016年，全县共录用公务员（参公人员）103名。全县事业单位工作人员计划招聘785名（其中教体系统180名、卫计系统460名、其他系统145名），因报名人数不足规定比例核减或取消招聘计划共335名（教体系统31名，卫生系统293名，其他事业11名）。截至2016年底，事业单位实际报到428人。2016年机关事业单位计划公开招用编外人员76名（含法检11人、城投集团13人），因报名人数少于招用岗位人数，核减或取消6名，实际招用70名。

【机关事业单位工作人员年终考核】 2016年，全县机关（含参照公务员法管理事业单位）公务员参加年度考核共计2005人，其中优秀388人、称职1511人、基本称职0人，不称职1人，未评等次105人、未参加考核5人，优秀率19.35%。公务员连续三年年度考核优秀荣立三等功的65名，办理奖励审批手续；全县事业单位工作人员参加年度考核共计7489人，其中优秀1204人、合格5998人、基本合格1人、不合格2人，未评等次284人，未参加考核32人，优秀率16.08%。

【优化人才发展】 2016年1月27日，出台《关于实行企业人才租房补贴制度的通知》（新委办〔2016〕9号）。2016年6月30日，出台《新昌县人才公租房日常管理办法（试行）》（新委办〔2016〕98号）。2016年7月6日，出台《关于实行企业人才公租房租住对象遴选实施办法（试行）》（新委办〔2016〕106号）。2016年9月24日，修订出台《关于深化完善“天姥英才”计划加快推进“创新强县”战略实施的意见》（新委〔2016〕83号 ）。2016年12月30日，新昌县委人才工作领导小组配套出台《〈关于深化完善“天姥英才”计划加快推进“创新强县”战略实施的意见〉操作细则（暂行）》（新县委人领〔2016〕1号 ）。

【企业博士后科研工作站】 2016年9月20

表53　省级以上博士后工作站名录

单　位	建站时间	级 别
浙江医药股份有限公司新昌制药厂	2002年10月	国家级
万丰奥特控股集团有限公司	2003年12月	国家级
浙江京新药业股份有限公司	2003年12月	国家级
浙江新柴股份有限公司	2006年6月	国家级
浙江新和成股份有限公司	2008年7月	国家级
国邦医药化工集团	2008年12月	国家级
浙江三花智能控制股份有限公司	2010年9月	国家级
浙江五洲新春集团股份有限公司	2013年1月	国家级
浙江日发精密机械股份有限公司	2015年6月	省级
浙江美力科技股份有限公司	2016年9月	省级

日，浙江美力科技股份有限公司被正式批准为省博士后工作试点单位。至此，全县有国家级博士后工作站 8 家，省级博士后工作站 2 家。2016 年共有 13 名博士进站工作。浙江新和成股份有限公司、浙江医药股份有限公司等 3 家企业的 10 名在站博士研究项目获得省择优资助。

【海外高层次人才智力项目洽谈会】 2016 年 6 月 10 日，2016 绍兴·新昌海外高层次人才智力项目洽谈会在绿城雷迪森酒店举行，14 个国家，21 个组织机构代表，35 名专家，携带装备制造、医药化工、电子信息、生态农业、国际贸易、生产管理等行业的项目与智力，与 85 家企业进行对接交流。全市与相关专家组织机构初步达成合作意向项目 52 个，其中新昌县企业达成合作意向项目 39 个。组织企业赴欧洲、美国等地对接活动，落实可签约人才 2 名。

【国外智力引进】 2016 年，协助丰岛控股集团和浙江日发数码精密机械股份有限公司成功报批浙江（绍兴）外国专家工作站。至此，全县有外国专家工作站 7 家。2016 年，引进海外工程师和海外留学人员、资深专家共 62 名。浙江医药股份有限公司夏钢、赵俊兴，万丰奥特控股集团有限公司蒋小平获得市“海外工程师”年薪资助；浙江新昌三雄轴承的俄罗斯专家布里杨获得 2016 年度“西湖友谊奖”荣誉。

表 54 外国专家工作站名录

单 位	建站时间
浙江新和成股份有限公司	2011 年
浙江新柴股份有限公司	2012 年
万丰奥特控股集团有限公司	2013 年
浙江三花智能控制股份有限公司	2014 年
浙江同星制冷有限公司	2015 年
浙江丰岛控股集团	2016 年
浙江日发精密机械股份有限公司	2016 年

（梁 波）

社会保障

【概况】 2016 年底，全县职工基本养老保险企业参保单位共计 5078 家，参保人数 16.29 万人，净增 3636 人。基金收入 123751 万元，累计结余

表 55 新昌县 2013～2016 年劳动社会保障情况

指标名称	计量单位	2013 年	2014 年	2015 年	2016 年
1.年末城镇登记失业人员	人	3020	2277	2012	1876
年末城镇登记失业率	%	2.9	2.91	2.56	2.36
2.失业保险参保	人	85925	90921	94315	97795
享受失业保险待遇	人	1390	1463	1667	1790
3.基本养老保险参保单位	家	4380	4659	4901	5078
基本养老保险参保人数	人	132593	145029	154052	162853
4.基本医疗保险参保单位	家	4631	4917	5156	5336
其中：机关事业	家	226	232	235	236
企业	家	4405	4685	4921	5100
基本医疗保险参保人数	人	142084	149013	153186	156634
其中：在职	人	119933	124058	125892	126137
退休	人	22151	24955	27294	30497
其中：机关事业	人	15311	15594	15748	16237
企业	人	126773	133419	137438	140397
5.工伤保险参保人数	人	135168	139282	139810	140242
6.生育保险参保人数	人	96591	101866	104011	105335
7.城乡居民基本医疗保险人数	人	262079	259662	258170	253282
8.城乡居民基本养老保险人数	人	132388	123983	116102	108582

254918 万元，支撑能力 25.88 个月。城乡居民基本社会养老保险参保 10.86 万人。基金收入 14949 万元，累计结余 11328 万元，支撑能力 9.02 个月。新办理被征地农民参保 4367 人，期未参保 20248 人，相比 2015 年减少 1937 人。2016 年共办理征地农民养老保障并轨 5288 人，累计 21313 人，其中已领取养老待遇 17432 人。职工基本医疗保险参保单位 5336 家，参保 15.66 万人，净增 3448 人。基金收入 49686 万元，基金支出 42548 万元，当年结余 7138 万元，累计结余 36351 万元。2016 年城乡居民基本医疗保险参保 253282 人，城乡居民参保率 98.87%。2016 年人均筹资 850 元，其中财政补助 590 元，农民个人缴费 260 元。生育保险参保 10.53 万人，净增 1324 人，基金收入 1967 万元，支出 3203 万元，当年亏损 1236 万元，累计结余 1733 万元。工伤保险参保 14.02 万人，净增 432 人，基金收入 4420 万元，支出 4952 万元，当年亏损 532 万元，累计结余 1160 万元。全年作出工伤认定决定 1476 件，受理并作出工伤伤残等级鉴定结论 1000 人次。失业保险参保 9.73 万人，净增 2982 人，基金收入 6978 万元，累计结余 45313 万元。全年为 10761 人次失业人员发放失业保险金 1417.1 万元。

【调整社会保险缴费基数】 从 2016 年 7 月起，企业参保人员养老保险最低缴费基数调整为 2586 元，基本医疗保险最低缴费基数调整为 4310 元；个体劳动者四档月缴费标准分别调整为 824 元、1017 元、1793 元和 2569 元，从 2017 年 1 月 1 日起调整为 776 元、969 元、1745 元和 2521 元。2016 年 5 月 1 日起失业保险单位费率由 1.5%降为 1%，个人费率仍按 0.5%执行。

【调整养老金和遗属生活补助标准】 2016 年 1 月，第十二次提高企业退休人员养老金待遇，人均增加 141 元，调整后人均退休金 2150 元/月。2016 年 1 月，调整机关事业退休人员养老金待遇，人均增加 313 元，调整后人均养老金 5222 元/月。机关事业单位供养遗属人员生活补助统一调整为 1080 元/月，不再区分户籍关系，并从 2016 年 1 月份开始执行。

【完善基本医疗保险政策】 提高城乡居民医保基层医疗机构（含村卫生室）普通门诊的西药和医疗服务项目报销比例。由 45%提高到 50%，其中参保居民与基层医疗机构医生签约的，门诊报销限额由 500 元提高到 600 元，在基层医疗机构就诊的门诊医疗费用报销比例提高到 55%。调整住院起付标准：一级及以下医疗机构住院起付线由 400 元下降到 200 元，提高二、三级医疗机构住院起付标准 200 元，二、三级医疗机构住院起付线分别为 800 元、1000 元；县外联网医院、外出突发急诊及长期居住外地人员的县外住院自理 2%提高至 27%；实行孕产妇相关医疗费用定额报销，计划内孕产妇如不能享受生育保险待遇的，平产、剖腹产分别报销 1500 元和 3000 元。

【基本医疗保险支付方式改革】 2016 年，城乡居民医保按门诊、特殊病种门诊、住院等 3 项，共计就诊 929248 人次，增长 3.69%，医疗总费用 51488.68 万元，增长 6.34%，费用报销 23433.19 万元，增长 2.64%。城乡居民医保大病报销 815 人次，大病报销支出 799.00 万元。实行公立医疗机构组“总额控制、节约留存、超支自负”，倒逼医疗机构合理用药，合理检查，减少医疗、医保基金的浪费。2016 年预算医疗和大病保险基金控制额 22319.57 万元。其中：公立医疗机构组预算基金 21012.22 万元，张氏骨伤医院预算基金 882.96 万元，新增定点医院（夕阳红医院）预算基金 424.39 万元。执行城乡居民医保基金预算制度，经结算公立医疗机构组实际报销金额 23229.93 万元，减去新增定点医疗机构报销多出返还基金 382.85 万元，公立医院需承担医疗费用报销 1784.09 万元；张氏骨伤医院实际医疗费用报销 960.90 万元，结算基金 883.06 万元，需承担医疗费用报销 77.84 万元；夕阳红医院实际基金报销 41.49 万元，返还公立医疗机构组基金 382.85 万元。

【医保定点医疗机构】 2016 年底，全县共有城镇职工医保定点医疗机构 37 家、医保定点零售药店 65 家；城乡居民医保定点医疗机构 70 家。2016 年新增城镇职工医保定点零售药店 4 家、定点医疗机构5家；新增城乡居民医保定点医疗机构6家。

【社会保障业务网上申报】 2014年10月起，企业可通过社会保障业务网上申报系统办理网上办事、网上查询和参保证明三大类共计19项社保业务。社会保障业务网上申报工作全面推开，2016年共有1276个单位66028人进行网上申报，占应申报单位25.13%，应申报人数65.31%。

【社会保障市民卡换发】 2015年7月起，社会保障市民卡系统上线，至2016年末，累计在新昌农商银行、工商银行新昌县支行、邮政储蓄银行新昌县支行、中国银行新昌县支行、农业银行新昌县支行等5家市民卡合作银行共62个网点，新制市民卡及社保卡换发市民卡18.1万张，实现“市民卡”公交车乘坐、公共自行车租借、旅游景点游览等功能。

（梁　波）

流动人口管理

【流动人口管理服务业务培训】 2016年5月24日，县流管局邀请市流管局处长赵密密到新昌进行业务培训。6月28日，公安局党委副书记、流管局局长费炳林率流管局相关科室负责人及重点派出所所长参加全市流动人口管理服务工作业务培训。7月27日，县流管局组织业务骨干参加全市IC卡式居住证系统业务培训。11月10日，县流管局邀请流动人口登记系统开发公司金诚公司进行流动人口积分制管理培训。

【流动人口信息采集】 县流动人口服务管理局加强流动人口落脚点管控，以人户一致、人证一致为抓手掌握相关信息。2月15日，县流管局完成2015年度流动人口监测。3月17日，完成节后流动人口状况抽样调查。4月12日，流动人口出租房屋信息采集管控剖析会召开，县委常委、公安局局长潘海波，局党委副书记、流管局局长费炳林出席会议。7月15日，完成2015年度流动人口报表统计、人口分析工作。

【2015年度流动（暂住）人口情况】 截止2015年6月30日，全县共登记流动人口42413人（其中男性24982人，女性17431人），比2014年同期增加1014人，上升2%，小将、城南、回山、镜岭等乡镇的流动人口略有下降。实发临时居住证40165本。登记数、发证数有所提升，主要因为城市化经济的影响和居住证政策的影响。2015年3月25日，县人民政府办公室出台关于流动人口居住证申领工作的实施意见；2016年，县政府给每位流动人口提供20元的人身意外保险。全县居住半年以下的20534人，占48.4%，居住半年至五年的21558人，占50.8%，居住五年以上的321人，占0.8%，较2014年减少187人。主要由于澄潭丰岛集团的季节性用工，导致半年以下的人数增多。由于轴承、胶囊等产业呈下降趋势，短期居住增加。另一方面，一些高学历、技术能手和有条件购房的流动人口从中分离出来，趋向本地化。流出地、流入地相对集中。来自省外流动人口34066人，占80%，与2014年同期相比增加3889人，主要来自安徽、贵州、江西、河南、四川、湖南等省（市）。省内在新昌县流动人口5558人，比2014年同期增加1468人，仅占13%。流入地集中在七星、羽林、澄潭、大市聚等几个乡镇街道，因为这里属于经济开发区或中心集镇。居住在出租房屋中的流动（暂住）人口23310人，占54%，比2014年同期增长5565人。单位内部共居住流动人口9005人，占21%，与2014年同期相比上升30%，这说明新昌县重视单位外来员工的居住环境，以切实改善外来员工的居住生活条件。居住在工地现场的占11%，与2014年相比下降2.62%，居住在其他地方的占5%，比2014年上升1.44%。流动人口中务工人数达39087人，占92%，从事经商人员453人，从事服务业人员123人，从事务农人员97人。借读培训的19人，投靠亲友139人。他们的文化程度普遍偏低，其中初中学历占绝大多数，共26720人，占总数的63%，其次为小学学历，共9754人，文盲半文盲人数仍有424人。伴随着新昌县对流动人口子女就学举措的优化，流动人口选择让子女在新昌就读，有流动人口未成年子女2544人。破获流动人口中刑事案件

151 起，查处治安案件 81 起，案件数量分别下降 73%、38%。

（陈益东）

居民生活

【城镇常住居民人均可支配收入 47045 元】2016 年，新昌县城镇常住居民人均可支配收入 47045 元，比 2015 年增长 7.2%。城镇常住居民人均工资性收入 28995 元，占可支配收入的 61.6%，是新昌城镇收入的主要来源。城镇常住居民人均经营净收入 7319 元，比 2015 年增长 8.2%。主要是陆续出台税费减免、审批松绑等鼓励、扶持民营经济发展的政策措施，减轻小微企业负担，对充分释放民间资本、鼓励自主创业、促进民营经济持续快速发展起到积极作用。城镇常住居民人均财产净收入 5270 元，比 2015 年增长 4.7%。房屋租赁收入是财产净收入的主要来源，2016 年，不少企业关停并转，外来人员数量减少，房屋租赁市场热度较去年有所下降，同时投资市场尚未完善，投资环境仍制约着居民的理财行为，都在一定程度上影响了财产净收入增速。城镇常住居民人均转移净收入 5461 元，比 2015 年增长 12.4%。转移净收入增长的主要原因是社会补助（含物价补贴）、医疗报销标准的提高，以及失土转城镇社保人员陆续开始领取养老金的影响，转移净收入在四大类中增速最快。

表 56

2016 年新昌县城镇居民四大类收入及增长

指标名称	2016 年（元）	2015 年（元）	年增长（%）	拉动可支配收入增长（%）
人均可支配收入	47045	43881	7.2	—
1. 工资性收入	28995	27225	6.5	4.0
2. 经营净收入	7319	6764	8.2	1.3
3. 财产净收入	5270	5034	4.7	0.5
4. 转移净收入	5461	4858	12.4	1.4

【城镇常住居民生活消费支出 26078 元】2016 年，新昌县城镇常住居民人均消费支出 26078 元，比 2015 年增长 1.9%。全县城镇居民的消费信心略显不足，城镇居民家庭谨慎的消费行为习惯在一定程度上会影响个人消费品和服务产业的发展，依靠居民内需消费拉动经济和居民收入增长作用没有很好体现。

表 57　2016 年新昌县城镇居民消费支出情况

指 标 名 称	2016 年（元）	2015 年（元）	年增长（%）
消费支出	26078	25592	1.9
1. 食品烟酒	7064	6773	4.3
2. 衣着	1933	1976	-2.2
3. 居住	5501	5568	-1.2
4. 生活用品及服务	1333	1262	5.6
5. 交通通信	4875	4836	0.8
6. 教育文化娱乐	2918	2828	3.2
7. 医疗保健	1748	1673	4.5
8. 其他用品及服务	706	676	4.4

（梁展鹏）

【农村常住居民人均可支配收入 23555 元】2016 年，新昌农村常住居民人均可支配收入 23555 元，比 2015 年增长 8.9%，扣除价格因素，实际增长 6.6%，增速在绍兴全市排名第一，比全省平均高 0.7 个百分点。新昌农村居民人均工资性收入 13435 元，比 2015 年增长 8.8%。受到经济环境趋紧的影响，部分企业效益不理想，但泥水匠、木工、小工等日工资仍然有所提高，农村总体务工形势稳定。农村“三治一提升”建设的推进，给农村闲散劳动力增加额外的务工收入。农村居民人均经营净收入为 6809 元，比 2015 年增长 7.5%。一是农产品价格有所上涨，尤其是蔬菜和猪肉，2016 年鲜菜价格和畜肉价格均累计上涨 12.8%，“菜篮子”价格步步高升；二是以乡村旅游为主的非农产业发展良好，带动农村居民销售农副产品、开发住宿餐饮，获利较多。在 G20 峰会活动和十九峰玻璃栈道开放的影响下，新昌的旅游路线和特色民宿受到火热追捧，带动了沿线农民增收。农村居民人均财产净收入为 842 元，比 2015 年增长 10.1%。财产净收入的快速提高一方面是由于外出务工人员的增长，农民出租闲置土地的收入有所增加；另一方面是由于甬金铁路和 527 国道建设，多个近郊村土地被征用，村民拿到补偿款，而他们的理财方式主要以银行存款为主，因此利息收入有所提高。农村居民人均转移净收入为 2469 元，比 2015 年增长 13.4%。政府转移支付力度持续加大，农村居民养老退休金和最低生活保障待遇标准不断提高，保障了转移净收入的稳定提高。随着农村居民参保意识的提高，以及大病保险、工伤保险等医疗救助制度的完善，农村人员报销医疗费也大幅提升。

表 58　新昌县 2016 年农村常住居民收入

指标名称	绝对额（元）	增幅（%）	拉动可支配增长（%）	占可支配收入（%）
可支配收入	23555	8.9	—	100
1.工资性收入	13435	8.8	5.0	57.0
2.经营净收入	6809	7.5	2.2	28.9
3.财产净收入	842	10.1	0.4	3.6
4.转移净收入	2469	13.4	1.3	10.5

【农民常住居民人均生活消费支出 15434 元】随着收入增速的放缓，农村居民消费信心有所回落，再加上随着生活水平的提高，农村居民对耐用消费品的需求日渐饱和，农村居民消费增速明显回落，消费倾向从 2015 年的 68%下降为 65.5%。八大类消费呈“六升二降”态势。

表 59　2016 年新昌县农村居民消费支出情况

指 标 名 称	2016 年（元）	2015 年（元）	年增长（%）
消费支出	15434	14713	4.9
1. 食品烟酒	5025	4786	5.0
2. 衣着	888	900	-1.3
3. 居住	3505	3213	9.1
4. 生活用品及服务	809	816	-0.9
5. 交通通信	1856	1834	1.2
6. 教育文化娱乐	1486	1405	5.8
7. 医疗保健	1454	1367	6.4
8. 其他用品及服务	410	392	4.5

（张葵英）

【2016 年居民消费价格运行情况】　2016 年，新昌居民消费价格总指数（CPI）上涨 2.2%。其中，食品烟酒类价格上涨 4.1%，服务项目价格上涨 3.7%，工业品消费品价格下降 1.5%。一、同比指数平稳运行。2016 年，新昌县同比指数低开高走，平稳运行至 8 月份，在 9 月份呈现小幅的涨势扩大，后延续渐稳态势，全年各月同比峰谷跨度为 1.5 个百分点。二、环比指数转升为降。1～2 月份，寒潮影响及节日消费拉动环比大幅上扬，2 月份环比呈现一个小高峰，涨幅较 1 月份扩大 2.0 个百分点；3 月份天气回暖，节日影响消退，环比转升为降，后期基本维持低位运行。三、八大类消费品及服务价格呈现“五涨三跌”的格局，其中食品烟酒类价格上涨 4.1%，涨幅居首。其他七大类消费品及服务价格分别为：居住类价格上涨 3.9%，教育文化和娱乐类价格上涨 3.6%，其他用品和服务类价格上涨 1.0%，医疗保健类价格上涨 0.8%；生活用品及服务类价格下降 1.7%，交通和通信类价格下降 1.6%，衣着类价格下降 1.0%。

打年糕　（梁幸民摄）

【2016 年新昌县 CPI 运行特点及原因】　一、食品类价格以涨为主。2016 年新昌县食品烟酒类价格上涨 4.1%，拉动总指数上涨约 1.27 个百分点，其中，食品类价格上涨 5.6%。食品类 14 个中类累计比呈“10 升 4 降”，上涨较明显的有粮食类、畜肉类、菜类，累计比分别上涨 2.7%、12.8%、12.3%；豆类、禽肉类、蛋类、糖果糕点类价格分别下跌 1.0%、0.6%、0.2%、0.3%。烟酒价格受 2015 年 5 月份国家上调烟草消费税的影响，上涨 2.7%；茶及饮料价格上涨 0.5%；在外餐饮价格上涨 0.6%。鲜菜价格累计上涨 12.8%。粮油价格稳中有升，受国

家粮食扶持政策的影响，累计上涨 2.7%，涨幅较 2015 年同期（1.9%）扩大 0.8 个百分点。从环比走势看，2016 年粮食价格仅 4 个月份呈现小幅下滑，运行态势延续 2015 年呈波动上行状态。食用油价格在 2015 年持续下行的情况下，反降为升，累计上涨 0.8%，其中，食用动物油的价格随猪肉价格拉升，大幅上涨 17.1%。猪肉价格维持高位运行。畜肉类价格累计上涨 12.8%，其中，猪肉价格上涨 15.6%，影响总指数上涨 0.51 个百分点。2～6 月份，猪肉价格逐步上涨，至 6 月下旬达到 2016 年最高点，尽管前 6 个月猪肉价格在持续上涨，但上涨幅度在逐步缩减；经过近半年的调整，毛猪市场的供应能力已经从底部爬出，能繁母猪数量也逐渐趋近市场需求量，自 7 月份猪肉价格环比始呈下降态势，2016 年下半年猪肉价格为持续下行状态。水产品价格稳中有涨，累计上涨 2.0%，其中，淡水鱼价格上涨 2.6%，受出塘量、天气因素的影响，2016 年前 3 个月淡水鱼价格有涨有跌，4~8 月受出塘量不足影响，淡水鱼市场供应量偏紧，淡水鱼价格上涨较多，9 月份以后淡水鱼出塘量增加，市场价格持续回落。

二、服务项目价格涨势突出。2016 年，新昌县服务项目价格累计上涨 3.7%，涨幅与 2015 年同期相比扩大 1.3 个百分点，影响总指数上涨约 1.41 个百分点，所调查的 65 种基本分类中，仅 2 种服务项目价格下降。受市场需求旺盛影响，供给结构性短缺导致劳动成本持续上涨，家政服务价格累计上涨 9.0%，衣着加工服务费上涨 43.7%。美容美发洗浴价格累计上涨 12.2%，其中美发价格上涨 6.6%，洗浴价格上涨 21.2%，受服务业竞争日趋激烈影响，部分服务行业的涨价空间被压制，相较于 2015 年，美发洗浴价格上涨幅度有所缩减。受传统消费观念逐步转变的影响，旅行需求逐年增加，旅行社收费累计上涨 11.4%。受民办学校放开定价影响，教育服务费用累计上涨 4.1%，其中学前教育价格上涨 6.9%，小学初中教育价格上涨 3.7%，高中中职教育价格上涨 3.2%；此外，课外教育及专业技能培训价格分别上涨 3.2%、5.7%。

三、工业品价格小幅下降。在国际经济复苏缓慢和国内经济增速放缓的情况下，部分工业消费品产能仍相对过剩，价格上涨乏力，2016 年延续上年下跌趋势，累计下降 1.5%，跌幅较 2015 年同期（下降 0.8%）扩大 0.7 个百分点，各基本类工业品价格涨跌互现。大部分工业品仍延续跌势。其中，液化石油气价格下降 9.4%，影响总指数下降约 0.12 个百分点；汽油价格和柴油价格分别下降 3.3%、0.7%，影响总指数下降约 0.12 个百分点，并带动交通工具以及通信工具价格下降 2.6%、4.4%。受市场竞争影响，商家促销活动频繁，家具、家用器具、家用纺织品及家庭日用杂品的价格均呈下跌态势，累计分别下降 0.1%、3.2%、3.3%、1.1%。少部分工业品价格受政策和国际大环境影响，略有上涨。其中，受医药价格改革影响，医疗保健价格累计上涨 0.8%，其中，中药价格上涨 5.3%，西药价格上涨 0.2%，滋补保健品价格上涨 6.5%，医疗卫生器具价格上涨 9.1%。受国际贵金属价格波动的影响，金饰品、银饰品、铂金饰品价格分别上涨 6.5%、0.4%、1.3%。

（周数淑）

红十字会

【开展 5 个红十字博爱公益项目】　2016 年，新昌县红十字会继续推出和谐新昌 · 红十字博爱公益项目 5 个：一是光明暖心行动，筹得爱心资金 3 万元，定向用于贫困村民的电线老化改造。二是红十字博爱送万家。给困难学生和困难群众送上温

博爱送万家活动　　（张玉秋摄）

暖，发放救助资金 0.2 万元，救助物资价值 3 万元。三是陀曼新昌中学教育基金和薇薇新娘爱心助学，救助 75 位困难学生，救助金 11 万元。四是结对三胞胎公益救助。首次募捐收到捐款 10600 元。定向用于贫困三胞胎的学习、生活救助。五是县红十字会接受天桥基金的定向捐赠天桥医生奖专项奖金及对新昌县医疗卫生单位补助资金 55.28 万元，奖励优秀医务人员 274 名。

【造血干细胞采样登记及捐献 2 例】 县红十字会发动造血干细胞捐献志愿者的积极性，每周五、日组织志愿者在新世纪广场街头献血车进行现场劝募。2016 年，红十字会完成造血干细胞采样登记 45 例，完成市政府下达的任务。实现捐献 2 例，吴柏春（小将镇里东村人）、王越萍（中国邮政集团有限公司新昌分公司投递员）分别于 11 月 8 日、12 月 29 日成功捐献。造血干细胞捐献劝募志愿者吕美良被评为“浙江好人”，袁正林获得绍兴市第四届道德模范奖提名奖。

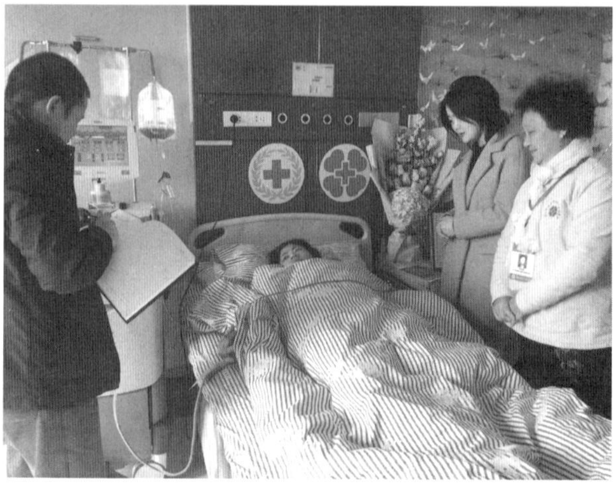

捐献造血干细胞 （张玉秋摄）

【遗体器官捐献】 加大宣传普及力度，在电台开设“博爱之声”专栏，在《今日新昌》、微信公众号等开展生命关爱知识宣传，分别在县人民医院和中医院设置器官捐献宣传牌 6 块。“五八”世界红十字日活动期间，每季度红十字志愿活动时，注重宣传普及理念和知识。加强与器官捐献协调员队伍的沟通联系，发挥器官捐献协调员作用。2016 年，新昌成功捐献器官 1 例，眼角膜 1 例、遗体 1 例；登记器官捐献 15 人，登记遗体捐献 5 人、登记眼角膜捐献 4 人。

应急救护培训 （张玉秋摄）

【推进救护培训】 对特殊行业如乡村旅游从业人员、新上岗驾驶员、新进教师、消防官兵、酒店宾馆从业人员等人员接触多，意外风险高的特殊人群进行急救知识培训。结合全国防灾减灾日，在南明街道城南社区、钟楼社区等老年人口较多的区域举办急救知识讲座。搭乘宣传部文化下乡的便车，深入农村文化礼堂开展救护培训活动。在县技师学院（筹）建立救护培训基地，并将红十字应急救护培训纳入选修课程。2016 年，共计培训红十字救护员 2032 人，普及培训 1.6 万人。

【红十字户外救援队】 2016 年，向社会公开招募年轻队员，现有一线队员 30 名，二线队员 50 名。对招募人员开展心肺复苏、创伤急救、绳降等救援技能的培训演练。参与救援行动 20 余次，如浦江失踪儿童救援、台风寒潮灾害救援、仙居被困驴友营救、被困村民营救、失踪老人搜救等救援行

救援队营救村民 （张玉秋摄）

动。5月8日，与县民政局、南明街道多部门联合在鼓山社区进行高楼逃生技能演练。在儿童节期间，为孩子们送去平安自护知识和极限挑战体检。6月10~14日，救援队组队参与2016年全国山地救援交流赛，与全国各地的11支队伍同台竞技SRT、吊运救援、横渡救援、斜升系统救援4个项目，新昌救援队夺得团体第一名，荣获“优秀山地救援队”称号。救援队被浙江省人民政府记集体三等功1次。9月18~22日，浙江省红十字会系统应急搜救管理培训班在新昌举办，全省各地的46支红十字救援队骨干成员参加学习。

（张玉秋）

关心下一代

【概况】 2016年，新昌县关心下一代工作委员会开展主题教育、讲师团队伍建设、帮困助学活动及基层组织建设等工作，在各级信息平台发表信息报道共38篇，其中新星网21篇、《新星》2篇、《今日新昌》12篇、新昌信息港3篇。浙江新和成股份有限公司关工委被评为浙江省关心下一代工作先进集体，赵新建、潘晓英被评为浙江省关心下一代工作先进个人。

【开展三大主题教育】 县关工委联合成员单位开展三大主题教育，引导青少年树立和践行社会主义核心价值观。一是“关爱明天，普法先行”。与县司法局、综治办、教体局联合部署创建全国零犯罪学校，23所学校申报创建。二是3月，与县文明办、教体局联合发文组织全县中小学校、幼儿园开展“我的中国梦”主题教育实践活动，清明节祭英烈活动、六一节学习和争做美德少年活动、七一童心向党歌咏活动、十一向国旗敬礼活动、“学长征精神、做红色传人”活动。县关工委组织“夕阳红”讲师团成员参与。三是第十四个“警钟日”纪念，与县委宣传部、县教体局、团县委联合发文，开展“不忘历史 警钟长鸣”主题活动。县关工委走进钟楼社区、育蕾小学、“周六学习室”开展宣讲；联合县史志办、《绍兴日报》新昌分社在警钟山碑亭开展绍兴晚报小记者4.19警钟长鸣活动；联合县人防办在14个社区张贴警示宣传海报。

【夕阳红讲师团】 县关工委继续为每位成员订阅《中国火炬》等6份资料，坚持每月十五日的集中学习日同。组织讲师团成员举行纪念建党95周年、红军长征胜利80周年座谈会，赴沙家浜开展“牢记革命历史 重回红色故里”的爱国主义教育。在新昌革命烈士陵园开展“缅怀先烈 传承革命精神”清明节祭扫，举行“红军不怕远征难”图片展、七一节外婆坑村“听老林讲党课”等活动。组织讲师团成员深入机关、学校、企事业单位、农村、社区，如暑假期间，吴锡培、俞百忍、王亚莉等成员宣讲40余场次。6月，编辑出印纪念讲师团成立十周年文集《天姥深呼吸》，收纳10年来讲师团成员80篇先进事迹介绍和优秀讲稿。

【爱心款与物资计126万元】 2016年，县关工委帮扶困难家庭学生1258人次，爱心款与物资共计126万元。市关工委牵线爱心人士结对新昌革命老区贫困家庭学生，县关工委做好排查摸底、助学申请和爱心款的发放。8月，举行王卫列、汤文耀先生结对大学生资助仪式；10月，组织受助学生赴绍兴参加爱心人士见面会；下半年，发放革命老区爱心餐共298份。在2016福彩助学公益金活动中，100名家庭困难留守少年每人得到1000元、22名困难大学新生每人得到5000元、80名困难高中生每人得到1000元。在2016年毛源昌百校万人公益活动中，儒岙、澄潭、回山、镜岭镇600名视力障碍的困难家庭中小学生免费配送500元/人眼镜一副。营造资助氛围，搭建好资助平台。2月，牵线俞少怀等爱心人士结对32名困难家庭学生，发放资助金2.7万元。4月，牵线信越安会计事务所党支部长期结对两名学生，牵线新昌“爱心帮助团”结对帮助11位小朋友。8月，牵线沈凤琴女士等爱心人士结对大学新生7人，共3.5万元；7月，举行吕平夫妇扶贫助学金、品学兼优奖发放仪式，10名学生每人获助学金2500元。9月，举行梁焕海同志助学金发放仪式，10名学生每人获2000元的资助金，联合纸上风筝培训中心举办“爱心助力 圆梦觉苑”学生作品义卖活动，为觉苑希望小学筹集善款 1.944 万元。县关工委零星资助 11 名困难家庭学生，计 2.8 万元。5 月，联合县心理卫生协会启动农村留守儿童心理援助式，在大市聚镇初级中学举行“七彩阳光心灵小屋”落成仪式。

【村居关工基层的活动】 在乡镇（街道）关工委引导下，村居关工委开展活动，如儒岙镇的留守儿童爱心园，双彩乡双溪村的民间技艺传授，大市聚镇西山村的春泥长廊，梅渚镇的剪纸课堂，东茗乡的开心农场，回山镇的爱心帮扶，小将镇里小将村的向日葵之家，城南社区的安全知识讲座，丁家园村的红色假日学校等等。暑期安排活动共 60 多场。

【企业与学校对接的关爱】 2016 年暑期，22 家民营企业举办假日爱心学校、夏令营、小企业人等活动，参与 700 人次。如万丰奥特关工委开展送书进大市聚镇中心学校，组织职工子女“童心看万丰，巧手画小镇”书画比赛，浙江奔野捐赠 50 万元设立基金奖励赴农村学校支教的教师，新昌制药厂设立职工子女助学基金为 64 名职工子女发放助学金，基金累积发放接近 2000 万元，中宝实业有限公司“良定育英冠名基金”为 70 名大一新生发放每人 5000 元的助学金，大市聚商会关工委成立商会爱心社，向 35 位贫困生送上爱心物资，新昌县陀曼精机关工委在新昌中学设立基金，连续六年助学奖优。

（杨亚艺）

责任编辑 王东惠

乡镇（街道）

综　述

【表彰2016年度农业农村工作先进单位和个人】　2016年，新昌县围绕打造美丽乡村幸福家园的目标，推进农业农村工作。根据《中共新昌县委 新昌县人民政府关于加快社会主义新农村建设全力打造美丽乡村幸福家园的实施意见》（新委〔2011〕1号）、《中共新昌县委办公室　新昌县人民政府办公室关于印发2016年全县农业农村工作配套政策的通知》（新委办〔2016〕56号）等文件精神，决定对下列单位和个人予以通报表彰。

一、2016年度农业科技创新奖

新昌县东乡家庭农场：辣木特色蔬菜新品种引进及开发

新昌县荣欣水产养殖专业合作社：南方马口鱼人工繁育关键技术研究与推广

新昌县镜岭镇老兵家庭农场：番茄侧芽快繁嫁接技研究与推广

二、农村生活污水治理先进单位

县农办、财政局、建设局、环保局（治水办）、质监局、澄潭镇人民政府、梅渚镇人民政府、大市聚镇人民政府、羽林街道办事处、七星街道办事处

三、县级“孝行杯”水利建设先进单位

金奖：羽林街道办事处

银奖：大市聚镇人民政府、梅渚镇人民政府

铜奖：儒岙镇人民政府、城南乡人民政府、东茗乡人民政府

四、县“清淤（疏浚）”工作优胜单位

一等奖：梅渚镇人民政府

二等奖：儒岙镇人民政府、镜岭镇人民政府

三等奖：回山镇人民政府、沙溪镇人民政府、小将镇人民政府

五、2016年乡村旅游特色镇、特色村

特色镇

一等奖：空缺

二等奖：儒岙镇人民政府、沙溪镇人民政府

三等奖：镜岭镇人民政府

创建奖：小将镇人民政府

特色村

一等奖：梅渚镇红庄村

二等奖：回山镇高湾村、沙溪镇董村村

三等奖：镜岭镇溪西村、儒岙镇南山村、沙溪镇新宅村、羽林街道大联村、南明街道班竹村

六、2016年度十佳农村杰出实用人才

丁剑峰　回山镇门溪山居农家乐（休闲农业）

吕　品　梅渚镇梅渚村（农村淘宝）

杨　斌　双彩乡岭岙村（养猪）

应文方　大市聚镇东宅村（水果）

张萌兰　新昌君兰工艺品加工厂（编制加工）

陈章云　东茗乡东茗村（茶业生产）

唐云飞　沙溪镇上蔡岙村（水稻种植）

盛品尧　镜岭镇冷水村（茶业生产）

梁小江　新昌县清水水产养殖专业合作社（水产养殖）

蔡元东　城南乡蔡氏家庭农场（休闲农业）

表 60　2016 年乡镇（街道）基本情况

镇乡名称	区域面积（平方公里）	村（居）民委员会（个）	总人口（人）	城镇人口（人）	公共财政收入（万元）	农村常住居民人均可支配收入（元）
羽林街道	85	42（1）	45327	14669		22862
南明街道	46	24（9）	77761	38371		22273
七星街道	57	33（2）	53608	45517		27307
澄潭镇	43	28（1）	21933	5083	1653	25038
梅渚镇	36	26	18193	4590	1388	27615
镜岭镇	101	35（1）	27487	4578	332	23506
回山镇	62	26	21911	5535	476	22419
儒岙镇	137	40（1）	37986	8979	3056	25983
大市聚镇	109	30（1）	26585	6273	1312	25693
小将镇	146	24	20263	3626	333	22638
沙溪镇	118	17	15225	3076	964	23510
城南乡	79	19	22629		1266	20533
东茗乡	48	15	13119		57	22825
双彩乡	34	19	14500		598	19748
新林乡	41	22	6913		163	21543
巧英乡	74	15	12374		591	21905

注：人口和城镇人口按公安年报整理。

表 61　2016 年乡镇（街道）农业农村主要指标

镇、乡（街道）	农村人口（人）	实有劳动力（人）	农作物播种面积（亩）	粮食播种面积（亩）	粮食总产量（吨）	油菜籽产量（吨）	花生产量（吨）	蔬菜产量（吨）	茶叶总产量（吨）	蚕茧总产量（吨）	水果总产量（吨）	年内生猪出栏头数（头）	肉类总产量（吨）	禽蛋产量（吨）	水产品总产量（吨）
羽林街道	38404	24200	45677	24566	9560	648	378	17482	420	33	1330	3800	423	400	515
南明街道	21031	12791	14596	6920	2422	330	97	5267	128	1.2	549	1645	144	66	42.5
七星街道	49414	32131	12118	5992	2113	182	74	9206	120	5	589	3568	287	21	314
澄潭镇	18971	11926	22633	11810	4279	544	84	9801	720	42	1018	4100	352	285	179
梅渚镇	14517	8502	24165	12489	4516	464	101	8229	113	146	2531	5100	468	165	171
镜岭镇	15208	9117	23047	9958	3510	126	149	16548	387		1375	2500	293	30	206
回山镇	26356	16805	46625	27968	10512	801	365	12704	485	0.6	8066	7150	701	55	245
儒岙镇	13068	8124	26488	10084	3990	229	186	6419	43	0.7	2245	2240	182	5	263
大市聚镇	10539	7001	23455	11175	3900	109	603	4096	210	36	4107	3000	249	11	282
小将镇	25195	15411	32211	15775	6506	590	148	18642	498	11.6	1889	2563	301	92	65
沙溪镇	35224	20719	56927	26180	9103	715	440	20348	732	0.8	6125	9865	808	185	143.5
城南乡	20160	10500	24888	10711	4124	492	107	11508	400	2	783	4150	344	96	61
东茗乡	10126	6330	22857	8533	3078	807	146	6744	562	27	1500	1389	232	5	131
双彩乡	10246	6168	17469	7799	3236	198	147	6178	323		854	2078	171	10	90
新林乡	5589	3491	8063	5047	1798	228	56	829	19	80	830	4100	320	23	4.7
巧英乡	8158	4878	13618	4748	1743	96	237	6447	160		1233	3200	249	11	108

（潘红鹰）

【表彰2016年度十佳现代农业特色村】　根据《中共新昌县委 新昌县人民政府关于加快社会主义新农村建设全力打造美丽乡村幸福家园的实施意见》（新委〔2011〕1号）、《中共新昌县委办公室 新昌县人民政府办公室关于印发2016年全县农业农村工作配套政策的通知》（新委办〔2016〕56号）等文件精神，经评审，以下10个村被评为2016年度十佳现代农业特色村。

儒岙镇里外岙村（茶叶）

东茗乡里王村（茶叶）

大市聚镇梅林山村（小京生）

城南乡天荷村（生态循环农业）

回山镇屯外村（西瓜）

梅渚镇宋家村（蚕桑）

羽林街道新中村（水果）

城南乡石溪村（林下经济三叶青）

小将镇新欣村（香榧）

儒岙镇横板桥村（森林休闲旅游）

（县史志办）

南明街道

【概况】　2016年，南明街道共有2000万元以上规模企业20家（新增2家，产值超亿元企业6家），实现工业产值33.39亿元，实现销售收入33.31亿元，实现外贸出口7.27亿元。全年化解信访积案

表62　南明街道2016年各行政村主要数据

村　名	支部书记	村委主任	村民小组	户数（户）	总人口（人）	城镇人口（人）	乡村人口（人）	耕地面积（亩）	山林面积（亩）	村集体经济收入（万元）
合　计			168	6969	17390	8000	9390	6687	30008	1073
东　联	周生森	刘璋仁	5	246	727	727			48	436.05
城　裕	陈华林	陈华林	4	119	269	269				6.83
市　中	俞祥明	俞祥明	2	64	186	186		26		18.66
城　民	杨锡均		4	102	228	228		20		12.91
城　星	王熙源	蔡明海	6	181	446	446		83		46.35
城　建	蔡建宇	俞汉年	6	271	634	634		0		38.56
挂帘山	石小飞	杨建国	10	382	969	969		113		6.51
南泥湾	陈雪林	石雪忠	8	331	843	843		208	445	147.02
棣　山	吕永江	潘鑫军	6	288	718		718	0	100	22.19
甘　棠	竺晓升	陈士源	9	517	1282	1282		674	640	25.7
望江山	蔡建元	陈国方	9	391	958		958	552	567	10.17
新　民	吴永军	俞生良	16	451	1088	1088		75	460	127.45
上小佘	吴岳军	吴玉洪	8	251	674		674	316	970	10.77
梨　木	陈叶兴	章红英	15	745	1904		1904	829	1415	20.43
平　湖	陈明浩	陈国洋	5	252	603		603	395	785	10.5
新　联	陈贤明	陈铭森	10	462	1186		1186	444	486	11.2
庄　前	陈尧初	陈杭伟	8	278	716		716	323	415	16.2
大洋山	郭士新	陈江明	6	248	568		568	395	2577	8.52
岙里头	吴焕强	吴仲鲁	3	176	398	398		287	1185	18.83
桃　源	吴国忠	丁永潮	9	389	930	930		611	5254	13.06
赤　土	李　广	李志勇	3	163	426		426	227	819	12.66
燕　窠	俞晓夏	章青松	6	215	517		517	346	5177	21.71
九间廊	俞岳元	林国江	5	206	516		516	338	4030	13.01
班　竹	章必才	桂洪文	5	241	604		604	425	4635	17.46

15件，其中市级红色积案7件、黄色3件，协助建设局、卫计局、人社局等县级部门化解积案5件，化解各类矛盾225件，其中有书面协议的42件。G20峰会维稳安保工作受到县长李宁的批示肯定，并被授予绍兴市先进单位。上小余、燕窠、大洋山等14个实施扶贫重点村联建物业项目，消除30户年收入4600元以下的低收入农户，“百企联百村”、“万名干部联万户”帮扶力度持续加大。发展荷花、香榧、蓝莓等休闲观光农业，依托线“天姥古驿带”建设，建造新联“百亩荷塘”、平湖“油菜花海”等农业休闲旅游基地。

【获五水共治优胜单位】 2016年，桃源黄贡坑、刘门坞以及梨木、甘棠和南泥湾二期等5个村2016年完成，受益农户1482户。至此，南明街道有18个村全部完成农村生活污水纳管处理。清淤工作，完成2个水库、5只山塘、12个农村太平塘，累计清淤32167.8立方米。辖区内所有生猪散养户和新增存栏50头以上养猪场全部完成整治，拆除不符合规定散养户猪场面积达1825.72平方米。2017年2月，获新昌县2016年度“五水共治”工作优胜单位。

【“三治一提升”全部通过验收】 2016年6月底，九间廊、平湖、上小余等21个村通过县创建办验收。2016年12月，大洋山、甘棠、梨木、新民4个村通过县创建办的验收。截止2016年底，南明街道24个行政村和城胜经济合作社都通过了验收，超额完成年度任务，并且全面建立了长效保洁机制、运转正常。

【参与钦寸水库工程建设】 完成移民安置点市政配套、绿化配套、生产用地交付、村民待遇落实、安置地社会稳定等工作。棣山、新民2个安置点公寓房完工，3月，青山路、中山路、棣山泵房、新民防洪堤、交通桥等配套工程涉及的政策处理完成，补征土地20多亩，迁移坟墓100多穴。2017年2月，获县2016年度钦寸水库工程建设先进单位。

【班竹村获乡村旅游特色村三等奖】 2016年6月，引进义乌市军酷旅拓展基地，投资600万元注册成立绍兴梦天越文化旅游开发有限公司，发展水上穿越、丛林探险、民宿、农家乐等项目。9月30日，“梦天越旅游综合体启动仪式”在班竹村举行，并承办全县乡村旅游现场会。国庆期间，班竹村接待上海、杭州等地游客10万人次。11月，班竹村完成省级历史文化重点村建设。受到县委常委、常务副县长柴理明的批示肯定，并获得县乡村旅游特色村三等奖。

南明街道班竹唐诗文化节暨梦天越乡村旅游综合体试营业启动仪式 （杨燕芹摄）

【第十届农民文化节】 10月10日，南明街道第十届农民文化节文艺晚会在江滨公园止水碑广场举办，来自街道各社区、企事业单位和农村的群众表演舞蹈《孜姆兰巴》、诗朗诵《南明梦 中国梦》、情景剧《红领巾助力五水共治》等15个节目。县领导潘岳梦、周巧米等与群众一起观看演出。

第十届农民文化节文艺晚会 （杨燕芹摄）

【道路建设征用2处土地】 黄庄水库至眉岱公路土地征用，3月2日启动，迁移大洋山等3个村的坟墓。4月5日，完成坟墓迁移31户61穴。9月30日，涉及道路建设的大洋山、上小余等7个村完成青苗政策处理和款项兑付，涉及坟墓迁移的3个村102穴坟墓完成搬迁。人民西路西延工程征收，完成大佛城至新中路人民西路土地房屋征收。征迁面积5万平方米，涉及私房118户、1.85万平方米，涉及企业14户、2.7万平方米。

【南复线两路两侧环境提升】 南复线、104国道两侧环境提升7.9公里，共租用土地21.22亩，征收影响两侧美观房屋3处、拆除违章建筑44处，沿线绿化17个点、涉及49.02亩，立面改造涉及挂帘山、南泥湾、新民、新联、庄前5个村和1个社区（城南社区），面积达1.9万平方米，墙改色面积7.8万平方米。

【社区管理改造】 鼓山社区建设红色驿站等大型宣传牌，形成“社区建设、社会组织建设、社会工作”机制。临城、市中、城南、梅湖等社区旧小区完成改造，南坑东路8号楼危房、城胜万家厨房、康乐巷等完成签约，合计签约住户60户、企业2家，面积1.5万平方米。按标准要求对9个社区完成3大类11项的消防器材配备，落实消防场地和义务队员，微型消防站制度上墙，9个社区全部配备消防三轮车。

（张　屹　吴卓君）

羽林街道

【概况】 2016年，羽林街道工业主要由医药化工、机械轴承、纺丝轻工三大类组成，50家规模以上企业实现工业总产值131亿，其中医药化工类工业总产值79.3亿元，机械轴承类工业总产值23.2亿元，纺丝轻工类工业总产值26.1亿元，其它类工业总产值2.4亿元。“五水共治”工程中的11个治污村涉及农户4274户的污水处理项目完成验收；对10家50头以上的养猪场开展生态化治理，对9家50头以上的养猪场和24家5–49头生猪散养户关停清养。三治一提升工作41个村全覆盖，通过县验收，截止12月中旬，清理垃圾3000余吨，清除乱堆乱放、乱搭乱建1000余处，拆除破旧空心房1.2万平方米，整治臭水沟1000余条，拆除露天粪坑3000只。大联村、山头里村和新岩村等典型村，三治一提升工作走在全县前列。同时，全力以赴推进两路两侧环境整治，重点对104国道、新大线等开展了道路设施、店招店牌、管线架空、建筑立面、绿化美化等方面整治活动。共投入资金2000余万元，开展了大小集中行动50余次。老104国道城北大桥至青山大桥段两侧综合整治工程全面推进，两路两侧裸露地已基本完成绿化美化。央于、兰沿等村已完成立面改造，104国道沿线面貌正在加快旧貌换新颜。渡皇山村被评为县“治水美村”十佳村。在八大行动中上报2851个问题清单，销号2851个。

【大联村和山头里村的三治一提升】 大联村和山头里这两个村，提高认识，喊出“农村不比城市差口号”，自我加压，自树标杆，通过几个月努力，改变环境面貌，成了羽林街道样板村。4月20日，绍兴市村容村貌美化专项整治现场会在大联村、山头里村召开。大联村在三治一提升等工作基础上，创新3D墙画，积极探索基层党建与中心工作融合共进新模式。

大联村一角

【渡皇山村——“治水美村”十佳村】 渡皇山村投资200万元进行农房改造，投资140万元进行农村生活污水管道建设，建造村口牌坊、景观工程，对公共厕所和垃圾房等公共设施进行立面改造。同时，创建居家养老服务中心，创建文化礼堂，建造农民公园。在2016年的新昌县“治水美村（居）”评选活动中，经过村、社区自愿申报，乡镇（街道）审核、推荐，群众微信投票，专家评审团审议等环节，渡皇山村被评为2016年县级“治水美村”。

表 63　　羽林街道 2016 年各行政村（社区）数据库

村名	支部书记	村委主任	村民小组（个）	户数（户）	人口（人）	区域面积（平方公里）	耕地面积（亩）			山林（亩）	茶叶（亩）	村集体经济收入（元）
							合计	水田	旱地			
马大王	俞伯良	俞柏洪	2	135	412	0.8	79.8	0.0	79.8	1564	12.0	120.75
年畲	梁金成	王永	8	298	772	0.9	511.7	160.0	351.7	2138	5.0	11.6
畲元	王雪千	张斌	3	167	548	0.9	0.0	0.0	0.0	2135	62.0	28.5
青山头	张飞虎	梁焕钱	8	191	451	1.4	0.0	0.0	0.0	2288	24.0	29.7
白段	梁春锋	俞钦东	2	102	272	0.5	63.8	0.0	63.8	71	19.0	26.7
泉清	俞槐堂	石碧英	8	391	1009	1.7	25.4	0.0	25.4	231	67.0	107.7
王家园	潘忠祥	王小渭	4	193	502	0.9	170.0	0.0	170.0	1895	0.0	74.9
新岩	俞大明	吕方勇	3	191	458	0.7	0.0	0.0	0.0	550	0.0	21.6
拔茅	俞林芳	潘文明	22	1091	2866	5.6	0.0	0.0	0.0	7167	335.0	121.8
天峰	陈陆军	袁优军	8	356	804	1.9	594.0	344.0	250.0	3715	59.0	23.2
岳岭	吕武军	石定焕	6	302	749	1.9	234.0	135.0	99.0	1300	90.0	24.2
王泗洲	俞永超	朱文富	8	412	1047	2.1	809.7	652.2	157.5	3258	0.0	25.5
兰沿	何美仁	陈兴红	7	283	688	1.8	505.0	379.0	126.0	2747	90.0	12.3
长诏	郑伯富	俞炎金	7	344	800	4.5	535.5	433.5	102.0	6976	120.0	58.98
前岸	吕绿斌	吕梁斌	5	278	670	0.3	422.5	346.5	76.0	4430	82.0	11.46
央于	张天祥	许岳中	9	450	1129	2.7	804.1	637.0	167.1	4527	110.0	11.33
后岸	徐永龙	徐忠孝	7	377	880	2.5	643.2	519.0	124.2	3404	60.0	29.06
新中	李仲永	陈林青	16	475	1171	2.6	1067.0	709.0	358.0	264	40.0	17.6
新富	魏小初	王余锋	11	442	1411	2.7	1033.0	690.0	343.0	557	110.0	20.13
三合	章瑞荣	盛正灿	4	207	498	0.9	471.0	250.0	221.0	78	18.0	10.8
渡皇山	王锡傲	张雷忠	9	383	963	1.8	618.5	398.5	220.0	318	30.0	21.5
董余	董槐良	张鑫超	4	258	621	1.3	431.6	266.0	165.6	328	40.0	14.6
梁家井	单卫璋	潘小富	3	132	462	1.3	401.0	176.0	225.0	750	50.0	11.16
三联	俞惠金	俞学中	12	284	1001	1.7	317.7	191.0	126.7	260	80.0	27.8
新旺	吕青银	张梦兴	10	373	963	1.6	463.0	332.0	131.0	239	40.0	8.99
三丰	俞家仁	徐贤兴	14	465	1225	4.6	982.0	612.0	370.0	1180	220.0	13.9
孟家塘	梁浩	梁浩	14	495	1587	3.1	1017.8	661.0	356.8	646	55.0	10.7
金裕	章灵土	唐春辉	7	257	656	1.4	485.4	320.0	165.4	229	10.0	6.89
大联	梁林华	梁林华	7	363	794	1.9	667.0	412.0	255.0	255	3.0	25.2
大塘坑	徐法弟	叶志洪	13	590	1397	1.8	891.0	695.0	196.0	240	75.0	11.5
大明市	丁君天	张忠祥	14	586	1300	2	666.0	586.0	80.0	289	60.0	29.37
五丰	张燕瑞	吴国林	15	616	1445	3.3	996.0	683.8	312.2	789	0.0	11.6
丁家园	丁玲月	高波	6	353	800	1	553.4	524.4	29.0	21	0.0	12.5
山头里	张家本	赵海燕	6	293	730	1.2	463.9	439.0	24.9	85	8.0	16.8
枫家潭	王志永	潘利明	6	341	839	2	554.0	393.0	161.0	1040	60.0	8.1
铁顶山	梁云祥	陈仲云	9	308	928	1.6	756.0	454.0	302.0	206	220.0	15.7
万石坑	潘焕阳	吕成孝	9	335	993	2.4	617.7	372.2	245.5	279	400.0	21.1
藕岸	吕庆浩	吕奇松	38	995	2295	4	1696.7	1561.7	135.0	1306	634.0	13.45
芦士	袁林福	方黎伟	10	270	703	4	646.6	531.0	115.6	3228	215.0	20.1
白杨	竺洪源	竺锋锋	8	281	675	2.4	772.0	486.0	286.0	1511	210.0	19.4
王山	俞见富	竺孟江	11	350	810	2.6	791.5	637.0	154.5	710	310.0	23.73
钦寸	童政铨	王柏祥	14	30	80	3.7	0.0	0.0	0.0	0	0.0	0.0
合计			387	15043	38404	88	22758.5	15986.8	6771.7	63204	4023	1131.71

新昌县2016年第四季度重大项目开工仪式举行

【大明市区块土地征收】 大明市土地一期征收共涉及9个村，约1万亩土地。9月22日，征迁动员大会召开。10月12日，9个村全部完成征地签约，比原计划提前近2个月。开始征地后30天，五丰村就供地，五丰隧道五丰洞口工程场地平整启动，11月30日，新昌县2016年四季度重大项目集中开工暨527国道连接线（泉清至五丰段）工程动工仪式在五丰村举行。12月2日，大明市区块土地征收第一笔款1.6亿元拨付出（藕岸村），从外业开始到第一笔资金付出共50天时间。大明市区块开发进入测量评估、资金兑付等环节，其中藕岸、五丰2个村土地青苗补偿资金兑付到户。原计划定于2017年6月前完成，实际工作提前完成。

大明市区块征迁动员大会

【农村承包土地确权】 街道主要涉及18个村农村承包土地确权，街道和18个村均召开动员大会，并成立工作领导小组。14个村完成信息调查，其中4个村进入测量；剩下2个村完成信息调查的60%，2个村完成信息调查的40%。

【农村基层作风巡查】 7月起，羽林街道派出14个巡查组进驻14个村开展农村基层作风巡查工作。11月底，14个巡查组基本完成14个村的集中巡查工作，巡查发现问题36个，给予党纪处分1人，组织处理3人，另有一批问题线索正在初查。

6月25日，羽林街道农村党员大会召开

【浙新旺粮食专业合作社成立】 3月3日，新昌浙新旺粮食专业合作社联合社正式成立，位于新昌县羽林街道新中村千亩畈。该联合社由浙新龙、中波、惠农、大明、文兰、新羽等6家粮食专业合作社组建，注册资金50万元，下设生产技术部、计划财务部、项目投资部、经营服务部四个机构。

【泉清村古树公园景观工程动工】 3月，新昌工业园区在羽林街道泉清村口规划设计的古树公园景观工程动工建设。泉清古树公园总投资492.4万元，建设面积约7000平方米，其中绿化面积约5000平方米，铺装面积856平方米，道路硬化1440平方米，建设仿古凉亭、步行道、停车场、厕所等配套设施。

（李　洋）

七星街道

【概况】 2016年，七星街道村级经济总收入5901万元，规上企业实现工业总产值414.9亿元，其中新产品产值244.3亿元，实现主营业务收入3413.2亿元，实现利润36.6亿元，完成工业有效投资 11.39 亿元，完成创新特色工作 37 项。七星街道荣获 2016 年度乡镇（街道）目标责任制考核 A 类单位、全县科技目标责任制考核一等奖、全县信访工作先进集体、县服务保障 G20 杭州峰会工作先进集体，全市禁毒工作先进街道。

表 64　七星街道 2016 年行政村数据库

村名	户数（户）	农业人口（人）	村级经济年收入（万元）	经营性收入（万元）
龙　山	245	603	50.98	43.50
磕　下	852	2295	204.61	186.17
上石演	730	1524	441.53	226.87
下石演	350	970	10.52	0.00
上三溪	370	1065	18.78	17.50
下三溪	165	458	23.18	0.00
张家庄	265	696	133.95	2.02
坎　头	369	970	167.36	165.35
侯　村	413	1135	62.25	55.13
庙前地	395	1057	78.19	53.12
赵婆岙	161	403	10.89	4.00
凤　凰	302	754	55.39	54.10
五　联	270	658	35.41	30.85
五　都	498	1139	92.22	83.76
馒头山	116	313	10.79	6.36
葫芦岙	515	1359	39.66	39.60
九峰寺	348	785	16.20	5.20
杨梅山	426	1080	11.80	3.90
溪　二	108	339	8.04	5.90
元　岙	460	1218	40.96	5.02
飞　凤	70	144	51.83	49.38
岩　里	278	647	10.74	8.00
上礼泉	701	1611	3102.26	2973.49
土谷庙	792	1828	10.94	7.00
下礼泉	301	691	291.52	229.35
塔　山	365	940	114.69	107.08
五龙岙	383	974	11.89	8.18
蟠　龙	123	283	10.88	7.00
石柱湾	542	1110	369.17	279.84
中　喻	139	340	56.44	42.49
合　新	329	741	10.32	0.00
金　星	167	387	14.24	5.43
后　溪	352	886	334.13	330.60
合　计		11900	29403	5901.26

【推进党的组织作风建设】 1 月 19 日，七星街道党员代表会议召开，贯彻落实“党员代表会议制”，辖区内县党代表、各村（社区、企业）党组织负责人参加会议。会议执行乡镇党代会年会“三

七星街道第十届农民文化节

项规定动作”，通过听取和审查街道党工委、纪工委工作报告，听取街道党工委班子成员口头述职述廉和征询代表提议和意见建议。3 月 22 日，七星街道第一季度党组织书记工作例会召开。会议组织村（社区）党组织书记参观环境整治和党建对标示范村下礼泉村和元岙村，工作先进村（社区）交流做法和下步打算。5 月 10 日，七星街道召开“两学一做”专题党课暨学习教育部署会，6 月 26 日，七星街道纪念中国共产党成立 95 周年党员大会召开。8 月 12 日，县委第一巡察组巡察七星街道工作动员会在县三馆报告厅召开，七星街道党政领导班子成员、全体机关干部、基层站所负责人、村（社区）两委主职干部、村（居）监会主任、退休老干部代表，共 202 人参加会议。至 9 月 3 日，街道党工委、办事处对县委第一巡察组指出“4 大类 14 项 43 个问题以及 14 件信访交办件”落实整改。11 月 10 日起，七星街道启动新昌县“两代表一委员”换届选举工作。共推选县党代表 28 名、县人大代表 26 名、县政协委员 7 名。

2016 年重点工作推进会召开

【推进创建国家级卫生县城】 2月25日起，七星街道推进城乡环境整治，先后6次召开环境整治的会议，共清理乱堆放3500余处，乱拉挂100余处，乱搭建300余处，清除牛皮癣乱张贴超万张，清运垃圾270余吨，清理卫生死角400余处。新中路、演溪路、孝行路、体育场路、江滨路等路段的建筑物墙体、工地围墙上面绘制清洁家园相关内容墙绘广告1.23万平方米。悬挂横幅225幅，刊出黑板报120期，在宣传栏制作421期国卫创建知识。向农村、社区、学校发放卫生健康张贴画1.6万份，发放倡议书等宣传资料1.3万份。

【污水治理和拆除违章建筑】 七星街道农村污水治理工程共投入4000万元，土谷庙、岩里、上礼泉等6个村于11月底通过县相关部门的农村污水治理验收，受益户达2813户，至此七星街道共计完成32个村。5月11日，上礼泉村、塔山村、石柱湾村、上石演、下石演、上三溪、下三溪、张家庄、磕下、坎头、下礼泉等11个村名列“三治一提升”县级合格村。6月28日前，七星街道33个村（除五都外）通过县级考核验收。拆除违法建设面积20.9万平方米，1500名党员干部完成自查自纠，通过无违建先进街道评审。

【五都整村搬迁】 经过前阶段动员大会、搬迁意向调查、房屋测量评估、评估结果公示等工作，五都整村搬迁预签约率于8月15日正式突破90%，8月17日，县委、县政府批准实施五都整村搬迁，共涉及562户，1344人，拆迁面积约12万平方米。9月17日至18日，街道共安排165户迁建安置户抽号择地，10月15日安排34户公寓房安置户抽号择房，除4户提前选择货币以外，其他人员全部完成择地择房。

五都村房屋拆除

【旅游集散中心征迁】 旅游集散中心共涉及78户农户征迁、集体资产处置、安置地块建设三块内容。自9月10日起预签约，76户农户已签约，签约率达97.4%，完成资金兑付，腾空拆除房屋面积2.07万平方米。街道多次组织召开会议，村两委基本明确集体资产处置方案。安置地建设设计成稿。

（徐梦瑶）

澄潭镇

【概况】 2016年，澄潭镇实现生产总值14亿元，财政税收863万元，农村居民人均可支配收入2.2万元。全年实现工业总产值27亿元，20家规上企业实现产值2.44亿元，税收超百万企业11家。全镇经济社会发展主要指标在16个乡镇（街道）中位列全县第三。被授予2016年度“枫桥式”乡镇、绍兴市G20杭州峰会工作先进集体、绍兴市“无违建创建先进乡镇”、市级森林城镇、新昌县“治污工作先进单位”等荣誉。

【党代表和人大代表换届选举】 澄潭镇党委换届工作以党章和党的基层组织选举工作暂行条例为遵循，选举产生中共澄潭镇第十五届代表大会代表69名，其中行政村党员代表38名，企业党员代表11名，镇机关、事业单位党员代表20名，妇女党员代表13名，45周岁以下的党员代表24名，高中以上文化程度49名，大专以上29名。10月19日，中共澄潭镇第十五届代表大会第一次会议召开，选举产生新一届镇党委、纪委班子。澄潭镇第十七届人大代表换届选举于2016年11月上旬启动，至12月24日完成，选举产生县十六届人大代表11名、镇第十八届人大代表58名。11名县人大代表中中共党员10名，女性代表1名，工人、农民5名，专业技术人员1名，党政干部3名。58名镇人大代表中中共党员34名，女性代表13名，工人、农民 30 名，专业技术人员 10 名，党政干部 7 名。与往届相比，代表的各种构成更趋合理。

10 月 19 日，中共澄潭镇第十五届代表大会第一次会议　　（王堃仑摄）

【十九峰景区建成玻璃栈道】　十九峰景区于 2015 年 12 月 31 日创建为国家 4A 级风景区，于 2016 年建成浙江最长的空中玻璃栈道。栈道总长达 3200 米，宽 1.6 米，距地面 200 多米，其中玻璃悬空栈道总长 28 米。2016 年“十一”黄金周期间，十九峰景区共接待游客 11.17 万人次，成为浙江地区 2016 年“爆款”旅游景区，景区接待量涨幅近 600%。周边农家乐、民宿居共接待游客 5 万人次。

【第十届农民文化节】　纪念红军长征胜利 80 周年暨澄潭镇第十届农民文化节于 2016 年 10 月 21 日在西街村文化礼堂举办，晚会共有 16 个节目，有古筝、武术、舞蹈、小品等节目类型，来自全镇 11 个村的 100 多位农民和县文化馆、澄潭幼儿园的志愿者共同参与演出。近千名百姓群众驻足观看。

10 月 21 日，澄潭镇第十届农民文化节　　（舒　瑜摄）

【党建对标建设和农村作风巡查】　实施以“创新创业服务团、民情民俗理事团、文明新风宣传团、便民惠民服务团、治安消防义工团”等五方面为内容的“五团化服务”，引导全镇 28 个村成立志愿者服务队伍。棠村村、西街村、朱凤村等 5 个村建成党建对标示范村，东街村、大阳村等 12 个建成党建对标达标村。澄潭镇首批确定大阳村、东街村、东瓦村、丰瓦村、社古村、龟岩潭村、胡衣村、左于村、泄下村、兴旺村这 10 个村开展农村

表 65　　澄潭镇 2016 年各行政村数据库

村名	支部书记	村委主任	常住户数（户）	常住人口（人）	村民小组（个）	耕地（亩）	山林（亩）	村级经济总收入（万元）
合计			8043	18971	243	12045	37796	298.39
社古	陈肖华	金六祥	495	1079	7	616	1160	10.65
坑下	李鹏辉	李六强	260	725	8	469	1616	10.02
龟岩潭	潘柏银	潘学军	241	579	5	389	460	10.09
丰瓦	张水军	张红苗	216	481	6	305	782	10.02
岭竺	丁东初	顾学军	150	394	6	689	1858	10.01
西花园	潘志刚	潘德祥	184	448	8	388	626	10.01
芝田	吕小明	张玉富	276	698	6		816	10.01
东街	金利仁*	金利仁	278	668	9	85	190	10.10
南街	俞法明	毛永清	264	556	8	193	227	10.01
西街	孟亚成	沈桔江	239	553	8	120	143	15.33
北街	梁国强	甄亮良	207	452	4	80	157	10.05
枣园	娄建国	求孝江	401	1103	15		1309	11.41
胡衣	王立刚	方利平	110	255	2		326	4.68
舒家	舒德均	舒国良	65	148	2		190	4.25
茅家	李相兔	茅永南	69	163	2		177	4.98
棠村	王国平	梁林东	570	1415	10	1050	1879	12.59
朱凤	潘　毅	张锡均	212	602	11	481	863	5.73
横联	陈国良	王鑫龙	418	1009	16	697	2512	12.66
左于	王梅汀	王龙君	436	1025	15	150	4441	27.97
泄下	周国成	王飞波	180	535	5	380	1360	10.02
东瓦	张如良	徐竹江	254	593	8	777	2441	12.33
大阳	丁国相*	舒积成	295	731	14	876	1059	10.92
东丁	张士南	舒樟千	206	440	6	713.0	1244	6.22
燕窠	王红钢*	潘海松	346	830	12	700	2597	10.13
兴旺	陈柏朝	陈天林	174	437	6	602	758	13.58
里丁	张秀清	丁铮铖	270	664	11	848	1760	10.14
灵山下	丁万善*	王国明	292	735	14	664	1789	10.04
东西城	求雨千	求玉财	371	893	19	773	5056	14.44
居委会	叶志鹏		564	760				

注：*者为村委主任或副书记，主持工作。

基层作风巡查。成立农村基层作风巡查工作领导小组，并抽调各办公室专业骨干成立10个作风巡查组，开展蹲点式实地巡查，共督促整改落实问题36个。

【集镇建设和环境整治】　澄潭农贸市场主体工程建成，总投资超3000万元。投资300万元，推进曙光路剩余段人行道铺设、4条道路硬化及9只公厕改造。投资410万元完成连接新农贸市场沿河路一期工程。共拆除墙体小灯箱8只，清除乱挂横幅15幅，收缴门前占道石墩和灯箱30个，整改出店经营35家，拆除乱搭乱建30余处，清理侵占道路停车位。基本实现“全面清除流动摊贩、全面拆除违章搭建、全面清除店外店摊外摊”的目标。

（赵越晟）

【朱凤村文化礼堂建成】　朱凤村，位于澄潭镇遁山之麓，有朱家塘、凤宅两个自然村，村民委员会驻地朱家塘。朱凤村文化礼堂利用建成于1981年的大会堂装修改选而成，2016年7月，完成基础设施建设。礼堂大厅面积600平方米，其中舞台120平方米。国旗设置在戏台，社会主义核心价值观24个字设置在看台下，当代浙江人共同价值观核心词设置在戏台两侧。讲堂名“翥阁讲堂”，面积100平方米。配有桌椅20套，电教设备有电视机。农家书屋、春泥计划活动室、电影放映场。五廊设于礼堂边，主要设村史村情、民俗民风、崇德尚贤、美好家园、乡风评议等板块。12月，通过县级验收，被评定为新昌县农村文化礼堂示范点。

翥阁讲堂　（舒　瑜摄）

梅渚镇

【概况】　2016年，梅渚镇围绕“产业平台园区镇、美丽乡村示范镇、生态文化特色镇”目标，确保经济社会健康发展。全年地方财政收入1193.88万元，比2015年增长2.32%。实现工业总产值47亿元，销售46亿元，利润2.3亿元。500万元以上投资项目25个，其中千万元项目22个。完成股份制改造1家，推进节能降耗，淘汰浙江丰岛食品有限公司、新昌县春江食品有限公司等6家企业落后产能项目，浙江森春机械有限公司申报数字化车间。申报省级新产品10只，申报县级农业科技项目2只，申请专利322项。相继完成红庄乡村旅游项目、山头综合区块配套项目、梅渚农民公园、农村垃圾处理试点等工程，完成清淤11.4万立方米，农村治污工程4个村，拆除违章406户85849平方米。探索建立生活垃圾分类处理机制，垃圾清运及园区道路保洁实现市场化操作，建立环境卫生整治专项考核办法，加强各村环境卫生督查考评，每月排名通报、末位约谈。2016年上半年，全镇26个村“三治一提升”工作全部通过县级验收。

【首届古村年味节举办】　2016年1月30日，新昌县首届古村年味节活动在梅渚镇梅渚村举行，内容有十番表演、剪纸表演、古水龙表演、古村祈福、舞龙舞狮、送春联等活动，弹六谷胖、钳蛋卷、

第七届村晚暨“古韵飘香 追梦梅渚”2016年文化礼堂闹新春晚会现场　（金晓兰摄）

打麻糍等年味小吃现场制作，吸引上万人前来体验。晚上，第七届村晚暨“古韵飘香 追梦梅渚”2016年文化礼堂闹新春晚会在梅渚村上演，现场举行“百年・百镇・百梦”网络征集珍藏活动启动仪式，梅渚镇征集并现场发布自己的梦想。浙江在线网络直播，吸引大量线上观众。

【全市河道认养制、企业河长制推进会】 2016年5月26日，全市河道“认养制”、企业“河长制”推进会在梅渚召开，推广河道认养梅渚模式，深化实施河道“认养制”、企业“河长制”，发挥企业反哺社会功能，巩固“清三河”整治成果。绍兴市政协副主席何小玲等市、县共30余人参加会议。

【全市文化礼堂建设工作现场推进会】 2016年9月27日，全市文化礼堂建设工作现场推进会在新昌召开，全市各县市区分管宣传文化等工作的领导同志共80余人到梅渚镇梅渚村参观文化礼堂建设和运行管理。梅渚村以“村史、蚕事、剪纸、糟烧、戏曲”等为主要内容的乡村记忆馆及文化礼堂，成为梅渚村“文化地标”，文化自信在梅渚落地生根。

【人民代表大会和党员代表大会】 2016年6月3日，梅渚镇第十六届人民代表大会第六次会议召开。应到会代表50人，实到44人。会议听取并审议通过何溢强所作的政府工作报告，审议通过人大主席团工作报告。2016年10月20日，中共梅渚镇第十五届代表大会第一次会议召开。应到会代表62人，实到60人。会议听取、审议并通过蔡立君代表镇上届镇党委所作的工作报告，选举产生中共梅渚镇第十五届委员会和纪律检查委员会，蔡立君当选为镇党委书记，陈银江当选为镇纪委书记。

中共梅渚镇第十五届代表大会第一次会议

（金晓兰摄）

【推进园区建设】 完成镇前路、梅和路、铁牛二路、日发周边配套道路、刺湾道路工程等基础设施建设政策处理，完成12户农户及镇中心幼儿园、氟石矿、2户新镜线滞留户拆迁，完成土地征用170.256亩、土地报批778.23亩、搬迁坟墓355穴。浙江日发纺机技术有限公司、浙江日发精密机械股份有限公司、新昌县诚本轴承滚子有限公司、新昌县大工机械有限公司等7家企业落户梅渚，落地面积485.151亩。配合县委县政府和高新园区，抓好智能小镇建设。

【探索乡村旅游新模式】 依托梅渚古村和红庄青少年户外拓展基地，整合提升田园文化旅游，“农场体验—古村游览—企业观光—户外拓展”特色旅游线路初步形成。高新园区的发展和智能装备小镇的建设，为梅渚村的发展带来了机遇。梅渚村将以古村为依托，大力发展文化旅游经济，推动村域经济的跨越发展。红庄村以“建成十里红庄，带动百姓致富”为目标，依托便利的交通区位优势，大力发展乡村旅游，共投资400多万元，新建了风情烧烤、漫步长廊、骑行茶园、拓展基地等6个乡村旅游项目，集休闲观光、农耕体验、素质拓展于一体的乡村旅游特色村初步建成。

【梅渚中心小学扩建】 为优化教育资源，投资1600余万元进行梅渚镇中心小学扩建，2014年开始建设，2016年5月份完成建设，建筑面积5000余平方米，共建有教室20个，其中功能教室8个，可容纳学生540人，6月，通过省标准化验收。

【新镜线梅渚段“两路两侧”环境综合整治】 新镜线梅渚段是新昌城西的门户大道，也是高新园区梅澄区块的主干道，被县委、县政府列为“无违建”创建、“两路两侧”环境综合提升百日攻坚行动的整治重点之一。该路段的整治范围起于铁牛大岙自然村，止于新昌四通机电有限公司处，总长5.8公里，需整体环境提升改造总面积191000平方米，其中景观绿化提升改造面积65592平方米，建筑外立面装饰改造面积9633平方米，7月底开始整治，通过3个多月努力，投资2000余万元，将新镜线梅渚段打造成为环境优越、格调高雅的风情景观长廊。

新镜线梅渚段航拍

表66　梅渚镇2016年各行政村基本数据库

村名	支部书记	村委主任	村民小组(个)	常住户数(户)	常住人口(人)	面积(亩)		村集体经济(万元)
						耕地	山林	
梅渚村	黄炎华	吕明均	26	876	2065	0	1166	94.19
马家庄村	张法忠	陈冬妃	5	152	381	0	552	8.01
下衣村	俞海昌	俞望平	12	415	957	110	790	80.81
平水	金刚永	金　军	5	144	367	0	67	10.11
坂田村	张松余	赵小汀	3	157	364	0	165	10.91
王洋坪村	张德恩	张周兴	1	57	133	22	280	8.00
前三村	周银昌	张中祥	5	644	860	0	227	12.56
红庄村	何裕方	何钧铭	3	200	496	45	893	26.37
长安棚村	梁仲洋	梁苗章	3	127	312	0	165	10.25
山支头村	钱兴安	钱国明	4	284	640	60	993	65.14
铁牛村	俞玉忠	吕南富	14	560	1278	50	1953	227.10
上山泊村	张樟春	黄铁波	10	320	810	100	397	14.87
下山泊村	宋建华	陈仲钦	12	359	849	55	391	19.46
苏秦村	施樟富	周文均	3	141	346	282	357	10.72
宋家村	宋红云	宋建刚	10	338	801	176	0721	10.10
青廷坞村	俞汉云	求焕汀	5	108	257	58	374	13.41
杨梅坪村	杨国锋	张建平	3	72	202	116	192	15.59
后山根村	张忠明	翁忠明	4	170	410	5	111	10.40
张家店村	张明生	张大方	19	582	1379	1407	2313	20.02
官塘村	丁国华	俞兴华	6	194	431	397	520	27.59
定坂村	陈　超	俞柏汀	14	330	850	697	2204	34.07
上湖村	徐锡初	徐林勇	16	423	994	484	1405	14.24
麻家田村	张再沛	张水灿	12	308	672	481	889	15.06
水出坂村	张福堂	张玉仁	2	53	120	60	272	24.50
山头村	王霄鹏	王壮辉	12	426	1000	15	742	18.45
下田村	舒伟勇	俞松南	5	254	631	13	0135	8.00
合计			214	7694	17605	4633	1.8274	809.93

（金晓兰）

镜岭镇

【概况】　2016年，镜岭镇实现工业总产值21.6亿元，财政收入313.7万元。全镇生产茶叶12480担，产值9800万元。茶机购置补贴补助完成570户，640台，计84.87万元。冷水村村民盛品尧在全县“茶王赛”中获得“茶王”称号，镜岭镇已摘得三届“茶王”称号。万家丰蓝莓、镜湖山庄、老兵农场等农业园区打造田园采摘体验新模式，形成以覆盆子、大枣、猕猴桃等农业基地1800余亩，发展香榧基地2000余亩。7家养殖场进行违禁药品、生产档案督查。完成家禽11061只和家畜1311头的防疫工作。澄潭江镜岭大桥至蔡家堤防工程全面竣工，小石门等山塘水库完成清淤，共计清淤11.8万立方米，4座山塘水库完成除险加固工程。越峰铸钢实业有限公司等3家申报省级中小型科技企业。城乡居民健康体检及女性查孕查环查病累计参与人数1.4万人。47位爱心人士参与献血，办理一孩生育登记132对，二孩生育154人。成功化解3件信访积案。受理信访局转案44件，县长信箱43件，市长信箱55件。开展优化环境中“八大行动”梳理出问题915个，销号率96%。全镇23条乡、村道路共计55.8元/公里正常养护。横坞至柱头山、里练使至龙潭背、新镜线至后用、西坑至石宕公路顺利通车。7个村农村生活污水治理工程完成，新增纳管受益户1956户，其中“三水”投入684户，共建12只终端设备。拆除露天粪坑350只，新建公厕16只。做好5条市县级河道及64条镇村河道的保洁。利用“河长通”APP对纳入管理的16条河道进行巡查。50头以上养猪场安装污染处理设施，共拆除6个50头以上养猪场。土地确权登记颁证调查摸底32个村，完成指界32个村，完成复核22个村。13个村居家养老照料中心建成，7户困难房救助，救助金4.4万元，消除4500元以下低收入农户31户。镜岭镇被评为浙江省美丽乡村示范镇，被绍兴市委办评为2011~2015年全市法制宣传教育优秀集体。

【销售有机垃圾处理环保设备 30 余台】 浙江宏涛机械有限公司，于 1996 年成立，从事压力容器，空分、钢铁、铸造、医药、环保设备，生物化工等配套的制造。公司取得 IS09001-200 质量管理体系认证。2015 年，公司与中科院，浙江大学、浙江省农科院、浙江省生态经济促进会合作，经过两年研究，制造出生活有机垃圾处理设备，日处理量从 300KG 到 10000KG 多种方案，各项技术性能处于国内领先水平。设备由提升系统、粉碎系统、胶小系统、发酵系统、温控系统、废气净化系统、出料系统等一体化集成，能快速将生活有机垃圾处理并转化为有机肥。2016 年生产 30 余台，销售额达 1000 余万元。销往本县和温州、金华、嘉兴等地。

【乡村旅游形象初现】 2016 年，镜岭镇完善修编《镜岭镇总体规划》和《镜岭镇旅游专项规划》。22 个村编制村庄规划。雅庄、外婆坑、溪西、坪桥 4 个村编制旅游专项规划。省级历史古村落西坑村召开规划方案评审会。镇政府与金华市商会、杭州市商会和上海市投资商洽谈，引进资金，在坪桥、溪西、外婆坑、雅庄、洞坑等村，确定建设中高端民宿项目 8 个。“山谷里 · 外婆家” 和 “缘分雅庄” 开业运营。“溪西里” 民宿综合体投资近 5000 万元，分两期建设，完成 60 亩土地、11 户房屋租赁工作。游客中心、餐饮中心和样板房基本完工。在坪桥、溪西等 4 个村安排的 22 个项目，其中 18 个建成。2016 年新增民宿 12 家，房间 205 间，床位 325 张，餐位 1180 个。配合县旅游局成功举办第二届 “十九峰风筝节”。外婆坑玉米饼 、百香果业猕猴桃营养酒、楼基豆腐皮等旅游衍生产品，销售额达 340 万元。溪西村口景观工程、砩头农民公园、大古年景观平台等建成。镜岭镇外婆坑村被农业部推介为中国美丽休闲乡村。11 月 16 日，全省美丽乡镇和农村精神文明建设现场会召开，公布全省美丽乡村示范乡镇名单，镜岭镇名列其中。

【建设 2 个垃圾分类处理站】 镜岭镇投入 270 余万元，建设 2 个垃圾分类处理站，为各村新配四分桶 80 组，二分桶 5000 只。分发宣传册 6000 余份，宣传海报 1000 余张，致家长公开信 500 余封，提升村民知晓率。全镇垃圾分类代表全省接受省、市相关部门的检查，获一致好评。

表 67　　镜岭镇 2016 年各行政村数据库

村名	支部书记	村委主任	人口（人）	耕地面积（亩）	山林面积（亩）
镜　岭	何国汀	董朝阳	476	422	637
溪　西	何柏均	张妙能	1844	1220	2741
黄婆滩	吴　春	陈秋生	853	568	780
黄　岙	胡和平	蔡苏成	956	611	613
雅　庄	张岳富	张汀祥	617	586	498
楼　基	王青波	王小高	1252	798	349
砩　头	陈国均	陈康	582	412	731
西　坑	陈灿君	陈云	1819	1227	8800
暖谷山	陈裕竹	陈先平	440	263	3352
洞　坑	柳祝永	孟祝良	304	143	9484
横　坞	邓法明	王明傲	526	312	10996
大古年	潘焕成	潘大胜	708	460	1280
冷　水	何汉均	梁美红	801	466	2000
肇　圃	杨溥恩	杨壮仁	707	788	2768
岩　泉	甄旭东	甄国英	675	720	1969
下　竹	丁群力	丁雷明	828	551	416
上　竹	任幼玲	盛岳仁	433	277	173
渡　头	张国千	董幼明	596	252	536
殿　前	潘杏训	潘德良	898	517	392
下　潘	张新山	杨永超	939	441	715
兴　云	潘柏樑	潘柏樑	540	254	472
塘　北	赵　均	李德昌	549	224	599
西山头	潘香花	瞿春来	544	335	734
梁　家	潘新栋	梁迪龙	602	329	135
练　使	董波潮	林新思	516	326	1092
龙潭背	胡友山	潘森亮	395	330	2218
后　染	俞杏婉	倪苏妹	1199	1092	2330
金高椅	潘小明	潘建民	166	133	76
小泉溪	王德成	王宣忠	581	444	610
白岩下	潘林娟	杨秀华	93	52	283
大　畈	丁晓明	吕富林	1427	1031	2973
安　山	丁洪伟	任金才	897	638	4505
建　国	周焕灿	周柏春	548	251	2689
坪　桥	杨文良	杨正良	502	445	6251
外婆坑	林金仁	何志明	432	174	4760

【杭绍台高速镜岭段征迁】 杭绍台高速镜岭镇红线内涉及 11 个行政村，完成 788 亩土地，714 穴坟墓、26 户房屋的征迁，土地征用款、青苗补偿款基本兑付到户。梁家村等 11 个村完成清表，并

动工建设，两个标段项目部、施工便道、料场等160亩临时用地交付。韩妃江项目完成104亩土地政策处理、21户房屋和1座电站的征迁及清理。

【党代表和人民代表换届选举】 2016年，镜岭镇成立党代表、人大代表换届工作领导小组。组织观看《镜鉴》宣传片，严肃换届纪律，选出县党代表10名，镇代表66名，县人大代表12名，镇人大代表62名。后染村2名党员、殿前村代表候选人在选举过程中的违纪行为进行严肃处理。

【村党组织实施“三单制”】 镜岭镇在各村推行村党组织问题单、计划单、成绩单“三单制”，通过找问题、列计划、晒成绩，三单合一，补齐短板。经模排，各村共列出问题单179个，其中红色问题58个，黄色问题69个，蓝色问题50个，在征求意见基础上，分类制定整改计划，提交党政联席会议讨论，制定红色问题计划单58份，黄色问题计划单22份，并全部予以销号。

【处理农村党员干部“一户多宅”】 镇部门、村干部、联系村干部分工合作，开展自查，与全镇党员干部签订承诺书1200余份。共排查出党员干部非法“一户多宅”27处，并全部完成拆除。全年拆除违章建筑634户，93749.35平方米，完成控违拆违任务208.33%。拆后利用面积93%，其中500平方米以上的连片点18个。全镇35个村制作五色图标识，创建“无违建先进乡镇”。

【第十届农民文化节暨第三届最美镜岭人颁奖仪式】 2016年11月1日晚，镜岭镇第十届农民文化节暨第三届最美镜岭人颁奖仪式在雅庄村举行。溪西、下竹潭、黄岙、县妇联、镜岭、楼基、硴头、黄婆滩等参加演出节目16个。经现场评选，硴头村、黄婆滩村等11个节目，分别获得一、二、三等奖。会上，表彰最美管理员，最美媳妇、最美保洁员、最美护河员、最美村嫂等“最美镜岭人”10人，并颁发荣誉证书和奖金。

【甄完故里二期工程完成】 甄完故里廉政文化教育基地，位于镜岭镇岩泉村，由甄完祠堂、墓园、牌坊三部分组成，总面积3000平方米，县人民政府投资项目，镜岭镇政府具体实施。2012年筹建，2014年一期工程完成。2016年投入300万元建设二期工程，有展馆、游步道、立面改造、停车场等设施和绿化工程。全年接待游客90余批次，3000余人次。

（黄志益）

回山镇

【概况】 2016年，回山镇加快推进民生工程，投资200万元完成回山汽车站及相关配套工程，投资200万元完成集镇自来水扩面引水主管网工程，受益8个村，投资1200万元完成35KV回山永久变电所建设，实施电网建设和改造，商业街街面统一制作广告。门溪江流域生态电站建设和河道拦水堰、电站周边环境进行整治。大宅里村完成垃圾减量化处理工程。建立环境卫生三色预警机制，26个村设立“三治一提升”创建红旗榜，并通过验收。全年拆除违章建筑337户，58337平方米，拆后土地利用利用率70.01%。最后4个村完成农村治污工程，受益农户1550户。门溪水库河道整治、小型农田水利等90个工程完成，河道清淤疏浚7.72万立方米，15个村实行饮用水长效管理。

【中共回山镇第十五届代表大会第一次会议】 10月25日，中共回山镇第十五届代表大会第一次会议召开，县委常委、人武部政委何志良到会祝贺。会议回顾总结回山镇第十四届党代会以来所取得的成绩，明确今后五年的目标任务，选举产生中共回山镇第十五届委员会和新一届纪律检查委员会。王桂芳当选为镇党委书记，潘伟东当选为镇纪委书记。今后五年，回山镇将把握“创新、协调、绿色、开放、共享”发展理念，围绕“生态宜居、七彩回山”目标，建设健康农业、生态休闲、宜居宜业的“田园小镇”。农村基层党建对标示范点建成5个。回山会师纪念馆建设回山红校。制作《彩烟清白家风》廉政教育片。

【举办乡情·乡愁·回山摄影大赛】 3月，新昌县回山镇人民政府、新昌县文学艺术界联合会主办农商杯“乡情·乡愁·回山”摄影大赛，本次活动旨在纪录彩烟大地传统村落的历史发展脉络，向远在他乡的彩烟子女展示家乡的发展变化。在广大各地的摄影家和摄影爱好者的大力支持下，收到参赛作品500余件，其中张姚英的《恭俭积善代代传》获一等奖。

表68　　回山镇2016年各行政村数据库

村名	支部书记	村委主任	户数(户)	村民小组	人口(人)	耕地(亩)	园地(亩)	林地(亩)
雅里	杨　镇	杨杏明	653	18	1679	797	986	4172
前陈	陈法仁	杨步傲	203	7	530	361	130	425
回山	杨国荪	杨达源	698	16	1758	1327	642	1026
西丁	陈桔明	陈建桂	262	6	662	581	290	1034
贤辅	董亚明	俞林初	478	8	1164	947	330	235
下山	戴建富	戴时福	184	7	406	163	5	1768
新洋	杨晓桂	丁达安	287	8	659	572	402	1268
蟠溪	卢祖昌	杨明仁	253	5	606	408	269	760
大宅里	梁叶明	梁国华	437	11	1150	804	322	858
高湾	赵昌贵	赵志应	203	5	498	504	250	1006
晨光	梁冠军	梁中军	164	3	398	404	225	250
上市场	丁新忠	王向上	521	15	1273	953	304	1414
上下西岭		赵善浩	344	11	891	430	325	1274
顶山	王科	王杭辉	188	6	468	222	310	2050
柘前	丁明初	丁颖州	420	10	1130	572	265	1910
荷塘	梁亚东	梁振国	330	11	718	476	337	1847
植林	赵锡巨	赵良	229	6	566	299	235	1761
红联	王永贤	张品忠	402	13	979	666	636	4271
屯外	俞兴尧	杨松林	61	1	155	74	63	497
官塘	潘可岳	王海明	289	10	755	580	257	1700
官元	杨旭辉	俞品法	463	15	1155	930	570	2447
旧里	王月治	俞美萍	422	10	1017	589	230	1500
宅下丁	杨尧汀	梅品三	228	8	571	460	230	1026
樟花	梁惠萱	梁钧恩	360	8	837	753	300	915
中宅	梁明宏	梁炜江	244	7	529	367	305	987
王家市	梁新德	梁小平	207	4	556	340	347	861

【最美家庭评选活动】　4月，寻找“最美元素”、评选“最美故事”、展示“最美形象”三个环节启动“最美家庭”评选活动，在各村开设“最美家庭”专栏，发布寻找最美家庭公益广告和活动咨询；依托妇女之家、文化礼堂等平台，开展家庭道德文明故事会、文明家风交流会等活动，组织广大妇女和家庭评议“最美家庭”；充分利用邻里节、家庭文明建设，开展展板宣传、PPT展示秀、最美家庭事迹张贴，表彰最美家庭胜出者。本次活动累计开设专栏26个，召开交流会13场，收到活动咨询100余次，评选出镇级最美家庭13户，县级最美家庭1户。

【发展乡村旅游】　以胡庆余堂、美院写生基地、安顶茶场为结点，对乡村旅游产业进行科学规划布局。结合安顶山、浙中大峡谷等生态资源，打造绿色休闲旅游特色线路；以回山会师精神为依托，拍摄《回山敬胜堂——新昌西柏坡》宣传片，形成以回山古村、敬胜堂为中心的红色革命之旅。完成集镇控制性详细规划编制，建成乡村休闲旅游游线1条、安顶山驴行游线1条；发展民宿居改造110多间，床位210多张，餐位240个。

（梁丽娜）

儒岙镇

【概况】　儒岙镇是浙江省首批省级中心镇、省小城镇综合改革试点镇、绍兴市小城市培育试点镇。2016年，儒岙镇实现国内生产总值25.38亿元，财政总收入1.84亿元。全镇实现工业总产值34.7488亿元，实现利润1.87亿元。纳税超百万元企业33家（比2015年增加3家），其中超千万元企业5家。2016年末，全镇共有粮食功能区17个，面积7790亩，农村专业合作社32家，花木基地面积1.15万亩。全年新增“万元亩产”效益农业基地1300亩。官元庙村土地综合整治项目竣工，10座山塘水库建设完成。40个行政村完成土地经营权确权复核。园区配套、污水处理厂、中心幼儿园、派出所等项目建成。创建诗路小镇，编制《儒岙镇旅游发展战略规划》，完成园区道路硬化改造、集镇河道改造、

儒岙镇全景　　（章城阳摄）

教工路段污水户集等工程，民防文化综合体工程主体通过验收，集镇景观建设改造工程建设中。儒岙镇于2016年9月6日名列国家发改委、住建部等7部委联合公布的“全国重点镇”名录。2016年乡镇（街道）工作绩效考核中，被评定为平台建设类A类乡镇。

表69　　儒岙镇2016年各行政村（居）数据库

村（居）名	支部书记	村委主任	村民小组（个）	户数（户）	人口（人）	区域面积（公顷）	耕地面积（亩）	水田（亩）	茶叶（亩）	山林（亩）	粮食产量（吨）
儒　一	潘陆平	潘松辉	15	563	1374	230	640	497	366	1796	244
儒　二	潘宗贤	潘小超	18	572	1510	335	905	706	540	1618	338
五　王	潘士伟	张小仲林	8	337	877	196	514	339	224	1433	220
横　山	王学军	张立波	8	305	788	235	574	413	244	2167	269
王渡口	朱杏焕	朱德龙	6	220	561	188	289	220	155	1638	145
王渡里	梁夏龙	王碧富	10	435	1138	344	647	466	160	2222	278
南　山	王龙林	王孟俊	16	605	1690	596	1145	807	270	5947	448
天姥新村	张春岳	潘飞扬	11	546	1428	337	832	668	390	2169	335
圳　塍	石垣明	官柏忠	8	291	728	301	395	283	225	2890	303
雅　张	章岳昌	张正才	14	449	1137	352	734	602	85	2627	260
会墅岭	李焕秋	王小燕	9	432	1028	468	385	259	390	5437	172
横板桥	王伯强	张月团	8	277	770	165	668	655	300	1840	341
黄泥丘	潘华炜	潘竹夫	9	338	946	214	698	499	270	1646	185
官元庙	王治国	潘爱英	7	424	1139	395	588	489	220	2996	323
上　里	徐正金	郑柏朝	6	193	529	285	440	288	157	2831	161
石　磁	潘士奕	杨德安	20	485	1252	872	860	535	297	9742	310
东　山	徐柏明	徐沽洪	13	329	872	926	902	484	220	12342	223
东家坑	王培军	王玉秋	6	153	450	821	325	214	71	12601	100
庄　山	章岳林	陈启明	8	273	772	630	781	391	410	7738	386
屋沿坑	朱柏林	潘永成	9	350	927	411	535	401	320	5050	384
旧　宅	朱伟东	朱岳林	15	511	1442	446	752	550	368	4135	315
横渡桥	卢育安	卢　宁	17	536	1339	499	772	522	320	4890	331
甘　湾	赖林法	潘国江	8	231	652	574	594	319	170	7649	129
治古坞	黄见泉	王海明	6	251	646	176	354	276	180	1397	76
上八坞	吴斐章	王生富	7	193	532	186	311	241	160	1651	116
里外岙	俞林辉	俞乐元	11	451	1200	319	932	681	500	2625	288
锦�	盛新云	王欢燕	5	180	498	161	543	368	280	1306	180
上道地	王旭州	王兴平	8	279	710	166	524	377	268	1478	170
鱼　将	俞柏元	王志春	9	356	894	271	1010	713	280	2035	228
新　任	吴永清	吴亚东	4	167	413	172	312	237	230	1484	133
硠　下	李奎明	周玉平	14	444	1115	206	690	556	190	1215	308
前洋市	王永忠	卢太森	12	366	896	216	614	424	300	1888	125
坑　里	盛鸿亮	盛洪贤	7	194	426	99	347	263	99	599	110
祥　棠	梁财忠	陈铁英	11	343	850	231	671	479	253	2024	195
南　芦	竺松章	竺宣忠	7	265	613	155	310	280	185	1053	156
大　江	盛梅忠	盛永涛	10	274	635	195	424	304	245	2019	150
余家口	梁兴阳	王成有	5	235	563	175	350	251	180	1801	121
居桥安	梁源红	梁品超	10	339	808	294	519	348	151	2742	148
井　杨	梁信泉	梁启春	3	176	454	176	385	190	205	1277	94
回竹山	黄梦樑	杨国均	7	239	622	201	491	295	160	2550	164
龙山居委会	潘铄城	潘大可		812	2764						
总计			385	14419	37988	13221	23758	16887	10038	132548	8962

【纪念建党95周年党员大会】 6月27日，儒岙镇纪念中国共产党成立95周年暨“两学一做”学习教育党员大会召开。县人大常委会副主任杨能及全镇各村、机关企事业单位党组织党员共1300多人参加会议。会议通报表彰“旗帜的力量”2016年天姥先锋奖获奖党组织和个人。预备党员面向党旗宣誓，全体党员重温入党誓词。党员代表宣读“两学一做”党员倡议书。

【农村党员志愿服务队】 9月14日，儒岙镇“蒲公英”农村党员志愿服务队成立仪式暨平安1+1爱传递项目2.0发布会举行。县委常委、组织部部长邵永明出席仪式。6家县级爱心社会组织与儒一村、横板桥村、石磁村、里外岙村、硍下村、祥棠村结成对子，并相互授旗、授牌。县级社会组织将联系指导这6个村的农村党员志愿服务。

儒岙镇农村党员志愿服务队成立 （梁 良摄）

【中共第十五届一次代表大会】 10月20日，中共儒岙镇第十五届代表大会第一次会议召开，76名正式代表参加会议，其中女代表12人。县人大副主任杨能到会祝贺。会议回顾总结儒岙镇第十四届党代会以来所取得的工作成绩与经验，明确今后五年的工作思路及奋斗目标，选举产生中共儒岙镇第十五届委员会和新一届纪律检查委员会，梁小平当选为镇党委书记，潘卓敏当选为镇纪委书记。

【乡村旅游现场会在悠见南山民宿举行】 南山村，位于儒岙镇南部，天姥山西尖岗的西南麓，村庄前有王渡溪，北依翠屏岗，自然景观有“南山八景”，即：姥峰夕照、翠屏奇石、仰船载月、织机瀑布、马潭绿藻、鹿岭丹芝、龟蛇护玉、罗计呈文。南山村保存至今的永思祠、奉先祠、南屏禹王庙、双井、乐取桥、永安桥等6处人文胜迹已列入县级文物保护单位。2015年，南山村列入浙江省历史文化村落保护利用重点村。2015年8月，新昌县天姥山文化传播有限公司利用南山小学校舍改造装修，建设悠见南山民宿，即中国（新昌）天姥山摄影创作基地，拥有客房38间、床位74张，餐位200多个，会议室3个。2016年9月30日，新昌县乡村旅游现场会暨天姥山摄影影视基地开业仪式举行，同时举办“寻梦诗路小镇·拾遗天姥古韵”摄影比赛获奖作品展、南山村传统工艺展等，“诗画天姥·美丽儒岙”第十届农民文化节开幕式在南山村大会堂举行。

儒岙镇文学艺术界联合会成立大会召开

（王小姣摄）

【镇文学艺术界联合会成立】 8月4日，儒岙镇文学艺术界联合会成立大会召开，60名会员代表参加大会。成为新昌县首个乡镇文联。儒岙镇文联由天姥书画协会、天姥摄影协会、天姥戏迷协会、天姥根艺协会、天姥音乐舞蹈联谊会、天姥体育健身联谊会等6个下属协会组成，下设16支文艺队伍，成员逾300人。

（陈方一）

大市聚镇

【概况】 2016年，大市聚镇完成工业总产值48.58亿元，实现利润2.42亿元，财政总收入1.3亿元，规上工业增加值2.0亿元，千万元以上技改项目投资12.92亿元。工业企业新增3家、规下升规上5家、个体工商户净增163户。开发省级新产品11只，申请专利282个，开心纺织成功申报市级专利示范企业，陀曼智造、捷马农机获评省科技型中小企业、陀曼智造成功申报省级高新技术企业研发中心。鳌东村、大市聚村3座小三型水库完成除险加固工程。沃洲村岭头等自然村上屋山和东郑村老屋基自然村大向地完成土地开发项目，6500亩西梁片高标准农田建设完成形象进度的100%。百菊村、后梁村、桐中井村三个粮食功能区建成；7家畜禽养殖场完成“一场一策”生态化治理；拆除规模养猪场2家、养殖户73户；创建市级美丽生态牧场1家。25个村建成农村淘宝服务点。举办第十届农民文化节。完成县、镇二级代表换届选举，选举产生71名镇党代表、10名县党代表，以及68名镇人民代表、12名县人民代表。

10月19日，第十五届党代会召开

【园区建设】 万丰地块完成大市聚村茶场12户农户的房屋征收，总面积2425.89平方米。万丰通用机场项目600米机场跑道初步完成，平浦路截断工作顺利平稳，智慧工厂项目、美瑞汀项目完成生产前期准备。文化路清表顺利完成。全年完成房屋拆迁15户共3598平方米，3.5万伏、11万伏等65个塔基高压线路迁移完成政策处理。

【钦寸水库移民安置点建设】 大市聚村、坑西村、后梁村3个移民安置点的移民建房、市政配套、绿化配套基本完成。完成生产用地一次性分配，土地分配落实到户，涉及8个村1100多亩土地的钦寸水库建设工程淹没区块土地征收工作基本完成。

【推进环境整治】 30个村农村生活污水治理项目完成，镇村两级排污口整改，提升改造2只废水直排水库的污水终端。投资1300万元开展政府投资实施项目3个，前期项目2个，集镇污水1#临时泵站工程、集镇污水管网工程、集镇形象提升工程完成施工准备，鳌峰小区至石板桥渠道改造工程和聚东三路建设工程完成施工图设计。30条河道进行“清三河”复查和畜禽养殖场专项整治。累计拆除露天粪坑2088座，新增无害化卫生户厕1394户。建设镇级垃圾减量化处理站1座，置换垃圾清运车辆为全密封型专用垃圾车。30个村全部通过县级“三治一提升”验收。13个村编制村庄规划。拆除违章建筑128667平方米，创建无违建乡镇，山南村、梅林山村完成“一户一宅”整治。

【社会民生服务】 城乡居民医保参保率达98%以上。3个村建设文化礼堂，5个居家养老照料

表70　大市聚镇2016年各行政村数据库

村名	支部书记	村委主任	户数（户）	人口（人）	村民小组（个）	园地（亩）	集体收入（万元）
严丹赤	竺浩富	吴良金	340	872	5	881	10.24
庄后王	吕亚东	石贤才	280	755	5	245	14.37
青白石	章林香	陈亚云	299	759	8	372	9.27
姚卜丁	吕士正	石正贵	254	652	6	31	11.67
后梁	梁田	梁亚东	492	1065	7	548	12.34
大市聚	王国兴	俞益富	1232	2883	24	58	49.03
鳌东	梁再福	梁义堂	342	848	9	135	24.75
梁高	梁丽军	梁旭辉	276	819	7	200	7.52
管家岭	周明千	潘茂灿	243	546	7	150	17.98
山南	徐雷兴	徐允平	222	498	5	30	11.20
茅坪	石法千	石玉林	155	378	2	200	17.80
桐中井	梁旭明	吕杏林	302	697	5	31	21.73
东宅	梁岳汀	徐东雷	313	754	8	410	4.84
曹家	王梦铨	曹奕林	118	292	5	171	22.73
坑西	吕小龙	赵达辉	479	916	6	60	29.97
西王	吕乃军	吕国森	308	743	8	270	19.10
王桥	吕洪辉	陈孟达	361	875	10	270	26.41
何梁浦	石夫凡	梁国伟	361	962	5	250	19.45
第头	陈永春	陈立方	235	600	8	262	6.78
梅林山	陈岳铨	梁炎江	433	1067	9	250	13.99
东郑	吴红卫	袁晓伟	335	830	6	260	9.61
西山	袁行健	袁少平	868	2239	19	610	36.00
水帘	潘金夫	邱强法	290	1234	8	336	15.44
五平	刘文	黄仁富	253	1059	5	468	9.32
寨岭	黄国平	黄尧兴	147	355	3	91	11.45
炉溪	吕玉祥	王金龙	242	1019	4	235	10.65
沃洲	石曰明	郑长洪	295	711	8	1160	19.07
下坑	王云庆	王益力	121	499	2	85	11.40
百菊	潘雨明	陈一中	270	1152	7	420	16.96
黄坛	官柏红	翁伟平	302	1253	8	520	18.14
合计			10168	27332	219	9009	509.20

大市聚镇第十届农民文化节

中心完成建设。完成危旧房改造4户。共办理上级下转信访案件29件，化解信访积案7件，签订重点人员承诺息访书1件。新昌技师学院大市聚校区工程建设推进，卫生院提升工程完成。组建平安志愿者队伍31支。桐中井村、梅林山村试点乡贤参事会参与乡村治理，其余28个村完成乡贤参事会（分会）组建，全年组织16次乡贤活动，211名乡贤参与到太平塘、山塘、水库、河沟等水体的清淤工作中。共办理“县长信箱”等市民热线答复37件，办复人大代表建议6件。完成私人建房审批108户，受理建设公共事业管理服务用房申请11个。全镇共受理招投标项目64个，总预算投资3153.51万元，实际成交2813.1万元。

（蔡文韬）

小将镇

【概况】 2016年，小将镇实现生产总值13.8亿元，比2015年增长6.5%，实现地方财政税收233万元，全年存款余额合计4.88亿元，比年初增长3800万元。建成猕猴桃、樱桃、水蜜桃等万元亩产基地1054亩，小将特色红茶“菩提丹芽”荣获第二十三届上海国际茶文化旅游节金奖。全年实现规上企业营业收入11512万元，浙商回归到位资金4374万元，新增“下升上”企业1家。组织农转培训515人次。全年救助三无人员、优抚对象、各类困难户178批395人次，发放救助金98万元，居家养老照料中心实现24个行政村全覆盖。外小将村、下联村创建为市级卫生村。全年排查矛盾纠纷93起，调解成功率达100%，被评为G20杭州峰会工作先进集体。小将镇获得全国新农村文化建设优秀单位、浙江省五星级生态休闲健身点、绍兴市森林特色小镇等荣誉称号，列为省级低碳城镇试点。

【列为首批省级低碳城镇试点】 2016年5月中旬，小将镇启动低碳城镇创建，制订实施方案，做好评审、答辩等工作。6月14日，第四个全国低碳日，浙江省发改委在杭州举办“绿色发展·低碳创新”系列活动，发布首批省级十大低碳试点名单，小将镇被列为低碳城镇试点创建单位，也是绍兴市唯一一个。小将镇完善实施方案，谋划开发太阳能照明设施等低碳项目，引进物理制活性碳竹产品综合开发企业1家。

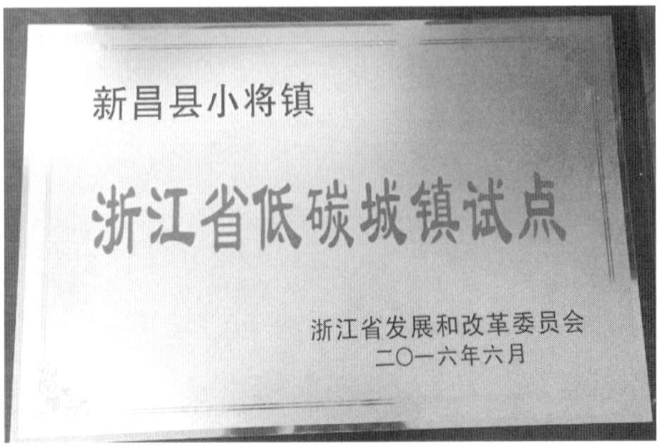

浙江省首批低碳城镇试点　　（俞 佳摄）

【“花园小镇”建设】 2016年，特色小镇——“花园小镇”创建工作全面启动。10月，罗坑山省级森林公园一期圣水佛茶园项目落成开园。编制《小将镇“花园小镇”旅游发展概念性规划》，以茅洋、南洲特色旅游村庄建设为重点，建成游步道、罗汉堂等项目，茅洋禅意民宿等民宿基本建成，开辟提升菩提登山道等5条驴行线路。创新旅游发展模式，推进跨界合作，与天台石梁镇共建大月岭旅游基地，签订“共建友好乡镇·推动合作共赢”备忘录，4月16日，成功举办第三届红枫樱花系列活动暨小将——石梁首届大月岭樱花节，吸引各方游客近万人。

【镇村建设与环境整治】 小将镇实现集镇拆

迁 9100 平方米，建成市民休闲公园、亲水走廊、环镇道路等设施。岭脚村建成公共服务管理用房，里东村道路完成拓宽工程，茅洋村开展省级农村生活垃圾减量化建设试点。推进“三改一拆”，拆除违章点 339 处，建筑面积 67906.78 平方米，拆后土地利用率 93.74%，获评“无违建”先进乡镇。象西线、王金线公路完成提级改造，农村联网公路下朱部至下坑段全线打通，建成 3 条环村路，打通 2 条断头路，建成林间道路 17 公里。全镇 7 只规模以上生猪养殖场完成“一场一策”整改，建成南洲溪小流域水土保持综合治理工程等涉水工程 19 个，清淤 4.3 万方。荣获县“五水共治”工作优胜单位、清淤工作三等奖。

【乡旅认筹制设立】 7 月 1 日，小将镇乡旅“认筹制”启动仪式在茅洋村举行，小将商会企业家初期认筹资金达 1000 万元，注册成立新昌菩提精舍旅游发展有限公司。乡旅“认筹制” 探索深化河道“认养制”，侧重于生态经济发展。

小将镇乡旅游“认筹制”启动仪式（俞 佳摄）

【土地确权走在前列】 4 月中旬，小将镇完成铜坑、平山、桥里房等 3 个村全县土地确权试点扩面工作，在确权工作全面铺开后，独创多点农户集中复核工作模式，大幅提高农户复核效率及参与率，截至年底，24 个行政村中有 23 个完成现场指界、农户复核，18 个行政村完成公示，进度全县领先。

【获得全国新农村文化建设优秀单位】 小将南洲叠罗汉艺术登上 2016 年全国青少年联欢晚会舞台，里小将村排舞队入选 2016 年新昌春节联欢晚会。5 月 7 日至 8 日，南洲叠罗汉艺术团“美猴王”猴戏随绍兴市民间艺术团远赴韩国大邱文化交流。10 月，小将镇组织 30 余名绍兴市诗人、作家到小将进行采风、诗会等跨地域文化活动，并编制出版《天姥山》诗集专刊。12 月，小将镇被中国文化管理协会评为全国新农村文化建设优秀单位。小将武术队全年在各类武术比赛中获得金牌 98 块，荣誉 113 项。

小将武术队赴绍兴市比武　　（俞杭委摄）

表 71　小将镇 2016 年各行政村数据库

村名	支部书记	村委主任	户数(户)	人口(人)	耕地(亩)	其中水田(亩)	山林(亩)	其中毛竹(亩)
里小将	梁燕妃	石国高	504	1205	861	715	2295	150
外小将	石洪春	石立春	397	1028	763	556	4487	185
里　东	俞新江	吴海江	323	853	466	404	3835	1280
南　洲	石林波	丁志辉	550	1672	1263	907	7872	3683
岭　脚	丁　强	项永兴	156	461	299	247	10977	3211
罗　溪	丁仲明	王立新	391	1130	735	589	5568	2840
结局山	王孝钱	王金富	212	550	397	304	2828	1231
旧　坞	吴良千	董月光	208	584	396	291	8410	1119
里家溪	王炎法	王柏定	211	523	293	232	6068	911
金　村	吴国军	吕立君	300	811	507	439	5499	683
迭　里	吕金槐	王忠良	272	806	536	464	2463	768
平　山	吴立军	王金松	274	741	592	510	5183	897
里　宅	石其夫	陈鉴辉	264	713	604	503	3861	1065
方　泉	吴正松	吴保仁	594	1461	1090	910	5039	341
铜　坑	吴良仁	吴国东	157	455	342	263	5116	1275
上朱部	虞桂昌	吴国钧	212	535	375	287	2078	1169
下朱部	娄鑫财	娄钦雕	287	751	560	433	4427	1125
下　联	石增林	王美娟	171	461	294	235	1482	363
芹　塘	董志荣	董国生	336	876	689	516	5446	2792
桥里房	贝兴苗	丁坊民	211	601	395	336	3276	915
五　埠	梁颖	叶旭东	336	904	696	527	10244	1934
茅　洋	俞美德	俞黎君	489	1260	983	800	19135	3035
新　欣	徐鸿罡	陈爱英	230	693	354	270	12732	3555
道士岙	董三妃	石长军	207	508	371	314	5727	2684

【乡镇党委换届选举试点】 4月，全县镇乡党委换届试点在小将镇开展，选举产生镇党代表60名，其中行政村党代表35名，企业党代表6名，镇机关、事业单位党代表19名。5月6日，小将镇第十五届党代会第一次会议召开，回顾总结第十四届党代会以来的工作，进一步明确今后五年的奋斗目标和主要任务，选举产生镇党委委员8名、纪委委员5名。

（俞 佳）

沙溪镇

【概况】 2016年，沙溪镇实现生产总值9.8亿元，财政税收863万元，农村居民人均可支配收入2.2万元。全年实现工业总产值13亿元，5家规上企业实现产值2.44亿元，税收超百万企业5家。被授予2016年度“枫桥式”乡镇、绍兴市G20杭州峰会工作先进集体、绍兴市“五水共治、重构重建”工作先进集体、绍兴市“无违建乡镇”、全县“五水共治”工作优胜单位、县“清淤（疏浚）”工作优胜单位、县乡村旅游特色镇等荣誉。

【两级人大代表和党代表换届】 9月27日，沙溪镇县乡两级人大代表换届选举试点工作动员会召开。在县人大、县纪委、县委组织部及县指导组指导下，实现思想认识、组织领导、人选把关、程序执行、纪律保障“五个到位”。10月30日选举结束。选举产生县十六届人大代表8名、镇第十八届人大代表54名。8名县人大代表平均年龄49.6岁，中共党员7名，女性代表1名，工人、农民4名，专业技术人员2名，党政干部2名。与人大代表换届选举试点工作同步进行党代表换届，选举产生中共沙溪镇第十五届代表大会代表55名。镇党代表中，党员干部代表27名，年龄45岁以下的代表19人，妇女代表12人，高中以上学历35名。

9月27日，全县县、乡两级人大代表换届试点工作动员大会在沙溪镇召开 （蔡全杰摄）

【“无违建乡镇”通过市级验收】 在2013年、2014年创建“无违建”及2015年通过市“基本无违建乡镇”验收的基础上，沙溪镇推进违法建设长效防控机制试点。以“无违建镇（村）”创建成功为目标，完善基层违法建设长效防控机制。规范农村建房审批，开展农村党员非法“一户多宅”自查工作，实现拆、防、控全覆盖。2013年~2016年，全镇共计调查掌握违法建筑744处，合计建筑面积96827平方米。其中2016年拆除284处共42239平方米，完成上级下达拆违任务2.5万平方米的169%，处置率达100%。2016年12月，沙溪镇通过绍兴市“无违建乡镇”的验收。

【“骑行小镇”建设开局】 2016年2月，沙溪镇委托中国策划研究院浙江分院编制《骑行沙溪·慢享生活旅游发展总体规划（2016~2025）》，于10月19日通过评审。镇、村成立3家旅游发展公司。4月9日，举办小黄山登山节。董村、新宅等2个村建设特色旅游村庄，总投资1500万元的10个子项目建设进展顺利，2个村均得到县乡村旅

4月9日，沙溪镇董村村举办小黄山登山节、登山节开幕式 （梁润悦摄）

游特色村创建表彰。董村村入选全省一事一议财政奖补试点项目，全县一事一议财政奖补助推美丽乡村建设试点工作现场会在该村召开。总投资 3000 万元的国学馆项目落户董村村。浙江九鼎投资集团公司计划投资 5000 万元建设新宅精品酒店，2016 年投入 500 万元。生田村“生活实验室”、新宅村“记忆·听溪居”和董村“发现·沙骑”等民宿动工建设。

【推进“五水共治”行动】　里沙溪水库除险加固、新宅村塘后山整治及金交椅、西畬山塘加固工程竣工，王家年村“一事一议”农村饮用水工程完工。关停清养存栏 50 头以上规模养殖场 12 家，7 月通过县级验收。全年共清淤 5.5 万立方米，超额完成任务数的 171.9%。更新河长制公示牌，推广使用河道巡查“APP”。全年断面水质综合指标 4.5，排名全县第一。

【“三治一提升”和集镇环境整治】　在 2015 年首批 6 个村通过县“三治一提升”考核基础上，3 月 15 日，召开镇村工作推进会，片长、联村干部下村亲自督查参与工作。3 月底，第二批 11 个村通过县“三治一提升”验收合格。4 月 19 日，首届农村环境提升创意比赛举办。4 月 29 日，出台《沙溪镇“三治一提升”专项行动考核办法》。竺家坑、淦坑、王家年、生田等 4 个村的村庄绿化提升基础版建成，唐家坪村以稻草人和南瓜大道为主题和新宅村以红枫为主题的村庄绿化提升版建成。集镇所在地沙溪村定期召开镇村工作协调推进会，推行环境整治行动清单式管理，对马路市场、出店经营等问题逐一对标整改。投资 500 万元相继完成集镇农贸市场、临时公交车站、立面改造一期建设。

1 月 3 日，县委书记邵全卯到沙溪镇调研“三治一提升”工作　（陈国波摄）

表 72　沙溪镇 2016 年各行政村数据库

村 名	书记	主任	常住户数(户)	常住人口(人)	村民小组(个)	耕地(亩)	山林(亩)	村级经济总收入(万元)
合计			5229	13367	132	10588	139785	613.476
剡界岭	王兴强(代兼)	/	458	1064	10	384	10637	50.64
孙家田	孙玉忠	孙平宽	520	1324	10	672	13135	11.78
沙　溪	董法宽	俞　凯	337	900	10	558	8445	68.2
王家年	唐苗林	唐恒士	159	372	3	275	2382	16.41
生　田	李国庆	李达红	199	473	5	296	5745	30
开口岩	吴三平	吴孝兵	169	420	4	312	5183	16.9
新　宅	俞水涛	俞海东	243	626	6	694	14352	55.5
董　村	俞春国	梁本火	598	1533	23	1265	16299	83.13
真　诏	俞法洪	俞科林	580	1513	16	850	9980	22
上　徐	徐东亮	徐全明	220	545	3	374	3373	52.72
唐家坪	陈六东	陈国定	237	589	5	529	7573	31.44
淦　坑	俞红生	俞伯康	111	292	3	257	5625	22.61
马菊田	王法平	陈汉军	175	453	3	388	7673	16.08
竺家坑	俞祖德	俞祖荣	119	294	4	269	4018	19.65
黄　坑	徐志军	李奇军	258	750	6	590	10210	21.5
上蔡岙	唐贤君	唐光阳	575	1502	12	2040	11108	68.7
下蔡岙	毛正岳	毛裕安	271	717	9	835	4259	26.216

【农村作风巡查和党建片长制】　沙溪镇首批确定剡界岭村、上徐村、黄坑村、竺家坑村、生田村和董村村这 6 个村开展农村基层作风巡查。成立农村基层作风巡查工作领导小组，并抽调各办公室专业骨干成立 6 个作风巡查组，开展蹲点式实地巡查，共督促整改落实各类问题 26 个。董村、新宅、唐家坪、淦坑、竺家坑等 5 个村建成党建对标示范村，生田、王家年等 12 个村建成党建对标达标村。实施以“一片五联、一员五查、一户五包”为主要内容的党建片长制，将全镇 17 个行政村分别划分成乡村旅游、乡贤治村、家训文化、民主管理、民间人才 5 个党建示范片。该工作在《人民网》《浙江日报》《共产党员》等媒体刊登，县委组织部到镇蹲点调研，形成的专题报告获得省委组织部的肯定，县委书记邵全卯专题批示：抓基层党建不能就党建而党建，必须把基层党建融入农村经济社会发

8月29日，县委组织部副部长严岚到唐家坪村指导党建对标创建工作　　（何益维摄）

展的各方面、全过程，使抓党建的过程成为促发展的过程。

（何益维）

城南乡

【概况】 2016年，城南乡实现国内生产总值4.07亿元，实现财政收入799万元，受房地产经济的影响，财政收入断崖式下降，农民人均纯收入15285元。城南乡被授予2016年度“枫桥式”乡镇、新昌县G20杭州峰会工作先进集体、县“清淤（疏浚）”工作优胜单位等荣誉。

【省级森林城镇创建通过验收】 在2015年成功创建绍兴市森林城镇的基础上，通过了《新昌县城南乡省级森林城镇建设方案》评审意见，在浙江省关注森林执行委员会的多次关心和支持下，经过全乡的努力，全乡建成区共有绿地148.5亩，其中公园绿地22.5亩，生活绿地33.4亩，防护绿地34亩，林木覆盖率达到23.8%，人均公园绿地9.6平方米。全乡绿化各项指标呈增长趋势，各项指标已达到浙江省森林城镇创建的标准，在2016年成功创建浙江省级森林城镇。

【县乡两级人大代表和党代表换届】 11月10日，城南乡县乡两级人大代表换届选举工作动员会召开。在县人大、县纪委、县委组织部及县指导组指导下，做到思想认识、组织领导、人选把关、程序执行、纪律保障等“五要素”全保障。12月23日选举结束，选举产生县十六届人大代表11名、乡第十七届人大代表63名。11名县人大代表平均年龄46岁，中共党员7名，女性代表1名，工人、农民6名，企业代表3名，党政干部2名。与人大代表换届选举试点工作同步进行党代表换届，选举产生中共城南乡第十五届代表大会代表58名。乡党代表中，党员干部代表27名，年龄45岁以下的代表20人，妇女代表7人，高中以上学历32名。

12月8日，城南乡党代表大会召开（董春勇摄）

【无违建先进乡镇通过验收】 在2014年、2015年创建“无违建”乡镇的基础上，城南乡推行违法建设长效防控机制。以“无违建镇（村）”创建成功为目标。规范农村建房审批，开展农村党员非法“一户多宅”自查工作，实现拆、防、控全覆盖。2014年～2016年，全乡共计调查掌握违法建筑540处，合计建筑面积16万平方米。其中2016年拆除288处共9.27万平方米，完成上级下达拆违任务4万平方米的231%，处置率达100%。2016年12月，城南乡通过绍兴市“无违建先进乡镇”的验收。

【南复线段两侧环境景观综合提升整治】 2016年9月，城南乡委托浙江东都建筑设计研究院《新昌县城南乡—南复线段两侧环境景观综合提升整治初步设计》。该项目属于南复线沿路两侧综合整治提升工程中的一段，针对南复线两侧，15~20米之间的沿街进深景观绿化改造。工程总投资950多万元，12月通过验收。

【开展“五水共治”行动】 大方地山塘、竹坑湾山塘、岗头山塘、大洋山塘、韩妃村河道等工程完工，王岙水库大坝防渗处理工程竣工，庄山庵水库除险加固工程开工，丁龙村“一事一议”农村饮用水工程完工。关停清养存栏 50 头以上规模养殖场 3 家、50 头以下规模养殖场 9 家，鸭场 2 家，于 11 月通过县级验收。全年共清淤 2.5 万立方米，超额完成任务数的 161.5%。更新河长制公示牌，推广使用河道巡查“APP”。

【“三治一提升”和集镇环境整治】 在 2015 年首批 2 个村通过县“三治一提升”考核基础上，3 月底，2016 年第一批 10 个村通过县“三治一提升”验收合格。6 月底，2016 年第二批 7 个村通过县“三治一提升”验收合格。开展集镇面貌整治，投资 300 万元完成石溪村综合大楼、集镇农贸市场建设。

12 月 17 日，县长李宁到城南乡任家村考察“三治一提升”等工作　（董春勇摄）

【打造任家精神】 任家村位于城南乡中南部，由里家廊、任胡岭两个自然村组成，全村共 216 户、601 人，村里在家的多是老弱妇幼，经济不发达，主要收入靠茶叶。任家村两委班子带领村民打造乡村休闲旅游品牌，编制乡村休闲旅游规划并实施。2013 年至今，建成停车场，修筑健身步道（任家长寿岭）近千步，建成村级茶叶交易市场，清除陈年垃圾，建成“星级标准”公厕，在城南乡第一个开展“三治一提升”并通过验收。这些变化使任家长寿岭品牌声名在外，经常有游客、驴友慕名而来。城南乡党委组织全乡机关工作人员和各站所、学校负责人参观城南乡任家村。12 月 10 日，召开城南乡党委（扩大）会议，研读十八届六中全会精神，学习《关于新形势下党内政治生活的若干准则》和《中国共产党党内监督条例》。结合任家村的精神和实际做法，提炼出“任家精神”，要求全乡村两委干部，向任家村学习，创造出“城南速度”，

10 月 21 日，县委书记邵全卯、副县长裘武宏任家村考察“三治一提升”工作　（董春勇摄）

表 73　城南乡 2016 年各行政村（居委会）数据库

村名	支部书记	村委主任	村民小组(个)	常住户数(户)	常住人口(人)	耕地(亩)	山林(亩)	村级经济总收入(万元)
石溪村	吕柏松	石兴跃	25	1120	3799	553	5507	86.81
天荷村	石锡军	蔡伟君	9	435	1576	858	2631	25.46
潜溪村	蔡林灿	胡莺瑛	13	528	1953	922	3411	30.08
姚宫村	陈校平	吕林千	12	455	1616	964	3071	16.86
杨家山村	蔡林灿	蔡仲中	9	423	1790	763	3018	23.88
秦岩村	石柏云	丁玉江	8	397	1761	423	3205	21.41
高依村	求雪超	求彭军	6	204	8600	408	1835	17.52
琅珂村	张灵军	张益均	19	664	2991	952	5807	32.51
大潘村	潘梅军	潘艳艳	9	298	1310	492	2419	13.06
前进村	张士汀	张再法	10	337	1618	564	2130	20.37
丁龙村	盛志方	吴鑫平	11	323	1396	417	2766	19.59
任家村	朱贤平	朱如虎	5	206	779	302	1512	20.92
韩妃村	杨坚毅	盛少洪	13	538	2263	818	3461	16.98
下洲村	王兴阳	张鹏程	10	322	1497	3470	2456	17.63
企石村	吕新春	吕岳春	10	335	1544	614	2560	16.42
朱王银村	陈国千	求兴雷	8	241	1120	365	2233	14.86
大山庄村	吕雪球	俞柏兴	14	566	2504	1209	4703	12.09
里家竹村	章新富	章富良	11	386	2002	1139	3208	18.69
眉岱村	俞仁昌	徐柏生	17	445	1779	923	2548	25.07
新溪居委会	吕柏松	吕慎	2	1872	8499	0	0	0

打造出“城南精神”。任家村的事迹刊登在2016年12月16日的《绍兴日报》头版头条。县委书记邵全卯、县长李宁、副县长裘武宏等县领导多次到村现场指导工作。

（董春勇）

东茗乡

【概况】　2016年全乡地方财政收入54.28万元，规上企业工业产值共6947万元。茶叶种植面积13166亩，产值7272.4万元，成功创建省级现代农业园区茶叶示范区。荣获中国最美乡村旅游目的地、浙江省休闲农业与乡村旅游示范乡镇、2016年度县级“孝行杯”水利建设先进单位铜奖等荣誉称号。

【乡党代表和人民代表换届选举】　10月10日，东茗乡第十五届党代会代表选举完成，全乡24个选举单位共产生乡第十五届党代会代表52名，其中行政村代表38名，占73.1%；女代表9名，占17.3%；党员干部23人，占44%；45周岁以下代表18人，占35%。12月22日，东茗乡完成县乡两级人大代表选举工作，共选举产生县人大代表6名：吴春明、张楚、黄雨燕、黄美松、王玉平、朱金良，乡人大代表51名。

【大力发展现代农业】　投资316万元完成2015年中央茶产业提升项目，建成标准茶园1550亩，硬化主干道5069米，茶园支道3069米，避车道420平方米，排灌渠694米，安装色板40000片，杀虫灯50盏，茶园防灾抗灾能力不断增强，大力实施“绿+红”战略，2016年下岩贝自动化加工茶厂投入使用，提高了茶产业标准化水平。

【乡村旅游发展】　3月3日，市委书记彭佳学到下岩贝村考察万亩茶园，了解乡村旅游发展情况，县委书记邵全卯、县委副书记、县长李宁、县委常委潘启富陪同。4月13日，投资500万元注册成立全县首家乡村旅游投资发展公司——东茗乡村旅游投资发展有限公司，提升乡村旅游的自我发展能力，东茗乡列入全县乡村旅游发展的7个特色小镇之一，下岩贝村、白岩村列入全县乡村旅游发展的26个特色小村之一，下岩贝村作为省美丽乡村一事一议项目试点村进行扶持，邀请中国美术学院风景建筑设计研究院对下岩贝、白岩等村进行整体规划设计。下岩贝生态停车场、白岩入口景观于12月底基本完工。

【继续推进农村改革】　全面推行农村土地承包经营权确权登记颁证工作，完成15个村5000多户的土地测绘工作和入户核实工作，启动生产、供销、信用“三位一体”改革，9月份正式成立东茗乡农合联组织，成功搭建“三农”服务的平台。

【“无违建”创建有新突破】　2016年，东茗乡共组织集中拆违整治行动10余次，拆除违法建筑1108处，拆除面积约60346平方米，拆违完成率达到200%，开展非法“一户多宅”清理整治和“五色图标注”工作，在全县率先完成彩钢房整治，共整改199处32584平方米。

【“三治一提升”有新成效】　11月底，全乡15个村全部通过验收，基本消除农村的“脏乱差”问题，全面启动农村垃圾分类管理，后岱山村省农村生活垃圾减量化处理试点建设完成。

【曹波塘至马安山环乡公路路基工程】　曹波塘至马安山环乡公路路基建设工程是2016年政府性投资项目，总投资1023.9万元，总长2.764公里，

表74　东茗乡2016年各行政村数据库

村名	支部书记	村委主任	户数(户)	人口(人)	村民小组(个)	耕地(亩)	山林(亩)
上来	陈金焕	陈红星	434	1048	11	840	1302
东茗	张楚	陈学林	943	2238	31	2200	10719
东芝	杨永忠	黄和平	418	1057	12	515	3690
里王	俞国东	王永彬	620	1509	28	1214	4786
章黄山	蔡沛成	蔡云全	404	1080	15	1128	4519
康庄	黄雨燕	黄新东	278	735	9	708	1536
后金山	倪兴洪	王力明	337	736	12	734	500
后岱山	王国洋	梁伟良	449	1067	11	1333	5187
前后坪	赵士大	赵志平	106	252	3	233	1252
黄潭	王文其	王作仁	132	312	4	220	1750
下岩贝	赵永汀	王玉平	249	627	8	429	1095
东丰坑	朱品洋	朱金良	425	927	15	709	1536
石下坑	梁旭东	梁旭东	69	180	1	130	625
马安山	张中灿	杨鹏冲	81	225	2	153	1300
白岩	朱国明	朱汉超	333	920	10	1107	2900

路基宽度6.5米，起点曹波塘自然村，终点马安山村，涉及征地57.4亩，2016年年底完成路基工程。

【石下坑爱心桥投入使用】　爱心桥收到社会各界捐款76万元，总投资80多万元，于6月底基本完成主体工程。12月26日，石下坑“爱心桥”竣工落成仪式在石下坑村举行。

【第十届农民文化节】　12月30日晚，东茗乡第十届农民文化节暨元旦文艺晚会在东茗村文化礼堂举行，晚会遵循“把舞台给群众，让群众唱主角”这一基本理念，强调农民文化、突出农民特色，以植根农村、贴近农民、时尚清新的风格展现出洋溢着东茗乡土气息的节目，一百多名群众演员通过自编自演的方式表演了舞狮、魔术、布袋木偶戏、越剧、拳术、排舞等10多个精彩节目。

（张苏艺）

双彩乡

【概况】　双彩乡区域面积35.34平方千米，下辖19个行政村（44个自然村），人口1.5万人，耕地1.11万亩，园地0.51万亩，山林2.46万亩。2016年实现国内生产总值3.56亿元，财政收入508万元。全年实现工业总产值5.7亿元，其中家庭布机实现产值3.9亿元，销售值3.74亿元。12月底，全乡存款1.72亿元，增长9%。获得绍兴市G20杭州峰会工作先进集体。新市场、上贝、岭山等3个村农村污水治理项目总投资700万元，共涉及农户1665户，11月全部按期完工，污水治理工程至此全面通过验收。6月，全乡19个村分3批通过“三治一提升”验收，并落实专职保洁员制度。召开保洁员会议2次，集体约谈1次。集镇人行道铺设2500平方米，拆违1550平方米，停车场建设1000平方米，绿化2000平方米。

【大安村开发彩乡山庄乡村旅游】　大安村入选2016年全县乡村旅游特色村，新昌县双彩乡彩乡山庄文化旅游有限公司成立。招商引资300万元，建成民宿3幢，民宿居26间，床位48张，建成传统农业体验区、家禽饲养体验区、垂钓区等，配合建成露营基地、建身小公园、四合院、生态公共厕所、游客接待中心等。

【乡党代会召开】　10月16日，中共双彩乡第十五届党代会召开，完成党委换届，其中乡党委班子成员以满票当选，新一届乡党委班子成员为：潘学超、潘洲文、陈国波、潘海英、石勇、潘春方、石黎明。

【优化环境年八大行动】　2月28日，优化环境年“八大行动”动员大会召开，明确总体思路、工作任务。全乡问题总数625起，已销号624起。其中，19个行政村44个自然村共拆除违章建筑53000平方米，完成县下达任务25000平方米的212%，创建为绍兴市无违建乡镇。清淤2.8万立方米。23口太平塘、5条渠道、2只山塘进行清淤，总计完成清淤2.8万立方米。整治安全隐患6处；化解矛盾纠纷32起；解决基层治理问题19个；解决环境问题158个。

【基层作风巡查整改】　双彩乡在基层作风巡查中，共发现问题33个，其中违反中央八项规定精神等“四风”问题17个，农村集体“三资”管理领域5个，其他违纪违法违规问题11个，14人

表75　双彩乡2016年各行政村数据库

村名	支部书记	村委主任	户数（户）	人口（人）	耕地（亩）	山林（亩）	集体经济（万元）
新市场		盛国荣	912	2193	1671	3550	10.49
大安	梁忠明	盛红卫	400	962	755	1530	11.9
后王	张伯新		293	712	413	2399	11.3
前王	张积江	张朝源	194	522	300	1356	12.41
上下真	盛国利	梁碧江	135	342	191	854	10.16
双侯	盛国平	甄春阳	185	431	506	887	6.6
后坂	盛国东	俞伟东	181	468	278	1469	10.64
下塘	梁启忠	梁启扬	239	613	620	1571	14.43
双湾	梁柏桂	梁忠清	181	472	381	596	10.49
岭岙	杨文明	杨斌	149	297	258	235	10.51
岭山	周玉明	潘耀超	308	749	528	602	11.8
双溪			193	431	302	528	20.91
下岩	张玉安	张永全	371	845	468	1814	20.91
上下宅	杨少雄	杨富忠	695	1651	2794	3744	12.7
蔡家湾	盛晓平	盛勇	274	712	475	701	11.9
袁家	袁亚能	陈国元	214	578	418	411	9.46
莲花心	杨慧渊	梁淞斌	215	533	352	997	13.6
欧潭	王月莲	王祖伟	168	416	172	464	60.28
上贝	张玉忠	吕魁	205	479	228	848	10.78
合计			5512	13406	11110	24556	238.72

受到批评教育，3 人受到党纪处分。

【上下宅村文化中心综合大楼建设】 上下宅村文化中心综合大楼，集杨氏纪念馆、文化大舞台等功能为一体，配合污水工程、农民休闲公园、操场景观工程、古村落保护等工程，改善上下宅村的村容村貌的基础。

（黄 威 潘学超）

新林乡

【概况】 2016 年，新林乡创建为市级基本无违建乡，荣获钦寸水库建设先进单位、乡镇绩效考核 A 类乡镇。新林乡城乡居民基本医疗保险参保率 98%以上。新增低保对象 3 户，慰问困难党员和群众 181 人，落实医疗救助 26 户。举办各类培训班 28 期，农转培训班 4 期，培训农民 236 人次。开展安全生产检查 15 次，签订安全生产责任书 89 份。开展平安巡查 269 次，开展夜巡、夜查、夜访等 189 次，参与达 4000 多人次。开展消防安全演习 2 次。

表 76　　新林乡 2016 年各行政村数据库

村名	户数(户)	其中纯农户(户)	农业人口数(人)	集体所有农用地合计(亩)	耕地(亩)	园地(亩)	林地(亩)	养殖水面(亩)
合计	2218	723	5304	16381	3862	3173	9163	183
银星村	76	43	176	361	159	85	109	8
彭顶山村	188	45	406	731	199	149	378	5
大坪头村	410	120	860	1720	475	657	558	30
祝家庄村	655	245	1564	5503	1328	911	3194	70
杨树坪村	57	20	143	517	120	88	299	10
龙皇堂村	832	250	2155	7549	1581	1283	4625	60

说明：新林乡原有 22 个行政村，14 个村已移民安置外地，未纳入统计。

【党员代表和人民代表抽象届选举】 中共新林乡第十五届代表大会代表完成选举，选举产生党代表 46 名，其中女代表 8 名。10 月 26 日，新林乡第十五届代表大会第一次会议召开。培育 2 名杭兰英式“民情通”好书记、4 名“民情通”好干部。每月 5 日定为各村的“党员活动日”，开展卫生清扫、电教片观赏、义务劳动等活动 145 次。走访慰问困难党员 108 人次，组织党员集中培训 11 次，投入党建资金 27 万元。县、乡人大代表完成换届选举，选举产生县人大代表 4 名，乡人大代表 45 名。

【推进钦寸水库建设】 2016 年，钦寸水库库区遗留户进行司法强制搬迁 55 户，拆除房屋面积 2 万平方米。至此，移民 11340 人、4327 户顺利安置。库区企业 320 家签订搬迁协议，经过房屋评估腾空，通过验收。大坪头安置点落实宅基地，大多数移民完成住房主体工程，完成生产用地分配。外迁移民办理党组织关系转接、医保、养老等事务 300 多件。

钦寸水库全貌　　（顾焯阳摄）

【农村环境整治】 2 月 10 日，出台《新林乡“三治一提升”工作方案》，经 1 个多月集中整治，投入人工 1850 人次，清理垃圾 10.5 吨。4 月初，龙皇堂、祝家庄、大坪头、银星、彭顶山 5 个村通过县级验收。祝家庄村完成农村生活污水治理工程，投资 230.36 万元。清理山塘水库 22 只，清理 1.76 万立方米，完成率达 176%。拆除违法建筑 517 宗，面积 107609.25 平方米，通过市级“基本无违建乡”验收。银星村新江拔线至银星公路建成，投资 90.7809 元。龙皇堂村大会堂修缮及周边环境改建完工，投资 55.77 万元。

【建设露天博物式传统村落胡卜村】 浙江新和成股份有限公司于 2014 年 4 月投资设立新昌县梅溪湖农业投资有限公司，将胡卜村的一些历史遗存搬迁到大坪头村，恢复建设以归隐、耕读、忠孝文化为灵魂的传统村落。传统村落胡卜村占地面积 3000 亩，分 8 个地块，核心区占地 2200 亩，建设用地350亩。项目被列为浙商回归类省重大产业项目，又成为浙江省重点建设项目、浙江省服务业重大项目。2016年4月25日，全国政协常委、中国文联副主席、中国传统村落保护与发展研究中心主任冯骥才来到新昌，考察梅溪湖投资项目，看到堆放在大坪头村的建筑构件，就感动于村民为此付出的一切。回去之后，写了篇《胡卜村的乡愁与创举》，发表于《人民日报》2016年6月10日 8版。冯骥才提出可以建成一个村落博物馆，既有历史原真性的静态陈设，也含有一些活态的生活文化；既是本村本地区的百姓回来寻根问祖、寄托乡思之处，也是四方游人前来观赏一座原汁原味的千年古村之地。至2016年末，完成大坪头村土地1251亩的征收，兑付土地补偿费4902万元，青苗补偿费1416万元，划定村级留用地、生产用地等200多亩。

大坪头安置点 （顾焯阳摄）

农民文化节 （刘艳艳摄）

【大坪头村文化礼堂建设】 大坪头村，在蟠龙岗上，辖大坪头、饭兜山、东园等3个自然村。大坪头村被新昌县人民政府授予1985年度新昌县文明村称号。1994年1月，被新昌县人民政府授予新昌县先进专业村。2002年，被新昌县人民政府授予新昌县九五以来计生工作先进集体。2003年，被中共绍兴市委、绍兴市人民政府授予绍兴市体育特色村。大坪头村投资180万元建设文化礼堂，建筑面积260平方米，文化礼堂共两层，一层为礼堂，可用于安排各类礼仪和文化活动。二层为农家书屋和梅溪讲堂。2016年10月，新林乡第十届农民文化节在大坪头村隆重举行，节目有排舞、越剧、京剧、黄梅戏等乡土文艺节目。文化礼堂于2017年投入使用。

（刘艳艳）

巧英乡

【概况】 2016年，巧英乡实现生产总值6.43亿元，地方财政收入410万元。投资378万元完成下岙水库除险加固工程，投资320万元完成小流域综合治理。秦溪岙水库饮用水源地保护、五星村饮用水、溪竹村彭潭自然村等3个村农村饮水改造工程完成。投入100万元完成人行道改造及街景建设，新建垃圾中转站1座，日转运量达100吨。河长制公示牌更换调整22块，涉及人员19人，实行APP巡河，开展工作督查6次。拆除养猪场7家，建筑面积1053.69㎡，清退种猪40头，生猪209头。五星大雷岭、大雷大塘等水库山塘、农业生产灌溉区沟渠进行治理，清淤1.54万立方米。象西线落实2处急弯和视距点的改造，溪口桥建设征用土地3亩，涉及农户15户。全面消除“4600以下”低收入农户，城乡参保率达98%，残疾人生活补助131

拓展小镇地标

例，残疾人护理补助申报 96 例，新增低保 21 户 29 人，低保边缘 3 户 7 人，发放临时救助资金 3.1 万元，医疗救助 5.5 万元。溪口、联防、尖坑、上三坑村居家养老照料中心建成。二孩登记 39 例，新增计划生育奖扶对象 49 人，享受中考加分 8 人。调处基层矛盾 51 起，入乡调解 3 起，进村调解 48 起。三坑文化礼堂被评为绍兴市农村文化礼堂十佳“特色示范点”。乡贤出资 200 万元新建细心坑徽派特色文化礼堂，主体建设结顶。开展阳光文化进礼堂、第十届农民文化节、“五心好村民”评比、创建成市级无违建乡镇，荣获东南大区浙江省优秀战区、绍兴市文明镇、绍兴市体育强乡、绍兴市农村文化礼堂十佳“特色示范点”。

表 77　　巧英乡 2016 年各行政村数据库

村　名	支部书记	村委主任	户数(户)	人口(人)	水田(亩)	旱地(亩)	山林(亩)	农民人均可支配收入(元)
合　计			4487	12374	7769	1855	75352	20188.3
上三坑	刘正阳	俞桂土	314	880	689	81	3888	20130
唐　家	俞益江	刘河东	238	671	355	77	1461	20080.5
三　坑	刘中联	刘利平	493	1354	867	103	6079	20488.6
桥　下	刘春雷	刘春法	269	799	487	57	4610	20388.5
中　溪	张伟江	张炎林	634	1833	1053	146	10089	20275.2
溪　口	刘利军	刘百林	146	437	198	70	2491	19728.5
细心坑	张梅丽	张兴江	245	626	380	85	2063	20416
莒　根	金忠秀	梁伟明	124	352	143	110	2056	20341.2
巧　英	金根通	刘中苗	140	373	235	39	3307	19861.6
溪　竹	董文军	王立权	145	400	165	40	1034	20269.7
联　防	金志超	俞斌江	146	411	113	26	3296	20197.1
雪　头	俞登明	董永丰	713	1824	1481	397	10080	20205.9
尖　坑	陈炎鑫	董志方	266	667	455	125	2902	19686.7
五　星	俞自江	鲍文龙	380	1008	707	167	9975	20417.1
大　雷	季仕东	季仕江	185	526	441	319	5864	20337.9
集体户			49	213				
林场						13	6157	

【实现工业总产值 12.11 亿元】　2016 年，全乡工业固定资产投资 3000 万元。2 个工厂、4 条生产线合并入园和产业优化重组，拆除锅炉 1 座、烟囱 1 座，申报淘汰落后产能生产线 3 条，引导关停污染大、效益低的落后工艺企业 2 家。新昌县琼宇铜业完成年产十万吨铜棒技改项目，被科技厅评为浙江省科技型企业；新昌县恒盛机械有限公司完成年产 100 万套空调截止阀项目；浙江景加源机械有限公司完成年产 1000 万套消音器自动化生产技术改造项目；新昌县永强公司投资 2300 万元的年产 600 万套空调配件扩建项目主体架构完工，并实现“新商回归”项目；新昌县恒杰空调配件有限公司高硬度汽车空调视夜镜座等 3 个项目获得浙江省科技信息研究院认可批准；新昌县恒杰空调配件有限公司实现规下升规上企业，被评为县创新型苗子企业、跨越型企业。全乡实现工业总产值 12.11 亿元，出口交货值 2004 万元，其中 7 家规上企业实现工业总产值 7.15 亿元，出口交货值 870 万元。全乡工业企业实现利润 6624 万元，实缴税金 4574 万元。

【探索“乡旅+运动”发展模式】　巧英乡在全市招募赛事志愿者，举办赛事新闻发布会，网络报名关注率 16478 人次，百度“巧马”词条 24000 多个，“巧马”报道点击率 5 万次。10 月 29 日，巧英环湖乡村马拉松赛举办，399 个参赛名额全满，来自山东、辽宁、江西、陕西和省内杭州、宁波、绍兴市的 364 名运动员现场参赛，参与率达 91.2%，跑圈内颇有名气的跑者李少壮闻讯而来，成为这次赛事的看点之一。浙江新闻客户端发出赛事新闻，新昌电视台制作赛事精彩视频，《绍兴日报》推出“巧马”专版，浙江经视同步制作乡村旅游微电影《巧爱》并在双 11 播出。“巧马”的美誉度、“拓展小镇”的影响力得到提升。结合“七巧”品牌，吸引莫干山莫野等 7 批投资商相继考察，与绍兴投资商签订合作协议，投资管理运行拓展基地。

10 月 29 日，巧英环湖乡村马拉松赛举办

【创优“电商+农业”模式】　2016 年 9 月 14 日，代表新昌县在市电子商务现场会上发言，同时荣获阿里巴巴“东南大区浙江省优秀战区”、农村

淘宝先进单位称号。依托电商销售农特产品 980 万元。11 月 14 日，刘英、俞坚军等青年作为新昌县“笋先生”、竹筒酒两个项目的创客参加全市青年创客大赛，荣获铜奖。

【推进“三治一提升”】 2016 年，将“三治一提升”列入村主职干部重点工作责任清单，严格落实环境卫生保洁和包片包干巡查等制度，把卫生管理纳入村规民约。清理农村垃圾 390 吨，拆除露天粪坑 1598 只。投资 100 万元开展集镇综合整治，改建人行道 1085 ㎡，更换店铺招牌 46 家，拆除集镇违章搭建 43 处，涉及面积 1089 平方米。制作竹花篮，竹节盆栽、竹篱笆、竹帽等妆点村庄。溪口“月季美村”、细心坑“雏菊美村”取得成效。6 月 10 日，通过县级验收。

【通过市级“无违建乡镇”验收，开展“控违拆违”】 全年拆除违章 56852 平方米，完成县定任务的 187%。查处农村非法“一户多宅”241 起，拆除 22568 平方米，处置涉事党员 1 人。在拆后土地上，建成 4 个农民小公园、5 条景观带、3100 平方米村口景观、1 个徽派特色文化礼堂、10.7 亩复垦复绿，拆后土地利用率达 93.4%。进行“无违建”创建工作测评，共发出调查表 1200 份，收到调查表 1082 份，其中评分 95 分以上的 1056 份。2016 年 12 月 13 日，作为全县首批“无违建乡镇”接受市级验收。

【三坑文化礼堂评为特色示范点】 三坑村是乡政府所在地，由东田、庙前、里坞坑、外坞坑四个自然村组成，现有农户 493 户，1354 人。村中现存古迹众多，有首建于明朝的三坑真君殿、三坑风雨桥，有历时数百年的精致古民居群，有相传宰相刘墉的祖坟等。三坑文化礼堂由原三泾刘氏祠堂旧址改建而成，实际占地面积 1028 平方，共分两层，配置戏台、竹乡讲堂、陈列室、农家书屋。陈列室的展品有上至崇祯年间的茶壶、铜壶等，下至民国年间的粉桶、簸箕、米萝等，还有绍兴市级非物质文化遗产秋千船。开展家训家规提炼悬挂等活动。举办三泾书文社第五届迎春书画展，展出社员作品 40 多件。开展三泾书文社五周年纪念活动，出版《三泾》诗文集一册。2016 年 9 月，被评为绍兴市农村文化礼堂十佳“特色示范点”。

三坑文化礼堂

【夯实基层党组织】 全乡 18 个党支部完成换届工作，撤销党支部 4 个，新建党支部 4 个。三坑村 A 类，溪口、大雷村 C 类党建对标示范村建设及其他 12 个村的达标晋位。软弱涣散党组织巧英村集中整转。建立以“三定”为基础的流动党员管理机制，确立重点县外流动党员 30 人，开除党籍 2 名，转教育支部 13 名，纪律处分 4 名，同时完成 7 名警示型党员的建档工作。娄湘汜当选为浙江省优秀共产党员，溪口、大雷获先进基层党组织称号。开展“竹子精神”大讨论，提炼巧英新时期“竹子精神”内涵。作为全县首批试点乡镇开展农村基层作风巡查，调处问题 35 个。选拔村监会主任兼任纪委委员 1 人，专职专用。2016 年乡纪委立案查处党员违纪案件 7 起，开除党籍 1 名。落实作风问题“回头看”，列出问题清单 34 个，做到“一村一策一清单”，6 月底全部销号。

（章立方）

责任编辑　王东惠

附 录

重要报告

在县委十三届九次全体（扩大）会议上的报告

邵全卯

（2016年1月18日）

这次县委全体（扩大）会议，是在“十二五”规划顺利收官、“十三五”规划全面开局之际召开的一次重要会议。会议的主题是：以党的十八大和十八届三中、四中、五中全会精神为指导，全面贯彻落实中央和省委经济工作会议，以及省委市委全会精神，回顾总结去年工作，研究部署今年任务，审议通过《中共新昌县委关于制定国民经济和社会发展第十三个五年规划的建议》，团结和动员全县各级党组织和广大干部群众，坚定信心、迎难而上，努力开创工作新局面，确保“十三五”良好开局，推进“四个全面”战略布局在新昌更好实践。

下面，我代表县委常委会，向全会报告工作。

一、总结成绩，切实增强发展信心

刚刚过去的2015年，是新昌发展史上很不容易的一年。一年来，面对复杂形势，全县上下坚决贯彻落实“四个全面”战略布局，积极适应新常态，围绕“三城四化”战略目标，以项目为抓手，以实绩论英雄，各项工作有力推进，保持了经济社会平稳健康发展。预计生产总值增长6.5%，城镇居民人均可支配收入增长8.2%，农村居民人均可支配收入增长9.2%。财政总收入51.5亿元，同口径增长7.8%，其中公共财政预算收入28亿元，同口径增长8.1%；固定资产投资148.3亿元，增长12.1%，“十二五”规划确定的各项指标均顺利实现或超额完成。特别值得我们骄傲的是，去年新昌工作亮点纷呈，“小县构筑大科技”的做法得到国家科技部、省委省政府等各级领导的肯定，全国县市科技工作经验交流现场会、全省轴承行业“机器换人”专题现场交流会等高规格会议相继在新昌召开，省政府还专门印发新昌创新驱动发展实践的调研报告，在全省推广新昌经验。

1. 发展质量不断提升。坚定不移打好转型升级组合拳，全力加快现代产业之城建设。工业经济加快升级。产业层次持续提升，工业机器人、航空装备、大型数控机床等发展迅速，全年实现规上工业总产值611.2亿元，增长4.7%，其中战略性新兴产业产值占比45.1%，7家企业在“新三板”挂牌，连续三年在省工业强县综合考评中进入前十名。科技创新一枝独秀，南岩科技城加快建设，科技大市场建成投用，引进国千、省千人才5名，海外工程师、资深专家82名，研究生1690名，5家企业入选2015年全省技术创新能力百强企业，新增国家重点支持的高新技术企业6家，万丰奥威获省政府质量奖，轴承产业被列为省级“机器换人”十大行业试点，新昌被列为两化深度融合国家示范区、省级智能制造试点县，全年新产品产值率48.7%。旅游商贸加快提升。深入推进旅游业二次创业，大佛寺文化旅游区通过国家5A级旅游景区资源与景观质量专家评审，成功创建十九峰4A级景区和十里潜溪省级旅游度假区，韩妃江安麓酒店项目顺利签约，全年实现旅游总收入87亿元，增长13.4%。商贸业快速发展，世贸广场建成开业，红星美凯龙、海洋城购物中心努力推进，和悦广场形象显现，全年完成服务业投资62.7亿元，增长34%。同时淘宝特色中国·新昌馆（电子商务园）加快推进，阿里巴巴农村淘宝新昌运营中心和88个村级服务点完成建设，新昌跻身全国电商百强县。现代农业加快发展。农业“两区”建设稳步推进，其中“万元亩产”面积新增10000多亩，茶叶产值首次突破8亿元，荣获“中国茶业十大转型升级示范县”称号。休闲农业迈出新步伐，成功举办新昌·台湾两岸民宿发展论坛，新增民宿床位2079张，接待游客100多万人次。

2．重点工作强势突破。坚持实干导向，聚焦重点，理顺机制，狠抓落实。强化项目支撑。组织开展项目建设“百日攻坚”行动，落实县领导联系重点项目制度，推行PPP建设模式，做好项目融资工作，一批政府性投资项目和产业项目加快建设，全年完成工业投资85.3亿元，浙商回归到位资金13.4亿元。高度重视特色小镇建设，智能装备小镇、丝茶小镇、药谷养生小镇已被列为市级特色小镇创建培育名单，其中智能装备小镇已列入省级特色小镇第二批名单。打好环境硬仗。持续推进“五水共治”，“三江”水质保持二类水标准，220个农村治污项目全面完成，“河道认养制”全市推广，全年完成治水工程投资27.7亿元。尤其钦寸水库难中有进，4364户11151位移民得到安置搬迁，库区腾空率达99%，生产用地分配、公寓房建设等各项工作稳步推进，全面完成坝体填筑任务，全长近3万米的输水隧洞全线贯通。持续深化“三改一拆”，积极创建“无违建县”，全年拆违95万平方米，完成旧住宅小区、旧厂区、城中村改造129.5万平方米，分别完成市定目标的249.3%、161.9%，五都村搬迁工作正有序推进中。狠抓改革攻坚。聚焦科技体制、“五水共治”体制、司法体制三大省级改革试点，坚持先行先试，加大探索创新，目前已部分形成可复制可借鉴经验。深化农村改革，基本完成农村集体资产股份合作制改造。抓好行政审批改革，推行企业“零土地技改”项目不再审批和投资项目高效审批，审批效率明显加快。

3．城乡统筹加快推进。坚持新型城市化，加快美丽新昌建设，统筹城乡协调发展。中心城区能级提升。加大交通设施投入，新镜线、江拔线、磐新线等框架性道路加快建设，杭绍台高速公路加快政策处理，城市框架正在拉开。同时以国家文明县城创建为抓手，开展城市品质提升十大行动，城南大道改造工程、上三高速入口环境综合整治全部完成，“一江一山一景”城市亮点加快成形，成功创建国家级园林县城，被评为全国绿色化示范城市。园区平台提档升级。把省级高新园区和工业园区作为核心载体来建设，强化产业转型、公建配套和项目落地，大市聚区块、梅澄区块形象升级，产城融合水平明显提升。决战七星新区，加大征地拆迁，完善城市功能，现代新城展现新形象。美丽乡村纵深推进。“三治一提升”“两路两侧”“四边三化”行动扎实开展，111个美丽乡村项目有序实施，“丹霞风情”、“沃洲茶香”2个示范区基本建成，成功创建省级美丽乡村先进县。深入推进“强村富民”行动，完成“村村有物业”计划，全面消除家庭人均年收入低于4600元的贫困农户。

4．民生保障有效增强。加大民生投入，持续提升群众安全感、幸福感。民生实事办好办实。扎实推进十大惠民实事，破解了一批群众关心关注的难题，演溪路和馒头山保障房完成建设，改造旧小区8个，建成E邮柜站点50个、农村社区居家养老服务照料中心92个。社会事业均衡发展。提升就业和社会救助力度，养老保险、医疗保险等保障水平再次提标。新昌技师学院筹建项目启动实施，成功创建浙江省体育强县。抓好医改深化工作，全面实施分级诊疗，国家卫生县城创建工作通过市级评审。实施传统文化保护、文化精品振兴、文化产业发展计划，公共文化服务设施不断完善，新建农村文化礼堂25个。社会大局保持稳定。深入推进“平安新昌”、“法治新昌”建设，开展“信访积案化解攻坚年”、“百日维稳攻坚大会战”活动，规范信访秩序，打击整治涉黑涉恶、侵犯知识产权、逃废债等领域犯罪行为，社会治安、公共安全、网络舆情等工作成效明显，实现刑事案件下降 16.6%，进京非访下降58.3%，安全生产死亡人数下降4.2%，社会大局保持稳定。

5．党的建设切实加强。始终把抓好党建作为最大的政绩，扎实开展“三严三实”教育活动，全面落实从严治党要求。造浓发展氛围。深入学习贯彻习近平总书记系列重要讲话精神，大力培育践行社会主义核心价值观，牢牢把握意识形态领域主导权，通过正面宣传、反面倒逼，营造了良好氛围。强化干部执行。严格落实领导干部“积分制”绩效考核，开展电视问政，推行社会化评价，一批实绩突出的领导干部被提拔使用或转任重要岗位。加强干部交流，建立常态化交流机制，35 名部门中层干部实现跨部门交流。加大干部培养，先后选派 116 名干部到“五水共治”“三改一拆”、钦寸水库等重点工作一线实践锻炼。加强廉政建设。抓好党风廉政建设“两个责任”落实，建立县委巡查制度，坚决查处违法案件，共立案查办各类违纪违法案件 114 件 118 人。尤其驰而不息纠正“四风”，公车私驾（私用）、奢侈浪费、相互吃请等突出问题得到有效遏止。优化企业服务，牢固树立“服务企业就是服务经济、服务发展”的理念，建立企业服务员和科技特派员制度，开展“助企解困强信心”专项行动，帮助企业解决了土地、资金、项目等一批反映强烈的问题。大抓基层基础。以党组织“评星晋级”活动为抓手，重点整治软弱涣散党组织，基本完成 24 个后进村整转。注重农村带头人队伍建设，加大村干部规范教育，加大不合格党员处置，增强了村干部干事创业热情。同时，高度重视党管武装和国防后备力量建设，加强统战群团工作，全县上下保持了群策群力共谋发展的良好氛围。

过去一年的成绩来之不易，这是全县上下共同努力奋斗的结果，我谨代表中共新昌县委，向所有为新昌经济社会发展作出贡献的同志们，表示衷心的感谢和崇高的敬意！

一年来，县委常委会高度重视自身建设，始终以新昌发展大局为重，致力把方向、谋大事、抓队伍，努力形成科学发展的强大合力。一是始终坚持工作的延续性。围绕“三城四化”战略目标，保持思路接力，坚持一张蓝图画到底，全力做强创新驱动、生态建设、深化改革三大动力，持续拉长城市化、服务业、新农村三条短腿，为新昌新一轮发展奠定了基础。二是始终坚持工作的协调性。注重经济与社会兼顾，注重产业与生态并重，注重城市与农村统筹，注重发展与稳定同步，协同推进工作，新昌发展的协调性明显增强，群众获得感有效提升。三是始终坚持工作的实效性。坚持问题导向，加强工作机制研究，完善“领导抓、抓领导”机制，实行县领导重点工作领衔制、季度工作交流制，现场办公，一线落实，形成了千斤重担大家挑格局，工作实效大为增强。

在取得成绩的同时，我们也应清醒看到工作中存在的问题和不足。一是经济发展面临压力。经济下行压力明显加大，部分经济指标落后全市平均水平，少数企业经营面临困难，大项目好项目较少，有效投资缺乏后劲。二是城乡统筹存在短板。城乡建设还不平衡，城市化欠账多，农村发展瓶颈大，农业增效、农民增收缺乏有效途径，城市形象、农村面貌有待改善。三是社会维稳压力较大。食品药品、危化品监管风险大，信访群体控新减旧困难不小，特别是随着钦寸水库等重点工程的推进，征地拆迁矛盾易发多发，社会稳定面临考验。四是队伍建设任重道远。一些干部担当精神缺失，不敢动真碰硬。对此，我们必须高度重视，积极破解。

二、面向未来，开辟“十三五”发展新天地

这次提交全会审议的县委“十三五”规划《建议》，确定了“十三五”时期我县经济社会发展的指导思想、目标要求、战略任务和重大举措，对“十三五”时期新昌发展作出全面部署，是我县今后五年经济社会发展的重要指导性文件。

1．全面总结“十二五”时期的发展成就。“十二五”时期是新昌发展很不平凡的五年。五年来，我们开拓创新，砥砺奋进，实现了经济持续稳健增长、社会保持和谐稳定的良好局面。一是综合实力大幅提升。预计生产总值年均增长 8.8%，人均 GDP 突破 1 万美元，年均增长 8.7%；财政总收入年均增长 12.9%，其中地方财政收入年均增长 15.6%，全县综合实力显著提升。二是转型升级明显加快。战略性新兴产业快速发展，产值占比提升了 7 个百分点，新产品产值率提升了 6 个百分点，科技创新主要指标均居全省第二，被命名为国家科技进步示范县、国家新型工业化示范基地。旅游业二次创业步伐加快，服务业加快集聚，农业效益大幅提升，成功创建全国休闲农业与乡村旅游示范县。三是城乡面貌变化显著。七星新区、高新园区、新昌工业园区三大区块加快建设，城市框架全面拉开，“一江一山一景”城市亮点加快形成，成功创建国家级生态县，山水品质之城初具形象。四是社会民生持续改善。每年新增财力的 80%以上都用于民生事业，基本公共服务水平和均等化程度明显提高。社会保持和谐稳定，预计城镇居民可支配收入年均增长 10.3%，农村居民人均可支配收入年均增长 11.7%，城乡收入差距逐步缩小。五是发展保障不断增强。政府职能加快转变，干部作风持续提升，审批效能全面提速，发展环境不断优化，新昌成为一方投资热土。“十二五”的发展成就，为新昌未来一个时期经济社会发展再上新台阶，打下了坚实的工作基础、物质基础和思想基础。

2．科学分析“十三五”时期的发展形势。总体看，今后五年是新昌发展的重要战略机遇期，机遇与挑战并存，但机遇大于挑战。从国内看，我国经济长期向好基本面没有变，特别是经济发展进入新常态，发展动力转换加快，产业结构深度调整，中央、省市多重政策利好叠加，这对于以高新技术产业为主，以大企业为主的新昌经济而言，迎来了重要契机。从我县看，未来五年正迎来一个难得的机遇期：面临产业化机遇，工业信息化大有可为，旅游业稳健发展，商贸业加快提升，产业升级蓄势待发；面临城市化机遇，城市发展基础更加坚实，尤其七星新区、两大园区将处于出成果的时期；面临区域化机遇，随着国家“一带一路”、长江经济带战略的深入实施，全省金绍甬舟大通道高能级开放平台的打造，高速公路、高速铁路等重大基础设施建设加速推进，新昌区位优势提升面临重大契机。

3．深刻领会“十三五”时期的发展主题。县委“十三五”规划《建议》提出了要以“工业立县、生态兴县、创新强县”三大路径为引领，深入实施“三城四化”战略，建设美丽新昌的发展主题，充分反映了我县改革发展的趋势。我们必须把握主题，精准发力，实现新常态下的新发展。

工业是基础，必须坚持工业立县不动摇。工业是新昌发展命脉所在，在三次产业中比重超过 50%，就业人口最多，财政贡献最大，可以说工业强则产业强、经济强、城市强。历经多年发展，现在新昌工业不仅产业层次高，上市公司多，而且培养了一批优秀的企业家队伍，形成了实体经济发展的“新昌样本”，可以说是名声在外。新昌之所以有今天，是因为我们持之以恒抓工业，离开工业，一切都无从谈起。我们要主动顺应中国制造 2025、工业 4.0 的趋势，以“工业立县”为引领，把工业作为新昌发展的最大核心，加快推进工业高新化，提升发展质量，打造现代产业之城。

生态是根本，必须坚持生态兴县不动摇。生态是新昌今后发展的资源优势，更是解决城乡统筹问题的关键所在。我们必须以“生态兴县”为引领，在发展经济的同时保护好生态资源，通过大力发展绿色农业、休闲旅游、养生养老等生态经济，加快培育新的经济增长点，不断拓宽农民增收渠道，着力提升生态资源的经济价值，真正把生态优势转化为发展优势、竞争优势，打造生态休闲之城。

创新是灵魂，必须坚持创新强县不动摇。新昌过去发展靠的是创新，未来发展也取决于创新，尤其在经济新常态下，更要把创新作为“弯道超车”的主要动力。当前新昌科技工作成绩突出，走在前列，但我们也应看到存在的问题和不足，比如经济与科技“两张皮”现象依然存在、“两化”融合还不够、产学研合作存在薄弱环节等，我们要顺应供给侧改革趋势，坚持以“创新强县”为引领，抓住省级科技体制综合改革试点的重要机遇，创新体制机制，加快形成以创新为引领和支撑的发展体系。

工业立县、生态兴县、创新强县是建设美丽新昌的三条重要路径，非常契合“三城四化”战略目标。各级各部门要把思想统一到这三大路径上来，把精力集中到这三大路径上来，攻坚克难，真抓实干，努力走出一条发展新路。

4. 正确把握“十三五”时期的发展重点。县委“十三五”规划《建议》提出了今后五年的主要目标，涉及经济、政治、文化、社会建设和生态文明建设各个方面，回应了全县人民过上美好生活的新期待，是县委集思广益，征求方方面面意见，经过充分研究和反复论证提出来的，也是我们对全县人民的庄严承诺。我们一定要全力以赴，确保这些发展目标如期实现。在“十三五”期间，我们要突出重点，全力打好五大攻坚战。

一要打好产业升级攻坚战。坚持以“工业立县”为引领，大力发展战略性新兴产业，全面提升经济总量、发展质量和产业层次。到 2020 年，力争工业强县综合评价保持全省前十位，工业总产值超千亿，战略性新兴产业占比达 50%以上，制冷装备、汽车部件、生物医药等三个产业集群进一步壮大，轴承行业和纺织装备行业的智能化改造取得决定性成果，通用航空及零部件产业形成一定规模。同时大力发展现代服务业和特色农业，促进产业向价值链高端攀升。

二要打好生态环境攻坚战。深化绿水青山就是金山银山的理念，坚持以“生态兴县”为引领，更高标准推进“五水共治”“五气合治”“三治一提升”，大力发展乡村旅游、休闲度假、康体养生等生态休闲业态，构建绿色发展方式和生活方式，着力创建全国生态文明建设示范区，加快建设资源节约型、环境友好型社会，让天更蓝、水更清、地更净、山更绿，空气优良率保持在 85%以上，生态文明建设总指数排在全省前列。

三要打好科技创新攻坚战。全面把握信息化背景下新一轮科技革命和产业变革的机遇，坚持以“创新强县”为引领，突出问题导向，深入推进省级科技体制综合改革试点工作，强化制度供给，全力争创全国县域科技创新驱动发展示范县、省级科技体制综合改革示范县，构建富有效率的区域创新体系，确保研发经费占 GDP 比重达 4.1%以上并持续提升，新产品产值率超过 55%，技术创新综合评价排名位列全省县（市区）前 5 位。

四要打好交通设施攻坚战。“十三五”期间，一批重大交通基础设施将相继上马，新昌面临着区位优势大幅提升的历史性机遇。我们要抓住机遇，坚持交通先行，强化设施供给和要素保障，建设一批事关全县发展的重大交通设施，加快形成高速公路、高速铁路、国省道干线公路、通用机场等现代综合交通体系，使新昌从“公路”时代全面迈向“铁公机”时代，切实提升区位优势。

五要打好城乡统筹攻坚战。城乡统筹发展始终是新昌发展的短板，我们要紧抓不放，补齐短板。要加快城市建设，尊重城市发展规律，加快新型城市化，打造山水品质之城。重中之重要抓好美丽乡村建设，打造“一村一韵”的中心村、特色村，基本建成“丹霞风情”“沃洲茶香”“天姥古驿”“竹海水韵”“七彩烟山”示范区，确保建成省级美丽乡村示范县。同时加强城乡环境综合整治，提升新昌整体形象。

打好“十三五”五场攻坚战，既可以推动解决当前我县发展面临的突出问题，又可以为我县长远发展打下更加坚实的基础。我们要以对新昌发展负责、对新昌人民负责的态度，全力以赴，坚决打胜这五场攻坚战，为新昌发展提供坚强支撑。

三、立足当下，全力夺取开局之年新胜利

今年是全面建成小康社会决胜阶段的开局之年，也是新昌发展的关键之年，做好今年工作，意义十分重大。今年工作的总体要求是：认真贯彻落实党的十八大和十八届三中、四中、五中全会和习近平总书记系列重要讲话精神，以“四个全面”战略布局为统领，围绕美丽新昌目标，大力推进“三城四化”战略，突出“稳中求进、转中求优”总基调，以“工业立县、生态兴县、创新强县”为引领，开展“产业提升年、创新突破年、环境优化年”活动，促进产业优化升级，加快城乡统筹协调，推进社会建设，全面从严治党，为“十三五”发展开好局、起好步。

今年主要指标初步考虑是：地区生产总值增长7.5%左右，公共财政预算收入增长与地区生产总值增长基本同步，城乡居民人均可支配收入分别增长8%、8.5%。

根据上述目标任务，重点抓好以下工作：

1．强化创新驱动，加快产业升级。积极适应经济新常态，加快产业转型升级，提升发展质量和效益。一要优结构。工业抓提升，以“工业立县”为引领，重点发展战略性新兴产业，加快发展航空装备、工业机器人、大型数控机床等高端装备制造业，积极培育文化创意、信息、环保、时尚等产业，确保战略性新兴产业产值占比45%以上，新增上市企业确保1家、力争2家，“新三板”挂牌企业确保5家，形成更加合理的企业梯队。服务业抓优化。加快旅游业二次创业步伐，全力推进梅溪湖休闲养生园、铜锣山养生园、通山小镇、韩妃江安麓酒店等旅游精品项目建设，确保大佛寺文化旅游区建成5A级景区，优化新昌旅游格局。加快商贸业发展，着力抓好海洋城购物中心、红星美凯龙、和悦广场等商贸综合体项目，力争早日开业投用，建设七星特色步行街。提升现代服务业，积极推进电商物流、检验检测等现代服务业发展，加快建设科创园区，建成淘宝特色中国·新昌馆（电子商务园）。农业抓特色。扎实推进“两区”建设，大力发展茶叶、花卉、蓝莓、香榧等特色农业，加强小京生等重要农产品保护区建设，提高农产品效益。加快乡村休闲业发展，以省农家乐提升发展重点县创建为抓手，加快茶乡体验、鲜果采摘、森林休闲等休闲旅线建设，开发一批乡村旅游综合体，新增民宿床位2000张以上。二要强创新。全面推进省级科技体制综合改革试点工作，力争主要科技指标继续领先全省。做强创新主体。加快高新企业培育，加强企业研发机构建设，重点抓好省市县三级重点企业研究院培育计划，确保新产品产值率达到50%。加快“两化”融合。深化“五换四覆盖”为主要内容的“两化”深度融合，培育一批智慧工厂、无人车间，推进一批智能制造、互联网+、工业信息工程等“两化”融合示范项目，创建“两化”深度融合国家级示范区。深化产学研合作，完善技术创新开放合作机制，建立双层双向对接合作机制，全年开展与高校院所的对接活动5次；深入实施“天姥英才”计划，进一步优化人才环境，加快高层次人才集聚，引进国千、省千人才2人，资深专家、海外工程师20人，研究生800人，培育创新团队10个。三要抓项目。大力推进有效投资，抓好151个政府性投资项目和 56 个千万元以上工业项目建设，特别是抓好8个10亿元以上工业项目、5个10亿元以上服务业项目建设，加快智能装备小镇等特色小镇建设，全年完成固定资产投资166亿元，增长12%，其中工业投资97.8亿元，增长15%，提升新昌发展后劲。尤其要加大招商引资，树立“留住新商就是最大招商”的理念，围绕现代服务业，开展驻点招商、产业链招商，更大力度对接服务浙商新商，实现从项目外流到项目回归的转变。

2．强化城乡统筹，提升区位优势。立足城乡“一张图”、全县“一盘棋”，开展“环境优化年”活动，建设美丽新昌。一要提升区位优势。以重大交通设施建设为主导，强化要素保障，加快重点项目推进，加速构建交通大动脉。重点是做好杭绍台高速、甬金铁路等重大基础设施建设相关工作，积极谋划杭绍台高速铁路，开工建设上三高速城南道口互通，加快新境线、江拔线、磐新线等框架性道路建设，启动城东环线、527 国道建设，打造内畅外联交通体系。同时依托省级路网规划，积极谋划城北台地和大明市区块开发，做好浙商跨国并购项目回归示范园和新嵊综合保税区规划对接，全方位融入金绍甬舟开放大通道。二要打造精美城区。全面贯彻落实中央城市工作会议精神，加快推进新型城市化。要突出城市建设的精致化。加强城市设计，突出山水特色，优化功能布局，营造城市景观。重点加强七星新区等重点区块开发建设，加强基础配套，启动新中路南段拆迁和演溪大桥等一批项目，建设一批经典性、标志性建筑，全面形成新区形象。积极推进城中村、园中村改造，抓好张家庄工业小区改造提升，稳步实施旧城改造，改善人居环境，提升城市品质。要突出城市形象的精品化。加快“一江一山一景”城市亮点打造，大佛寺要露出来，加快实施大佛寺综合提升工程，改造入口处，使大佛寺周边环境得到明显提升；鼓山公园要“显山露水”，加快项目建设，真正把鼓山公园建成一座城市休闲公园、文化主题公园、旅游景观公园。推进沿江中路西段建设，营造一江两岸新景观，形成一条休闲带。要突出城市管理的精细化。围绕全国文明县城、国家卫生县城创建，建立城市网格化管理体制，继续开展城市品质提升十大行动，加快环境整治、立面改造、景观改造，着力改善城市面貌。三要建设美丽乡村。坚持点、线、面结合，积极推进省级美丽乡村示范县建设，决不把脏乱差、污泥浊水、违章建筑带入全面小康，使农村处处是风景。点上重点抓好 20 个中心村、历史文化村和整村整治精品村建设，传承乡愁记忆，延续历史文脉，抓好镜岭丹霞小镇、儒岙诗路小镇、沙溪骑行小镇和小将花园小镇建设；线上重点抓好加快“五区五线”规划建设，全面提升“丹霞风情”“沃洲茶香”等美丽乡村精品示范区形象；面上重点抓好 “三治一提升”“两路两侧”“四边三化”环境综合整治，加大农村生活垃圾分类化、减量化、资源化处理，加强农村生活污水治理设施长效运行和维护管理，进一步改善农村面貌。同时注重增强农村自我发展能力，做大做强乡村休闲旅游业，大力发展农村电商，将优质农产品通过互联网销出去，提高农产品附加值，让农民富起来。

3. 强化生态建设，护好青山绿水。加强生态文明建设，推动绿色、循环、低碳发展。一要以绿色生产为主抓手。全面推进绿色安全制造，鼓励企业工艺技术装备更新改造，大力发展生态工业和循环经济，建立低能耗、低污染、低排放、高附加值的现代产业体系。全面推进能耗“双控”，深化企业用能配置改革，实行用能总量预算化管理，加快燃煤锅（窑）炉淘汰改造。全面推进“腾笼换鸟”，实行用电用水分类考核，深化亩产效益导向，向节约要空间，向集约要效益。二要以治水拆违为突破口。持之以恒推进“五水共治”，建成生活垃圾终端处理设施，完成两大园区污水管网配套和所有行政村生活污水治理，分步推进城南、里江、江北片截污纳管工程，实现雨污分流、污水纳管，改善城区水环境，确保“三江”交接断面水质考核保持优秀。重中之重抓好钦寸水库建设，全力加快滞留户解决，扎实推进大坝枢纽工程、输水隧洞、江拔线改建等工程建设，确保钦寸水库具备蓄水条件。持续发力“三改一拆”，加强非法“一户多宅”等整治，以更大的决心推进无违建县和无违建乡镇（街道）创建。三要以生态创建为关键点。坚持保护优先、自然恢复为主，实施生态廊道、山体绿化行动，推进主要水系、河渠堤坝沿线两侧绿化，启动万亩彩色健康森林建设，确保森林覆盖率保持在 63.8% 以上，建成全国绿化模范县。

4. 强化以人为本，促进民生改善。践行共享发展理念，加大民生投入，让全县老百姓过上更美好的生活。一要坚持办实事。办好十大民生实事，加快地质灾害点治理，扩大农村自来水供应覆盖面，确保农村饮水安全，完成剩余旧小区改造，加快人才公寓房的建设与使用，推进县社会福利中心建设，建成居家养老服务中心 70 家，优化完善公交线路，新建 10 个公共自行车点。二要坚持强供给。要提供更好的教育，加快技师学院建设，推进礼泉小学迁建，探索成立教育集团，鼓励优质民办教育发展，全面提升教学质量，打响“学在新昌”品牌。要提供更好的医疗，加快医疗卫生综合改革，启动同城化医联体卫生院提升工程，抓好七星街道卫生院、人民医院综合楼等项目建设。要提供更好的社会保障，加强就业创业服务，加大困难群体帮扶救助，努力扩大社会保障覆盖面。要提供更好的文化，完善现代公共文化服务体系，加强优秀传统文化保护，扶持发展一批小微文化企业，因地制宜建设农村文化礼堂，让更多的人精神富起来。三要坚持保稳定。全面深化法治新昌建设，落实推进司法体制改革，加快建设法治政府，不断提高各级干部自觉运用法治思维和法治方式解决问题的能力。重点推进平安新昌建设，加强源头治理，深化推广

“3+X”人民调解模式，重抓初信初访、信访秩序和积案化解，把信访纳入法治轨道。加强社会治安防控，深入推进项目警官制，加大对强包强揽工程、阻挠工程建设和侵犯知识产权等行为的打击。同时加强安全生产和公共安全，加大食品药品、交通、消防、建筑等监管力度，消除隐患。

5. 强化从严治党，提升发展保障。坚持“党要管党、从严治党”，着力提升党的建设科学化水平。一要强化舆论引导。抓好思想政治建设，提升各级领导干部政治定力。强化社会主义核心价值观，培育文明风尚，提升市民思想道德素质。加强宣传舆论引导，抓好各种主题宣传活动，深度挖掘“新昌现象”。重视意识形态管理，深化网络空间晴朗工程，牢牢把握舆情引导处置主动权。二要强化干部担当。加强干部队伍建设，优化干部队伍结构，进一步选优配强好班长好班子好梯队。严格实施领导干部“积分制”绩效考核管理体系，深化干部日常监管、社会化评价、电视评议，健全两年一次常态化交流制度，激发干部活力。注重压担式培养，选派一批年轻干部到重点工作、重点工程一线锻炼，着力打造过得硬打胜仗的干部队伍。依法做好县乡两级换届，严肃换届纪律，确保换届工作风清气正、平稳有序。三要强化基层导向。牢固树立大抓基层导向，总结推广“党建+”工作方式，打造一批农村基层党建工作示范点，整顿转化一批相对后进村党组织。加强农村带头人队伍建设，深化完善农村党员“三分四步法”，推行村干部小微权力清单，出台全县村主职干部绩效考核管理办法，加强不合格党员、违规干部处理，进一步强化村干部规矩意识。深入推进“走村不漏户、户户见干部”活动，推动各级干部下基层、破难题、惠民生。四要强化正风肃纪。严格落实全面从严治党党委主体责任和纪委监督责任，严格执行“一岗双责”“一案双查”“双报告”等制度，严守党章党规，把纪律挺在前面。始终保持作风建设高压态势，坚持明查暗访，加大执纪监督、公开曝光、排名通报、约谈问责力度，坚决不让“四风”问题反弹回潮。认真抓好省委巡视组、市委巡查组反馈意见整改，明确路线图、时间表，切实把整改落到实处。

四、从严从实，以归零的心态抓好全年工作

实现今年既定目标，关键在行动，根本在落实。我们要按照“三严三实”要求，把抓落实作为最大的政治纪律，一刻都不能停、一纳米不能留，确保美丽新昌建设取得实实在在的成效。

1. 要健全机制抓落实。落实依靠制度，制度贵在落实。一要坚持“领导抓、抓领导”。坚持以上率下，以行胜言，形成上级带下级、一级抓一级、层层抓落实的良好局面。县委重点抓常委、副县长，重点抓各个局长、各个书记、乡镇长，通过召开常委会、督查会、推进会等形式，经常性听取工作汇报，形成推进工作的强大合力。二要坚持“具体抓、抓具体”。各级各部门要强化具体化的理念，做到目标具体化、要求具体化、措施具体化、责任具体化。尤其是“一把手”，要切实扛起工作的主体责任，亲自抓、主动抓，守好“主阵地”，不当甩手掌柜。三要坚持“重点抓、抓重点”。各级领导干部要突出重点，善于抓住主要矛盾、抓住关键环节，从纷繁复杂的工作中，理出头绪，撕开口子，带动全局。当然尤其要抓好产业转型、项目建设、“五水共治”、“三改一拆”、环境整治等重点工作。

2. 要马上就办抓落实。要把“马上就办、办就办好”作为工作准则，坚决不当蜗牛的爷爷。一是推进要快。要养成立说立行的作风，挂图作战，坚决杜绝等一等、看一看的观望心态，对认准的事、部署的工作，都要快节奏推进，高效率落实。一些走在前列的工作，就要把优势做大；相对靠前的工作，要一鼓作气，努力赶超；相对落后的，就要瞄准目标，奋起直追。二是服务要快。加快行政审批制度改革，积极推行工业技改项目零审批制度，清理前置事项，开展效能回访，提升办事效能。尤其要加大困难企业帮扶，开展降低企业成本专项行动，切实减轻企业负担。三是协调要快。各级领导干部尤其是县领导要靠前指挥，现场办公，有问题就抓紧协调，有困难就抓紧化解，实实在在推进工作。

3. 要扛起责任抓落实。每个干部都要把担当作为一种自觉，一种本领，做什么工作都要尽心尽力，善作善成。一要强化执行。凡是县委县政府定下的事情，无论需要付出多大努力，都要不折不扣贯彻执行，绝不能敷衍了事。两办、纪委要加强对不落实问题的督查，对重大项目、重点工作、重要指标完成情况开展督查，并及时通报公开。二要敢打硬仗。要有虎口夺食的勇气，在最难处着手，主动请缨，不惧风险，勇挑重担，动真碰硬，以抓铁有痕的干劲和滴水穿石的韧劲，啃掉“硬骨头”，拔除“硬钉子”。三要创新突破。增强改革创新意识，打破惯性思维的藩篱，摆脱对传统路径的依赖，消除体制机制的弊端，创新务实管用的方法，积极创造条件，破解具体困难，努力把“绊脚石”转化成 “垫脚石”，把重重阻力转化成不竭动力。

同志们，目标任务已经明确，发展蓝图已经绘就。我们要以翻篇归零的心态、更加昂扬的斗志、务实创新的作风，真抓实干、善作善成，为谱写新昌经济社会发展新篇章而努力奋斗！

政府工作报告

——在新昌县第十五届人民代表大会第五次会议上

李 宁

（2016 年 1 月 30 日）

各位代表：

现在，我代表县人民政府向大会作政府工作报告，请予审议，并请县政协委员和其他列席人员提出意见。

一、“十二五”规划执行情况和 2015 年主要工作

“十二五”时期是新昌发展很不平凡的五年，面对错综复杂的宏观形势和艰巨繁重的发展任务，县政府坚决贯彻上级决策部署，在县委的坚强领导下，在县人大、县政协的监督支持下，紧紧依靠全县人民，千方百计稳增长，坚定不移促转型，全力以赴惠民生，基本完成“十二五”规划各项目标任务，在科学发展和现代化新昌建设道路上迈出了坚实步伐。

五年来，我们坚持发展为要，综合实力持续提升。全县生产总值从 2010 年的 216.02 亿元增加到 2015 年的 345.40 亿元，年均增长 8.7%，人均生产总值达到 12663 美元，三次产业结构由 7.4：55.1：37.5 优化到 6.1：50.8：43.1。固定资产投资从 64.48 亿元增加到 148.27 亿元，年均增长 18.1%；社会消费品零售总额从 71.40 亿元增加到 140.09 亿元，年均增长 14.4%；出口总值从 12.18 亿美元增加到 17.35 亿美元，年均增长 7.3%。财政总收入从 28.13 亿元增加到 51.50 亿元，一般公共预算收入从 13.50 亿元增加到 28.0 亿元，年均分别增长 12.9%和 15.7%；金融机构存款余额从 226.77 亿元增加到 428.87 亿元，贷款余额从 148.91 亿元增加到 319.99 亿元，年均分别增长 13.4%和 16.4%，不良贷款率 0.86%，保持全市最低；城镇常住居民人均可支配收入提高到 43881 元，农村常住居民人均可支配收入提高到 21624 元，年均分别增长 10.3%和 11.7%。

五年来，我们坚持质效双优，转型升级持续推进。工业优势更加凸显。加快发展先进装备制造、生物医药为重点的“2+X”战略性新兴产业，规上工业总产值从 384.43 亿元增加到 611.21 亿元，年均增长 9.7%，新兴产业产值占比提高到 45.6%，连续三年在省工业强县综合考评中进入十强，成为国家新型工业化产业示范基地、省级产业集群转型升级示范区、省级绿色安全制造信息化试点区。实施“123”企业培育工程，三花控股、万丰奥特入选中国民营企业 500 强、浙江制造业百强，产值超亿元企业增加到 54 家，美盛文化成功上市，8 家企业“新三板”挂牌，“个转企”1003 家，“下升上”116 家。加快科技创新步伐，新增省级以上新产品 1017 件，国家高新技术企业达到 45 家，研发经费支出占生产总值的比重为 4.09%，成为国家科技进步先进县、国家知识产权强县工程试点县、国家科技兴贸基地、省科普示范县。抓好质量强县工作，制修订国家行业标准 67 项，新增中国驰名商标 6 只、浙江名牌 15 只，三花股份、万丰奥威荣获省政府质量奖。加快推进园区建设，高新园区转型升级试点工作进展顺利，新昌工业园区获评十佳最具投资竞争力园区，集聚效应更加明显，园区实力持续提

升。建筑业产值从104亿元增加到188亿元，年均增长12.5%，新增一级（甲级）企业2家。农业效益稳步提升。扎实推进“两区”建设，“1+6+X”特色农业体系基本形成，建成省级农业综合园区1个、主导产业示范区4个、精品园17个，新增粮食生产功能区4.13万亩、“万元亩产”面积4.10万亩、休闲观光果园1.35万亩、特色农林基地7.83万亩、旱涝保收面积3.90万亩，成为农业部水稻高产创建示范县、全省农田水利标准化建设优秀县。茶叶产值突破8亿元，年均增长7.7%，“绿+红”战略初见成效，天姥红茶研发成功，中国茶市年交易额超过45亿元，连续六年获评全国十大重点产茶县，成为中国茶叶产业发展示范县、全国十大生态产茶县、中国茶业十大转型升级示范县。现代服务业做大做强。加快推进旅游二次创业，大佛寺文化旅游区通过国家5A级景区资源和景观质量评审，十九峰景区、沃洲湖景区分别创建为4A、3A级景区，天姥山·十里潜溪旅游度假区成功创建省级旅游度假区，“绍兴人免费游新昌”全面实施，旅游总收入从49.4亿元增加到86.9亿元，年均增长15.2%。加快发展乡村休闲旅游，民宿床位增加到3920张、餐位6150个，成功举办新昌·台湾两岸民宿发展论坛，创建全国休闲农业与乡村旅游示范县。做大做强商贸服务业，世贸广场、达利商业广场建成开业，红星美凯龙、海洋城购物中心、和悦广场加快建设。电子商务发展取得突破，农村淘宝运营中心和88个村级服务点完成建设，跻身全国电商百强县。

五年来，我们坚持统筹协调，城乡环境持续优化。城市品质加快提升。实施“西建、中优、东延、北控”城市推进计划，七星新区、南岩区块、潜溪区块加快建设，新民区块启动开发，城市框架进一步拉大。加快城市基础设施建设，体育场路、演溪路、三江路、沿江中路、潜溪江大桥建成通车，湖莲潭公园、江滨景观带、新昌江城区段堤防全面建成。加强城市精细化管理，全面推行“数字城管”，抓实抓好各类创建工作，国家园林县城、省级示范文明县城成功创建。全面推进交通治堵，智能交通管理系统和公共自行车服务系统建成投用，城区公交运营体制改革平稳实施，新增停车泊位5000多个，公交分担率提高到17.5%。镇村面貌明显改善。推进扩权强镇改革，儒岙镇成为全国重点镇，澄潭镇升格为省级中心镇。推进美丽乡村建设，全面实施“百十一”工程，统筹抓好清洁家园、“四边三化”、殡葬整治等行动，丹霞风情、沃洲茶香示范区基本建成，改造空心村30个，建设省级重点历史文化村3个。推进“三改一拆”，一批违法建筑得到有效处置。加快强村富民行动，建设联建物业项目12个，全面消除家庭人均年收入低于4600元的低收入农户。生态环境更加优化。强化“亩产效益”导向，节能减排任务全面完成，生态环境质量满意度全市第一，生态文明建设评价总指数全省第十，其中生态经济指数全省第一，成功创建国家级生态县、省级森林城市。全面落实河长制，统筹推进城市截污管网建设、农村生活污水治理、制（洗）砂场整治、畜禽养殖治理等工作，切实加强饮用水水源保护，305个村实施饮用水改造，“三江”水质省级考核实现六连优，捧得“五水共治”大禹鼎。钦寸水库建设攻坚突破，移民搬迁安置、生产用地分配、公寓房建设等工作稳步推进，围堰截流和坝体填筑如期完成，输水隧洞全线贯通。

五年来，我们坚持改革开放，发展后劲持续增强。各项改革全面深化。切实抓好省级改革试点工作，省级科技体制改革试点、“五水共治”体制机制创新区建设取得实效。加快“四张清单一张网”改革，创设“三单一图一评价”审批模式，推行企业“零土地”技改项目审批改革和投资项目高效审批，行政审批进一步提速增效。推行要素配置市场化改革、市场监管体制调整、商事登记制度改革、“营改增”税制改革，经济体制改革不断深化。农村集体资产股份制改造基本完成，“三证”确权登记发证工作全面推进，农村产权交易平台运行良好。开放水平全面提高。大力发展开放型经济，新嵊海关办事处开关运行，国际物流中心建成运营，创建为省国际服务外包示范园区、省机电产品出口基地。鼓励企业“走出去”参加展会、并购资产、构建跨国营销网络，8 家企业实现海外并购，并购资金超过 40 亿元。高度重视“新商回归”，累计到位资金 70 亿元。要素制约有效缓解。完成征地 24020 亩，拆迁 291.4 万平方米，向上争取用地指标 11959 亩，消化利用批而未供土地 14393 亩。政银企互动良好，新增中小微企业贷款 110.6 亿元，杭州银行、中信银行、浦发村镇银行入驻新昌，小贷公司、担保公司、股权投资公司健康发展。加大直接融资力度，政府债务结构进一步优化。实施“天姥英才”计划，培养和引进各类人才 28142 人，其中高层次人才 1380 人，新增院士专家工作站 9 家、博士后工作站 3 家。

五年来，我们坚持民生为本，人民生活持续改善。社会保障迈上新台阶。民生支出 113.18 亿元，占财政总支出的 77.1%。培训农村劳动力 52998 人、转移 9478 人，新增城镇就业 52000 人，城镇登记失业率控制在 3%以内；城乡居民基本医疗保险参保率达到 98%以上，大病保险、残疾人意外伤害保险等全面实施，最低月工资标准由 980 元提高到 1660 元，城乡低保由 340 元、238 元分别提高到 611 元、493 元；建成保障性住房 1659 套，在建 891 套，完成农村困难家庭危旧房改造 1191 户；发放低保补助金、医疗救助金、慈善救助金 1.56 亿元。社会事业得到新发展。“学在新昌”逐步打响，高考上重点线率保持全市第一，新昌技师学院开始筹建，七星小学、梅渚镇小、新昌幼儿园、育才学校建成开学，全国义务教育发展基本均衡县通过验收，学前教育、民办教育加快发展。体育事业蓬勃发展，亚运会、省运会连夺金牌，省级体育强县成功创建。卫生事业加快发展，县人民医院、中医院分别获评三级乙等综合性医院和三级甲等中医院，妇女儿童医院建成投用，医联体系统基本建成，国家中医工作先进县、全国计划生育优质服务先进县成功创建。文化设施提档升级，图书馆、博物馆、档案馆和 61 家农村文化礼堂建成投用，农家书屋实现全覆盖，广播电视实现村村通，大佛寺石弥勒像和千佛岩造像入选全国重点文物保护单位，调腔目连戏入选国家级“非遗”名录，新昌成为省第二批传统戏剧之乡。社会治理取得新成效。扎实推进“平安新昌”建设，做好重大决策社会稳定风险评估，抓好初信初访和信访积案化解，建立健全大调解体系，推行“3+X”人民调解模式，社会大局和谐稳定。创设项目警官制，加强治安防控体系建设和流动人口、特殊人群服务管理，严厉打击各类违法犯罪活动，群众安全感进一步提升。全面落实安全生产责任制，抓好公共安全和食品药品监管，提升防灾救灾和应急管理能力，安全生产形势总体平稳。国防动员、民族宗教、外事侨务、档案史志、妇女儿童、青少年、红十字、公积金、新闻、统计、供销、气象、社区建设等工作均取得新的成绩。

五年来，我们坚持勤政廉政，自身建设持续加强。坚决执行县委决定，自觉接受人大法律监督、政协民主监督、媒体舆论监督，制定实施行政问责、审计整改、依法统计等办法，人大代表建议、政协提案均按时办结。大力推进政务公开、信息公开，重大决策广泛征求意见、集体讨论决定。深化府院联席会议制度，强化行政争议预防化解。稳步推进机构改革，持之以恒正风肃纪，政府工作人员担当意识、执行能力明显提升。落实廉政建设防控措施，强化行政监察、财政监管和审计监督，加强公共资金、国有资产、国有资源、公共权力管理监督，实施全口径财政预算管理，严格控制和规范公务支出、公款消费，2015 年“三公”经费比 2010 年下降 60.1%。

各位代表，刚刚过去的 2015 年，我们扎实推进“创新突破年、项目攻坚年、基层深化年”活动，全力以赴抓改革、促转型、优环境、惠民生，经济社会稳健发展，“十二五”圆满收官。

一是全力扩大有效投资。坚持项目为抓手，实绩论英雄，开展项目建设百日攻坚行动，152 个政府投资项目完成投资 45.38 亿元，106 个千万元以上工业项目完成投资 52.2 亿元，鼓山公园建设完成 PPP 招标，生活垃圾卫生填埋场开工建设，杭绍台高速公路启动政策处理，36 省道江拔线、新磐线、秀洲至路桥公路梅澄段、青山大桥加快建设，青少年活动中心、七星街道卫生院主体结顶，三花、万丰、京新、耿基、莱盛等重大产业项目进展良好，特色小镇加快建设。

二是深入推进科技创新。科创园区基本建成，南岩科技城加快建设，科技孵化器建成投用，科技大市场引进国内外知名工业设计公司 10 家、高层次科技服务中介 11 家，国家中小型轴承产品质量监督检验中心通过验收，第一批 8 家企业检测资源向社会开放，8 家省级重点企业研究院建成投用，5 家企业跻身浙江省技术创新企业百强，其中新和成、浙江医药跻身十强。申请专利 8044 件、授权 2995 件，分别增长 60.8%和 77.4%，两化融合指数 72.01，工业应用指数 38.38，新产品产值率 48.7%，成为两化深度融合国家示范区。省政府专门印发新昌创新驱动发展实践调研报告，全国县市科技工作经验交流现场会在我县召开，新昌在全国科技工作会议上作典型交流发言，“新昌经验”全省推广。

三是全面改善城乡环境。深入推进城市品质提升十大行动，合力抓好市容整治规范、环境改造提升、环卫保洁、市政绿化管护等工作，城市更加整洁有序，获评全国绿色化示范城市。强力推进“三治一提升”行动，干部群众积极参与环境综合整治，城乡环境更加整齐整洁，“两路两侧”“四边三化”整改基本完成，象西线“美丽公路”建设成效明显，省级美丽乡村先进县成功创建。全面深化“五水共治”，220 个村的农村治污工程全面完成，“河道认养制”全市推广，“三江”水质保持Ⅱ类水标准。纵深推进“三改一拆”，全面开展“无违建县”创建。切实抓好“五气合治”，淘汰黄标车和老旧机动车 2202 辆，淘汰燃煤锅炉 136 台，空气质量优良率 85.0%。

四是认真办好民生实事。县政府向全县人民承诺的十件为民实事全面完成：新增城镇就业 11952 人，实现城镇下岗失业人员再就业 4578 人，失业保险参保人员增加 4768 人，培训各类人员 9952 人，培养高技能人才 1440 人；全面启动餐桌安全治理三年行动，学校、医院、工地、企业食堂、小作坊、小摊点检查覆盖面 100%，小餐饮服务单位持证率 92.5%；阳光福利中心二期加快建设，华泰养老院建成开业，建成社区居家养老服务照料中心 95 家；开展校舍安全维修、智能校园网络监控平台和监控中心建设，新增数字高清摄像头 3111 只；农村居民免费上消化道癌筛查 1006 人，二年级小学生窝沟封闭率 99.7%，新建体育场地 30 余个；建成文化礼堂 25 家，放映数字电影 3454 场，送戏 180 场，送图书 30122 册，培训文艺骨干 233 人，举办公益性展览讲座 58 次；演溪路保障房、馒头山保障房全面完工，100 户危旧房完成改造；上三高速入口整治、七星滨河公园建设、南明新村等 8 个旧住宅小区改造全部完成；优化公交线路，建成客运中心公交停车场；设立“E 邮柜”50 个。

所有成绩的取得，是县委总揽全局、正确领导的结果，是全县上下真抓实干、克难奋进的结果，也是社会各界广泛参与、大力支持的结果。在此，我代表县人民政府，向辛勤劳动、无私奉献的全县人民，向人大代表、政协委员，向民主党派、工商联、人民团体、驻新部队，向离退休老同志，向所有关心、支持、参与新昌建设发展的各界朋友，表示衷心的感谢！

同时，我们也清醒认识到，我县经济社会发展还有不少问题，政府工作还存在一些不足：经济总量偏小，下行压力加大，部分企业经营困难，要素制约成为常态；有效投资后劲不足，“高大好”项目不多；城市基础设施建设有待加强，中心镇集聚辐射能力欠强，农民持续增收和农村稳步发展压力不小；公共服务均等化需要提速，教育、医疗、住房、养老等与群众要求仍有距离；社会维稳压力较大，公共安全隐患依然较多；一些工作人员担当意识、服务能力不强，推动转型发展、创新社会治理的水平有待提高。同时，由于宏观形势和政府管理不够到位等原因，生产总值、自营出口没有实现预期目标，鼓山公园等项目未能按计划动工建设。对此，我们将在今后工作中加倍努力，切实解决。

二、“十三五”发展主要目标任务

根据《中共新昌县委关于制定新昌县国民经济和社会发展第十三个五年规划的建议》，县政府制定了《新昌县国民经济和社会发展第十三个五年规划纲要（草案）》，提请大会审议。

“十三五”仍处于大有作为的重要战略机遇期，也面临诸多矛盾叠加、区域竞争加剧的严峻挑战。在世界多极化、经济全球化、文化多样化、社会信息化的背景下，我国经济发展呈现速度变化、结构优化、动力转化的特征。未来五年，是新昌发展加速、产业升级、治理转型、品质提升的关键时期，我们要适应引领新常态，坚定打好组合拳，有效应对各种风险挑战，积极有为，稳中求进，推动新昌经济社会持续健康发展。

“十三五”发展的指导思想是：高举中国特色社会主义伟大旗帜，全面贯彻党的十八大和十八届三中、四中、五中全会和习近平总书记系列重要讲话精神，认真落实“四个全面”战略布局，按照“更快一步、更进一步”和“干在实处永无止境，走在前列要谋新篇”要求，牢牢把握创新、协调、绿色、开放、共享发展理念，以“工业立县、生态兴县、创新强县”三大路径为引领，深入实施“三城四化”战略，围绕美丽新昌建设，统筹推进经济建设、政治建设、文化建设、社会建设、生态文明建设，着力提升发展质量，着力提升自主创新能力，着力提升区位优势，着力提升城市形象，着力提升群众幸福感、获得感，在更高水平上全面建成小康社会。

“十三五”发展的总体目标是：确保实现已经确定的“四翻番”，县域综合实力进一步增强。

——经济实力更雄厚。经济保持合理较快发展，产业体系加快向中高端迈进。到2020年，全县生产总值突破500亿元，年均增长7.5%左右；工业总产值力争达到1000亿元，年均增长10%；财政总收入和一般公共预算收入分别超过70亿元和40亿元，年均增长7%；社会消费品零售总额达到230亿元，年均增长10%，出口总额达到24亿美元，年均增长6%左右。

——城乡发展更协调。发展空间格局更加优化，中心城区集聚辐射能力显著增强，中心镇特色镇加快发展，美丽乡村建设提质升级，城乡发展一体化进程加快，基本公共服务均等化水平进一步提高。到2020年，城市化率达到60%以上。

——人民生活更幸福。形成高水平覆盖城乡居民的社会保障体系，教育、文化、卫生、体育等事业加快发展，人民生活质量和水平不断提高。城乡居民收入比进一步缩小，低保水平逐年提高，低收入群众收入持续较快增长。就业质量不断提高，创业氛围更加浓厚。到2020年，城镇常住居民人均可支配收入达到64000元，农村常住居民人均可支配收入达到35000元，全面消除年收入10万元以下经济薄弱村。

——生态环境更优美。能源和水资源消耗、建设用地、碳排放总量得到有效控制，主要污染物排放总量大幅减少，“三江”水质稳步提升，出境水质达到Ⅱ类水标准，城区空气质量进一步改善，资源节约型和环境友好型社会建设取得重大进展。到2020年，单位生产总值能耗下降、二氧化碳和主要污染物减排完成国家和省市下达任务，森林覆盖率稳定在63.8%以上，空气质量优良率保持在85%以上。

——社会治理更完善。重要领域和关键环节改革取得决定性成果，治理制度化、规范化、程序化、法治化、信息化水平不断提高。人民民主更加健全，法治政府基本建成。

加快“十三五”发展，实现“十三五”目标，必须把握一条主线，践行三大路径，推进五项重点工作，集中力量抓好既该干又能干成的大事实事。

把握一条主线：以创新驱动推动转型升级为主线。着力推进产业转型，构建以先进制造业、现代服务业、高效精品农业为主导的现代产业体系；着力推进社会转型，构建社会活力更强、社会秩序更优、社会风气更正的县域；着力推进政府转型，打造廉洁高效的服务型政府。

践行三大路径：一是工业立县。工业化是实现现代化的必由之路，要把结构调整作为加快工业转型升级的主攻方向，把产业融合作为加快工业转型升级的有效途径，加快改造提升传统产业，加快培育发展战略性新兴产业，不断提升工业经济总量和质量。二是生态兴县。良好的生态是新昌发展的最大资本，要把生态文明建设放在更加突出的战略位置，在生态环境保护前提下，加大生态资源开发，加快发展生态经济，努力实现生态效益、经济效益和社会效益共赢。三是创新强县。创新是加快区域发展的根本动力，要系统整合各类创新资源，谋划建设创新平台，大力培育创新企业，完善创新体制机制，不断提升县域竞争力。

推进五项重点工作：

一是建设大交通。紧紧抓住全省打造现代综合交通体系和推进义甬舟开放大通道建设的机遇，大力推进绍兴南部综合交通枢纽建设，加快形成“一场二铁三点五通”的立体交通设施网络：“一场”就是加快建设新昌通用航空机场；“二铁”就是加快甬金铁路建设，全力争取杭绍台高铁早日动工；“三点”就是建成上三高速城南互通、南岩隧道（沃西大道至三花路）、甬金铁路站场；“五通”就是推进杭绍台高速新昌段建设、527 国道改造、104 国道桃树坞至关岭段改建、环城东线建设、青山大桥至南复线连接线建设。通过统筹公路、铁路、航空等多种运输方式，加快构建内畅外联、快速便捷、高效安全的现代化综合交通体系，推动新昌从公路时代迈向“铁公机”时代，更好对接杭州、宁波两大都市圈辐射，进一步提升区位优势和县域竞争力。

二是构筑大平台。实施“中强、西建、东延、北拓、南融”城市推进计划，突出精致理念，全力打造山水品质之城，重点是加快七星新区建设，加强基础设施配套，全面提升城市形象，积极稳妥推进旧城改造、城中村改造，推进新民区块、城北台地建设，进一步拉大城市框架，提升城市能级。做强园区平台，提升园区实力，高新园区更加优化功能布局，通过科技创新引领、高端产业集聚、特色小镇建设、产城融合，推动产业、科技、生态、城市、智慧融合发展，全力打造生态科技新城；新昌工业园区完善基础设施建设，加快大项目落地，全力打造生态绿色智能制造特色园区。同时，依托甬金铁路建设和义甬舟开放大通道，启动实施大明市区块开发，建设新昌综合保税区和浙商跨国并购回归项目示范园，推动新昌加快融入“一带一路”和长江经济带。

三是培育大产业。加快推进科技创新为核心的产业创新，全面提升经济总量、发展质量、产业层次，推动产业向价值链高端攀升。深化两化融合，推行连续生产、联网协同、智能管控的制造模式，制冷装备、汽车部件、生物医药等三个产业集群进一步壮大，轴承行业、纺织装备行业智能化改造取得决定性成果，通用航空及零部件产业形成一定规模，新能源、新材料等新兴产业和文化产业加快发展，成为全省一流的创新强县、工业强县。围绕“全景新昌、全域景区”建设，强化旅游二次创业，推动旅游产品全域优化、旅游线路全域统筹、旅游品牌全域整合、旅游市场全域营销，打造长三角知名休闲旅游目的地；加快发展科技服务、电子商务、金融保险、现代物流、总部经济五大生产性服务业，医疗服务、健康养老、商贸服务、房地产、家庭服务五大生活性服务业，打造功能完善、辐射面广的商业服务区。扩大茶业优势，做强六大特色农业，培育专业大户、家庭农场、农民合作社等新型农业经营主体，形成多种经营形式共同发展的农业格局。

四是护好大生态。坚定不移走“绿水青山就是金山银山”发展道路，统筹推进生态环境保护、绿色经济发展和生态文明建设，加快风能、太阳能等清洁能源和可再生能源利用。加快淘汰高能耗产业、低效益企业、无技术产品，全面推行节能降耗、绿色生产和循环经济，努力打造资源节约型、环境友好型社会。严格落实环境功能区划和生态红线管控，加强湿地水源涵养区保护，加快生态功能恢复。建设森林新昌，构筑生态屏障，积极创建国家森林城市。持续深化“五水共治”、“五气合治”、“三改一拆”、清洁家园行动，进一步提升城乡环境。

五是强化大统筹。按照全县“一张图一盘棋”要求，加快城乡统筹步伐，增加公共服务供给，全力补齐发展短板。加快推进美丽乡村建设，大力发展乡村休闲旅游，增强农村经济实力，有效提高农民收入，缩小城乡发展差距。统筹城乡交通设施建设，提高城乡道路通达能力；加强河流治理、水库除险加固、地质灾害防治，提高防灾减灾能力。坚持保基本、兜底线、促公平，持续提高参保比率和保障标准，全面建成覆盖城乡居民的社会保障体系。完善公共文化服务体系，提升公益性文化服务水平，建设核心价值观深入人心、文化事业繁荣、文化产业发达、文化人才辈出的文化强县。加大投入力度，优化城乡教育网点布局，建设紧密型和同城化医联体，促进教育、医疗均衡发展。推进“平安新昌”、“法治新昌”、“文明新昌”建设，进一步提高人民群众的公平感、安全感和幸福感。

各位代表，未来五年的新征程已经开启，目标明确，责任重大，使命光荣。我们坚信，在中共新昌县委的坚强领导下，在全县人民的共同努力下，“十三五”发展的宏伟蓝图一定能够顺利实现。

三、2016 年主要工作安排

2016 年是“十三五”的开局之年，也是本届政府的收官之年，做好政府工作意义重大。综合分析发展环境和自身条件，建议今年全县经济社会发展主要预期目标为：地区生产总值增长 7.5%左右，一般公共预算收入增长 7.5%左右，社会消费品零售总额增长 12%，外贸出口增长 6%，城镇、农村常住居民人均可支配收入分别增长 8%和 8.5%，节能减排降碳指标全面完成上级下达的目标任务。重点做好六方面工作：

（一）致力创新驱动，更深层次推动产业升级

深入推进科技创新。全面深化省级科技体制改革试点工作，形成更多能复制、可推广的“新昌经验”。全面实施“131 创新计划”，大力推进南岩科技城建设，同步筹建新昌虚拟大学城，探索建设“众创空间”。完善技术成果市场化配置机制，实施公共平台市场化改革，巩固国家级监督检验中心市场化改革成果，进一步推进社会检测资源开放共享。推进省市县三级重点企业研究院梯队培育，全年培育市级以上企业研发中心 5 家。推进两化深度融合国家示范区建设，实施“互联网＋”行动和“1553”示范工程，建成数字工厂、无人车间 10 个以上。深入实施“天姥英才”计划，加快高层次人才集聚，引进国千、省千人才 2 人，资深专家、海外工程师 20 人，研究生 800 人，培育创新团队 10 个。

加快工业转型升级。进一步做强高端装备制造、生物医药两大支柱产业，加快发展智能制造和生命健康产业，深入推进“三名”工程，确保战略性新兴产业产值占比 45%以上，力争新增上市企业 1 家以上，“新三板”挂牌企业 5 家，一批小微企业到浙江股权交易中心挂牌，形成更加合理的企业梯队。加快万丰航空与智慧工厂、三花空调自控元器件、日发航空产业园等重大工业项目建设，战略性新兴产业投资占比提高到 50%。抓好服务企业系列行动，全面落实国家帮助企业降低成本的各项政策，进一步优化实体经济发展环境。加快两大园区路网、管网等基础设施建设，更好推进产业集聚、产城融合，高新园区启动国家级高新区创建，新昌工业园区进一步提升实力，智能装备小镇、丝茶小镇、药谷养生小镇加快建设。加快建筑企业资质提升和市场外拓，推动建筑业稳健发展。

做强做优旅游三产。加快旅游二次创业，全力创建大佛寺文化旅游区 5A 级景区，加快推进十九峰韩妃江休闲项目、罗坑山森林公园、梅溪湖民俗文化项目等旅游精品项目建设，启动旅游集散中心建设，旅游项目投资保持在 20 亿元以上。实施乡村旅游三年行动计划，开发一批具有新昌特色的乡村旅游综合体，积极创建省农家乐提升发展重点县。加快商贸服务业发展，抓好红星美凯龙、海洋城购物中心、淘宝特色中国·新昌馆建设，推进农村淘宝从网货下乡变为农产品进城。创新金融服务机制，推行企业知识产权质押贷款，加快新昌农商银行科技金融服务中心建设。保持房地产市场健康发展，加快化解房地产库存。

提升发展现代农业。推进“两区”建设，加强耕地保护提升，稳定粮食生产。深化“万元亩产”行动，继续实施“1+6+X”产业发展战略和茶业强县建设工程，加快发展小京生、名优水果、特色干果、高山蔬菜等特色农业和农业服务业、农产品加工流通业、休闲体验农业等新兴农业。加大农田水利基础设施建设，除险加固 9 座水库、整治 70 座山塘，推进小流域水土流失综合治理和百里渠道疏

浚。高度重视农民培训和农产品安全，抓好全国新型职业农民培育试点县、省农产品质量安全放心示范县、省农业两区土壤污染治理试点县建设。

（二）致力区域协调，更大力度推进城乡统筹

扩大有效投资。坚持项目为抓手、实绩论英雄，保持有效投资的强度和力度，强化建设项目协调保障，以政府投资项目为引领，激发民间投资积极性，确保“五个十大”项目、重大基础设施项目、重大产业项目加速推进，全社会固定资产投资增长12%。全力争取用地指标，合理利用规划调整指标，积极盘活存量建设用地，加快批而未供、供而未用土地消化利用，推进低效用地再开发，创建全国土地节约集约示范县。发挥3亿元产业发展基金和1.5亿元战略性新兴产业资金的杠杆作用，推行PPP等政府投资项目融资新模式，撬动更多社会资本参与有效投资。

提升城市品质。优化城市规划设计，注重历史传承和文化积淀，提高城市布局合理性。加快人民东路东延道路、人民路西延工程、新中路南段、青山大桥及连接线、万丰大道二期、七星特色步行街、演溪大桥等城市路网和生活垃圾卫生填埋场建设，进一步完善城市基础配套。抓好张家庄工业小区改造，推进社会公共服务大楼、多媒体传播中心、七星地下人防工程建设，打造七星现代新城。完善征收安置办法，量力而行推进条件成熟区块旧城改造，促进老城有机更新。加快新昌江两岸改造、鼓山公园建设、大佛寺景区提升，打造“一江一山一景”城市亮点。推进建筑工业化试点工作，推广绿色节能建筑，提高建筑标准和质量。加快智慧城市建设，推行城市精细化、常态化管理，强化综合执法和环境整治，进一步提升城市品质。

加快乡镇发展。深化扩权强镇，逐步建立完善中心镇向小城市转型培育机制。完善基础配套，建成36省道江拔线、新磐线、秀洲至路桥公路梅澄段，推进乡镇道路和供水、污水处理、垃圾收集等设施建设，提升中心镇特色镇综合实力和辐射带动能力。建设镜岭丹霞小镇、儒岙诗路小镇、沙溪骑行小镇、小将花园小镇。

建设美丽乡村。依托农村生态、建筑、产业、人文等禀赋，着力培育打造20个精品村、特色村、历史文化村，启动省美丽乡村示范县创建。全面深化“三治一提升”行动，加快推进“五区五线”建设，提升发展丹霞风情、沃洲茶香示范区，启动建设天姥古驿、七彩烟山、竹海水韵示范区。继续实施“村村有物业”行动，抓好联建物业项目规范管理，进一步提高经济薄弱村收入。

（三）致力绿色发展，更高标准建设美丽新昌

建设生态文明。科学划定资源消耗上限、环境质量底线和生态保护红线，加快构建源头预防、过程控制、损害赔偿、责任追究等生态文明制度体系。强化环境执法常态化检查，建立完善污染物排放监督机制。加大森林资源保护发展力度，实施生态廊道、山体绿化行动，推进省级珍贵彩色健康森林示范县建设，创建全国绿化模范县。加强湿地保护，推进长诏水库饮用水水源一级保护区建设。

强化环境整治。围绕国家卫生县城创建，深入推进文明创建重点项目、城市品质提升行动和清洁家园行动，开展“全民清洁日”活动，更大力度提升城乡环境。深化“五水共治”，全力推进治水六大工程，全面落实河长制、河道认养制、河道警长制，完善“清三河”长效机制，抓好工业污水、农业面源污染治理，完成所有行政村生活污水治理，加强污水治理设施维护管理，确保“三江”水质保持Ⅱ类水标准。决胜钦寸水库，全力加快滞留户解决，高度重视移民生产生活，扎实推进大坝枢纽、输水隧洞等工程建设，确保水库具备蓄水条件。推进“三改一拆”，加大“无违建县”创建力度，健全“无违建”长效管控机制。抓好“五气合治”，系统治理工业废气、汽车尾气、餐饮油烟、建筑扬尘，加快淘汰小型燃煤锅炉，进一步提升空气质量。

抓好节能减排。强化“亩产效益”导向，加大“腾笼换鸟”力度，加快循环经济发展和落后产能淘汰，建立低能耗、低污染、低排放、高附加值的现代产业体系。建立健全水资源安全供给和循环利用体系，推行阶梯式水价制度和合同节水管理模式。深化企业用能配置改革，实施用能权核定、有

偿使用和交易制度，实施差别化用电政策。

（四）致力改革开放，更宽渠道激发发展活力

全面深化改革。加强供给侧结构性改革，适度扩大总需求，去产能、去库存、去杠杆、降成本、补短板，提高供给体系质量和效率，提高投资有效性和全要素生产率。全面深化省级改革试点工作，加快县域经济综合体制改革。深化“四张清单一张网”改革，深入推进简政放权、放管结合。深化农村确权赋权活权改革，推进农村土地承包确权登记工作，完善农村产权流转交易市场，让农村产权动起来、活起来。

全力扩大开放。支持优势企业走出去开展跨国并购，掌握核心技术和高端品牌，扩大国际市场份额。努力扩大外贸出口，加强重点展会组织引导，巩固欧美日等传统市场，拓展东盟、非洲等新兴市场。高度重视招商引资和亲商留商工作，加快异地商会建设，抓好对接国资、引进外资、激发民资、新商回归等工作，全力引进和留住带动作用强的好产业、大项目。

（五）致力普惠共享，更实举措增进民生福祉

完善社会保障体系。实施积极就业创业政策，完善就业创业服务体系，营造政府鼓励创业、社会支持创业、民众自主创业的良好氛围。稳步推进机关事业单位工作人员养老保险制度改革，推行医保支付方式改革，进一步提高城乡居民医保标准和水平。加快人才公寓房建设与使用，完成100户困难家庭住房改造。大力发展红十字、慈善等公益事业，做好残疾人奔小康工作。

加快社会事业发展。优先发展教育事业，探索普高教育体制改革，优质发展义务教育，系统提升学前教育、民办教育、职业教育水平，加快技师学院建设和礼泉小学迁建。加强体育设施建设和利用，开展全民健身运动。深化基层卫生和公立医院改革，提升医疗卫生服务能力；落实计生新政，促进人口均衡发展。加快现代公共文化服务体系建设，广泛开展文化惠民活动。加强文化遗产保护，抓好鼓山书院修复工程，实施调腔保护振兴计划。加快数字档案建设步伐，提升档案服务民生能力。高度重视统计工作，做好第三次农业普查工作。

提升社会治理水平。加快信息化警务建设，完善立体化治安防控机制，严密防范和严厉打击违法犯罪活动，打造“平安新昌”。启动“七五”普法，进一步健全大调解体系，有效防控社会矛盾。畅通信访渠道，维护社会稳定。加大安全生产、消防安全、建筑安全、道路交通安全、食品药品安全监管力度，确保安全生产形势进一步好转。加强虚拟空间管理，健全网络舆情导控机制，提升互联网文明程度。做好国防动员、人民防空、拥军优属、外事侨务、民族宗教、对台事务等工作，支持工会、共青团、妇联等开展工作。

办好十方面为民实事。一是环境提升工程，抓好街景立面提升和城市亮化美化绿化工程，建设江滨文化主题公园及潜溪大桥以西公园，实施8个旧住宅小区改造，治理4个地质灾害点，推进农村垃圾减量化资源化试点工作，健全城乡环境长效管理机制。二是就业保障工程，培训提升职业技能8000人，新增城镇就业8000人，实现城镇下岗失业人员再就业3120人，失业保险参保人员增加3600人，城镇登记失业率控制在3%以内，制发市民卡15万张以上。三是食品安全工程，抓好食品经营企业诚信体系建设，开展校园及周边食品安全治理，加大小餐饮、小作坊、小食杂店检查力度，农产品检测合格率98%以上。四是交通畅通工程，加大交通治堵力度，实施公交优先发展战略，落实公交IC卡优惠措施，开通新嵊城际公交，新增公共停车泊位1000个，新建和完善公共自行车点10个。五是和谐校园工程，全面推进学生助学工程和义务教育学校学生营养餐工程，加快学校食堂升级改造，建设学校塑胶场地5片，完成4所普高热水淋浴工程建设。六是文化惠民工程，完成澄潭、儒岙文化活动中心建设，新建文化礼堂16家；开展阳光文化系列活动，送戏100场、送电影3000场、送图书30000册，培训文艺骨干200人次以上。七是强村富民工程，打造3条乡村休闲游精品线路，扶持22个特色旅游村庄；加快农村淘宝服务站建设，累计覆盖300个行政村；推进2个联建物业项目建设，建设

2 个省级美丽宜居示范村。八是饮水安全工程，加快钟山水厂和城南供水加压泵站建设，完成部分旧供水管网改造；扩大农村自来水供应覆盖面，提高农村饮水安全水平。九是养老服务工程，开展养老机构安全整治，加快县社会福利中心建设，建成居家养老服务照料中心 70 家，新增养老机构床位 600 张。十是卫生提升工程，建成七星街道卫生院，搬迁南明街道卫生院；提升基层卫生院设施设备，改扩建医疗用房 1000 平方米以上，新增数字 X 光机 7 台，建成心电诊断中心，力争基层诊疗率达到 60% 以上。

（六）致力自身建设，更严要求推进依法行政

建设法治政府。推行政府权力清单制度，推进机构、职能、权限、程序、责任法定化。完善依法行政制度，坚持用制度管权、管事、管人、管财，严格依照法定权限和程序履行职责。自觉接受人大法律监督、政协民主监督和社会公众监督，认真做好人大代表建议和政协提案办理工作。深化行政执法体制改革，建立权责统一、权威高效的行政执法体制。

建设高效政府。强化只争朝夕、奋勇争先、赶超发展的执行意识，确保政策措施执行到位，重点项目加快推进，具体工作落到实处。巩固“三严三实”专题教育和“四风”整治成果，营造善谋事、敢担当、强执行的干事创业氛围。

建设服务政府。理清政府与市场、政府与社会的关系，政府职能向提供优质高效服务、创造良好发展环境、维护社会公平正义转变。牢记为民服务宗旨，提升公共服务效能，多办快办打基础、利长远、解民忧、惠民生的实事好事。

建设廉洁政府。严格遵守中央“八项规定”、省委“28 条”办法和“六个严禁”，按照纪律和规矩用权、办事、履职。深入排查廉政风险，扎实推进源头治腐长效机制建设，把权力关进制度的笼子。强化对重点部门、重点事项、重点岗位和重点工程的行政监察和审计监督，重点治理腐败易发多发领域突出问题。深化节约型机关建设，注重开源节流，从严控制“三公”经费。

各位代表，新起点孕育新希望，新征程谱写新篇章。让我们紧密团结在以习近平同志为总书记的党中央周围，在中共新昌县委的坚强领导下，紧紧依靠全县人民，蹄疾步稳强改革，励精图治谋发展，与时俱进抓创新，攻坚克难打硬仗，为建设更高水平的小康社会、开创新昌更加灿烂辉煌的明天而努力奋斗！

荣誉名录

2016 年度获省部级以上荣誉的单位

新昌县被国家旅游局确定为第二批国家全域旅游示范区创建单位

新昌县被环境保护部授予“国家生态县”称号

新昌县被中共浙江省委、浙江省人民政府授予平安银鼎

新昌县被中共浙江省委、浙江省人民政府评为 2015 年度社会主义新农村建设优秀单位

新昌县被国家知识产权局确定为 2015 年国家知识产权强县工程试点县

新昌县被国家质检总局评为全国中小型轴承产业知名品牌创建示范区

新昌县被全国绿化委员会授予“全国绿化模范单位”称号

新昌县被国家中药管理局命名为 2013~2015 创建周期全国基层中医药工作先进单位

新昌县被列为推进医疗卫生与养老服务相结合实施试点单位

新昌县被浙江省“千村示范万村整治”工作协调小组授予 2015 年度全省农村生活污水治理工作优胜县

新昌县被浙江省质量强省工作领导小组列为第二批“浙江制造”品牌培育试点县

新昌县被列为第三届国土资源节约集约模范县

新昌县被确定为浙江省全面创新改革试验地区

新昌县被确定为 2015 年度市县党政领导人才

工作目标责任制考核优秀单位

新昌县被列为浙江省承担行政职能事业单位改革试点县

新昌县被中国茶叶流通协会授予“2016 年度中国十大最美茶乡”和“2016 年度全国重点产茶县”称号

政法委被授予 2014～2015 年度全省社会治安综合治理先进集体

新昌县文化市场执法大队被文化部评为 2014～2015 年度全国文化市场重大案件办案单位

新昌县省级高新技术产业园区管理委员会被同意开展国家高端装备制造业标准化试点项目

省红十字会（新昌）应急搜救队被浙江省人民政府记集体三等功 1 次

浙江医药股份有限公司被中国医药工业信息中心评为 2016 年中国医药研发产品线最佳工业企业

浙江医药股份有限公司被中国饲料工业协会评为 2016 全国二十强饲料添加剂企业

浙江医药股份有限公司被全国工商联医药业商会评为 2015 中国医药制造业百强

司法局被评为 2011～2015 年全省法治宣传教育先进集体

新昌中学被认定为全国学校体育工作示范校

澄潭中学被列为 2011～2015 年全省法治宣传教育先进集体

新昌大市聚镇中心小学被中国教育学会评为 2015～2016 年度安全教育实验区“全国示范学校”

建设局被评为 2015 年度全省“五水共治”工作先进集体

“气象灾害风险管理在农业保险中的应用”获浙江省科学技术进步奖二等奖

安监局被评为 2016 年全国“安全生产月”和“安全生产万里行”活动先进单位

新昌县汽车运输有限责任公司被中国交通企业管理协会授予 2016 全国交通运输企业诚信建设先进单位

七星街道七星社区获 2016 年“基层科普行动计划”奖补

南明街道城南社区被命名为省文化示范社区

镜岭镇外婆坑村被农业部推介为中国美丽休闲乡村

镜岭镇被评为浙江省美丽乡村示范乡镇

南明街道新民村夕阳红舞蹈团队腰鼓《夕阳鼓情》获“盛世夕阳红”中华文艺邀请赛金奖

小将镇人民政府被中国文化管理协会、新农村文化建设管理委员会评为 2016 年度新农村文化建设优秀单位

儒岙镇被住房城乡建设部、国家发展改革委、财政部、国土资源部、农业部、民政部、科技部列入 2016 全国重点镇

儒岙镇被中小城市经济发展委员会、中小城市发展战略研究院、中国中小城市科学发展指数研究课题组评为全国千强镇

回山镇回山村被住房城乡建设部、文化部、国家文物局、财政部、国土资源部、农业部、国家旅游局列入中国传统村落名录

国网浙江新昌县供电公司配电运检班 QC 小组被中国质量协会、中华全国总工会、中华全国妇女联合会、中国科学技术协会命名为二〇一六年全国优秀质量管理小组

万丰奥特控股集团有限公司被浙江省人民政府授予第五届“浙江慈善奖”

万丰奥特控股集团有限公司、三花控股集团有限公司入围 2016 中国民营企业 500 强

万丰奥特控股集团有限公司、三花控股集团有限公司、新和成控股集团有限公司、浙江中财管道科技股份有限公司入围 2016 中国民营企业制造业 500 强

浙江新和成股份有限公司被中国石油和化学工业联合会评为 2016 中国石油和化工民营企业百强

浙江新和成股份有限公司被中国产学研合作促进会评为中国产学研合作创新示范企业

浙江新和成股份有限公司被中国饲料工业协会评为 2016 全国二十强饲料添加剂企业

浙江泰坦股份有限公司党委被中共浙江省委授予“省先进基层党组织”称号

达利丝绸（浙江）有限公司被中企国质信（北京）信用评估中心、中国质量信用认证中心评为全国重质量·守信用单位

2016年度获省部级以上荣誉的个人

柴理明被全国绿化委员会授予全国绿化奖章

盛立江、王　伟、梁春锋被浙江省人民政府记个人二等功1次

戴柏炜被中共浙江省委、浙江省人民政府评为2014~2015年度全省社会治安综合治理先进个人

娄湘汜、胡可光被中共浙江省委授予“省优秀共产党员”称号

章建平被中共浙江省委授予“法治浙江建设十周年工作先进个人”称号

林金仁被中共浙江省委授予“省优秀党务工作者”称号

吕见涛被授予“浙江省畜牧业转型升级先进个人”称号

吴旭江被浙江省人民政府评为浙江省农业科技先进工作者

林岳昌被浙江省人民政府授予2015年度“无违建县（市、区）”创建工作先进个人称号

黄林被浙江省人民政府授予“浙江省杰出教师”称号

竺慧江入选“中国好人榜”

张娟娟《恢复性司法视域下环境行政公益诉讼的司法策略—基于环保法庭审判机制的反思与定位》获“兴安杯”·环境资源司法保护工作征文三等奖

林相灯被评为2011~2015年全省法治宣传教育先进个人

马弘祥被中国交通企业管理协会授予2016全国交通运输行业诚信建设先进个人

章祖民被授予最美农广人“先进人物”荣誉称号

石志辉获2016年“基层科普行动计划”奖补

张国伟被评为2015年度全省“五水共治”工作先进个人

石亚妃家庭被中华全国妇女联合会推选为全国“最美家庭”

俞利权在2016年全国职业院校技能大赛中职组“天煌杯”通用机电设备安装与维护比赛中荣获一等奖

俞航星、陈善勇、张泓泽作品“无线电视机”获2016年“挑战杯——彩虹人生”全国职业学校创新创效创业大赛三等奖

陈爱莲被胡润百富榜评为2016最受尊敬企业家

胡柏剡被中国石油和化学工业联合会授予“十二五”中国民营石油和化工杰出贡献企业家称号

胡柏剡被中国饲料工业协会评为中国饲料工业协会先进工作者

林　平被人力资源社会保障部、中国纺织工业联合会授予“全国纺织工业劳动模范”称号

林　平被中国纺织工业联合会授予2016年全国优秀纺织企业家荣誉称号

李新兵被中国质量协会、中华全国总工会、中华全国妇女联合会、中国科学技术协会评为二〇一六年全国质量管理小组活动优秀推进者

石立芳、李建东参与的《重要脂溶性营养素超微化制造关键技术创新及产业化》项目被国务院授予国家技术发明奖二等奖

（县委办）

外宣好新闻

2016年度外宣好新闻奖作品目录

特等奖（2个）

1. 创新可持续 探索可复制——新昌完成从“模仿”到“创造”的涅槃（《人民日报》1版头条）

2. 创新驱动　国家发展新动源（《焦点访谈》）

一等奖（3个）

1. 县域创新的新昌样本

——县广电总台（张晓亮、竺芳芳、丁水初）

2. 创新驱动，新昌崛起背后的秘密

——县委报道组（孙艺秋）

3. 坚守在鼓山顶上的气象观测员

——县新闻信息传播中心（俞伟波）

二等奖（8个）

1. 新昌江：上游治水有成效 下游百姓来点赞

——县广电总台（吕钢、美今）

2. 大爱无限 父母忍痛捐献爱女器官

——县新闻信息传播中心（王娟明）

3. 新昌：小县城拥抱大科技

——县广电总台（吴锦晖、美今）

4. 老张退钱

——县广电总台（盛慧慧、俞沣城、陈薇、俞寅）

5. 海拔700多米，巡线员守护万家温暖

——县供电局（陈海澎）

6. 新昌实施分类分层廉政教育

——县新闻信息传播中心（吕建刚）

7. 从“文化礼堂”到“礼堂文化”的新昌实践

——县委报道组（孙艺秋）

8. 告别脏乱臭，处处现风景

——绍兴日报新昌分社（筹）（曹连荣）

三等奖（15个）

1. 新昌乡村旅游渐入佳境

——绍兴日报新昌分社（筹）（潘丽萍）

2. 新昌春茶秋制

——绍兴日报新昌分社（筹）（梁锋、俞颖颖）

3. 乡村旅游带头人—章必才

——县广电总台（曹松勤、吕伯元、丁水初）

4. 新昌乡村休闲游牵手台湾民宿

——县广电总台（王江、曹松勤）

5. 生态立县 绿色发展

——县广电总台（张东杰、王浩伟）

6. 一份优异的社会治安考卷背后

——县新闻信息传播中心（吕建刚）

7. 央视来新拍廉政文化新片

——县新闻信息传播中心（俞晓委、张佳妮）

8. 有着62年党龄的老党员连续五年给困难邻居送红包

——县新闻信息传播中心（梁凌凌、俞颖颖）

9. 半小时大悲大喜 10万元失而复得

——县汽运总公司（俞浩锋）

10. 快乐老汉用音乐呵护脑瘫妻子

——梅渚镇（张美均）

11. 寒潮队伍中，活跃在山区的民兵小分队

——人武部（赖巧晶）

12. 实施电能替代 助力宜居新昌

——县供电局（张滨滨）

13. 新昌农商行 打造茶产业链特色金融服务

——农商银行（杨可可）

14. 节后还来新昌打工

——县道路运输管理局（徐云锋）

15. 消防灭火

——消防大队（裘红霞）

创新驱动 国家发展新动源

最近，浙江三花公司，作为全球极少数受邀的供应商代表之一，参加了美国一家知名电动汽车品牌的“优选供应商大会”。让三花拿到这张入场券的是，这个给电动车蓄电池恒温的配件。

〔同期〕浙江三花股份有限公司董事长 张亚波：使电动汽车的核心部分 就是它的蓄电池 保持恒温的这样一个产品 电池的寿命和它的续航能力就可以增加 汽车的续航能力 现在是我们电动汽车非常关键的一个指标当时整个竞争也很激烈 我们跟欧洲 日本的企业做技术解决方案的竞争 最后我们的效率应该是比其它的解决方案高出 30%以上

拿下订单的背后是，企业花三年时间的研发创新。三花公司早期是一家生产制冷配件的小工厂，

地处浙江东部的山区小县城新昌县，没有区位优势，没有资源优势，企业如果只是生产普通的产品，根本没有竞争力。

〔同期〕浙江三花股份有限公司董事长 张亚波：我们当时在 90 年代的时候 我们到上海 就要 10 多个小时 就是出去 那么这里的交通运输 包括原材料的进来 因为我们又不是一个原材料的生产集聚地 那么你东西要进来 做完又要走出去 所以从运输成本上 我们肯定是比在其他地方生产要劣势的我们原材料进来 我们成品出去 打比方我们的运费就会比别人高很多

一个空调上的小配件改变了三花的命运。“四通换向阀”是让空调只能单一制冷到冷热交换的核心产品，而上个世纪 90 年代初这项技术一直掌握在美国等少数企业的手里。看到市场空白的三花公司决定投产，可是一开始就碰了一鼻子灰。

〔同期〕浙江三花股份有限公司董事长 张亚波：当时就去找海外的技术 这个技术就掌握在一家是美国的一家是日本的 两家公司手里 他们也不愿意转让技术 最后我们就跟欧洲的一家 设备生产厂家联合开发 搞了一条生产线 搞进来以后由于以前没有做过这种产品 我们又不能完全做出这个产品来 买了设备 但是不能做出产品来

这时候，三花公司逐渐意识到科技创新的重要性，并决定自己攻克技术难关。他们组织起自己的研发团队，投入三千多万元进行自主研发，把三千多万投入到一时还见不到效益的研发中，在当时绝对是大手笔。通过近两年的埋头，最后三花生产出了比美国人价廉物美的产品。

〔同期〕浙江三花股份有限公司董事长 张亚波：我们把这个产品做成功了之后 美国企业过来希望跟我们谈合资 或者是收购 当时提出说要用说要用 3 亿人民币来收购我们 80%的股权 那个时候对我们来讲 三亿 因为 90 年代初的时候 那个时候来讲 也是蛮大的一笔金额了 当时在这个产品上面 我们累计前前后后投入 包括研发的投入 装备的投入 就 3000 万人民币（记者 3000 万（成本）它出三亿）对 它就出三亿愿意买 当时也是很有诱惑

企业要有竞争力，必须要有过硬的拳头产品，意识到这一点的三花，抵住了三个亿的诱惑。经过几年时间，产品不断升级换代，市场份额也远超原本上门来收购的美国公司。2007 年，“三花”仅花了 1600 千万反向收购了美国公司的相关业务。

从被人拒之门外，到上门收购，到最后实现反向收购，能够实现这一大逆转，再到今天的在国际市场竞争中拔得头筹，三花凭的就是创新驱动。

〔同期〕浙江三花股份有限公司董事长 张亚波：创新对我们来讲 30 年来 一直是我们的发展之路的 那么现在也是尝到了甜头了 回过头去看 我们为什么这么坚持 首先是跟企业的决策者 创始人他的理念有关 当然背后也有一个客观的原因就是我们地处新昌这样一个地方 没有资源 没有交通 也没有政策 那我们只能靠 我们人的创造力来开辟一片自己生存的空间 没有其他的优势 只有靠创新 做出独一无二的产品来

和三花一样，在新昌新昌许多企业都通过科技创新“创”出了发展的道路。如今新昌已经拥有了销售超百亿企业 2 家，上市企业 7 家，国家重点支持的高新技术企业 40 家。“十二五”期间，全县生产总值年均增长达到 8.8%，财政总收入年均增长 12.9%，值得一提的是，目前新昌以先进装备制造、生物医药为主的高新产业占到重量的 80%以上，成为名副其实的“创新县”。

〔同期〕新昌县委书记 邵全卯：要说新昌的支柱产业 可以说是就是科技创新 我们的支柱产业都与科技创新息息相关///也可以说是科技创新已经成为我们现在新昌经济发展的原动力 也可以说是科技创新必将成为我们新昌进一步发展的 经济发展的不二动力

新昌县“八山半水分半田”，是一个典型的山区县，山多地少，资源贫瘠，境内甚至连火车站都没有，仅有一条高速公路和一条国道和外界相连。改革开放初期，新昌还是一个次贫县。从次贫县到创新县，新昌的路是怎么走出来的？新昌县科技局局长杨卓东给我们看了另外一份数据。

〔同期〕新昌县科技局局长 杨卓东：新产品的产值率是 48.7% 研发经费占 GDP 的比重是 4.21% 战略性新兴产业占比 48.9% 科技对经济的贡献率是 70%左右。可以给我们解读一下吗？新产品的产值率说明我们每年开发出来的新产品在现有的贡献率是比较高的 占了现有产品的 48.7%占比是比较高的 （记者：等于说是有一半（左右）的产品都是新产品） 将近一半左右的产品都是新产品。研发经费占 GDP 的比重呢 在浙江省呢也是比较高的 浙江省全省的平均水平是 2.33% 。2015 年我们科技对经济贡献增长贡献率 说明在经济发展当中 我们的企业对科技创新这块是非常强的 因此我们经济的发展当中 科技对经济的贡献 是在 70%以上

把创新驱动作为支柱，新昌确实不是空谈。这几年，每年投入 3 亿元用于科技创新、人才引进和战略性产业的发展，占到全县财政收入 10%。鼓励企业创评高新技术企业，每年给高新企业免税又免了 3 个亿。

新昌建立科技指导员制度，200 多名干部派驻企业，帮助企业解决人才、知识产权等实际困难。这两天，中央、国务院印发的《国家创新驱动发展战略纲要》刚刚发布，杨卓东就忙着跑到了县里正在申报的国家级高新园区。

〔同期〕〔现场〕新昌县科技局局长 杨卓东：全面“创新驱动发展战略纲要”里面的有关问题 你要把它一起写进去 不然的话可能跟国家的政策可能有一定的脱节 根据新昌的实际 把它写进去

〔同期〕 新昌县委书记 邵全卯：科技创新不是一时一刻的事情 需要持之以恒地抓 所以我们历届的县委县政府都是高度重视科技创新的 始终把科技创新作为一县之宝 不会因为领导的变动而放松 也不会因为暂时看不到效果或者出不来效益而放弃 就是始终坚持久久为功

创新驱动发展关键是人才，新昌县区域内没有高校，没有科研院所，一开始，人才的集聚也没有优势。

〔同期〕新昌县委书记 邵全卯：有个企业的老总就跟我说 曾经在几年前 他要到杭州 上海去招毕业生到我们新昌的企业来工作 毕业生在乘车乘到我们新昌到科研中心 下的车之后出了车站看到对面就是山 一看是个小山城 他没走出科研中心就跑会车站里爬上车又回杭州去了

有的企业甚至高薪留人都没有留住人才。

〔同期〕新和成分析测试中心主任 王昌泽：我是 2000 年进来的 一开始我们这个研发中心没有没有这样的平台 只有几台小型的研发设备 在那里倒来倒去在这里做的//产品研发不出来 人也留不住 人力资源部的同事把人招来 招来之后发现留不住 来了之后很多人做出成绩来很困难 一是嫌我们这个地方小啊 二是嫌这个地方发展空间没有啊 条件设施很差呀

王昌泽发现要引凤得先筑巢。他们公司 2009 年引进了一台德国进口的核磁共振，花了将近 1200 万，当时买的时候，国内只有三台。没想到一套国内稀缺的研究设备却吸引了不少人才，胡瑞君就是其中之一。2011 年浙江大学博士生毕业之后，国内几所知名高校以及新加坡的一个研究院都向他伸出了橄榄枝。不过，他最终选择到了新和成。

〔同期〕新和成集团工程师 胡瑞君：有足够的资金 有足够的仪器设备 把自己原来的一些想法 把原来学到的知识 用于怎么样做出好的产品

到了公司之后，为了满足胡瑞君的研发需求，公司一下子就给他的团队配备了近 500 万的设备。就这样，胡瑞君在不到两年时间里就研发出一种目前只能依靠日本进口的抗生素，填补了国内的空白。

事实上，新昌为吸引人才，不少企业都不惜血本筑巢引凤，小县城里国家级的企业技术中心就有 5 个，省级重点企业实验院 9 个。到 2015 年，新昌已经拥有 2500 多千名副高及研究生以上学历的人才，其中国千、省千人才就有 5 人，海外工程师、资深专家近百人，专业技术人才达 6.5 万人。

〔同期〕新昌县委书记 邵全卯：对人才来说首要的 最看中的是他有用武之地 也就是说让人才来了之后能够发挥他的作用 能够让他所学的知

识或者他的技能得到发挥 能够有效益、能够有产出，在这方面新昌应该说现在具备了这么个条件

新昌还一方面组织企业“走出去”，鼓励企业在上海、杭州等附近大中城市建立企业自己的研究院。一方面，引进中科院、浙江大学、东南大学等11 家高校、科研院所“走进来”，在新昌建立技术研究院或转移中心，促进校企院企合作。

这两天，浙江理工大学教授胡旭东正带着他的研究生团队在他新昌技术创新研究院的实验室里为新昌一家企业解决一个纺织机械制造上的难题。

〔同期〕浙江理工大学教授 胡旭东：针对企业的需求 然后我解决实际问题 像这台机器 它在做的时候发现 我们现在做的是立体编织 立体编织它原来实现不了 它说我们希望有这么一个设备能够立体编织 那我们就通过 它提出来的需求 我们针对他提出来的问题 来进行实物的研究

现在胡旭东平常上课，做理论研究时在 100 多公里外的杭州，而科研实验室建到了工厂边。平常学校、新昌两头跑的胡旭东，却实现了产学的双受益。

〔同期〕浙江理工大学教授 胡旭东：学校里我除了上课以外 平常的时间我都在这里跑 上课科研两不误 包括学生的指导 我的研究生都放在这里

仅半年时间，胡老师和他的学生们就给当地 60 多家企业提供技术服务，为企业挖掘申报专利 80 余项。胡旭东和他的团队，正是新昌搭建的科技大市场里的典型代表，把高校老师的产学研团队，引进到新昌，既解决了高校教育教学和实践两层皮的现状，又为企业搭建了创新的技术平台。科技大市场 2015 年 5 月运营以来，就已经为新昌上百家企业解决技术需求 700 多件，实现技术交易 5000 多万元。

〔同期〕 新昌县委书记 邵全卯：我们叫做不求所有但求所用 我们采用户籍关系在外地 工作在新昌这么一种模式 就是平时为企业工作上为新昌的企业服务 但是他平时的户口关系 生活可以在杭州、上海 这也是我们其中的一个措施 也是改变我们 弥补我们区位优势不足 短板的一个措施 应该说这个效果也是很好

（作者：杨飞鹏，中央电视台“焦点访谈”栏目 2016 年 5 月 28 日播出）

创新可持续　探索可复制

新昌完成从“模仿”到“创造”的涅槃（新春走基层）

凭着“咬定实业”和“坚持创新”两件“法宝”，浙江山区小县新昌，完成了从“模仿制造”到“创新创造”的“凤凰涅槃”，创出了“小县大科技”的发展模式。由此，该县也一跃成为浙江县域经济发展的标兵、全国创新驱动的标兵。

“八山半水分半田。”土地资源的稀缺，使新昌较早便确立了工业立县的方针。如何让工业蓬勃发展？新昌县委县政府把服务企业当作工作重点，当好“店小二”，不当“管家婆”，千方百计在创业氛围等方面为企业提供便利。

新昌可用的平地不多。但企业发展要地，政府从来不犹豫。“一会三公司”“政策指导服务团”“项目审批服务团”“金融信贷服务团”等“保驾措施”的推出，将帮扶企业这台活剧唱得有声有色。

在良好氛围的引导下，多年来，新昌的企业把心思全放在实业上。龙头企业“浙江医药”，20 多年来没有投资过一笔房产。实践证明：新昌坚守实业的路径是正确的，新昌的企业但凡能从小规模发展到超百亿的，大都是专注于实业。

近年来，原材料价格上涨，面对粗放型生产方式制约产业提升这一问题，新昌力推由“要素驱动”向“创新驱动”转型，用创新来弥补资源不足的短板。

创新，首先要有人才。为了引进并留住人才，新昌每年安排 5000 万元以上资金用于高层次人才引进。小小一个山区县，有科技孵化器、科技大市场、技术转化交易的科技成果网，企业还与 100 多所高校院所建立长期产学研合作关系……

如何留住人才，新昌也进行了一系列制度创

新："青年科学家""研产转化"等措施，让人才有了用武之地。全县43万人口，6万多是科技人员。人们这样评价新昌的用才之道：全国技术新昌用！

正是由于不断创新，多年来新昌发明专利申请量和授权量一直位居浙江省各县（市）前列。2014年新产品产值率50.89%，位列全省第一；科技投入综合评价位列全省第二。创新，让新昌低附加值产品走进了"档案室"，高新产品占领了高端市场；创新，也让新昌的产品从"模仿制造"升级为"新昌创造"。

伴随创新的，是一个个神话变成现实：1988年"新和成"还只是一家只有7名员工的小作坊。正是依靠科技创新，"新和成"打通了维生素E、维生素A等从原料到制剂的产业链全部环节，短短的10多年，一跃成为世界第三大维生素生产企业。以四通换向阀为主导产品的"三花集团"，从成本领先走向技术领先，让最主要的竞争对手美国兰柯公司节节败退……

目前，新昌科技进步对经济增长的贡献率已超过了70%。近3年已有8家企业实现海外并购，并迅速进入全球产业链高端。（相关报道见第六版）

（作者：谢国明、王慧敏、余建斌、顾春、张炜、刘诗瑶，刊于《人民日报》2016年2月25日1版）

胡卜村的乡愁与创举

绍兴的胡卜村是个仪态万方的老村子。按照中国传统选址建村的风水观，这个村子的祖先可谓慧眼独具，选上了这块"风水宝地"。它背倚郁郁葱葱的七星峰，稳稳地坐在舒缓的山坡上，下临清澈又光亮的梅溪。村中有五六百户人家，都能有根有据地说出自己村子1000年来厚厚实实的历史。这里一直保存着各种村中名胜，胡姓家族的祠堂、优美的宅院、地方信仰的小庙、过街牌坊，等等。这里也有滋有味地传承并享用着自己独有的习俗、民艺、小吃和传之久远的目连戏与越剧。村中一些参天的古木形姿如画，更叫他们引为自豪。

按照国家"中国传统村落名录"的标准和要求，如此典型和遗存丰厚的浙东古村是应当提出申报的；如果被认定为传统村落，就会进入国家的保护范畴。但是它的"命"不好，已经被划入浙江正在兴建的大型工程钦寸水库的淹没区。钦寸水库事关宁绍平原的防洪、灌溉、饮用水与发电，意义重大。为此，胡卜村必将从地图上抹去，这命运别无选择。可是，世世代代生活在这里的胡卜村人不情愿、不甘心。他们知道自己古村的价值，不能叫它葬身水底。怎么办？

一年多前，就有人找我说，浙江绍兴建水库，有个老村子要淹，想请我写块碑刻在石头上，沉在水里，永志纪念。我听了，心一动，为这村子百姓的乡情而心动。后来又听说，百姓们想大家捐款，共同出力，把村子整体迁出库区。村民们竟然如此深爱自己的村庄，叫我颇受感动。可是原封不动地迁一个村子难度极大，这近乎浪漫的想法能实现吗？待到近日我去慈溪参加传统村落保护的国际论坛，这村子有人得到消息，跑来找我。他们带来一个消息叫我大受震动，原来他们真的实现了自己的愿望，已经把整个胡卜村从库区迁出来了。他们想叫我过去看看，同他们一起研究如何重建。

在丘陵起伏的宁绍平原的一块高地上，我看到的已是拆散了的胡卜村。他们用铝板盖建了两座巨型的库房，进去一瞧，里边竟然堆满一个村落所有重要的遗存。从祠堂、庙宇、房屋宅院的所有构件，到农耕器具、交通工具和家具什物，只要是有特色、有特殊内涵、有记忆的，全都收集到这里。据说，他们在拆卸古建之前，一一做了严格的测绘与标记，拆卸后整齐有序地摆放在仓库里，以备重建。至于他们日常生活中那些花样百出的各类物品，如炊具、餐具、烟具、灯具、酒具、量具、文具、供具、玩具、雨具以及乐器、算盘、麻将、鸟笼、棋子、篦子、拐杖、针线、书本、衣物和鞋帽等等，更是一样不少，应有尽有。看得出，他们对自己的生活与家乡的珍爱与依恋，一样也不肯丢弃，还执意叫它们"活"在世上。

最令我震撼的是仓库外的大片空地上，浩浩荡荡摆满村中的石础石板、石磨石臼、老砖老瓦，单是水缸就有一两千个。胡卜村的古树是他们村子的“传家宝”，全部迁了出来，树身上下扎满草绳，像一群腿壮腰圆、身高数丈的大汉立在那里，等待被安置在重建的古村中。这之中还有一屯屯黄土，一问方知，是村民从村中挖出的“故土”，这才是“故土难离”呵！面对这一切，我心里一阵阵感动，我被胡卜村人如此真挚而深切的乡情感动。不是总有人问什么是乡愁，这不就是活生生、真切的乡愁吗？乡愁不就是我们的百姓对生养自己的故土故乡刻骨铭心的情感与爱恋吗？不就是家园真正的精神价值吗？现在，胡卜村人用自己的行动把它如此夺目地体现了出来。这真是一个非凡的壮举！一个世所罕见的创举！

进一步了解才知道，这里边还有更多的故事。

在胡卜村人为自己的村子筹谋出路时，一位老人对本村在外办企业的一位人士说：“你有力量，这事你得管管。”这位人士在绍兴办一座科技含量颇高的现代化工医药企业，相当成功。他也深爱自己的故乡，愿意为家乡出力，慨然说：“这是我们共同的老家，我应当管。”

这个企业对如何办好这件事反复做了研究。他们知道，要把一个村子迁出去重建并不简单，首先要有土地，重建要另做规划和设计，建成后还要长期管理好。还有，胡卜村的村民作为库区移民，都要被安置到异地他乡。重建的古村不会再是原先生活的胡卜村，那它应该是什么形态？谁来保存？谁来做？他们认为，只有用企业行为来做这件事，把古村建成一个类似欧洲的“露天博物馆”（一称乡村博物馆）：既是历史原真性的静态陈设，也含有一些活态的生活文化；既是本村本地区的百姓回来寻根问祖、寄托乡思之处，也是四方游人前来观赏一座原汁原味的千年古村之地。这样，一个遗存丰厚的千年古村不就保存下来了吗？他们把这个想法与地方政府一谈，得到支持，用地也确定了，就在现在仓库上边的山冈上。将来水库蓄满，这山冈会变成一个半岛，站在岛上可以俯瞰淹没胡卜村的水面。胡卜村的遗址将永沉水底，古村却神态依然地伫立在宁绍这块土地上。

在村民还缺乏文化自觉时，我们要启发他们这种自觉；当他们有了文化自觉，我们要帮助他们做好文化的事。

我对他们说，我们当然应该帮助你们好好琢磨一下这个露天博物馆怎样建。这可是严格意义上中国第一个露天博物馆，要做就做成一个地地道道的“范本”，做成兼有很高旅游价值的历史文化精品，而不是粗糙的旅游景点。要对得起胡卜村的历史，更不能辜负胡卜村村民们如此深挚又美丽的乡情。

（作者：冯骥才，全国政协常委、中国文联副主席、中国传统村落保护与发展研究中心主任。刊于《人民日报》2016 年 6 月 10 日 8 版）

“戏曲活化石”如何真的活过来

在时代变迁中，一个地方剧种如何摆脱生存危机而走上复兴之路？跌宕起伏的生存命运折射出怎样的经验教训？

摆脱消失命运　600 年古戏重登舞台

5 月 30 日晚上 7 点，在浙江省新昌县溪西村外的马路上竟然出现了罕见的拥堵。马路外侧停满了小汽车，后到的大客车被戴着红袖箍的村干部拦住，只允许乘客步行进村。位于村中心的小广场，上千名观众密密麻麻地挤在舞台前等待调腔戏《甄清官》开演。7 点半，随着一声锣鼓，大戏开场，跌宕起伏的剧情紧紧抓住了观众。今年 82 岁的村民何招土说，这台戏比他之前看过的演出都精彩，“还是专业的厉害，好看。”

新昌调腔起源于南戏，是中国最古老的声腔之一，为明代“四大声腔”之一余姚腔的唯一遗音，距今已有 600 多年历史，被誉为“中国戏曲的活化石”。

随着现代生活方式的流行，传统戏曲普遍面临观众流失、演员老化、演出减少等挑战，一些古老的地方剧种濒临消亡乃至消失。据统计，新中国成立之初我国尚存500余种地方戏，但目前保存下来的仅有317种。近年国家启动非物质文化遗产保护工作，各地各界对戏曲剧种予以特别的重视，一些数十年销声匿迹于舞台的剧种又被挖掘、抢救出来。新昌调腔正是在这一背景下绝境逢生的地方戏代表。

今年85岁的原新昌调腔剧团编剧、导演石永彬说，调腔能够逃脱消亡的命运而保存至今，得益于党和政府的重视，得益于调腔艺术工作者的坚守。他介绍说，调腔历史上曾两度濒危，一次是抗战时期，兵荒马乱、民不聊生，调腔艺人星散，调腔戏已多年没演，名存实亡；一次是20世纪90年代初，调腔剧团仅剩20余人坚守。“这两次危机都是政府出手相救，如果当时不抢救不保护，调腔肯定也和弋阳腔、海盐腔一样已经消失了。”石永彬回忆，1951年至1958年，在县政府的帮助下，县文化馆从周围十几个县区寻找调腔老艺人，成立剧团，组织演出，老艺人们在台上演，石永彬就坐在台下边听边记，60多个剧本就这样保存了下来。今天剧团能够恢复《北西厢》《汉宫秋》《程婴救孤》《闹九江》等优秀传统大戏，就源于这批剧本。

1992年后，调腔老艺人相继退休，调腔剧团经费从全额拨款改为差额拨款，演职员的薪金降至原有工资的一半，演出场次从年350场至400场降至年100余场。许多中青年演职员或被兄弟县市剧团的优厚待遇吸引走，或改业，到最后，全团70余人只留下20余人坚守岗位，只能与县越剧团合并演出。一时间，新昌调腔还能不能留住成了疑问。

2006年5月，新昌调腔被列为首批国家级非物质文化遗产。新昌县委县政府制定出调腔保护抢救五年规划，加大资金扶持力度，调腔从濒危中开始复苏。如今新昌调腔剧团每年可以演出130余场，生存危机的警报暂时解除了。

政府出手相助　保护成为复兴契机

新昌调腔剧团现任团长王莺说：“这几年不管是下乡演出还是在城里演出，观众的反映都是好看、喜欢，希望我们多演。”但作为地方戏，调腔无法与京剧、越剧等大剧种相比，新昌调腔剧团是唯一能演这一剧种的专业院团。王莺坦言：“如果取消政府补贴，完全走市场，我们是不可能生存下来的。”

据剧团统计，在不计算演员演出补贴的情况下，每场演出仅租用舞台、往返交通、食宿等费用就需要1.7万元，正常的商业演出每场至少需要收入2万到3万元才能收支平衡。

但近些年村集体经济实力的下降使得农村这一重要的戏曲市场购买力严重不足。溪西村委会主任张妙能说，村委会每年只有7万元的收入，今晚这样的演出如果要让村里掏钱请戏团要花掉三四万元，“肯定是掏不起的”。一些受访的村民也表示，如果让他们自己掏钱买票看戏，他们宁愿在家里看电视。

观众群体的狭小决定了地方戏特别是稀见剧种生存不易。但地方戏只有坚持不断地演出，才能培育观众、锻炼演员，才能实现活态传承的非遗保护目标。新昌县文广新局局长竺健庭说，为了鼓励多演，县政府以政府采购公共文化服务的方式，每年采购30场，每场补贴1.5万元。同时加大对调腔剧团开拓演出市场的鼓励扶持力度：一是在完成每年至少60场演出的前提下，超出演出场次每场奖励2万元。二是鼓励剧团走出新昌开拓市场，在外县、外市、外省演出每场奖励1万元至3万元。此外，每复排一台传统大戏给予30万元的排练经费，重点剧目创作单独安排资金。深受观众喜爱的新创历史剧《甄清官》就是在得到重点剧目创作扶持资金后得以顺利上演的。

在政府的鼓励和扶持下，调腔剧团成为2016年绍兴市演出场次最多的专业剧团。戏迷群体也随着演出的增多而大幅上升。2015年“十一”期间调腔剧团首次全面对外商业演出，在不赠票、送票，所有戏票一律公开销售的情况下，5场大戏平均上座率接近80%。今年春节期间在欧潭村连演五天五夜10场大戏的经历令王莺兴奋不已，她说：“这说明调腔的群众基础还是很深厚的，增强了我们继续走下去的信心。”

不过，在演出现场，记者也注意到观众以中老年人居多。这实际是今天所有传统戏曲都要面对的问题：年轻人一方面对传统戏曲缺乏了解和兴趣，一方面又忙于工作无暇看演出；而老年人购买力较差，难以支撑起持续性的商业演出市场。戏曲学者杨晓霞指出，如今调腔的观众、戏迷都以老年人为主，他们的文化程度普遍不高，看戏也就图个热闹，因此爱看武戏多于看文戏。她说："什么样的土壤会孕育出什么样的艺术，戏迷水平太低不利于剧团排练上演高水平的戏。要使调腔艺术进入振兴期，吸收高文化、高素质、高水平的新戏迷也是当务之急。"

新昌县委县政府也已意识到这一问题。为了培育年轻一代观众，县政府决定在全县中小学开展"调腔艺术进课堂"活动。从今年 3 月起，南岩小学三年级开始开设调腔课程，由国家级非遗传承人章华琴等担任教学。同时，每周一三四下午开设调腔精品社团，招收了 72 名学员。校长杨晓玲说："我们不能让孩子们只会唱周杰伦的歌，不知道自己家乡还有这么好听的调腔。"

传承危机犹存　期待"新鲜血液"注入

尽管今天调腔的生存危机已暂时解除，但王莺心中仍有隐隐的不安。"我是 1987 年考进艺校学习调腔的，20 年后我们团才开始招收新一批学员。再过 10 年我们这批人就要退休了，如果没有新人接上，调腔的传承危机还是没有解决。"王莺说如今自己最盼望的就是政府能拿出专项经费，尽快再招一批二三十个学员。

但招生并非易事。2007 年，调腔剧团在全县 13 岁至 15 岁的中小学生中招收了 5 年制中专班学员 34 名，绝大多数来自农村。"现在城里都是一个孩子，家长普遍不愿意孩子学戏，太苦，收入又低。"王莺说。特别是 2013 年院团体制改革后，一部分人进入事业编制的新昌县调腔保护传承发展中心，其余人员则进入发展中心下设的新昌县调腔剧团，实行企业劳动合同制管理，职业和收入的稳定性都成了问题。据统计，调腔剧团 35 名员工去年全年工资平均 2.5 万元。

今年 24 岁的曹晓云 2007 年和其他三十几位同学一同考入调腔中专班，5 年艰苦学习后成为调腔剧团的专业演员。但她每月工资仅为 2000 元，在新昌当地也算偏低的。"大家都知道我们浙江电商发达，我同学在家开个网店都比我赚得多，如果不是喜欢调腔，可能我也不会继续唱戏的。"曹晓云说。

办公和排练场地紧张简陋也令演员们头疼。由于没有自己的团部，调腔剧团借用了县文化中心。记者在现场看到，大量的演出设备就堆放于文化中心的一楼。而排练厅只有 100 多平方米，男女演员不得不分批排练。

今年 74 岁的章华琴目前是新昌调腔唯一的国家级传承人。她说，调腔传统剧目有 600 多种，但目前青年演员真正经常上演的剧目只十余出。传统剧目如不加快记录整理，未来就没人会唱了。有的珍贵剧目比如《北西厢》剧本已经不全，只能演其中四折即《游寺》《请生》《赴宴》《拷红》。

对此，竺健庭表示，政府正在加快实施调腔剧团建设，将安排专项资金，配齐相关设备。同时规划建设中小型剧院，为调腔艺术表演提供舞台，为戏迷提供欣赏场所。同时成立"新昌调腔保护传承发展专项基金"，在面向社会筹集资金的同时，政府每年从新昌县文化事业发展专项资金中注入补充基金，为调腔理论研究、剧目挖掘排演、人才培养等提供扶持。

（作者：张　贺，刊于《人民日报》2016 年 6 月 16 日 6 版）

责任编辑　王东惠